GESCHICHTE DER GEHEIMDIENSTE

비밀정보기관의 역사

비밀정보기관의 역사

파라오부터 NSA까지

초판 1쇄 발행일 2021년 6월 11일　　**초판 2쇄 발행일** 2021년 7월 9일

지은이 볼프강 크리거 | **옮긴이** 이미옥
펴낸이 박재환 | **편집** 유은재 | **마케팅** 박용민 | **관리** 조영란
펴낸곳 에코리브르 | **주소** 서울시 마포구 동교로15길 34 3층(04003) | **전화** 702-2530 | **팩스** 702-2532
이메일 ecolivres@hanmail.net | **블로그** http://blog.naver.com/ecolivres
출판등록 2001년 5월 7일 제201-10-2147호
종이 세종페이퍼 | **인쇄·제본** 상지사 P&B

ISBN 978-89-6263-224-8 03900

책값은 뒤표지에 있습니다.　　잘못된 책은 구입한 곳에서 바꿔드립니다.

비밀정보기관의 역사

파라오부터 NSA까지

볼프강 크리거 지음 | 이미옥 옮김

에코리브르

차례

들어가는 말

미국의 비밀요원 에드워드 스노든이 세간을 떠들썩하게 하며 중국으로 도주했다가 이어서 모스크바로 떠나자 2013년 여름에 "미국 국가안전보장국(NSA) 스캔들"이 터졌다. 이와 같은 스캔들은 연방 의회 선거가 한창이던 독일의 정치도 뒤흔들어놓았다. 그때까지는 미국의 해외정보국 CIA가 대중에게 폭넓게 알려져 있었지만, 이제 미국 국가안전보장국에 관심이 집중되었다. 스노든이 언론에 넘긴 NSA 비밀문서로 미국이 어느 정도로 전 세계의 전화를 도청하고 컴퓨터 및 데이터 프로그램을 감찰했는지가 단번에 드러났다.

미국 국가안전보장국이 감찰한 대상은 테러 집단뿐 아니라 이들을 지원한 국가들과 미국의 안전을 위협하는 여타 국가들이었다. 또한 평범한 시민들도 감찰했다. 미국인뿐 아니라 외국인들 역시 그들이 통화하거나 주고받은 전자메일 내용이 어마어마한 양의 정보로 저장되었다가 부분적으로 평가나 활용되었다. 지체하지 않고 버락 오바마 대통령이 이와 같은 비밀 활동은 "미국의 안전을 위해 반드시 필요한" 것이라고 인정했을 때, 폭로를 과연 신뢰할 수 있을까, 하는 의문이 남게 되었다.

어떤 정치적 입장을 가지고 비밀정보국이 인터넷을 무기화하는지는 물론 논쟁의 대상으로 남아 있다. 한편으로 인터넷이라는 새로운 커뮤니케이션 기술은 전쟁의 새로운 형태인 사이버 전쟁(cyber warfare)으로 발전하고 있다. 미국뿐만 아니라 많은 국가가 이미 이런 장치를 구축했다. 다른 한편으로, 전자메일을 통해 이루어지는 사적 커뮤니케이션에 공적 기관이 개입함으로써 어떻게 사적 영역이 가진 기본권을 보호할 수 있을지에 대한 걱정이 생긴다. 왜냐하면 비밀정보국 외에도 기업들 역시 상상할 수 없을 정도로 고객의 정보를 수집하고 있기 때문이다. 기업들은 대체로 고객이 알지 못하게 또는 의식적으로 동의하지 않은 상태에서 그렇게 한다. 인터넷 연결선을 설치할 때나 또는 인터넷으로 물건을 주문하기 위해 고객이 계좌번호를 기입하거나, 혹은 기업들이 개인 정보에 접근한다는 조건에 동의하는 대신에 "공짜로" 인터넷을 사용할 수 있다는 제안에 클릭하는 것은, 법적으로 보면 웃기는 장난에 불과하다. 실제로 인터넷 이용자들은 구글, 페이스북, 마이크로소프트와 같은 억만장자 기업에게는 보호막 없이 노출되어 있으니 말이다. 이는 또한 이런 대기업은 국가안전보장국이라는 정보제국을 운영하는 미국이라는 정부로부터 든든한 지원을 누릴 수 있기 때문이다. 미국 국가안전보장국이라는 정보제국에 대해서는 이 책의 마지막 장에 가서 조금 더 서술할 것이다. 인터넷 세상을 지배하는 미국의 패권은 이로써 사적 성분이기도 하지만 국가적 성분을 가지고 있는데, 여기서 미국 국가안전보장국의 활동은 극히 일부에 불과하다.

미국 국가안전보장국 스캔들로 인해 들끓는 분노 속에서 우리는, 오늘날 복지 사회에서의 삶이 얼마나 국가의 정보기관을 통한 보호에 많이 의지하는지를 쉽게 잊어버리고는 한다. 그러니까 경찰, 군대와 비밀정보국의 보호 말이다. 사이버 공격은 "결정적으로 중요한 사회간접시설", 그러니까 에너지 공급, 교통망과 통신 체계, 공장, 은행, 병원과 다른 많은 것을 마비시킬 수 있다. 그와 같은 공격을 막으려면 비밀 정보원들의 능력이 반드시 필요하다. 나아가 대량학살 무기로 인한 위협과 이슬람교도들의 테러 위협이 비밀 정보 업무를 확대하는 데 기여했다. 그런 위험을 적시에 알아차리기 위해서는 비밀 정보 수단과 그에 상응하는 기관이 필요하다. 물론 이런 기관은 전 세계를 대상으로 활동하고 경찰과 군대에 비해 눈에 덜 띄어야 할 것이다. 왜냐하면 국제적 감시협약을 위반하는 행동은 대부분 비밀리에 진행되어야 하기 때문이다. 게다가 테러리스트와 조직적 범죄가 전 세계에 걸쳐 연락망을 갖추고 있다. 인권 침해는, 범죄적 정권의 주권 따위를 고려하지 않고, 발견하고 마땅히 해명되어야 한다. 국제적 평화협정은 보장되어야 하고, 국제사법재판소와 유엔 특별재판소의 피고인들은 발견해서 법정에 인도해야만 한다. 이 모든 것이 바로 이런 뜻이다. 즉, 비밀정보국에는 전통적으로 맡아왔던 군사 업무와 외교정치 업무 외에도 새로운 업무가 추가되는데, 새로운 국제적 안전정책을 위한 과제와 사이버 범죄와 사이버 공격과 같은 보이지 않는 세계에 대한 과제가 더 추가되었다는 의미다.

하지만 이와 동시에 결코 영웅적이지 않으며, 혐오스러운 동전의 또 다른 측면도 고려해야 한다. 첩보 업무는 오래전부터 인간을 억압하고 품위를 떨어뜨리는 도구로 사용되었다. 특히 독재자들이 통치할 때 그러했지만, 민주주의의 역사에서도 사라지지는 않았다. 이 책은 바로 비밀리에 행해지고 있는 활동에 대해 다루며, 고대 시대부터 냉전의 종식을 거쳐 현재에 이르기까지의 첩보기관에 관해서 이야기하고자 한다.

공개적으로는 거의 잘 드러나지 않지만, 이렇듯 안전을 위한 정치적 도구는 도대체 어떻게 작동하는 것일까? 누가 이런 기관을 투입할 수 있을까? 자유민주주의 법치국가에서 과연 누가 이런 기관을 법적 테두리 안에 두고 정부로부터 불법적이지 않은 임무를 받게 할 수 있을까? 이와 유사한 많은 질문을 역사적 본보기를 통해서 설명하거나 대답할 것이지만, 설명이나 대답을 거의 할 수 없는 질문도 있다.

　냉전이 종식된 이후 이 분야에 관한 연구도 훨씬 활발해졌다. 미국을 포함해 몇몇 국가는 자신들의 정보 활동에 관한 문서의 일부를 공개했으며, 특히 냉전의 중반까지에 관한 내용을 공개했다. 그 이후의 시기에 대한 자료는 얻기 힘들지만, 더 많은 정보와 결정을 공개하라고 압박한 일련의 중요한 국회 조사가 있다. 여기에서 사람들은 실제로 진행되고 있는 정보 세계의 내면을 깊숙이 조망해볼 수 있다. 2001년 9·11 사태 때 테러 공격에 대한 미국 조사위원회가 그런 경우에 속하며, 2003년의 이라크 전쟁에 대한 미국 조사위원회도 마찬가지다. 러시아 대통령 보리스 옐친은 세상을 떠들썩하게 하는 서류를 공개했지만, 그의 후계자들은 유감스럽게도 이처럼 대중에게 공개하는 정책을 이어가지 않았다. 유럽 동구권의 경우에는 공산권 지배 시절 수십 년 동안 이루어진 비밀 정보 활동에 관련한 서류를 일부 공개하기는 했다. 구 동독의 국가공안국이던 슈타지(Stasi)의 서류는 특별한 경우에 속하는데, 이 서류는 계속해서 연구할 수 있게 되었다. 물론 구 동독 공안국에 최후로 근무했던 지도부에서 서류를 폐기함으로써 자료가 손실되기도 했고, 개별 인물의 권리를 보호하는 차원에서 어느 정도 정보를 제한하기는 했지만 말이다. 심지어 중화인민공화국조차도 많은 서류를 국민에게 공개했고, 독일 연방정보국은 얼마 전부터, 굳이 비밀로 유지할 필요가 없는 오래된 서류는 연구할 수 있게끔 허용하고 있다. 공개적으로 접근할 수 있는 자료가 없기 때문에 정보기관의 역사를 학문적으로 작업할 수 없다는 묵은 편견은 이미 오래전부터 고집할 수 없게 되었다.

사람들은 주저하지 않고 정보기관의 역사에 대한 새로운 시각을 말할 수 있으며, 이런 새로운 시각은 1970년대부터 특히 미국, 영국과 프랑스에서 발전했고 최근에는 이스라엘, 캐나다, 오스트레일리아와 네덜란드, 에스파냐와 그 밖의 다른 곳에서도 찾아볼 수 있다. 독일은 구 동독 공안국의 역사에 관한 탁월한 작업을 통해 이 분야에 상당히 기여를 했지만, 유감스럽게도 국제적으로 너무 미미하게 알려져 있고 독일의 역사학자들에게도 적절한 인정을 받지 못하고 있다. 이런 국내외 출판물을 포괄적으로 입증해줄 대중서도 찾아보기 힘들다. 이에 관한 주석이나 도서목록도 상당히 구하기 힘든 상황이다. 따라서 이 책은 이렇듯 독일에서는 비교적 잘 알려지지 않은 비밀 활동에 관한 새로운 역사를 매우 다양한 측면에서 조망하고자 한다.

최근 독일 밖에서 출간한 전문서적을 비롯해 대부분의 전문서적과는 달리, 나는 민족주의적 견해에서 벗어난 입장을 선택했다. 하지만 세계의 넓은 영역과 몇몇 중요한 지역은 고려의 대상에서 제외할 수밖에 없었다. 나는 국내의 정보 활동을 부수적으로 다루었는데, 경찰과 사법부라는 주제에 근접하려고 하자 거대하고 극복할 수 없는 분야가 전개되었기 때문이다. 공적 차원에서든 그렇지 않으면 사적 차원에서든 경제 분야의 첩보 활동은 역시 제외했는데, 이 분야에서도 전반적으로 기술과 상거래 역사라는 배경이 너무 넓은 자리를 차지하고 있었기 때문이다. 따라서 이 책은 현대 국가들과 이들의 조상에게서 볼 수 있는 첩보 활동을 다루었다. 비록 점점 중요해지는 사적 정보조직이 다양한 역사적 뿌리와 함께 흥미로운 주제가 되고 있는데도 말이다. 내가 선택한 본보기들에서는 스파이 역사에서 등장하는 유명한 이름이나 부수적 사건을 우선적으로 다루지 않을 것이며, 비밀 정보 활동이 역사적 배경에서 어떻게 이해되었는지를 더욱 심도 있게 살펴볼 것이다.

많이 고심한 문제들과 다루는 주제에 대해서 나는 수년간 국내외 전문가들과 논의를 거쳤다. 나도 함께 공동 설립한 정보부역사연구회〔1993년에 설립했고, 얼마 후 국제정보역사협회(International Intelligence History Association)라는 이름으로 전 세계에 알려짐〕, 독일정보부대화그룹협회(RA 볼베르트 슈미트와 대사 한스-게오르그 바크 박사가 설립함), 미국, 캐나다, 영국, 프랑스, 이탈리아, 노르웨이, 스웨덴과 네덜란드에 있는 수많은 학술 협회로부터 소중한 자극을 받았다. 또한 과거와 현재 활동하는 정보원들(소련과 동유럽에서 활동하던 정보원들을 포함해서)과의 대화를 통해서 나는 이 세계를 더욱 깊게 이해할 수 있었다. 특히 나를 진심으로 환영해준 단체는 바로 프랑스의 국방특수임무유공자협회(Amicale des Anciens des Services Spéciaux de la Défense Nationale)다. 고인이 된 앙드레 바보아 박사와 육군 대령 앙리 데브뢴에게 진정으로 감사드린다. 그들이 아니었다면 과연 내가 어디에서 제2차 세계대전 때 레지스탕스나 인도차이나반도와 알제리에서 전쟁을 경험한 사람을 만날 수 있었겠는가? 내 대학 동창이자 친구 어네스트 메이(하버드 대학), 로흐 존슨(조지아 대학), 크리스토퍼 앤드루(케임브리지 대학), 미하엘 헤르만(옥스퍼드 대학), 모리스 바이세(파리 정치 대학), 피에르 멜란드리(파리 정치 대학)로부터 특히 많은 것을 배웠다. 진심으로 고맙다!

또한 C. H. 베크(C. H. Beck) 출판사와 편집자 슈테판 폰 데어 라르 박사에게 고마운 마음을 전하고 싶다. 덕분에 근대 사학자인 내가 고대와 중세에 관한 글을 쓰는 모험을 할 수 있었다. 그리고 뮌헨, 마르부르크, 토론토와 파리에서 내 강의를 들은 대학생들은 강의실과 세미나실에서 이

주제에 강렬한 관심을 보여주었다. 그들 가운데 몇몇은 정보원에 대한 역사를 직접 탐구하는 길을 갔다.

가족들은 놀라울 정도로 도움을 주었다. 이 책이 그들의 마음에 들었으면 좋겠다. 가족에게 진심으로 감사를 전한다!

첩보 활동의 역사를 어떻게
그리고 왜 연구할까

윈스턴 처칠은 이런 멋진 명언을 남겼다. "먼 미래를 내다보고 싶은 사람은, 과거를 깊숙이 들여다봐야 한다." 이로써 그가 하고자 했던 말뜻은, 고고학자가 최고의 미래학자라는 의미는 아니었다. 개별적인 경우에 들어맞을 수도 있기는 하지만 말이다. 오히려 처칠은, 우리와 인접한 과거는 역사적 변화를 예측하기 위해 충분한 자료를 제공하지 않는다는 점을 시사하고 있다. 또한 자신의 경험, 자신이 살고 있는 사회와 국가의 경험도 충분하지 않다. 때문에 사람들은 현재 실행되고 있으며 앞으로 실행할 안보정책과 정보요원의 활동도 독일적 기준과 경험만으로 연구할 수 없다.

물론 마케도니아를 다스린 알렉산더 대왕 시대의 군사 첩자가 오늘날처럼 인공위성과 컴퓨터를 이용해서 설명하는 정보원과 일치할 리 만무하다. 하지만 정치의 기본 원칙은, 군대의 기본 원칙이라고 말할 때도 많은데, 오늘날과는 지극히 다른 고대 시대의 국가들과 오늘날의 정치에서도 지극히 비슷하다. 특히 인간적인 요소, 예를 들어 한 사람의 첩자에 대한 신뢰와 불신 사이의 갈등은 그때나 지금이나 똑같다. 인간이 누리는 물질적인 세계에 비해서 인간의 행동에서는 변화를 관찰하기가 훨씬 어렵다. 바로 이와 같은 인간의 행동방식과 특징들이, 특히 권력욕, 물욕, 시기심, 악의, 거짓말과 불신과 같은 나쁜 특징들이 전쟁과 폭력을 야기하는 인간의 공격성과 연결되는 것이다. 이런 것들을 알지 못하면, 우리는 첩보원의 활동과 그들의 몰락을 이해할 수 없다.

믿을 수 없지만 다음과 같은 논쟁을 펼치는 사람들이 있다. 즉, 첩보원으로부터 나오는 정보와 서류는 진실성을 검증할 수 없으므로 작업할 수 없다는 것이다. 이에 대하여 첩보원에 대한 연구는 설득력 있는 일련의 답을 발견했는데, 이런 답들은 우리가 추측하는 것처럼 새로운 형태는 결코 아니다. 왜냐하면 첩보 활동은 이 세상에서 유일하게 은폐와 위장을 통해서 존재하는 게 아닌 까닭이다. 유능한 역사학자나 사회학자라면 누구든 이런 문제를 잘 알고 있을 것이다. 회사, 그룹, 종교단체, "시대사의 인물"과 평범한 사람들조차 특정한 관심에 노출되고 싶지 않을 때가 많으며, 자신들에 대한 "불편한" 정보가 드러나는 것을 막으려 한다. 2008년 10월 월스트리트에서의 금융 붕괴조차도 본질적으로 그처럼 불투명성과 투자의욕에 가득 찬 여론의 오도로 인해 일어났다. 따라서 첩보 활동을 파악하기 위해서 **새로운** 방법은 전혀 필요하지 않으며, 정밀함과 요령을 담은, 전통적으로 내려오는 방법을 사용해야 한다. 비록 답을 발견할 수 없더라도(아직까지는) 의문을 던져야만 한다. 분석은 정확해야 하고 근거도 있어야 한다.

도대체 첩보 활동이라는 게 무엇일까? 이런 것을 이론이라고 부를 수 있다면, 어쨌거나 지금까지 이런 이론 부분에 대해서는 참고할 만한 자료가 빈약하다.[1] 영어권에서는 "intelligence란 적에 대한 정보다"라고 짤막하고도 간결하게 소개하고 있으나, 불완전하다. 실질적으로 이 개념을 정의하려면 내용에 집중해야 하는데, 바로 다음과 같은 질문이다. 즉, 첩보 활동은 무엇으로 이루어져 있는가? 이것과 관련해서 크게 네 가지 영역으로 나뉜다. (1) 적에 대한 정보 획득(흔히 경쟁자들과 친구들에 관한 것일 수도 있음), (2) 은폐된 영향력, (3) 첩보원들의 공격을 막기 위해 자신들의 통치 기구 보호, 마지막으로 (4) 적의 첩보 활동 내부로 침입.

만일 정치적 지배의 주요한 세 가지 영역을 관찰한다면 다음과 같다.

1) 외부 적에 대한 방어

2) 국내 갈등 통제

3) 이러한 정치적 지배의 재정 지원을 위한 세제 시스템

이렇게 두고 보면, 권력이 어떤 방식으로 특정 지식에 종속되어 행사되는지 금방 알 수 있다. 대외적 안전을 위해 사람들은 스파이를 이용하고, 정보를 훔치거나 심지어 폭력적으로 강탈해오기도 한다.

대부분의 보편적인 정부가 알고 있는 정보보다 첩보 활동을 통해 얻은 지식은 해석할 게 더 많다. 게다가 이런 정보는 조심스럽게 진짜인지를 검사해봐야 하는데, 적이 거짓된 정보를 의도적으로 흘려서 우리를 오도할 수 있기 때문이다. 프랑스어로 "중독(intoxication)"이라고 하는 이런 방식은 고대로부터 권력정치에서 사용하던 속임수에 속한다. 또한 첩보 활동으로 얻어낸 정보는 대부분 불완전하다. 그에 반해서 지배자나 혹은 결정권자는 신속하게 행동을 해야 할 때가 많다. 환자의 전반적인 상태를 알지 못한 채 응급 처치를 해야 하는 의사와 비슷하다고 할 수 있다. 미흡한 간접 증거들로 범인을 찾아내어 법정에 세우는 유능한 형사와도 비슷

하다고 볼 수 있다. 셜록 홈스와 의사 친구 왓슨 박사는 부족한 간접증거들을 가지고 증거를 찾아내는 기술을 보여주고는 한다.

정보를 획득하고, 조사하고 분석한 뒤에 얻은 지식을 사용하는 것은 중요한 역할을 한다. 이를 두고 미국에서는 "actionable intelligence"라고 말하는데, 이는 결정하는 데 기본으로 사용할 수 있는 유용한 비밀 정보라는 의미다.[2] 알고 보면 결정권자는 정보를 확보하기 위해서 특정한 임무를 내리게 된다. 이로써 우리는 전문용어로 "정보 사이클(intelligence cycle)"이라고 부르는 부분에 대해 이미 대략적인 윤곽을 정리한 셈이 된다.

하지만 좁은 의미로 볼 때 "정보 사이클"은 첩보 활동에 속하지 않는데, 그것은 적에 대한 지식이라기보다 적의 지배 영역에 개입하는 것을 중요시하는 까닭이다. 이를 두고 사람들은 "비밀공작(영어로는 대부분 'covert action', 프랑스어로는 'action' 또는 'guerre secrète'라고 부른다)"이라고 말한다. 사회과학적으로는 행동의 변이라고 말할 수도 있는데, 거짓 정보를 진짜 정보인 것처럼 위장한 채 중요한 개별 인물이나 그룹을 비호하거나, 뇌물을 제공하고 협박함으로써 가져올 수 있는 행동의 변화라고 말이다. 은밀한 자금, 물건과 무기를 제공하는 일이 중요할 수도 있다. 비밀공작에는 적의 정치나 군사적 과정에 직접 개입하는 것도 포함되는데, 이때 자신들의 직원이나 외부의 인원(대부분 돈으로 고용한)이 투입된다. 정치적 혹은 인종적 소수나 이념적으로 무장한 집단을 이용할 때도 드물지 않은데, 20세기에는 싸워야 할 적이 이념적으로 어떤 방향인지에 따라서 공산주의 집단이나 반공산주의 집단이 나서는 게 전형적인 경우였다. 거의 군인들처럼 특공대작전을 통해 방해공작을 펼치거나 혹은 침투를 해서 적의 지도자를 축출하기도 한다. 유격대원이나 얼굴을 가리고 무장한 사람들을 투입하기도 한다.

모든 첩보 활동에서 반드시 필요한 것은 적의 첩보기관이 공격하는 것에 대비하여 자신들의 지배기구를 보호하는 것이다. 따라서 적의 첩보 활동을 공격하는 것이야말로 적국의 비밀을 획득할 뿐 아니라 첩보 활동을 마비시킬 수 있는 최고의 가능성을 제공한다. 자국의 첩보기관에서 활동하는 배반자는 전문가라서, 그를 찾아내기란 특별히 힘들기 때문이다. 존 러카레이(1931년생, 영국에서 직접 첩보원 활동을 한 뒤 1960년대부터 스파이 소설로 유명해진 영국 작가다ー옮긴이)의 소설 《팅커 테일러 솔저 스파이》(1974)를 읽어본 사람이라면, 냉전 시대에 강대국들 사이에 첩보 활동이 얼마나 얽히고 왜곡되어 있었는지 잘 알 것이다.[3]

그렇다면 스파이란 어떤 사람일까? 사전을 보면 그들은 (국가의) 에이전트라고 나와 있다. 하지만 이런 정의는 애매하기 그지없는데, 보험회사나 여행사의 에이전트는 당연히 우리가 다루는 주제와는 아무런 상관이 없기 때문이다. 이들의 공통점이란, 조직으로부터 받은 임무나 과제를 수행한다는 점이다. 따라서 우리는 상세하게 다루는 한편 이런 질문도 해야 한다. 스파이는 무슨 일을 하는가? 이들은 적국의 지도자나 적국의 국가 비밀을 염탐하므로 정부에서 어렵사리 마련하는 정부 기관의 일부다.

우리가 다루는 주제와 관련해서 스파이와 배반자 사이에 경계를 짓는 일은 매우 어렵다. 스파이는 파견되는 데 반해서, 배반자는 이미 국가 비밀을 이용할 수 있는 장소에 있다. 그러니까 적의 권력 장치 안에 있는데, 예를 들어 지배자의 주변이나 군부 혹은 정보기관에서 일하고 있는 것이다. 그래서 스파이의 임무를 알고 그에게 도움이 되어주는 직원들이 있다. 에이전트들을 관리하는 관리자가 여기에 속할 것이며, 정보 분야를 담당하는 온갖 직원들 역시 도움이 되는 직원에 속한다. 예를 들어 다른 인물로 살고 있는 스파이나 국가 조직의 핵심에 있는 배반자는 자유롭게 돌아다닐 수 없고, 모든 사람과 얘기하고 정보(특히 문서로 된)를 자기 손으로 임무를 내린 당사자에게 건네줄 수 없다. 그러기 위해서 이런 사람은 정보원이나 정보원으로 구성된 네트워크가 필요하다. 이와 같은 이유로 서로서로를 비호하고 지원하는 사람들로 이루어진 "스파이망"이 있다.

이로써 우리는 스파이 활동에서 전형적인 두 가지 조건을 지적했다. 즉 첫째, 스파이는 극단적으로 충성심 사이에서 왕래한다. 그는 자기편에 대해서는 지극히 충성을 해야 하지만, 배반자가 되기 위해서는 특별한 방식으로 자신을 신뢰하는 적에 대해 충성심을 무너뜨려야만 한다. 둘째, 스파이는 큰 위험에 처하게 되는데, 그를 아는 사람이 있기 때문이다. 대체로 스파이는 조력자들 없이는 활동할 수 없으며, 이들 조력자는 가령 자신들이 벌을 받지 않기 위해 스파이나 혹은 배반자를 밀고할 수 있다.

이로써 우리는 표준이 될 수 있는 규범적 차원에 이르렀다. 우리는, 스파이 활동이나 배반이 윤리적으로 정당화될 수 있는지 질문할 수 있고, 이런 활동을 경멸해야 하는지 아니면 존중해야 하는지에 관해서 물어볼 수 있다. 이에 대한 대답은 대체로 임무를 내리는 당사자와 이들과 싸우는 상대방의 윤리적 잣대에 달려 있다. 구 동독 국가공안국에서 활약했던 사람과, 구 동독 밖에서 국가공안국을 위해 배반자가 되었던 사람들을 예로 들어보자. 이 문제에 대하여 공개석상에서 토론을 하면 서로 의견이 다른 양측은 다분히 화해할 수 없는 입장을 고수한다. 한 측에서는 법정에서 형벌을 내리기를 요구하고, 공안국을 위해 일했던 비공식적인 사람들에게는 통일된 독일에서 공직을 맡지 못하도록 요구한다. 그런가 하면 다른 측에서는, 무엇보다 구 동독 공안국을 위해 일했던 사람들은, 다만 당시에 국제법상 인정받았던 국가를 위해 "정상적인 서비스"를 했을 뿐이라고 주장한다. 심지어 많은 사람들은, 자신들의 배반 행위와 스파이 활동이 동서 갈등에 평화를 가져오는 데 유용했다고 주장하기까지 한다. 독일 법정은 실제로 1990년 이후에, 구 동독의 주민으로서 공안국에 봉사한 자들이 구 동독 법에 따라 벌을 받을 정도의 범죄를 저지르지 않았다면 합법적으로 "정상"임을 인정했다. 이들과는 반대로 서독에서 활동한 공안국 직원들은 형법상의 죄가 있다고 했다. 이와 같은 규칙이 부당하다고 여겨지더라도, 기소 법정주의는 다른 선택이 없다는 점을 대중에게 알렸다.

이와 달리 사람들은 나치 독일이나 소련 혹은 다른 독재자에 맞서 싸운 스파이나 "배반자"는 윤리적으로 완전히 다른 평가를 내린다. 인간성의 원칙과 정당한 평화 원칙은 상위법에 속하는 까닭이다. 독재를 반대하는 저항권은 적어도 유럽식 권리의식에 깊이 뿌리박고 있다. 하지만 역사적 현실을 살펴보면, 이런 입장은 독일의 전후 역사의 정치적·법적 경우에서 볼 수 있듯이 항상 관철시킬 수는 없다. 독일이 항복하고 얼마 후인 1944년 7월 20일에 쿠데타(히틀러의 반대파가 히틀러를 암살하려 했던 쿠데타로, 미수로 끝나고 말았지만 암살 시도 가운데 가장 규모가 컸다—옮긴이)를 벌인 암살범들은 영웅이 되었다. 암살범들의 가족은 국가에서 특별히 보살펴주었다. 어쨌거나 서독에서는 그러했다. 그러나 나치 정권에 대항해서 싸운 전투에서 서구의 정보기관에 소중한 도움을 준 "배반자들"은 그와 같은 인정을 받지 못했다. 이를테면 그들은 외교 업무(외국에서 일을 하는)라든가 다른 관청의 직책을 맡을 수 없었던 것이다. 보상을 받았다 하더라도 보상금은 그야말로 형편없는 수준에 그쳤다. 냉정하게 봤을 때, 이는 놀라운 일도 아니다. 히틀러 암살 쿠데타의 주동자 클라우스 폰 슈타우펜베르크와 동지들은 대부분의 독일인에게 "배반자"로 간주되었으며, 미수에 그친 암살 시도 이후 수십 년 동안 그러했다.

완전히 잊힌 인물은 아마도 독일에서 최초의 비밀 첩보원이라 할 수 있다. 나치와 싸우느라 목숨을 바쳤고, 1934년 6월에 나치의 친위대에 의해 살해된 독일 국방군(1918~1935년 사이의 독일군)의 육군소장 페르디난트 폰 브레도브(1884~1934. 1932년부터 국방부장관의 권한대행을 맡았고, 나치스에게 살해당했다─옮긴이)다. 그는 1929년부터 1932년까지 국방부에서 "방첩"(군사상의 비밀 첩보기관)팀을 이끌었다. 2008년 5월에야 비로소 사람들은 베를린에 그를 위한 기념관을 걸었다. 이제는 독일 연방 방위군도 그를 기억하게 되었다. 하지만 2008년 5월 16일의 언론 보도는 브레도브를 "바이마르 공화국의 이상주의자"라고 언급했다. 이는 이렇듯 주목할 만한 인물을 오해하게 만드는, 지극히 불명료한 특징이라 할 수밖에 없다. 어쨌거나 베를린 사령관은, 브레도브가 히틀러를 총통으로 지명한 것을 쿠데타로 막아내고자 했던 국방군 장교들 중 한 명이라는 사실을 언급했다.

스파이들의 윤리적 입장은 많은 경우에 애매하기 때문에, 첩보 활동은 우수한 엘리트들로 조직해야 할 것이라는 상상을 할 수 있다. 이런 경우 사람들은 몽테스키외의 명언을 자주 인용하는데, 오로지 "진정한 신사들"만이 이와 같은 일을 떠맡아야 한다는 것이다. 실제로 정보조직을 이끄는 수장들은 대체로 상류층 소속이었는데, 이런 활동을 자신들의 직업 외에 부수적으로 수행했기 때문이다. 그러니까 외교관, 장교, 장관이나 고위 공무원이 그들의 직업이었는데, 왕이 다스리던 유럽에서 이런 직책은 대체로 귀족이나 소수의 시민계급 엘리트들에게만 주어졌다. 관료주의적 첩보 활동이 이루어진 20세기에 들어서도 우리는 특정한 모집 패턴을 발견할 수 있다. 이를테면 특정 대학, 엘리트스쿨 혹은 대학생연맹 소속 회원들이나, 미국의 경우 특정 칼리지와 로펌 소속 회원을 선호해서 선발하는 것이다. 구 동독 공안국의 경우에 엄격한 모집 규칙을 실시했는데, 이에 따르면 노동자 계급이어야 하고, 이데올로기적으로 배신하지 않을 사람이어야 하며 의심할 바 없는 삶을 사는 사람이어야만 했다. 이런 모델은 앞으로 우리가 보게 되겠지만, 소련에서 채택했던 것이다.

현대 이전 정치권에서의
첩보 활동

우리는 고대 역사의 어디에서 현대적인 첩보 활동의 선구자를 찾아볼 수 있을까? 대답은 간단할 수도 있다. 즉, 당연히 문헌에서! 하지만 3000년 혹은 4000년 전 문헌은 매우 적으며, 이런 문헌도 비밀을 쉽게 넘겨주지 않는다. 우리는 숨어 있는 암시들을 찾아봐야 한다.

우리는 세계 정복을 추구했고 근동과 중동 지역에 세워진 고대의 거대 왕국들로부터 가장 오래된 본보기를 찾아볼 수 있다. 이집트, 바빌로니아, 아시리아 그리고 페르시아라는 거대 왕국은 모두 종교를 기반으로 하는 세습 왕국이다. 이들의 종교는, 종교와 인종을 고려했을 때 국민들이 단일 민족일 동안에는 안정적인 지배를 가능하게 해주었다. 하지만 다른 민족의 영토를 정복하면서 충성심이라는 문제가 등장했다. 세계를 정복하고자 하는 왕국은 낯선 민족의 엘리트 계층을 통합하거나 억압해야만 했다. 왜냐하면 세계를 정복하고자 하는 왕국이란, 독립적인 지배체제(당시에는 대부분 왕국)가 더 이상 존재하지 않는다는 의미이기 때문이다. 어쨌든 정치적 현실에서 지리적 확장이 가능한 한도에서 말이다. 극단적인 경우에 폭동을 진압해야 하고, 물론 이보다 더 나은 것은 폭동이 애초에 일어나지 않도록 하는 것이다. 그렇듯 지속적으로 많은 민족으로 이루어진 왕국을 안정적으로 유지하려면, 발생할 수 있는 위협에 대하여 가능하면 일찍, 신속하고도 포괄적으로 습득한 정보를 지배자의 왕궁에서 이용할 수 있어야만 했다. 단순하게 이렇게 말해도 된다. 즉, 그 어떤 거대한 왕국도 첩보 활동 없이는 존재하지 않는다.

이집트 왕국은 세계 정복을 내세운 왕국들 중에서 가장 초기의 본보기로 간주된다. 이웃 국가들과의 수많은 전쟁을 치른 뒤에 이집트 왕국은 "신왕조"(기원전 1532년부터)를 열게 되었고, 누비아(오늘날의 수단에 해당한다)와 남쪽에 있는 에티오피아 그리고 북서쪽에 있는 리비아를 정복했고, 그러고 난 뒤에 동쪽으로 시리아에서 유프라테스강(오늘날의 이라크)까지와 북쪽으로 그리스섬까지 진출했다. 람세스 2세(기원전 1213년에 죽었다)가 집권하던 후기에 이르러서야 비로소 이 거대한 왕국이 와해되기 시작했으며, 좀더 정확하게 표현한다면, 아시리아라는 거대 왕국과 페르시아가 부상하면서 무너졌다.

어떻게 그렇듯 어마어마한 왕국을 다스리고, 수많은 민족을 수백 년 동안 통치할 수 있었을까? 경제적 부를 통해서 군사력을 가질 수 있었기에 가능했겠지만, 현대 행정과 비교해볼 수 있는 그 밖의 통치 기구들이 더 있었기에 가능했을 것이다. 총독은 단 한 곳의 지방을 이끌었다. 그는 지방에 주둔한 군사들의 지원을 받았고 파라오에게 상황을 보고했다. 특히 지역에 사는 엘리트들과 군소 왕국들의 충성심에 대해서 말이다. 왕의 사자(使者)들은 군대와 관료들을 데리고 세금을 거두려고 왕국의 곳곳을 누냈다. 이와 동시에 그들은 국경 지역, 이웃 민족들과 왕국에 사는 자국 민족에 대한 소식도 수집했다. 왕의 사자들은 다양한 명칭으로 불렸다. "폐하의 마차 몰이꾼"으로 칭할 때도 많았으며, "두 지역을 도보로 동행한 자"(상부 이집트와 하부 이집트), "모든 나라에 왕의 심부름꾼"이라고 표기하기도 했다. 왕의 사자들은 고위 관료임에 틀림없었으나, 우리는 그들의 활동 가운데 소식을 수집하는 일보다 세금을 거두는 일에 대해 더 많이 알고 있다. 그러니까 상인들, 낙타를 몰고 장사를 하는 대상(隊商)들의 숙박소에서 그리고 배의 선장들과 대화를 통해 소식을 모았을 것이다. 왕의 사자들이 기록한 일지를 살펴보면, 그들은 중요한 편지나, 정부의 문서, 그리고 모든 중요한 접촉에 대해 기록했다는 사실을 알 수 있다.[1]

아스완(assuan: 고왕국 시대부터 누비아 지배의 근거지로 번성했던 이집트의 도시로, 이곳에서 누비아의 금, 모피, 향료, 노예를 파라오에게 보냈다—옮긴이)에서 보고했던 남쪽의 반란과 같은 중요한 사건에서 우리는 다음과 같은 언급을 발견할 수 있다. "한 사람이 전하에게 다음과 같은 정보를 올립니다. 비탄에 잠긴 쿠쉬(오늘날 북수단에 사는 민족)가 봉기를 일으켰으나, 두 지역의 지배자 밑에 있던 …… 이집트의 주민들(누비아에 살던 이집트 거주자들)은 자신들의 가축을 담 안에 안전하게 감추었고, 이 담은 그들의 아버지가 …… 반역자인 야만인들을 격퇴시키기 위해서 대대적으로 지은 것입니다……."[2] 파라오에게 소식을 전한 이 "한 사람"은 과연 누구였을까? 아마도 일종의 소식을 전달하는, 왕의 사신이었을 것이다. 중요한 소식의 출처에 대한 또 다른 증거도 지배자에게 보고하는 "한 사람"보다 더 정확한 명칭을 사용하지는 않았다. 그러므로 충성스러운 신하나 백성이라고 기록하는 게 전형적인 경우다. 해당 지역의 권력관계를 보고하기 위해 그와 같은 명칭은 항상 등장한다. 비슷한 보고들은 소동의 중심 지역인 팔레스타인과 시리아에 관한 것이다.

파라오의 외교업무에 관련된 두꺼운 자료는 파라오 아멘포테프 4세(이집트 제18왕조로 9대 파라오였으며, 재위 5년 때 아크나톤으로 개명했다—옮긴이) 때 것이 존재하는데, 그는 아크나톤이라는 이름으로 더 잘 알려져 있고, 기원전 13세기 중반에 이집트를 다스렸으며 네프레티티와 결혼했다. 종교와 사회를 대대적으로 개혁한 이 파라오는 카파도키아(cappadocia: 아나톨리아 고원 한가운데에 자리한 카파도키아는 실크로드가 통과하는 길목이었고, 오늘날 터키의 카파도캬다—옮긴이)에 거주하던 히타이트인들과 싸워서 참패했으며, 히타이트는 이집트 왕국의 동쪽 국경에 인접한 여러 속국이 이집트를 등지게 만드는 데 성공했다. 분명 정보 수집이라는 정교한 정책과 영향력 행사 및 비밀스러운 수단을 동원했을 것이다.

히타이트는 비밀스러운 수단을 사용하는 데 매우 탁월했다. 람세스 2세의 원정과 카데시(고대 시대 시리아 오론테스강에 인접해 있던 중요 도시—옮긴이) 전투(기원전 1275년)에 관한 보고에 따르면, 이집트는 다양한 민족과 연대한 히타이트로 말미암아 상당히 놀랐던 것 같다. 게다가 파라오는 변장한 첩자 두 명에 속아 너무 성급하게 도시에 진입했다. 이들 외에 두 히타이트 첩자의 정체가 밝혀지고 잔인한 고문을 통해 자백을 받아냈을 때에야 비로소, 이집트는 자신들이 덫에 걸렸음을 알아차렸다. 히타이트인은 전차 1000대를 이끌고 강의 얕은 곳을 건너서 기습 공격하는 데 성공했다. 이집트의 2개 사단이 순식간에 파괴되었다. 람세스는 군대를 퇴각시켜야만 했다. 그의 충실한 친위대는 파라오가 체포되는 것을 겨우 막아냈다. 그는 휴전해야만 했고 시리아를 잃는 것을 받아들일 수밖에 없었다.[3]

파라오는 이집트 국내에서 세력을 펼치기 위해 종교적 수단을 이용했다. 파라오는 태양신의 아들로 간주되었고 거대한 성직자 계급의 지지를 받았다. 또한 "파라오의 눈과 귀"가 있었다. 충성심이 강한 고위 공직자들로, 이들은 비지르(vizir)라고 하는 재상 소속하에 있었다. 재상은 관료라는 장치와 정보를 담당하는 사신들의 안전을 위해 지속적으로 감시를 하게 했다. 일종의 비밀경찰이라고 불러도 될 그런 인물들 말이다.[4]

바빌로니아와 아시리아는 처음에 이집트의 영리한 학생이었으나, 몇몇 영역에서 비밀스러운 작업을 하는 데는 훨씬 탁월했던 것 같다. 특히 그들은 정부의 핵심이 외지에서 근무하는 보초병들과 대화를 할 수 있는, 정비되고 통제된 거리의 의미를 잘 알고 있었다. 사막 지역의 경우 물이 나오는 곳에 요새를 세워두었다. 거리와 물길은 왕실의 파발꾼들이 이용했고, 그런 길들은 마지막에 수도인 니네베(Nineveh, 고대 아시리아의 수도)로 모였다. 정보가 전달되는 길은 동시에, 비밀 소식으로부터 이득을 취할 수 있는 행정, 군대와 외교에도 유용했다. 전시 때에는 보초병들을 봉화와 함께 세워두었고, 그리하여 가시거리에서 짤막한 소식을 전해줄 수 있었다. 파발꾼들은 매우 상세한 보고를 하고는 했다.[5] 드문드문 알려준 이런 소식들은 대부분 지역의 모반이나 왕국의 외딴 지역에서 일어나는 폭동과 관련된 것이었다. 이들 가운데 아르메니아는 특히 많은 문제를 일으켰는데, 그곳의 왕은 항상 적군과 아시리아에서 도망친 탈주병들에게 땅을 선물했기 때문이다. 아시리아 왕들은 신뢰할 수 있는 백성만 정착시키는 정치를 이용했다. 폭동을 억압하고 국경을 확보하기 위해서 수만 명이 강제로 사는 곳을 옮겼을 것이다. 로마 제국과 비잔티움이 나중에 이런 정책을 모방했다.

페르시아인도, 키루스 대제(기원전 601~기원전 530)의 지배하에서 혜성처럼 부상했는데, 비밀 첩보의 기능에 매우 중요한 가치를 두었다. 이들 첩보기관의 구조와 성취에 대해서 우리는 훨씬 풍부한 자료를 접할 수 있다. 그리스 철학자 헤로도토스(기원전 484?~기원전 425?)는 대략 100년 후에 살았지만, 우리에게 권력을 확장하고 지키는 페르시아의 기술에 대한 수많은 자료를 남겼다. 다리우스 1세가 지배할 때 그리스에서부터 인도에 이르기까지 확장된 거대한 왕국은 20개의 지방으로 나뉘어 있었고, 각각의 지방을 총독 한 명이 페르시아 출신 고문 한 명과 함께 다스렸다. 지방에 있던 군대는 왕의 군대 관할 아래에 있었고, 죽지 않는다는 "불사부대" 근위병 1만 명이 왕을 호위했다. 궁정에는 모든 지방과 관리를 감시하는 관청이 있었다. 이 관청의 관료는 "왕의 눈"으로 간주되었고, 그리스 장군이자 작가였던 크세노폰은 이 관료를 더욱 위대한 시스템의 일부라고 서술했다. 키루스 왕은 수많은 "눈"과 "귀"를 거느리고 있었으며, 그들에게는 선물과 명예를 안겨주었다. "왕이 자신에게 중요한 정보를 알려준 사람에게 넉넉하게 베풂으로써, 많은 사람이 왕에게 유용한 소식을 전해주기 위해 자신들의 귀와 눈을 열어두고 있었다. 그리하여 왕은 많은 눈과 귀가 있다는 말을 했다. ……도처에서 사람들은 왕에게 손해가 되는 말을 하지 않을까, 자신이 직접 이런 말을 듣지 않을까 두려워했다. 혹은 왕에게 해로운 일을 하지 않을까, 마치 그 장소에 있지는 않을까 하는 두려움이었다. ……왕에 대한 이런 인간의 행동은 내가 알기로는, 작은 일로 마음을 사고 커다란 보상을 받고자 하는 바람 외에 다른 이유가 없었다."[6]

페르시아의 왕들은 고위직 관리들을 매년 지방으로 파견해서, 그곳의 상태를 알아보고, 각 지방을 다스리는 총독과 사람들을 신뢰할 수 있는지를 알아보게끔 했다. 물론 페르시아 대제국은, 크세노폰이 서술하고 있듯이, 도로망과 파발 체계도 훨씬 향상된 상태였다. "……사람들에게는 길을 따라가는 것이 가장 빠른 방법이었다. 가능하면 신속하게 소식을 받고, 가능하면 빨리 상응하는 조치를 취할 수 있다는 것은 아주 멋진 일이었다."[7]

헤로도토스는 "왕도"에 대해 감탄을 금치 못했는데, 그러니까 사르디스(터키의 서부)에서부터 바빌론(바그다드)을 거쳐 페르시아의 수도 수사(현재 이란 후제스탄주 슈시—옮긴이)에 이르는 길이었다. 길을 쭉 따라가면 일정한 간격을 두고 요새, 낙타를 몰고 다니는 상인들의 집단인 대상의 숙박소와 파발꾼들의 숙소가 있었다. 만일 규정된 단계를 잘 지키면, 1만 3500스타디온(2511킬로미터에 해당함)을 "정확하게"(헤로도토스는 이런 말을 사용했다) 90일 만에 갈 수 있었다.[8]

페르시아의 첩보기관과 잘 정비된 왕의 길은 그리스 지식인들의 경탄을 자아냈다. 위대한 키루스 왕의 추종자였던 헤로도토스는 왕의 청소년 시절에 대해 서술했다. 훗날 왕이 된 키루스는 어린아이였을 때 이미 친구들에게 왕국의 위대한 과제를 나누어주었다는 것이다. "그는 친구들에게 과제를 나누어주었는바, 한 친구에게는 집을 지으라는 과제를 내주었고, 다른 친구에게는 친위대를 맡으라는 과제를, 그리고 왕의 귀가 되어야 한다는 과제를 내준 친구도 있었다. 또 한 친구에게는 자신을 알현실에서 접견하라는 과제[즉, 소식을 전달하는 임무]를 주었다. 그런 방식으로 그는 각자에게 특정 임무를 내려주었던 것이다."[9] 만일 이런 장면이 당시에 펼쳐졌다면, 이런 과제들은 키루스 훨씬 이전부터 궁정 관리들 사이에서 가장 중요한 과제에 속했다는 또 다른 증거일지 모른다. 다양한 민족과 궁정에서 일하는 하인들에 대한 감시, 그리고 정보를 얻어내는 탁월한 방식은 첩보 활동을 했다는 암호와 다를 바 없다. 사실 이런 첩보 활동 없이는 거대한 왕국을 다스릴 수 없었을 것이다. 그리스 출신의 많은 저자가 봉화와 같은 향상된 기술을 묘사했는데, 특히 위대한 비극작가였던 아이스킬로스가 그러했다. 그는 페르시아와 맞서 싸운 마라톤과 살라미스 전투에 직접 참가하기도 했다. 그는 아가멤논의 비극을 다룬 자신의 작품에서 미케네 궁정을 지키고 있던 한 보초에게 독백을 하게 했다. 이 보초병은 봉화를 통해 트로이가 멸망했음을 목격한 후에 아가멤논의 아내 클리타임네스트라(아가멤논이 트로이 전쟁 때 원정을 간 사이, 아이기스토스와 밀회를 나누었고, 트로이에서 돌아온 아가멤논과 그의 애인 카산드라를 살해했다—옮긴이)에게 봉화가 보내는 즐거운 소식을 전할 수 있었다.

군사 첩보기관이 당시에 발전했다는 것은, 그리스 작가이자 용병 시절의 경험을 글로도 썼던 크세노폰이 기원전 401년 페르시아 전투에 대해 전한 보고서에서 매우 잘 볼 수 있다. 크세노폰은 1만의 그리스 용병과 함께 바빌론 근처의 전쟁터에서 싸웠고 심지어 이 전투에서 승리를 거두기도 했다. 하지만 페르시아 왕 키루스가 죽은 뒤에 그리스인들은 가능하면 신속하게 도망쳐야만 했다. 크세노폰과 용병들은 실제로 이렇게 퇴각하는 데 성공했고, 적의 지역을 통과해서 오늘날 터키 땅이지만 당시에는 그리스인이 살던 흑해 연안의 트라브존으로 진군했다. 이런 퇴각은 5개월 동안 지속되었고, 크세노폰은 적군의 위치를 알아내고 그 지역에 사는 민족의 분위기를 탐색하기 위해 일종의 소수 기병대를 조직하여 이들에게 정찰 임무를 내렸다. 이렇게 하여 적의 공격과 잠복을 피해서 군대는 물론 보급품까지 안전하게 이동시킬 수 있었다. 그리스인이 대부분 정찰부대로 보병을 이용한 것과 달리, 말을 탄 정찰부대는 훨씬 빠르게 소식을 전달해주었다.

알렉산더 대왕

페르시아의 소식과 정보기관에 대한 그리스인의 감탄은 마침내 모든 그리스 장군과 정복자 가운데 가장 위대한 마케도니아 왕국 알렉산더 대왕에게 큰 영향을 미쳤다. 10년 만에 페르시아 왕국을 정복하고, 특히 인도까지 출정했던 알렉산더 대왕은, 잘 정비된 조직을 통해 적군의 군대에 대한 정보를 얻지 못했더라면 그 같은 일이 불가능했을지 모른다. 이방인 민족들의 정치 분위기와 지리 조건에 대한 정보를 통해 군대에 보급품을 보내기 어렵다는 사정을 미리 알아냈던 것이다. 알렉산더는 의심하지 않고 페르시아의 경험과 실행방식을 바탕으로 삼았다. 또한 닦아놓은 길과 페르시아의 간접자본도 이용했다.

하지만 기원전 333년 11월 이소스(터키의 도시 이스켄데룬의 북쪽에 위치)에서 결정적인 전투를 벌였을 때, 군 정보원이 임무를 제대로 해내지 못해서 하마터면 대재난이 일어날 뻔했다. 알렉산더는 상세한 보고를 받았는데, 이에 따르면 페르시아의 왕 다리우스 3세가 군대를 이끌고 먼 곳에 가 있는 상태라는 것이었다. 그런데 실제로 이 두 군대는 자신들은 몰랐지만 서로를 지나쳐서 행진을 해나갔고, 이로 인해 페르시아인들은 알렉산더의 등에 서 있었으며 그리하여 이 두 군대는 거꾸로 된 전투 순서에 따라 싸워야만 했다. 만일 패배했다면 알렉산더는 퇴각할 수 없었을 것이다.[10]

다리우스와 맞서 싸운 전투 가운데 세 번째로 대대적인 전투가 기원전 331년 10월 가우가멜라 평원(오늘날 이라크 북부)에서 일어났는데, 첩보원으로부터 들은 보고는 처음에 틀렸다. 그러니까 알렉산더에게 보고하기를, 다리우스는 이미 행진 중이며, 소수의 선발대만 데리고 행진하고 있다는 것이었다. 그 밖에 올라온 거짓 정보들은 체포된 페르시아 스파이들로부터 나온 내용으로, 이들은 마케도니아 왕을 혼란에 빠트릴 목적으로 그렇게 했던 것이 틀림없다. 그와 같은 덫에 걸리지 않기 위해서, 알렉산더는 페르시아에 능통하며 신뢰하던 미틸레네의 라오메돈(라오메돈은 알렉산더 3세의 친구이자 장군이었다—옮긴이)에게 포로들 가운데 신분이 높은 사람들을 염탐하도록 했다.

시대를 막론하고 전쟁 포로들은 군 스파이의 중요한 원천이었다. 그들은 이런 임무를 지원하기에 좋았지만, 당시도 오늘날과 마찬가지로 비밀 업무를 수행함에 있어 충성심이 중요한 역할을 했다. 페르시아의 첩보원 시세네스(Sisenes)의 이야기가 좋은 본보기가 되는데, 그는 다리우스 왕에 의해 적국 알렉산더의 궁정으로 파견되어 그곳에 있는 왕의 친척 한 명에게 살인을 하자고 설득하는 임무를 맡았다(암살이 성공하면 왕의 후계자로 추대해주겠다고 했을 것이다). 하지만 시세네스는 적시에 적발되었고 자백하라는 강요를 받고 결국 처형당했다. 전해오는 다른 이야기에 따르면, 시세네스는 알렉산더의 친구였으며, 그에게 왕을 암살하라는 요구가 담긴 편지를 누군가 전해주었기에 시세네스가 의심을 받게 되었다고 한다. 따라서 시세네스는 죄 없는 첩보 활동의 희생자였다는 것이다. 두 가지 이야기 가운데 어느 것이 사실일까? 우리는 알 수 없다. 두 가지 버전은 이야기를 전하는 저자의 환상에서 나왔을 것이다. 저자들의 관심사는 무엇보다 음모자를 영웅의 측근이라고 설정함으로써 개별 인물의 드라마로 보이게 하는 데 있다.

알렉산더는 분명 사람을 잘 신뢰하지 않는 성격이었을 것이다. 그는 병사들의 편지를 몰래 읽어보았고 군대의 사기를 알아내기 위해 병사들끼리 나누는 사적 대화를 엿듣기도 했다. 하지만 왕의 측근에서 비밀 첩보원들이 무슨 일을 하는지에 대해서는 보고도 적으며 남아 있는 보고들도 모순에 차 있다. 이런 보고서를 기록한 저자들은 잔뜩 미화된 보고서가 진정으로 어떤 정보를 담고 있는지를 몰랐던 게 분명하다. 온갖 정치적이고 군사적인 세부 사항에 대하여 정보를 제공하는 문헌에 왜 첩보 활동에 대한 언급이 없을까 하는 의문을 품지 않을 수 없다.

이에 관해 고대 역사가 야코프 자이베르트는 추측하기를, 고대의 역사 서술가들은 원칙적으로 그와 같은 의문에는 전혀 관심이 없었다는 것이다. 그들의 보고는 오로지 지배자라는 사람에게만 고정되어 있었다. 즉, "그는 모든 것을 하고, 모든 것을 분류하고 모든 것에 대해 명령을 내린다. 그야말로 가끔 조력자들이 나타난다".[11] 저술가들의 업적은 아무래도 왕이라는 핵심 인물의 업적에 의해 축소되었다. 훌륭한 결정이나 전쟁에서 승리를 거두게 된 것이 신들로부터 받은 은총, 그러니까 영웅의 카리스마와 용기 덕분이 아니라, 첩보원과 전문가로 이루어진 조직 덕분이라면, 역사 서술가들이 영웅서사시를 이야기하기란 참으로 힘들었을 것이다. 현대를 살고 있는 우리가 이해하는 바에 의한 비밀 활동이란 것이 고대 저서에 잘 등장하지 않는 중요한 원인 가운데 하나가 바로 그 때문일 수 있다.

알렉산더 왕국이 분열한 뒤 후속 왕국들에서도 공식적인 편지 교환은 여전했고, 이에 대한 철저한 기록은 훨씬 향상되었다. 예를 들어 기원전 255년 프톨레마이오스 왕조(기원전 305~기원전 30년 이집트를 다스린 프톨레마이오스 왕국의 왕조를 말한다. 알렉산더 대왕이 죽고 나서 그의 부하 장군 프톨레마이오스는 기원전 323년에 이집트 총독으로 임명되었고, 기원전 305년에 자신을 "프톨레마이오스 1세 소테르"라고 칭하고는 이집트의 왕이 되었다—옮긴이)의 이집트에서 나온 한 외교 특사의 일지가 남아 있는데, 여기에는 공식적인 외교특사의 교환에 관해서는 물론 왕실의 문서와 소식의 관리를 얼마나 세심하게 조직화하고 있는지가 상세하게 기록되어 있다. 특별히 중요한 문서는 특수한 특사들을 통해서만 전달했고 특수 경찰이 지켰다. 오늘날의 언어로 표현하자면, 그것은 비밀문서와 그것의 운송에 관한 내용이다. 여기서 주의해야 할 점은, 당시의 특사들은 정부의 문서만 전달했고 개인 우편물은 취급하지 않았다는 것이다. 때문에 특별히 중요한 문서와 정보를 어떤 안전장치를 통해서 보호했는지를 눈여겨볼 만하다.[12]

문서나 소식을 얼마나 빠른 속도로 전달하는지는, 4세기 군사 전문가 아이네이아스의 저술에서 발견할 수 있는 향상된 봉화신호다. 물론 우리는 그리스 역사가 폴리비오스(기원전 200~기원전 120. 그의 저서 《히스토리아》로 유명하며, 이 저서는 총 40여 권으로 이루어져 있는데, 기원전 264~기원전 146년 로마 전반의 역사를 담고 있다—옮긴이)를 통해서만 아이네이아스의 생각을 들여다볼 수 있다. 이후에 그와 같은 신호에 문자를 혼합하게 되었다. 알파벳을 다섯 장의 판으로 나열했고, 각각의 판에는 알파벳 하나가 있었다. 첫 번째 신호는 판의 명칭을 얘기했고, 두 번째 신호는 알파벳이 1~5번째 중 어디에 위치하는지를 알렸다. 이런 방식으로 의도하는 단어를 송신할 수 있었을 뿐 아니라, 수수께끼처럼 해결해야 하는 경우도 있었다.

로마인들에 와서야 비로소 우리는 다양한 신호기술의 발전과 사용에 대해 더 많이 알게 된다. 하지만 의심할 바 없는 사실은, 로마 제국은 동쪽에 자리 잡았던 이전의 왕국들이 사용한 군사 지도, 탐색 기술과 소식 전달 기술로부터 많은 것을 이어받고 이용했다는 것이다.

로마는 비밀 첩보원이 없는 대제국이었을까

로마가 팽창하던 초기에만 하더라도 첩보 활동은 로마인들에게 그다지 관심거리가 아니었다. 공화국의 마지막까지 로마에는 조직화된 첩보 업무와 페르시아와 견줄 만한 파발꾼 내지 외교특사 제도 같은 것도 없었다. 아마도 로마의 장군들은, 필요하면 즉석에서 첩보원을 고용했고, 전쟁 포로와 탈주병에게 물어봤을 것이고, 그때그때의 동맹군들의 정보를 기초로 해서 낯선 민족과 영토에 대한 지식을 습득했던 것 같다. 그 밖에도 널리 흩어져 살던 로마인들에게서 정보를 얻었으며, 상인, 투자자와 선원으로부터도 정보를 얻었다. 주목할 만한 점은, 로마의 정치는 바뀌는 동맹자들과 유복한 개인들의 관심에 의존했고 정치적인 수장들이, 동쪽의 제국들에서 그러했던 경우와는 달리, 잘 정비되고 안전한 연결망을 통해서 정보를 얻을 수 없었다는 것이다.

로마 제국이 팽창하기 훨씬 전에는 국가의 첩보기관이 없었던 게 분명하다. 에트루리아인(중부 이탈리아의 북쪽에 위치했으며, 로마인들보다 먼저 이탈리아 반도에 최초로 독자적인 문화를 남겼다—옮긴이)과 전쟁을 치를 때에도 충분히 막을 수도 있었을 기습 공격을 늘 당하고는 했다. 카피톨 언덕에 있었던 전설적인 오리에 대해 들어본 사람도 있을 텐데, 기원전 387년 7월에 갈리아인들이 담을 올라오는 것도 모르고 잠을 자고 있던 성안의 로마 사람들을 오리들이 깨워주었다는 전설이다. 사실 오리들은 이 성안을 지키는 보초들이 아니었고, 주피터의 아내인 여신 주노(Juno)를 지켜주는 성스러운 동물로서 카피톨의 사원에 있었던 것이다. 냉정하게 말해서, 이런 일화를 들어보더라도 로마인들은 이성적인 사람들이라기보다 행운아였다고 하는 편이 더 맞을 것 같다. 페니키아인(고대 셈족으로, 지중해 동부 해안을 따라 쭉 펼쳐져 있던 일련의 도시국가다. 이집트, 아시리아, 바빌로니아처럼 거대 국가로부터 영향을 많이 받았다―옮긴이)과 갈등을 겪어서 전쟁을 치러야 했을 때, 특히 무역의 중심지 카르타고(오늘날 튀니스 근처)와 상대했을 때, 로마는 처음으로 자신들보다 정보 체계가 훨씬 뛰어난 적과 싸우게 됐다. 바다를 건너 원거리 무역을 하는 민족에게 정보는 말할 것도 없고, 이런 정보를 신속하고도 확실하게 전달하는 것은 성공하기 위해 반드시 필요한 수단이었다. 카르타고인들은 많은 기술력과 정치적·사회적 문화조차도 지중해 동쪽(지중해 동부, 이탈리아의 동쪽 지역을 당시에는 레반트라고 불렀다―옮긴이)에 살았던 조상들로부터 물려받았다.

궁극적으로 로마와의 갈등은 지중해 전체를 두고 누가 패권을 잡느냐의 문제였으나, 처음에는 남부 이탈리아, 특히 시칠리아가 갈등의 중심에 있었다. 포에니족―이탈리아 사람들은 카르타고인들을 그렇게 불렀다―은 바로 이 시칠리아를 기점으로 에스파냐에서 활동하려 했다. 이들은 에스파냐에서 주석과 은과 같은 중요한 원자재를 가져왔다. 카르타고인의 금속 가공 기술은 탁월했다. 서부 아프리카에서 금을, 그리고 서부 에스파냐와 영국에서 주석을 구매했던 카르타고인의 대서양 무역은 그야말로 유일무이한 경우였다. 심지어 카르타고인이 미국까지 갔을지도 모른다는 추정도 가능하다. 하지만 로마와의 갈등에서는 남부 이탈리아가 관건이었고, 로마인들은 이 구역을 절대 포기할 수 없다고 간주했다. 이어서 로마의 지배 영역을 확장한 것은, 그러니까 후기의 로마 제국은 이처럼 남부 유럽을 확고하게 지켜낸 덕분이라고 해도 결코 과장이 아니다. 로마와 지중해를 넘어서까지 거주지와 경제적 관심 대상 지역을 확장해서 확보하기 위해, 로마인들은 늘 전쟁을 치러야 했고, 늘 새로운 적과 경쟁자들을 상대로 싸워야만 했다. 따라서 어쩔 수 없이 영토를 확장해야만 하는 목표는 로마의 국가적 이념이었다고 볼 수밖에 없다.

로마인들은 그 어떤 적들보다 카르타고인들과 싸울 때 지극히 격렬하고 잔인했는데, 그리하여 카르타고의 문화는 기원전 146년 제3차 카르타고 전쟁으로 사라지고 말았다. 따라서 우리는 오로지 로마의 문헌을 바탕으로 해서 카르타고에 대한 정보를 얻을 수 있으며, 고고학적 발견물도 매우 드물어서 보충하기 어렵다. 따라서 카르타고인들의 비밀 첩보기관과 전쟁에 관해서도 로마의 기록으로 살펴볼 수밖에 없다. 왜곡된 시각은 적과의 면적을 따져볼 때 이미 시작하는데, 로마의 역사는 두 나라를 비슷한 면적으로 서술하고 있는 까닭이다. 하지만 실제로 보면 카르타고는 로마에 비하면 확연하게 작았다. 어느 정도의 규모로 군사를 투입했는지, 로마보다 탁월했던 정보 획득 능력과, 전쟁이 카르타고에 유리할 수 있는 정보를 얼마나 신속하게 전달했는지를 보면, 더욱 분명해진다.[13]

로마가 주시한 핵심에는 한니발이 있었는데, 그는 기원전 219년에 로마와 처음으로 전쟁을 치러 사군트(sagunt, 지중해 연안과 가까우며, 오늘날 에스파냐 동부에 있는 발렌시아 지역에 위치)를 정복했다. 카르타고가 계약을 파기했다는 터무니없는 이유로 전쟁이 일어났던 것이다. 한니발은 몇 겹으로 맺은 카르타고의 연맹들을 이용했는데, 특히 남부 이탈리아에 있는 그리스인의 도시들과, 오늘날의 에스파냐와 남부 프랑스를 로마에 맞서 싸울 때 동원하고자 했다.

그런데 한니발은, 로마가 에스파냐를 넘어서 전쟁을 수행할 생각은 못하고 있다는 사실을 알게 되었을 것이다. 심지어 한니발 군대가 피레네 산맥을 횡단하는 것조차 로마인들에게는, 카르타고의 군대가 북이탈리아로 향하고 있으며 겨울이 되기 전에 알프스(오늘날의 프랑스)를 거쳐서 발레다오스타(오늘날의 이탈리아)에 도착할 수 있으므로 조심해야 한다는 경고로 받아들여지지 않았다. 병참에서 보여준 이 같은 대단한 업적은 그 지역에 사는 시민들의 수많은 도움이 없었다면 불가능했다. 포강 유역의 평야에 도착하자 지친 군대를 켈트족 용병들로 보충하고자 했던 한니발과 마찬가지로 지역의 주민들은 로마의 패배를 원했다. 그렇듯 한니발이 동원한 병참들은 비밀 첩보들의 설명과도 달랐고, 한니발의 군대가 거쳐 지나간 지역의 주민들의 영향력도 로마의 정치와 대항했을 때 전략적으로 우위를 차지할 수 있었다.

로마의 원로원들은 이 시점에서도 여전히 사절을 에스파냐와 갈리아에 보내서 로마에 대한 연맹관계를 더욱 돈독하게 마련하고자 했다. 하지만 역사가 리비우스의 보고에 따르면, 갈리아에 온 로마인들에게, 자신의 땅을 카르타고-로마의 전쟁이 발발하는 무대로 제공하고 싶지는 않다고 갈리아인들이 설명했다는 것이다.[14] 한니발의 사절들이 얻었던 정보는, 로마인들이 남프랑스의 마르세유에 있는 그리스인 이주민들로부터 들었던 정보보다 더 빨랐던 게 분명하다. 첩보원들이 로마인들에게 전하기를, 한니발은 갈리아의 지도자에게 엄청난 뇌물을 주었으며, 특히 금으로 뇌물을 주었다고 했다. 푸블리우스 코르넬리우스 스키피오가 배 60척, 보병 1만 명, 말 700마리를 거느리고 한니발을 저지하기 위해 마르세유에 도착했을 때, 한니발은 이미 이 지역을 지나가고 없었다. 말을 타고 정보를 얻는 양측의 군인들 사이에 소규모 전투가 있었을 뿐, 로마 군대에 관해서 잘 알았던 한니발은 전투를 피했던 것이다.

이탈리아에 도착한 한니발은, 늘 군사적 간계를 통해서 로마 군인들을 속이는 데 성공했다. 한니발은 로마군의 야영지에서 얻은 정보를 곧장 보고하는 스파이망을 구축하고 있었던 게 분명하다. 게다가 그는 높은 지위에 있던 전쟁 포로 몇몇을 풀어주기도 했는데, 특히 고향에 가면 로마와 관계를 끊는 데 힘쓰겠다는 카푸아와 타렌트 출신의 포로들이었다. 그는 가능하면 도시와 국가들이 로마와 겪는 심각한 갈등 상황을 잘 이용했고 이로써 정치전도 탁월하게 이끌어갔다. 이런 정치전에서 한니발은 로마라는 도시를 파괴하는 게 아니라, 연맹을 맺고 복종하는 도시와 민족들을 파괴했다. 때문에 그는 군대를 이탈리아 아페닌산맥의 동쪽인 칸나에 (cannae, 이탈리아 동남부의 고대도시)로 방향을 돌렸으며, 이곳은 당시 로마가 아드리아 해변에서 생필품을 보급하는 가장 중요한 항구였다. 바로 이곳에서 한니발은 기원전 216년에 의미심장한 승리를 거두었다.

하지만 약해진 군사력으로 로마와 상대해서 싸우는 대신에, 한니발은 외교적 돌파구를 마련했다. 즉, 도시 시라쿠스에 새로운 통치자로 임명된 히로니무스가 정치적으로 다른 선택을 하게끔 움직였다. 타렌트 역시 협상을 거쳐서 정치적으로 카르타고의 편에 섰다. 물론 한니발은 카푸아를 다시 잃고 말았는데, 비밀 첩보원들을 동원해서 다양한 계략을 사용했으나 이들은 로마인들을 뿌리치지 않았던 것이다. 한니발은 온갖 소문을 퍼뜨렸다. 그는 로마인의 옷을 입고 변장한 군인들과 함께 적군에 들어가서 혼란에 빠트리기도 했다. 심지어 로마로 행진하는 것처럼 속이기도 했다. 하지만 로마인들은 한니발의 무기로 그를 때려눕히고자 했다. 리비우스는 기원전 208년에 베누시아(타렌트만) 근처에서 벌어진 전투에서 한 가지 예를 들었다. 이곳에서 로마의 집정관 마르쿠스 클라우디우스 마르켈루스가 목숨을 잃었다. 한니발은 로마의 집정관이 죽자 거짓 편지들을 작성하기 위해서 죽은 마르켈루스의 인장(印章)이 붙은 반지를 가져갔다. 한니발은 로마에 우의적이던 도시 살라피아(이탈리아 남동부, 장화의 굽 모양을 하고 있는 지역이다—옮긴이)에 집정관이 진군하고 있다는 거짓 소식을 알리기 위해 변장한 첩자를 보냈다. 하지만 두 번째 집정관이던 티투스 퀸크티우스 크리스피누스는 이것이 전시에 있는 책략임을 알아차리고 즉각 주변 도시들에 위조된 마르켈루스의 편지를 조심하라는 경고를 했다. 그런 뒤에 로마로부터 투항한 자들이 도시에 들어와서 집정관의 보호를 요청했을 때, 이들은 성벽 뒤에서 살해당하고 말았다.

한니발의 별은 지기 시작했다. 왜냐하면 훗날 "아프리카누스"라는 별명을 얻은 푸블리우스 코르넬리우스 스키피오가 고작 25세에 전해에 급습을 해서 카르타고의 요지라 할 수 있는 카르타고 노바(오늘날 에스파냐에 있는 카르타헤나)를 손에 넣는 데 성공했기 때문이다. 물론 당시에는 군사적으로 이 지역을 충분히 장악하지는 못한 상태였다. 이제 로마인들은 압력 수단을 갖게 되었으며, 특히 고위직 인질들을 통해 카르타고의 에스파냐 연맹을 압박할 수 있었다. 카르타고에서는 한니발의 전쟁을 지원하던 것도 중단했다. 결국 로마는 한니발의 소환을 요구했으나, 한니발은 대담한 도주를 통해서 빠져나갔다.

카르타고가 멸망한 뒤에 로마는 동쪽으로 확장해나갔는데, 기원전 168년 마케도니아 제국이 멸망한 곳이었다. 소아시아와 더불어 그리스, 시리아와 마침내 이집트까지 줄줄이 로마 제국에 무릎을 꿇었다. 이로써 이전에 동쪽의 세계제국들의 후계자들과 교역이 훨씬 더 활발해졌다. 로마인들은 자신들에게 없던 정치적·행정적 실행 방법을 발견했고, 이런 것을 그대로 이어받거나 흥미롭게 연구하기도 했다. 처음에는 동쪽에 있던 국가들처럼 중앙에서 관리하는 첩보기관을 마련하지는 않았으나, 상인과 투기꾼 같은 개인들이 점점 로마의 정치에 영향을 끼쳤다. 이런 종류의 개인들은 대체로 사적 목적에 따라 이용되었기에 경제 스파이라고 부를 수도 있겠지만, 정치색이 짙은 보고도 적지 않았다.

이와 같은 실상은 결코 새로운 게 아니었다. 폴리비오스의 기록에 따르면, 기원전 348년 제2차 로마-카르타고 협약에는 다음과 같은 조항이 포함되어 있었다. "카르타고인들은 이 구릉맥(북쪽 카르타고 바로 앞에 위치해 있는 산맥 기슭)을 넘어 남쪽으로 절대 가지 않을 것인바, 로마인들이 전함을 몰고 다니는 까닭이다. ……그러나 만일 누군가 폭풍이나 적군에 의해 어쩔 수 없이 그곳에 닿게 되었다면, 그리고 희생자를 치료하거나 탈것을 수리하기 위해 뭔가 필요하게 되었다면, 그렇게 해야 한다. 하지만 다른 어떤 것도 가져가서는 안 되며, 이곳에 도착한 자들은 5일 안에 다시 떠나가야 하는 규칙을 반드시 지켜야 한다. 그러나 아름다운 구릉맥의 이쪽 편에 위치한 카르타고와 리비아, 그리고 사르디니아와 시칠리아, 카르타고의 통치권이 지배하는 곳은, 무역을 하려는 로마인들을 허가해야 하고, 이런 로마인들의 권리는 카르타고가 그들에게 …… 부여하는 만큼 허락된다."[15] 이런 합의서는 첩자를 막기 위한 하나의 수단으로 볼 수 있는데, 로마 상인들을 강조하는 부분에서 그러하다. 카르타고인들은 오랫동안 무역을 하던 민족이라 그와 같은 경우를 지극히 두려워했던 것이다.

기원전 88년 폰토스(Pontos: 소아시아 흑해 연안의 고대 왕국으로 기원전 219년 미트리다테스 1세가 건국했고 네로 황제에 의해 기원후 62년 멸망했다―옮긴이)에서 끔찍한 학살이 일어났는데, 이곳은 흑해의 남동부에 위치한 미트리다테스 왕국이었다. 이 왕국은 온갖 간계와 책략을 통해서 로마 정치에 개입했고, 로마 제국의 팽창을 방해했으며 자신들이 지배하는 영토를 확장하려고 했다. 그리하여 그리스 주민들을 로마에 반대하게끔 선동했고 단 한 번의 공격으로 8만 명의 로마인과 고대 이탈리아 원주민(Italer: 이탈리아로 이주해온 고대 인도게르만 민족을 말한다. 이들로부터 이탈리아어가 나왔다―옮긴이)을 학살했다. 폰토스 왕국은 이로써 로마의 영향력을 종식시키고자 했거나, 당시 첩보원의 보고를 참고해서 표현하자면, 로마 제국의 "다섯 번째 종대(縱

隊)"가 되는 것을 피하고자 했다.

그렇게 하는 데 성공할 수 있었던 것은 무엇보다, 폰토스 왕국이 비밀 정보를 확실하게 얻어낼 수 있었기 때문이다. 역사가 아피아노스(90~160. 이집트 알렉산드리아 태생의 로마 역사학자—옮긴이)는 로마 역사를 이렇게 기록했다. "이 시기에 미트리다테스는 …… 비밀문서로 자신의 총독들과 도시를 통치하던 지도자들에게 알리기를, 30일째가 되는 날까지 기다렸다가 모두 동시에 지역에 살고 있는 로마인들과 이탈리아 원주민들을 죽이라고 했다. 이들은 물론 이들의 아내와 자식들 그리고 이탈리아 출신으로 자유롭게 풀어주었던 모든 사람들을 공격하라고. 이들을 죽인 다음에 시체를 매장해서는 안 되고……. 죽은 자들을 매장하고자 하거나 살아 있는 자를 숨기고자 하는 자가 있으면, 이런 자를 벌할 것이라고 알렸다. 이와 반대로 숨어 있는 자들을 신고하고 죽이면 보상금을 준다고 알렸다. 주인들과 함께 끌려온 노예들에게 자유를 약속했고, 위와 같이 행동한 채무자들에게는 절반의 빚을 탕감해주겠다고 약속했다."[16] 로마인들은 완전히 경악했지만, 20여 년이 지나도 이와 같은 대량학살자에게 책임을 묻지 못했다. 그래서 카이사르는 기원전 66년 유명한 원로원 연설에서 그 점을 비판했던 것이다.

흥미롭게도 카이사르는 상인들과 이주민들의 다급한 편지를 받고서 그와 같은 비난을 하게 되었다. "매일 소아시아에서 우리의 훌륭한 친구들에게 편지가 옵니다. 로마의 기사들에게 말입니다. 그곳에 상당히 많은 금액을 투자하였기에 기사들은 걱정도 큽니다……." 분명 그와 같은 개인적인 편지들은 정치에 중요한 정보 제공원의 역할을 했을 것이며, 미트리다테스의 지배를 종식시키기 위해 그나이우스 폼페이우스를 파견해야 한다는 카이사르의 요구에 대한 근거가 될 정도로 중요했다. 카이사르의 동맹자이자 사위이며 훗날 적이 되는 폼페이우스는 로마 제국을 동쪽으로 더 확장하는 데 성공했을 뿐 아니라, 지중해에서 해적을 소탕하는 데도 성공한다. 카이사르가 쓴 바에 따르면, 해적들은 로마가 사적으로나 공식적으로 바다 건너편의 일을 하지 못하게 할 때가 종종 있었다. "각각 형사 집행관 여섯 명을 동반한 집정관 두 명이 해적의 폭력적인 손에 들어가면, 바다는 상인에게 안전하지 않다는 사실을 내가 직접 보여드려야 합니까?"[17] 간단하게 말해서, 로마 정치의 핵심부가 외부에 있는 출장소들과 지속적으로 연결되지 못했다. 전 세계를 다스리려는 제국에게 그와 같은 경우는 견딜 수 없는 상황이었다.

그리하여 카이사르는, 로마의 제도가 세계적인 제국이라는 상황에 적절하지 않다는 사실을 알게 되었다. 그는 폭력적으로라도 로마에 새로운 정치적 질서를 마련해주고자 했다. 이때 낯선 민족, 특히 로마가 통치하거나 통제하는 민족에 대한 정보의 관리가 핵심 과제라는 사실이 그의 눈에 들어왔다.

라틴어를 배운 학생들이라면 카이사르가 쓴 《갈리아 전기》의 시작 부분을 알 것이다. "갈리아는 전반적으로 세 영역으로 나뉘어 있다······(Gallia est divisa in partes tres······)"는 문장은 바로 카이사르의 전형적인 사고방식을 보여준다. 지리, 풍속과 관습에 대한 지식, 사회 구조, 갈리아인들의 정치적 사고방식에 대한 지식. 이처럼 카이사르의 정치적 전략에 매우 중요한 정보를 우리는 정치적·군사적 상황이라고 칭할 수 있는데, 그런 상황을 카이사르는 책의 서두에 묘사해두고 있다. 하지만 그는 이어지는 내용에서 이런 적국의 상황을 자신이 정복한 전쟁터에서 일어난 사건들 속에 섞어 넣고 있다. 복잡한 사실들을 단순하게 표현하자면, 그의 보고서는 신뢰하는 첩보원, 갈리아와 게르만인 협력자들과 비밀리에 나눈 대화,

전쟁터에 파견한 첩자들로부터 들은 정보로부터 추출해낸 것임을 알 수 있다.

오늘날의 프랑스에 해당하는 갈리아를 정복한 뒤, 카이사르는 반항적인 갈리아 민족을 항상 군사적으로 지원하던 영국을 정벌할 계획이었다. 그는 영국을 정복함으로써 갈리아 출신의 "테러리스트들"이 퇴각할 장소이자 보급품을 받는 장소를 차단해버릴 작정이었다. 하지만 카이사르를 포함한 로마인들은 "사람들이 면적 때문에 믿으려 하지 않는 이 섬"에 대해 아는 게 거의 없었다. 이와 같은 플루타르코스[45~125. 고대 그리스 작가이며, 《플루타르코스의 영웅전(Parallel Lives)》이 가장 유명하다. 그리스와 로마의 유명인들을 각각 비교하면서 서술하는 방식으로 예를 들어, 알렉산더 대왕과 카이사르를 비교 묘사하고 있다−옮긴이]의 묘사는 로마의 저자들이 온갖 종류의 상상을 하게 만드는 불씨가 되었다.[18] 카이사르가 주장하듯, 상인들조차 항구만 알고 있을 뿐이며 기껏해야 해변에 있는 수로를 알고 있을 뿐이라고 했다. 카이사르는 자신의 본영(本營)에 다양한 상인을 불러들였으나, 상인들의 보고로부터 "……그는 …… 섬이 얼마나 크며, 몇 명이 이 섬에 살고 있고, 전쟁을 치러봤는지, 어떤 관습이 있는지 혹은 규모가 큰 배 여러 척을 정박할 수 있는 적당한 항구는 어디인지 전혀 알 수 없었다".[19]

카이사르가 알아야만 하는 진실이 있었으니, 상인들을 향한 질문은 비밀로 유지될 수 없었다. 이 소식은 영불해협 양편에 사는 민족들의 귀에까지 퍼졌다. 마침내 카이사르는 로마에 우호적인 갈리아인 우두머리에게 외교적 사명을 내려주었다. 그것은 협조하고자 하는 원주민을 찾는 과제로, 로마에서 통상적으로 하는 일이었다. 심지어 호전적인 "벨기에" 민족들 가운데서도 로마와 동맹을 맺고자 하는 자들을 발견했다. 덧붙여 카이사르는 한 장교에게 군대를 상륙시키기에 적합한 해변을 알아보라고 시켰다.

카이사르가 쓴 바에 따르면, 갈리아 사람들도 똑같은 방법으로 정보를 획득한다는 것이다. 갈리아인들도 지나가는 여행객 모두를 붙들고 철저하게 심문을 했다. "[갈리아] 국가에서는, 자신들은 특히나 합목적적으로 관리를 한다고 하는데, 국경을 넘으며 이웃들로부터 소문을 들은 사람은 누구든, 즉각 관청에 신고를 해야 하며, 다른 사람에게 절대 알려서는 안 되는 조항이 법적으로 마련되어 있다." 동시에 그들은 거짓 소문에 대한 위험과 의도적인 거짓 정보에 대해서도 잘 알고 있었다. 따라서 공식적으로 임무를 맡은 사람에게만 보고를 해야 하며, 이 사람들만이 어떤 소식을 널리 전파해야 하는지를 결정할 수 있었다.[20] 정치적 지도를 통한 정보 통제는 종족들의 단결에도 도움이 될뿐더러, 적의 선동과 스파이 활동으로부터 보호하는 데도 도움이 된다. 《갈리아 전기》에서 카이사르는 늘, 갈리아의 첩자와 너무 빨리 받게 된 군대의 정보로 인해 깜짝 놀랐던 경우나 아니면 책략을 써서 적을 물리쳐야 했던 경우를 묘사하고 있다.

카이사르는 또한, 소식의 효과는, 그것이 비밀이든 공개적이든, 소식을 전달해야 하는 속도와 안전성에 좌우된다는 것을 잘 알았다. 그가 군대를 해산하고 로마로 돌아오라는 원로원들의 명령을 어기고 루비콘강을 건너면서 로마에는 내전이 일어났고, 그야말로 엄청난 경쟁이 발생했다. 그러니까 누가 특정 소식, 무엇보다 승전의 소식을 더 빨리 로마에 전하는지, 이로써 최대의 정치적 효과를 가져올지를 두고 경쟁이 치열했다. 기원전 48년 8월 9일 테살리아(오늘날 파르살라) 지역에서 폼페이우스의 군대와 결정적으로 벌인 파르살루스 전투에서 카이사르는 아마도 로마에서는 최초로 기마 파발꾼을 이용했던 것 같다. 그는 전투를 하기 전에 이들 파발꾼을 일정한 간격으로 세워두고 소식을 전하게끔 해두었다. 카이사르의 승전 소식은 기록을 세울 정도로 빠르게 폼페이우스의 함대로부터 위협을 받던 도시 메시나에 도착했다. 그리하여 도시 메시나를 지키던 자들은 견딜 수가 있었다.[21]

하지만 정보를 전달하는 활동이 지속적인 기관으로 자리를 잡게 된 것은 옥타비아누스 때였다. 카이사르의 큰조카이자 양자였던 그는 훗날 아우구스투스 황제라는 이름을 얻게 되었고, 이때 정보와 문서를 전달하기 위해 국가에서 재정을 담당하는 정보기관이 확고한 조직이 되었다. 많은 사람들처럼 옥타비아누스 역시, 거대한 제국을 효율적으로 다스리기 위해서는 로마의 정치에 전환점이 필요하다는 사실을 잘 알았다. 그가 마르쿠스 안토니우스와 싸워 승리했던 이집트의 알렉산드리아에서도 이미, 왕의 파발꾼 업무와 여왕 클레오파트라 7세의 왕국이었던 프톨레마이오스 왕조에서 비밀문서를 관리하는 것에 관심을 가졌다. 그의 경쟁자 마르쿠스 안토니우스는 바로 이 여왕과 결혼한 상태였다. 수에토니우스(Gaius Suetonius Tranquillus, 70~122. 로마의 작가이자 행정관)는 아우구스투스의 삶을 다룬 책에서 이렇게 기록했다. "이로써 그에게〔옥타비아누스〕더 빨리 그리고 즉시 보고되었고, 그는 각 속주(屬州)에서 무슨 일이 일어났는지 정보를 얻을 수 있었다. 그는 우선 국도에 젊은 사람들을, 나중에 마차까지 동원하여 일정한 간격으로 세워두었다. 그 지역의 소식을 전달하는 사람들에게, 뭔가 되물어볼 게 있을 때 물어볼 수 있었기에 훨씬 더 적합했다."[22]

이와 같은 언급은 파발꾼 업무와 정보 수집 사이에 밀접한 관련이 있음을 분명하게 보여준다. 하지만 옥타비아누스가 해당 지역에 사는 개인들의 말과 마차를 거둬들였던 로마의 오랜 체계를 폐기하고, 이로 인해 국가 문서와 파발꾼들의 조성을 지역의 상황과 분위기에 좌우되도록 했다는 것은 매우 독특하다. 시민들의 세금을 통해 재정을 마련하는 새로운

"국가역참제도"를 마련함으로써 옥타비아누스는 동양을 본보기로 삼았다. 크세노폰이 페르시아의 파발꾼 업무를 고집했듯이 말이다. 옥타비아누스가 이와 같은 동양의 선구자들을 얼마나 신뢰했는지는 확실하지 않다. 다만 특정 새로운 세금들과 무엇보다 국가적 통계가 본보기가 되었던 프톨레마이오스-이집트의 제도에 매우 깊은 인상을 받았다. 후자에 관해서 우리는 신교에 나오는 크리스마스 이야기를 통해 알 수 있는데, 요셉과 만삭이 된 아내 마리아는 아우구스투스 황제를 위한 세금 때문에 베들레헴으로 힘든 여행을 해야 했기 때문이다.

또한 옥타비아누스는 이집트로부터 "비질레스"도 모방했는데, 이것은 일종의 소방대라 할 수 있다. 그리고 로마 제국의 소방대는 신속하게 정보망으로 바뀌어서 공공의 안전을 위해서 모든 위협적인 흐름이나 인물들을 알렸다. 로마의 소방대는 처음에 풀어준 노예들 3500명으로 구성되었고, 이들을 7개의 보병대 병사(兵舍)에 집어넣었다. 이로써 이들은 일종의 내부 비밀 첩보원의 일을 했고, 위기가 발생하면 신속하게 전투 병력으로 전환되었다.

기원후 100년의 초반을 다스린 황제 하드리아누스(재위 117~138)는 영국 역사에서는 난공불락의 칼레도니아(스코틀랜드)를 막기 위해 영국 북부에 하드리안 장벽을 세운 인물로 잘 알려져 있는데, 그는 새로운 형태의 로마 비밀경찰인 프루멘타리(frumentarii)의 주창자라 할 수 있다. 이 개념은 이미 도시와 군대에 식량을 보급하던 곡물 상인을 지칭할 때 등장했다. 그러다가 점점 병사들의 식량을 공급하는 의미로 사용되었다. 오래된 문서에 의하면, 예를 들어 카이사르는 탐색하러 보냈거나 적의 내부에 투입시켜서 스파이로 활동하는 군인들을 스페큐라토레스(speculatores)나 엑스플로라토레스(exploratores)라 부르는데, 이런 군인들에게는 정보를 수집하는 활동 외에도 거슬리는 인물을 제거하라는 더러운 임무도 할당되었다. 오늘날 정보부 활동을 하는 사람들은 이를 두고 은어로 "wet jobs"라고 말한다. 스페큐라토레스라 불리는 자들이 얼마나 인기가 없었는지 생각해볼 수 있으며, 이들은 흔히 황제의 친위대인 근위병에 속할 경우가 많았다. 이 친위대는 312년 콘스탄티누스 1세에 의해 해체되었는데, 로마의 첩보 활동에 대한 비판을 이렇게 종식시키고자 했던 것 같다.

하드리아누스 황제는 모든 지역에 있던 프루멘타리를 비밀 활동의 목적으로 투입했다. 일종의 군대의 식량 공급부대원으로 그들은 사람들 사이로 파고들었고, 시장, 도시, 항구를 돌아다녔으며 이렇게 하는 가운데 "부차적으로" 정보도 수집할 수 있었다. 그러나 마크리누스 황제(22대 황제였으나 단 한 번도 로마에 입성하지 못했고, 재위 기간도 217년 4월~218년 6월로 1년 남짓밖에 안 된다―옮긴이)가 마르쿠스 오클라티누스 아드벤투스(로마의 정치가, 원로원 의원, 근위대 대장)를 원로원에 보낸 뒤 감지했듯이, 비밀 활동을 하던 프루멘타리들은 금세 로마인의 총애를 잃게 되었다. 카시우스 디오가 자신의 《로마사》에서 서술했듯이 말이다. "……이 남자는 용병대에서 일했고, 사형집행, 정찰과 부대의 대장 일을 하였고……"[23] 프루멘타리들은 소문이 흉흉한 강제노동소를 관리했다고들 한다.

이들은 기독교인을 추적하는 데 지도적인 역할을 했다. 팔레스타인에 있는 카이사레아의 주교였던 에우세비우스(고대 후기 시대의 기독교 이론가이자 역사가―옮긴이)는 자신이 쓴 교회사에서 프루멘타리들이 데키우스 황제(249~251년 로마 황제)의 명령을 받아 기독교인을 쫓는 상황을 생생하게 묘사했다. 카르타고의 주교였던 성자 키프리아누스는 프루멘타리들에게 쫓겼으나 신자들의 요령으로 구출되었던 사실을 묘사하고 있다. 우리는 순교자 보고에서 비슷한 내용을 찾아볼 수 있는데, 이런 보고는 군인들에 관해 언급할 때가 많다. 하지만 이들은 알고 보면 첩보 활동을 한 프루멘타리였을 것이며, 특수부대원으로 모든 군단에 들어가 있었다.[24] 좀더 위장을 잘하기 위해 이 프루멘타리들은 파발꾼이나 심부름꾼의 임무를 수행할 경우도 많았고, 개인 심부름꾼(타벨라리)과 같은 일을 할 때도 많았다.

로마가 점점 동양적인 군주제로 변했을 때, 그러니까 권력자들이 주로 자신의 지배구조를 확고하게 다지고 고위직 관료들이 자신의 이익만 추구하게 되었을 때, 사람들은 프루멘타리를 그에 상응하는 방식으로 이용했다. 235년 이후에 일어난 내전에서는 상황이 너무나 심각해서, 디오클레티아누스 황제(284~305년 로마 황제)는 이 프루멘타리를 폐지해버렸다. 이런 결정은 많은 찬사를 받았다. 하지만 비밀 활동과 비밀경찰 없이 나라가 제대로 돌아갈 수 없었고, 그리하여 사람들은 아젠테스 인 레부스(agentes in rebus, 아마 특별한 임무를 위임받은 사람들이었을 것이다)를 만들었는데, 이는 황제가 비용을 대는 특수부대로 당시 (근위대 대장 외에) 최고의 관료에 해당하는 마기스테르 오피키오룸(magister officiorum)의 관할 아래 있었다. 무엇보다 파발꾼 업무가 바로 마기스테르 오피키오룸에 속해 있었다. 훗날 소속 관료들은 통역과 번역도 했으며, 그리하여 몇몇 관료들은 일종의 외무부장관이 되었다.

로마 황제 시절의 군부 스파이와 외국으로 보내는 스파이들은 물론 매우 부족했는데, 어쨌거나 국가의 입장에서 그러했다. 로마인들은 국경에 접한 지역에는 기습 공격에 대항하기 위해서 관찰초소를 설치해두었으나, 로마 제국 밖에 사는 민족들에 대한 지리적 정보와 정치적·문화적 정보를 광범위하고 체계적으로 파악하지는 않았다. 이와 반대로 우리는 그리스인들과 상인들에게서 그와 같은 문서를 발견할 수 있다. 무엇보다 그리스 출신의 만능학자 클라우디오스 프톨레마이오스(100~160, 고대 그리스의 수학자, 지리학자, 천문학자, 철학자로 그의 천문학, 지리학, 점성술에 관한 저서들은 과학적으로 중요한 자료다—옮긴이)의 저서 《지리학(Geographia)》을 손꼽을 수 있다. 여기에서 프톨레마이오스는 이미 2세기에 상인들이 대상 무역로를 거쳐 중국에 가서 비단을 수입했다고 기록하고 있다.

비잔틴의 세계 정치와 그들의 비밀 첩보 활동

"야만인들"에 대하여, 그러니까 낯선 민족에 대하여 더 관심을 보여준 사람들은 비잔틴의 황제들이었다. 319년 칙령에서 콘스탄티누스 1세 황제(재위 306~337)는 최초로 아젠테스 인 레부스를 지명했으나, 이들은 군인으로 간주되었지만 자체적인 특수부대(숄라) 소속이었다. 소속 인원수는 변동이 심했다. 율리아누스 황제(재위 360~363)는 반대가 너무 심해서 17명으로 축소시켰다. 다른 황제들은 이처럼 엘리트 군인을 1000명 이상 유지했고, 여기에 들어가려면 오랫동안 기다려야 할 정도였다.[25] 이들이 하는 업무에는 쿠르수스 푸블리쿠스(파발 업무)를 감시하는 일도 포함되어 있었는데, 파발꾼들은 계속해서 개혁의 대상이 되었다. 왜냐하면 이들의 효율성, 특히 비밀 소식과 중요한 국가 문서를 운반할 때 그들을 신뢰할 수 있을지가 늘 문제가 되었기 때문이다. 파발꾼들의 통행증과 전권을 시험했던 감시자들은 대부분 아젠테스 인 레부스 라인 출신이었다. 법정, 도시와 지방행정에는 자체적으로 경찰과 비슷한 관료들이 존재했기에, 쿠르수스 푸블리쿠스와 아젠테스 인 레부스 소속 사람들은, 이들이 비밀 첩보에 관련된 임무를 맡고 있는 한, 중앙 경찰에 봉사했는데, 바로 궁정을 위해서 일했다.

국경을 지킬 목적으로는 특수한 부대가 있었고, 이들이 첩자들을 막아내는 임무도 떠맡았다. 오늘날 사용하는 그리스어로 기록한《디게니스 아크리타스》는 12세기에 나온 영웅서사시로, 비잔틴-아랍의 국경 지역에서 격렬하게 활동했던 첩보원들에 관해, 특히 온갖 첩자와 비밀 누설자에 관해서 화려한 이야기를 들려준다.

기독교를 국교로 도입한 이후에 교회는 황제에게 안정과 합법성을 보장하는 요소일 뿐 아니라 때때로 비밀 업무를 수행하는 기구의 역할도 했다. 콘스탄티누스 1세는 주교들과 근위대를 국가의 비용으로 최초의 니케아 공의회 소집(325년)에 보냈다. 그의 후계자들은 이렇듯 비용이 많이 들어가는 여행을 중단했지만, 몇몇 교회 지도자에게 쿠르수스 푸블리쿠스를 통해 특사와 같은 지위를 누릴 수 있도록 해주었다. 다시 말해, 편안하고 신속하게 이동할 수 있을 뿐 아니라 안전도 보장받았고 무엇보다 여행하는 도중에 편안한 숙소에 머물 수 있으며, 푸짐한 식사를 제공받을 수도 있었다.

이슬람교가 널리 퍼져 있고 비잔틴 제국이 위협을 받던 곳에서는, 기독교를 믿던 주민들에게 기독교의 제후들을 위해, 무엇보다 교회 지도자들을 위해 정찰 초소의 역할이 떨어졌다. 특히 북아프리카 해안, 이집트와 시리아가 그러했는데, 이런 곳에서는 이슬람 지도자들이 기독교 소수파들을 참아주고 있었다. 이곳에서는 늘 정치적 소속과 종교적 소속 사이에서 충성심의 갈등이 발생했고, 이는 역사적으로 비밀 활동과 인간적인 드라마가 만들어지는 온상이 되었다. 사람들은 이렇듯 숨어서 활동하는 정보원들을 일컬어 "비밀 친구들(kryptoi philoi)"이라 불렀다. 이슬람교가 소수파에 속하는 지역에서 활동했던 주교들이 실제로 첩자였는지는 확인하기 어렵다. 역사학자 테오파네(동로마 제국의 탁월한 연대기 작가로, 비잔틴교회뿐 아니라 가톨릭교회에서도 그를 성자로 숭앙했다—옮긴이)는 그의 《연대기(Chronographia)》에서 보고하기를, 안티오키아의 대주교였던 테오도르에게 아랍 당국이 그와 같은 의심을 했고, 그리하여 대주교는 757년 퇴위되어 추방되었다.[26] 아마 중형에 처할 수 있을 만큼 정보가 충분하지는 않았을 것이다. 아니면 다양한 민족과 다양한 종교를 가진 주민들이 사는 국내의 안전을 고려해서 그런 조치는 취하지 않았을 것이다.

우리는 비잔틴 군대의 비밀 활동에 대해서는 대부분 전략과 작전에 관한 문서를 통해 정보를 얻을 수 있다. 가장 유명한 전술서로 《스트라테기콘(Strategikon)》이 있는데, 582년부터 602년까지 동로마를 다스렸던 마우리키우스 황제가 썼다. 이 저서의 특별한 의미는 보병과 기병의 협조에 관한 전술에 있는데, 오늘날에는 연관된 무기들의 전투에 관한 이론이라고 말할 수 있겠다. 하지만 이 저서에는 비잔틴 제국의 국경에 접한 지역의 민족들에 대한 서술도 있다. 이런 내용들을 읽어보면 600년경 비잔틴에서 일반적인 상황이 어떠했는지 알 수 있다. 마우리키우스 황제는 특히 첩자들을 통해서 어떤 전략적 설명을 원하는지, 모든 대대(大隊)(400명으로 구성됨)에 어떤 첩자를 붙여줘야 할지에 대해서 상세하게 서술했다. 흥미롭게도 파발꾼들이 획득한 정보를 전달하는 경우가 많았는데, 물론 파발꾼들이 신뢰할 수 있다고 여겨야만 가능했다. 또한 특이한 점은 마우리키우스 황제가 대대에 허락한 독립성이었다. 이들은 포로를 직접 심문하고 획득한 정보를 가능하면 신속하게 전략적으로 이용해야만 했다.

비교적 나중에, 10세기가 되어서야 비잔틴 제국은 함대를 확장하는 데 집중했는데, 이는 당시 보편적이던 상상에 따라 부차적인 역할밖에 하지 못했다. 역사적으로 되돌아보면, 이와 같은 군사적·정치적 장비는 결국 제국의 몰락을 초래했다고 추측할 수 있다. 황제 레온 6세〔현제(賢帝)〕는 자신이 쓴 군사 문서 〈전투술의 총괄적 논의〉(900년경)에서 무엇보다 보급품이라는 주제를 다루었다. 하지만 19장에서 그는 전투함대의 의사소통을 다양하게 만들 수 있는 방법, 즉 깃발과 봉화로 가능하다는 내용을 썼다. 이와 같은 신호는 분명 암호화되어 있어서 풀어야만 했는데, 왜냐하면 레온 6세는 모든 장군과 선장에게, 어떤 신호들을 사용하며 함대 안에서 누가 이 업무를 담당하는지를 항상 정확하게 정해두라는 의무를 내렸기 때문이다.

대부분의 항구가 군사적으로 보호를 받는 상태는 아니었는데도 도처에 일종의 항만 경찰이 있었다. 이들은 의심이 가는 사람과 위협적일 수 있는 정보를 보고했다. 유스티니아누스 1세(재위 527~565)는 하기아 소피아(Hagia Sophia) 교회건물을 재건하도록 명령한 황제인데, 그는 특별히 중요한 해협에 보루와 초소를 짓게 했다. 지브롤터 해협에 인접해 있으며 오늘날 모로코에 있는 에스파냐의 고립 영토 세우타(Ceuta)는 해상 소식의 핵심 지역으로 특별한 역할을 맡았다. 고대후기 시대의 역사학자 카이사레아의 프로코피우스는 자신의 총서 〈건축에 대하여〉(553~555)에서, 세우타는 "전체 인류에게 난공불락인 곳"이라고 서술했다.[27] 지중해 서부를 통제하기 위해서 세우타에서 배를 출항시켰다. 동시에 세우타는 대서양의 출입구에서 해상교통을 통제하는 곳이기도 했다.

이슬람 병사들은 점점 비잔틴에 위협이 되었고, 레온 황제는 이들에 대해 다음과 같이 기록하고 있다. 그들은 "……군사적인 분야에서는 대체로 로마인을 모방하고 있으며, 무장과 전략에서도 그러하다". 하지만 병사들의 협력과 전투에 임하는 동기는 로마인을 능가했다. "그들은 정규 부대도 아니며, 용병들이 두루 섞여 있을 뿐이다. 부유한 남자가 자부심으로 군에 들어가고, 가난한 남자는 전쟁에서 노획물을 얻을 수 있으리라는 희망으로 용병이 된다. 이들 가운데 많은 남자가, 전쟁은 신이 좋아하며 승리는 신이 약속해준다는 믿음을 가지고 시작한다. ……따라서 약탈자들 곁에 있는 경험 많은 전사들이 〔군사〕 교육도 받지 않고 말을 달리기 때문에, 이런 군대에는 통일성이라는 것이 전혀 없다."[28] 실제로 아랍인이 감행했던 대부분의 공격은 약탈이 목적이었다. 해변에 사는 주민들은 19세기까지 그와 같은 위험에 노출되어 있었다.

963년부터 969년까지 비잔틴 제국을 다스렸고 960년에 크레타섬을 사라센의 지배로부터 해방시킨 니키포로스 2세 포카스 황제는 군사 현안에 대한 중요한 글을 썼는데, 특히 게릴라 전투를 다루었다. 여기에서 그는 백성들, 특히 상인들로부터 정보를 얻는 것이 매우 중요하다고 강조했다. 이들에게 정보원들은 특별히 관심을 가져야 한다고 말이다. "자유로운 남자나 노예가 만일 당신에게 뭔가 알릴 것이 있다고 말하면, 낮이든 밤이든, 당신이 자고 있든 아니면 식사를 하거나 목욕을 하고 있든, 그 사람을 절대 돌려보내서는 안 된다."[29] 이와 같은 경고 문구는 군사일이나 외교 업무를 담당하는 모든 자리에 걸려 있어야 한다. 오늘날의 전문용어로는 "walk-ins"라고 하는 이런 자발적 정보 제공자는, 첩보 담당자들이 원하는 가장 좋은 정보원에 속하기 때문이다.

마침내 비잔틴의 지배자들은 외교라는 수단을 통해서 상당량의 정보를 얻을 수 있었다. 제국은 모든 곳에서 그리고 늘 새로운 종족과 민족으로부터 위협을 받았는데, 이들은 민족 이동의 여파로 발칸반도와 동부 유럽으로 침입했다. 이와 같은 위험으로부터 벗어나자면 군사적 전투만으로는 충분하지 않았다. 그래서 협상을 하거나, 이 낯선 적들은 어떤 사람이며, 어떤 의도를 갖고 있고 군사는 얼마나 강력한지 우선 알아보기 위해서 외교사절단을 파견했다.

몽골의 훈족은 처음에 350년경 칼카스산맥(흑해와 카스피해 사이에 있는 산맥으로, 아시아와 유럽의 경계를 이룬다―옮긴이)에 출현했으며 375년 알라니족 제국을 정복하기 위해서 돈(Don)강을 건넜다. 이들은 점점 서쪽으로 이동했고, 마침내 451년 북프랑스에서 패배했다. 하지만 잔인한 기마민족이었다는 전설과는 달리 이들은 자신들의 전설적인 지도자 아틸라(434~453년 훈족의 왕)의 지도하에 전투와 동맹정책을 교묘히 혼합했다. 테오도시우스 2세 황제(408~450년 동로마 제국의 황제로 재위)는 448년 대사 막시미누스를 파견했는데, 그는 국가에서 지원한 무리를 데리고 헝가리 북쪽에 있는 아틸라의 관저로 갔다. 그리하여 평화조약이 생겨났으나, 비잔틴이 오랫동안 훈족에게 막대한 공물을 바쳤다는 사실을 잊어서는 안 된다. 이렇듯 외교적인 여행의 상세한 묘사를 읽어보면, 사람들은 적에 대한 정보를 모으기 위해 모든 기회를 이용했다는 사실을 알 수 있다.

계속해서 비잔틴의 도시를 공격했던 페르시아 민족도 비잔틴 제국에 덜 위험하지는 않았다. 532년 두 국가 사이에 "영원한 평화"를 체결했으나, 이로부터 몇 년 후 페르시아인들은 시리아로 행진해갔고 안티오키아(오늘날 터키의 안타기아)를 파괴했다. 562년 탁월한 외교관 페트루스 파트리쿠스(동로마 제국의 고위급 외교관―옮긴이)를 통해서 비로소 평화가 안정적으로 구축되었다. 우리는 이 동로마 제국의 외교관의 활동에 관해 궁정역사학자 메난더 프로텍토어(Menander Protector: 동로마 마우리키우스 황제 시대의 역사 서술가―옮긴이)를 통해 알 수 있는데, 그는 외교관의 보고서를 참고했던 것 같다. 궁정역사학자의 기록에서는 페르시아의 상황은 물론 사산왕조 출신의 위대한 왕 호스로 1세(Chosrau 1, 531~579년에 페르시아를 다스렸다―옮긴이)의 인격에 관한 정보도 발견할 수 있다.

또한 중국과 비단 거래를 했기 때문에 페르시아는 비잔틴의 관심의 대상이 되었다. 값비싼 비단을 독점 거래하던 페르시아를 통해 구입하는 대신, 비잔틴 제국은 기꺼이 자체적으로 통상로를 뚫고자 했다. 유스티니아누스 1세 황제는 이와 같은 목적을 위해서 에티오피아를 이용해 통상로를 개척하고자 노력했지만, 페르시아로부터 수입한 비단을 남부 아나톨리아의 도시 니시비스〔오늘날 터키의 누사빈(Nusaybin)―옮긴이〕를 거쳐서 가져온 이후에 기존의 합의사항을 수정해야만 했다. 가능한 대안은 서쪽에 위치한 도시 에그리시(로마인들은 라지카라 불렀음)였는데, 이 도시는 4세기 중반부터 기독교를 받아들였고 540년에 페르시아에 패망했으나, 562년 조약을 통해서 많은 돈을 주고 다시 사왔다.[30]

역사가 프로코피우스가 보고하듯이 마침내 문제를 전혀 다르게 해결할 방법이 생겼다.[31] 오랫동안 중국에 거주한 두 페르시아 수도승은 누에의 비밀을 알고 있었다. 555년 그들은 누에알을 가져오도록 중국으로 자신들을 보낸 황제에게 방법을 제공했다. 그들은 텅 비어 있는 지팡이에 누에알을 숨겨왔던 것이다. 뽕나무를 재배함으로써 마침내 자체적으로 누에알을 사육할 수 있게 되었고, 이로써 비잔틴은 자체 비단산업을 독점할 수 있게 되었다. 이것은 국가 독점이었고, 중요한 수입원이 되었다.

괵튀르크(돌궐)는 기마민족으로, 당시에 아랄해 동쪽에 살고 있었는데, 비단 무역 때문에 페르시아와 다투었다. 그들의 왕 이스테미는 568년 페르시아를 반대하는 연맹을 맺자는 제안을 하기 위해 비잔틴 궁정에 사절단을 보냈다. 비잔틴 제국은 비단 무역에 대한 관심으로 그런 제안을 감사히 받아들였고 체마르추스 장군을 칸이 머물고 있는 관저로 보냈다.[32] 역사학자 메난더의 기술에 따르면, 그 여행은 목표에 이르기까지 많은 장애물이 있어서 탐험과 같았다고 한다. 돌아오는 길에 사람들은 책략을 동원하여 페르시아의 함정을 빠져나갔는데 아마도 능숙한 정찰병과 돈을 받은 정보원 덕분이었을 것이다. 돌궐에서는 관계의 의미를 강조하기 위해서, 그리고 아마도 정보를 수집하기 위해서 콘스탄티노플에 대사관을 마련했다. 하지만 비잔틴은 아시아 기마민족이었고 돌궐과는 적대적이던 아바르족과 맺고 있던 관계가 깨어졌다. 돌궐은 크림반도의 동쪽 가장자리에 있는 비잔틴의 도시 보스포루스를 침범하고 말았다.

여기에서 황제 미하엘 3세가 대모라바(9세기에 70년가량 존속했던 슬라브 국가로, 오늘날 체코의 모라나와 주변 지역에 있었다. 건국자들이 체코인과 슬라브족의 조상이다―옮긴이) 국왕 라스티슬라프(846~870년 대모라바 왕국의 2대 국왕을 역임)의 요청을 받아서 파견한 키릴로스와 메토리우스 형제이자 선교사의 외교적 임무를 언급할 필요가 있다. 이와 같은 선교사 파견은 연맹을 맺기 위한 의견 조정 때문이 아니라, 슬라브족의 선교 때문이었다. 라스티슬라프 왕은 아마도 정치적 의도가 있었을 것이다. 그는 비잔틴의 선교사들을 초대함으로써 프랑크 왕국의 선교사들을 물리치려고 했다. 훗날 이 두 선교사를 슬라브족 사도(使徒)라 불렀는데, 이들은 성경과 예배에 관한 여러 가지 문헌을 하나의 언어로 번역했다. 이 언어를 사람들은 고대교회슬라브어(860년부터 발달해서 고착되었으며 11세기 말쯤에 이르러 이로부터 다양한 교회슬라브어가 파생한다―옮긴이)라고 부른다. 게다가 두 형제는 로마와는 매우 다른 슬라브만의 예배를 개발하기도 했다. 이로써 종교정책의 행동이 교회 분열을 야기하는데, 1054년 "동서 교회의 분열"이 바로 그 결과로 나왔다.

비잔틴의 외교술은 점점 전문화되어갔다. 이미 5세기에 "야만인 문제 전담 관청"이 생겼는데, 이곳에서는 기독교를 믿지 않는 외국의 지배자들과 주민들을 담당했다. 여기에는 특히 수도에 살고 있는 외국인들과 외교관들이 포함되었다. 이곳에서 비밀스러운 감시 업무를 기대하더라도, 이를테면 돈을 지불한 정보원들, 우편물의 열람과 비슷한 방식으로 일한다고 추측하더라도 틀리지 않는다. 물론 이들과 달리 황제의 공식 문서나 황제와의 알현을 취급하는 궁정 관리들도 있었다. 또한 대규모의 통역관도 독립적으로 운영했다. 740년경 외교정책과 관련된 활동이 어느 정도 중앙 집중화되었던 점도 인지할 수 있다. 황제의 우편물을 담당한 고위직 관료 로고테테(Logothete)는 야만인들의 문제를 담당하는 관청을 관리했다. 992년 로고테테는 베네치아의 배를 수색하고 상인들 사이의 분쟁을 중재하는 배타적 권리를 얻었다. 이로 인해 그는 외국 상인들과 선원들을 훨씬 더 강력하게 감시하고 비밀 업무에서 중요한 정보를 확보할 수 있는 가능성을 갖게 되었다. 공식적으로 외교적 기능과 비밀 업무를 동시에 위임받음으로써 이 관청은 비잔틴 관료제에서 가장 중요한 관청 가운데 하나가 되었다. 로고테테들은 이제 황제를 직접 알현할 수 있게 되었고 매일 아침 황제에게 보고해도 되었다. 오늘날 미국 대통령에게 정보부국장이 아침마다 "브리핑"하는 모습을 상기시켜주는, 이른바 특권이라 할 수 있다.[33]

비잔틴 궁정에서 행해진 외교적 의식은, 문서에 따르면 상당히 사치스러웠다고 한다. 외국에서 온 외교관들에게 예술품, 금과 보석으로 이루어진 어마어마한 부를 과시했을 뿐 아니라, 난공불락으로 간주되던 콘스탄티노플의 방어 시설도 보여주었다. 주교이자 역사학자였던 크레모나 출신의 루이트프란드(Luitprand von Cremona: 역사학자이자 외교관이었으며, 961년부터 주교였다—옮긴이)는 10세기 중반에 행해진 그와 같은 의식을 상세하게 묘사했으며, 비잔틴 측에서 준비한 예방조치들도 언급했다. 외교사절단은 "명예 근위병"의 호위 아래에서만 움직여야 하며, 이 호위병들은 손님이 비밀스러운 활동을 하지 못하게 하는 임무를 맡았다. 오늘날에는 이를 두고 방첩 활동이라고 말할 수도 있다. 롬바르드-이탈리아의 왕 베렌가리우스 2세가 962년에 내려준 임무에 따라 루이트프란드는 보초병들과 갈등을 겪었던 것으로 보인다.

황제 콘스탄티누스 7세는 이 시기에 저서 《제국의 행정에 관하여》에서 외국인을 어떻게 다루고 이들로부터 새로운 소식을 얻을 수 있는지를 기록했다. 그는 자신의 정치에서 매우 중요한 민족들, 즉 러시아 남부의 초원지대에 살던 민족과 헝가리와 키예프의 러시아인들을 다루었고 후세에게 평화협정을 맺거나 협정을 갱신하기 위해 매년 황제가 그들의 궁정에 특사를 보내라고 권했다. 당연히 특사들은 가는 길에 온갖 정보를 수집할 수 있었을 것이다.

이 자료들을 상세하게 검토하면, 외국에 사는 민족들과 그들의 정치에 관한 기록은 주의 깊게 보고받은 내용을 바탕으로 하고 있다는 결론을 내릴 수 있다. 이 가운데 일부는 첩보원들의 보고다. 우리는 이 저서를 비잔틴의 외교 문헌을 기본으로 한 최초의 외교사로 볼 수 있으며, 외교와 비밀 활동이 톱니바퀴처럼 맞물려 있는 관계임을 분명하게 알 수 있다.[34]

비잔틴 외교가 이뤄낸 성과와 비밀 첩보기구들은, 그들이 떠맡았던 막강한 요구사항을 잘 알게 되면 완전히 이해할 수 있다. 이들은 지중해를 훌쩍 넘어선 곳에 사는 수많은 낯선 문화와 민족과 대면했다. 이는 지리적으로나 문화적으로 훨씬 한정되어 있던 로마 제국의 외교정책과는 비교할 수 없을 정도였다. 몽골과 돌궐과 함께 동아시아 민족들이 유럽 정치에 영향을 미쳤다. 또한 종교 창설자인 모하메드에 의해 622년에 촉발된 아랍-이슬람 민족들의 돌풍도 놀랄 만했다. 이들 민족은 몇십 년 만에 지중해 전 지역과 멀리 있는 아시아까지 뒤흔들어놓았다. 중앙아시아 민족들이 무엇보다 경제적 부를 추구했다면, 이슬람교를 믿는 아라비아 사막의 유목민들은 한편으로 경제적 동기로 정복을 하는가 하면, 다른 한편으로 무기를 통해 폭력적으로 종교적 사명을 달성하려는 목적을 동시에 가지고 있었다. 여기에서 종교적 사명이란, 다신교를 반대하는 싸움이자 전반적으로 퍼져 있던 유대교-기독교를 믿는 공동체와의 경쟁을 의미했다.

아랍-이슬람의 팽창

이미 655년 다마스쿠스를 다스렸던 옴미아드(Umayyad) 왕조(다마스쿠스에서 661~750년 통치했다—옮긴이)의 아랍 제국은 알렉산드리아에서 비잔틴의 함대를 물리쳤다. 나아가 지중해 동쪽도 그의 지배하에 들어갔다. 하지만 수차례 콘스탄티노플을 공략하려던 시도는 실패했다. 679년 최초의 옴미아드 칼리프는 기독교 지배자였던 콘스탄티누스 4세에게 무릎을 꿇어야 했고, 그리하여 비잔틴 황제와 평화협정을 맺었다. 그러나 정복하려는 시도는 이로써 끝난 게 결코 아니었다.

아랍-이슬람 지배가 새로운 형태를 띠게 된 것 외에도, 이들은 자신이 정복한 지역에서 발견한 전통에도 상당히 많이 의지했다. 예를 들어 군사 교육과 실행은 로마 비잔틴의 전통에서 가져왔다. 동전의 경우에도 처음에는 지배자의 머리를 새겨 넣었는데, 이는 이슬람 교리와는 어긋났다. 거대한 제국을 유지하기 위해서 그들은 로마의 국가 우편제도였던 쿠르수스 푸블리쿠스를 이용했고, 이것을 바리드(barid)라고 불렀다. 중앙 행정의 시초는 디반(diwan, 부서 또는 기록보관소)에서 찾아볼 수 있는데, 역시 비잔틴을 본보기로 삼았다. 얼마간의 시간이 지난 뒤에야 비로소 학문의

문화가 발전하기 시작했으며, 이런 학식은 지중해 민족들의 고대 문화를 바탕으로 해서 구축했을 뿐 아니라, 상당량을 보관하고 지속적으로 발전도 시켰다. 이 시기에 정치적 문헌과 지리적 문헌이 나오게 되며, 이런 문헌들 덕분에 우리는 정치적 실상에 대한 지식과 함께 비밀 활동에 대한 지식의 많은 부분을 얻을 수 있다.

회교도들은 처음부터 적법한 모하메드의 후계자를 두고 심각하게 분열했기 때문에, 이미 최초의 옴미아드 칼리프도 자신에게 있을 수 있는 공격을 적시에 알려줄 수 있는 폭넓은 첩보 체계의 필요성을 느꼈다. 게다가 그는 믿을 만한 남자 4000명을 경호원으로 선발했다. 하지만 무기와 억압이라는 수단만으로 분쟁을 지속적으로 통제할 수는 없었다. 프랑크 왕국의 카롤루스 1세와 동시대인이던 칼리프 하룬 알라시드(아바스 왕조의 5대 칼리프이며, 《천일야화》의 주인공으로 알려져 있다―옮긴이)는 오늘날의 튀니지와 알제리 지역을 일종의 독립 지역으로 자유롭게 해주었다. 그의 아들들 사이에서 국가를 위태롭게 할 정도의 분란이 일어났고, 그의 왕국은 통치할 수 없을 것처럼 보였다. 811년 내전이 발발해서 수도 바그다드까지 밀어닥쳤다. 그 밖의 지역들은, 그 가운데 이집트, 안달루시아와 예멘도 들어가 있었는데, 사실상 독립했다. 물론 아랍어가 행정, 교육과 종교의 언어로서 통일된 띠를 형성하고 있었다.

912년에 사망한 페르시아의 지리학자 이븐 쿠르다지바는 저서 《왕국과 지리에 대하여》에서 무역로와 우편 업무를 서술했다. 페르시아에는 12킬로미터마다 우편 업무를 보는 장소가 있었지만, 시리아와 아랍의 반도에는 두 배나 더 떨어져 있었다고 한다. 저자 자신도 오늘날 대부분 이란 땅이라 할 수 있는 지역에서 우체국장을 역임했다. 또한 그는 행정구조와 징세관의 구조도 잘 알고 있었다.[35] 그 밖에 다른 저자들, 세무관이던 쿠

다마(986년 사망)와 지리학자 알–무카다시(946~1000)는 국가 실무에 대한 인상을 전해주었는데, 무엇보다 사람들이 당시 세계에 대해 가지고 있던 지식을 전달해주었다. 물론 로마의 쿠르수스 푸블리쿠스를 단순히 모방해서 실행할 수만은 없었다. 낙타를 이용함으로써 그럴 수가 없었는데, 낙타는 사막 지역에서 없어서는 안 되며 하루에 180킬로미터를 이동할 수 있었다. 무역은 대부분 이 동물을 통한 운반이 지배적이었다. 마차와 우마차 같은 것을 사용하지 않았던 것이다. 그런 것들은 몽골인들이 비로소 사용하게 된다.[36]

이전 행정부처럼 여기에서도 우편과 파발 업무가 비밀 정보 수집 업무와 공생했다. 우편 업무의 우두머리는 "칼리프의 눈"이라 불렸다. 심지어 그는 최고위층 관료들에게 위험한 존재가 될 수 있었는데, 9세기 중반 칼리프에게 전달된 보고처럼 말이다. 이때 보고한 내용은 대략 이러하다. 바그다드의 총독은 메카로 향하는 성지여행을 하다가 아름다운 여자 노예를 10만 드라크마를 주고 구입해서 그녀를 데리고 바그다드로 돌아왔다. 그는 밤낮으로 이 노예와 노닥거렸고 그러다 보니 공무를 소홀히 했다는 것이다. 특히 회교국 군주인 칼리프를 향한 불만과 고충을 총독이 제대로 돌보지 않으면 도시에서 소동이 일어날 수 있다는 보고였다.[37]

그 외에 회교국 군주인 칼리프들은 주로 상인과 무역상으로 구성되어 있는 첩보원 단체와 소통했는데, 이들은 비교적 자유롭게 이동할 수 있으므로 납득할 만한 경고를 해줄 수 있었기 때문이다. 이미 언급한 하룬 알라시드는 가족과 씨족에 관한 보고를 받기 위해서 바그다드 전 지역에 1700명의 여자를 풀어놓았다. 첩보 업무는 신뢰하는 환관이나 칼리프로부터 특별히 신임을 얻은 인물들에게 주어졌다.[38]

정보를 얻을 수 있는 중요한 원천은 전쟁 포로 교환이었다. 우리는 비잔틴 제국과 이슬람 제국 사이에 그와 같은 포로 교환이 일어났다는 사실을 문명화가 조금 더 진행된 결과라고 봐도 된다. 국경을 흐르는 라모스강〔오늘날 리몬루(Limonlu)강－옮긴이〕에 다리가 있고, 양쪽에는 사절단이 기다리고 있다가 포로가 한 명씩 다리를 건너오기를 기다렸다. 기독교인 한명, 이슬람교인 한 명, 기독교인 한 명, 이슬람교인 한 명, 이런 식으로 맞교환했다. 교환하는 병사의 수가 동일하지 않을 경우, 부차적으로 몸값을 지불해야만 했다. 최초로 포로 교환을 한 것은 811년이며, 최후로 한 것은 957년이었다. 양측 동시대인들에 관해 서술한 저서에 따르면, 아랍의학자 알 마수디(895~956)도 그중 한 사람인데, 이와 같은 방식으로 상대측에 대한 중요한 지식을 습득할 수 있었다고 한다.

양쪽에서 너그럽게 허용했던 종교적 소수파들에 대해서도 언급해야 한다. 늦어도 10세기부터 콘스탄티노플에는 이슬람 사원이 있었는데, 무엇보다 외국 상인들과 방문객을 위해서였지만 도망자들과 이슬람 포로들을 고려해서 마련되어 있었다. 비슷한 방식으로 기독교와 유대교 소수파도회교도 군주인 칼리프가 다스리는 지역에 있었는데, 이들은 비밀 소식을 얻어내고 정치적 관계를 평가하는 데 중요한 역할을 했다.

셀주크 왕조(11~14세기 이슬람 세계에 존재했던 튀르크계 왕조－옮긴이) 시기에 유명한 페르시아 재상이던 니잠 알물크는 11세기 후반에 저서 《정치의서(書)》에서 다음과 같이 서술했다. "신하, 군사, 근처에서나 멀리에서 일어나는 모든 일에 대해 정보를 얻는 것은 군주에게는 절대적으로 필요한일이다. 군주는 모든 것을 알아야 한다. 중요하든 그렇지 않든. ……때문에 국가의 우편 업무를 담당하는 장을 임명하는 일은 필수적이다." 이렇게 감시하고 주의하는 이유를 그는 다음과 같이 덧붙였다. "경찰관과 첩자를 파견함으로써, 지배자는 자신이 공정하고, 주의를 기울이고 있고 바짝 신경을 쓰고 있다는 사실을 보여주는 것이다. 만일 내가 적은 대로 행동하면, 그의 국가는 꽃을 피울 것이다."[39]

1250년에 이집트를 통치하게 되었고 이어서 동쪽으로 팽창해나갔던 맘루크 왕조(1250~1517년 이집트와 시리아 일대를 통치하던 맘루크가 세운 술탄 왕조다. 맘루크란 이슬람 노예 군인이나 노예 출신의 지배를 말한다―옮긴이)는 이와 같은 정치적 장치를 많이 받아들였다. 그들은 군대, 함대와 초소를 잘 수리하고 확장한 다음에, 아랍의 우편 체계와 첩보 체계를 복구했다.[40] 급보는 다마스쿠스에서 카이로까지 단 4일 만에 도착해야 했고, 긴급 상황에서는 2일 만에 전달해야 했다. 무역 거래는 동시에 정보를 얻는 원천이기도 했다. 맘루크 왕조의 술탄 바이바르스 1세에 대해 전해지는 바에 따르면, 그는 정치의 중심지인 카이로에서 가자, 다마스쿠스와 알레포를 연결해줄 우편배달 비둘기를 마련했다는 것이다. 비둘기에게 고리를 달고, 이 고리에 아주 얇은 종이에 쓴 소식을 고정시켰다. 특수 부서(디반)는 이 동물을 키우고 관리하는 일을 담당했다고 한다. 이와 나란히 오래전에 사용하던 시각적인 신호 방식도 되살렸는데, 이런 신호를 보내는 초소는 대체로 우편 업무가 이루어지던 곳이었다.[41]

시리아의 역사학자이자 지리학자 아불 피다(1273~1331)는 우편 업무뿐 아니라 통상로와 같은 사회간접자본에 대해 상세하게 서술했다. 물 저장량, 마구간, 숙박 장소와 식사를 공급할 수 있는 대상의 숙박소에 대한 내용도 있다. 맘루크 왕조가 멸망함으로써 이와 같은 시설은 대부분 사라졌는데, 처음에는 시리아, 그런 뒤에 이집트에서였다. 15세기 초반이 되자 우편 업무는 정지되었다. 몽골의 지도자 티무르와 그의 "킵차크 왕국(중세 시대 몽골계 칸국으로, 동유럽에서 서부 시베리아까지 뻗어 있었다―옮긴이)"은 다마스쿠스와 바그다드까지 진출했고 궤멸한 흔적을 남겼다.

아시아의 도발

보다 오래된 사료(史料)들이 중동이나 지중해 지역으로 아시아 민족들이 침입한 것을 미개인에 의한 문화민족 도발로 이해한 반면에, 좀더 최근의 시각은 이를 두고 긍정적인 도전으로 보거나 세계적인 문명화의 시작이라고 본다. 게다가 각각의 민족으로부터 나온 사료는 오늘날에도 다양한 견해를 보여준다. 1227년에 사망한 몽골의 지도자 칭기즈칸이야말로 아주 좋은 사례가 될 수 있다. 오늘날의 몽골에서는 그를 위대한 정치가(위대한 칸)로 숭앙하는 반면, 비교적 오래된 기독교 유럽의 역사 문헌은 그를 잔인한 정복자이자 파괴자로 봤다. 하지만 페르시아의 문헌도 칭기즈칸을 역사에서 가장 대량학살을 많이 한 인물로 평가했다.[42]

비록 칭기즈칸은 스스로 읽지도 쓰지도 못했지만, 문서 교환을 바탕으로 하는 행정의 의미가 무엇인지 빨리 알아차렸다. 게다가 광범위하게 법을 제정할 필요가 있었고, 이 법안은 그가 죽기 바로 전에 두꺼운 편람(Jassa)으로 정리되었다. 몽골 민족들 가운데 유독 그가 지배자가 되었다는 것은, 칭기즈칸은 자신의 동맹들에게서 얻을 수 있는 장점과 적들의 약점을 이용할 줄 아는 영리한 외교관이었다는 사실을 알게 해준다.

특히 북쪽(만주 전 지역)을 정복하고 싶어 했던 중국에서 칭기즈칸은 높게 쌓여 있는 문서와 행정문화 그리고 자신도 모방해서 통달하고 싶었던 잘 다듬어진 군사기술과 맞닥뜨렸다. 칭기즈칸이 다른 종교에 대해서 놀라울 정도로 배려심이 많았던 점도 억압받던 소수파들을 자신의 편으로 끌어올 수 있는 이점으로 작용했다. 특히 첩보원과 전복을 꾀할 때.

여기에서 네스토리우스파(성모 마리아에게 하나님의 어머니라는 호칭을 사용할 수 없다고 주장한 파—옮긴이) 기독교가 중요한 역할을 했다. 5세기에 발생한

이 종파는 비단길을 따라 중국까지 전파되어 있었고 몽골 제국에서도 지속되었기 때문이다.[43] 칼리프였던 무함마드 나시르는 몽골의 위험한 영토 확장에 대하여 정보를 얻었던 것 같다. 사람들이 소문이라며 그에게 전한 바에 따르면, 칭기즈칸은 기독교인이며 따라서 기독교 유럽의 군주들과 연맹을 결성할지도 모른다는 것이었다. 바그다드에 있는 네스토리우스파 대주교는 여전히 외교적 접촉을 시도했다. 특별히 준비가 잘된 사신을 파견했는데, 그의 머리카락은 깨끗하게 제거되어 있었고 적법한 사람이라는 표시로 불에 지진 낙인이 찍혀 있었다. 이 사자(使者)의 머리카락이 자라나고 언어 공부를 충분히 했을 때, 사람들은 그를 위험한 여행길로 내보냈다. 바로 칭기즈칸을 만나러 가는 여행이었다.

훌륭한 외교관들이 그렇듯 칭기즈칸 역시 낯선 민족에 대한 모든 소식에 흥미를 가졌다. 이슬람 진영뿐 아니라 기독교 진영에서도 찾아볼 수 있는 복잡한 지배 관계와 분쟁에 대해 그는 잘 알고 있었던 것 같다. 칭기즈칸은 특히 비단길을 오가는 이슬람 상인들을 정보원으로 이용했는데, 당시 이슬람 세계를 고려했기 때문만 아니라, 이들 상인들이 잘 알고 있던 중국과 중앙아시아에 대한 소식을 얻을 수 있었기 때문이다. 상인들에게 칭기즈칸은 비단길에서 운반하는 상품의 안전을 보장해줄 인물이었다. 때문에 이들 상인은 칭기즈칸을 지원해주고, 비상시에는 서쪽에 있는 이슬람 지배자들에게 등을 돌릴 수 있는 충분한 이유가 있었던 것이다.

칭기즈칸의 전투와 그의 후계자들에 대해서 낱낱이 분석하는 것은 이 책의 주제에서 너무 멀리 나가는 결과가 될 것이다. 이렇듯 3300만 제곱킬로미터(오늘날 미국의 세 배 이상의 면적!)나 되는 거대한 제국을 어떻게 성공적으로 다스릴 수 있었는지는 감히 이해하기가 힘들다. 여기에서 몽골에게 승리를 안겨준 원인은 탁월하고 잔인한 무기를 투입했기 때문만이 아니라, 외교력과 특히 비밀 첩보 활동의 사전작업 덕분이라고 할 수 있다. 자국의 군대를 출정시키기 전에, 그들은 적을 염탐하고 지역을 정찰하기 위해 우선 정찰부대를 파견했다. 칭기즈칸의 가장 중요한 지휘관 수부타이(1176~1248. 칭기즈칸을 도와 몽골 제국을 건설한 개국공신이며, 세계 최고의 명장으로 알려져 있다-옮긴이)는 러시아의 제후들, 그리고 폴란드와 헝가리를 정찰하기 위해서 몇 달이나 공을 들였다. 유럽에서 전쟁을 치를 즈음에 이미 그는 60세가 넘었고 살도 쪘기 때문에 말을 타기는 어려웠다. 그리하여 수부타이는 마차를 타고 자신의 부대와 동행했다. 그는 언덕 위에 자리를 잡고 거기에서 자신의 부대를 지휘한 반면 적군이자 기독교를 믿는 제후는, 예를 들어 리처드 1세(1189~1199년 잉글랜드 왕이었다) 같은 경우는 말을 타고 군대를 지휘했고, 그러다 보니 전투 상황을 조망하기 힘들었다. 1241년 초 수부타이는 유럽 군대와의 전투에서 계속 승리를 거두었고, 만일 칭기즈칸의 아들 우구데이칸(칭기즈칸의 세 번째 아들로, 1229~1241년 몽골 제국을 다스렸다)의 사망 소식을 접하지 않았더라면 서쪽으로 더 나아갔을 것이다. 이 죽음으로 전쟁을 중단할 수밖에 없었다.

현대적 전쟁기술이라 할 수 있는, 그러니까 조심스럽게 적의 시야에서 퇴각하는 기술도 몽골의 정복 전략이었다. 화레즘(오늘날 이란) 제국의 왕 알라 웃딘 무함마드(재위 1200~1220)는 몽골이 곧 공격하리라는 사실을 알고 있었다. 하지만 몽골이 중국의 투석기와 화약을 획득하였고, 이로써 현대적인 도시의 요새를 파괴할 수 있다는 사실은 감춰져 있었다. 포위 공격전으로 몽골의 전투력이 빨리 소모하기를 바라 마지않았으나, 이런 화레즘 제국의 기대와는 반대로 몽골은 수도인 우르겐치와 무함마드 제국 전체를 정복하는 데 성공했다. 폐허로 남아 있는 우르겐치(오늘날 우즈베키스탄)는 그사이 유네스코 세계문화유산으로 지정되었지만, 1221년 세계 역사상 가장 피비린내 나는 대학살이 일어났던 곳이다.

이처럼 어마어마한 제국을 지배하기 위해서는, 작동이 잘되는 소통망과 항상 변화에 잘 적응하고 낯선 민족에 대하여 정보를 제공하는 기초가 필요했다. 칭기즈칸은 우편 정류장의 망을 이용했는데, 일정한 간격으로 떨어져 있으며 말, 먹이와 식량을 공급하는 데 하루가 걸리는 위치마다 정해둔 곳이었다. 그는 특히 수백 년 전부터 중국까지 왕래했던 이슬람 상인들과 대부분 소통했다. 가장 초기에 전달된 보고는 술레이만이라는 상인을 통해서였는데, 그는 851년 중국에 관해서 보고서를 완성했다.[44] 이런 종류의 보고서는, 이슬람 상인들이 중부아시아와 동부아시아를 얼마나 정확하게 알고 있는지를 잘 보여준다. 이로써 이런 지식을 "확보해서" 이용하는 것이 중요하게 되었다. 이와 같은 비밀 업무야말로 몽골이 영토를 확장하는 데 성공할 수 있었던 본질적인 원인이었고, 몽골의 확장은 1260년 (팔레스타인에 있는) 아인잘루트 전투에서 맘루크 군대로 인해 중단되고 말았다.

몽골족 역시 기독교 지배자들과의 관계를 이어갔다. 심지어 그들은, 외교적으로 그리고 군사적으로 십자군에 개입하려는 시도도 했다. 교황 이노첸시오 4세는 십자군 원정 국가들의 안전을 위해서 몽골을 자기편으로 끌어오려 했다. 그러기 위해 교황은 프란체스코 수도회 수도사 요하네스 플라노 드 카르피니(대략 1185~1252)를 1245년 몽골의 지배자에게 파견했다. 요하네스는 이 몽골 여행에 관해 기록했고, 이 책은 우리에게 전해 내려오고 있다.[45] 양측 사이에 수년 동안 외교적 접촉이 있었고, 몽골의 군주 대칸은 기독교를 믿는 몽골인을 파견했고 프랑스 왕 루이 9세(재위 1226~1270. 프랑스 왕으로는 유일하게 성인으로 인정받아 성 루이로도 불린다―옮긴이)는 페르시아어를 구사할 줄 아는 앙드레 드 롱쥐모를 파견했다. 하지만 플랑드르 출신의 프란치스코회 수도사 기욤 드 뤼브룩은 1253/1254년 기독교 포교의 사명을 안고 수십 년 전에 세워진 몽골의 수도 카라코룸(1235~1260년 몽골 제국의 수도) 안에 최초로 들어갔다. 그의 보고서는 오늘날까지도 읽을 수 있으며, 이는 기독교를 믿는 서양인이 중앙아시아와 동부아시아에 사는 민족에 관해 기록한 최초의 문헌에 속한다.[46] 이 문헌도 몽골의 우편 체계와 정보 체계를 상세하게 다루고 있다.

20년 후 아주 유명하게 된 마르코 폴로가 아버지와 삼촌과 함께 중국으로 갔고, 그로부터 25년이 지난 1295년에야 비로소 고향인 베네치아로 돌아왔다. 여러 차례 동양의 사신으로 파견된 마르코는, 이와 같은 업무가 비밀 활동으로 이용될 수 있다는 것을 잘 알고 있었다. "자미"라고 불린 우편 정류장도, 온갖 정보가 교환되는 장소였다. 1320년대 중국에 장기간 살았던 프란치스코 수도회 소속 오도리코 다 포르데논 수도사도 그와 같은 점을 인정했다. 그의 문서에 따르면, 비교적 규모가 큰 우편 정류장에서는 사환들이 온갖 정보를 서로 나누었고, 이들이 궁정으로 돌아가면 어떤 지역의 현 상태로 보고되었던 것이다.[47] 이 시기에 보고된 바에 의하면, 중국의 국경 지역에는 이미 사진과 함께 통행증이 있었다고 하는데, 아마 초상화를 말하는 것 같다. 이런 통행증을 통해서 위조한 서류를 가지고 있는 첩자들을 색출하려고 말이다. 베르베르 출신의 여행 작가 이븐 바투타(1304~1368. 중세 아랍의 여행가이자 탐험가로 여행기 《뫼흘라》를 썼다—옮긴이)는 중국을 "가장 안전하고 쾌적한 여행지"라고 표현했다. 보초가 지키고 있는 숙소에서 여행자들은 매일 해가 지고 나면 관료 한 사람에 의해 신분을 확인받게 되고 밤에는 숙소의 건물에만 머물러야 했다. 아침이 되면 동일한 관료가 숙소에 와서 문을 열어주고 사람을 다시 확인했다. 하지만 전혀 불쾌하지 않았다고 하는데, 숙소에는 가금류를 비롯해서 먹

거리가 풍부했기 때문이다. 단지 양고기만 진귀했을 뿐이라고 한다.[48]

정치적 문서와 종교적 문헌에 담긴 비밀 정보

여행기와 다양한 외교 문서에서 고대와 중세 시대의 첩보 활동에 대한 정보를 충분히 발견할 수 있다. 하지만 이런 정보를 찾기 위해 많은 노력을 기울여야 할 때가 있는데, 정보망과 실행이 온갖 수단을 동원해서 은폐되어 있기 때문이다. 또한 많은 것을 예측하거나 추측해야만 한다. 하지만 직접적으로 서술한 내용도 몇 가지 있는데, 역사적으로 아주 오래전에 국가론에 대해 기록한 문헌들이다. 이런 문헌들은 대체로 제후들이 국가를 지배할 때를 위한 지침서로 삼았으며, 규범적인 정치 문헌이거나, 성공적인 장군이나 해군 사령관을 위한 군사적 지시사항이다.

고대 중국의 연대기와 문학에는 첩자의 활동에 대한 기록이 무수히 많지만, 손자의 《손자병법》은 특별한 자리를 차지하고 있다. 저자는 기원전 500년경에 살았던 성공한 장군으로, 우나라 왕 합려(재위 기원전 514~기원전 496)를 위해서 《손자병법》을 썼다는 말도 있다. 이 저서는 여러 가지 자료를 종합했지만, 여기에서 특별히 다룰 필요는 없을 것이다. 흥미로운 점은 이 저서가 전쟁을 치를 때 매우 중요한 요소들을 첨예하게 다룬다는 것인데, 그러니까 국내외의 안전에 대한 전반적인 정치를 다루고 있다.[49] 이 저서를 고전으로 명명하는 것조차 과소평가하는 행위일 수도 있다. 이 책은 마오쩌둥뿐 아니며 경제 영역을 포함한 전략적 사고를 할 때 서구인들의 전략에조차 영향을 미쳤기에, 이런 주제의 다른 책들과는 비교할 수 없을 정도이기 때문이다. 이 책 가운데 12장은 군사 작전부터 병력의 조직에 이르기까지 그리고 전술의 개별 현안에 이르기까지, 그야말로 병법의 전반에 대해 쓰고 있다. 마지막 13장은 첩자들의 투입에 대해서 다루지만, 강권정책의 모든 근본적인 문제를 아우른다.

우선 손자는 첩보와 관련된 지식에 대해서 논했는데, 그는 이것을 미리 알아야 할 "예지(叡智)"로 이해했고, 손자의 확신에 따르면 이것은 악마나 유령 또는 별들에게 물어보는 게 아니며, 또한 비슷한 상황을 유추해서 나오는 게 아니다. 오히려 손자가 말하는 "예지"란 오로지 사람들을 통해서 얻는 것으로, "적의 상황을 잘 아는" 사람들, 그러니까 스파이나 믿을 만한 소식통들을 말한다. 손자는 냉정하게 이런 인물들을 다양한 범주로 분류했는데, 이들이 정보를 얻는 수단, 삶의 방식 그리고 사용하는 첩보 기술을 구분하기 위해서였다. 흥미롭게도 적과 주변에, 특히 전향한 첩보원 그리고 "사망한" 첩보원, 그러니까 거짓 첩보원을 통해서 미치는 영향도 고려했으며, 암살과 같은 방법을 통해 첩보 활동에 미치는 직접적인 작용도 고려했다. 현대적으로 말한다면, 손자는 이로써 정보 수집을 비밀 작전(covert operation)과 혼합했는데, 오늘날 바로 강대국들이 하고 있듯이 말이다.

손자가 말하는 내용 가운데 두 가지 관점이 특히나 주의해볼 만하다. 우선 재정적 측면이다. "대규모 군사 작전은 백성들이 지불해야 하는 돈이 많아진다. 따라서 오로지 첩보 활동에 들어가는 비용 때문에 적의 상태를 알지 못하는 것은, 지극히 비인간적이며 정직한 군사 지휘관이나 정부의 자문관 혹은 성공한 〔정치〕 지도자에게는 어울리지 않는다. ……그 누구에게도 첩보원만큼 많은 보상을 줘서는 안 된다." 또 다른 관점으로, 첩보원들과 일을 하려면 지극히 높은 지적 요구와 성격상의 요구를 충족시킬 줄 아는 지도자여야 한다고 강조하고 있다. "사람들은 예리함과 〔사안에 대한 풍부한〕지식 없이 첩보원들을 〔성공적으로〕투입할 수 없으며, 인간성과 정의에 대한 감각 없이 그들을 투입해서도 안 된다. 매우 조심스러운 태도로만 사람들은 첩보원들로부터 진실을 얻어낼 수 있다."

이로부터 첩보 활동의 경제성을 간단하게 표현한다면, 적에 대해서 무지할 때와 비교해보면 매우 큰 이득을 얻을 수 있다. 첩보 활동은 절대적인 숫자로 표현해서 비싼 게 아닌데, 첩보원을 투입하지 않거나 잘못 투입했을 때의 결과와 비교하면 그렇다. 하지만 군사 지도자와 정치 지도자가 첩보원에게 보수를 지불하고 첩보 활동을 관리해야만, 그와 같은 이득을 얻을 수 있다. 물론 《손자병법》에서는 이와 같은 관리의 전문화에 대한 언급은 찾아볼 수 없다. 손자의 교리는 지도자나 고위 군대 지휘관에게 향해 있을 뿐이다. 그는 매우 개인적으로 논쟁을 할 따름이어서, 관료적이고 노동 분업적인 지도 장치라는 규범에 대해서는 다루지 않는다.

실제로 중국은 유럽 국가와 비교할 때 훨씬 일찍 관료화가 이루어졌음에도 1000년의 마지막 무렵에 가서야 비로소 복잡하게 조직화된 첩보 업무가 진행되었다.[50] 특히 국경 지역에서 그러했다. 관료들이 이 업무를 담당했지만, 물론 직책의 이름은 이런 사실에 대해서 아무것도 밝혀주지 않았다. 조직 자체도 비밀이었고, 그들의 활동도 당연히 비밀이었다. "……첩보 활동보다 더 비밀은 없다"고 손자도 쓰고 있다. 물론 형벌권에서는 늘 비밀 누설과 첩자들(적대감)과 연관된 경우가 많았다. 특별히 심각한 경우에 사형을 집행했을 뿐 아니라, 친척들의 공동책임을 묻는 연좌제로 위협하기도 했다. 무엇보다 전쟁 때 백성들은 촘촘한 감시 체계의 대상이 되었고, 여행자, 수도승, 점쟁이와 떠돌이 수공업자들 같은 특정 직업을 가진 그룹은 특별히 의심의 대상이 된다는 사실을 누구나 잘 알고 있었다.

또한 고대 인도에서도 고도로 발달한 첩보 활동 전통이 있었으며, 특히 카우틸랴의 정치적인 저서에서 잘 이해할 수 있다. 이 저자는 마우리아 왕조의 찬드라굽타(마우리아 제국의 창건자) 왕의 전설적인 재상을 지냈는데, 찬드라굽타 왕은 기원전 320~기원전 297년에 다스렸다. 권력과 복지의 개념이 숨어 있는 국가 통치에 대한 저서 《아르타샤스트라》를 쓴 장본인은 복잡하다. 이 저서는 한 명이 아니라 두 명의 저자가 쓴 것으로 알려져 있으며, 100년이라는 간격을 두고 있다. 이 저서는 20세기 초반에야 비로소 발견되어 번역되었다. 이 문헌은 의심할 바 없이 고대 인도에서의 정치적 문화와 지배 방식의 본질적인 측면을 반영하고 있다.[51]

이 문헌의 기본 견해에 따르면, 비밀 활동의 의미는 의심하는 인간상으로부터 나온다. 신하들은 왕의 지배권에 잠재적 위험요소로 간주되었다. 그러니 신하를 감시하고 이와 동시에 왕의 적들이 품은 의도에 대해서 지속적으로 정보를 얻는 것은, 중요한 정치 업무에 해당한다. 이로써 비록 왕이 잠들어 있을 때조차 보고 있다고 말하는, 이른바 왕의 눈에 대해서 말하는 비교적 오래된 문헌과 연관성이 생긴다. 감시와 첩보 활동 없이 안정적으로 나라를 지배하기란 생각할 수 없었던 것이다. 고대 그리스의 외교관 메가스테네스(기원전 350~기원전 290)는 찬드라굽타 왕국에 파견되었다가 인도에 관한 보고서를 썼으며, 그 가운데 일부만 전한다. 메가스테네스는 심지어 백성들을 체계적으로 감시하고 왕에게 보고하는 감시인들 계급에 대해서 말한다. 그가 사용한 그리스어 용어는 'episkopoi'인데, 이것은 몰래 염탐하는 척후병으로 번역할 수도 있고 감시자로도 번역할 수 있다. 기독교 교회에서 이런 업무를 맡은 사람은 당연히 주교였을 것이다.

손자에서처럼 통수권은 지배자라는 인물과 동일시되고 있다. 지배자는 8개의 시간 단위로 구성되어 있던 일과에서 여러 차례 첩보 업무를 다루었다고 한다. 첩보원이 전하는 소식, 첩보원과의 담화와 개인적인 업무 지시에 관한 언급도 있다. 이로써 이런 과정에 특별한 의미를 부여한다는 사실과, 첩보 업무를 여러 영역으로 분할해놓았다는 사실을 표현하는 게 분명하다. 사실 한 명의 왕이 첩보원을 일일이 접견했다고 상상하기는 매우 어렵기 때문이다. 정보를 수령하고 입증하는 업무만 하더라도 엄청난 일이었는데, 형벌권에 언급된 것처럼 세 명의 목격자가 증명할 수 있는 발언들만 신뢰할 수 있다고 간주했던 까닭이다.

다양한 유형의 첩보원에 대한 묘사를 읽다 보면 눈에 띄는 게 있다. 바로 사람들에게 상당히 의존했다는 점이다. 다시 말해, 사회적으로 가장자리에 밀려난 사람들로, 실패자들이나 "정상적 삶"으로부터 벗어난 사람들 말이다. 《아르타샤스트라》는 일정한 장소에 머물지 않는 첩자들로 호객꾼, 자신의 서약을 어긴 걸식 수도승, 가난에 빠진 농부와 상인, 제자들을 데리고 이 도시 저 도시로 떠도는 고행자를 언급한다. 그런 종류의 사람들은 밥벌이를 하고 싶어 한다고 기대했던 것이다.

두 번째 종류는 이동하는 첩보원들인데, 이들은 한편으로 제국의 높은 직위에 있는 관료들을 엿보고 감시해야 했다. 다른 한편으로 특수 업무로 살해 명령을 실행해야 했다. 한 가지 업무는 사회 지도층에게 의심을 받지 않고 접근할 수 있어야 했는데, 예를 들어 (특권층이던) 브라만계 출신의 과부가 매우 적합했다. 다른 업무는 용감한 남자들이 맡기 적당했고, 이들을 매복 첩자라고 불렀는데, 온갖 암호와 점술은 물론 마술에도 능통해야 했다. 이런 남자들은 요리사, 술 창고 감독, 하인과 이발사로 위장한 채, 목표로 삼은 인물 근처로 접근했다. 곱사, 음악가, 무희와 사회에서 중요하지 않은 사람도 그런 방식으로 접근할 수 있었다. 문헌에는 첩보원을 했던 자국의 고위 세무 징수관에 대한 얘기가 있는데, 그는 높은 직위에 있는 관료들의 비밀스러운 소득이 있는지 밝혀냈으며 그리고 이와 같은 업무를 위해 앞에서 말한 사람들과 심지어 정신병자와 눈먼 사람들도 첩보 활동에 투입했다고 한다.

첩보원들의 성격과 신뢰도를 어떤 시험을 통해서 검사를 받게 되는지에 대해서도 상세하게 서술되어 있다. 즉, 왕이 공인되지 않았으나 "모두에게 마음에 드는" 종교적 의무사항을 위반했다고 인정한다면, 첩보원들은 어떻게 하느냐는 질문이 나온다. 올바른 답은, 왕과 자칭 대다수의 의견에 이의를 제기하는 것이다. 장군 한 명이 역모를 일으킬 계획을 했다면, 신뢰할 수 있는 첩보원은 역모에 동조하는 것을 끝까지 반대한다고 대답해야 한다. 왕의 애첩들 가운데 한 여인이 장군을 연모하고 있으며 그를 부자로 만들어주겠다고 귓속말을 한다면 어떤 대답을 해야 하는가. 장군이 자신의 직위와 목숨을 구하고자 한다면, 유혹적인 제안을 거절해야만 한다고 답해야 한다.

특히 위험한 인물들로는 왕족의 왕자들을 지명했는데, 이들은 왕을 쫓아내고 스스로 왕이 될 수 있는 가능성이 가장 컸기 때문이다. 왕자들의 성격을 충분히 관찰하고서, 특히 그들의 약점을 충분히 관찰한 뒤에 곤경에 빠트려야만 했다. 최악의 경우에 경쟁자는 첩보원을 통해서 제거해야만 한다. 사람들은 이런 것을 두고 정식 재판 외에 나름대로의 의미를 지녔던 "조용한 형벌"이라고 불렀다.[52]

외부의 적을 약화하기 위해, 여러 가지 방법을 사용해야만 했다. 영향력 있는 첩보원들이 백성들 사이에 소문을 퍼뜨려야 했다. 확인되지는 않았지만 왕의 적대자라고 하는 사람들이 외국에 있는 군주에게 가서 자신을 믿을 수 있는 첩보원으로 써달라고 말해야만 했다. 이 군주의 의도와 외국의 궁정과 맺고 있는 관계를 염탐하기 위해서 말이다. 또한 이웃 나라의 군주들로부터 비밀 정보를 모아오기 위해 사신을 파견해야 했다.

심지어 첩보원들이 받은 급료 목록도 《아르타샤스트라》에서 발견할 수 있다. 《손자병법》과는 달리 여기에서 제안하고 있는 급료는 그다지 많지 않다. 점술가, 천문학자와 방랑 시인들은 비밀 첩보원 무리 가운데 최상위 그룹으로 1000파냐(Panas)를 급료로 받았다. 전보를 간단하게 전달하는 자들은 250파냐를 받았으며, 이것은 배우의 급료와 같은 수준이었다.

이와 같은 급료 제안과 정치적 충고가 어느 정도 고려되었는지는 여기저기 흩어져서 나타난다. 고대 인도의 산스크리트어로 쓰인 위대한 서사시는 온갖 첩보 활동과 모방에 대해 보고하고 있다. 다른 문화권에서 볼 수 있는 객관적이고 냉철한 연대기나 역사를 서술하는 전통은 고대 인도에서는 찾아볼 수 없다. 국가이론에 관한 문헌들을 도외시한다면, 이 중에서 《아르타샤스트라》가 최고봉이라 할 수 있는데, 우리는 문학의 옷을 입은 문헌의 흔적을 찾아야만 한다. 그래도 현대적인 인도의 정보기관들인 정보국과, 1960년대부터 정보국의 뒤를 이은 기관들은 카우틸랴의 전통을 바탕으로 하고 있고, 이로써 전 세계에서 가장 오랜 역사를 가지고 있다고 주장할 만하다.[53]

고대 첩보 활동에 대하여 종교적이면서도 동시에 문학적인 묘사가 바로 구약성서이며, 특히 기원전 1490년 이집트를 떠난 유대인 민족들의 이야기에서 그러하다. 이 이야기의 핵심은 이 민족이 자신들의 종교이자 유일신과의 투쟁을 다루고 있는 점이다. 하지만 인종적 갈등과 개인의 갈등, 모세의 성격과 지도자로서의 역할, 그리고 다른 지도자들과 겪는 모세의 갈등이 구약성서의 배후에 숨어 있는 인간적 드라마를 결정하고 있다. 게다가 의지를 만들어나가는 거대한 정치와 장기간의 전략이라는 위대한 정치로 아브라함은 마침내 신이 약속한 땅 가나안을 정복하기에 이르렀다.

여기에서 성서는 땅을 탈취하는 폭력적인 성격을 매우 구체적으로 묘사한다. "너희들이 요르단을 건너서 가나안의 땅에 들어가면, 그 땅에 살고 있던 주민들을 모두 내쫓고 그들이 섬기던 우상을 모두 파괴하라! 금속을 부어서 만든 모든 상을 파괴해야 하고 그들이 숭배하던 모든 동굴도 무너뜨려야 하느니라. 그런 뒤에 땅을 소유하고 그곳에서 살도록 하라. 왜냐하면 내가 이 땅을 너희들의 소유물로 주었나니."[54] 이것은 그야말로 정착해서 살고 있던 민족들을 정복하고 완전히 축출해버리라는 신의 명령이 아닐 수 없다!

모세는 이와 같은 작업을 준비했지만, 더 이상 신의 의지에 따라 완수하지 못할 것 같았다. "신께서 모세에게 일렀다. 내가 이스라엘 사람들에게 주고자 하는 땅 가나안을 정찰할 남자 몇몇을 보내거라. 모든 시조에서 한 명씩 남자를 보내도록 하고, 모든 시조 가운데 지도자 한 명도 보내야 하느니라."[55] 성경은 이렇게 해서 선택된 시조 12명(12정탐꾼)을 일일이 열거하고 모세가 내려준 첩보 활동을 정확하게 보고하고 있다. "여기에서부터 네게브(이스라엘 동남부에 있는 사막으로, 이스라엘 국토의 60퍼센트 정도를 차지한다—옮긴이)를 통과해서 산으로 올라가라! 땅이 어떤 상태이며 거기에 사는 민족은 강한지 약한지, 땅이 좁은지 넓은지를 보도록 하라. 땅이 어떻게 이루어져 있는지, 그 땅에 사는 민족이 좋은지 나쁜지 그리고 도시들은 어떤 형태로 놓여 있는지를 보도록 하라. 이 도시들은 뚫려 있는지 방어시설이 되어 있는지, 땅은 기름진지 바짝 말라 있는지, 나무가 있는지 없는지도 봐야 한다. 용기를 가지고 그 땅에서 나는 과일을 가져오도록 하라! 때는 포도를 첫 수확할 계절이다." 종교적이 아니라 현세적으로 말한다면, 이런 내용은 군사적 첩보와 경제적 첩보가 혼합된 형태다.

정찰 임무를 띤 이스라엘 사람들은 발각될 경우에 재빠르게 도망치기 위해 한 명씩 적의 땅에 잠입했다. 40일 후에 이들은 돌아왔다. 물론 그들의 보고를 들은 이스라엘 민족은 리더십의 위기를 맞이할 정도였다. "그곳은 정말 우유와 꿀이 흐르는 땅이었습니다. 여기 우리가 가져온 과일이 있어요. 하지만 그 땅에 사는 민족은 강했고 도시들은 성으로 둘러싸여 견고하고 아주 컸습니다." 정찰을 하러 갔던 이스라엘 사람들은 거인들과 두려움을 줄 정도로 강력함에 대해서 얘기했다. "우리는 이 민족을 물리칠 수 없어요. 그들은 우리보다 더 강하기 때문입니다."[56]

이제 강력한 드라마가 연출될 때가 되었는데, 의심에 빠지고 감정이 고조된 민중들이 모세와 그의 형 아론을 돌로 치려 한 상황이었다. 여호와는 분노에 차서 자신의 백성들을 말살하겠다고 경고했지만, 모세의 주선을 통해 다시금 인내심을 가지고 지켜보기로 했다. 두 명의 시조, 그러니까 여호수아와 갈렙은 상황을 긍정적으로 보고했다. "주께 반항해서는 안 되느니라! 그 땅에 살고 있는 사람들을 절대 두려워하지 마라. 그들은 우리의 노획물이 될 것이니. 그들을 보호해주던 그림자는 그들로부터 떠났고, 신께서 우리와 함께하기 때문이니라. 그들을 두려워하지 말지어다!"[57] 이들은 처음에는 자신들의 소신을 당당하게 주장하지 못했으나, 의심하는 자들과 반항하는 자들에게 내려졌던 신의 형벌이 이들에게는 내리지 않았다. 신의 약속을 믿었던 자들만이 약속의 땅으로 들어가야 했다.

모세가 죽은 뒤에 여호수아는 지도자의 자리를 이어받았다. 그는 두 첩자를 도시 예리코에 파견했는데, 이곳의 왕은 신속하게 히브리 사람들을 따라붙어 다니는, 이른바 효율적으로 정탐하는 체계를 운영하고 있었다. 그들은 여호수아가 보낸 두 첩자가 머무는 숙소를 알아냈고 라하브라 불리는 숙소의 여주인에게 실토하라고 윽박질렀다. 통상적인 번역서에 나와 있듯이 이 여인이 정말 매춘부였는지는 알 수 없다. 어쨌거나 매춘부라는 위치는, 그녀가 남편이 없고 대단히 교활했기 때문에 추측해냈을 뿐이다. 이 여인이 히브리 첩보원들을 구했을 뿐 아니라 자신의 가족들도 구할 수 있는 전략을 짜냈다는 점은 매우 의미심장하다.

우선 이 여인은 두 히브리인이 이미 도시를 떠났다는 것을 믿게 함으로써, 첩보원을 추적하던 정보원들을 혼란에 빠트렸다. 실제로 그녀는 두 히브리인을 지붕에 숨겨놓고 온갖 물건으로 덮어두었다. 그런 뒤에 그녀는 목숨을 구한 히브리인들에게 이런 제안을 했던 것이다. "나는, 신께서 너희에게 땅을 내어주었으며 우리에게 너희를 두려워하게 했고 이 땅에 사는 모든 백성이 너희를 두려워하는 것을 안다. 왜냐하면 우리는, 너희가 이집트에서 나올 때, 신이 너희들 때문에 홍해의 물을 마르게 했다는 사실을 들었기 때문이다. 우리는 또한, 너희가 요르단 저편에 있는 아모리인(기원전 2100년경부터 메소포타미아의 대부분을 점유하기 시작한 민족—옮긴이)들의 두 왕 시온(Sihon)과 오그(Og)와 함께 무슨 일을 했는지 들었다. 너희는 그들을 멸망시켰지. 그 소식을 들었을 때, 우리는 가슴이 찢어졌고 모두가 숨을 제대로 쉴 수 없었다. 왜냐하면 너희의 신인 주님은 저 위의 하늘의 신이고 여기 땅 위의 신이기 때문이니라."[58]

여인 라하브는 예리한 분석가였다. 그녀는 자국민의 낮은 윤리의식과 적의 탁월한 힘을 인지했던 것이다. 그러니까 적이 탁월한 힘을 가졌다는 사실은, 그녀가 히브리인들이 신의 가까이에 있어서만이 아니라, 최근에 구체적으로 일어난 정치적·군사적인 사건들을 통해서 얻게 된 결론이었다. 결국 그녀는 두 히브리인 첩자를 자신이 살아남기 위한 전략으로 사용했다. "너희의 신으로 맹세를 하거라, 내가 너희에게 증명했듯이, 너희들도 내 아버지의 가족에게 호의를 증명하겠다고. 나에게 확실한 증표를 주도록. 너희가 내 아버지와 내 어머니, 내 형제와 자매, 그리고 그들에게 속한 모든 것을 살려주고, 죽음으로부터 우리를 보호할 것이라는 확실한 증표를 다오."

두 첩보원이, 자국의 군지휘자 전체가 떠맡아야 할 의무가 있는 협약을 체결할 수 있었던 사실은 아무래도 여인의 출신이 고위급이었고 여호수아에 대하여 높은 신뢰감을 보여주었다는 점 때문이었을 것이다. 전술상으로 볼 때, 이 협약이 가져다준 큰 장점은 라하브의 가족을 통해서 암암리에 지원을 받을 수 있다는 것뿐 아니라, 성곽 바로 곁에 집이 위치하고 있는 덕분에 위치상의 이점도 있었다. 창문 하나는 성벽과 거의 인접해 있었고, 두 첩자는 성벽에서 밧줄을 타고 바로 이 창문으로 내려왔다. 라하브는 이 창문에 엮은 심홍색 끈을 달아놓았는데, 히브리인들이 이 징표를 보고 라하브 가족을 공격하지 못하도록 표시하기 위해서였다.

두 첩자는 돌아와서 여호수아에게 보고했다. "그들은 그에게 자신들이 경험했던 모든 것을 이야기했고 이렇게 말했다. 주께서 저희에게 땅 전체를 내어주셨고, 그리하여 그 땅에 살던 주민들은 우리가 두려워 모두 떠났습니다."[59] 실제로 여호수아 6장은, 예리코의 정복은 율법을 모신 궤(모세의 십계명을 새긴 석판도 있음—옮긴이)와 귀가 찢어질 것처럼 시끄러운 음향 효과가 포함된 종교적 진술들이 혼합되어 있음을 서술하고 있다. 이를 두고 우리는 심리전이라고 말해도 될 것이다.

어쨌거나 끔찍한 학살이 시작되었다. "그들은 예리하고 큰 칼로 도시에 있던 모든 것을 무너뜨렸고, 남자와 여자, 어린아이와 노인, 소, 양과 당나귀도 죽였다. 이 땅을 정탐했던 두 남자에게 여호수아는 이렇게 말했다. 매춘부의 집에 가서 그 여인과, 너희가 그 여인에게 맹세했듯이 그녀에게 속하는 모든 것을 데려오너라. 그러자 젊은 남자들이자 첩자들은 라하브, 그녀의 아버지, 그녀의 어머니, 그녀의 형제와 그녀에게 속한 모든 것을 데려왔다. 첩자들은 여인의 모든 친척을 (도시에서) 데리고 나와서, 이스라엘 진영의 외부에 있는 장소에 머물 곳으로 데려갔다. ……그리하여 여인의 가족들은 오늘날까지 이스라엘 땅 가운데에 살고 있나니……"[60]

이와 같은 보상은, 성경책의 여러 군데에서 라하브의 행동을 묘사하고 있듯이, 종교적으로 해석할 수 있다. "믿음으로 인해 매춘부 라하브는 복종하지 않는 자들과 함께 죽임을 당하지 않았다. 왜냐하면 그녀는 첩자들을 평화롭게 맞이했으니." 이는 바울의 서신에서 히브리인들에 대한 내용이며, 비슷한 내용이 야곱의 복음서에도 있다.[61] 신의 의지를 온전히 따르는 자는, 구원받을 것이다. 그것도 혼자만이 아니라, 가족과 가족의 재산도 함께. 하지만 우리는 성공을 거둔 비밀 활동의 세계적인 복음을 보게 된다. 망명자들은, 그들의 정치적 계산을 의식하는 한, 후하게 보상을 받는다.

끝으로 라하브의 심홍색 끈은 비밀 활동의 영역에서 비밀의 메시지, 신호와 표시를 떠올리게 한다. 비밀 신호는 여러 가지 형태로 발전했다. 그 가운데 최고로 복잡한 형태는 바로 문서라고 할 수 있는데, 그러니까 시간과 공간의 제한 없이 언어를 통해 인간적 소통을 할 수 있는 능력 말이다.

문자와 비밀문서

메소포타미아 도시국가들에서 최초의 문자 체계를 사용했을 때, 사람들은 기록한 정보를 권한이 없는 사람들이 볼 수도 있을 것이라는 걱정을 하지 않았다.[62] 문자는 그 자체로 하나의 비밀코드였고 소수의 사람들만 이 접할 수 있었다. 문자는 처음에는, 생필품을 생산하고 저장하는 중요한 날짜를 확정하는 데 사용되었는데 이는 정치적·사회적 안정을 유지하기 위한 중요한 정치적 과제였다. 그리고 나중에 종교적 소식을 전달하는 것과 같이 더 넓은 행정 영역으로 확장되어 사용되었다. 이미 헤로도토스는 이집트의 설형 문자를 "백성에게 속하는" 것이라 적었는데, 다시 말해 많은 사람이 접근할 수 있는 것이라 했다.

라틴어로부터 중세어와 오늘날의 서부 유럽 언어가 파생되었듯, 자모서법(字母書法)의 돌파구가 된 것은 페니키아인(기원전 1000년 지중해 동쪽 해안을 쭉 따라서 뻗어 있었으며, 도시연맹의 형태로 살았다—옮긴이)들 덕분이 아닌가 한다. 이들은 물론 처음에는 모음을 전혀 쓰지 않았고, 자음에 점과 작은 고리를 보충해서 사용했다. 오늘날 아랍어나 히브리어처럼 말이다. 다른 문화들은 음절문자(인도, 일본)를 개발했거나 상형문자(중국)를 개발했다. 이런 문자들이 복잡하면 할수록, 온갖 형태의 비밀 통지도 가능하며 적어도 훨씬 더 신뢰할 수 있는 수단이 되는 것은 분명해진다. 역으로 쉽게 읽을 수 있으며 사회에 널리 퍼져 있는 문자의 경우에는, 원하는 수신자 그룹에게만 문자의 정보를 보내기 위해 비밀 유지라는 방법이 사용되었다. 비밀 업무를 수행했던 자들은, 당연히 이와 같은 비밀문서라는 기술에 많은 관심을 가졌다.

가장 오래되고 잘 알려진 본보기는 고대 이집트의 상형문자로 된 텍스트라 할 수 있는데, 여기에 그려진 그림들은 특이하게 규범에서 벗어나 있고 상징을 지시하고 있다. 또한 메소포타미아 설형문자에서도 일종의 비밀문자를 암시하는 예들이 있다. 비밀문서의 원칙은 본질적으로 문자를 교환함으로써 가능한데, 철자를 바꿔서 글자를 만드는 것이다. 이와 같은 텍스트를 받은 수신자는 비밀문서를 해독하려면 그에 적합한 암호가 필요하다. 즉 어떤 체계에 따라 철자를 교환했는지를 알아야만 한다는 말이다.

가장 잘 알려진 고대의 암호 가운데 하나는 스파르타에서 사용한 스키테일이다. 이것은 막대에 가느다란 가죽 끈을 돌돌 감아서(나선형), 이 끈 위에 글자와 문장을 기록한다. 그리고 같은 굵기의 막대라야 이 가죽 끈에 기록된 글씨를 해독할 수 있는 것이다. 그렇듯 막대의 두께가 바로 열쇠인데, 이해할 수 없는 철자를 이해 가능한 통지가 되게 해주니까 그러하다. 이 원칙을 종이끈으로 모방해도 되는데, 이 종이를 요리 스푼이나 빗자루에 돌돌 감아서, 축이 있는 방향으로 글을 쓰고 다시 종이를 떼내면 된다. 종이 선을 따라 적혀 있는 철자들은 둥근 막대가 없으면 의미를 찾지 못한다.

그리스 역사학자 플루타르크는 스파르타의 장군 리산드로스의 전기를 쓰면서, 장군이 펠로폰네소스 전쟁(기원전 431~기원전 404) 동안 페르시아의 급습을 수포로 돌아가게 만들 수 있었던 일들에 대해서 기록했다. 이에 따르면, 리산드로스 장군은 스키테일 통지를 이용해서 해당 전선에 경고할 수 있었다고 한다. 군대의 여러 부대끼리 전략적으로 소식을 교환하는 것 외에도 플루타르크는 또한, 높은 직위에 있던 정치가들이 스키테일을 이용해서 장군들과 소식을 주고받았다고 언급한다. 여기에서 암호를 해독하는 체계가 리더십 도구로 사용되었고, 정치가 군대를 통제하는 도구로 사용되었다는 것을 알 수 있다. 기원전 404년 펠로폰네소스 전쟁이 끝났을 때 고위직 정치가들은 리산드로스에게 경고를 함과 동시에 즉각 귀향하라는 소식을 전했다. 리산드로스 장군이 소아시아 서쪽에서 아테네의 지배로부터 해방된 도시들, 가령 티란(Tyrann)에 대하여 나쁘게 행동했

던 까닭이다.[63]

　이 부분에서 플루타르크는 스키테일을 아주 상세히 서술하고 있다.[64] 물론 그는 이런 방식으로 정보를 교환하는 게 한계가 있다는 점을 말해주는 이야기 한 가지를 덧붙였는데, 소식을 접해도 발송인의 정체성 여부를 확인하기 어렵기 때문이다. 그리하여 리산드로스 장군은 정치적으로 적이었던 파르나바조스(페르시아 제국 아케메네스 왕조의 군인이자 정치인. 펠로폰네소스 전쟁 때 스파르타 편에서 아테네와 싸웠고, 아테네 패전으로 스파르타에 머물기 힘들었던 알키비아데스 장군의 망명을 받아들이고 친구가 되었다. 하지만 스파르타의 리산드로스 장군은 이와 같은 행동으로 스파르타-페르시아의 연맹에 의심을 품었고, 알키비아데스를 죽이라고 전한다-옮긴이)에게 봉인된 편지로 자신에 대한 비난을 철회하라고 압박했던 것이다. 하지만 파르나바조스는 실수로 그만 스파르타와 합의했던 편지와 다른 편지를 혼동하고 말았는데, 이 편지는 바로 리산드로스 장군이 계략적으로 슬쩍 넣어두었던 편지다. 이로써 발신자를 확인한다는 자체가 조롱거리가 되고 말았다.

　500년 뒤에 집필된 리산드로스 장군의 전기에 보충 해석을 해야 할 게 있는데, 바로 플루타르크는 독자들에게 투키디데스(펠로폰네소스 전쟁의 산증인)와 같은 고전적인 내용을 명확하게 알고 있는 것을 전제로 하고 있다는 것이다. 하지만 플루타르크는 스키테일은 거의 알려지지 않은 특별한 것으로 간주했다. 때문에 스키테일에 관한 상세한 서술은 훗날 많은 저자들이 이어받았고, 그 가운데 1세기 후에 활약한 역사학자 그나이우스 겔리우스(기원전 2세기 후반에 살았던 로마의 역사학자-옮긴이)도 그 가운데 한 사람이다. 겔리우스 역시 플루타르크의 서술을 거의 그대로 베꼈다. 물론 스키테일에 관한 수많은 언급은 그리스 극작가 아리스토파네스와 니코프론과 아테네 역사학자 크세노폰에서도 발견할 수 있다. 이런 문헌들을 통해서 고대 역사학자 볼프강 쿠호프는, 대부분의 비극적인 영웅을 스키테일과 연관 지을 수 있다는 결론을 내렸다. 실수 없이 비밀 소식을 전하는 능력은 스파르타가 영토를 확장하는 데 도움이 되었으나, 패망하는 것을 막을 수는 없었다.[65]

고대 그리스 로마 시대에는 비밀 메시지에 대한 예를 아주 많이 찾아볼 수 있다. 특히 시간이 많이 걸리는 방식도 있었는데, 예를 들어 머리를 박박 민 노예의 머리에 비밀 내용을 기록하는 방법이었다. 이 불쌍한 남자는 당연히 금방 파견되는 게 아니라, 머리카락이 자라서 글자를 덮을 때까지 기다려야 한다. 비밀 메시지를 감추기 위해서 왁스나 씻어낼 수 있는 색깔을 사용하여 기록한 목판도 있다고 보고되고 있다. 보이지 않는 잉크도 있는데, 이 부분에 열을 가하거나 다른 기술을 사용하면 보이는 비밀문서도 고대에 사용되었다. 이런 경우에는 스테가노그래피(메시지 은폐기술)라고 부른다. 왜냐하면 크립토그래피(메시지의 내용을 읽을 수 없게 하는 기술)와는 달리 여기에서는 읽을 수 있는 글자들을 바꾸지 않았기 때문이다. 당사자가 아닌 사람도 은폐된 것을 알게 되면 문서를 읽을 수 있다.[66]

두 가지 기술, 크립토그래피와 스테가노그래피는 수백 년 동안 계속 발전했고, 전자는 전자시대에도 엄청난 성장을 했지만, 이에 관해서는 나중에 언급하겠다.

크립토그래피의 초기 형태는 율리우스 카이사르도 이용했는데, 모든 문자를 각각의 문자의 뒤에서 세 번째 있는 알파벳으로 대체하는 방식으로 암호화했다. 그의 입양아들 아우구스투스 황제는 각각의 문자에서 바로 다음에 나오는 알파벳을 사용하여 암호화했다. 이로부터 말하는 방식을 유도할 수 있다고 하는데, 사람들은 누군가에게 "U라고 할 것을 X"라고 가장하고자 하는 것이다.[67] 그리스어와 라틴어 문자를 바꾸거나 문자 대신에 숫자를 투입하는 것도 생각할 수 있다. 하지만 이렇듯 규칙적으로 대입하는 방식에는 큰 단점이 있었다. 치밀한 사람이라면 금세 발견해 낼 수 있다. 그러니까 단 하나의 단어가 가진 암호를 풀면, 도미노처럼 진행되기 때문이다. 즉, 하나의 돌을 쓰러뜨리면 다른 모든 돌이 쓰러진다는 말이다. 단 하나의 간단한 암호로 모든 단어가 금방 읽힐 수 있다. 물론 카이사르 방식에도 25가지의 다양한 암호가 있고, 그래서 문자의 다음 알파벳, 다다음 알파벳, 세 번째 알파벳을 사용하는 대신에 네 번째, 다섯 번째 등등 25개의 알파벳 전부를 이용할 수도 있다. 자유롭게 조합할 수 있는 가능성을 숫자로 계산해보면 4에 0이 26개 붙으면 된다.

크립토그래피와 스테가노그래피를 고대 시대에 어느 정도로 사용했는지는 정확하게 알 수 없다. 여러 가지 문헌에서 언급하고 있을 뿐이니까 말이다. 그래도 인도의 《카마수트라》라는 기원후 3세기에 산스크리트 문학의 특별한 형태로 사람들의 관계를 가르치는 책도 이런 종류에 속한다. 이 비밀문서는 비밀스러운 사랑을 위해서 여자를 지배하는 64가지 기술을 소개한다. 비밀문서를 가장 흔히 사용한 분야는 외교와 군사였을 것이지만, 또한 결탁이나 온갖 종류의 비밀스러운 관계에서 사용했을 것이다.

암호화되고 은폐된 문자의 역사에서 특히 흥미로운 것은, 9세기, 그러니까 카롤루스 1세 마그누스 시대에 아랍의 학자가 발견해서 기록한 문헌이다. 즉, 그는 암호를 해결하는 수단으로 빈도를 분석했다. 알-힌디라는 학자에 따르면, 그리스어로 기록된 문헌을 선택하고, 개별 글자가 등장하는 빈도를 세어보라고 한다. 암호화된 텍스트에서 가장 자주 등장하는(대치한) 글자(혹은 가장 자주 등장하는 기호)가 암호화되지 않은 텍스트에서 가장 흔히 등장하는 것이라고 한다. 이는 일상적으로 사용하는 문자나 기호가 등장하는 상대 빈도에도 해당하는 말이다. 독일어에서는 "e"가

17.4퍼센트 자주 등장해서 1위이며, "n"은 9.78퍼센트로 2위를 차지한다. 이런 방식으로 모든 언어에 등장하게 되는 평균 빈도는 저자, 관계되는 사안, 언어 수준과 특별한 언어 사용에 따라 차이가 날 수는 있다. 하지만 그래도 이런 단어의 빈도가 암호를 풀 수 있는 여러 가지 방법 가운데 하나를 제공한다. 그렇듯 사람들은 비교적 일찍부터 암호를 풀 수 있는 체계적 방법을 알고 있었다는 사실이 이스탄불 문서실에서 재발견된 문헌에서 1987년에야 비로소 드러났다. 이와 동시에 크립토그래피의 문제가 분명해졌는데, 비밀 정보를 더욱 안전하게 전달하려고 왜 심부름꾼이나 직접 아는 사람을 통했는지가 분명해진다. 그것도 수백 년 동안 말이다.

역사학자가 되돌아보면, 마치 역사 전체가 현재를 향해 움직이는 것처럼 보일 수도 있다. 물론 그렇지 않다. 역사는 많은 막다른 골목과 미로도 만난다. 하지만 비밀 활동의 발달, 비밀 활동의 방법과 도구의 발전은 오인할 여지가 없다. 비밀 지식도 전해지고 있고, 이렇게 전해진 지식은 혁신의 출발점이 된다. 이와 같은 기본 욕구를 정치, 경제, 외교와 군사에서 분명하게 인정하고 이런 분야를 비밀 활동의 가능성과 연결하면, 기묘하게도 비밀 활동의 역사에 신뢰가 간다. 모든 사회적 그리고 문화적 변화를 넘어서서 말이다. 무엇보다 이는 인간의 특정 성격과 기본 욕구는 늘 동일하게 남아 있다는 사실과 관련이 있다. 특히 첩보원과 배반자, 첩보 대장, 정보 분석을 하는 사람, 비밀 정보를 활용하는 사람, 이 모두를 우리는 역사를 통해서 계속 만나볼 수 있다. 이 분야에서도 모종의 학습 곡선 같은 것이 있다는 사실을 거부할 수 없을 것이다. 인간의 행동방식은 향상된다. 하지만 우리는 이 분야에서 커다란 변화를 발견하지 못하며, 기술적 수단에서 엄청난 변화를 보게 된다. 물론 18세기 이후에 과학의 변혁이 일어나면서 근본적인 변화가 일어났다.

그런 점에서 볼 때 고대 시대부터 기술이 발달한 현대 시대에 이르기까지 수 세기는 긴긴 과도기의 시기로 볼 수 있을 것이다. 이와 같이 긴 시간들로 인한 특징은 단계적으로 진행된 인격화와 개인화라 할 수 있다. 우리는 첩보원, 그의 조력자, 희생자와 주변에서 이득을 취하는 사람에 대하여 점점 더 많이 알게 된다. 우리는 첩보원을 함께 사는 사람으로 경험하고 이로써 비밀 활동을 지극히 인간적인 활동으로 경험한다.

새로운 적

종교적, 혁명적, 반혁명적, 민족적 세력들

서로마 제국의 붕괴와 수백 년 동안 이어진 민족의 대이동으로 인해 중서부 유럽은 발전이라는 측면에서 봤을 때 많이 뒤처지게 되었다. 역사 연구에 의해 발견된 바에 따르면, 고도로 발달했던 나머지 국가들, 그러니까 제도화된 행정, 판결과 정치적 지배 체계를 갖춘 국가들도 지속적으로 존재했다. 하지만 우리가 앨프레드 왕이 지배한 영국이나 카롤루스 1세 마그누스가 다스린 프랑크 왕국을 일종의 르네상스로 다루었다면, 다시 말해 고대 시대의 교육은 물론 왕 밑에 궁실사무국을 갖춘 형태를 다시 발견했다면, 고대 왕국의 발전 수준에 근접한다는 것이 얼마나 힘든지 매우 분명해졌을 것이다.

이웃이나 적, 그 밖의 낯선 민족에 대한 정보를 체계적으로 수집하는 데도 고대 왕국의 수준으로 근접하기란 쉽지 않다. 그러니까 우리가 광범위한 의미에서 비밀 활동으로 분류하는 바의 정보뿐 아니라, 육로를 따라 우편과 파발꾼을 통한 정보 지원 기술이나 정규적인 배들의 연계도 포함된다. 모든 점에서 부족했다. 분명 중세 전성기까지(11~13세기)의 문헌 가운데 우리에게 전하는 자료가 매우 부족해 포괄적이고 지속적인 비밀 활동을 증명하기란 힘들 것이다. 심지어 전쟁에 관해서도 마찬가지인데, 그 당시에 활동했던 전형적인 기사들이 글자를 몰랐기 때문이다. 물론 카롤루스 1세 마그누스처럼 문맹자가 아니라면 몰라도 말이다. 정치가 문서 형식에 근거를 두고 있는 한, 정치는 광범위하게 교회의 손에 들어가 있었다. 물론 교회에서도 소수의 수도승과 성직자만이 문서를 다룰 줄 알았다. 대학에서 공부한 성직자 계급이라는 생각은 아직 먼 미래에나 가능했다.

문자에 정통한 성직자들은 실제 모든 왕국의 궁실사무국에 존재했다. 그들은 서서히 비종교적 인물로 대체되었다. 17세기까지 우리는 행정의 수장에 있을 뿐 아니라 왕의 최측근에서 고문의 역할을 하는 성직자들을 발견할 수 있다. 프랑스 루이 13세 때의 리슐리외 추기경(1585~1642. 1624년부터 사망할 때까지 루이 13세의 재상—옮긴이)과 루이 14세 때 쥘 마자랭(1602~1661. 이탈리아 출신의 추기경이자 외교관—옮긴이) 또는 에스파냐 필레페 3세 때의 레르마 공작(1553~1625. 정치를 싫어해서 대부분의 업무를 레르마 공작에게 맡긴 필리페 3세 이후부터 에스파냐는 쇠퇴하기 시작했다—옮긴이)을 꼽을 수 있다.

그렇듯 성직자들은 현대적 국가의 재탄생과 밀접한 연관이 있었다. 따라서 성직자들이 점차 비밀 활동이라는 수단을 체계적으로 투입했던 것도 놀랄 일이 아니다. 그 밖에도 로마 교황령은 최초의 현대적 관료화·제도화된 국가로 간주해도 되며, 여기에서 교황들은 전 세계의 정치적 관계와 성직자들의 관계에 대하여 보도를 해주는 선구자였다. 그렇지 않았더라면 어떻게 세계 교회가 조직으로 생겨나서 스스로의 의견을 주장할 수 있었겠는가? 하지만 우리가 교황의 정치와 외교라는 문맥에서 "교황의 비밀 업무"에 대해 얘기할 수 있을지 없을지는, 앞으로 설명하게 될 것이다.

우리는 비밀 업무를 담당하던 은폐된 기구를 포함하여 점차 등장하는 현대적 국가를 하나의 유일한 모델로 상상해서는 안 된다. 오히려 여러 가지 형태가 있다. 군주국가조차도 지방을 지배하는 왕과 봉건적 귀족 세력들의 결합 형태로 이루어져 있고, 이런 형태들도 때때로 다르게 보이고는 한다. 특히 북부 이탈리아와 독일에는 도시형 공화국이 있었는데, 그 가운데 피렌체, 제노바, 베네치아와 뉘른베르크가 특별히 뛰어났다. 독일에는 교회에서 관할하는 지역이 있었으며, 몇 곳은 막강한 주교(심지어 후작의 작위를 가진 주교)가 다스렸고, 수도원에서 관리하는 지역도 몇 곳 있었다. 만일 우리가 국가의 형태들 중에서 혼합되어 있는 형태, 예를 들어 선출된 왕이 다스린 폴란드-리투아니아의 귀족공화국, 독일의 선출황제, 교황이 선발하는 왕, 부분적으로 주권을 가졌던 독일의 기사 제도나 성전기사단(Templar order)과 같은 독일 기사단국도 계산에 넣는다면, 정치 조직은 그야말로 당혹스러울 정도로 다양하다는 사실을 알 수 있다.

마지막으로 언급해야 할 것은, 이와 같은 정치적 체계의 구조를 철저하게 살펴본다는 게 너무 어렵다는 사실이다. 권리와 능력은 흔히 복잡한 문헌들에 기인할 때가 많았는데, 다양한 예외도 인정하게 했고, 모든 측면에서 선한 의지가 보일 때만이 가능한 경우가 많았다. 권력자들에게는 심지어 문서로 확인된 권리를 내밀어도 정치적 체계의 구조를 살펴보겠다고 주장하기가 힘들었다. 자의적 결정이 대부분이었으니까 말이다.

프랑스와 영국 사이의 왕위 계승전

전쟁을 가장 많이 일으킨 원인은 제후들 사이에 왕위를 두고 펼치는 계승전이었다. 왕의 후보들 사이에서는 신속하게 전쟁의 분위기가 만들어졌는데, 왕위 쟁탈전에서 승리하느냐 패배하느냐에 따라 특권과 관직을 얻거나 그렇지 않으면 빈손으로 혹은 자신의 재산마저 잃어버릴 수 있었기 때문이다. 전쟁을 시작하면 대부분 모든 종류의 사람이, 그러니까 고상한 귀족이나 상인부터 그야말로 "소인배"에 이르기까지, 첩자나 배신자를 동원하여 자신들이 지지하는 후보가 왕이 될 수 있게끔 기여할 준비가 되어 있었다.

1066년 영국의 왕위 계승전의 경우를 한번 보기로 하자! 에드워드 "참회왕"이 1066년 1월 5일 자식 없이 사망했을 때, 해럴드 고드윈(참회왕의 왕비가 바로 그의 여동생이었다—옮긴이)이 사망한 왕의 확실한 후계자로 간주되었다. 대영제국의 의회가 이렇게 맹세했다. 다음 날 해럴드는 런던 웨스트민스터 사원에서 베네딕트파 교단의 주도하에 즉위식을 가졌다. 웨스트민스터 대수도원은 일주일 전에 봉헌식을 했으며, 에드워드 왕의 묘소로 이용되었고 앞으로도 영국 왕들의 즉위식이 거행되는 장소가 될 예정이었다. 하지만 노르웨이의 왕 하랄 하르드라다(하랄 3세, 재위 1047~1066)와 노르망디의 대공 윌리엄은 영국 왕위에 반기를 들었다. 그들은 9세기 후반부터 온갖 땅을 정복했던 바이킹 세력의 다양한 분파를 대표하는 인물이었고, 프랑크 북부 지역, 노르망디와 영국의 북부도 그들이 정복한 땅에 속했다. 윌리엄은 노르망디에서 겨우 8년 동안 대공이었는데, 그의 아버지가 예루살렘에서 사망한 후였다. 그의 어머니가 팔레즈(falaise)의 공작령 성 근처에서 무두질을 하던 아버지의 딸이었으므로 법적으로 인정받지 못한 아들이었던 그는 전쟁을 좋아했다. 그는 위험한 인물은 모두 제거했고 많은 전투에서 싸웠다. 30대 후반의 이 남자에게 자신의 권력을 해협 너머까지 확장하기에 좋은 기회가 제공되었던 것이다. 이런 순간에 윌리엄은 첩보원들이 보트를 타고 소식을 신속하게 노르망디에 전달할 수 있도록 런던과 영국의 해변 지역에 첩보원을 배치함으로써, 철저하게 준비를 했다. 이와 같은 첩보망을 관리한 사람은 윌리엄의 시종장 기욤이었다.

해럴드 왕은 자신의 궁정에 적을 지지하는 자들이 있다는 사실을 잘 알고 있었다. 그래서 몇몇은 측근에서 물리쳤다. 하지만 새는 곳을 모두 막을 수는 없었다. 그 밖에도 해럴드 왕은 막강한 군대와 강력한 해군력을 거느리고 있었고, 그리하여 윌리엄은 경솔하게 우열을 다투고 싶지는 않았다. 해럴드 왕 역시 첩자들을 파견해 해협을 건너도록 했는데, 르아브르(프랑스 서북부, 대서양에 면해 있는 항구 도시―옮긴이) 서쪽에 있는 디브쉬르메르(Dives-sur-Mer) 항구에서 첩자 한 명이 체포되고 말았다. 그런데 윌리엄은 이 첩자에게 벌을 내리는 대신에, 건설하고 있는 배들을 보여주었다. 당연히 영국에 상륙할 준비를 하는 배들이었다. 이처럼 심리적 전략은, 고향으로 돌아간 첩보원과 군사들이 윌리엄 공의 전투력을 확인해주기를 노렸다. 물론 해럴드는, 언제 공격해올지 알 수 없었다. 디브쉬르메르의 상황을 보고 판단하건대, 남부에 위치한 포츠머스 항구 바로 맞은편 해안 지역에 상륙할 가능성이 높았다.

윌리엄은 세련된 외교술을 통해서 노르웨이의 왕이 영국 북부를 정복하는 전쟁에 동참하게끔 했다. 이로써 해럴드는 두 방향으로 위협을 받게 되었다. 그는 군함들을 해협에서 나오게 해서 템스강의 하구에 두었다. 이곳이라면 북쪽에 군사를 신속하게 투입할 수 있을 것이며, 그것보다 우선 적이 템스강 하구를 기습 공격하면 막을 수 있을 것 같았다. 윌리엄은 이를 눈치채자마자 자신의 군함들을 멀리 동쪽에 있는 생-배러리 항구로 옮겼는데, 이곳에서는 하루 만에 영국 해안에 도착할 수 있었다.

노르웨이인 윌리엄은 요크서에 상륙했고, 9월 25일 스탬퍼드 브리지 전투에서 해럴드 왕이 투입한 군대에 굴복하기 전에, 이곳에서 소규모의 귀족 연합과 싸워 승리를 거두었다. 사흘 후 이른 아침에 윌리엄은 헤이스팅스 근처에 상륙했고, 그의 군대는 이곳을 보급품의 근거지로 이용하기 위해서 즉각 손에 넣었다. 영국 남부에 있는 수도원에서 살고 주변을 가장 잘 알고 있던 수도승들이 지역을 안내했다. 10월 1일 이 사실에 대한 정보를 얻게 된 해럴드는 이미 지칠 대로 지쳐 있는 군대에게 남쪽으로 며칠이 걸리는 강행군을 명령했다. 윌리엄은 영국 군인들이 도착하기 전에 남은 시간을 앞으로 치르게 될 전쟁터를 정찰하는 데 이용했다. 두 명씩 짝을 지어서 정찰을 보냈는데, 한 명이 그 지역에 머물러 있는 동안 다른 기병은 지휘관에게 보고를 하러 갈 수 있었다. 소규모의 부대가 주변의 숲에 파견되었는데, 나중에 적을 뒤에서 공격하기 위해서였다. 언덕 위에는 감시 초소를 준비해두었다.

런던에 도착한 해럴드 왕은 여러 가지 보고를 통해서 상세하게 알 수 있게 되었다. 마침내 그는 고작 며칠만 쉰 다음에 헤이스팅스로 향했다. 그의 군대는 3주 만에 800킬로미터를 행진해오느라 그야말로 기진맥진한 상태였다. 게다가 그들은 윌리엄의 첩보원들이 퍼뜨린 다양한 소문으로 인해 불안에 떨었다. 이렇게 하여 윌리엄은 적의 군대가 싸울 준비를 제대로 갖추기 전인 10월 14일에 도착했다. 9시간 만에 그는 전투에서 승리를 거두었고, 해럴드 왕은 전쟁터에서 사망하고 말았다.

윌리엄은 1066년 크리스마스 날 웨스트민스터 사원에서 왕의 대관식을 올렸다. 의심할 바 없이 그가 이용한 첩보 활동과 계략은 승리를 거두는 데 상당한 기여를 했다.[1] 윌리엄은 간계와 잔인함을 동원하여 앵글로색슨의 귀족들을 제압했으며, 그들의 재산을 자신을 따르는 노르망디인들에게 나누어주었다. 그리고 종교 지도자들과 행정을 보는 관리와 신분이 높은 자들에게 빠른 시일 내에 "노르만화(化)"하라고 강요했다.

이어지는 400년 동안 프랑스와 영국은 왕조가 서로 얽혀 있었고 그래서 항상 전쟁을 치르게 되는데, 가장 끔찍했던 전쟁은 바로 1337년부터 1453년까지 계속된 백년전쟁이다. 물론 이때까지만 해도 프랑스는 폐쇄된 지역으로 존재했던 것이 아님을 알아야 한다. 오히려 여러 조각으로 나뉜 영토로 구성되어 있었으나, 지난한 역사적 과정을 거치면서 파리 분지가 포함된 일드프랑스에서부터 출발하여 중앙집권군주국으로 탄생하게 되었던 것이다. 영국이라는 국가 역시 존재하지 않았는데, 물론 그곳은 아주 일찍부터 영토상으로 폐쇄되어 있기는 했다. 주민들은 게르만족과 켈트족이 섞여 있었고, 이들은 북쪽으로는 바이킹으로 인해 그리고 남쪽에서는 노르만인(중세 스칸디나비아에서 온 게르만계 민족-옮긴이)으로 인해 과도하게 이방인 취급을 받았다. 이런 점은 언어에서도 나타났다. 정복자 윌리엄과 그의 노르만인 추종자들은 행정 언어와 궁중 언어로 프랑스어를 사용했고, 이와 반대로 평범한 백성들은 온갖 게르만 사투리를 두루 사용했다. 이 두 가지로부터 14세기 말쯤, 그러니까 백년전쟁이 한창이던 시기에 중세영어가 생겨났다. 우리가 제프리 초서의 《캔터베리 이야기》(대략 1387년에 쓰였고, 두 가지는 산문으로 되어 있고 그 밖에는 시행으로 되어 있다-옮긴이)에서 알고 있듯이 말이다. 일종의 "프랑글레"라고 할 수 있는데, 프랑스어와 광범위하게 퍼져 있던 게르만 고대영어가 혼합된 형태였다. 이렇듯 영토, 민족과 언어가 혼합되어서 얼마나 많은 문제가 발생했을지는 상상할 수 있을 것이다.

백년전쟁이 끝나갈 무렵 잔 다르크에 관한 영웅 이야기는 특히 잔 다르크가 낯선 점령국으로 봤던 영국과, 마침내 단 하나의 국가가 되자며 그녀가 외쳤던 프랑스 사이의 싸움을 다루고 있다. 잔 다르크의 시도는 루앙에서, 그러니까 영국 편으로 기울어진 노르망디의 높은 성의 화형용 장작더미에서 막을 내리고 말았다.

영국인들을 찬성하고 반대하는 배반과 공모는 도처에 있었다. 여러 차례의 전쟁을 통해 거듭 시험한 것은, 어느 도시, 어떤 귀족을 신뢰할 수 있는가, 하는 문제였다. 사람들은 충성심의 갈등을 겪었고, 기회주의자들은 이쪽 혹은 저쪽을 선택하면 자신들에게 어떤 이득이 될지를 계산했다. 이는 스파이와 배반의 싹이 자라기에 이상적인 환경이었다. 비밀 첩보 활동의 중심지로서 원거리 무역 중심지였던 벨기에의 도시 브뤼헤와 겐트가 부상했다. 이들 도시는 양모 산업으로 부유했고 영국과 연맹관계에 있던 부르고뉴 대공들의 보호를 받았다. 영국의 양모 수출업자들을 위해서, 그리고 노르만인들의 재산을 군사적으로 보호하기 위해서도 북프랑스에 위치한 해변 도시 칼레는 특별히 중요했다. 칼레는 1347년 여름에 11개월 동안 점령당했다가 결국 영국에 넘어갔다. 이어서 명망 높은 시민 6명이 승자에게 포로로 제공되었다. 이들은 이웃에 있던 에노(오늘날 벨기에에서 프랑스어 사용 지역)의 백작 딸이었던 영국 여왕의 승낙을 받아 목숨을 구했다. 조각가 로댕은 이들의 영웅적 행위를 영원히 남기고자 작품을 만들었지만, 칼레의 다른 사람들은 신속하게 영국인의 지배에 적응했다. 이후에 도버와 칼레는 "영국의 두 눈"으로 간주되었다.

영국의 남부에서 사람들은 프랑스의 침투를 두려워했다. 1380년 제프리 본이라는 이름을 가진 영국 신하가 프랑스 왕을 위해 스파이 노릇을 한다는 의심을 받게 되었다. 그는 프랑스에서 2년간 체류한 뒤에 윈첼시아 항구에 프랑스 첩보원으로 파견되었다는 사실을 인정했다. 당시 이 항구는 무역과 전쟁에서 중요한 곳이었는데, 이 항구에서 프랑스에 투입될 군대가 배를 탔다. 그의 임무는, 영국 해안의 방어 시설을 정탐하는 일이었다. 특이하게도 그는 벌을 받지 않았다. 그가 10년 후에 또다시 체포되자 그의 자취가 발견되었다. 하지만 이렇게 수수께끼 같은 사건은 여전히 해명되지 않았다.[2]

프랑스의 성직자 장 생타망은 1367년 10월 브르타뉴의 식당에서 "우연히" 자신을 스파이로 고용하고 싶다는 영국의 상인 한 사람을 만났다. 물론 이 남자가 진짜 상인이었는지는 확실하지 않다. 보수를 놓고 오랫동안 협상을 한 뒤에 이 상인은, 칼레에 가서 프랑스에게 우호적인 신성로마 제국의 황제 카를 4세와 그의 이복형제 브라반트의 벤첼 대공이 영국과 프랑스 사이의 분쟁에서 어떻게 행동하는지 알아봐달라는 제안을 했다. 장은 이로부터 얼마 후에 체포되었고 광범위하게 자백했다. 탐험과 낭비로 가득한 삶의 여정이 여실히 드러나는 고백이었다. 그가 스파이를 하게 된 동기는 분명했는데, 바로 돈이 필요했던 것이다.

또 다른 프랑스 성직자 장 푸소리스의 첩보 활동을 이해하기란 훨씬 더 어렵다. 그는 1415년 8월 아르플뢰르 항구 근처에 있는 프랑스 관료들에 의해 체포되었는데, 이 항구는 영국이 점령하고 있었다. 그는 편지 두 통을 소지하고 있었다. 한 통은 노리치 주교가 쥐어준 편지였으며, 이 주교는 영국 왕의 수행자로 점령부대 곁에 체류하고 있었다. 편지를 주면서 주교는 프랑스 사제에게 부탁하기를, 영국 군대에 대한 저항이 얼마나 큰지를 정탐해달라고 했다. 두 번째 편지는 주교의 하인이 건네준 것으로, 왕가의 살림을 맡고 있지만 정확히 이름을 밝히지 않은 인물에게 전달해야만 했다. 이 편지에는 영국에 대한 프랑스 왕의 의도에 대해서 보고해 달라는 부탁이 담겨 있었다.

법정에서 심문을 하는 과정에서, 주교는 그 전 해에 외교관의 임무를 띠고 파리에 파견되었으며, 거기에서 두 번 사제를 방문했다는 사실이 드러났다. 그로부터 얼마 후 푸소리스는 사절단과 함께 영국에 왔고, 이곳에서 그는 밤중에 영국의 왕과 만나서 왕으로부터 돈을 받았다. 주교가 천체 관측기를 구입하느라 푸소리스에게 빌린 돈이었다.

흥미롭게도 이 사건을 현세의 법정에서 다룰지 아니면 교회에서 다룰지에 관해 다툼이 있었다. 결국 무죄 판결도 나지 않았고 유죄 판결도 나지 않았다. 다만 사람들은 이 사건을 더 이상 해명하기를 원치 않았을 뿐이다.[3] 푸소리스는 이중첩자였던 것일까? 이 사건에 개입했던 더 많은 사람들을 프랑스 입장에 서서 보호하고자 했던 것일까? 대학에서 신학과 의학을 공부한 푸소리스처럼 상당한 교양을 갖춘 남자에게 돈이란 행동을 하는 주요 동기는 아니었다. 그렇다면 무엇이었을까? 누가 체포된 첩자의 운명을 겪지 않도록 보호해주었던 것일까?

당시에 첩보원들에게 얼마나 많은 돈을 주었는지는 가늠할 수 없다. 이에 대해서 증거로 삼을 만한 자료가 매우 드문 까닭이다. 하지만 상당한 보수를 지급했던 몇 가지 경우는 알려져 있다. 칼레의 영국 총독은 "스파이올 머니(spyall money)"라 불리는 특수기금을 갖고 있었다. 또한 군대와 해군의 수장들은 스파이를 운영하는 비용을 운용해도 되었다. 한때 키프로스 왕의 궁내관을 지냈으며 이후에 프랑스의 왕 샤를 6세(1380~1422년 프랑스 왕으로 재위, 광인왕으로도 불린다—옮긴이)의 궁정에서 궁내관을 지낸 필리프 드 메지에르(1327~1405. 프랑스 군인, 외교관이자 작가였다—옮긴이)가 쓴 바에 따르면, 사람들은 스파이를 위해서 최소한 군대 예산의 3분의 1을 지출

해야 했다고 한다.[4] 1390년에 나온 그의 저서 《늙은 순례자의 꿈》에서 그는 자신이 스승이기도 했던 젊은 왕 샤를 6세에게 왕국의 개혁을 위해 올렸던 온갖 충고를 전해주고 있다. 특히 드 메지에르는 왕에게 영국과 평화협정을 체결하라며 재촉했는데, 기독교인들로 하여금 또다시 십자군에 참여시켜 성스러운 땅까지 나아가기 위해서였다.[5]

비밀 첩보원장 프랜시스 월싱엄

16세기 후반 영국을 다스린 엘리자베스 1세 여왕 시절, 우리는 확고한 조직을 갖춘 비밀 업무를 발견하게 된다. 종교개혁의 시기라 여러 개의 종파로 분열되어 있던 시기였기에 영국인들은 물론 왕조에서도 온갖 충성심이 난무했다. 많은 사람이 자신들의 보호 권력으로부터 신뢰를 얻기 위해 스파이가 되겠다고 나섰다. 그때까지 로마가 가장 신뢰하던 딸들 가운데 하나였던 영국은 늦게야 개혁에 동참했는데, 교황이 헨리 8세(재위 1509~1547)의 이혼을 허가해주지 않았기 때문이다. 에스파냐 왕과 결혼한 그의 딸 메리 1세(재위 1553~1558)가 다스리던 시기에 영국은 로마 가톨릭으로 다시 돌아갔다. 하지만 몇 년 후, 메리의 여동생 엘리자베스가 여왕이 되자, 두 번째로 종교개혁을 하기에 이르렀다. 이제 종교개혁의 "정확한" 기준이 무엇인지를 두고 격렬한 갈등을 빚게 되었다.

영국인 청교도주의자 프랜시스 월싱엄은 이와 같은 종교 갈등을 직접 겪었다. 그는 법조인 가문에서 태어났고, 대학에서 법학을 공부했으며 가톨릭으로 돌아간 메리 1세가 다스리던 튜더 왕조에서는 이탈리아에서 피난민으로 살았다. 이곳에서 여러 가지 외국어를 배우고 온갖 신분의 사람들과 교류하기도 했다. 월싱엄은 처음에 의회의 의원(1562)이었다가 1568년 비밀 업무를 맡게 되었다. 당시 엘리자베스 1세 여왕 밑에서 비서관(principal secretary)과 같은 임무를 맡고 있던 윌리엄 세실이 그를 왕실의 사무국으로 호출했던 것이다. 이 비서관은 당시 여왕에게 누구보다 먼저 조언을 하는 자리로, 국내외 정치에서 중요한 모든 과정을 다루었다. 세실은 첩보원들로 이루어진 첩보망으로부터 국내외 정치에 관련된 수많은 보고를 모았으며, 월싱엄은 이 기관의 임무를 점점 더 많이 떠맡게 되었다.[6]

당시에는 공적 국가 업무와 첩보 업무 사이에 명확한 구분 같은 것은 존재하지 않았다. 외교사절단, 왕실의 고문, 온갖 정치가와 장사꾼은 자신들만의 망을 통해서 의사소통을 했고 또는 스스로가 스파이 역할을 했다. 물론 대부분의 첩보원은 사회에서 중요한 인물이 아니었다. 즉, 하인, 필경사, 비서, 목사, 월급을 적게 받는 낮은 지위의 관리, 범죄자나 불량배일 경우도 허다했다.

그렇다고 해서 우리는 영국 첩보 활동의 최정점에 있는 이 기관을 너무 크게 상상할 필요는 없다. 당시 영국 국가행정을 담당했던 관리들이라고 해봐야 총 1200명 정도였고, 이들 가운데 절반은 여왕이 사적으로 부렸다. 거의 모든 관리가 낮은 월급을 받았고, 국가의 조직도 형편없었다. 무엇보다 부자들은 국가에 소속된 부서를 거느릴 수 있었는데, 예를 들어 대사를 파견하거나 궁에서 살 수 있었다. 세실과 그의 비밀 업무를 담당했던 월싱엄조차도 많은 첩보 활동에 대한 보수를 자신들의 주머니에서 해결했던 것이다. 이들은 이렇게 함으로써 훗날 여왕으로부터 돈을 선물받으리라는 희망을 품었거나 혹은 여왕의 은총을 얻으려는 싸움에서 정치적으로 이용하고자 했다. 그런데 월싱엄은 정말 부유했던 궁중의 인물들과 경쟁하기에는 재산이 너무 적었다. 파리에 대사로 파견되었을 때 (1570~1573) 월싱엄은 재정적으로 거의 파산할 지경이었는데, 사람들을 초대하느라 너무 많은 비용을 들였을 뿐 아니라, 많은 첩보원의 비용을 직접 지불했기 때문이다. 하지만 그의 좌우명은 이러했다. "지식에 지불하는 돈은 결코 비싸지 않다(Knowledge is never too dear)." 여기에서 지식이란 특별한 종류의 통치학으로, 그러니까 비밀 업무에 대한 지식을 의미한다.

영국인들은 세금을 전혀 내지 않았기에, 고작 몇백 명 정도의 군인이 근무하는 소규모의 군대만 있었을 뿐이다. 이들 군대도 남부의 해변에서 주로 보초를 섰다. 군인들은 훈련도 받지 않았고 바다를 건너 투입할 수도 없었다. 함대는 무장한 상선으로 이루어져 있었고, 가장 중요한 항구 도시의 부자들이 상선을 소유하고 있었다. 이들은 당연히 왕으로부터 상당한 특권을 향유했다.

그렇듯 영국은 군사적으로 위험한 상태에 있었다. 그리하여 국가를 방어하는 가장 좋은 방법이자 가장 싼 방법은 첩보 활동이었다. 영국은 때때로 보조금으로, 그러니까 돈과 무기를 통해서 해협 건너편에 있는 제후나 국가가 더 막강해지는 것을 막기 위해 유럽의 종교전쟁에 뛰어들고는 했다. 훗날 이를 두고 "힘의 균형"이라 명명했는데, 바로 그런 행동은 약자들의 정치였던 것이다. 다시 말해 적의 공모, 연맹과 전쟁 준비를 초기에 알아냄으로써 약자의 정치는 가능하다. 이는 첩보 활동을 적극적으로 해야만 된다는 뜻이다.

결코 결혼하지 않기라는 자신의 결혼정책과 에스파냐와 프랑스에 반대하여 몰래 취했던 은밀한 행동(탐험가였던 프랜시스 드레이크와 같은 해적을 통해 가장 위험하게 표출되었는데)을 통해 외교정책을 폈던 엘리자베스 여왕은,

가톨릭을 신봉하는 그녀의 사촌이자 스코틀랜드의 여왕 메리 스튜어트로 인해 위험에 빠져 있었다. 메리(1542~1567년 스코틀랜드 여왕이었고, 1559~1560년 프랑스의 여왕이기도 했다 — 옮긴이)는 영국 왕위를 주장할 권리가 있는 많은 친족 중 한 명이기도 했다. 그녀는 암암리에 가톨릭을 믿는 거대한 권력들과 연맹을 맺으려는 노력도 했다. 이런 상황에서 믿을 수 있고, 너무나도 지적인 법학도이자 외교관이었던 윌리엄 세실과 비서관(1573)의 후계자였던 프랜시스 월싱엄은 말 그대로 영국 여왕에게는 목숨을 지켜줄 수 있는 인물들이었다. 왜냐하면 영국의 가톨릭 복고정책과 관련해서 국내외로 모반이 들끓었고 여왕을 살해할 계획도 있었기에 말이다.

때문에 엘리자베스 여왕은 메리 스튜어트 여왕(스코틀랜드에서 일어난 반란군을 피해서 영국의 엘리자베스 여왕에게 도움을 요청했다 — 옮긴이)을 체포하라고 명령했다. 온갖 첩보원 보고를 통해서 공모가 일어날 가능성을 말해주는 탄핵 문서들이 준비되었으나, 엘리자베스 여왕은 대역죄 판결을 미루고 있었다. 1568년부터 1586년까지(18년간) 이와 같이 해결되지 않고 불안정한 상태가 지속되었다. 그러다가 영국이 실제로 에스파냐와 전쟁을 치르게 되었을 때, 판결이 내려져서 메리 스튜어트 여왕을 1587년 2월에 처형했다. 이런 판결을 내리게 된 결정적 증거는 바로 월싱엄의 첩보 활동에서 나왔다. 그는 메리 스튜어트의 유죄를 입증한 장본인이었던 것이다. 왕좌에서 쫓겨난 스코틀랜드 여왕이 보낸 암호화된 우편물은 월싱엄의 암호해독술에 의해 풀렸다. 이로써 공모의 진정성에 대한 의심은 품을 필요가 없게 되었다.

해독된 편지들은 에스파냐의 무적함대가 곧 공격을 가할 것이라는 결정적 증거도 제공했는데, 이 공격은 1588년 여름에 진행될 예정이었다. 월싱엄은 많은 항구와 무역도시에 첩보원을 파견했고, 이들은 배의 움직임, 군량 구매와 금융 거래를 관찰하고 그에게 보고했다. 몰래 행동을 취함으로써 에스파냐의 세력을 약화시킬 수 있다는 결론이 나왔는데, 한편으로 에스파냐 군대가 해협을 거쳐 영국의 침략을 막을 준비를 할 수 있는 네덜란드에서였고, 다른 한편으로 에스파냐의 함대가 머물고 있는 에스파냐와 카리브해에서였다. 1587년 4월 프랜시스 드레이크 경은 에스파냐 남부에 있는 항구 카디스를 공격해서 배를 가라앉혔으며, 창고와 공장을 불태운 다음 36시간 만에 다시 사라졌다.

월싱엄은 뉴펀들랜드에 있는 에스파냐 어선들과 신세계로부터 가져오는 은과 금 운반선을 공격하라고 충고했다. 이런 작전은 어마어마한 전리품을 얻을 수 있었기에 직접 자본을 투자했다. 월싱엄은 또한 유럽 전 지역에 뿌리기 위해 익명으로 광고성 문안도 작성했다. 하지만 네덜란드의 신교도들을 위한 영국의 지원은 성공하기 힘들었다. 에스파냐는 너무 강했고 부자였기 때문에 수만 명의 군인을 지원할 수 있었기에 상대가 되지 않았다.

1587년 월싱엄이 첩보원들에게 지불하는 돈이 극단적으로 늘어났다. 그는 신분이 높은 사람과 낮은 수많은 사람을 첩보 활동에 고용했다. 예를 들어 이들 첩보원 가운데 유명한 작가로 크리스토퍼 말로(1564~1593)가 있다. 그는 셰익스피어와 동시대인이자 친구였고, 말로의 애인은 월싱엄의 어린 사촌으로, 역시 첩보 활동을 했다.

1588년 상황은 극적으로 악화되었다. 월싱엄은 에스파냐가 침략할 계획이라는 사실을 알았지만, 언제인지는 몰랐다. 마침내 1588년 7월 19일, 에스파냐의 무적함대가 영국의 남서부에 있는 높은 산에서 보였다. 에스파냐 함대는 130척이나 되었다. 이 순간 그들에 비하면 수적으로 훨씬 적은 영국의 배들은 불리한 바람 때문에 플리머스 항구에 숨어 있었다. 에

스파냐 군인들이 7월 27일 해협을 건너는 소규모의 운반선들을 엄호하기 위해 칼레에 정박했을 때, 영국인들이 공격했다. 물론 폭풍으로 인해 됭케르크(프랑스의 도시로, 북해에 접해 있는 항구 도시―옮긴이) 항구에 묶여서 영국-네덜란드 배들에게 체포된 것은 에스파냐 침략군이었다. 나머지 이야기는 잘 알려져 있다. 침략은 실패로 돌아갔다. 에스파냐 무적함대 대부분은 스코틀랜드와 아일랜드를 거쳐서 고향으로 돌아가는 길에 폭풍으로 말미암아 침몰했다.

그렇듯 월싱엄은 첩보 활동, 비밀 전쟁을 통해서 영국을 수년 동안 보호했다. 하지만 그는 잘 알고 있었다. 즉, 자신보다 우위에 있는 적이 직접 군사적으로 공격을 해온다면 첩보 활동도 도움이 될 수 없다는 사실 말이다. 1588년 에스파냐 군인들과 해전을 펼쳤을 때, 이를 막을 수 있었던 것은 큰 행운 덕분이기도 했다. 특히 예기치 않은 폭풍우였다.

2년 후에 완전히 거지가 되어 사망한 월싱엄은 첩보 활동을 전문화했고 훨씬 막강한 적들과 싸울 때 군사적 약점을 보완하는 수단으로 이용했다. 물론 그의 뒤를 이을 후계자를 발견하지는 못했다. 그리하여 영국 첩보 활동은 여러 차례 새롭게 구성돼야만 했다. 전문화가 되어 있으며 단 한 사람에게 종속되지 않은 첩보기관은 없었다. 믿기 힘들 수도 있겠지만, 그와 같은 수준의 첩보기관은 대략 350년 후, 그러니까 제1차 세계대전이 발발하기 바로 전에 갖추게 되었다.

첩보원들과 외교

첩보 활동은 점차 유행했고, 이것은 전쟁을 도와주는 도구일 뿐만 아니라, "정부의 신경"(카를 도이치의 표현)을 건드리는 공격을 막기 위해서도—무엇보다 지배자의 추종인들—그러하지만 첩보 활동을 방어하기 위한 목적으로도 점점 늘어났다. 현대적 외교가 생겨남으로써 비밀스럽게 정보를 취득하는 방식은 국가들 사이의 관계에서 확고한 자리를 얻게 되었다. 현대적 외교라는 말은, 협약서뿐 아니라, 다른 국가들과의 서신 왕래 그리고 무엇보다 자국의 결정을 문서화했다는 의미다. 즉, 교섭자는 목표하는 결과를 명시해둔 문서를 받을 뿐 아니라, 협상을 하는 동안 지속적으로 국가의 수장과 연락을 한다는 뜻이다. 국가의 수장은 또한 전문가로 구성된 팀으로부터 컨설팅을 받으며, 이런 팀은 점차 관료조직인 외무부로 발전했다. 이와 같은 외교의 핵심 센터는, 가장 중요한 적과 동맹국들에 대한 보고뿐 아니라 현재 벌어지고 있는 갈등 상황이나 앞으로 발생할 갈등에 대해서도 지속적으로 보고를 받았다. 이런 종류의 정보는 자신들도 스파이를 사용하는 외교관들이 전해주었다.

나라를 다스리던 제후(혹은 국가)를 항시 대표하는 인물을 다른 궁정에 파견하는 일은 (로마) 교황과 동로마 제국의 황제 사이에서 아마도 시작했던 걸로 보인다. 대리인들은 순전히 비종교적 근거로 이탈리아 북부에 파견되었는데, 이곳에서는 15세기 중반 프란체스코 스포르자 추기경이 지도하는 밀라노가 다른 이탈리아 도시국가 몇몇 가운데서 그나마 확고한 대표자를 통해 자신을 대표하게 했다. 1455년만 하더라도 스포르자는 프랑스에서 파견한 대사를 전혀 받아들이려 하지 않았는데, 첩보원에 대한 두려움과 밀라노의 국내 문제에 개입할까 봐서 그러했다. 1487년 에스파냐는 지속적으로 런던에 대리인을 파견했고, 그리하여 점차 이와 같은 상황이 퍼져나갔다. 신성로마 제국의 황제는 물론 동참하지 않았는데, 처음에는 황제가 독일의 제후들, 도시들과 교회의 영역을 어느 정도로 대표하는지, 제국의 상태에 대해서 말할 수 없었기 때문이다. 이와 같은 주권에 관한 현안은 1648년 베스트팔렌 평화조약에서 맞닥뜨리게 되었지만, 주권이라는 현대적 국가의 중앙집권이라는 의미에서가 아니었다.

프랑스에서는 리슐리외 추기경이, 원래는 아르망 장 뒤 플레시 드 리슐리외라고 하는데, 1616년 31세의 나이로 루이 13세 왕에게 봉사하게 되었고, 1624년에는 재상이 되었다. 오늘날의 의미로는 정부의 수상이 된 것이다. 그와 매우 가까우면서 신뢰를 받았던 사람은 프랑수아 르클레르(페르 조제프)였으며, 그가 두건 달린 수도복을 입고 있었기에 사람들은 회색의 예하(猊下)라고 불렀다(독일어로 '회색의 예하'라는 표현은 바로 이 추기경 때문에 생겼다고 한다). 리슐리외는 프랑스 행정을 개혁하고 1635년 아카데미 프랑수아를 건립했다. 그는 무엇보다 30년전쟁 동안 프랑스의 외교에 신경을 썼는데, 이 전쟁에서 가톨릭의 프랑스가 합스부르크가(家)의 영향력을 물리치기 위해서 신교 측을 지원했던 것이다.

외교를 지속하고, 그 밖에 프랑스 국내에 있는 적들과 투쟁하기 위해서 리슐리외는 첩보원들의 망을 구축했다. 예술과 지식인들의 후원자로서의 그의 역할은 그에게, 이와 같은 환경으로부터 지원을 받을 수 있는 가능성을 열어주었다. 그렇다. 이런 경우에 선동이라는 단어를 사용해도 될 것이다. 당시에는 대중적인 언론이나 전자 대중매체는 확실히 없었지만, 정치와 사회로부터 나오는 소식에 지대한 관심이 있었다. 그리하여 온갖 종류의 소책자, 책, 특히 광범위한 개인 사이의 서신 교환이 중요한 역할을 했다. 이런 관점에서 가장 중요한 인쇄물은 매년 출간된 〈머큐르 프랑수아(Mercure Français)〉였고, 페르 조제프가 책임지고 담당했다. 1631년 주간신문 〈라 가제트(La Gazette)〉가 나왔고, 이 역시 리슐리외 사람들 가운데 한 명이 관여했다. 간략하게 말하면, 추기경은 다른 권력의 국가 비밀

과 적의 비밀스러운 정보를 수집할 뿐만 아니라, 대중의 정보조차 통제하려고 했던 것이다.[7]

그러다가 리슐리외 추기경은 갑작스러운 반격으로 인해 고통에 빠졌다. 1627년 6월 그의 밑에서 가까운 첩보원으로 일했던 프랑수아 도르발-랑글루아 드 팡캉(대략 1576~1628)이 바스티유에서 체포된 것이다. 사람들은 그의 소지품에서 지도적인 위치에 있는 외국의 신교도들과 가톨릭을 믿는 독일 제후와 주고받은 서신을 발견했다. 물론 이런 서신들은 충분히 고소할 만했고, 도르발-랑글루아는 이들로부터 상당한 금액을 받았다. 그는 이중간첩이었던 것일까? 분명한 증거는 오늘날까지 없지만, 이 남자는 체포된 지 1년 만에 사망해버렸다. 대서양에 접해 있는 해변 도시 라로셸을 둘러싸고 영국과 지속적으로 담판을 지어야 한다는 점을 고려해볼 때 리슐리외 추기경이 꽤나 신경이 날카로운 상태였음을 짐작할 수 있다. 이 도시는 영국인들과 신교를 믿는 다른 권력들과 협력했던 프랑스 신교도들(위그노파)의 중심지였다. 팡캉의 배반에도 리슐리외와 프랑스 왕은, 첩보 활동을 통한 기략과 엄청난 군사적 노력을 통해서 방어시설이 견고했던 이 도시를 점령했고 이로써 신교도들이 갖고 있던 정치적 특수 지위에 종지부를 찍을 준비를 했다. 종교적 측면에서 보면 리슐리외는 알레 조약(1629년 위그노파가 패배한 뒤 맺은 평화조약으로, 앞으로 40년간 프랑스 전제군주가 다스린다고 공포했다─옮긴이)을 통해 신교도들의 신앙고백을 허락함으로써 화해의 분위기를 만들기는 했다(1685년에야 비로소 가톨릭은 국교가 되었고, 이로 인해 위그노파를 축출하게 되었다).

리슐리외가 장악하고 있던 첩보원망에서 가장 핵심적인 인물은 의심할 바 없이 페르 조제프였고, 그는 수사들과 로마 가톨릭 성직자들, 그리고 특히 제후들의 고해 신부들을 통해서 궁정에 관련된 온갖 귀중한 정보를 수집하는 방법을 알고 있었다. 물론 신성로마 제국에 대해서도 말이다. 그의 아버지 가계는 고위 관직과 판사들로 구성된 귀족 출신이었고, 어머니는 라파에트라는 시골의 귀족 출신이었다. 그는 탁월한 외교적 재능을 한편으로 국내 갈등을 조정하기 위해 투입했는데, 무엇보다 궁정과 고위 귀족들 사이의 문제를 중재하기 위해서였다. 다른 한편으로 외교정치를 위해 투입했다. 그가 꿈에 그리던 프로젝트, 그러니까 콘스탄티노플과 성지를 오스만의 지배로부터 해방시키기 위해 하나가 된 기독교 군대를 동원하고자 했던 계획은 실패했지만, 협상을 확장함으로써, 특히 교황과 에스파냐 궁정과 협상을 벌임으로써 당시 국제정치에 대하여 누구와도 비교할 수 없을 정도의 정보를 얻었다. 이와 동시에 그는 프란체스코 수도회 교구장으로서 수사들을 사방팔방으로 파견할 그럴듯한 이유도 있었다. 이런 구실로 온갖 정보를 수집하고 전달할 수 있었던 것이다. 그 밖에도 그는 더 적극적으로 식민지 정책을 펴기 위해, 특히 오늘날의 캐나다에서, 프랑스의 함대를 건설하는 데 적극 참여했다.[8] 여기에서 선교라는 종교적 임무는 해상무역로―영국과 에스파냐와 경쟁하여―를 개척하려는 과제와 매우 밀접하게 연관되어 있었다. 프랑스가 전쟁에서 중요한 함대를 건축하기 위한 재료를 안전하게 운반하려고 신교를 믿는 스웨덴 왕 구스타프 아돌프와 베어발데에서 조약(1631년, 30년전쟁 중에 신교를 믿는 스웨덴이 독일 황제와 맞서 싸우기 위해 가톨릭의 프랑스와 맺은 연맹―옮긴이)을 체결했는데, 이것이 가장 중요한 사건이었다.

특히 페르 조제프는 스스로 매우 까다로운 임무를 맡기도 했는데, 예를 들어 프랑스가 아직 공식적으로 전쟁에 참여하지 않던 1630년 레겐스부르크의 선제후(選帝侯, 신성로마 제국의 황제를 선택할 수 있는 일곱 명의 제후―옮긴이) 행사에 갔던 것이다. 이곳으로 가는 도중에 페르 조제프는 메밍엔이라는 도시에서 합스부르크 황제의 장군 발렌슈타인을 만났다. 장군은 빈의 궁정에서 열린 에스파냐 찬성파에 대해서 솔직하게 불평을 털어놓았고, 자체적으로 정치를 할 야망을 품고 있음을 암시했다. 레겐스부르크에 도착하자 페르 조제프는, 발렌슈타인의 파면에 영향을 미치고 이로써 선제후의 힘을 더욱 강화하는 데 성공했다. 논리는 이러했다. 즉, 용병이자 장군이던 발렌슈타인이 막강한 전쟁 수단을 쥐여준 황제라면 합스부르크 왕조의 이익에 더욱더 관심을 쏟을 것이고, "자유권"에 대해서는 관심을 덜 가지게 될 것이라고 예측했던 것이다. 그러니까 왕국의 최고 제후로서 자주적인 주권에는 그다지 관심을 가지지 않을 것이라고 말이다. 프랑스의 관심은 자주권에 있었는데, 제후들이 신교를 믿든 구교를 믿든 상관없었다. 중요한 것은, 제후들이 합스부르크 왕국을 확장하려는 의도를 머뭇거리게 만드는 것이었다.

현대에 이르러 연구가들은 리슐리외와 조제프 신부가 프랑스의 외교정책과 안전정책을 위해 힘쓴 노고의 의미를 철저하게 조사했고, 이 과정에서 그들의 비밀 활동이 아주 중요한 역할을 했다는 게 드러났다. 오늘날 프랑스의 외국 첩보 활동 담당국인 DGSE의 인터넷 사이트에는 프랑스의 전제국가에서 봉사했던 이 두 명의 수도승이 제도화된 외국 정보 업무를 수립한 아버지로 소개되어 있다.[9]

초기 현대 유럽의 외교와 첩보 활동을 연계해서 가장 연구가 잘되어 있는 경우는 1713/1714년 에스파냐의 왕위 계승 전쟁 동안 위트레흐트와 라슈타트와 평화조약을 맺는 동안의 외교정책이라 할 수 있다. 당시 폄하해서 내각전쟁이라 부르던 한정된 정치적 전쟁과, 지속적인 국제 평화질서라는 생각이 발달하게 되었다. 이런 생각은 성 피에르(1658~1743. 프랑스에서 가장 영향력 있는 계몽주의자들 가운데 한 사람이며, 성직자이자 사회 철학자였다—

옮긴이) 수도원장이 유명한 1713년 평화조약(네덜란드 위트레흐트에서 1713년 3~5월에 체결한 여러 조약이 있는데, 이 조약들은 에스파냐 왕위 계승 전쟁이 종결되는 데 도움이 되었다―옮긴이)을 기록한 문헌에 나와 있으며, 수도원장은 이때 위트레흐트에서 프랑스 측 조정자로 일했던 자신의 경험을 바탕으로 했다.

두 가지 생각이 보편적인 국제법이 만들어지는 데 중요한 역할을 했다. 그리고 이 둘은 협상의 기술이자 권력들 사이의 균형을 유지하는 기술로서 외교를 상당히 통제하기를 요구했다. 이와 동시에 지리적 시각도 확장되었다. 여전히 유럽 내에서의 영역과 군주의 요구가 중요했지만, 에스파냐, 프랑스와 영국이 미국에 가지고 있던 식민지의 경제적 중요성을 간과할 수 없었다. 이런 모습을 두고 유럽 정치의 세계 진출이라고 부를 수도 있는데, 이런 상황에서 외교관들은 스파이를 이용해서 자신들이 성공할 기회를 높일 수 있는 방법을 과거보다 더 탐욕스럽게 찾고는 했다. 그들이 주고받은 전보에는 새로운 민족과 지역의 "정보에 대한 갈증"을 느낀다는 내용과 강권정치의 "톱니바퀴 장치"에 대한 정보에 목이 말라 있다는 표현들이 점점 더 자주 등장했다. 루시앵 벨리는 그의 지침이 될 만한 자신의 저서 《루이 14세 때의 스파이와 대사들》에서 500명의 정보원들에 대한 자취를 따라갔는데, 이들 가운데 물론 지극히 일부만 진정한 첩보원이라고 부를 수 있다.[10]

프랑스 왕이 자신의 조카를 새로운 에스파냐 왕으로 선언했을 때, "더 이상 피레네산맥은 없사옵니다"라고 에스파냐 대사가 루이의 궁정에서 외쳤다고 전한다.[11] 후손을 낳지 못한 에스파냐의 왕 카를로스 2세(1665~1700년 에스파냐 왕으로 재위했고, 프랑스를 싫어했으나 태양왕 루이 14세의 손자 필리프를 후계자로 지명한다. 루이 14세의 왕비 마리 테레즈가 그의 배다른 누나였다. 그의 사후 에스파냐 왕위를 두고 전쟁이 벌어졌고, 에스파냐는 결국 가지고 있던 유럽 영토를 분할당하고 만다 ―옮긴이)는 합스부르크 왕조 출신의 마지막 왕이었다. 프랑스 부르봉 왕가의 왕자이자 겨우 열일곱 살이던 필리프는 에스파냐-합스부르크 왕가의 할머니가 있기는 했으나, 프랑스의 힘을 강화시키거나 아니면 적어도 합스부르크 왕가를 꼭 껴안고 있던 유령을 떨쳐내야만 했을 것이다. 프랑스와 오스트리아 사이에서 권력을 두고 벌어진 레슬링은 새로운 라운드에 직면했다. 두 나라 사이의 싸움은 1506년 합스부르크 왕가의 미남 왕 펠리페(1478~1506)를 에스파냐 왕으로 임명하면서 시작했고 제1차 세계대전으로 끝이 났다.

에스파냐를 상속받는다는 뜻은 무엇보다 세비야를 거쳐 뻗어 있는 남아메리카와 중부아메리카에 걸쳐 있는 에스파냐의 식민지와 어마어마한 이득을 안겨주는 무역을 할 수 있다는 의미였다. 훗날 세비야가 아니라 카디스를 지나갔는데, 과달키비르강과 이 강을 따라 세비야까지 운행하던 배들이 점점 많아지고 무역선과 군함들이 더 이상 다니기 힘들어졌을 때였다. 프랑스의 원수이자 루이 14세 시대에 요새 설계자였던 세바스티앵 르 프르스트르 드 보방(1633~1707)은 1706년 회고록에서, 영국인들이 전쟁을 일으키는 동기에 대해 입을 다물었지만, 가장 중요한 비밀스러운 동기가 바로 해상무역이었다고 적었다. 회고록에서 보방은 이미 인도와의 무역을 언급했다. 영국인들조차 이로부터 50여 년이 지난 후에야 인도를 정복하는 데 성공했는데도 말이다.[12]

이와 동시에 에스파냐 왕위 계승 전쟁은 영토를 둘러싼 전쟁이었는데, 오늘날의 벨기에(당시에는 "에스파냐령 네덜란드"), 밀라노와 이탈리아 남부 지역이 대상이었으며, 이런 지역을 손에 넣기만 하면 상당한 부를 얻을 수 있었다. 강대국들의 국고는 궁정의 운영비와 군사 유지비로 힘에 겨울 수밖에 없었다. 때문에 외교는 특권과 안전을 신경 쓸 뿐 아니라, 무엇보다 확장되고 있는 현대적인 국가, 그러니까 "국가 권력"(볼프강 라인하르트의 표현)의 재정을 확보하기 위해 노력해야만 했다.

당시에 스파이와 정보를 제공하는 정보원 사이의 경계는 그다지 분명하지 않았다. 기회가 되면 정보원을 하는가 하면 비밀 업무를 부업 정도로 할 수도 있었는데, 전문적인 비밀요원이 존재하지 않았기 때문이다. 많은 존경할 만한 궁인, 상인과 장교가 이 영역에서 일을 했음에도 이들의 활동은 혐오감을 불러일으켰다. "의심, 혐의, 거짓의 세계에 있던 비밀의 세계는 사건, 분명한 사실, 밝은 얼굴로 협상을 벌이는 공적 예식의 세계와 대조를 이루었다"라고 역사가 벨리는 쓰고 있다.[13] 이에 따라 외교관들의 전보와 편지에서는 온갖 은폐된 암시나 정보의 일부가 발견된다. 하지만 첩보 활동의 범위는 분명하게 알아볼 수 있으며, 첩보원으로 일한 그룹의 동기들도 알 수 있다. 돈, 사랑 혹은 내적 확신이 바로 동기였다.

비밀 업무와 국내 안전

경찰 보고서를 보면, 외교로 늘어난 첩보 활동이 국내 안전에 점점 큰 문제가 되었다는 사실을 분명히 알 수 있다. 외국 출신의 스파이를 자국의 첩보원들과 멀리 떼어놓는 것도 문제일 뿐 아니라 외국인을 통해 재정을 지원받아 조직된 공모의 위험도 있었다. "파리에는 유복한 시민, 상인, 은행가와 다른 사람들, 특히 [신교도들] 곁에 살고 있는 많은 외국인이 있다. 이는 참고 견뎌내서는 안 될 큰 위험이라는 것을 의미하며, [이 사람들을] 도시에 있는 경감들에게 고발할 때는 그러하다."[14] 이 내용은 1710년 파리에서 경찰 경위였던 사람의 서신에서 인용한 것으로, 경찰은 1667년부터 존재했고 당시의 경위는 오늘날 경찰서장에 해당한다. 이 편지는 바로 사람들이 점점 이동을 하자 시민을 통제하고자 하는 욕구가 늘어나고 있음을 잘 보여준다. 사람들은 사용하는 언어에서 외국인임을 알아볼 수 있지만, 자국민은 교회의 명부에 등록하는 소수를 제외하고는 알아볼 가능성이 없었다. 왕 프랑수아 1세(재위 1515~1547)가 출생, 결혼과 죽음을 기록하라는 칙령을 1539년에 내렸을 때(그 밖에도 프랑스어만을 행정어로 사용하라고 함), 이 칙령은 최초의 행정적 지침이 되었다. 하지만 지방의 관료들은 의심스러운 인물이 나타나면 그의 정체를 알아내기 위해 목격자들로부터 확인을 받아야만 했다. 온갖 사람이 환상적인 이름과 살아온 이력을 털어놓았고, 흔히 특정 교단에 소속되어 있다고 말하고는 했다. 물론 이럴 경우는 첩보 활동을 할 목적일 때가 많았다.

파리 바스티유 감옥은 평범한 시민이 아니라 "그 이상의" 사람들을 가두었는데, 이곳에 있는 문서 기록실에서 미스터 포미에라는 인물의 흔적을 발견할 수 있다. 그는 가톨릭으로 개종하고 루이 14세에게 봉사하기 위해서 프랑스에 눌러앉았다. 그는 경찰에게 다음과 같이 진술했다. "……영국인과 네덜란드인이 파리 도처에 있으며, 궁정에는 그들이 보낸 첩자들이 궁정에서 무슨 일이 일어나고 있는지 그들에게 보고하고 있어요." 궁정 관리는 이런 진술을 듣고 다음과 같은 결론을 내렸다. "그는 오랫동안 런던에 체류했기 때문에, 런던에 관해서 아는 것도 있을 것이다. 그러므로 왕께서 그대에게 위임하노니, 그자를 다시 심문해보도록 하라."[15]

커피숍이 유행하게 되자 이 역시 관료들에게는 눈엣가시 같았다. 버네트라는 스코틀랜드 남자가 눈에 띄었는데, 그는 "……오래전부터 파리에 머물렀고, 소식을 전하거나 듣기 위해서 그리고 종교에 대하여 토론하기 위해 커피숍에서 시간을 보낸다. 또한 그는 베르사유에 자주 오고, 매번 정부에서 일하는 사람들을 비판하는 말을 한다……".[16] 이런 점으로 인해 어렵지 않게 남자를 스파이라고 결론지었다. 그리고 파리에서도 특정 구역을 돌아다니는 사람들, 특히 센강 남쪽 강둑에 있는 대학구역이나 공원(뤽상부르 공원, 튀일리 공원)을 돌아다니는 사람들도 의심의 대상이었다.

첩보 활동은 어떻게 조직화되어 있었을까? 대부분 왕의 신하 한 사람이나 1702년부터 말버러의 공작이었던 존 처칠(1650~1722. 에스파냐 왕위 계승 전쟁 때 영국의 장군—옮긴이)과 같은 장군이 거느리는 소규모 조직으로 움직였다. 장군의 비서는 프랑스 사람 아담 드 카르도넬이었는데, 그는 프랑스의 신교도들과 잘 연계되어 있었다. 파리에 잇달아 파견된 영국의 대사들은 작은 정보원망을 가지고 있던 작가 매슈 프라이어를 이용했고, 이 정보원 조직망에 랑글루아라는 과부도 있었는데 그녀는 자신의 두 딸과 함께 활동했다. "……나이 든 여인은 최상급의 첩자다"라고 프랑스 경찰 문서에 나와 있다.[17] 베네치아에 파견된 프랑스 대사 드 퐁폰느 수도원장은 신속하게 일련의 정보원을 이용했고, 베르사유 궁정에 가까운 친척들을 통해서 정보원에게 들어가는 엄청난 비용을 국방장관이 지불할 수 있게끔 힘쓸 예정이었다. 어쨌거나 자신 밑에서 일하는 정보원들이 획득한 편지와 정보가 프랑스 군대에 관한 내용이었으니 말이다. 드 퐁폰느는 아일랜드 성직자뿐 아니라 아일랜드 장교와 산 살바도르라 불리는 백작에게도 돈을 지불했다고 한다. 또 다른 정보원이 있었는데, 합스부르크 왕가의 주변과 군사 지도자였던 외젠 드 사부아 왕자(1663~1736. 프랑스 귀족이었으나 루이 14세로부터 프랑스 군대에 복무할 것을 거절당하자 오스트리아 합스부르크 왕가에 가서 충성을 맹세했다. 유럽 역사에서 가장 탁월한 군사 지도자 중 한 명이다—옮긴이)의 주변에서 중요한 정보가 나왔다. 첩보원을 사용한 비용을 지불받기 위해 시간이 오래 걸리기는 했으나 프랑스 군대가 1706년 늦은 여름에

북이탈리아에서 퇴거했을 때, 드 퐁폰느 프랑스 대사는 비용을 중단하라는 지침서를 받았다.[18]

그런 종류의 정보망은 상당한 위험이 따랐다. 생-말로 항구에서 의심스러운 사람 둘을 잡았는데, 이들에게서 편지 여러 장을 발견했다. 일련의 이름이 적혀 있는 이 편지들은 바로 첩보 활동을 막으려던 사람들에게 흥미로운 정보였다. 마침내 프랑스 해양부장관 퐁샤르트랭이 항구 감독관에게 보내는 문서도 발견되었다. "항구에 있는 스파이는 매우 똑똑하며 지적입니다. 이 사람은 탄약 조달을 담당하는 감독관과 연락을 취해야 하는데, 내가 당신에게 받게 되는 우리의 탄약 보유량을 정확하게 적에게 알려줘야 하기 때문이지요."[19] 그리하여 사람들은 더 멀리에 있는 프랑스 항구에 있던 스파이들도 발견해냈고 심지어 첩보원망의 일부를 자신의 목적을 위해 이용하려고도 했다.

적들의 첩보 활동을 체계적으로 방어하는 것은 무엇보다 우편물을 전송하는 업무를 개시함으로써 가능해졌다. 이는 국내의 땅에서 가능했으나, 중요한 역참의 직원이 봉사를 하면 외국 지역도 가능했다. 1706년 바젤이 바로 그런 경우에 속했으며, 이로부터 몇 년 뒤에 플란데런 지방도 마찬가지였다. 물론 1709년 5월 몽벨리아르 역참장이 체포되었다. 프랑스인들을 위해 첩보 활동을 했다는 이유에서였다. 몽벨리아르는 당시에는 뷔르템베르크 공국의 도시 묌펠가르드라 불리던 곳이다. 프랑스의 국경 부근에 있는 역참들에서도 비슷한 이유로 체포가 이어졌다. 반대로 사람들은 자신들의 서신은 암호로 보호하려고 했다. 17세기 모든 대규모 궁정과 도시국가는 실제로 비밀스러운 기구인 "추밀원"을 유지하고 있었는데, 이곳에서는 편지와 전보에 암호를 넣거나 해독하는 일을 했다. 루이 14세 때 봉사했던 앙투안 로시뇰은 가장 탁월한 암호 해독자들 가운데 한 사람에 속했다. 러시아의 여제를 위해서는 크리스티안 골드바흐(1690~ 1764. 독일 출신의 수학자)가 있었고, 영국 왕 찰스 2세(재위 1660~1685)를 위해서는 존 월리스(1616~1703. 영국의 수학자)가 일을 했고, 나중에 합스부르크 공국의 여제 마리아 테레지아는 이그나즈 드 코흐 남작에게 맡겼다. 하지만 하노버 공국의 제후는 암호문서와 관련해서 그 시대에 가장 탁월한 천재를 고용했던 것이 아닌가 싶다. 바로 수학자이자 철학자였던 고트프리트 빌헬름 폰 라이프니츠(1646~1716)다.[20] 라이프니츠는 이진법 수 체계를 발견함으로써 컴퓨터 시대와 직접 연계되어 있다.

이런 사람들은 상당한 보수를 받았으며 흔히 데리고 일하는 한 무리의 직원들도 있었다. 게다가 모든 대사나 교섭자도 자신들이 왕래하는 서신의 암호를 풀어야 하거나, 친밀하면서도 신뢰하는 사람에게 이 일을 맡겼다. 암호 지시는 자주 바뀌었는데, 암호를 침범당하는 경우를 줄이기 위해서였다. 나아가 개별 대사나 교섭자에게 다양한 암호를 내려주기도 했다. 여기에 심부름꾼, 배와 말에 들어가는 비용도 합산한다면, 외교적·정치적 정보 전달의 비용은 상당히 높았다. 서신을 가능하면 눈에 띄지 않게 하려고, 사람들은 온갖 수신인이 가명으로 된 주소를 사용했는데, 당연히 상인과 재정 업무를 하는 사람들이 가장 적합했다. 이들은 그렇지 않아도 사업상 서신 왕래를 폭넓게 했기 때문에 말이다.[21]

프랑스 최초의 관료적인 비밀 업무

비용과 유용성에 대하여 정확하게 공개하기란 매우 어려운 일이다. 하지만 프랑스 궁정은 에스파냐 왕위 계승 전쟁이 끝난 후에 외국에서 이루어진 첩보 활동을 소홀히 하는 것처럼 보였다. 게다가 전쟁은 실망스럽게 막이 내렸다. 부르봉 왕조가 에스파냐 왕좌를 차지했고, 현재까지 이어지고 있음에도 이탈리아 북부와 남부의 교황령들과 네덜란드 남부는 합스부르크 왕조의 영향력 안에 들어갔고, 반대로 영국인은 지중해에 몇 군데 거점과 오늘날의 캐나다에서 영역을 확장했다. 프랑스는 탁월한 외교력으로 자신의 위치가 무너지는 것을 막아냈으나, 태양왕의 명예로운 정치는 재정적 뒤치다꺼리를 남겨두었다. 1715년 루이 14세가 사망한 뒤 고작 다섯 살밖에 되지 않은 그의 손자 루이 15세가 왕위를 이어받았다. 루이 15세는 열다섯 살이 되자 자신보다 여섯 살이 많은, 왕좌에서 밀려난 폴란드 왕 스타니슬라스 레슈친스키(1704년 폴란드를 침공한 스웨덴 칼 12세의 지원을 받아 아우구스트 2세를 몰아내고 국왕에 올랐으나, 1709년에는 반대로 아우구스트 2세에 의해 왕위에서 쫓겨났다―옮긴이)의 맏딸과 결혼했다. 어린 루이 왕이 왕국을 단계적으로 통제하게 된 것도 놀랄 일이 아니다. 루이 15세는, 어린 왕이었던 루이 14세가 귀족들의 반란으로 인해 위협에 처하게 되었던 100년 전의 일을 잘 알고 있었다. 가정교사였던 앙드레 에르퀼 드 플뢰리 주교(1653~1743. 프랑스의 성직자이자 정치가―옮긴이)를 재상으로 임명함으로써 왕국은 점차 안정을 찾게 되었고, 특히 무너졌던 재정을 회복했다. 프랑스의 해상무역은 거의 네 배나 증가했던 것이다.

플뢰리 재상이 반대했음에도 루이 15세는 장인의 폴란드 왕위 계승 전쟁에 참여했다. 이와 동시에 프랑스 군대는 로트링겐(로렌)으로 진격해 들어갔는데, 합스부르크 황제와 복잡한 협상을 거쳐 폴란드 왕좌에서 내려온 레슈친스키 왕에게 보상으로 주어졌던 곳이다. 이곳은 그리하여 프랑스 땅이 되었고, 프랑스는 자신의 땅을 잃지 않고서 영토를 엄청나게 확장할 수 있었다. 물론 오스트리아에서 왕위 계승 전쟁이 벌어진 1740~

1748년에 프랑스는 큰 전투에서 승리를 거두었으나, 강압적인 이유가 없었지만 이미 점령하고 있던 오늘날의 벨기에 영토를 되돌려주었다. 이 영토는 당시 유럽에서 가장 부유한 땅 가운데 하나로 손꼽혔다. 아마도 플뢰리 추기경이 사망한(1743) 뒤 재상 없이 왕국을 다스린 루이 15세는 그처럼 기념비적으로 증가한 권력을 통해서 영국과 네덜란드를 자극하기를 원치 않았던 것 같다.[22]

이와 같은 상황에서 프랑스에서는 관료화된 최초의 외국 비밀 활동 조직이 생겨났는데, 1746년부터 존재 여부가 증명되며 32명의 조직원이 일했다는 바로 **스크레 뒤 루아**(secret du roi, 왕의 비밀)다. 이 조직은 프랑스 외교관들을 몰래 통제하거나 왕이 특히 오스트리아와 러시아에게 동등한 외교정책이나 비밀스럽게 영향력을 행사하도록 하는 데 봉사했다. 루이 15세는 사촌인 드 부르봉 콩티에게 이 비밀조직의 초대 기관장을 맡겼는데, 그는 탁월한 군 경력에도 불구하고 처음에는 국내에서 왕과 적이었던 자들을 지지했다. 이때 루이 15세는 불편한 상태에 있던 왕자이자 사촌에게 폴란드의 왕좌를 주겠다는 약속을 했다. 하지만 이러한 계획은 실패하고 말았다. 작센가에서 러시아의 지원으로 폴란드의 왕좌를 거머쥐었고, 이로써 선제후국(신성로마 제국에서 처음에는 7명, 나중에는 9~10명의 제후가 왕을 선출할 수 있는 권리를 말한다─옮긴이)의 원칙은 사라지고 말았다.

비밀기관의 지휘봉은 이제 샤를-프랑수아 드 브로글리의 손으로 넘어갔고, 그는 군인으로 경력을 쌓은 뒤에 매우 중요한 외교관들 가운데 한 사람이 되었다. 왕은 1752년 그를 바르샤바에 대사로 파견했다. 그곳에서 오스트리아와 새로운 강국으로 부상한 러시아의 권력 확장을 감시하고 가능하면 이를 저지하라는 과제를 주면서 말이다. 드 브로글리가 가장 신뢰한 사람은 1759년까지 외무부에서 고위직으로 일했고 그리하여 모든 외교적 정보를 접촉할 수 있었던 장-피에르 테르시에였다.

스크레 뒤 루아(왕의 비밀)가 수행했던 활동은 20년 넘게 그야말로 완전히 비밀에 부쳐져 있었다. 이 기관에서 일했던 직원들은 서로를 알지 못했고, 온갖 임무를 띠고서 여행을 했고 서신 교환을 하려면 자신만의 비밀번호를 이용해야 했다. 만일 이들이 위험에 처하게 되면, 예를 들어 체포되면, 왕이 즉각 도와줄 것이라고 기대해서는 안 되었다. 왜냐하면 그렇게 하면 정부장치로서의 비밀조직이 주의를 끌게 될 것이기 때문이다. 그들의 주요 활동은 우편을 몰래 감시하는 것이었다. 왕조차도 정보원들과 서신을 교환할 때면 가명의 주소를 이용했고, 이런 우편은 검사하지 않았다.[23]

하지만 오늘날 비밀공작(guerre secrète)이라 부르는 이른바 비밀 프로젝트도 있었다. 특히 비밀 외교와 뇌물을 통해 진행된 폴란드의 왕좌를 둘러싸고 벌인 모험 이후에 사람들은 영국의 침공을 준비했다. 단순한 정복이 아니라, 두려워할 만한 공격을 영국에서 해올 것이라고 믿었던 것이다. 프랑스가 7년전쟁(1756~1763. 오스트리아 왕위 계승 전쟁에서 패배한 합스부르크 왕가는 독일 동부의 슐레지엔을 빼앗겼는데, 이 영토를 다시 빼앗기 위해 합스부르크 왕가가 프로이센과 싸우면서 시작되었다. 영국의 지원을 받은 프로이센이 프랑스와 러시아의 지원을 받은 합스부르크를 이겼다. 유럽이 아닌 식민지에서도 많은 변동이 생겨난다―옮긴이)으로 해상무역의 대부분을 상실한 뒤에, 영국이 침략해올지 모른다는 두려움이 생겼다. 인도에서 프랑스의 무역 거점은 다섯 군데나 남게 되었다. 캐나다에서는 모든 것을 잃었으며, 프랑스 출신의 시민들도 마찬가지였다. 이들은 오늘날까지 주로 퀘벡 지역에 살고 있다. 미시시피강을 쭉 따라가면서 있는 "루이지애나(오늘날 미국의 루이지애나주에 비해서 훨씬 넓었다고 한다―옮긴이)"는 부르봉 왕조의 에스파냐에게 주었다.[24] 아메리카 대륙에서 행사했던 권력의 대부분을 프랑스는 상실하고 말았고, 그리하여 영국인들이 프랑스를 침공할지 모른다는 공포를 느꼈던 것이다. 몇 개 남지 않은 식민지에서 자신들을 축출하고 이로써 이득을 가져오는 해상무역에서 완전히 쫓아내기 위해서 말이다.

우선 영국 함대와 해변 방어, 영국의 재정 상태에 관해 동원할 수 있는 모든 정보를 수집했다. 두 정보원이 1763년 다양한 시설을 직접 관찰하기 위해서 도버 해협을 건넜다. 1764년 프랑스 함대에 대한 연구가 나왔으나, 이 프로젝트는 이어지지 않았다. 게다가 고집 센 기사 샤를 데옹 드 보몽으로 인해 왕의 비밀조직은 거의 해체될 뻔했다. 데옹은 한편으로 정규적인 외교관의 활동을 하고자 했으나, 다른 한편으로 세상에 소문이 자자했던 그의 욕망, 그러니까 여장을 한 채 온갖 첩보 활동을 했던 것이다.

1763년 6월 왕은 서른다섯 살인 이 남자를 새로운 대사의 비서로 런던에 파견했다. 대사가 런던에 부임할 때까지 사무를 보라는 지시였다. 대사가 도착했을 때, 왕의 기사는 기사라는 작위를 여전히 유지하고자 했고 무엇보다 그때까지 사치스럽게 손님들을 초대했던 행사(궁정에서 비용 지불)를 계속할 수 있었다. 왕은 이 특별한 남자를 마음에 들어 했으나, 영국에서 **스크레 뒤 루아**(왕의 비밀)를 위해 어떻게 활동해야만 했는지에 대한 문서를 확보하고 있다는 사실을 알고 당혹감을 감출 수 없었다. 그리하여 프랑스에서는 온갖 사람을 런던으로 파견하여 기이한 샤를 데옹의 문서를 안전하게 확보하고자 했고, 이는 몇 년 후에 성공했다. 루이 16세가 왕좌에 오른(1773) 후에야 비로소 이런 추문을 완전히 종식시킬 수 있었다. 샤를 데옹은 마침내 모든 서류를 프랑스 정보원에게 넘겨줘야만 했고 대신에 소액의 연금을 받았다. 앞으로는 오로지 여자의 옷만 입고 다닌다는 조건하에 말이다.

미국 독립 혁명

프랑스가 영국을 침범할 생각은 망상으로 남아 있었겠지만, 7년전쟁이 끝난 지 12년 후 프랑스는 영국에게 1763년의 수치를 되돌려줄 수 있는 아주 좋은 기회를 얻게 되었다. 1763년 체결한 평화협정은 북미에 있던 영국의 식민지에 큰 분노를 사게 하는 계기가 되었다. 왜냐하면 식민지에 거주하는 자들이 서쪽으로 이동하는 것을 금지했고, 영국 왕이 이전에 프랑스 식민지였던 가톨릭 신자들에게 계속해서 종교의 자유를 갖도록 허용하자, 이에 엄격하게 신교를 믿던 "미국인들"이 화가 났던 것이다. 게다가 런던은 미국에 거주하던 영국 식민지로부터 온갖 새로운 세금을 거둬들였는데, 이 세금으로 이미 들어간 전쟁 비용을 감당하려 했다. 그러자 식민지를 관리하던 영국 관청을 기습하는 사건도 터졌고 마침내 미국에 독립 혁명이 일어나고 말았다. 이제야 파괴적인 방법으로 영국을 앞서 나갈 기회가 프랑스에게 주어지게 되었다.

이러한 모반에서 핵심 인물은 희극 작가 피에르 오귀스탱 카롱 드 보마르셰(1732~1799)였는데, 그는 볼프강 아마데우스가 작곡한 《피가로의 결혼》과 조아키노 로시니 작곡의 《세비야의 이발사》의 희곡을 써서 유명세를 떨친 사람이다. 하지만 파리 출신의 시계공이기도 했던 이 작가는 프랑스 궁정을 위해 첩보 활동에도 가담했다. 북아메리카에 소요가 일어난 지 얼마 후 그는 일련의 편지를 프랑스의 버젠느 외무부장관에게 보냈는데, 그는 이 편지에서 폭동을 무기로 진압하자는 제안을 했다. 외무부장관은 경험이 많은 외교관으로 결코 혁명가가 아니었는데도 1763년의 패배에 대한 분노로 마침내 폭동을 일으킨 자들의 편에 서기로 결정했다.

무기를 처음으로 공급하기에 이르렀다. 보마르셰는 맨 처음에 돈을 받

있었는데, 1776년 초에 위장 회사를 차리기 위해서였다. 에스파냐 선박회사 로드리그 오르딸레즈 & 씨에(Rodrigue Hortalez et Cie)라는 이름이었다. 나중에 보낸 편지에서 보마르셰는 접촉하던 인물에게 이렇게 썼다. "친애하는 신사분들, 다음과 같은 사실을 알려드리고자 합니다. 암피트리트호는 400톤의 물량을 실은 채 항구에 있으며, 순풍이 불자마자 미국으로 향해할 예정입니다. 당신들이 맞이할 배에는 무기 4000점, 탄약통 80개, 신발 8000켤레와 담요 3000장이 실려 있습니다. 여기에 공병대와 포병대 소속 장교 몇 명과 독일 남작 한 명도 있습니다. 그는 지금까지 프로이센의 하인리히 왕자의 부관이었습니다. 이 남자를 장군으로 삼으시길 바랍니다. 당신들의 충실한 하인 올림."[25] 프로이센 출신의 이 남자는 바로 군인 프리드리히 빌헬름 폰 스토이벤을 말하며, 그는 실제로 1777년 파리에 체류하던 도중에 미국 독립 혁명의 중재자였던 벤저민 프랭클린을 알게 되었다. 프랭클린은 1776년 12월부터 파리에 머물고 있었고, 이곳 궁정은 물론 파리의 영향력 있는 단체에 미국에서 독립 혁명을 펼치고 있는 13개 주의 정치를 지지해달라는 호소를 하고 있었다. 독립군에는 조지 워싱턴이라는 놀라운 군사 지도자가 있었으나, 그들의 군대는 무기도 별로 없고 교육조차 받지 못했다. 공공연한 전투에서 독립군은 전문적인 영국의 식민지 군대와 대항해서 이길 기회가 없었으나, 영리한 퇴각, 놀라운 기습 공격과 특히 효과적인 선동을 통해서 영국인들을 막아냈다.

1778년 2월 마침내 프랑스 정부는 수면으로 떠올랐고 프랭클린과 동맹을 맺었다. 프랑스가 외교상으로 미 연방을 국가로 인정했고 지원을 약속했던 것이다. 여기에서 그치지 않았다. 프랑스는 조약 6항에 따라 북아메리카에 있던 프랑스의 영토를 포기했고 원래의 식민지였던 13개 주를 넘어서서 모든 영역을 인정해주었다. 공식적으로 봤을 때 파리는 런던과 전쟁을 치르지 않았으나, 곧 보급품과 군대가 미 대륙에 도착했고(로샹보 장군의 지휘 아래 군인 6000명) 에스파냐의 지원을 받은 전함들이 도착했으며, 이들이 결국 미국의 독립군에게 승리를 안겨주었다.

프랑스의 비밀 활동이라는 은폐된 행동을 통해서 혁명적인 국가와 공식 조약을 체결하게 되었고, 미국의 민주적, 반전제주의적인 생각은 화려하기 짝이 없던 부르봉 왕조와는 잘 어울리지 않았다. 게다가 프랑스 국고를 고갈되게 만들었고, 결국 프랑스 혁명이 발발할 수 있는 좋은 조건을 마련해주었다. 물론 미국을 지원한 일이 핵심 원인은 아니었을지라도 말이다. 의심할 바 없이 프랑스 왕가의 재정 파탄은 혁명이 일어날 수 있는 원동력이 되었다.

어쨌든 다시 미국 독립전쟁으로 돌아가서, 이 전쟁은 비밀 활동의 역사와 관련해서 아주 큰 의미가 있다. 이미 전쟁 초반부터, 그러니까 독립 선포가 있기 7개월여 전에, 오늘날 미국의 의회 전신이라 할 수 있는 대륙회의(continental congress)와 비밀통신위원회(committee of secret correspondence)가 설립되었다. 이 통신 위원회는 "……오로지 영국, 아일랜드와 그 밖의 다른 나라에 있는 우리의 친구들과 서신을 교환할 임무를 가지고" 설립되었다는 것이다. 이로부터 2주일 후 이 조직은 런던에 있는 지지자이자 변호사에게 200파운드를 송금하면서 다음과 같은 내용을 전달했다. "외국의 권력들이 우리에 대한 입장을 유지해주기를. ……우리는 신중하고 비밀을 유지해야 한다는 사실을 암시할 필요는 없을 것입니다."[26] 이런 청탁을 받은 아서 리(Arthur Lee)는 프로이센과 에스파냐와 동맹을 맺으려고 노력했다. 그는 훗날 벤저민 프랭클린의 협상 팀으로 들어갔다.

군사 활동과 관련된 첩보 활동이야말로 가장 중요한 의미를 띠게 되었다. 워싱턴에게 첩보 활동은 하나의 수단이었는데, 독립군 부대의 약점을 보완하고 대대적인 전투를 피할 수 있게 해준 수단이었던 것이다. 그런데 이러다가 워싱턴은 격렬한 타격을 입게 된다. 최초의 희생자는 스물한 살 네이션 헤일이었다. 바로 워싱턴이 뉴욕 주변에 있던 영국의 군대를 염탐하라고 파견한 장교였다. 그는 롱아일랜드에서 붙잡혔고 영국인들은 지체하지 않고 그를 1776년 9월 22일에 처형했다. 그의 입상(立像)은 그가 다녔던 예일 대학 캠퍼스에서 찾아볼 수 있을 뿐 아니라, 워싱턴 랭글리에 있는 CIA 본사 앞에서도 볼 수 있다. 이 젊은이가 실제 어떻게 생겼는지 아무도 모르지만, 이는 그리 문제되지 않는 것처럼 보인다. 미국의 비밀 정보원들 사이에서 그는 자유를 위해 희생된 최초의 희생자로 간주되고 있으니까 말이다.

워싱턴 장군은 전쟁을 지휘하면서 첩보 활동의 중요성을 잘 알고 있었지만, 첩보원들을 효율적으로 지도할 만한 충분한 조직이 그에게는 없었다. 그는 군사적으로 여러 차례 패배를 당했는데, 이것은 정확한 정보가 부족해서 그랬던 경우가 많다. 때때로 그는 기만 작전에 속는 희생양이 되기도 했다. 포지 계곡에서의 끔찍했던 겨울막사(1777/1778)에서 그의 군대가 지극히 열악한 상태에 처해 있을 때, 워싱턴은 적을 속일 수 있는 문서를 직접 작성했다. 그러니까 존재하지도 않는 보병연대와 기병연대를 언급했던 것이다. 그는 이중간첩을 이용해서 적에게, 미국인이 실제보다 훨씬 더 많은 군을 거느리고 있는 것처럼 속였다. 이와 같은 행동은 성공을 거두었다. 영국인들은 적군이 대략 8000명이나 된다고 과대평가를 하고서는 공격을 감행하지 않았던 것이다.[27]

로샹보 장군이 이끄는 프랑스 군대가 뉴포트(로드아일랜드)에 도착했는데 영국군이 곧 공격하게 될 거라는 소식을 워싱턴은 1780년 여름에 받았다. 헨리 클린턴 장군의 지휘하에 남쪽에 위치해 있는 찰스턴에 머물고 있던 영국의 식민지 군대는, 워싱턴의 첩보원들을 통해서 미국인들이 뉴욕을 공격할 예정이라는 소식을 접하고 이미 배를 탄 상태였다. 이와 같은 계략으로 인해 프랑스 군대는 필요한 시기에 구출될 수 있었다.

결정적인 전투였던 요크타운(1781)의 전초전의 상황에서 존 러벌이라는 이름을 가진 보스턴 출신의 교사가 영국의 군사령관들이 서신 교환을 하는 데 사용한 코드의 비밀을 푸는 데 성공했다. 워싱턴은 러벌에게 감사의 편지를 쓰면서 자신은 개별 정보를 열정적으로 모아서 분석하는 사람이라고 밝혔다. "우선 우리는 모든 종류의 정보를 서로 비교하고, 그러면 우리는 그 전에는 은폐되어 있던 사실을 인지할 수 있는 경우가 많습니다. 왜냐하면 사실은 단 하나의 증거만으로는 이해할 수 없기 때문입니다."[28] 만일 사람들이 러벌을 미국 암호 연구의 아버지라 부를 수 있다면, 워싱턴은 군사 지도자들 가운데 정보를 평가하는 기술을 이해했던 본보기라고 할 수 있을 것이다.

몇 년 후 워싱턴은 미국의 초대 대통령이 되었고 외국에서 활동할 스파이들을 위한 예산을 신청해야만 했다. 첫해에 예산은 겨우 4만 달러였으나, 집권 3년 차가 되자 100만 달러까지 치솟았는데, 이는 당시 국가 예산의 12퍼센트에 해당했다(오늘날의 미국에서는 "고작" 0.2퍼센트를 차지할 따름이다). 평화의 시기에 그렇다 할 만한 적이 없는 상태의 국가가 비교적 높은 예산을 정보원에 책정함으로써 국방을 위해 적절한 수단을 취했을지도 모른다. 물론 적재적소에 자금을 투입했다는 전제하에서 말이다.

독립을 둘러싸고 벌인 전쟁 동안 미국인들은, 적군뿐만 아니라 적의 스파이들, 그리고 자신의 진영에 있는 반역자들도 상대해야 한다는 사실을 경험했다. 바로 베네딕트 아널드 장군 같은 경우였는데, 그는 처음에는 혁명군으로 싸웠고 성공을 거두기도 했다. 새러토가 전투(1777)에서 거둔 그의 승리는 공식적으로 반란군과 연합하게끔 프랑스를 움직였다. 이 전투에서 심하게 부상을 입은 아널드는 조지 워싱턴의 두터운 신뢰를 얻게 되었다. 비록 아널드 장군은 군법회의를 통해 횡령죄를 선고받았는데도 말이다. 의회는 아널드 장군이 자신의 부대를 위해 사용했다는 사적인 비용을 지불하기를 거절했다. 동시에 사람들은 사치스러운 초대로 말미암아 엄청난 빚을 졌다고 그를 비난했다.

아널드는 불쾌했다. 사람들은 진급에서 그를 탈락시켰다. 마침내 그는 웨스트포인트 요새에 대한 지휘권을 얻게 되었다. 이곳은 군의 거점이었으며, 훗날 미군의 육군사관학교가 들어서게 된다. 아널드는 이 거점을 영국인들에게 넘겨주고 영국 편이 될 계획이었다. 몇 달 전에 그는 열아홉 살이던 마거릿 시펜과 결혼했는데, 그녀는 필라델피아의 명망 높은 판사의 딸이었다. 필라델피아를 영국이 점령해 있는 동안 이 젊은 마거릿이 영국의 육군 소령 존 앙드레와 교제했는데, 그는 바로 헨리 클린턴 장군의 부관이자 비밀 업무를 맡고 있었다. 아마도 이 젊은 아내가 아널드 장군과 앙드레 소령을 연결해주었던 것 같다. 아널드가 2만 영국 파운드를 받고 웨스트포인트 요새를 넘겨준다는 약정이 있었다.

만약 이와 같은 시도가 성공했더라면, 영국 군대는 나머지 반란군으로부터 뉴잉글랜드 식민지를 차단할 수도 있었을 것이다. 하지만 이 음모는 실패하고 말았다. 소령 앙드레가 1780년 9월 허드슨강에 접해 있는 숲에서 아널드 장군과 만나고자 하는 시도를 감행했을 때였다. 두 사람은 미군 경찰에게 발각되고 말았다. 아널드는 도주하는 데 성공했다. 앙드레는 민간인 복장을 하고 미국 군대가 점령하고 있는 지역을 빠져나가려고 시도했다. 하지만 그는 붙잡혀서 밀고당했다. 그는 양말 속에 아널드 장군이 손으로 직접 쓴 편지 여섯 장을 가지고 있었는데, 영국인들이 웨스트포인트를 "정복"할 때 어떤 식으로 진행해야 하는지를 써둔 편지였다.

군법회의는 앙드레에게 사형 선고를 내렸다. 이 판결을 도망친 아널드 장군에 대한 판결과 교환하고자 했던 워싱턴의 노력은 수포로 돌아갔고, 앙드레는 1780년 10월 2일 처형당했다. 이와 반대로 베네딕트 아널드는 영국 측으로 넘어가서 지휘권을 잡았고 또다시 지방 몇 군데에서 승리를 거두었다. 영국 식민지에 살고 있는 시민들에게 그는 공개적으로 미국 혁명군의 부패와 특히 가톨릭 국가 프랑스와의 연합에 대해 비난을 퍼붓는 편지를 썼다.

양측은 나중에 이로부터 각자의 영웅이야기를 꾸며냈다. 존 앙드레의 시체는 1821년 관에서 꺼내졌고 런던 웨스트민스터 사원에 있는 영웅 묘지에 안장되었다. 그의 어머니는 그가 죽자마자 곧 연금을 받았고, 동생은 귀족 직위를 받았다. 가장 최근에 동성애자 운동가들은 그가 자신들의 일원임을 발견했는데, 어떤 편지에 여자들에 대한 관심이 없다는 내용을 썼기 때문이다. 그는 분명 교육을 많이 받은 자이며, 시를 썼고, 독일 플루트를 연주했고, 프랑스어·독일어·이탈리아어를 유창하게 구사했을 것이다. 그는 위그노파 출신이었고, 제네바에서 학교를 다녔다. 그에게서 어떤 사악함도 발견하지 못했다.

미국인들은 그들에 대해 이야기하면서 훨씬 어려움에 직면했는데, 베네딕트 아널드는 독립전쟁에 참전한 가장 능력 있는 군인 중 한 사람이었기 때문이다. 사람들은 새러토가 전투에 참전해서 중상을 입은 군인들을 기념하기 위해 1887년 "대륙군의 가장 탁월한 군인들을 기념하며"라는 기념비를 세웠다. 기념비에는 군인들의 계급을 언급했으나 이름을 새기지는 않았다. 미국의 역사에서 베네딕트 아널드의 반역은, 유럽에서 제2차 세계대전 이후부터 노르웨이의 나치 지도자 위드쿤 퀴즐링(Widkun

Quisling)이라고 했을 때 떠올릴 수 있는 단어와 동의어다. 따라서 한 명의 퀴즐링(반역자)이라고 하면 미국에서는 베네딕트 아널드를 의미할 정도이고, 정치적으로 메가톤급 반역자에 해당한다. 심지어 베네딕트는 미국에서 잘 찾아볼 수 없는 이름으로 남아 있다. 1990년 이 이름은 인명 순위에서 1124번째에 있다.

베네딕트 아널드가 추격자들을 따돌리고 런던에 도착하여 영국 왕 조지 3세(재위 1760~1820. 미국과의 독립전쟁으로 아메리카 식민지를 잃었고, 나폴레옹과도 전쟁을 치렀다—옮긴이)에게 조언자의 역할을 했다는 사실도 미국의 국가적 전설에 부합하지 않는 부분이다. 그는 캐나다에서 몇 년 살았고, 그 이후에 다시 런던으로 가서 1801년 부상을 입고 결국 사망했다. 그가 마지막에 머무른 거주지는 런던의 부유층이 사는 구역이었고, 그 집 앞에 런던시에서 공식 석판을 걸어놓았다. 거기에는 아널드를 "미국 혁명의 군인이었고 애국자"라는 문구가 새겨져 있지만, 이런 문구는 미국과 영국 양측에 정확한 표현이 아니다.

분명 영국인들은 비밀 활동을 통해서 미국인들의 승리를 방해하는 데는 실패했지만, 미국인들에게 비용을 많이 지불하게 하는 일은 몇 가지할 수 있었다. 런던에서 활동하던 첩보조직을 지휘한 사람은 윌리엄 이든으로, 그는 당시 상공부와 식민지부의 장관을 맡고 있었다. 이든은 프로이센으로부터 군사적 지원을 받기 위해 베를린에서 협상을 벌인 미국인리 장군과 비슷했다. 사람들은 그가 머무는 호텔방에 침입해서 서류를 복사했다. 파리에서 이든은 매년 1000파운드를 에드워드 밴크로프트에게 지불했는데, 그는 미국 측 중개자 대표 벤저민 프랭클린이 신뢰하는 인물이었다. 그 밖에도 프랭클린은 죽을 때까지 친구 밴크로프트가 배반했을 가능성에 대해서 믿지 않았다. 밴크로프트가 벌인 첩보 활동의 전반에 관해서는 100년 후, 1891년에야 런던에서 발견되었다.

밴크로프트의 상관이었던 장교는 폴 웬트워스라는 사람이었고, 매우 세련되고 매혹적인 외모에 교양 있고 지적이었다. 보마르셰는 그를 "영국에서 가장 세련된 남자들 가운데 한 사람"[29]이고 게다가 프랑스어도 탁월하게 잘한다고 묘사했다. 그는 프랑스 궁정과 미국의 반란군 사이의 접촉을 염탐하고 이들 관계에 부정적인 영향을 미치라는 명령을 받았다. 어느 정도 옳은 명령이었으나, 이와 동시에 웬트워스는 그것보다 훨씬 난해한 외교적 임무를 맡았다. 벤저민 프랭클린에게 영국 정부의 평화 제안을 제출하라는 임무였는데, 이 제안에는 일련의 미국 측 요구를 수용하고 미국인 200명을 영국 귀족으로 임명할 것이라는 내용이 들어 있었다. 프랭클린은 흥미롭게도 그와 같은 제안을 우회적으로 거절하지 않았고, 프랑스군이 마침내 협조하게 만드는 데 이용했다.

이런 시도는 결과 없이 끝이 났으나, 오래된 유럽식 계략과 프랭클린이 따랐던 윤리적·민주적 이데올로기의 혼합은 독특하기 그지없다. 사람들이 주변에 적의 돈을 받고 일하는 스파이가 있을 수 있다는 위험에 대해서 그에게 주의를 주었을 때, 그는 이렇게 대답했다. "만일 한 남자의 행동이 올바르고 명예롭다면, 이런 행동을 알렸을 경우에만 명성을 얻을 수 있다." 이렇게 말하며 그는, 대륙회의와 자신이 교환했던 서신을 암호화하는 게 좋을 것이라는 안내를 받았으나 이를 거부했다. 그는 중요한 정치적 서류를 누구나 볼 수 있게 여기저기 놓아두었다. 물론 프랭클린은 비밀 선전을 열정적으로 이용했는데, 영국 정치의 신용을 떨어뜨릴 수 있는 위조 편지와 소식을 퍼뜨리거나 인쇄하는 식으로 말이다.[30]

미국 독립군의 지휘관들 모두가 그런 식으로 순진하지는 않았다. 변호사이자 뉴욕의 의원이었던 존 제이는, 훗날 미국 초대 대법원장이 되는

데, 스파이와 방해공작을 통해 독립운동이 어떤 위험에 처하게 될지를 일찌감치 알고 있었다. 이미 그는 1776년, 뉴욕 지사 윌리엄 트라이언이 조지 워싱턴을 음해하는 계획을 짰다는 불확실한 공모를 조사했다. 공모자 가운데 한 사람이던 토마스 히키가 사형을 선고받아서 처형되었다. 히키가 영국 측으로 넘어가는 것 이상을 원했다는 점은 의심할 만한데, 당시 북아메리카에 살던 사람들 가운데 영국 식민지를 추종하는 사람들이 혁명군을 지지하는 사람들보다 더 많았기 때문이다. 하지만 확실한 사실은, 존 제이가 반란을 일으킨 시민들에 대해 보복 조치를 취하고자 했고 이로써 영국의 전쟁 작전을 반란군의 작전에 맞추려고 했던 것이다. 하지만 존 제이는 상관으로부터 허락을 얻지 못했다.

존 제이는 "공모의 발견과 차단을 위한" 뉴욕 위원회의 의장이 되었고, 이 위원회는 최초의 미국 방첩 활동이라 생각할 수 있다. 위원회는 영국 왕실에 동조하는 지지자 수백 명을 조사했고, 특히 공모를 발견한 정보원 열 몇 명과 작업을 했다. 하지만 위원회는 또한 대중의 분위기에 대해서도 보고를 했는데, 특히 바다 건너 무역과 카리브해에서 장사하는 상인들이 반미국적이었다는 보고도 올렸다.

사람들이 서로 맞서거나, 특정 혈족과 왕조에 충성심을 맹세하는 이유가 더 이상 종교나 국적 때문만은 아니었다. 미국의 독립 혁명으로 인해 정치적 이데올로기는 국가의 새로운 신조가 되었고 이로써 국가를 세우려는 전쟁에서 핵심(요하네스 부르크하르트의 표현)이 되었다. 이때 종교와 정치적 관심도 어느 정도의 역할을 했다. 하지만 이런 요소들은, 처음에는 신교도적이었다가 나중에 마르크스주의자 역사가의 분위기를 풍긴 찰스 비어드가 주장했듯이, 결코 결정적으로 중요하지는 않았다. 왜냐하면 핵심은 이데올로기였으며, 정치적·비종교적 신조였기 때문인데, 바로 이런 핵심이 비밀 활동의 대상이 되었다. 미국의 독립 혁명이 일어난 지 몇 년 뒤에 프랑스 혁명이 일어났고, 이는 이데올로기가 동기가 되어 첩보 활동을 활발하게 펼치는 두 번째 계기가 되었다. 이런 첩보 활동은 20세기에, 우리가 오늘날 접하는 바의 거대한 첩보기관과 감시기관이 등장하게 만들었다.

프랑스 혁명

격식에 매이지 않고서 말한다면, 프랑스 혁명은 국내 안전을 담당하는 관청들의 정보 실패로 시작되었다. 파리 바스티유 감옥이 무너진 날, 왕 루이 16세는 일기장에 "리앙(rien, 아무 일도 일어나지 않았다)"이라고 기록했다. 그렇지만 수상한 상황이라는 것을 의미하는 많은 조짐이 있었다. 백성들의 굶주림에서부터 국가 재정 파탄에 이르는 조짐 말이다. 하지만 사람들은, 과거에도 항상 난관을 극복했다는 사실로 위안을 삼고자 했다. 게다가 알렉시 드 토크빌과 같은 예리한 인재들도, 혁명의 원인은 귀족과 왕권 사이의 갈등까지 거슬러 올라간다는 것을 신속하게 알아차렸다. 훗날 국가의 신화로 미화되었던 1789년 7월 14일 바스티유에서 일어난 사건은 그야말로 부수적으로 일어났을 뿐이다.[31] 왕과 궁정은 상황을 잘못 평가하고 있었다는 게 정확한 사실이다.

여기에서 우리가 다루는 주제와 관련해서 무엇보다 중요한 사실은, 혁명가들은 왕정과는 다르게 정확하게 알고 있었다는 것이다. 그러니까 정보의 부족과 혁명을 그릇되게 추정하는 일이 얼마나 위험할 수 있는지를 충분히 알고 있었다는 말이다. 때문에 프랑스에서 최초로 국내의 안전은 물론, 궁정이 아니라 외무부 소속으로, 조직화되고 지속적인 비밀 정보원을 만들었던 자들도 혁명가들이었다. 이들 가운데 특히 진보적 인물들과 그룹들이었다. 신랄하게 표현하자면, 현대적 비밀 활동을 지원하는 감시 국가를 창조한 것은 왕정이 아니라 오히려 민주주의였다. 이와 같은 관점에서 보면 프랑스는 현대적 민주정치의 실험실이었다.

물론 처음에는 뚜렷한 지도부와 안정적인 관료적 배경 같은 게 없었다. 혁명 이후 몇 년 동안 정치는 온갖 종류의 위원회, 전문위원회, 협의회를 통해서 이루어졌다(민주적인 공동체의 원래 모습을 그렇게 상상하면 된다). 프랑스가 맨 먼저 입헌군주제가 된 이후에, 이런 경우에 공권력은 바로 왕정으로부터 나왔으며, 혁명가들 사이에서는 혁명의 진로를 두고 점점 격렬한 논쟁이 붙었다. 이로부터 마침내 급진파가 승리를 거두었다. 1792년 9월 급진파는 공화국임을 공포했고, 1793년 왕과 왕비를 처형했다. 이어서 계속해서 이름을 바꾼 국민공회가 프랑스를 다스렸는데, 물론 이 공회는 16명으로 구성된 위원회에 지도부를 맡겼다. 대중 선동가 막시밀리앙 로베스피에르가 만든 공안위원회가 바로 지도부에 속했으며, 보안위원회도 지도부에 속했다. 보안위원회는 국가 전체를 강력하게 억압하는 캠페인으로 뒤덮었고, 무엇보다 파리 경찰과 군대를 통제하고 있었다. 이와 나란히 혁명사법부는 끊임없이 실제로 혁명을 반대한 자들은 물론 그런 혐의만 있는 혁명 반대자들에게 실형을 선고했고 단두대를 잔인한 정치(공포정치)의 상징으로 만들었다.

이로써 비밀 활동은 널리 퍼지게 되었고 혁명에 포함되는 요소로 투입되었다. 하지만 이와 동시에 어느 정도 전문적이라 불러야 할 비밀 활동은 혐의와 처벌을 일삼는 군중 히스테리로 인해 어두운 분위기였다. 경찰, 군대와 법정은 맹목적으로 억압했다. 4만 5000명이 이와 같은 테러로 희생되었다. 이들 가운데 최소한 2만 5000명은 재판도 받지 못하고 단두대에서 사라져야만 했다. 대서양에 있는 프랑스의 해변 도시 방데에서는 대략 20만 명이 살해당했는데, 군대를 투입하여 시민을 학살했던 것이다.

이렇듯 프랑스 혁명이 급진적으로 흘러가는 과정에서 비밀경찰과 군대의 첩보 활동은 중요한 역할을 했을 게 분명하다. 그리하여 사람들은 1792년(공화국 공포)부터 1795년(공포정치의 끝)까지의 기간을 간단하게 제외시킬 수는 없지만, 제도로 잘 정비된 첩보 활동은 집정 내각과 나폴레옹이 지배하던 시기(1799년부터)에 이르러서야 비로소 생겨났다.

국내 첩보 활동에 있어 조제프 푸셰(1759~1820)가 중심인물이 되었다. 그와 함께 현대적 경찰 업무는 비밀경찰의 역할을 맡기 시작했다. 다시 말해 어떤 사람들과 그룹을 일찌감치 확인하고, 이들 가운데 누가 국가 질서를 위협할 수 있는지(순전히 가능성만 있는지 아니면 실제로) 감시하는 비밀경찰 말이다. 1799년 7월 그는 내무부장관이 되었고, 보나파르트 나폴레옹은 11월에 쿠데타를 일으킨 뒤에 그를 수상으로 임명했다. 그는 (중간에 잠시 그만둔 적은 있으나) 1810년 6월까지 이 직위를 맡았다. 그는 자신의 내각을 네 개의 큰 부처로 조직했고, 이 가운데 국가의 적을 막아내는 부처가 지배적인 위치를 차지했다. 푸셰는 이 부처의 과제가 무엇인지 다음과 같이 지적했다. "모든 종류의 공모와 시도를 조사하고, 헌법, 정부와 법정 최고의 위치에 있는 인물들을 겨냥한 공모와 시도를 말하며……." 그리고 여기에 과녁으로 삼은 인물들을 덧붙여서 설명했다. "……선동자들과 주모자 또는 그런 종류의 행동을 하는 공범자들."[32] 헌법을 위반하는 공모란, 더 정확하게 표현하자면 헌법에 명시한 정치적 질서를 위반하는 반란으로서 나중에 독일이 "헌법보호"라는 개념으로 표현했다. 장관이나 고위 공무원과 같은 국가 지도자급 인물들뿐 아니라, 헌법이라는 추상적인 개

넘도 국내의 비밀 활동으로 지켜야 하는 대상이 되었다. 푸셰의 경찰청이 지닌 특징을 적어도 세부적으로 설명하고자 할 때 말이다.

푸셰는 보나파르트에게 이렇게 썼다. "제가 알고 있는 경찰이란, 불법 행위를 미리 알아차려서 막아야 합니다……."[33] 현장에 출석하여 범행을 발견함으로써 끔직한 효과를 내게 하는 정규 경찰만으로는 그런 임무를 수행할 수 없었다. 푸셰는 비밀 업무 방식으로 일하는 비밀경찰을 구축했다. 푸셰는 부하직원들로 하여금 정규 경찰을 이끌도록 했고, 자신은 정치적으로 정권에 반대하는 자들, 특히 군주제를 찬성하는 자들과 이민자들 그리고 외국인을 물리치기 위해 벌이는 비밀 전쟁에 관심을 집중했다.

하지만 이 분야에서 푸셰는 늘 개척자의 입장은 아니었다. 이미 첩자들도 프랑스 왕정 시절에 상당히 늘어난 상태였다. 1753년 파리 경찰의 예산 가운데 그 절반이 첩자들의 보수로 지불되었으니 말이다. 획득한 정보를 체계적인 목록으로 보관하는 시도가 최초로 이루어졌다. 하지만 이와 같은 구조는 혁명의 시기에는 대대적으로 해체되었다. 그 대신에 지방 시민위원회와 시민방위대가 그 자리를 차지했다. 1791년에야 비로소 보편적인 지방경찰(Gendarmerie nationale)이 다시금 중심 기구로 생겨났다.

푸셰는 일반적이고, 정치적으로 그다지 중요하지 않은 영역에서 일어나는 문제를 해결하기 위한 목적으로 파리 경시청을 만들었다. 이와 동시에 그는, 경찰을 프랑스 다른 지역의 경시청으로부터 통제를 받지 않게 하고 자신이 관리하던 장관실 소속으로 만들었다.[34] 물론 전 지역에서 성공을 거둘 수는 없었다. 그래도 이와 같은 조치를 통해서 푸셰는 오늘날 프랑스에서 볼 수 있는 바의 중앙집권적 경찰 조직의 초석을 만들었다. 게다가 푸셰는 계속해서 특수한 임무를 띤 형사들을 임명했는데, 일명 비밀요원인 이들은 푸셰의 바로 밑에 소속되어 일했다. 특히 항구 도시에서는 의심스러운 제품과 인력을 검사할 필요가 있었기에 그런 비밀요원들의 활동이 중요했다.

도버 해협에 접해 있는 항구 도시 불로뉴는 특별히 주의를 기울일 필요가 있는 곳으로 간주되었다. 영국에서 돌아오는 모든 프랑스인은 불로뉴 경찰서에 가서 머리끝부터 발끝까지 조사를 받아야 했다. 동시에 해변에 접한 이곳은 되돌아오는 이민자와 영국으로부터 이민 오는 자들이 모이는 장소였는데, 가톨릭 신자들, 특히 아일랜드 출신의 성직자들이 다수를 차지했다. 왜냐하면 영국에서는 가톨릭 추방을 20년이 지난 1829년에야 비로소 중단했기 때문이다. 바로 이런 부분으로 인해 공모가 일어나고 정치적으로 위험한 소문이 번져나갈 가능성이 컸던 것이다. 이와 동시에 적극적으로 첩보 활동도 막아야 했는데, 프랑스는 거의 끊이지 않고 영국과 전쟁을 벌였던 까닭이다. 마지막으로 프랑스 시민들이 정치적으로 분열함으로써, 다양한 진영, 그룹과 당을 통해서 지속적으로 서로에게 불만을 터뜨렸다. 이처럼 폭발적인 상태는 비밀경찰이 나서서 강력하게 예방하는 방법이야말로 최선이라고 푸셰는 확신했다.

푸셰의 체계적인 방법에서 볼 수 있는 전형적인 모습은, 보안 상황에 대하여 대부분 매일 보고하는 방식이었다. 그런데 보안 상태란 보고를 받는 담당자에 따라서 내용이 달라질 수 있었다. 프랑스 전역과 모든 영역에 걸친 보편적인 보고 외에도 수도의 상황과 거주하는 외국인은 물론 여행을 떠난 외국인에 대한 보고도 매일 있었다. 또한 프랑스의 안전에 영향을 줄 수 있는 유럽의 여러 항구에서 일어나는 사건은 물론 그곳에 사는 이민자들에 대해서도 보고되었다. 마지막으로 최근에 발생한 범죄에 대해서도 매일 보고되었다.

모든 종류의 눈에 띄는 인물에 대해 파악하고 있었는데, 특히 외국인과 이민자를 개별 카드(fiches)로 작성해서 관리했다. 이런 작업으로부터 곧 등록부의 목록이 생겨났고, 이것은 모든 현대적 관료주의의 특징이기도 하다. 전자 데이터로 정보를 보관하기 전까지는 말이다. 개별 사람들의 삶을 카드에 기록하려면 중요한 데이터와 정보 그리고 다른 카드에 대한 지시사항으로 압축되어야 했다. 이렇듯 사회와 국가에 의해서 사람을 통제하기 위한 목적으로 이루어진 이성적 서류 행정은 모든 국가 통제의 모범이 되었다. 현대적 경찰, 현대적(관료주의적) 비밀 업무와 국가적 통계(검열)가 거의 동시에 탄생하게 된 것도 우연이 아니었던 것이다. 국가 차원에서의 정보 수집과 관리가 없다면 시민을 철저하게 감시할 수도 없을 것이며 그러면 국내에서 활약하는 비밀 활동도 존재할 수 없기 때문이다.

푸셰는 그와 같은 인명 정보야말로 실질적인 권력의 일부임을 온갖 방식을 통해 사람들이 감지하게끔 만들었다. 점점 더 많은 사람이 그를 찾았고, 사람들은 특정 정보나 고위직 인물들에 대한 카드, 특히 귀족들의 카드를 삭제해줄 것을 원했다. 그들은 자신들의 지배력이 무조건적으로 푸셰의 경찰기구에 쥐어져 있다는 사실을 충분히 알고 있었다. 심지어 푸셰는 자신이 통제하는 신문에서 이런 보도가 나가게끔 지시했다. "집정관은 내무부장관에게 최종적으로 삭제할 권한을 위임했다는 소식이 공표되었다."35

《왕당파 지형학(Topograhie chouannique)》에서 푸셰는 1804년 영국 정보원들의 행보, 숙소, 만나는 장소와 상륙 지점은 물론 프랑스 출신의 혁명가들에 대해서도 상세하게 기록했다. 이 프랑스인 혁명가들은 브르타뉴에서 왕정복고를 위한 쿠데타를 계획했던 사람들이다.36 푸셰의 문서에 그가 정교하게 작업했으며 광범위하게 서류를 모았다는 게 드러난다. 부록에는 1800명에 관한 목록이 발견되는데, 여기에는 반란에 참여한 많은 군인 혹은 한때 군인이었던 사람들의 명단이 들어 있다. 이 반란은 1804년 반란 주모자 ("장군") 조르주 카두달을 체포함으로써 막을 내렸다.

chouannique이라는 단어는 한편으로 장 슈앙이라는 왕당파를 지시하는데, 그의 원래 이름은 코트로였으며, 다른 한편으로 올빼미를 암시했다. 반란군에게 올빼미는 바로 코트로와 동일했던 것이다. 푸셰는 왕당파 지형학이라는 제목으로 지리적, 조직적 그리고 인물을 동시에 연관시켰고 국내 안전 문제 가운데 최고로 중대한 문제를 언급한 셈이 된다. 군이 비교하자면 오늘날의 이슬람 테러 행위만큼 큰 문제였다.

반란의 주모자 카두달은 브르타뉴를 혁명 집정 내각에 대항해서 무장 봉기를 일으킬 출발점으로 삼을 계획이었다. 영국의 비밀 첩보원으로부터 지원을 받았던 프랑스 군주제 옹호자들에게 1799년 11월 9일 보나파르트가 일으킨 군사 쿠데타는 물론 방해가 되었다. 나폴레옹은 브르타뉴에서 영향력이 있는 카두달에게 자리를 하나 제공했으나, 카두달은 이를 거절했다. 그는 오히려 영국으로 가서 여기에서 참수당한 왕의 남동생과 공모를 하고자 했다. 참수당한 왕의 동생은 훗날 1824년 샤를 10세(1757~1836. 루이 18세의 동생이며, 부르봉 왕조 출신으로 프랑스의 마지막 왕이다. 1830년 7월 혁명으로 퇴위당한다―옮긴이)로 프랑스 왕좌에 오르게 된다.

1년 뒤 카두달의 부하들은 파리에서 "지옥의 기계"라며 흉흉한 소문이 자자하던 폭탄을 설치했고, 1800년 12월 24일 방해가 되던 최초의 집정관을 희생물로 선택했다. 나폴레옹 보나파르트는 이 폭탄 테러를 피했으나, 22명의 사망자와 100명 이상의 중상자가 나왔다. 카두달은 탐색망을 빠져나갔다. 그는 영국에서 또다시 프랑스에 대항하는 작전을 짤 수 있었는데, 이번에는 영국 수상 윌리엄 피트(1759~1806)로부터 직접적이지만 비밀스러운 지원을 받았다. 피트 수상은 영국군을 동원하고자 했다. 하지만 푸셰는 자신의 첩보원을 도처에 두고 있었고, 심지어 영국 비밀 첩보원 조직에도 있었다. 처음에 푸셰는 불리한 순간에 지시를 내보냈고 그리하여 반란자들을 검거하였으나 카두달을 놓치고 말았다. 1804년 3월에야 비로소 푸셰의 부하직원들은 파리에서 그를 체포하는 데 성공했다. 몇 달 후 카두달은 단두대에서 죽었다. 오늘날까지 그는 브르타뉴의 민중영웅으로 남아 있다. 푸셰에게 이처럼 정권을 반대하는 적을 제거한 일은 대단한 승리였다. 나폴레옹의 안전을 위해서 푸셰는 수년 동안 없어서는 안 될 인물이었던 것이다.

푸셰의 경력은 프랑스 혁명을 거쳐간 인물들 가운데 가장 다채로운 편에 속했으나, 결코 유일한 경우는 아니었다. 다른 많은 지도자처럼 푸셰 역시 온화한 성품과 극단적·혁명적인 말과 행동 사이를 오갔다. 황제 나폴레옹이 그를 1810년에 해직한 뒤에, 그는 처음에는 개인적으로 일했다. 그런 뒤 1814년 나폴레옹이 실각하게 되자 푸셰는 왕당파에 들어갔고 심지어 몇 달 동안, 새로운 왕이 그를 내무부장관으로 임명하기 전, 수상으로 일했다. 왕이 그를 임명한 이유는 간단했다. 즉, 모든 색깔의 혁명가들을 푸셰만큼 잘 아는 사람이 없었던 것이다. 따라서 혁명가들을 꼼짝달싹 못 하게 만들려면 푸셰만큼 적합한 인물이 없었다.[37] 이렇게 함으로써 왕 루이 18세는 극단으로 내닫고 말았다. 너무 많은 귀족이, 푸셰가 1793년 1월 당시 왕을 죽게 했던 장본인이며 왕당파를 괴롭혔다는 사실을 생생하게 기억했다.

1815년 9월 푸셰는 파면되어 대사로 드레스덴으로 가야 했다. 1816년 1월 왕은 1793년 왕의 살인자가 프랑스로 복귀하는 것을 금지하는 명령을 내렸다. 푸셰는 1820년 트리에스테에서 사망했고, 이곳에서 제롬 보나파르트(뷔르템베르크 왕의 사위)는 푸셰가 가지고 있던 대부분의 서류를 태워버렸다. 이로써 정치적 선동과 관련된 비밀스러운 역사에 대한 중요한 증거들이 사라졌는데, 특히 뇌물과 협박에 관한 자료들이다. 물론 남은 자료가 있었고, 이것은 그의 회고록(1824)으로 출간되었다. 푸셰의 전기를 쓴 작가 루이 마들린은 1901년 영향력 있는 대학 역사가들의 오해에 맞서, 푸셰를 이례적이지만 혁명의 시대에 적합한 인물로 소개하고자 했다. 그가 매우 재능 있는 비밀 첩보원과 경찰의 수장이었고, 프랑스 혁명을 구현한 인물이라고? 이런 인간상은 공화국의 인물상에 어울리지 않았다. 마들린에게는 교수 자리가 제공되지 않았다. 물론 그는 자신이 살았던 시기에 대중적으로 가장 많이 읽힌 프랑스 역사가가 되었다.

나폴레옹 보나파르트

나폴레옹 시대에 가장 유명한 첩보원은 카를 슐마이스터(1770~1853)였는데, 그는 무엇보다 오스트리아에 불리한 첩보 활동으로 큰 성공을 거두었다. 슐마이스터는 라인강 오른쪽에 위치한 알자스의 타국 영역 내의 자국 영토에서 변변찮은 관리 집안의 아들로 태어나 유리공장 지배인의 딸인 프랑스 여자와 결혼했다. 그는 스트라스부르에서 잡화상을 열었고, 이곳에서 담배, 설탕과 온갖 물건을 팔았다. 이렇듯 소박한 가게는 머지않아 암거래가 활발하게 벌어지는 장소로 부각한다. 즉, 그는 1790년대에 이러한 암거래로 부자가 되었고 여행도 자주 하게 되었다. 슐마이스터는 곧 파리로 물건만 보내는 데 그치지 않고, 전쟁에서 중요한 정보도 제공했다. 1799년 프랑스 군대에 합류한 이후, 그는 사바리 장군(1774~1833. 제정 시 공안장관을 역임─옮긴이)의 눈에 들었다. 사바리 장군은 그를 1804년 나폴레옹에게 소개하면서 이렇게 말했다고들 한다. "여기 이 남자는 이성만 가지고 있고, 심장은 없사옵니다." 이 말은 슐마이스터가 심장이 없다는 뜻이 아니라, 위장을 잘하며 끔찍한 순간에도 정신을 잃지 않는다는 뜻이다. 이 두 가지는 성공적인 비밀 첩보원이 갖추어야 할 특징이다.[38]

나폴레옹 황제를 위해 그가 처음으로 맡은 중대한 임무는 적을 기만하는 행위였다. 1805년 슐마이스터는 프랑스로 이민 간 헝가리 출신의 귀족 신분으로 위장한 채 빈으로 갔다. 그리고 합스부르크 왕가에 대해 호의를 품고 있는 까닭에 프랑스에서 더 이상 살기 힘든 처지에 있는 것처럼 위장했다. 그는 카를 마크 장군(1752~1828)의 본부까지 들어가는 데 성공했으며, 장군은 슐마이스터를 프랑스인들의 의도와 입장을 알아낼 수 있는 원천으로 간주하기에 이르렀다. 슐마이스터는, 나폴레옹이 프랑스로 돌아갈 의향이 있는데, 이는 프랑스에서 전복이 일어나기 전에 도착해야 하는 까닭이라고 장군에게 보고했다. 증거로 온갖 편지와 나폴레옹을 반대하는 갖가지 비방문을 제시했다. 물론 사바리 장군 수하에 있는 사람들이 만들어낸 위조 편지와 전단지였다. 그러자 오스트리아의 마크 장군은, 서쪽으로 진군해서 퇴각하는 나폴레옹의 군대를 추적할 수 있으리라 생각했다. 하지만 그는 독일 울름에서 프랑스 군대로부터 3면으로 포위돼 체포당하고 말았다. 마크 장군은 참담한 패배를 받아들여야 했고 7만 명의 군사를 데리고 항복했다. 이렇게 함으로써 나폴레옹에게 빈으로 가는 길이 열렸던 것이다. 1805년 12월 나폴레옹은 러시아-오스트리아 연합군을 상대로 아우스터리츠에서 승리를 거두었다. 마침내 오스트리아가 굴복했다.

슐마이스터는 그 사이 전선을 이리저리 돌아다녔고, 레프 톨스토이의 《전쟁과 평화》에서 그토록 칭찬에 마지않던 러시아의 쿠투조프 장군

(1745~1813)에게도 봉사하겠다고 제안했다. 슐마이스터는 오스트리아 방첩단에 의해 발견되어 빈으로 호송되었으나, 이로부터 도망쳐 여관에 숨을 수 있었다. 사바리 장군은 그를 반갑게 맞이했고 프랑스군이 점령한 빈의 경찰대장을 맡겼다. 이로부터 몇 년이 흐른 뒤에 슐마이스터는 군에서 높은 자리를 얻었으나, 나폴레옹이 1810년 오스트리아 황제의 딸 마리-루이제와 결혼하자 더 이상 적합한 인물이 아니었다. 그러나 그는 계속해서 황제의 자비로운 선물 덕분에 스트라스부르에 있는 성에서 호사스럽게 살았다. 슐마이스터는 나폴레옹의 몰락으로 인한 혼란스러운 시기에도 잘 살아남았고 전설적인 인물이 되었다. 1851년 알자스 방문을 계기로 머지않아 나폴레옹 3세로 즉위하게 되는 루이 나폴레옹은 그를 수상으로 임명했다. 2년 뒤 83세의 나이로 베테랑 스파이는 삶을 마감했다.[39]

나폴레옹이 군대와 정치에서 권력행사를 할 때 보여준 특징은 사람들이 자신에게 열광하게 만들고 그들로부터 신뢰를 얻는 능력이었다. 군사 스파이를 이끈 사바리 장군은 분명 그의 가장 가까운 측근에 속했다. 하지만 포기할 수 없는 푸셰는 깊이 신뢰할 수 있는 인물이 결코 아니었다. 왜냐하면 푸셰는 성직자에서 내무부장관이 된, 그야말로 모험 가득하고 불투명한 삶을 살아온 까닭이다. 외국에서 활동하던 스파이들을 담당한 외무부장관 탈레랑도 마찬가지였는데, 그는 이 분야의 관직을 맡았을 때 나폴레옹보다 열다섯 살이 많았다. 또한 불신을 불러일으키는 삶을 산 사람이었다. 프랑스 서부의 귀족 출신으로, 다리를 절었던 그는 군대에 들어가지 못하고 결국 성직자가 될 수밖에 없었으나 냉철한 이성 덕분에 명예를 얻게 되었던 것이다. 랭스(reims)의 주교였던 그의 삼촌을 통해서 그는 교회에서 보수가 괜찮은 직책을 맡게 되었고, 이렇게 하여 프랑스 교회의 재정 관리를 담당하는 수뇌부를 차지하게 되었다. 칼론 재정부장관과 더불어 그는 군주제를 실시한 마지막 몇 년 동안, 국가 재정을 어떻게 하면 건전하게 만들 수 있을지 고민했다. 교회는 이 문제에 지대한 관심을 가지고 있었지만, 그들의 적이었던 왕 루이 16세의 눈은 오히려 교회를 향해 있었다. 교회 재산 역시 몰수할 수 있었는데, 혁명 기간 동안 실제로 이런 일은 일어났다. 1788년 탈레랑은 오툉(autun)에서 그토록 바라 마지않던 주교가 되었다. 이때 그는 5년 전부터 백작부인과 함께 살고 있는 상태였으며, 이 부인은 글을 쓰는 사람이자 사교계를 주름잡았는데 탈레랑과의 사이에 아들 한 명을 두었다.

혁명이 일어나자 그는 정치가가 되었고, 헌법을 제정하여 교회 재산을 몰수하고 시민의 평등권을 보장하자는 입장이었으며 그리하여 마침내 국민의회의 의장이 되었다. 파리에 있는 마르스 광장에서 그는 30만 명이 모인 가운데 "프랑스인들의 단결"을 위하여 미사를 집도했다. 그가 성직자의 신분을 포기한 뒤에, 사람들은 그를 1792년 특사의 자격으로 런던에 파견했다. 탈레랑은 이제 외교관이 된 것이다. 프랑스 혁명기의 공포정치가 끝난 뒤 그가 1796년 학자로서 파리에 되돌아오기 전에, 매사추세츠에서는 부동산업자로서 겪은 일화도 있다. 그는 처음에는 대사로, 그런 뒤에 외무부장관으로 재산을 또다시 모았는데, 이런 재산은 무엇보다 다양한 국가로부터 받은 뇌물이었다.

탈레랑이 외무부에서 앞으로 비밀은 없을 것이고, 외교관들의 도움을 받아서 정상적인 관계만 맺을 것이라 공표했을 때―사람들은 나중에 미국의 대통령이 되는 우드로 윌슨이 새롭고 "개방적"이며 민주적 외교정책을 펼치겠다는 소문을 믿는다―그 누구도 그와 같은 공표를 진지하게 믿지 않았다. 실제로 탈레랑은 스파이 몇 명을 해고했고, 외무부를 자신의 취향에 따라 조직했으며 신뢰하는 인물들을 요직에 앉혔다. 이때 첩보 활동은 줄어들지 않았다.[40] 자신의 사무실에 그는 비밀문서실을 마련하게 했고, 이곳에 자신의 첩보원들이 올리는 보고, 프랑스와 국외에서 중요한 모든 인물에 관련된 전기적 자료와 중요한 편지를 보관했다. 이런 점에서 푸셰를 떠올릴 수밖에 없다. 즉 그는 인적 관련 정보를 첩보 활동의 기초로 사용했으니 말이다. 가장 신뢰한 사람으로는 오트리브가 있는데, 그는 뉴욕 영사로 있을 때 영국에서 도망쳐온 탈레랑을 받아준 사람이다.

최소한 첩보 활동에 대한 회계 장부의 일부는 남아 있기에, 우리는 그것을 수령한 사람과 금액을 알 수 있다. 이로부터 특정 작업과 이런 작업의 의미에 대해서도 알 수 있고 말이다. 나폴레옹의 형제인 요셉과 뤼시앵은 많은 금액에 사인을 했고, 이로써 우리는 이 두 사람이 첩보원들에게 비용을 보냈을 것이라 추측할 수 있다. 프랑스에 살고 있는 외국인이거나 프랑스 밖에서 살고 있는 외국인들이 수령인일 경우에는 더 분명해진다.[41] 물론 정치가들이 사사로운 목적에 사용하기 위해서 그와 같은 비밀예산을 끌어다 쓸 위험성이 항상 내재해 있었다. 때문에 나폴레옹은 1807년 9월 탈레랑에게 편지를 보냈는데, 여기에서 첩보원에게 지급하는 보수를 개별적으로 지적했다. "나는, 그대가 〔이름을 지적한 첩보원이〕 어디에 머물고 있으며 이들의 봉사가 이들이 지급받는 보수에 합당한지를 알려주기 원하노라."[42] 계속해서 나폴레옹은 첩보 활동으로 계산할 수 없는 경우를 언급했는데, 예를 들어 신문사에 대한 비밀 보조금과 같은 것이었다.

비밀에 싸여 있는 척하는 탈레랑의 행동은 다른 목적에도 이용되었는데, 그러니까 뇌물의 홍보와 수령에 말이다. 첩보 활동을 외교정책의 수단이라기보다 오히려 비밀 유지의 수단으로 이용할 때였다. 하필이면 총재정부(1795~1799)의 회고록에 폴 바라스(1755~1829. 프랑스의 정치인이며, 총재정부 시기에 한 명의 총재였다. 총재정부는 1795년 11월 2일부터 1799년 11월 9일까지 존속했다—옮긴이)가 그것에 관해 언급한 것은 참으로 별미 중의 별미가 아닐 수 없다. 왜냐하면 바라스 자신도 당시에 엄청난 뇌물을 받은 사람이었으니까 말이다. 1799년 11월 쿠데타로 인해 자리를 내놓아야 했기에 그는 매우 침통했을 것이다. 이와 동시에 탈레랑이, 일련의 외교적 소행을 통해서, 특히 영토와 직책이 걸려 있는 문제였을 때 자신의 주머니를 두둑하게 채웠을 것이라는 점은 의심할 필요가 없다.[43] 바라스는 1억 1700만 프랑이라는 어마어마한 액수를 언급했다.

보나파르트는 이미 이탈리아에 진격했던 1796년 초반에, 첩보 활동, 돈, 정치와 전쟁 사이의 관계를 파악할 필요성이 있다고 보았다. 총재정부가 자신의 군대에 지불한 금액은 지극히 부족했다. 하지만 점령 지역이 군대에 돈을 지불하던 순수한 착취전쟁은 혁명적 해방이라는 고귀한 목표와는 어긋났다. 이탈리아 제후들의 지배를 받던 시민들과 도시국가들로부터 해방을 시켜준 자라는 칭송을 받기 위해, 적어도 혁명가로서의 예의 바른 자세는 지켜야 했다. 그러니 재정적 사업은 비밀 외교라는 방법으로 해결해야 했다. 이와 동시에 해방을 시켜준다는 전술을 퍼뜨리는 군인들은 점령하게 될 지역에서 재원을 얻어야 했고, 프랑스가 진격에 맞서 저항하는 것을 최대한 줄이기 위해 정치가와 군인에게도 뇌물을 줘야만 했다.

보나파르트는 "비밀 사무실"을 설치했고, 43세인 기병대 연대장 장 랑드리어에게 이 사무실을 관리하도록 했다.[44] 이 남자는 부서를 둘로 나누어 관리했다. 하나는 통상적인 업무로 군을 관찰하고 스파이를 보호하는 일을 했으며, 다른 부서는 순전히 정치적 업무를 떠맡았다. 이를테면 시민을 관찰하고, 군대가 전진하는 데 이용할 수 있을 것 같은 민중봉기를 통제하는 임무였다. 랑드리어는 사무실에 소속되지 않은 온갖 관찰자와 정보원도 포섭했다. 물론 도망 나온 성직자 한 명은 처음에는 일을 잘했으나, 이탈리아에 있는 소도시 세 곳의 현금 잔고를 훔쳐 달아나버렸다. 귀족 출신의 정보원도 있었는데, 밀라노의 알바니 백작부인, 브레시아의 우게리 백작부인과 베로나의 마담 펠레그리니였다. 랑드리어를 위해 일한 정보원들은 정보와 경험을 교환하기 위해 경찰서장이나 군의 연대장들(또는 그들이 보낸 사절단)과 함께 밤에 만났다.[45]

랑드리어는 이탈리아 주요 도시뿐 아니라, 파리와 빈까지 닿을 수 있는 정보망을 신속하게 구축했다. 파리에서는, 총재의 정치적 술수를 관찰하고, 이탈리아에서 들어온 정보를 접한 관련자들이 바라던 반응을 보여주었는지를 확인하는 업무였다. 프랑스의 대중과 파리의 엘리트들로부터 영향을 받지 않았더라면 보나파르트는 모든 측면에서 정치적으로 이탈리아에 결코 진출하지 못했을 가능성도 있다.[46]

혁명을 이탈리아 정복의 도구로 삼기 위해서 도처에 비밀 조직을 색출하거나 구축하고 관리해야 했는데, 이런 일은 결코 쉽지 않았다. 방첩 경험이 많은 베네치아에서는 음모를 꾸민 반란이 이미 두 번째 모임에서 해체되었다. 혁명가들은 두칼레 궁전의 연실(鉛室)로 도망쳤다. 정부 당국에 반대하는 혁명적 물결은 모든 곳에서 일어나고 있었으나, 파르마는 예외였다. 이곳에 사는 사람들은 제후에게 매우 만족한 상태였다. 브레시아에서는 1797년 3월 민중폭동이 일어났다. 프랑스 정보원 니콜로니는 폭동을 일으킨 자들과 연결이 가능했고 그리하여 랑드리어에게 이런 편지를 썼다. "위원회는 저에게 위임하기를, 당신들에게 55만 파운드를 제공하라고 합니다. 킬멘 장군에게 30만 파운드, 그리고 당신에게 25만 파운드입니다. 이런 금액은 처음에는 많지 않습니다. 하지만 당신이 오시면, 더 많아질 것이라고······."[47] 이 편지를 쓴 정보원은 이탈리아의 도시 크레모나를 차지하는 데 성공했다. 군의 보초병들이 잠을 자는 동안, 프랑스의 정보원 니콜로니는 프랑스 군인 500명을 인솔하여 한밤중에 다리를 넘는 데 성공했던 것이다.

랑드리어는 회고록에 이렇게 썼다. "······사람들이 혁명 이전에는 물론이거니와 그 어떤 전쟁에서도 볼 수 없던 광경이었다. 우리가 내륙 깊숙이 전진해 들어가면 갈수록, 구 정부와 이 지역의 오래된 법들이 새로운 도시정부와 관청들을 통해서 프랑스식으로 해체되었다."[48] 랑드리어와 친밀한 사이였고 그를 신뢰했던 혁명군 소속 킬멘 장군은 이보다 더 적나라하게 묘사했다. "······우리는 이탈리아에서 세 군데를 정복했다. 이 땅에는 어마어마한 돈이 있었고, 이 돈을 우리가 빼앗았으며, 끝으로 부패와 이탈리아식 약탈 근성도 있었다."[49]

낯선 영토에 침입한 모든 군대처럼 프랑스 군대도 잠복해 있던 적으로부터 공격을 받았다. 군인들이 살해당했고, 공격을 당하면 명망 있는 시민들을 인질로 잡아서 대응했다. 범인이 누구인지 정확하게 찾아보기란 상황에 따라 거의 불가능했다.[50] 사람들은 본질적인 것에 집중해야 했던 것이다. 즉, 랑드리어가 자신의 회고록에 세부적으로 묘사했던 베네치아 공국에 대항하여 외교적·군사적 조치를 교묘하게 짜는 데 집중해야 했다.

주민의 수, 외국 군인의 수, 정치적 단결을 위한 징집 능력과 도시와 지역의 정치 상황에 대하여 상세하게 기록함으로써 랑드리어는 보나파르트와 이탈리아 주둔 프랑스 군대의 참모부 대장이던 베르티에 장군에게 매우 자세한 상황을 전달할 수 있었다. 이를 바탕으로 하면 프랑스 군대의 상황은 지속적으로 유지할 수 없었다. 프랑스군은 오랫동안 북이탈리아를 통제하기에는 너무 약했다. 사보이도 적에게 무너졌고, 밀라노와 만투아도 정복당했다. 제노바는 민중봉기로 인해 스스로 마비 상태에 있었다. 하지만 보나파르트가 중립협약(프랑스 생트 유페미)을 체결했고, 물 위와 공중을 제외하고 육지를 통해 프랑스인들이 지나가게 허락했던 베네치아는 불안한 요소를 제공했다. 랑드리어와 다른 사람들은 베네치아에서 보낸 사절단과 접촉했고, 편지를 읽었으며, 이를 통해 베네치아 공화국의 계획을 예측하고자 시도했다.[51] 하필이면 베네치아의 후방 지역에서 반란이 일어난 장소와 베네치아 정부 사이에서 활동한 비밀정보부장이 정보를 전달했다는 사실은, 닭장의 감시를 여우에게 맡긴 상황과 비슷하다. 당연히 정권은 무너져야 했지만, 사람들은 적합한 시기를 기다리고 있었다.

1797년 4월 베로나에서, 베네치아의 성직자들이 봉기한 도움을 받아, 프랑스 부상자들, 행정관리들과 그들의 가족을 대학살하는 사건이 일어난 뒤에, 보나파르트는 직접 베네치아를 굴복시키려고 나섰다. 마침내 10월 오스트리아는 패배를 인정했고 캄포포르미오 조약에 서명했다. 프랑스인 수백 명이 희생된 베로나의 끔찍한 범행에 대해서 사전에 다양한 경고가 있었으나, 랑드리어는 늑장 대처를 했다. 적당한 시점에 공격하는 일조차 성공하지 못했고, 그리하여 그와 보나파르트 사이에 신뢰가 무너지고 말았다.[52]

랑드리어가 허가도 받지 않고 제노바에서 전복을 꾸몄을 때, 그는 위험하다고 믿었다. 그는 아내를 비롯해서 겨우 4개월밖에 안 된 아이를 숨기고, 서류를 위조해 오스트리아로 넘어갈 준비를 했다. 하지만 전복이 성공하자 도망칠 필요가 없었다. 제노바에서 성공을 거두었음에도 보나파르트는 비밀 사무실의 우두머리였던 랑드리어를 해고했다. 21만 281프랑이라는 현금은 규정에 따라 넘겨주었다. 파리 총재정부에 보낸 보고서에서 보나파르트는 베네치아 사건 때문에 비밀정보부의 우두머리였던 랑드리어에게 나쁜 점수를 주었다. 랑드리어는 자신의 농지로 돌아갔고 이후에 부름을 받지 못했다.[53]

비밀 활동, 혁명과 전쟁과의 연계는 1789년과 유럽에 새로운 질서가 개편된 1814/1815년 빈 회의 사이의 시기에서 찾아볼 수 있는 특징이다. 물론 프랑스는 더 큰 권력, 그러니까 오스트리아, 영국, 러시아와 (상당한 거리에 있는) 프로이센에 혁명을 전달해주는 데는 실패했다. 어쨌거나 오스트리아와 프로이센은 1할을 세금으로 냈고, 신성로마 제국은 붕괴해버렸다. 이렇게 할 수 있었던 것은 한편으로 대대적인 전쟁을 통해서였고, 다른 한편으로 새로운 질서에 편승했던 제후들과 정치가들에게 제공된 지극히 다양한 유혹과 편리함을 통해서였다. 이때 은폐된 행동을 포함하여 비밀 외교가 중요한 역할을 했다. 또한 강대국들이 국내에 취했던 보안 조치도 매우 중요했는데, 이로써 혁명적 책동의 싹을 잘라버릴 수 있었다.

영국은 공격하기 가장 어려운 나라로 보였는데, 전쟁에 참여한 강대국들 가운데 유일하게 프랑스 군대가 수도로 진입하지 않았다. 하지만 프랑스는 영국에서도 와해와 비밀 작전을 통해서 런던의 정치를 약화하려고 시도했다. 영국이 점차 프랑스의 공화국을 반대하고 전제군주를 옹립하려는 반란을 지원하는 행동을 취한 반면, 프랑스는 아일랜드를 치려는 행동을 펼쳤다. 아일랜드는 부분적으로 잔인했던 영국의 정치 때문에 수백 년 동안 항상 영국으로부터 공격의 대상이 되고는 했다. 1792년 12월 프랑스 집정관은 더블린에서 이렇게 썼다. "아일랜드에서 일어나고 있는 소요는 혁명으로 곧 발전할 것 같습니다. ……영국과의 전쟁이 불가피하게 된다면, 아일랜드는 우리에게 친절한 성향을 가지고 있다는 장점을 간과해서는 안 됩니다. 이곳 사람들은 멋지고 탁월한 위치에 자리 잡은 항구를 우리에게 제공할 수 있으며, 아주 많은 선원과 또한 두려움을 모르는 해적들도 있습니다."[54]

영국의 함대와 아일랜드에 주둔해 있는 군대를 무시하더라도, 그와 같은 시도는 실행에 옮기기가 쉽지는 않았다. 한편으로 프랑스인은 엄격하게 가톨릭을 믿는 아일랜드 사람들을 타락했다고 간주했다. 위대한 프랑스의 계몽주의 철학자들을 떠올려보면 된다. 이런 철학자들은 교회를 반대하거나 심지어 무신론자였다. 다른 한편으로, 접촉하는 아일랜드인들 가운데는 외국에서 일하는 많은 정보원이 있었고, 이들 중에는 영국 비밀 정보원을 위해서 일하는 자들도 있었다(몇백 년이 흘러도 이런 점은 여전히 잘 변하지 않았다).

영국 정부는 스파이들을 방어적으로뿐만 아니라 공격적으로 투입했다. 나폴레옹의 군대는 무엇보다 에스파냐에서 이런 사실을 감지할 수 있었는데, 웰링턴 장군은 1808년부터 포르투갈에 있는 자신의 진영에서 에스파냐의 게릴라들에게 돈과 무기를 지원하고 있었다. 프랑스군은 매복처에서 공격을 받아 지칠 대로 지쳐버렸다. 의용병들은 훔친 문서를 많은 상금을 받고 영국군 소속의 스파이에게 넘겼다.[55] 웰링턴 장군은 코큰 그랜트에서 비밀 업무를 맡길 만한 유능한 장교를 얻었다.

처음에 프랑스군은 에스파냐의 동맹군으로서 환영을 받았으나, 정치에 개입하자 1808년 5월 2일 마드리드에서 봉기가 일어나게 되었다. 그러자 프랑스군은 맘루크(무슬림 출신의 노예군인들) 특수부대를 투입해서 봉기를 진압했다. 시민들에 대한 보복 조치가 따랐고, 수백 명을 사살했는데, 이렇듯 유령과 같은 전투는 화가 프란시스코 고야의 그림 〈1808년 5월 3일〉[56]에 잘 묘사되어 있다. 그러자 이제 아스투리아스와 나머지 에스파냐 지역에서 봉기가 일어났다. 도처에서 프랑스인과 그들의 재산을 공격했다. 이 전쟁은 거친 폭력으로 인해 더 이상 멈출 수가 없었다. 그것은 코르시카 출신의 나폴레옹이 맞이한 최초의 거대한 패배였다.

마지막으로 예전부터 비밀 정보 활동에 의지하던 해전에 대해 몇 가지 언급하겠다. 이런 정보 활동이 없다면 어떻게 알 수 있겠는가. 적이 어떤 배에 어떤 무기를 싣고 있는지? 어디에 정박해 있으며 어떻게 투입해야 하는지? 이런 업무를 위해 정보원과 관찰자의 망이 있었는데, 이들은 항구에서 또는 정치적으로 중립적인 상선을 타고 배의 움직임이라든지 혹은 식량 공급을 관찰했고 이것을 해군본부 또는 해군지휘관 소속대원에게 보고했다. 바다에서는 깃발을 사용하는 신호 체계만 이용했는데, 깃발로 배에서 배로 소식을 전달하거나 혹은 해변 근처에 마련되어 있는 초소에서 깃발로 신호를 보낼 수 있었다. 18세기 말 영국 해군(Royal Navy)은 세 가지 깃발을 통해서 999가지 다양한 메시지를 전달할 수 있었다. 물론 배 두 척이 동일한 암호를 사용한다는 전제 조건이 갖추어졌을 때에만 말이다. 1801년에야 비로소 장군 홈 릭스 포팸 경이 《전신 신호 혹은 해상의 단어》라는 책을 출간했으며, 이런 신호는 1803년 해군 전체에 도입되었다. 이제 사람들은 단어를 전달했는데, 숫자를 연결해서 문장 전체를 송신했다. 뭔가 첨가를 해서 깃발은 숫자가 될 수 있었으며, 그런 다음에 단어를 전달할 수 있었다. 24개의 깃발로 26만 7720개의 신호를 보낼 수 있었다. 1805년 10월 21일 넬슨 장군은 트라팔가르 근처 남부 에스파냐 해변 앞에 있던 자신의 모든 배에 전설적인 신호를 보냈다. "영국은 모든 사람이 자신의 의무를 행하기를 기대하고 있다." 그 밖에도 신호를 담당하는 선원은 원문을 약간 바꾸기도 했는데, 평범한 단어들만이 숫자로 바꾸어서 신속하게 전달할 수 있었기 때문이다. 이례적인 단어들은 한자 한자 해독해야만 했던 반면에 말이다.

그때까지 배를 탄 채로 나누는 의사소통은 상당히 어려웠다. 넬슨은 1798년 5월 말, 보나파르트가 툴롱, 제노바, 코르시카와 치비타베키아(로마 근처)에서 군사 5만 명과 배 400척을 타고서 바다로 나아갔을 때, 확실한 증거를 확보하지 못한 상태였다. 그러니까 프랑스군이 어디에 상륙하게 될지를 모르고 있었다. 프랑스인들은 우선 몰타를 정복했고, 그런 뒤에 이집트에 상륙했다. 영국인들이 프랑스 함대를 발견하기 위해 몇 주에 걸쳐서 지중해 동부에 있는 연안들을 샅샅이 돌아다니는 동안에 말이다. 나일강 중에 얄팍한 강 하구에서 영국인들은 1798년 8월 1일 놀랍게도 밤중에 공격을 감행했다. 프랑스인은 전혀 예상하지 못한 공격이었고 그리하여 배에 있는 대포를 제대로 사용할 준비조차 갖출 수 없었다. 프랑스군의 가장 좋은 배 여러 척이 바다에서 화염에 불타버렸다. 제2군은 연합군인 에스파냐 함대와 함께 트라팔가르 앞에서 침몰했는데, 이로써 영국은 수십 년 동안 거의 무제한으로 전 세계의 바다를 지배할 수 있게 되었다.

해군 비밀 첩보는 양측에서 서로 다른 방식으로 광범위하게 실패했다. 보나파르트가 데리고 온 과학자들은 영국인에게 풍부한 원천이 되었다. 물론 그들은 영국인이 군사적 목적과 학문적 목적을 가지고 어디로 향할지를 잘 알고 있었다. 왜냐하면 과학자들은 전문가들이었고 선별해온 연구기구로 탐험할 준비를 해왔기 때문이다. 167명의 과학자, 예술가와 엔지니어 중에 영국 외무부(foreign office) 소속의 스파이가 딱 한 명 있었다. 그는 이미 5월 7일 여행 목적지를 신고했다. 하지만 이 소식은 닐슨 장군에게 적시에 도달하지 못했다. 그 밖에도 닐슨 장군은 이집트를 목적지로 보고한 것을 의도적인 거짓 보고로 간주했고, 다른 보고에서는 이집트 외에도 또 다른 목적지를 지명했다. 런던 정부에는, 외무부장관이 6월 1일에 쓴 것처럼, 보나파르트가 포르투갈을 거쳐 영국 섬으로 향하고 있다는 소식이 훨씬 개연성 있게 들렸다.

어쨌든, 명망 높은 영국 군사 역사학자 존 키건은 그렇게 결론지었고, 보나파르트와 지중해에서 닐슨이 벌였던 술래잡기 놀이는 당시에 함대로 치른 전쟁에서 비밀 첩보의 유용성조차 한계가 있다는 사실을 증명해주었다.[57] 영국의 승리도 비밀 첩보가 유용했다는 증거가 아닐 것이다.

강대국의 정치와
혁명에 대한 공포

1792년부터 1815년까지 프랑스에 대항하는 전쟁에서 일시적 중단, 평화협정, 동맹군 교체와 새로운 전쟁을 치러야 했던 혁명전쟁〔프랑스 혁명에 위협을 느낀 유럽 각국이 프랑스에 대항하기 위해 대프랑스 동맹을 결성하여 싸웠다. 프로이센, 신성로마 제국, 영국(그레이트브리튼 왕국), 에스파냐, 포르투갈이 대표적인 동맹국이었다―옮긴이〕의 막바지에 외국에서 활동하는 첩보원들에게 지불하는 비용이 전반적으로 줄어들었다. 예를 들어 영국은 매년 10만 파운드를 지불했으나 4만 파운드까지 줄였다(1822년). 빈 회의에서 결정한 새로운 권력 질서를 통해 군사적 정보에 대한 요구가 확연히 줄어들었다. 이제 군사와 관련하여 외국에서 활동하는 스파이들은 집중적으로 요새와 항구 상황, 무기기술에서 새로운 무기의 등장과 적이 될 수 있는 상대의 전쟁 계획에만 지속적인 관심을 갖게 되었다. 곧이어 강대국들은 서로를 위협하지 않았고, 어쨌거나 대대적이고 심각한 방식으로는 위협을 하지 않았다.

이와 반대로 작은 나라들은 위험한 상태로 보였다. 특히 이탈리아가 그랬는데, 이곳에 당시 탁월한 외교정책을 펼친 클레멘스 폰 메테르니히 후작(1773~1859. 독일 출신 외교관이자 오스트리아의 고위 정치인. 1809년 오스트리아 외무부장관이 되었고, 보수적인 성향의 그는 유럽의 새로운 영토 질서를 마련한 빈 회의의 의장이었다―옮긴이)은 규정을 하나 만들고자 했다. 이 규정은 독일 연맹(독일 통일에 대한 주도권을 프로이센에 빼앗기지 않고 오스트리아가 주도하기 위해 맺은 연맹―옮긴이)과 비슷하게 중간 크기인 나라와 작은 나라를 연방으로 묶으려는 의도였다. 하지만 그렇게 되지 않았다. 게다가 1796년부터 프랑스가 강요하는 바람에 이탈리아의 새로운 질서는 역행하고 말았고, 오히려 이 나라를 격렬하게 흔들어대는 다양한 민족주의적 운동이 일어났다.

교황령이 그와 같은 격렬한 운동에 직격탄을 맞았는데, 군사적으로 충분히 보호되지 않았고 교회 내부적으로도 민족주의적 폭동에 자신을 방어할 만한 힘이 거의 없었기 때문이다. 교황의 정치는 양쪽 사이에서 흔들렸다. 즉, 정치적으로뿐 아니라 종교적인 문제에서도 전반적으로 프랑스 혁명 이전으로 돌아가고자 하는 전통주의와 혁명의 시기에 최소한 몇 가지 혁신적인 사실을 인정하고 이로써 개혁을 원하는 대중의 열망에 따라가고자 하는 시도 사이에서 동요했다.

이처럼 공격에 취약한 외부적 약점과 내부적으로는 우유부단함이 혼합되어 있는 상태였던 교황령은 이용의 땅이 되었다. 현대적이고, 정치적으로 일치하며 세계를 향해 나아가는 이탈리아를 요구했던 혁명파와 민족주의 운동만이 이용했던 것은 아니다. 몇몇 강대국, 특히 오스트리아와 프랑스는 이와 같은 상황에서 자신들이 이득을 취하고자 노력했다. 수도가 토리노에 있으며 야심적이었던 사보이 왕국은 비밀리에 지하운동을 지원하고 이로써 비밀 첩보로 교황령의 전복을 꾀함으로써 훨씬 멀리 나아갔다. 이와 같은 전략으로 사보이 왕국은 교황령의 붕괴뿐 아니라 교황과 밀접한 관계에 있던 나폴리와 시칠리아와 같은 남부 이탈리아 왕국을 무너뜨렸던 것이다. 이렇게 하여 남부 이탈리아와 중부 이탈리아 전체가 사보이 왕국의 손에 들어왔다. 이탈리아의 역사학자들은 이 같은 이탈리아의 "부흥(Risorgimento)"과 1870년 완성된 통일(사보이 왕국을 중심으로 하는)에서 전통적인 방법으로 민족적 통합에 성공한 이야기를 봤다. 물론 당시에 살았던 많은 사람들에게 그와 같은 사건은 근본적으로는 나폴레옹 시대의 변혁을 계속 진행시켰던 몰락과 전쟁의 시기였다.

첩보 활동을 연구하는 역사가는 여기에서 두 가지 큰 의문과 마주치게 된다. 하나는 부흥의 시기에 놀라울 정도로 자세하게 기록되어 있는 비밀 첩보에 의한 선동과 활동에 관한 것이다. 두 번째 의문은, 사람들이 도처에서 믿었으며 오늘날에도 여전히 믿고 있는 교황청에 대한 것이다. 교황청은 오래전부터 매우 정교한 비밀 정보원들을 거느리고 있으며, 이런 정보원들의 정보를 통해서 교황들은 온갖 정치적 계획을 짜고, 전 세계에 있는 강대국들과 가톨릭 신자들을 통제하고 그렇게 해서 어마어마한 권력을 이용할 수 있다는 의문이다.

하지만 교황령의 몰락은, 미국의 역사학자 데이비드 앨버레즈가 최근에 증명한 것처럼 하나의 전설이다.[1] 교황령 내부에 있던 안전조직은 전반적으로 약했다. 국제적 교류를 할 때는 당연히 교황의 대사들과 영사들이 있었지만, 이런 조직망은 포괄적인 정보를 관리하기에는 너무나도 소규모였다. 게다가 교황은 가톨릭을 믿는 권력들하고만 외교 관계를 맺었고 이로써 런던, 상트페테르부르크와 베를린 같은 중요한 대도시에는 대리인을 보내지도 않았다. 스칸디나비아와 몇몇 라틴아메리카 국가를 제외한 유럽 외의 세계에서는 교회를 대리할 사람이 아무도 없었다. 주교들이 전하는 가톨릭 세계에 대한 전반적인 소식에는 정치 정보는 드물게 포함되어 있었고 이런 정보도 주로 로마에서 인사 정책을 위한 목적으로 이용했다. 간략하게 말해서, 나폴레옹이 실격한 후 가장 큰 위험에 노출된 교황령은 당시 주요 국가가 관리하던 정보원들에 견줄 만한 정보기구를 전혀 갖추고 있지 않았다.[2] 그럼에도 교황령은 적들의 비밀 정보원들이 가하는 공격을 막으려 애썼고, 성공을 거둔 경우도 몇 번 있었는데, 이에 관해서는 나중에 언급하겠다.

1817년 7월 평범하게 수공업자 의복을 입은 젊은 남자가 교황청 소속의 아주 평화로운 지역인 페르모의 주교를 만나러 왔다. 잠시 기다린 후에 이 남자는 주교를 만나러 들어갔고, 주교 앞에서 자신을 파올로 몬티라고 소개했다. 그는 자신이 폭파를 통해서 교황령을 파괴하고자 했던 지하조직에서 지도적인 위치에 있었다고 했다. 테러 행위가 몇 번 실패하고 난 후에 그는 양심의 가책을 받았고 그리하여 이제부터 자신의 조직에 대해서 알고 있는 모든 것을 넘겨주고자 했다.

주교는 이 남자로 시작할 수 있는 일이 별로 없었지만, 로마 교황청으로 그를 보냈다. 추기경의 수석 고문이자 교황청에서 외무부와 내무부의 장관을 역임하고 있던 에르콜레 콘살비가 그를 맞이했다. 콘살비는 당시 교황령에서 눈에 띄는 정치적 인물이었고, 박사학위를 딴 법학자이자 능력 있는 외교관이었다. 콘살비는 순간적으로 기회를 포착했으며, 후회하는 몬티를 교황 경찰청의 청장으로 이끌었고 이로써 세련된 작전을 시작할 수 있었다. 조직의 내부에서 보고할 수 있도록 하려고 몬티를 지하조직에 다시 돌아가게 했다. 그의 도움으로 서른 명 이상의 반역자의 신분을 알아내서 체포할 수 있었다. 그리하여 수년 동안 교황령의 일부였던 곳은 조용해졌다.[3]

무엇보다 교황들이 개혁을 반대하는 정책을 펼침으로써 끊임없이 소요가 일어났다. 교황 그레고리오 16세(재위 1831~1846. 강력한 보수주의자이자 전통주의자—옮긴이)는 심지어 변혁을 일으키려는 정신을 멀리하려면 철도의 건설도 금지해야 한다고 믿었다. 그가 선출된 지 사흘 뒤 볼로냐에서 격렬한 소동이 일어났다. 교황의 군인들이 도망을 가거나 반란군에 합류했을 때, 이 소동은 오스트리아 군대에 의해 진압되었다.

중부 이탈리아와 남부 이탈리아(토스카나, 롬바르디아, 베네치아)에 걸쳐 있던 거대한 합스부르크 영토 때문에 빈은 교황령이 혁명 세력에 의해 멸망하는 모습을 그냥 지켜볼 수만은 없었다. 혁명의 불꽃은 너무 쉽게 번져 나갈 수 있었기에 말이다. 물론 사람들은 모든 다른 수단을 동원해도 소용이 없을 경우에 폭력적인 군대를 투입하려고 했다. 왜냐하면 합스부르크 왕가는 당시에 이탈리아에서 많은 호의를 누리고 있었기 때문이다. 반란을 일으키는 사람들을 제외하면 이탈리아에는 합스부르크 왕조를 신뢰하고 단계적으로 정치와 행정을 현대화시켜주기를 기대하는 많은 사람들이 있었다.

하지만 1847년 롬바르디아—베네치아 왕국에 오스트리아군의 총지휘관으로 있던 라데츠키 원수가 교황령에 속해 있던 도시 페라라로 행진해 들어갔을 때는 거의 전쟁이 일어날 뻔했다. 이러한 배경에는 오스트리아의 외교와 비밀 정보 활동이 범한 이중적 실패가 숨어 있었다. 한편으로 오스트리아 사람들은 1846년 6월 교황으로 뽑힌 비오 9세(재위 1846~1878)의 정치를 잘못 예측했다. 다른 한편으로 빈에 있던 사람들은 페라라 시민들의 분위기에 대하여 틀린 보고를 받았다.

그때까지 이전 교황들이 취해온 반혁명적 정책이 민족주의적 운동을 촉진했던 게 사실이다. 때문에 보수적인 오스트리아 수상 메테르니히조차 새로운 교황에게 더 온화한 개혁 과정을 밟으라는 충고를 해주었다. 무엇보다 교황에게 교황령을 단지 관리하지만 말고 진정한 의미에서 다스리라고 충언을 했다. 그러기 위해서 내각을 출범시켜야 한다고 했다. 물론 교황은 자유주의적 이념을 가지고 있던 프랑스의 대사 펠리그리노 로시(1787~1848. 이탈리아 출신의 법학자, 경제학자, 외교관이자 정치가. 1820년에 제네바 시민이 되었고 1838년에 프랑스 시민이 되었다. 교황 비오 9세의 내무부, 경찰과 재정부 담당 장관이 되었으나 두 달도 되지 않아 살해당했다―옮긴이)의 말에 귀를 더 기울였다. "대중의 의견이야말로 사실이라오"라고 새로운 교황은 1846년 8월 로시에게 편지를 썼다. "……우리는 의견을 받아들여야 하오."4 그리하여 교황은 철도도 흔쾌히 받아들였고, 정치범들을 사면해주었으며 개혁을 더 많이 할 생각이었다. 이듬해 교황은 언론의 자유(약간 제한을 하면서)를 공표했다. 또한 내각을 결성했고, 1847년 7월 5일 방위군과 (제한적이나마) 국방의무를 만들었는데, 이것은 극단적인 혁명파가 오래전부터 요구하던 사항이었다. 교황은 단번에 이탈리아 민족주의자들의 영웅이 되었다. 많은 곳에서 공감을 알렸다. 메테르니히는 이때를 회상하면서 다음과 같이 고백했다. "나는 이미 모든 것을 예견했지만, 자유주의를 지향하는 교황이 등장할 줄은 몰랐다."

손쉽게 이탈리아 민족주의자들의 도구가 될 수 있었던 대중적인 방위군을 오스트리아는 수용하지 않았다. 그래서 놀랍게도 오스트리아 군대가 페라라에 행진해왔다. 영국 부영사가 보고한 바에 따르면, 기병대와 대포 3대를 동원한 소규모 포병대를 포함해서 헝가리 보병대 6개 중대가 행진을 했고, 무기를 지닌 총 1800명의 군인이었다고 한다. 군대는 중요한 거리 몇 군데를 이리저리 행진한 다음에, 일부는 내성(內城)에서 숙영을 했고, 나머지는 야영지 두 곳에서 숙영했다.5

주민들은 깜짝 놀랐다. 이탈리아 곳곳에 교황을 찬성하고 "야만인을 반대하는" 무리가 조직되었다. 하지만 외교적 관점에서 봤을 때 오스트리아는 자신들의 행동이 정당하다고 여겼다. 빈 회의에서, 오스트리아가 교황의 도시인 페라라와 코마키오를 군사적으로 대표할 수 있도록 합의를 봤기 때문이다. 심지어 메테르니히는, 프랑스 정부와 함께 교황령이 유지될 수 있게 하자는 뜻을 하나로 모으는 데 성공했다. 그 밖에 민족주의자들은 적이 아주 많았으며 교황령의 백성들에게서는 한정된 지원만 받았다. 때문에 라데츠키 원수는 그 지역에 있는 자신의 지휘관에게, 이 같은 민중의 호의를 잘못해서 잃지 않으려면 신중하게 일을 처리하라고 지시했다. 라데츠키는 이렇게 썼다. "혁명가들이 당신들에게 적의에 찬 행동을 취한다면, 그런 일은 실제로 일어나기 힘들 것으로 보이지만, 혹은 혁명가들이 공격을 감행한다면, 그러면 당신들에게 신뢰를 주는 요새의 안전과 우리 군대의 명예를 당신이 어떻게 지킬 수 있는지 잘 알고 있으리라, 나는 믿고 있습니다." 그리고 이런 말도 덧붙였다. "공격을 감행할 것 같은 모습을 결코 보이지 마시길 바랍니다." 유감스럽게도 로마에서는 어떤 지시사항도 내려오지 않았고, 그리하여 오스트리아에 교황령에 개입하라는 그 어떤 요구도 없었다.[6]

빈이 온갖 외교적 노력을 기울였음에도 교황령은 1847년 8월 10일 페라라와 코마키오에서 오스트리아인들이 보여준 "적의에 찬" 권력 시위를 반대하는 성명서를 내놓았다. 그리고 놀랍게도 빈의 정부는, 이 성명서가 키아키 추기경이 아니라, 교황이 직접 나서서 집필한 것이라는 사실을 알아냈다.[7]

이러한 상황에서 어떤 출구가 있었을까? 어쨌거나 메테르니히는, 더 이상 군사적 갈등을 심화시켜서 위험해져서는 안 된다고 믿었다. 그리하여 파르마와 모데나와 방어조약을 수정하는 데 성공했는데, 이들 이탈리아 왕국은 이제 오스트리아 분담 병력에 비용을 더 많이 지불하게 되었다. 이로써 오스트리아는 체면이 깎이지 않으면서도 페라라와 코마키오에서 군대를 감축해달라는 교황의 요구사항을 받아들일 수 있었다. 이곳에서 스위스 정예 부대가 다시 연대를 떠맡을 가능성도 없지 않았으나, 교황은 새로 결성한 국가방위군을 투입할 권리를 보류했다. 따라서 오스트리아의 군사와 교황의 군사가 나란히 들어갈 수도 있었다. 하지만 이로부터 몇 달 후 1848년 혁명(유럽 전반에 걸쳐서 일어난 혁명이다. 이 혁명을 통해서 프랑스에서는 루이 필리프의 7월 왕정이 해산하고 제2공화국이 건립되었고, 빈의 보수 체계가 붕괴되고 유럽 도처에서 자유주의와 민주주의를 주장하는 세력들이 등장한다—옮긴이)이 발발했다. 이탈리아 민족주의자들은 비밀 정보원들과 외교관들의 술책을 더 이상 통제할 수 없었다. 전쟁이 발발했고, 오스트리아는 다시 한번 자신의 이탈리아 정책을 관철시킬 수 있었다.

물론 프랑스-에스파냐 군대가 혁명 세력에 의해 설립된 로마 공화국(주세페 마치니가 '청년 이탈리아당'을 결성하고 교황정치를 전복하기 위해 교황령의 초대 총리 로시를 암살하고, 교황을 바티칸 궁전에 감금한 뒤, 1849년 1월 로마 공화국을 세웠다—옮긴이)을 무찌른 후에, 교황령에 대한 정치적 통제가 다시 가능해졌다. 1870년에야 비로소, 프랑스가 독일과의 전쟁 때문에 신속하게 후퇴해야만 했던 시기에야, 정치적으로 미숙했던 교황 비오 9세는 마침내 피에몬테의 파괴적인 정치의 희생물이 되고 말았다. 그 결과 혁명적 세력에 의한 이탈리아나 교황이 이끄는 이탈리아가 아니라, 피에몬테 정권에 동조하고 일치하는 이탈리아가 탄생했다. 한때 추기경 서기관이던 콘살비가 그러했듯이, 유능한 비밀 정보 정책이 교황령을 구출할 줄 누가 알았겠는가.

이탈리아 민족주의자들에 의해 교황령이 위협받았던 사건은 어느 정도 특수한 경우였는데, 왜냐하면 교황령에는 수많은 국가가 융합되어 있었던 반면, 19세기 민족주의자들이 추구한 전형적인 목표는 많은 민족으로 이루어진 국가에서 분리되는 일이었기 때문이다. 19세기 초반의 폴란드 독립운동이나 그리스 독립운동, 혹은 몇십 년 후에 일어난 아일랜드의 독립운동을 생각해보면 된다. 각각의 국가 장치에 따라 이런 운동에서 무엇보다 내부의 위협이 중요했다. 비록 외부의 동조자들이 선동뿐 아니라 돈이나 무기의 형태로 지원을 해주기 때문에 부차적인 위협이 될 수 있었는데도 말이다.

경찰과 국내 비밀정보부의 전문화

당시 국가 안정 장치에 두 번째로 위험한 막강한 적은 사회혁명 운동으로, 다양한 형태의 운동이었다. 그들의 목표는 국경을 변경하는 데 있는 게 아니었고, 어느 정도 사회를 극단적으로 바꾸고 변형하는 데 있었다. 이런 운동의 사상의 총화는 프랑스 혁명을 통해서 유럽 전반에 걸쳐 일어났으며, 심지어 19세기 말 무렵에는 전 세계적 현상이 되었다. 때문에 자유주의 역사학자이자 사회학자인 알렉시 드 토크빌은, 프랑스 혁명은 결코 1795년 또는 1815년에 중단된 것이 아니라, 예상할 수 없는 시기까지 지속되었다고 믿었다. 정신적으로 그의 후계자였던 프랑수아 퓌레(1927~1997)는 1991년 소련이 몰락했을 때를 혁명의 종식으로 봤다.[8]

사람들은 이와 같은 움직임을 왜 위험하다고 간주했을까, 그리고 이런 운동을 막기 위해 비밀 정보조직에서 일하는 정보원들은 무슨 일을 감행했을까? 높아진 출생률과 현대화된 경제로 인해 국내에서 인구가 이동함으로써 구 유럽의 계급사회를 불안에 빠트렸다. 점점 더 많은 사람들이 일자리를 찾기 위해서 이동했고, 단순하게 살아남기 위해서 이동하는 경우도 드물지 않았다. 이민을 가기 위해(특히 북아메리카와 남아메리카로) 고향을 떠나지 않았던 사람들은, 빠르게 성장하는 도시로 갔고, 여기에서도 빈민촌에 자리를 잡았다. 대부분 젊은 사람들인 이민자들은 사회혁명적 이데올로기에 쉽게 빠질 수밖에 없었다.

오늘날의 의미에서 볼 때 현대적인 경찰이 점차 발전하기 시작했는데, 그러니까 도시에서 제복을 입고 질서를 유지하는 경찰 말이다. 전통적인 본보기는 런던의 바비스(Bobbies)로, 1829년 이 기관을 창설한(공식적으로는 메트로폴리턴 폴리스였다) 영국의 내무부장관 로버트 필(1788~1850. 그레이트브리튼 왕국과 아일랜드 왕국이 합병해서 만들어진 연합 영국에서 총리와 내무장관을 각각 두 번이나 역임했다. 로버트의 애칭이 bobby이다—옮긴이)의 이름을 따서 지은 것이다. 이전에 존재했던 런던 항구 경찰(1798년의 머린 폴리스 포스)처럼 런던 경찰도 우선적으로 소유권 침해를 막고 추적해야 했다. 1819년의 "피털루 학살"과 같은 혁명적 운동에서 사람들은 군대(요먼대라는 부대로, 영국 육군의 특정 부대 이름이다. 이 부대가 맨체스터의 성 피터 광장에서 의회 체제 개혁을 요구하는 6만~8만 명의 시민에게 돌격해서 15명이 사망하고 400~700명이 부상을 당했다—옮긴이)를 대상으로 싸웠다. 예외적인 경찰은 이미 1667년에 설립한 파리 치안 감독관이었는데, 이 기관은 1800년 파리 경시청으로 바뀌었다. 이 기관의 중요한 업무는 사회혁명적 불안을 방어하는 것이었다. 또한 우리가 비밀 첩보적 성분이라 부를 수 있는 부분도 있었는데, 이를테면 조기 경고 체계로서 첩자를 투입함으로써 체계적으로 예방하는 일이었다.

프랑스어로 안전(시르테, sûreté)이라는 개념은 보안 위원회(1792~1795)를 떠올리게 하는데, 이 경찰기관은 테러혁명의 시기에 "혁명의 적"을 혁명 재판소로 소환했다. 왕정복고(1815~1848)로 보안 위원회는 또다시 국내정보기관이 되었고, 혁명 이전의 시기에 맡은 업무를 이어나갔으며 무엇보다 경찰첩자들의 네트워크와 일했다.[9]

당시 프랑스에서 전설적인 인물은 외젠 프랑수아 비도크(1775~1857)로, 그는 몇몇 유명한 소설과 영화의 주인공이었다. 특히 빅토르 위고의 《레미제라블》과 오노레 드 발자크의 《인간희극》을 통해서 영원히 남게 되었다. 북프랑스 출신의 빵집 아들이었던 그는 1806년 파리 경찰에 와서 첩자로 활동하겠다는 제안을 했을 때, 이미 도둑과 군인의 경력을 쌓고 난 뒤였다. 안전반(brigade de sûreté)의 지휘관은, 범죄자가 범죄 환경을 가장 잘 알 것이라고 봤고, 그리하여 그를 다시 감옥으로 보냈다. 이곳에서 다른 수감자들을 감시할 수 있도록 말이다. 이 모든 일은 파리 경시청장은 물론 내무장관의 허락으로 진행되었다. 2년쯤 후에 경찰은 그를 감옥에서 꺼내주었다.

하지만 이로써 비도크의 경찰 경력이 끝난 것은 결코 아니었다. 1812년 사람들은 그를 안전부(Sûreté)의 반장으로 임명했다. 그는 감방에서 알게 된 오랜 지인들로 조직을 구성했다. 경시청 직원들은 이 업무에 전혀 개입하려 하지 않았고, 비도크가 1827년 경찰을 그만둘 때까지 그를 내버려두었다. 종이 제조업자로 아무런 성공을 거두지 못하자, 경시청장은 1832년 비도크를 다시 동일한 위치로 불러들였다. 하지만 비도크의 사람들이 절도에 참여했을 때, 물론 규모가 큰 도둑 무리를 뒤쫓기 위해서라는 변명을 했으나, 더 이상 참을 수 없었다. 11월이 되자 경시청장은 지시를 내렸는데, 이에 따르면 유죄 판결을 받은 죄인을 앞으로는 경찰에서 일하게끔 하지 말라는 지시였다.

사람들은 주요 직책은 아니지만 그래도 여전히 첩자로 이용할 범죄자들이 필요했다. 경찰청장 캉러는 1848년 혁명 이후에 거대한 첩자들 조직망을 구축했는데, 그는 이 조직을 순전히 우범 지역의 인물들로 보충했다. 심지어 그는 "비정규 카자흐 기병"이라는 이름을 붙인 여단을 다시 만들었다. 파리 외곽 지역에서 경찰청은 이런 사람들을 유인책으로 자주 이용했다. 경찰들이 안전거리를 두고, 혐의자가 경찰의 첩자들에게 인사를 하는지를 지켜보았다. 유인책이 모르는 사이에 사라지자마자, 이미 약속한 신호에 따라 표적 인물을 체포했다. 이와 동시에 배반자의 정체성도 은폐시켰는데, 이로써 나쁜 평이 나 있던 경찰의 첩자를 법정에서 목격자로 세우는 일을 하지 않아도 되었다.[10]

경찰첩자들은 20세기까지 남아 있었고, 어쩌면 범죄와의 전쟁에서 중요한 도구로 현재도 존재할 것이다. 자백, 의문스러운 목격자 증언과 범행 현장에서 범인을 잡는 특이한 경우에 매달리지 않고, 자연과학적 방법으로 법정에서 증거를 제시할 수 있게 된 사실을 이해하게 되었을 때에야 비로소, 그와 같은 경찰첩자들에 대한 이해가 분명해진다. 범죄를 예방할 목적으로 국내에서 활동하는 첩자들은 여전히 매우 중요한 역할을 하고 있다. 사람들은 혁명가들과 잠재적 테러리스트들의 행동을 적시에 좌절시키기 위해 그렇듯 비밀스러운 집단으로 침투해 들어가려고 노력했다.

논란의 여지가 없는 본보기는 프랑스 혁명가였던 루이 오귀스트 블랑키(1805~1881)인데, 그는 프랑스 사회주의의 아이콘 같은 존재였다. 블랑키는 정당한 사회는 오로지 소규모로 결탁한 그룹에 의한 정치적 전복을 통해 달성할 수 있다는 논제를 주장했다. 이런 생각은 레닌에 의해 1917년 11월에 실행에 옮겨진 바 있다. 반복된 전복 시도로 인해 블랑키는 당시에 많은 사회주의자로부터 환영받지 못했다. 당시의 사회주의자들은 오히려 체계적·"학문적" 이론을 선호했고, 카를 마르크스처럼 노동자 계급에게 역사적 선구자의 역할을 부여하고자 했다.

1848년 2월 파리에서 혁명이 일어났을 때(곧이어 유럽의 다른 곳에서도), 임시 공화정은, 블랑키가 쿠데타를 목적으로 두 번째 혁명을 일으키기 위해 정치적 혼란을 이용하는 것은 아닐까 두려워했다. 블랑키는 여전히 다양한 소그룹과 함께 1839년 5월 12일 법무부와 파리 경시청을 공략하고자 시도했다. 당시 사망자 94명과 수많은 부상자가 나왔다. 그리하여 블랑키와 대략 500명으로 이루어진 그의 "중앙 공화 사회"가 또다시 공격할 수도 있을 것이라는 추측이 나돌았다.

블랑키의 이름을 더럽히기 위해, 프랑스의 내무장관 알렉상드르 오귀스트 르드뤼롤랭(1807~1874)은 공화국 신문 〈러 나시오날〉에 짤막한 기사를 냈다.[11] 이 기사는 특정 정치 클럽의 회장에 관련된 내용으로, 거친 민주주의자이며 자신의 목숨을 구하기 위해 정치적 친구들의 비밀을 폭로했다는 것이었다. 1848년 3월 24일 자 이 기사에 이어서 3월 31일 어떤 문서를 복제한 내용이 명망 있는 저널리스트 쥘 타셰로가 발행인이던 잡지에 실렸다(쥘 타셰로는 10년 후 프랑스 국립박물관 관장이 되었다). 이어서 이 문서는 많은 신문에 게재되었고 순식간에 퍼져나갔다. 정확하게 말하면 이것은 1893년 10월에 나온 세 가지 문서였으며, 당시 내무부에 이름을 알리지 않은 사람의 해명이 담겨 있었다. 첫 번째 문서는 1835년 설립된 비밀조직 "가족회"에 관한 온갖 상세한 정보에 대한 내용이었다. 두 번째 문서는 1839년 5월 12일의 전복 시도에 대한 분석이었다. 공격한 그룹의 주모자 이름, 회원들의 직업, 본거지와 동원했던 수단에 관한 내용이었다. 20명 이상의 지도자급 인물의 이름도 언급되었고, 그들의 장단점도 나와 있었다. 이 두 가지 문서는 1인칭으로 작성되었다. 마지막으로 세 번째 문서는 회의록 형식이었으며, 질문을 받은 사람이 내무부장관이 제시한 일련의 질문에 대답한 내용이었다.

최근의 정치 사건에 대해서 약간이라도 아는 사람이라면, 기사를 읽고 당시 경찰이 찾고 있었으며 1839년 10월 14일 체포된 주동자가 바로 블랑키라는 것을 알 수 있었다. 그에게 사형 선고가 내려졌으나 이 판결은 집행되지 않았다. 블랑키가 경찰에 나타나서 자신의 목숨을 구하기 위해 동료들을 누설했다는 추측이 나돌았다.

하지만 어떻게 그런 일이 일어날 수 있었을까? 많은 세월을 감방에서 보냈으며, 불굴의 혁명 투사였던 블랑키가 어떻게 배반자가 될 수 있었단 말일까? 그의 정치적 클럽에 소요가 일어났다. 블랑키는 짤막하게 준비한 해명을 했고 침묵한 채 뒤로 물러났다. 회원 절반이 다른 클럽으로 옮아갔다. 1848년 4월 1일 그는 독자의 편지를 출간했고, 이 안에서 문서는 위조된 것이라고 밝혔다. 4월 5일 정치적 좌파는 조사위원회를 설치했고, 에티엔 아라고(1802~1892. 프랑스 출신의 작가이자 정치가—옮긴이)와 빅토르 쉘셰르(1804~1893. 프랑스 정치가이자 프랑스 식민지에서 노예제도를 반대한 인물—옮긴이)가 위원회를 이끌었다. 아라고는 매우 존경받는 극작가였으며, 혁명 초기에 우편국의 국장을 역임했고 이후에 헌법을 제정하는 국민회의 의원으로 뽑혔다. 쉘셰르는 해군부와 식민부에서 근무했고, 여기서 프랑스 식민지에서 노예제도를 금지하는 법을 준비하고 있었다.

블랑키는 물론 위원회에서 답변하는 것을 거절했고, 이 때문에 위원회로부터 블랑키에게 부정적 결과가 나왔다. 블랑키와 그의 추종자들이 참패한 4월 23일 의회선거 이후에 개혁적 사회주의자 피에르-조제프 프루동(1809~1865. 프랑스 언론인—옮긴이)은 그와 같은 보도가 나가는 것을 애써 막았다. 자유주의적 경제학자이자 블랑키의 형인 아돌프 블랑키에게 보내는 편지에서, 프루동은 자신은 이로써 블랑키라는 이름을 보호하고자 했다고 설명했다. 실제로 위원회 소속 모든 위원이 블랑키를 유죄라고 간주했다. 하지만 좌파 언론은, 증거가 이미 거부할 수 없을 정도였음에도 이에 관해 알려 하지 않았다. 그리하여 블랑키가 1870년 파리 시의회에 있었고 나아가 정치적 영향력도 여전히 행사했다는 사실이 놀랄 일도 아니다. 또한 많은 역사가가 블랑키의 무죄를 확정적으로 인정했다. 1984년의 전기(傳記)에서 비로소 블랑키가 경찰의 첩자가 되었다는 사실을 인정했다.

블랑키 사건은 역사적 모델로 간주될 수 있다. 국내 비밀정보부가 사회혁명적 운동에 서서히 침투하려 한 점을 고려할 때뿐 아니라, 이런 운동의 추종자들 측에서 부인한 점을 고려할 때도 말이다. 보안에 관여하는 조직들은 항상 간부나 혁명가들을 정보원으로 포섭하는 데 성공했다. 그와 같은 접촉이 일어날 수 있었던 점을 고려하면 물론 블랑키의 사건은 예외적인 경우였을 수도 있다. 첩자들 대부분은 직접 경찰에 찾아와서 밀고를 했기에 말이다.

참모부와 비밀 업무

국내 비밀 업무가 점차 전문화되어간 것과 나란히 군대의 비밀 업무 기관도 장교들을 전문화했고 정보의 수집과 평가를 하는 데서도 체계적으로 접근했다. 여기에서 세 가지를 언급할 필요가 있다. 첫 번째는 참모부다. 이는 모든 군사 영역에서 대규모의 군대와 함대를 동원하는 작전을 담당하는 조직이다. 물론 군사 장비, 탄약 공급, 군인들 관리와 군복, 행정과 정보 수집은 오래전부터 군사 지도부가 맡아야 하는 과제였다. 개별 전문가들은 이런 분야 혹은 저런 분야에서 두각을 나타냈다. 하지만 전투를 하는 도중에는 물론이거니와 심지어 평화로운 시기에도 관료화된 업무는 18세기와 19세기의 군사 역사에서 볼 수 있는 새로운 것이었다. 20세기 초반에는 참모부가 없는 현대적 국가란 찾아볼 수 없을 정도였다. 두 번째로 언급해야 할 부분은, 바로 참모부 소속 장교들에 대한 특수 교육이다. 이 교육은 장교를 위한 아카데미(흔히 군사대학이라고 부르기도 했음)가 설립되자 장교의 교육 속에 포함되었다. 세 번째는 장교 지원자들을 선별할 때 개별적 자격을 기준으로 삼는 경향이 점차 늘어난 것인데, 이는 장교들을 전문화하는 과정에 속했다. 이처럼 장교단의 민주화는 혁명의 시기에 특별한 변화를 겪기도 했다. 17세기 영국 혁명에서 올리버 크롬웰과 뉴 모델 아미(New Model Army), 또는 18세기 후반의 아메리카와 프랑스 공화국을 생각해보면 된다. 그러나 전제군주국가에서도 상당한 사회적 변화가 있었는데, 시민 출신 장교가 장교단에 들어간 경우였다. 비록 신분이 높은 귀족과 낮은 귀족이 여전히 다수를 차지하고 있었는데도 말이다. 귀족 칭호를 가진 높은 계급의 장교들도 알고 보면 귀족의 신분을 부여받은 시민인 경우가 적지 않았다.

군사 전문가들을 이처럼 전문화하고, 특수화하고 제도화함으로써 군대의 정보 업무도 점차 군대의 관료 체계에서 확고한 위치를 차지하기 시작했다. 독일어 사용 권역에서 이런 현상이 가장 일찍감치 나타났으며, 철저한 전문성을 갖춘 곳은 바로 오스트리아였다. 마리아 테레지아 여제가 지배하던 시기에 단계적으로 현대적 경찰관청이 발생했다. 그녀의 총리였던 카우니츠는 "블랙 룸"이라는 부서를 방첩부서(자국의 정치적 스파이를 위해서도)로서 기량을 향상시켰다. 1758년 원수였던 레오폴트 요제프 폰 다운 백작〔1705~1766. 오스트리아 원수(元帥)이자 7년전쟁 때는 최고 지휘관이었다—옮긴이〕의 제안으로 맨 처음에는 장교 40명으로 구성된 참모본부를 설립했다. 이 참모본부는 무엇보다 더 안전하게 대화를 할 수 있는 기구였고, 적에 대하여 군사적으로 중요한 정보를 수집하는 업무를 담당했다(다운 백작은 또한, 1751년 테레지아 군사 아카데미를 빈 신시가지에 세웠다).

그와 같은 참모부의 규모는 평화스러운 시기에 점점 줄어들었다. 여기에 들어가는 재정 역시 줄어들었다. 하지만 핵심 인사들과 특히 수집해둔 정보는 보관되었으며, 적어도 이상적인 상황에서는 그러했다. 수집한 정보를 더욱 확실하게 보관하기 위해 칼 대공(大公)은 1802년 빈 전쟁 기록보관실에 "등록실"을 마련했다. 전쟁 기록보관실이란 외국에서 활동하던 군사 스파이 외에 특히 국경 지방에서 이루어지는 비밀 활동을 보고하는 곳이었다.[12] 여기에서 오스트리아에서만 특별하게 사용하는 "Evidenz('증거' 또는 '명백'이라는 뜻—옮긴이)"라는 개념이 등장하는데, 훗날 사람들은 육군과 해군에서 봉사하는 비밀 업무 부서를 가리켜 "등록국(Evidenzbüro)"이라고 했다.

칼 대공의 아이디어에 따라 1810년 이래로, 다양한 오스트리아 대사관에 장교를 파견했는데, 장교들의 군사 전문지식을 외교에 도입하기 위해서였다. 1813년 국경수비대와 군에 징집된 사냥꾼 대대(大隊) 소속의 하사관들로 이루어진 "전령 감독관 군단"이라는 것을 창설했다. 말을 타고 다니는 이들 전령은 제복을 착용한 채 혹은 민간인 복장을 하고서 파발꾼이나 관찰자로 투입될 수 있었다. 이런 업무는 전쟁을 치르던 시기에만 있었다. 전쟁이 끝나고 나면 이런 업무도 해체되었다. 1828년 사람들은 이 부서를 전쟁 기록보관실에서 해체했고 전쟁 역사 부서를 창설했다. 이 역사 부서는 전쟁 역사뿐 아니라, 주로 작전의 역사, 그러니까 실제 참모부가 떠맡은 일과 관련해서 직접 가르치고 살펴볼 만한 자료를 보관하고 있을 뿐 아니라, 남부 유럽과 중부 및 동부 유럽 가운데 관심이 증폭하는 지역에 대한 정보도 보관하고 있었다. 마침내 1850년에 설립한 "등기소"는, 1848년 혁명으로 인해 정치적·군사적으로 고통스러운 경험을 거친 뒤에 최고 지휘권에서 관리하는 중앙 군사비밀 업무의 필요성이 생겼다는 사실을 증명해준다고 볼 수 있다.[13]

이로써 오스트리아는 비교적 강대국에 속하는 모든 나라보다 성큼 앞섰다. 프로이센에서는 전쟁 아카데미와 참모본부를 샤른호르스트(1755~1813. 프로이센 참모본부의 초대 총장―옮긴이)와 그나이제나우(1760~1831. 프로이센 왕국의 육군 원수이자 군제 개혁자―옮긴이)의 군제 개혁을 통해서 계획했는데 (1807~1814), 이때는 프로이센이 나폴레옹 군에 의해 공격을 당하여 국가의 존재가 위협받는 상태였다. 물론 프로이센은 참모부 업무라는 원칙을 최고 지휘권에서뿐 아니라 대규모 부대(사단, 연대)에까지 응용하기 시작했다는 점에서 선구자적 역할을 했다. 19세기 중반부터 이와 같은 모델은 널리 퍼져나갔고 완벽을 기하기에 이르렀다. 1866년과 1870년 사이의 전격전(電擊戰, 전면전을 막기 위해 번개처럼 치르는 전쟁―옮긴이)은 오늘날까지 참모부 업무가 거둔 성공으로 간주된다. 그리하여 19세기 후반과 20세기 초반에 이룬 많은 군사개혁이 이를 모범으로 삼았다. 제1차 세계대전이 발발하기 직전에 미국에서 레너드 우드(Leonard Wood, 1860~1927. 광범위한 군사 교육을 실시했고, 제1차 세계대전이 시작되기 전에 징집할 수 있는 체계를 마련했다―옮긴이)가 시행한 군사개혁을 생각해보면 된다.

"연설이나 다수결이 아니라……"

미국은 특히 흥미로운 본보기가 되는데, 그 어떤 현대적 국가도 미국처럼 군사력을 통해서 세워지고 영토를 확장하지 않았기 때문이다. 1862년 9월 30일 프로이센의 의회에서 비스마르크가 했던 유명한 말은 미국에 적용하면 딱 어울릴지 모른다. "시대의 중요한 문제를 연설이나 다수결에 의해 결정한 게 아니라, 철과 피를 통해서다." 멕시코를 공격하는 전쟁과 인디언을 내쫓는 전쟁을 통해 미국인이 거대한 중서부와 서부, 그리고 대서양 해안까지 정복한 뒤, 남북전쟁에서는 이와 같은 거대한 국가를 어떻게 하면 정치적으로 결속시켜줄 수 있을지에 관한 의문이 중요한 문제였다. 이 전쟁은 한편으로 현대적 군사기술과 용병 사이의 특이한 혼합이었고, 다른 한편으로 현대 이전의 시기로부터 내려오던 밀림 전투였다. 물론 현대적 요소가 훨씬 우위를 차지했고, 총포류, 철도에 의한 운반과 강철로 만든 증기선 투입, 그리고 군 지휘자가 머물던 전쟁터와 정치적 중앙부 사이를 전신으로 연결했다. 하지만 로버트 E. 리(1807~1870. 남부군 총사령관) 남부군 장군 다음으로 탁월했던 토머스 "스톤월" 잭슨(1824~1863. 남부군 장군이며, 북부군과의 전투에서 돌담처럼 버티고 눈부신 전투를 펼쳤다 하여 '스톤월' 잭슨이라고 부르게 되었다─옮긴이)의 용병에서 볼 수 있듯이, 이와 같은 혼합은 그야말로 큰 성공을 거두었다.

잭슨은 그야말로 현대적 의미에서 장교였다. 그는 1802년 웨스트포인트에 설립한 육군대학을 졸업했고, 여기에서 지적으로 능력 있는 인물로 인정받았다(가족의 교육 수준이 낮았던 탓에 그는 졸업생들 가운데 성적 우수자의 자리에 앉지는 못했다). 1846년 그가 여러 번 상을 받게 된 멕시코와의 전쟁이 끝나고 난 뒤, 그는 1851년 교수 자격으로 1839년에 설립한 버지니아 군사 연구소에 가게 되었고, 이곳에서 포병대와 물리를 가르쳤다. 그러니까 그는 현대적 무기 체계에 관해서는 전문가였던 셈이다.

셰넌도어 계곡에서 일련의 전투가 발발한 남북전쟁의 첫해에 잭슨은 전설적인 승리를 거두는 데 성공했다. 이런 전투에서 그는 현대적 전략과 고대로부터 내려오던 밀림 용병술을 혼합해서 사용했다. 영국의 전쟁 역사가 존 키건에게 이런 전투는 "군사적 비밀 활동을 투입함으로써 승리를 거둔 본보기"[14]였다. 당시 그 어떤 전투도, 첩보 활동을 세련되게 투입해서 수적으로나 물질적으로 우위에 있던 적군에 맞서 어떻게 보완을 할 수 있었는지 잘 보여주지 않았는데 말이다.

실제로 이 예는, 거의 모든 측면에서 뒤떨어진 남부군이 왜 그토록 오랫동안 버틸 수 있었는지를 해명할 수 있게 해준다. 다른 말로 하면, 왜 북부군은, 엄청난 손실을 입고 나서 4년째가 되는 해에 마침내 남부군을 항복하게 만들 수 있었는지 설명해준다. 전쟁의 결과물, 군인의 수, 운송(특히 세 배나 더 긴 철도망)과 수출과 관련해서 남부군에게 매우 단점이 될 수 있는 해변 지역을 관찰해본다면, 적어도 군사 분야에 문외한조차도 그와 같이 불평등한 조건에서는 신속하게 전쟁을 끝낼 수 있었을 것이라 결론 지을 수 있다. 북부군의 최고사령관이던 윈필드 스콧(1786~1866)조차도 처음에는 그와 같은 기대감을 수용하는 것 같았다. 그렇지만 지리적으로 어마어마하게 넓은 땅을 차지하고 있었으나 남부의 뒤처진 발전 상태가 오히려 남부군에게 장점으로 작용했다. 왜냐하면 기차도 부족하고 특히 도로가 정비되지 않아 적들이 전진해오기가 너무 힘들었던 것이다. 게다가 강줄기와 늪지대, 전혀 개발하지 않아서 원시림 상태인 곳이 많아서 그 지역을 잘 모르는 사람들, 특히 무거운 장비를 갖춘 군인과 기다란 보급품 행렬은 거의 이런 지역을 뚫고 나갈 수 없었다.

세넌도어 계곡은 앨러게니산맥과 블루리지산맥의 중간 산맥 사이에 있으며, 남부의 수도 리치먼드로부터 대략 육지로 200킬로미터 떨어져 있다. 워싱턴으로부터는 그 절반 거리로 떨어져 있으며, 워싱턴 역시 대서양 해변에 놓여 있지 않고, 포토맥강(배가 다닐 수 있는)의 하류에 있었다. 오늘날 사람들은 이 지역을 자동차를 이용해서 짧은 시간 안에 갈 수 있지만, 당시에는 대서양에 접한 좁다란 해안 길만이 깔려 있었을 뿐이다. 이 길과 미시시피 사이에 놓여 있던 것은 무엇인지 분명하지 않았으나 어쨌든 기본적인 부분만 알려져 있었다. 그에 따라 이 후방 지역에 대한 현대적인 지도는 없었다. 다만 소박한 수단을 이용해서 해안가만 측량했을 따름이다. 이로부터 서쪽에 놓인 지역은 지도상으로 중요한 지하자원이나 철도가 표시되어 있었다.

맥레런 장군은 북쪽의 버지니아로 진군할 때 처음에는 개인들이 봤던 지도만 지니고 있었는데, 이 지도에는 강과 거리의 표기에 오류가 매우 많았다. 공병대(함대에서처럼)도 분명 지형을 담당하는 부서가 있었다. 하지만 이 부서는 과제를 제대로 해낼 수 있을 만큼 크지가 않았다. 그들이 지니고 있던 지도는, 중부 유럽과 서부 유럽 국가들이 가지는 있는 수준이었다. 심지어 영국인이 인도에 인도 지도 제작소(Survey of India)를 만들었는데 이곳에서 제작한 지도가 훨씬 더 나았다. 대규모 인디언 프로젝트는 근본적으로 광범위한 비밀 활동을 시도하는 것이었다. 지도 제작자들은 땅과 사람은 물론 지역의 권력자에 대한 정보를 빠트리지 않았기 때문이다. 러디어드 키플링은 초기 비밀 첩보원에 관한 소설을 쓰면서, 주인공 킴이 이와 같은 환경에서 자라났다고 기록하고 있다.

미국은 이처럼 군사적으로 중요하며 수준 높은 지도 제작을 할 수 있는 단계가 아니었다. 심지어 북부 버지니아(그리고 미국의 다른 지역도 마찬가지)에 있는 장소와 거리 이름조차도 분명하지 않았다. 많은 곳이 무엇을 참조해서 찾아보는가에 따라서 여러 가지 이름을 가지고 있었다. 이중 혹은 삼중의 이름이 붙어 있는 경우도 다반사였다.

남부군 사령관 스톤월 잭슨은 이런 상황을 십분 이용했다. 그는 버지니아 군사 연구소에 근무하는 동안 이 지역을 상세하게 알게 되었다. 많은 군인이 그 지역 출신인 반면, 북쪽에서 온 사람들은 지역을 몰랐다. 특히 큰 도움을 준 사람은 바로 학교 교사 출신 제데디아 호치키스로, 그는 지도 제작을 독학한 사람이었다. 전략적으로 세련된 기동력, 예기치 않은 신속한 공격과 상대를 당황하게 만드는 퇴각을 통해서 잭슨은 수적으로 우위에 있던 북부군을 여러 차례 공격하고 그들의 목표를 방해하는 데 성공했다.

하지만 비밀 첩보 활동을 포함해서 그와 같은 능력이 북부군의 승리를 막기에 충분하지 않았던 것은 키건을 비롯하여 다른 학자들의 견해가 증명해주는 바다. 그러니까 군사적으로 싸워 거두는 승리가 비밀 활동을 통한 승리보다 우위에 있다는 견해 말이다. 만일 군사력이 부족하고 적이 상당한 피해를 입었음에도 군인을 투입한다면, 비밀 첩보 활동은 군사적 패배를 시간적으로 미루어줄 수는 있다. 그처럼 남부군의 버티는 의지야말로, 다른 요소들과 함께, 오랫동안 전쟁을 치를 수 있게 해준 가장 중요한 원인이었다.

전쟁이 끝난 뒤 북부군의 마지막 총사령관이던 율리시스 S. 그랜트 장군 (1822~1885. 미국 장군이자 18대 미국 대통령 역임—옮긴이)은, 호치키스의 모든 지도를 보관해서 미군이 사용하게끔 했다. 이제 지도 제작은 미국인에게 현대식 참모부가 맡는 일 가운데 중요한 업무 영역이 되었다.

유럽 육군 참모부와 해군 참모부에서는 이미 오래전부터 그러했다. 프로이센의 프리드리히 2세는 자신이 머물던 포츠담성(城)에 이미 1742년 비밀 지도실을 마련했다. 하지만 특수한 군사 지도에 대한 관심이 점점 늘어났다. 전쟁을 치를 때의 항구, 부두, 철도, 기차역, 무기 창고, 온갖 형태의 보루 시설, 이것들이 바로 참모부에서 알고자 했고 체계적으로 기록하거나 지도에 표시하고자 하는 대상물이었다.

대사관 부속 무관

양측에서 엄격하게 차단하고 있는 이런 정보를 어떻게 입수해야만 했을까? 이와 같은 문제를 해결하기 위해 군사·외교적 기구인 대사관 부속 무관이 발달하게 되었고, 이런 조직은 합법적 스파이에 이용된다고들 하는데 결코 틀린 말은 아니다. 엄격한 의미로 이와 같은 판단은 적절하지 않은데, 대사관 부속 무관들은 우방국이나 혹은 서로 평화롭게 지내는 국가들 사이에 교환하기 때문이다. 그리고 이들 무관은 공격적 스파이 활동이나 정보원망을 관리해서는 안 된다는 엄격한 규정을 지키게 되어 있다. 하지만 사람들은 경계선을 늘 넘어갔다는(아직도 넘어가고 있다) 사실을 부정할 수는 없다. 오스트리아에서는 모든 대사관 부속 무관은, 첩보 활동을 금지하는 황제의 법을 지키겠다는 맹세를 등기소 국장 앞에서 해야만 했다. 이와 반대로, 러시아 황제 차르 시대의 대사관 부속 무관들은 첩보망을 정규적으로 구축해서 관리했던 것으로 잘 알려져 있다.[15]

특히 19세기 후반부터 그렇게 했던 것으로 보이는데, 이런 제안을 빈 회의에서 했던 차르 알렉산드르 1세(러시아 황제 재위 1801~1825)의 의도가 밀통하는 업무를 염두에 둔 장교였기 때문이다. 그러니까 신성 동맹(러시아, 오스트리아, 프로이센이 나폴레옹 군과 싸워서 최종적으로 이긴 다음, 1815년 9월 26일 파리에서 맺은 동맹이다. 공식적으로는 기독교 정신에 입각해서 국제 정치의 질서를 확립하고자 하는 목표를 내세웠으나, 정치적 배경은 유럽 대륙에서 러시아의 영향력 확대에 있었다—옮긴이)에 속한 군주들이 개인적으로 신뢰하는 자들을 각각의 다른 전제군주에게 파견하고, 상호 군사적 개입이 필요할 때 수월하게 찬성을 얻기 위해서였다. 각국의 대사관에 소속되어 있고 그리하여 외교적 특권을 향유하는 대사관 부속 무관들은 "군수권자"들과는 달랐다. 후자는 전형적으로 군사 동맹자들 사이에서만 교환했다. 물론 두 가지 기능이 한 사람에게 귀속된 경우도 가끔 있었다.

또한 대사관 부속 무관은 "군감시단(military observer)"과도 다른데, 이들은 우방국의 기동훈련에 파견되었다. 19세기에는 그와 같은 군 소속 전문가들이 전쟁감시단의 신분으로 파견되는 게 보통이었다. 이 둘은 의심할 바 없이 국가가 가지고 있는 전문적인 호기심의 증거다. 무기의 성능이나 군사 징집 체계, 교육과 조직에 대해 가지는 호기심 말이다. 전문화라는 표현도 이 분야에 적용되었다.

프로이센과 러시아 사이의 군사 대표자들은 독립전쟁을 치르는 동안 이미 존재했다. 하지만 프로이센의 참모장이 1816년 중요한 모든 국가에 군사 대표자를 파견하자는 제안을 했을 때, 돈과 확고한 의지가 부족했다. 당시 프랑스 외무부장관은 프랑스 군사 지도자들로부터 나온 비슷한 제안을 비용이 많이 든다고 간주하고 거절했으나, 단기간 파견하는 사절단에는 적극 찬성했다.

특히 현대적 미국 장교 교육의 개척자였으며 웨스트포인트 군사대학의 초대 총장을 역임한 실베니어스 세이어(1785~1872)가 1815년 엘바섬에서 돌아온 나폴레옹 황제의 전투를 구경하기 위해 유럽으로 여행을 갔을 때,

분명 좌절했음에 틀림없다. 동료 한 명과 함께 유럽으로 갔으나, 두 사람이 구대륙에 도착하기 전에 워털루 전투로 모든 것이 결정되어버렸다. 그의 동료 윌리엄 맥리가 유럽의 군사 요새들을 살펴보느라 많은 지역을 두루 돌아다닌 반면, 세이어는 프랑스 에콜 폴리테크니크에서 수강 신청을 했다. 이와 동시에 그는 군사와 자연과학에 관련된 자료를 모으기 시작했는데, 이 자료를 훗날 미국에 돌아가서 개혁적이고, 수학과 실용적인 자연과학에 기본을 두는 미국 장교 교육에 사용했다. 이 경우에도 분명하게 드러나듯이, 당시 군대에서 상호 교환을 하고자 하는 관심이 얼마나 강렬했는지 알 수 있다. 오늘날에는 이런 것을 두고 기술이전이나 모범 사례(best practice)를 기준으로 삼았다고 말할 수 있을 것이다. 여기에서도 스파이 활동인지 아닌지의 경계가 유동적이라는 사실은 분명히 나타난다.

1830년 5월 프로이센은 참모장교 폰 클레어 대위를 프랑스 식민지 원정대에 대해 관찰하라고 알제리로 파견했다. 그의 보고와 1830년 7월에 일어난 프랑스 혁명은 의미를 바꾸어놓는 계기가 되었다. 폰 클레어는 지속적인 감시자로 파리에 있던 프로이센 대사관에 파견되었다. 아마도 이와 같은 조치는 훗날 사람들이 사용한 의미의 대사관 부속 무관이 탄생하게 되는 시간이었을 것이다.[16] 하지만 이와 같은 일은 수년 동안 특수한 경우로 남았다. 21년이 지난 후에야 비로소 프랑스는 대사관 부속 무관을 베를린에 정식으로 파견했다. 이보다 더 중요한 것은 특별한 계기에 파견하는 대표단이었고, 특히 전쟁이 났을 때였다. 상주하는 대사관 소속 무관이 훨씬 더 유리하다는 사실을 사람들은 크림 전쟁(1853~1856. 러시아와 오스만 제국 및 동맹국이던 프랑스와의 군사적 충돌로, 러시아가 패배했다—옮긴이) 때 알게 되었다. 즉, 세 명으로 이루어진 미국 사절단이 온갖 관료적 어려움으로 말미암아 요새가 무너지고 나서야 비로소 세바스토폴(크림반도에 있는 도시)에 발을 들여놓았으나, 이와 달리 빈에 머물던 프로이센의 대사관 부속 무관들은 오스트리아의 정치와 군사적 움직임에 대하여 자세하게 목격한 내용을 보고할 수 있었다.[17]

대사관 부속 무관들이 제출한 보고서로 무슨 일이 일어날 수 있었을까? 군사 정보를 상세하게 해석하고 파악하지 않고서 모으기만 한다면 이런 정보는 그다지 의미가 없었을 것이다. 런던 국방부는 1855년 지형 및 통계부(Topographical and Statistical Department)를 개설했는데, 처음에는 정보의 양보다는 색인이 더 소중한 가치를 지녔다. 그리하여 대사관 부속 무관들에게, 과학적으로 부족한 부분을 채워 넣으라는 과제가 할당되었다. 요즘 사람들은 이런 것을 두고 과제에 대한 요구(tasking)라고 말할 수 있을 텐데, 어떤 정보가 사용되었는지를 정확하게 기입하라는 요구였다. 1860년 5월 영국 외무부장관은 영국 군대의 사령관에게 편지를 쓰기를, 최소한 베를린에는 적합한 사람을 파견해야 한다는 내용이었다. 그러나 1864년에야 비로소 정부의 고위 공무원들은, 그와 같은 대리인을 모든 강대국에, "심지어 미국에도" 파견할 필요가 있다는 점에 동의했다.[18] 이런 생각은 관철되었다. 이로 인해 1866년의 프로이센-오스트리아 전쟁에서는 한 무리의 군인 감시자가 그 자리에 있었고, 그것도 양측에서 전쟁을 목격했다. 유럽에서 강대국들은 모두 대표자를 보냈지만, 미국의 감시자들은 또다시 너무 늦게 도착했다. 1870년 독일-프랑스 전쟁(1870~1871. 프로이센의 지휘 아래 북독 연맹과 프랑스가 싸운 전쟁. 남부 독일은 프랑스의 영향력이 강했고, 프로이센의 비스마르크는 무력으로 남부 독일을 병합하고자 했다—옮긴이) 때 심지어 런던은 전쟁터의 야전병원과 위생 상태를 알아오라는 임무를 주고 다수의 군의관을 파견했다.

프랑스 사람들이 전혀 예상치 못할 정도로 자신들이 신속하게 붕괴될 가능성을 조사하기 시작했을 때, 프랑스군의 지도자들이 독일군을 완전히 틀리게 보고 있다는 비난이 쏟아졌다. 베를린에 주재하던 프랑스 대사관 부속 무관 스토펠 육군 대령은 1866~1870년에 자신이 상부에 올린 보고 내용을 출간했다. 오판이, 비밀 첩보의 실패를 포함해서, 자신의 책임이 아님을 보여주기 위해서였다.[19]

물론 대사관 부속 무관들을 파견하는 것은 이제 도처에서 일어났다. 미국조차도 1889년 몇몇 대사관에 이들 무관을 위한 자리를 마련하기 시작했다. 많은 국가에게 그처럼 자국의 군대를 외국에서 관찰한 군대와 직접 비교해보면 결과는 그리 흡족하지만은 않았다. 예를 들어 미국인 군사 전문가는, 오로지 자국의 화기(火器)와 총만이 그 시대에서 높은 수준에 있다는 결론을 내렸다. 미국의 야전 포병대와 요새의 포병대는 "모든 강대국과 비교했을 때 수준이 떨어지며 최소한 15년이나 시대에 뒤떨어진다"[20]는 것이다. 제1차 세계대전이 발발하기 전날 밤 대사관 부속 무관이 214명 있었다고 하며, 이들 가운데 러시아인과 미국인이 각각 31명씩이었다.[21]

비밀 활동을 하는 장교가 등장할 때까지의 길고 긴 여정

장교라는 직업이 점차 전문화되고 다양화되었음에도 비밀 첩보 활동을 위한 교육은 여전히 초보 수준에 머물렀다. 영국군이 받은 교육과정에 대하여 전해오는 문헌이 그와 같은 점을 암시하고 있다. 늦어도 1871년, 그러니까 장교 임명장의 판매가 금지되었을 때, 교육의 질을 우선적으로 하는 체계적인 교육이 실시되었다고 말할 수 있다. 비록 보어 전쟁(1899~1902.

45만 영국군과 7만 트란스발 공화국 및 오렌지 자유국의 전쟁으로, 영국의 승리로 종결됨으로써 이들 아프리카 국가는 최종적으로 영국의 식민지가 되었다—옮긴이)에서 군사 스파이를 전략적으로 투입하는 과정에서 상당한 오류가 드러났는데도 말이다. 비밀 활동을 하게 될 장교에 대한 요구 조건은, 유럽에서 군사첩보부서를 담당한 에드워드 글라이헨 대령이 표현했듯이, 빠르게 확정되었다. 비밀 활동 장교는 "신체적으로 완벽"해야 하고, 말을 잘 타야 하며, 용감해야 하며, 동시에 똑똑해야 한다. 상대와 대립하는 것보다 비밀을 엄수하고 위험을 회피함으로써 오히려 더 많은 결과를 얻어낼 때가 많다는 사실을 알 정도로 똑똑해야 한다. 무엇보다 비밀 활동을 하는 장교는 머리가 좋아야 하는데, "결코 멍청한 사람을 유능한 비밀 활동 장교로 만들 수 없기 때문이다".[22]

이렇듯 분명하게 묘사하는 장교에 대한 조건과는 달리, 보어 전쟁으로부터 실제로 무엇을 배울 수 있는지에 대해서는 그다지 명확하지 않다. 전쟁을 두 가지 완전히 다른 종류로 분류한다면, 한편으로 "동양인과 미개인들"을 대상으로 하는 소(少)전쟁과 다른 한편으로 유럽에서 일어나는 규모가 큰 대(大)전쟁일까? 특이하게도 사람들은 유럽에서의 전쟁보다 식민지 전쟁을 더 잘 준비했다고 믿었다. 어쨌거나 이는 비밀 장교를 교육할 때 가르치는 내용이기도 했다. 전략적인 비밀 활동을 위해 1904년 출간된 개론서 《필드의 첩보원(Field Intelligence)》은, 보편적인 원칙과 기술을 전달하려고 시도했다. 저자는 보어 전쟁 때 최고사령관실의 비밀정보부 부장이었다. 이 저자의 두 번째 저서 《필드에서의 탐색 기술(The Art of Reconnaissance)》은 농부들이 참여한 보어 전쟁에서부터, 경험 많은 군인들이 싸운 유럽에서의 전쟁까지 다소 명확하게 아울렀다. 1907년에야 비로소 "유럽의 전쟁에서 비밀 활동 업무"에 대한 특별한 강의를 개설할 수 있었다. 이와 동시에 일본과 러시아는 특별히 주의를 기울이는 대상이었는데, 막 끝이 난 러일 전쟁(1905)에서 놀랍게도 일본이 승리한 까닭이다. 사람들은 일본인들에게 비밀 활동과 관련해서 특별한 재능이 있다고 얘기를 했는데, 잘 알려져 있다시피 러시아가 유럽에서 규모도 가장 크고 매우 적극적으로 비밀 활동을 펼치고 있었는데도 말이다.

영국 군대에서는 더 장기적이고 체계적인 교육을 그다지 기대하지 않았던 것처럼 보인다. 20세기 초반 매년 비밀 활동을 할 장교 딱 8명만 엄격한 훈련을 거쳤다. 전해오는 문헌에서 이에 대하여 경고하는 목소리를 자주 발견할 수 있지만, 1914년 여름에 예기치 않게 전쟁이 발발하자 영국 군대는 즉흥적으로 해결할 수밖에 없었다. 전술에 대한 설명 외에도 전략적 차원도 있었는데, 영국군은 흔히 이를 두고 대규모 전략(grand strategy)이라고 부른다. 여기에서도 세 가지 분야로 세분해야만 한다. 우선, 식민지 영역(이들의 국경 지역도 포함해서), 두 번째 강대국 정책에 아직 할당받지 못한 지역, 마지막으로 강대국들이 직접 대결하는 양상으로 분류할 수 있다. 첫 번째 유형은 무엇보다 러시아와 영국이 중앙아시아를 두고 벌인 경쟁을 손꼽을 수 있는데, 러디어드 키플링의 소설에서 주인공 킴을 불멸로 만든 첩보 활동이 벌어진 인도의 북부 지방을 둘러싼 대규모 게임(great game)이었다. 두 번째 유형은 특히 오스만 제국과 어느 정도 느슨하게 연계되어 있는 지역에서 나타났다. 북아프리카와 아라비아반도로, 이곳에서는 1850년대부터 채굴되는 석유(다른 지하자원 외에도)가 아주 중요한 역할을 했다.

신속하게 팽창하고 있는 러시아 대제국과 영국 사이에 불교국가 티베트가 놓여 있었는데, 이곳은 공식적으로 중국의 지배를 받고 있었으나 실제로는 독립적이었다. 영국인들은 러시아가 영국의 인도를 위협하거나 혹은 그 일부를 점령하려는 목적으로 티베트에 침범하는 것은 아닐까 두려워했다.

오늘날의 국제정치에 입각해서 본다면 당시의 인도와 티베트의 상태는 물론이거니와 근동아시아와 중앙아시아의 상황을 파악하기 힘들다. 사람들이 보편적으로 영국령 인도라고 표시하는 바는, 오늘날의 의미에서 국가가 아니라, 제후국들, 식민지와 1858년까지 영국 동인도회사의 관리하에 있던 영토 전체를 의미했다. 그 이후에 영국 정부는 직접적으로 책임을 떠맡았다. 그때까지 영국 정부는 영국 동인도회사를 전면에 내세우거나 또는 도구로 이용했고, 동인도회사 역시 1858년까지 지배하던 무굴 황제(무굴 제국은 1526~1858년 오늘날의 인도 북부와 파키스탄, 아프가니스탄을 지배한 이슬람 왕조다―옮긴이)의 이름으로 행정을 펼쳤다. 1877년부터 일종의 보완한다는 의미에서 영국의 여왕이 인도의 여제 호칭을 받았는데, 이는 인도를 지배하던 제후들의 높은 지위를 고려한 행동이었다. 런던은 폭력적인 행정을 시행하지 않으려 했다. 오히려 경제적 영역과, "영국인"이 지니고 있던 우월함에 상응하는 바의 정치적·문화적 영향력을 우선시하고자 했다. 이에 따라 런던은 비용을 절약하기 위해 최소한의 식민지 관료들, 식민지 경찰과 군대로 인도 왕국을 다스렸다. 물론 봉기와 외부의 공격을 차단하기 위해, 영국은 비밀 활동을 상당히 많이 해야 했다. 1857년에서 1859년까지 지속되었고, 영국인 장교가 지휘한 인도의 용병들이 일으킨 세포이 항쟁은, 영국인들에게 톡톡한 수업료를 치르게 했다. 당시 영국의 지배는 위기에 직면하게 되었다.

러시아가 침범해올지 모른다는 두려움은 이미 1800년에 표면으로 드러났는데, 러시아 황제 파벨 1세(재위 1796~1801. 로마노프 왕조의 9번째 군주―옮긴이)가 인도에 보낼 원정군을 준비할 때였다. 하지만 파벨 1세 황제는 이로부터 몇 달 후 살해당했고, 그의 후계자는 이 프로젝트를 중단시켰다. 영국이 러시아와 대립하고 심지어 전쟁(크림 전쟁 1853~1856)을 치르게 되었을 때, 영국은 또다시 러시아가 인도를 침범할 가능성에 대해 고민했다. 이 전쟁에 패배한 결과 남동 유럽에서 실패한 러시아의 팽창정책은 다시 아시아를 향하게 되었던 것이다.

군사개혁의 일환으로 러시아는 프로이센을 본보기로 삼아 참모부를 설치했다. 여기에 아시아 부서가 딸린 군정보부도 포함되었으며, 이 정보부는 맨 먼저 지리적·과학적 탐험을 통해서 온갖 정보를 수집하고 지도를 작성했다.[23] 처음에는 페르시아, 아프가니스탄과 중앙아시아의 제후들(칸국)에 관심을 쏟았다. 1845년 설립한 제국지리학회가 1870년대와 1880년대 동안 총 네 번 동쪽 멀리까지 과학 탐험대를 파견했음에도, 처음에 티베트에 대해서는 관심이 전혀 없었다. 대부분 러시아 참모부의 아시아 부서를 파견했다. 1893년 사람들은 러시아 황제에게 티베트로 가는 시베리아 횡단 철도를 하나 더 건설하자고 제안했다. 그러나 티베트의 황금에 대한 희미한 희망에도 불구하고 아무것도 건설하지 않았다. 정치 지도자들은 관심이 없었던 것이다. 참모부가 위탁해서 작업했으며 1884년에 시작하게 된 참고서적 87권에도 처음에는 티베트에 관한 내용이 전혀 없었다.

1898년 몽골-시베리아의 승려이자 학자인 아그반 도르지예프는 상트페테르부르크에 갔고, 이곳에서 사람들은 그를 황제에게 소개했다. 도르지예프는 달라이 라마의 대리인으로 간주되었고 이후에도 두 번이나 러시아 황제의 궁정을 찾아갔다. 영국과 특히 나폴리를 막아달라고 러시아에 부탁하러 갔던 것이다. 하지만 러시아 정부는 1903년에야 비로소 직접적인 접촉을 위해 티베트 국경 부근에 신뢰하는 외교관들로 공관을 개설했다. 이 시기에 러시아가 무기를 티베트에 운반하고 있다는 소문이 자자했고, 이 소문은 일본 비밀 첩보원들이 영국을 선동하기 위해 알려주었다. 그리하여 영국은 프랜시스 영허즈번드(1863~1942. 영국인 탐험가이자 장교—옮긴이)를 연대장으로 하는 원정대를 파견했다. 영허즈번드는 러시아를 앞지르기 위해 1903년 무장한 수천 명의 구르카(네팔 출신의 용병)와 시크교도들과 함께 라싸(티베트 중앙부에 있는 도시—옮긴이)까지 돌진했다. 물론 그는 러시아가 무기를 운반했다는 소문에 대한 증거를 찾지 못했다. 신임 러시아 외무부장관 알렉산더 페트로비치 이스볼스키는 외교적 길을 통해서 영국 측에 확언하기를, 러시아는 그곳에 관심이 전혀 없다고 했다. 페르시아, 아프가니스탄과 티베트와의 조약을 통해 1907년 큰 게임(great game)은 외교상으로 막을 내렸다.[24]

강대국 대(對) 강대국

이로써 우리는 세 번째 유형의 비밀 활동을 다루게 되는데, 바로 대규모 전략을 통한 첩보행위로, 강대국들이 직접적으로 대결할 경우에 흔히 볼 수 있다. 여기에서 오스트리아의 경우가 특히 교훈적인데, 도나우강에 인접한 이 군주국은 차츰 몰락해가던 오스만 제국과 야심에 차서 오스트리아에 도전적으로 나오는 러시아와 인접해 있는 국가였기 때문이다. 게다가 합스부르크 왕가의 국내는 상당히 불안정한 상태로 간주되었다. 1867년에 헝가리와 체결한 "헝가리 조정(1866년 독일과의 전쟁에서 패배한 오스트리아는, 다민족국가였던 오스트리아에서 타민족을 분할하려는 강압을 받게 되었고, 헝가리의 타협으로 인해 합스부르크 왕가는 오스트리아와 헝가리로 나뉘게 된다. 이때부터 헝가리의 국내 정치는 오스트리아로부터 완전히 독립했다—옮긴이)"으로 인해 제국이 둘로 쪼개지는 긴장감으로 빈의 정치는 점점 더 마비되어가고 있었다. 차츰 군사적으로 "민족성"을 요구하는 일이 잦아들었다. 사실 이에 대한 권리는 오래전에 헌법상으로 부여했는데도 말이다. 그리하여 오스트리아 보안국의 과제는, 국내 불안에 대하여 조기 경고 체계를 가동하는 일이었다.

이와 동시에 러시아의 군사력과 비밀 정치적 의도를 정찰하고 반대로 오스트리아에 대한 러시아의 첩보공격에 대하여 방어도 해야만 했다. 러시아의 군사비밀을 오스트리아가 어디까지 알아내는 데 성공했는지는 다만 간헐적으로 알려져 있을 뿐이다. 제1차 세계대전이 끝나고 오스트리아의 정보 활동의 대부분은 파기되었기 때문이다. 오히려 오스트리아가 방첩에 성공한 이야기는 훨씬 더 많이 알 수 있다. 오스트리아 군사정보국의 마지막 국장을 지낸 막스 론지 장군의 회고록을 보면, 유죄 판결을 받은 스파이들의 이름이 공개된 긴 목록을 발견할 수 있다. 연도별 그리고 지리적 순서를 이용해서 보면, 대부분의 정보원이 러시아를 위해서 일했으며 1909년에 이와 같은 경우가 훌쩍 증가했다는 사실을 알 수 있다. 오스트리아 관청에서 더 정교한 방법을 동원하여 통계를 냈기 때문에 더 늘어난 수를 잡을 수 있었지만, 의심할 바 없이 러시아 정보원들이 확실하게 늘어나기는 했다.[25]

독일 정부와 협력함으로써 오스트리아는, 높은 계급의 장교 다수를 자국의 스파이로 얻는 데 성공했다. 러시아 참모부 장교 한 명은 1889년부터 독일에 계획과 보고에 관한 문서를 다수 넘겼고, 이 가운데 러시아 군대의 실제 상태, 비밀리에 진행한 부대의 각 지역 주둔과 이들의 무장과 명령 구조에 대한 국내 보고서도 있었다. 또한 스파이는 군대에서 사용하는 지도와 특히 행진 계획도 넘겨주었고, 이런 행진 계획은 단기간에 변경되는 경우가 많았기에 개정판 계획표를 넘겼다. 1894년부터 사람들은 프랑스와 함께 했던 러시아의 군사적 비밀 협업에 대해 자세하게 알고 있었는데, 두 나라는 군사비밀 업무까지 협력했다.[26]

하지만 러시아의 국경 지역에 있는 비밀 활동도 중요했으며, 전쟁이 났을 때 특별히 더 중요한 의미가 있었다. 오스트리아는 국경 지역에 러시아인이 아닌 민족들을 스파이로 이용했는데, 이들은 러시아 황제에 대한 충성심이 별로 없었다. 특히 폴란드인과 러시아에서 형편없는 대우를 받는 갈리시아(폴란드 남부 지방)에 사는 유대인들이었다. 이들은 러시아의 멍에로부터 자유롭게 되기를 희망했다. 그리고 그들은, 오스트리아에 사는 소수민족(항변도 하고 봉기도 일으켰음에도)이 러시아의 소수민족보다 훨씬 더 좋은 대우를 받는다는 사실을 잘 알고 있었다.

합스부르크가의 유대인들은 황제국가인 합스부르크 정부를 반유대주의 민중에 대항할 수 있는 동맹군으로 봤다. 하지만 많은 폴란드 사람들도 오스트리아에 반감이 없었는데, 아무래도 가톨릭 국가였기 때문일 것이다. 1906년(1908년이었던가?) 이래로 폴란드의 낮은 귀족 출신인 유제프 클레멘스 피우수트스키가 오스트리아 비밀 활동기관인 "등록국"에서 일했다. 그는 1880년대 중반 러시아 황제에게 폭탄 테러를 감행했으나 실패했다. 이로 말미암아 시베리아에 추방되었다가 다시 풀려난 뒤에 그는 폴란드 사회당의 지도적 당원이 되었다. 하지만 이 당은 오스트리아의 갈리시아와 슐레지엔에서만 어느 정도 자유롭게 발전할 수 있었다. 1908년부터 그는 준(準)군사 연맹인 "청년 보호단"을 운영했으며, 이 조직은 제1차 세계대전이 진행되는 동안에 오스트리아 편에 서서 싸웠다.[27] 피우수트스키는 1918년 재독립한 폴란드의 수장인 국가 수령이 되었다.

등록국에서 펼친 민족성 정책이 효과를 발휘한 것은 전쟁에서 처음이었는데, 온갖 봉기와 독립운동을 위한 지원이 군사적 수단이 되었을 때였다. 그 밖에도 여러 민족이 섞여 있는 모든 왕국에 대한 지원도 있었다. 특히 흥미로운 시도는, 이슬람 민족들을 동맹국(제1차 세계대전에서 연합국의 반대 진영에 속한 국가로, 독일 제국, 오스트리아-헝가리 제국, 오스만 제국, 불가리아 왕국이 이에 속한다—옮긴이)이 되도록 동원하는 것이었다. 터키의 술탄은 1914년 11월 12일 러시아, 영국과 프랑스를 반대하는 지하드〔아랍어로 '성전(聖戰)'이라는 의미로, 이슬람 종교에서 중요한 개념이다—옮긴이〕를 호소했다. 독일 제국은 오스만 제국과 맺은 특별한 관계만으로 이슬람과 그와 같은 동맹을 준비한 것은 아니었다(물론 평화로운 경제적 관심이 아주 큰 역할을 했다). 오스트리아 빈의 정치계는 정치적·전략적 목적을 위해 이슬람 세계에 대한 탁월한 지식을 가지고 있던 동양학자 알로이스 무질(1866~1944)을 투입하게 되었다.[28] 체코의 뵈멘에서 태어난 무질은 가톨릭 성직자로서 "성경의 보조학문"에 정통했는데, 그 가운데 동양학도 있었다. 그는 종교에 등장하는 고대 언어 외에도 터키어와 표준 아랍어뿐 아니라, 아랍의 많은 사투리도 알고 있었다. 무질은 고고학에 관련된 일도 했으며, 지도에 나오지 않던 지역의 지도도 만들었다. 이런 일을 하면서 그는 3000가지나 되는 장소의 이름을 연구했고, 이런 이름의 근원을 언어상으로나 인종상으로 찾아내고는 했다.

무질의 여행과 연구는 곧 영국 외무부의 눈에 띄었고, 1906년부터 전쟁을 시작할 때까지 그를 자신들 편으로 끌어들이려는 시도를 여러 차례 했다. 하지만 그는 이미 오스트리아 외무부를 위해서 일하고 있었다. 1909년부터 그는 정치, 무역과 그 밖의 것들에 관한 보고를 정규적으로 했다. 그는 아랍 민족이나 도당의 지도자들과 신뢰 관계를 형성하는 데 성공했고, 그리하여 이는 정치적 임무를 수행하는 기초가 되었다. 동맹국이 되기 위해 오스만 제국이 전쟁에 참여한 지 얼마 후 그가 맡은 정치적 임무였다. 그의 경쟁자는 아주 유명한 "아라비아의 로런스"였는데, 그는 아랍의 지도자들이 오스만 제국에 반대하는 모반을 일으키도록 조종했으며, 1916년 여름에 이 시도는 실제로도 성공을 거두었다.[29]

다시 비밀 활동의 적인 러시아로 돌아가자. 1885년부터 빈에 있는 등록국이 "러시아 첩보 활동"이라는 자체 보고서를 작성해야 할 정도의 상대였다. 당연히 오스트리아는 러시아 군사 스파이의 조직과 관리에 대해서 알아내고자 했다. 물론 이것은 어려운 시도였는데, 러시아에는 중앙관청도 없고 군사비밀 활동의 우두머리도 없었기 때문이다. 러시아 국내 비밀 업무〔오흐라나(공안질서수호국)〕—알렉산더 2세 황제에 대한 치명적 테러가 1881년 3월에 일어난 뒤에—의 중앙본부가 상트페테르부르크에 있었고 당연히 (적어도 군인) 국장이 내무성의 감시하에 있었다. 하지만 군대에 소속된 비밀 활동 과제는 여러 부서로 나뉘어 있었다. 외국에서는 참모부를 투입하는 일을 했고, 러시아 제국에서는 군사 지역의 지휘관을 투입하는 일을 했는데, 물론 이 과제는 참모들의 도움을 받아서 진행했다. 분명 중앙 참모부에는 그와 같은 현안을 해결하는 특수사무실이 있었을 것이지만, 그것은 결코 핵심 지도부의 역할을 하지는 않았다. 세계대전이 발발하고서야 비로소 조금 더 엄격한 지도부의 역할을 하려고 애썼지만, 군사적 실패로 인해 일종의 스파이 히스테리에 빠지게 되었다. 그러니까 러시아인이 아닌 이름을 가진 수많은 장교가 배반자라는 누명을 쓰고 희생되었던 것이다.[30]

알프레드 레들

마침내 20세기 초반에 오스트리아-러시아의 비밀 활동 관계로부터 어마어마한 반역 사건이 터지고 만다. 바로 레들 사건이었다. 참모부 육군 대령 알프레드 레들은 등록국에서 일했고 거의 국장 자리에 올라갈 뻔했다. 그런데 1913년 초가 되자 그는 군사비밀과 정보 업무의 국가기밀을 팔아먹은 배반자로 드러나고 말았다. 러시아는 그의 활동에 대한 보수를 엄청나게 지불했던 것이다.

레들의 반역에 대한 결정적 증거는 프로이센 제국 참모부 소속 IIIb(군사비밀 활동 부서)를 이끈 육군 소령 발터 니콜라이로부터 나왔다. 빈의 중앙우체국에 니콘 니체타스에게 보낸 유치(留置) 편지(수신인이 찾아올 때까지 우체국에 유치시키는 우편물—옮긴이)가 있었는데, 공교롭게도 이 우편물은 몇 주가 지나도 수신인이 찾아가지 않았다. 그리하여 사람들은 이 편지가 왔던 베를린으로 다시 보냈다. 발송인을 정확하게 알기 위해, 베를린 우체국은 편지를 열어보았다. 편지 안에는 오스트리아 돈으로 6000크로네에 해당하는 수표와 파리와 제네바의 두 가지 주소가 들어 있었다. 우편물은 의심을 살 만했고, 육군 소령 니콜라이는 동봉된 주소가 러시아 군사 스파이들이 스위스에서 사용하고 있는 가명 수신인 주소임을 확인했다. 니콜라이 소령은 오스트리아 동료에게 이 소식을 알렸는데, 의심스러운 수신인이 바로 빈에 살고 있어야 했기 때문이다. 빈의 치안경찰과 협력을 해서 이 편지는 새로운 봉투에 넣어 중앙우체국에 다시 갖다 놓았다. 물론 창구에는 초인종 단추를 숨겨두었다. 수신인이 이 편지에 대하여 문의하자마자, 경찰들이 들이닥쳐 혐의자를 체포할 수 있게 말이다.

이 일은 1913년 5월 24일 저녁에 일어났다. 편지를 가지러 온 사람은 우아한 복장을 한 시민이었고, 그가 호텔에 갈 때까지 감시만 했다. 경찰서장과 등록국의 국장도 이 사실을 통고받았다. 놀랍게도 의심스러운 이 시민은 바로 육군 대령 레들이었고, 그는 1912년 10월부터 더 이상 등록국에서 일하지 않았고, 프라하에 있는 8사단의 참모부 대장을 맡고 있었다.

그날 저녁에 진행된 심문에서 레들은 자신이 1911년부터 "낯선 국가"를 위해 일한 죄를 인정했다. 하지만 자신과 함께 일한 공범자는 없었다고 대답했다. 러시아가 분명 그의 보고서를 수신한 가장 중요한 국가였겠지만, 보고받기 시작한 시기는 물론이고 레들이 제공한 정보와 문서의 분량도 확실하게 알 수 없었다. 오스트리아의 비밀 첩보기관과 참모부는 정확한 손해에 대해서 무척 알고 싶어 했을 것이다. 하지만 이런 궁금증보다 더 큰 근심거리는, 밀고한 최고의 스파이가 오스트리아 법정에 섰을 때 발생할 정치적 파장이었다. 때문에 오스트리아는 레들 사건을 다른 언급을 함으로써 은폐하기로 결정했다. 알프레드 레들과 같은 엘리트 장교가 왜 그렇듯 믿을 수 없는 배반을 했는지에 대해서 오스트리아의(그리고 국제적으로도) 대중은 장황하고 폭넓은 의문을 품게 될 것이고, 이런 상상을 하는 것만으로도 그야말로 참을 수 없었던 것이다. 레들을 즉각 구류시키는 대신에, 자살을 하고 싶다는 레들의 소원을 들어주었다. 대중이 이 사실을 듣게 되었을 때, 그의 죽음은 "알 수 없는 원인"에 의한 것이라고 말할 작정이었다. 여기에서 더 나아가 세상을 완전히 속일 기만 작전도 계획했는데, 군대 계급에 상응하여 장엄한 장례를 치르려는 계획이었다.

다음 날 등록국의 국장 육군 대령 울반스키는 군법재판소의 관리 한 명과 함께 레들의 집을 수색하기 위해 프라하로 갔다. 발견한 증거물은 그야말로 압도적이었다. 레들의 호화로운 삶의 방식, 계좌에 입금된 많은 금액, 이 모든 것은 탐욕스럽게 돈을 밝히다가 배반한 범죄자를 암시하고 있었고, 어쩌면 또한 진급이 제때에 되지 않자 자존심에 상처를 받아서 배반자가 되었을 수도 있었다.

일련의 일처리를 엉망진창으로 하는 바람에 군 지휘관들의 은폐 행동이 빠르게 무너졌다. 이미 5월 29일, 레들을 폭로한 지 겨우 닷새 후, 언론은 이중간첩이 자백한 뉴스를 보도할 수밖에 없었다. 이제 실패한 은폐라는 스캔들이 스파이 사건과 나란히 보도되었다. 처음에 최고급 장교를 다루는 방식을 허용한 황제 프란츠 요셉 외에도 그의 후계자로 추정되는 프란츠 페르디난트(1863~1914. 1896년부터 오스트리아-헝가리의 왕위 계승자였으나, 1914년 사라예보에서 암살되었다—옮긴이) 역시 정보를 받게 되었을 때, 그야말로 마른하늘에서 천둥이 내리쳤다. 이 왕위 계승자는 그만 광란의 발작을 일으켰던 것이다. 육군 대령 울반스키는 높은 분들의 분노와 언론의 조롱을 만족시키기 위해 "희생"될 수밖에 없었다. 그는 레들의 집을 수색할 때, 러시아 비밀문서에 관련된 필름이 들어 있던 사진기가 벼룩시장에 팔려나간 사실을 간과했던 것이다.

레들이 실제로 무엇을 누설했고 이로 인해 어떤 군사 계획과 그 밖의 비밀을 수정해야만 했는지에 관해서는 의문이 남아 있다. 그의 경력만 보더라도, 누설한 비밀들이 얼마나 대단했을지 가늠하게 해준다. 1894/1895년 레들은 철도국에서 일했고, 이곳에서 이동과 보급에 관한 모든 문서를 얻을 수 있었다. 1900년부터 그는 등록국에서 러시아 정찰 그룹에 관련된 일만 했다. 이로써 그는 러시아에서 오스트리아를 위해 일하는 모든 정보원을 알게 되었다. 훗날 그는 방첩부에서 일했는데, 이 때문에 러시아 측은 늘 정보원들을 레들에게 넘겨주었다. 그러니까 러시아는 더 이상 이용할 가치가 없는 정보원이나 또는 정보원의 정체가 폭로되어서 특별히 중요한 문서를 보호할 목적으로 레들에게 넘겨주었다. 러시아 스파이들과의 전쟁에서 이와 같은 "성공"을 거두자 레들은 빈에서 특권을 누리게 되었고, 이러한 특권 덕분에 접근하기 힘든 군사기밀을 누설하는 배반자로 계속 일할 수 있었다. 그는 이런 군사기밀을 러시아뿐 아니라 이탈리아와 세르비아에도 제공했다. 이런 활동을 언제부터 시작했는지는 명확하지 않았다. 그의 자백에 따르면 1910년과 1911년뿐이라고 하지만, 그의 은행 계좌에 1907년부터 수상한 돈이 입금되어 있었다. 빈에 주둔해 있던 러시아 참모부가 1905년 러시아 황제에게 보고한 내용에는 1907년 레들이 언급한 내용도 포함되어 있고, 덧붙여 레들을 호색가라고 표현한 부분도 있다. 이와 반대로 또 다른 간접 증거들은 레들이 동성애자였다는 암시가 있었다.[31]

진짜인지 아닌지 모를 레들의 동성애 취향과 (진위 여부가 확인되지 않은 바의) "갑작스러운 정신질환"으로 인한 자살은 오스트리아 비밀조직이 의도적으로 위장해서 내보낸 정보였다. 이런 위장 정보를 통해서 대중, 동맹국들(특히 독일)과 러시아인에게 레들 사건이 대수롭지 않은 일이라고 왜곡하고자 했던 것이다.

결과는 그야말로 양측 모두에게 혼란을 불러일으켰는데, 적은 자신의 행진 계획을 그래도 실행해야 할지 아니면 몰래 수정해야 할지 알 수 없었다. 그리하여 러시아는 1914년 레들로부터 얻은 오스트리아의 계획을 참고한 반면, 오스트리아는 자신들의 계획을 변경했고 부분적으로 유지하기도 했다. 따라서 레들의 배반이 러시아와의 전쟁에서 오스트리아가 참패를 당하게 된 원인인지 아닌지는 결정적으로 말할 수 없다. 어쨌거나 1913년에 의도적으로 흘린 위장 정보는 효과가 있었던 것 같다. 러시아 문서실은 여전히 출입이 제한되어 있다는 사실을 바탕으로 해서, 결코 발

견되지 않은 제2의 오스트리아 배반자가 있는 게 아니냐는 의심이 생겨
났다.

악용된 애국자

우리는 전혀 다른 형태의 사건을 프랑스 드레퓌스 사건에서 만나게 된다.
1894년에 시작했고 그 효과는, 믿을 수 없게 들리겠지만, 오늘날까지 감
지할 수 있을 정도다. 이 사건은 **실제의** 비밀 누설과 전혀 관계없는 사건
으로, 나중에 증명되었으나 유죄 판결을 받은 참모부 소속 대위 알프레드
드레퓌스는 그 어떤 반역도 저지르지 않았다. 오히려 군사 기밀조직, 군
지휘관, 높은 지위의 정치가, 언론과 법정이 나서서 저지른 수치스러운
스캔들이었다. 독일을 위해 첩보행위를 했다는 이유로 1894년 12월 드레
퓌스 대위에게 유죄 판결을 내린 뒤에 죄 없는 드레퓌스가 다시금 복권될
때까지 12년이라는 세월이 걸렸다. 비록 복권되기 수년 전에 그의 무죄에
대한 증거를 책임자들이 알고 있었거나 알고 있어야만 했는데도 말이다.

어떻게 그런 일이 발생할 수 있었을까? 1894년 9월 26일 여자 청소부
마리 바스티안(가명 오귀스트)은 자신에게 임무를 내려주는 프랑스 참모부
소속 비밀정보부에 놀라운 문서를 제공했다. 그녀는 5년 전부터 파리에
있는 독일 대사관에서 일했고, 쓰레기통이나 열려 있는 금고에서 문서를
꺼내어 근처에 있는 교회에 넘겨주었다. 그녀 때문에 이미 독일 참모부
직원 한 명이 달갑지 않은 인물(persona non grata)로 찍혀서 프랑스를 떠나
야 했다. 그리고 군비 분야에서 일하던 프랑스인 두 명은 마리가 반역자
임을 증명할 서류를 넘겨주는 바람에 소환되었다. 이번에는 참모본부의

서류에 접근 가능한 프랑스 장교로부터 나온, 이른바 프랑스 군사문서를 손 글씨로 쓴 목록이 문제가 되었다.

육군 방첩대장 장 상데어(Jean Sandherr) 대령과 정보국(Deuxième Bureau) 소속 부하직원들은, 목록을 작성한 혐의를 드레퓌스에게 씌우려고 노력했다. 그는 이전 해부터 고정된 업무도 없이 군대의 여러 부서를 오가면서 장교로 있었고 그리하여 군대 전체를 조망할 수 있었기에 말이다. 우선 드레퓌스는 참모본부에 확고하게 자리를 잡은 기득권자가 아니었다. 따라서 그의 몰락은 군의 "시스템" 전체를 흔들어놓지는 않으리라 예측했다. 두 번째, 드레퓌스는 알사스 지방 출신의 유대인이었는데, 이 두 가지만으로도 독일에 비밀문서를 넘겨주었다고 추측해볼 수 있었다. 세 번째, 사람들은 드레퓌스를 통해서, 이중간첩으로 독일과 함께 모험적이고 의도적인 혼란을 불러일으켰던 또 다른 장교에 대한 의심을 다른 방향으로 돌릴 수 있었다. 프랑스 군사 역사학자 장 두아즈가 연구한 바에 따르면, 사람들은 독일에 포병대 화포에 대하여 거짓 정보를 넘겨줌으로써 최신 개발된 75밀리미터 곡사포를 비밀에 부칠 목적이었다.[32] 이러한 가설에 의하면 드레퓌스는 지극히 많고도 애매한 비밀 작전의 희생자였을 가능성이 많으며, 반유대인 성향의 언론과 대중이 선보인 실험실의 토끼였다.

나중에 밝혀지게 되듯이, 정보부 장교들은 실제로 문서를 조작해서 이것을 다른 위조문서와 함께 드레퓌스의 서류 안에 몰래 집어넣었다. 재판에서 사용할 목적으로 말이다. 어쨌든 장 두아즈의 명제는, 왜 드레퓌스가 완전히 명예를 회복한 뒤에도 모든 범인과 사실을 알고 있던 자들이 처벌되지 않았는지 설명해줄 수 있다. 육군 소령 앙리는 나중에 가서, 자신이 위조한 편지를 다른 문서들과 함께 드레퓌스의 서류에 끼워 넣었다고 자백했다. 심지어 손 글씨로 베껴 쓴 필적이 드레퓌스의 것인지 아닌지를 감정했을 때조차도 판정하는 사람들은 일치된 의견을 내놓지 않았다. 그럼에도 이 서류는 국가기밀로 평가되었고, 이런 이유로 피고인 드레퓌스는 물론 그의 변호사조차 열람할 수 없었다. 드레퓌스는 종신형을 선고받고 유형지 가이아나로 추방되었다. 이 악마의 섬은 바로 더스틴 호프만이 출연했으며 소설을 영화로 만든 〈빠삐용〉(1973)의 무대다. 그 전에, 1895년 1월 5일, 그는 파리군사학교 명예전당 관계자들로부터 강등당했다.

100년이 더 지나서, 그러니까 1998년 대통령 자크 시라크는, 이와 같이 수치스러운 행동을 기억하게 하는 기념 현판의 덮개를 벗겼다. 그런데 드레퓌스는 이미 1895년 여름에 방첩대장이던 육군 대령 장 상데어의 죽음으로 명예를 회복하기 시작했다. 그의 후임자 조르주 피카르 중령은 역시 독일 대사관의 쓰레기통에서 주웠다는 에스테라지 소령에게 보낸 편지를 보고서는, 의심을 품게 되었다. 에스테라지는 모험이 가득한 경력의 소유자로서, 바티칸에서 낯선 지역까지 근무한 사람이었다. 그리고 그는 앙리 소령과도 친밀한 사이였다.

드레퓌스 소송 기록에서 나온 문서들과 비교해보니, 에스테라지의 필체가 독일에 비밀을 누설했다는 "목록"의 필체와 그야말로 똑같다는 사실이 눈에 띄었다. 게다가 방첩대장 피카르 중령은 앙리 소령이 병적으로 유대인을 싫어한다는 사실을 알고 있었으며, 앙리와 매우 가까운 자가 군사정보부의 재정 관리자로 있으면서 사기 사건을 일으켰던 사건도 떠올렸다. 피카르는 이로써 진정한 반역자는 바로 에스테라지라는 점을 암시하는 늪과 마주치게 되었는데, 비밀 첩보 활동이 보여준 사악한 짓거리의 늪이었다. 피카르는 1896년 8월 이 사실을 프랑스 국방부장관에게 알으나, 장관은 이 사실을 받아들이기는커녕 오히려 피카르를 참모본부장에게 보냈다. 참모본부장은 마침내 피카르에게 호통을 쳤다. "당신만 입다물고 있으면, 그 누구도 알 수 없을 것이오." 피카르는 튀니지로 좌천되었고, 문서를 조작한 앙리는 군정보부 부장으로 승진했다. 이로써 분명해진 것은, 이 사건은 음모였음이 틀림없다는 사실이다.

피카르는 위험한 결정을 내렸고, 그리하여 파리에 살고 있으며 친하게 지내던 변호사를 방문한 김에 이 변호사를 통해서 상원의원 부의장이던 쇼이러-케스트너(알사스 사람)를 접촉하려고 했다. 처음 시도는 실패했는데, 에스테라지에 대한 사기 재판에서 에스테라지가 무죄를 받았던 것이다. 이 재판에서 목격자이자 은행원이 신문에 폭로한 "목록"이 사실은 에스테라지의 필체와 동일하다고 주장하며 제기한 소송이었다. 군부나 아니면 정치(혹은 둘 다)가 법정에 영향을 끼쳤는지 여부는 불확실하다. 어쨌거나 피카르는 이로부터 얼마 후 체포되었고 비밀 누설죄로 기소되었다.

이와 같은 물의를 일으킨 과정을 담아 유명한 작가 에밀 졸라는, 1898년 1월 13일 신문 〈로로르(여명)〉지에 프랑스 대통령에게 편지를 보냈다. 이 편지의 제목은 "나는 고발한다"였다. 에밀 졸라는 사건의 책임은 참모본부에 있으며 에스테라지를 진짜 반역자라고 지명했는데, 이로 인해 에밀 졸라는 벌금형과 1년 감금형을 당했다.

이제 프랑스 민중이 들끓기 시작했는데, 정치계에서뿐 아니라 가족 간에도 의견 충돌이 일어났다. 사람들은 드레퓌스파이거나 아니거나 둘 중 하나였다. 반(反)유대주의의 물결이 프랑스 전 지역에 몰아쳤다. 졸라 이후에 피카르 역시 유죄 판결을 받았다. 하지만 그의 재판에서 드레퓌스는 전환기를 맞이하기 시작했다. 목격자의 신분으로 등장한 장군 한 명이 (무심코) 비밀문서 하나가 있다고 언급했던 것이다. 그러니까 드레퓌스 재판에서 공식 증거 자료로 제출되지 않은 비밀문서였다. 이로써 사건을 다시 심사해야 할 공식적 원인이 생겨났다. 그러자 앙리 대령은 국방부장관에게 자신의 위조 행위를 인정하고 자살했다. 국방부장관도 물러났다. 에스테라지는 벨기에로 도망갔고 1년 후 "목록"을 작성한 사람이 바로 자신임을 자백했다. 프랑스가 그의 소환을 신청하지 않았는지 모르겠지만 그는 훗날 영국에서 살았다.

1899년 여름에 피카르는 풀려났고 드레퓌스는 상고 법원에서 재판을 앞두고 있는 바람에 가이아나섬에서 돌아왔다. 드레퓌스는 1899년 9월 새로 판결을 받았으며, 이번에는 "겨우" 10년 형을 받았으나 대통령의 특사로 석방되었다. 마침내 상소 법원은 이 판결을 폐기했다. 1906년에야 비로소 프랑스군은 명예를 회복한 드레퓌스를 군인으로 다시 받아들였고, 90년이 지난 1995년에야 비로소, 군은 공식적으로 드레퓌스가 "군의 음모"에 희생되었다는 사실을 발표했다. 이렇게 잘못을 인정한 군과는 달리 수치스러운 역할을 했던 법원은 망각 속으로 사라졌다.[33]

1900년 이래 관료적이며 기술에 바탕을 둔 현대적 비밀 정보업

제1차 세계대전이 발발하기 전에 비밀 활동은 왜 그토록 놀라운 속도로 발전했던 것일까? 이와 같은 의문에 대하여 당시 보안정책이 어떤 상황이었는지 살펴보면 답이 나온다. 빈 회의(1814~1815)로부터 5개 강대국에 의해 지배되는 유럽 국가 체계가 등장했다. 그들은 함께 혁명적 소요에 맞서 싸웠으며, 특히 이탈리아, 에스파냐와 심지어 진압군을 개입할 정도였던 폴란드에서 그러했다. 가능하면 "합법적" 세습 군주를 유지하거나 다시 왕좌에 앉히기 위해서였다. 영토와 왕권이 바뀔 경우에는 모든 강대국의 동의가 필요했다. 이로써 두 가지 기본 원칙이 결정되었는데, 유럽 군주들의 안위를 확실하게 지키고 이와 동시에 유럽에서의 헤게모니를 둘러싸고 벌어지는 전쟁을 방지하겠다는 원칙이었다.

하지만 이와 같은 평화질서는 1848년 유럽 혁명이 진행되는 동안 당연히 끝나고 말았다. 왜냐하면 이제 3개 강대국(프랑스, 프로이센, 오스트리아)이 국내에서 불안정해졌기 때문이다. 그리하여 공동으로 군사적 행동을 취하기도 불가능했다. 1853~1856년 사이에 일어난 크림 전쟁에서 프랑스와 영국은 몰락의 위협을 받는 오스만 제국을 희생시켜서 영토 확장을 노린 러시아에 맞서 싸웠다. 이는 다음과 같은 사실을 암시했다. 즉, 이 세 국가는 황제국가로서 유럽 외부 혹은 가장자리에 놓여 있던 특정 이익을 추구한다는 의미였다. 부분적으로만 단일민족국가였던 프로이센은 개입하지 않고 조용히 있었다. 다민족으로 이루어졌지만 또한 독일인 단일민족국가인 오스트리아도 마찬가지였다.

5개 강대국 체제가 1848년 혁명에서 국내정치의 안정을 위한 도구로서도 쓸모가 없어지고 크림 전쟁에서 유럽의 영토 문제를 해결하지도 못하게 된 이후에, 1866년 프로이센-오스트리아 전쟁에서도 실패했다. 유럽의 한가운데에서도 말이다. 프로이센은 기습적으로 독일 연맹의 해체를 강요했다. 이로써 1815년 빈 회의에서 마련한 중앙유럽의 평화질서는 산산이 부서졌다. 연방에 소속되었던 작은 왕국인 피에몬테-사르디니아(프로이센의 동맹국)는 합스부르크 왕가의 지배를 당하던 베네치아 공화국을 빼앗기 위해, 당시 약세에 몰려 있던 오스트리아의 약점을 이용했다. 이 전쟁에서 다른 강대국들에게 물어보지 않고서 문서를 작성했던 것이다. 1866년 프로이센의 전격전(쾨니히그레츠 전투. 프로이센과 오스트리아 전쟁 중에 프로이센이 보헤미아의 도시 쾨니히그레츠 북서쪽의 자도바 마을에서 벌인 전투로, 프로이센이 대승을 거두었다—옮긴이) 역시 완전히 끝난 뒤에 연맹에 알렸으며, 프랑스 사람들은 이 전투를 "자도바(Sadowa)의 수치"라고 불렀다(전투가 일어났던 쾨니히그레츠 대신에 자도바라는 이름을 사용한 것은 뵈멘 동쪽 지역의 비독일적 성격을 강조하고자 했다고 한다). 승인 의무라는 금기가 이제는 최종적으로 깨졌고, 비슷한 방식으로 1870/1871년 조금 더 규모가 큰 독일-프랑스 전쟁이 유럽의 무대에서 펼쳐졌다. 오스트리아는 1867년 북독연맹의 설립으로 이미 "독일"에서 축출되었다. 이제 영국이 프랑스를 위해서 개입하는 것을 거절했다. 크림 전쟁으로 매우 약해진 러시아가 조용히 있기만을 바랄 뿐이었다. 이런 바람은 이루어졌다.

이제 "유럽 평화 체계"가 더 이상 없다면, 특히 강대국 사이에 전쟁 없이 영토상의 변화가 일어날 수 있던 절차가 더 이상 없다면, 각국은 **독자적으로** 자신의 안전을 확보해야만 했을까? 이런 정치는 매우 위험해 보였는데, 특히 프로이센이 1871년 빚어낸 새로운 독일 제국(Deutsches Reich)이 그랬다. 이 독일 제국은 강대국들 가운데 3국의 국경과 인접해 있었으니 말이다. 유럽 권력정치의 구조가 어떻게 변하게 되었는지에 대한 대답으로, 1815년의 "유럽 콘서트" 대신에 동맹을 맺는 정치가 발달하게 되었다. 1879년 독일-오스트리아 2국 동맹이 그 시작이었다. 마지막을 종식한 동맹은 1912년 7월에 체결된 프랑스-러시아 해양 협정과 1912년 11월 파리와 런던 사이에서 만난 군사 합의였다. 이 군사 합의는 원래 1904년 식민지 통치자 영국-프랑스가 체결한 영불협상(Entente Cordiale)을 군사동맹으로까지 확장한 것이었다.

이렇듯 국가와 국가가 동맹을 맺는 긴긴 과정은 결국 제1차 세계대전을 불러오게 했을 수는 있겠지만, 그렇다고 해서 필연적이지는 않았다. 그리고 그와 같은 과정은 군사 무장과 전문화를 더욱 강화했을 뿐 아니라, 1900년 이후에는 스파이들에 대한 히스테리를 공공연하게 드러내게 되었다. 이러한 히스테리의 배후에는, 이런저런 강대국이나 혹은 동맹국들이 갑자기 공격을 해와서 깜짝 놀랄 승리를 거두는 것은 아닐까, 하는 두려움이 도사리고 있었다. 또는 (보다 장기적 전략을 이용해서) 우월한 군비 전략과 동원 전략을 통해서 따라잡지 못할 수준의 군사적 우위를 점하고,

이로 말미암아 전쟁을 치르든 그렇지 않든 이 우위를 점한 강대국에게 자신의 의지를 강요받는 상황이 오지는 않을까, 하는 두려움이 깔려 있었다. 이 두 가지 두려움의 결합이, 일련의 지극히 위험한 정치적 결정과 연결되어, 결국 1914년 8월 전쟁을 일으켰다.

군대뿐 아니라 외교관들에게도 더 안전한 정보를 제공하는 비밀 업무가 진행되었더라면, 이와 같은 전쟁을 막을 수 있었을까? 이런 질문에 완벽하게 대답할 수는 없지만, 질문은 우리의 주의를 끌 만하다. 우선 당시에는 물론 오늘날까지도 대중적인 두 가지 이론이 사건이 진행됨으로써 반박당했다. 레닌(그리고 많은 다른 사람들)의 주장과는 반대로 유럽 강대국들의 식민지 정책이 세계 전쟁을 일으키지는 않았다. 온갖 국제적 위기에도 식민지 보유국들은 지극히 격렬한 경쟁을 통제할 수 있었다. 1904년 영국-프랑스 합의와 페르시아와 북인도 국경 지역에 관해서 1907년에 맺은 영국-러시아 협정이 증명해주듯 말이다. 1914년 6월에만 하더라도 독일의 바그다드 철도를 고려해서 독일-영국의 협력이 이루어졌다. 런던이 항상, 이와 같은 철도 건설은 근동으로부터 얻게 되는 영국의 이익과는 상반된다고 주장했지만.

이런 종류의 "식민주의이론"은, 만일 이런 이론을 국내정책으로까지 확장해서, 식민지 보유국이 자신들의 국내 위기를 국외로 투사한 것("사회제국주의")이라 주장한다면, 덜 정확할 것이다. 실제로 당시의 개인자본주의는 예상치 못할 정도의 경제성장을 체험했고, 이로써 정치적 문제를 만들어냈다. 그러니까 급속한 민주화는, 어떻게 새로운 부를 "사회적으로 공정하게" 분배할 것인가, 하는 문제를 던졌던 것이다(이에 대한 부분적인 답변은 1914년 이전부터 투입된 사회주의 국가 정책이었다). 스스로를 자주 "제국주의자"라 불렀던 이들에 대해서 분명 자체적 의심도 있었다. 어떤 이들은 식민지 확장은 경제적으로 손해를 보는 사업이라고 말한 자유주의 경제학자 존 홉슨의 말을 믿었고, 또 다른 이들은 민주화와 식민지 정책은 장기적으로 양립할 수 없다고 말한 보수적인 알프레드 밀너의 말을 믿었다. "단순한 국민"들은 식민지 지역에 들이는 많은 투자와 높은 경영비용을 용납하지 못할 것이라고 했다. 하지만 사실은 정반대였다. 모든 계층의 국민이 군대와 전함에 열광하듯 식민지에 열광했다.

1914년 이전에 대부분의 정치적 폭탄을 터뜨린 주인공은 제국주의나 혹은 자본주의의 성장 위기가 아니라, 엄청난 기술적 진보였다. 기술적 진보는 복지의 분배라는 문제를 확대했는데, 점점 더 많이 분배를 해야만 했기 때문이다. 게다가 기술적 진보는 빠른 속도로 항상 새로운 군사적 위험을 만들어냈다. 화력과 무기의 도달 거리와 이와 연결된 현대적 커뮤니케이션 기술들이 정치가 이를 이해하고 "소화해내는" 속도보다 훨씬 빨리 발전했다. 우리는 이런 상황을 단순한 공식으로 설명할 수 있다. 즉, 정치는 급속한 경제성장과 빠른 기술의 발전에 의해 과도한 요구를 받게 되었다고 말이다.

예전에 영국 해군이 바다를 지배하던 곳에, 이제는 현대적인 일본 함대, 미국 함대와 독일 함대가 마구 돌아다녔던 것이다. 그야말로 완전히 낙후되고 소외된 일본이 1905년 놀랍게도 러시아라는 거대한 제국과 싸워 승리를 거두었다. 그때까지 국내 문제에만 몰두해 있던 미국은 몇 년 만에, 세계에서 두 번째 규모의 함대와 태평양에서는 물론 중부아메리카에 있는 영토로 세계적인 강대국으로 부상했다. 그런가 하면 유럽의 새로운 산업거인이 된 독일은 대규모 전함으로 따지면 세계에서 다섯 번째(영국, 미국, 러시아, 프랑스 다음으로)였으나, 성급한 이 제국은 20년도 채 안 되어 이런 함대를 직접 건조하기 시작했다. 독일 전함보다 더 위협적인 것은 독일 군수산업의 잠재력이었다.

이런 의미에서 부(富), 기술적 진보와 민주화는 지금까지의 사회질서에 늘 새로운 불안을 가져왔다. 사람들은 독일, 러시아(1905년 혁명 이후부터), 오스트리아와 프랑스에서의 사회주의 성향의 국회 원내교섭단체가 빠른 시일 내에 성장한 점을 주목했다. 또한 아일랜드의 독립운동과 영국에서 여성 선거권을 요구하면서 일어난 동요도 주목했다. 이와 같은 저항운동은 오로지 빠른 경제성장과 정치 분야에서의 민주화와 자유화가 증가한 배경에서만 발전할 수 있었다. 과장해서 말한다면, 당시의 위기는, 우리가 이 개념을 사용하고자 한다면, 성공으로 인한 위기이며 마르크스가 50년 전에 믿었던 것처럼 그리고 레닌과 광신적이며 그와 동시대를 산 동지들이 여전히 주장한 것처럼 경제 실패나 또는 사회적 실패로 인한 위기가 아니었다.

물론 주관적으로 보면, 당시 제후, 정치가, 군부와 지식인의 정치적 불안을 주시한다면, 위기라는 개념을 당연히 사용할 수 있다. 또한 무엇보다 무정부주의의 테러와 다양한 국가 그룹(아일랜드, 폴란드, 보스니아 등등)의 분리를 통제해야 했던 국내의 비밀조직을 개설할 때도 위기라는 개념을 사용할 수 있다.

이와 동시에 그리고 이런 국내의 긴장상태(또한 "위기")와의 상호작용으로 군 장비가 확장되었는데, 특히 훨씬 더 신속한 군의 투입과 화력이 불안을 증폭시켰다. 이때 내란이 일어나면 1848년의 혁명이나 1870년대 파리 시의회 봉기 때와는 달리, 더 이상 보병 부대는 개입하지 않았다. 국내의 동요를 진압할 때면 이제 현대화되고 비밀경찰 활동을 할 수 있는 경찰과 국가안보군이 동원되었다. 특히 러시아와 영국에서 그러했다. 병역의무자들로 구성된 대규모 군대는 사회화가 일어나는 굉장한 중개소의 역할을 했는데, 이런 군대에서 지역 출신자들은 새로운 국가에 녹아들어 가야만 했다. 물론 그러는 가운데 다양한 혼란이 있었을 텐데, 예를 들어 명령어 러시아어와 독일어는 다민족으로 이루어져 있고 동유럽에 위치한 두 개의 국가에서는 누구나 이해할 수 있는 언어가 아니었기 때문이다. 하지만 적어도 이 두 국가를 위해 어느 정도의 통합과 충성심이 퍼져나가 기 시작했다.

이로써 다민족국가는 처음으로 평화로운 시기에 군사정책과 국가의 외 적 안전에 대한 현안에 참여했다. 이와 같은 민주적 참여는 수많은 군사 연맹과 재향군인회에서 정치적으로 감지되었으며, 거대한 전함 건설─영 국에서는 이런 전함을 드레드노트(dreadnaught)라 불렀다─을 적극 지원 했던 취미연합에도 참여했다. 이처럼 군대에 대한 시민들의 열정에서 나 오는 대중적 군국주의는 저물어가는 19세기에 전형적으로 볼 수 있는 현 상이었다.[1] 하지만 이와 같은 운동에는 군사적·정치적으로 적에 해당하 는 상대에 대한 공공연한 공포심을 일으키는 잠재력이 숨어 있으며 이로 써 전쟁 이전 시기에 "방첩 활동"이 있을 잠재력도 숨어 있다. 소설, 언론 캠페인, 그리고 전혀 죄가 없던 드레퓌스 대위와 톱 스파이였던 육군 대 령 레들의 사건에서 볼 수 있듯이 스파이들이 불러일으킨 스캔들에는 그 와 같은 방첩 활동이 드러나 있다.

강대국들이 치는 포커와 아마추어에 머문 비밀 활동

그처럼 공포를 조장하는 캠페인은, 군사비용이나 정치 지도자와 군사 지 도자들의 결정에 영향을 주기 위해 관련 정부 조직이나 개인들로부터 부채질을 당했다는 점은 의심할 나위도 없다. 그런 일은 충분히 가능했을 텐데, 정부가 실제의 위협은 물론이거니와 잠재적인 적이든 실제상의 적이든 이들의 군사적 능력과 의도에 대해 가지고 있던 정보가 너무 형편 없었기 때문이다. 19세기 말 무렵에 등장한 군사 정보 업무에 종사한 인력은 1945년 이후에 이 활동에 종사한 인력과 비교한다면 지극히 소수에 불과했다.

이는 가장 강력하고 "세계화되어 있던" 강대국인 영국에서도 마찬가지였다. 원수(元帥) 래글런 경이 1854년 크림 전쟁에 출정했을 때, 군사비밀 정보원은 한 명도 없었다. 심지어 러시아 남부의 지도조차 가지고 있지 않았다. 우회로를 거쳐 러시아 지도와 오스트리아 지도를 손에 넣기는 했다. 명령을 내리는 영국의 지휘자가 해당 지역에 군 소속의 관찰자(scouts)를 두지 않았기 때문에, 러시아 동맹군들이 어디에 있는지 몰랐다. 1885년에야 비로소 설치한 런던 국방부 소속 "지형 및 통계부서"는 외국의 제복을 기록하는 업무를 진행하면서 아주 작은 사무실에서 출발했는데, 나중에는 중요한 국가들의 군대에 관한 지도와 정보를 체계적으로 수집하기에 이르렀다. 하지만 사람들은 또다시, 이 분야에 관해서는 다른 유럽 국가들이 우월하다는 사실을 확인해야만 했다.[2] 영국 군대는 나폴레옹을 대상으로 전쟁을 치른 이후에 식민지에 산재해 있던 과제를 해결하는 데 집중했기 때문에, 군 지도부는 유럽에서의 군사적 발전에는 조금밖에 관심을 기울이지 못했다. 1904년에야 비로소 영국은 프로이센을 본보기로 삼아 참모본부를 설립했다.

심지어 영국 해군조차 부수적으로 비밀 업무와 관련된 정보를 수집했는데 영국이 전 세계 해양에서 엄청난 우위를 점하고 있었기에 다른 나라의 배들로 인해 골치를 썩어서는 안 된다는 의도에서였다고 본다. 1870년대 신문에 실린 내용에 따르면, 사람들은 프랑스 함대와 러시아 함대에 관해서 아는 게 너무 적다고 불평했다. 원래 해양지도를 담당하던 수로 (水路) 부서가 다른 강대국들의 함대에 관한 정보를 부수적으로 수집해야 했다. 이와 동시에 영국의 해외무역에 위협적 요소가 증가했음이 관찰되었다. 영국 해양 부문 언론인 존 콜럼이 1881년 왕립국방안전보장연구소 (Royal United Service Institution: 국내·국제 보안 문제를 연구하는 영국의 독립적인 연구기관이다―옮긴이)에서 한 강연에서 경고했듯이, 영국은 포괄적인 해양비밀 활동이 필요했다. 1883년에야 비로소 자그마한 사무실을 설치했으며, 이곳에 처음에는 장교 한 명, 비서 두 명과 복사 전담 직원 한 명만 근무했다. 3년 뒤 윌리엄 홀 선장이 진두지휘하는 부서가 함대 사령부 소속으로 배치되었지만, 그 효율성은 아직 증명되지 않았다. 1888년 초에 런던 신문은, 지중해에 있는 프랑스 함대가 움직이려 한다는 뉴스를 내보냈으나, 홀은 이와 같은 과정을 관찰하지 못했고 그리하여 정부에도 적시에 알리지 못했다(독일 정부와 이탈리아 정부에 이런 사실을 물어봐야만 했다). 얼마 후, 정보원 한 명이 프랑스가 영국에 침입할 준비 과정으로 영불해협에서 철도를 건설하고 있다는 보고를 했을 때, 영국은 그야말로 경악했다. 프랑스어를 거의 못하는 영국 장교는 이 소식이 진짜인지를 확인하라는 임무를 받고 그곳에 파견되었다. 그는 이 보고가 의도적 선동이었음을 밝혀내는 데 성공했다.[3]

　19세기 후반 가장 뛰어난 영국 비밀 활동 조직은 국방부에 있었다. 이 조직은 1857년에 대대적으로 일어난 인도의 반란 이후에 식민지, 특히 북인도 국경 지역에서 특별한 임무를 맡았다. 하지만 다른 영역에서는 적극적인 활동을 펼치지 않았다. 1880년대 이집트와 수단에서 일어난 전쟁들로 말미암아 군대에도 비밀 정보 업무가 있어야 할 필요성이 부각되었

고, 그리하여 1887년 처음으로 군사정보국(Director of Military Intelligence)
이 생겼다. 육군 소장 헨리 브래컨버리가 이 부서의 국장을 맡았으며,
1870/1871년에 발발한 독일-프랑스 전쟁 때 이 전쟁을 관찰했고 프로이
센의 참모부를 본보기로 삼아 런던에도 도입하고자 했다. 그는 최초로 비
밀정보국장의 신분으로 최고사령관에게 직접 설명할 권리를 가지게 되었
다. 이듬해 그는 심지어 육군 중장으로 진급했다.[4] 정보 업무가 점점 명성
을 얻게 된 것이다.

그 밖에도 이집트와 수단에는 원수(元帥) 키치너 경이 비밀 업무의 사명
을 안고 그곳으로 이동 중이었는데 이것은 이제 정보 업무의 지휘관은 상
이군인과 낮은 계급의 장교로서는 충분하지 않다는 표시였다. 특이하게
도 정보부(Intelligence Department)와 외무부의 협력이었는데, 사람들은 이
협력은 국방부와의 협력보다 더 나을 때가 많다고 말했다. 이렇듯 정보부
와 외무부의 협업 덕분에 영국은 북인도에서의 러시아 위험에 대한 예측
을 잘 해낼 수 있었다. 인도 정보부(Indian Intelligence Branch)가 러시아의
공격에 대한 징조를 다수 관찰한 반면, 외무부는 냉정하고도 침착하게 관
찰했다. 1891년 브래컨버리는 인도의 정보부에서 활동하는 예민한 동료
들을 진정시키라는 과제를 안고 인도로 파견되었다.

또한 군사 정보 활동은 정보부의 일을 한정된 의미에서만 사용하도록
했다. 사실 정보 수집은 정보원들에게서 나오는 경우가 드물었다. 오히려
잡지, 군사 기술 관련 전문서적이나 신문에서 공개적인 정보를 통해 얻는
경우가 훨씬 많았다. 이러한 정보 수집을 통해 1886년까지 4만 권의 도서
가 탄생했고, 매년 5000권 이상 늘어났다. 책과 언론의 기사는 발전한 듀
이 10진 분류법에 따라 정리되었기에, 효과적으로 정보를 이용할 수 있었
다. 이로부터 생겨난 변종이 바로 영국 박물관의 장엄한 도서관에 적용되

었다. 하지만 군대 도서관을 지키던 사서는 평범한 군인이었고 야간대학에서 공부를 마쳤음에도 사람들은 그를 존중하지 않았다. 그러자 군 도서관 사서는 복수심으로 프랑스 정보부에 온갖 비밀 자료를 팔아넘겼는데, 바로 국방부장관실의 자료함에 들어 있던 자료들이었다. 이런 일을 하면서 사서는 너무 영리하게 행동하는 바람에 사람들은 그의 배반을 증명할 수 없었다. 그는 "직무상 과오"를 범했다는 이유로 해고되었다.[5]

이처럼 공개된 자료로부터 정보를 수집하는 것에 비해 정보원들의 도움으로 정보를 수집하는 경우는 예외적이었다. 정보부 회원들이 필요한 지역으로 출장을 가기는 했으나, 그 지역에 있는 정보원들과의 접촉은 거의 없었다. 해당 지역에서 활동하는 정보원들을 위해 지불할 예산이 전혀 편성되지 않았기에, 애국심으로 무장한 아마추어들과 접촉해야만 했다.

실제로 당시 영국의 장교들 가운데 특정 지역에서 비밀 활동을 하고 싶어 한 사람들이 있었다. 가장 잘 알려진 사람으로는 1857년에 태어난 로버트 베이든파월(1857~1941. 영국의 군인이자 작가, 스카우트 운동의 창시자—옮긴이)로, 바로 보이스카우트의 창시자다. 그에게 보이스카우트에 대한 세계관은 스파이가 체험하는 아마추어적 탐험과 밀접하게 연관되어 있었다. 베이든파월은 1910년까지 인도와 아프리카에서 근무했고, 아프리카에서 일어난 보어 전쟁 때 유명한 전쟁영웅으로 인정받아 육군 소장으로 승진했다. 1884년 베이든파월은 첫 번째 저서 《정찰과 스카우팅(Reconnaissance and Scouting)》을 출간했다. 여기서 스카우트라는 개념은 나중에 그가 만든 청소년 운동과 전혀 상관이 없고, 정찰하는 군인을 가리켰다. 이로써 적의 영토에서 혹은 적(또는 상대방)의 근처에서 전략적으로 군사 정찰활동을 하는 사람들을 위한 안내서가 나왔다. 나이가 들자 그는 이런 활동에 열정을 가졌던 과거를 돌이켜보았다. 과거에 그는 나비를 수집하는 사람의 복장으로 변장해서 달마티아 해변으로 여행을 갔다. 거기에서 형형색색의 날개가 달린 나비가 아니라, 해변의 요새를 그렸던 것이다. 특히 그는 총포의 수와 구경(口徑), 그리고 겨냥하고 있는 방향에 관심이 많았다.[6]

특이한 점은 그의 주장이었다. 즉 가장 뛰어난 스파이는 첩보에 지극히 관심이 많고 무보수로 정찰하고자 하는 아마추어들 가운데서 얻을 수 있다는 것이었다. 심지어 베이든파월에게는 첩보 활동에는 심리치료의 효과도 있는 것으로 보였는데, 그는 지루한 삶에 싫증이 나서 새로운 의미를 찾는 사람들에게 이 일을 추천했기 때문이다.[7] 사람들은 이런 유형의 스파이들을 애국주의자이자 용감하다고 상상해야만 한다. 이런 유형은 낯선 환경에 처했을 때나 낯선 사람들과 교류할 때도 신속하게 적응하며 자연과 연계된 삶을 준비할 줄 알아야 한다. 이와 같은 이상은 스카우트의 이상과 상당히 비슷하다는 것을 알 수 있다. 영어로 스카우트는 둘 사이의 관계를 분명하게 보여주기도 한다. 보이스카우트는 이처럼 스파이 활동이라는 특별한 형태를 준비시키는 교육으로 이해할 수 있다. 베이든파월이 자신이 만든 스카우트를 위해 내세운 슬로건도 그와 같은 의미로 받아들일 수 있다. 슬로건 "Be prepared!"는 "늘 준비되어 있기!"라는 의미와도 상통하지만, 그것보다는 오히려 "늘 깨어 있어라!"로 번역하거나 심지어 "붙잡히지 마라!"고 번역해야만 한다.

베이든파월이 자신을 감추고 은폐하는 재주―빅토리아 여왕이 지배하던 시기의 영국 장교의 이해에 따르면―와 변장을 통해서 얻는 즐거움은 스파이의 또 다른 특징을 보여준다. 하지만 국제적 긴장감이 점점 고조되던 시기 이후에도 변장은 큰 역할을 했는데, 솔직히 변장은 재미있었기 때문이지만 적의 땅에 들어가서 자신을 은폐하는 수단이기도 했다. 심지어 오늘날에도 여전히 존속하는 영국의 해외정보부 MI-6의 전설적인 설립자 맨스필드 커밍 경조차도 일기장에 모든 변장이 마음에 들었다고 기록해놓았다. 그는 또한 일기장에 외국에서 활동하는 정보원들의 변장과 은폐에 대해 기록했는데, 이들 가운데는 초기 소련 연방에서 활동했으며 훗날 전설적인 스파이였던 시드리 라일리와 폴 듀크스도 있다[8](그 밖에도, 1920년 스파이 활동의 노고를 인정받아 기사 작위를 수여받은 듀크스는, 사람들이 "미스 마플"로 알고 있는 여배우 마거릿 러더포드의 첫 번째 남편이다).

19세기 말의 보어 전쟁이 보여주었듯, 영국군은 전략적 군사비밀정보 분야에서 탁월했다. 그럼에도 이 전쟁은 비밀 활동에서는 그야말로 재난에 해당했는데, 런던에 있던 정치 지도부와 군 지도자들이 전쟁 지역에서 올라오는 보고를 적절하게 이용하지 않았기 때문이다. 식민지 장관 조지프 체임벌린(1836~1914. 19세기 영국의 영향력 있는 정치가—옮긴이)은, 현장에서 일하는 군사정보원들이 예상하고 보고한 보어군의 군사력을 알려고 하지 않았다. 그리하여 체임벌린은 소수의 영국 군인을 투입하고자 했다. 이 군대의 지휘관 레드버스 불러 장군은 정보부에서 남아프리카에 대해 정리한 안내서를 보냈으나, 자신은 이미 남아프리카에 관해 모든 것을 알고 있다는 언급을 하고는 읽기를 거절했다. 그런데 보어군은 이 안내서 한 권을 빼내어 미국에서 출간하게 했다. 불러 장군은 1899년 12월 "부활제 전주(前週)"에 많은 부하, 중요한 전투 한 곳과 사령관이라는 지위를 잃었다. 비밀보고서에서 보여준 그의 거만함은 일단 고령(당시 60세)에 식민지 전쟁에서 겪은 경험 때문이라고 볼 수도 있다. 정작 그 자신도 여러 차례 통신장교였는데도 말이다.

그의 후임자이자 일곱 살이나 더 많은 원수(元帥) "밥스" 로버츠는 이와 같은 오류를 반복하고 싶지 않았다. 모든 대대와 중대는 자체 통신장교를 뒤야만 했다. 그의 후임자 키치너 경은 부대 안에 통신센터를 설치하고 전국적인 통신망을 구축했다. 장교 132명이 수천 명의 민간인과 원주민과 함께 전쟁 중인 모든 지역에서 군사적으로 중요한 정보를 수집, 해석과 배포하는 새롭고도 거대한 조직에서 일했다. 그럼에도 수집한 정보는, 자신의 땅에서 유격대원으로 싸웠고 넓은 지역에 대한 지식도 훨씬 많았으며 싸울 동기도 충분한 보어족의 정보 체계와는 경쟁이 될 수 없었다.

1902년 전쟁이 끝난 뒤, 영국의 전쟁 수행은 왜 그토록 형편없고, 끔찍하고, 오랫동안 불행하게 지속되었는지에 대한 조사를 실시했다. 군사 훈련도 전혀 받지 않은 소규모의 보어족을 상대로 해서 승리를 거두기 위해, 왜 45만 영국군이 필요했던 것일까. 왕립 위원회는 부족한 점을 조사했고, 이런 결론에 이르렀다. 즉, 군대의 정보과(Intelligence Division)는 장교 18명(전쟁을 시작했을 때)으로 이루어져서 인원이 매우 부족한 상태였다는 것이다. 게다가 권한을 가진 부서에 소속되어 있는 인원은 고작 두 명이었고, 이 두 명은 지원조차 제대로 받지 못한 상태에서 근무했다는 것이다. 그럼에도 이들은 적시에 보어 전쟁에 대하여 경고했고 적의 군사력과 무장 상태를 정확하게 예측했다는 것이다.[9]

어떤 의미에서는 당시 통신장교들이 기여한 부분도 있는데, 한 남자에게 자신들의 일에 대하여 알려주었다는 점이다. 영국 수상들 가운데 비밀 활동에 관해 가장 많이 알고 있었고 비밀 정보에 대한 열정으로 따지면 그 누구도 뒤따라올 수 없는 남자였는데, 바로 윈스턴 스펜서 처칠이다. 그는 〈모닝 포스트〉지에서 통신원으로 일하면서 이 일을 접하게 되었다. 그는 직접 전쟁에 참여했고 심지어 감방에 갇히기도 했다. 처칠이 회상하면서 인정했듯이, 그는 탐험을 좋아해서 갔다고 한다. 남아프리카의 영국 식민지에 도착한 지 얼마 되지 않아 그는 보어인들이 사는 도시로

가는 군사열차에 탑승했다. 아무도 살지 않는 곳에 이르러 갑자기 습격을 받았고 기차는 탈선하고 말았다. 군인과 이들의 동반자들은 무장한 보어인들에게 포위되었다. 보어인들은 이들을 포로수용소가 있는 프리토리아로 데려갔지만, 물론 처칠은 탈출할 수 있었다. 그는 7일 동안 걸어서 오늘날의 모잠비크로 통하는 국경을 뚫고 들어갔다.[10] 특파원이던 처칠이 보어 전쟁에서 비밀 활동을 하는 아마추어가 되는 모습일지 모르겠으며, 이것은 베이든파월과 다른 사람들이 이상적인 정보원으로 그리고 있는 모습에 어울렸다. 어쨌거나 처칠은 이런 모험을 겪은 후부터 비밀 소식과 온갖 비밀스러운 것을 열정적으로 읽는 사람이 되었다.

민주주의와 방첩 활동

보어 전쟁은 영국의 분위기를 들끓게 만들었다. 이 전쟁은 민주적인 변혁이 일어나는 가운데 발발했고, 전투적인 여성 참정권론자들과 아일랜드 민족주의자들은 이런 변혁을 이용했다. 그런 점에서 보어 전쟁은 영국인에게 최초의 "민주적" 전쟁이었다고 할 수 있으며, 이 전쟁은 긴긴 전쟁들 가운데 맨 먼저 일어난 전쟁이었다. 다시 말해, 정부와 군부는 언론, 의회와 대중의 분위기를 고려하지 않고서는 더 이상 행동할 수 없게 되었다는 의미다. 신경질적이고 광신적인 애국주의자들은 전쟁에 열광했으나 전쟁에서 패배한 이후에 비판적 성향으로 대체되었다. 그토록 냉정하던 영국 민중의 영혼은 이제 마구 요동쳤다. 이러한 분위기 덕분에 영국을 침략할 것이라는 비밀 정보와 무시무시한 소설들이 활개를 쳤다. 1900년부터 영국에는 침략당할 것이라는 소문이 자자했다. 영국 군대 전체가 남아프리카에 주둔해 있었고, 원양 함대의 대부분은 지구 전체에 흩어져 대영제국의 땅을 지키고 있던 마당이라, 그런 소문들은 물의를 일으키기에 충분했다. 군인작가였던 육군 대령 F. N. 모드는 12만 명이면 프랑스가 런던을 정복할 수 있으리라고 했다. 《다음번 워털루》 혹은 《1901년 위대한 프랑스 전쟁에서 런던의 몰락》과 같은 소설은 그와 같은 끔찍한 시나리오를 널리 퍼뜨려주었다.

당연히 그와 같은 활동을 준비하기 위해서는 스파이가 필요했다. 작가 윌리엄 러 퀘(William Le Queux: 1864~1927. 프랑스 태생의 영국 언론인, 작가, 외교관—옮긴이)는 프랑스의 베테랑 스파이 가스통 라 투슈라는 당시 침략 시나리오에 딱 들어맞는 문학적 인물을 고안해냈다. 라 투슈는 아프리카, 유럽의 항구 도시, 그리고 세련된 파리 사람들 가운데 등장했다가, 자신의 은밀한 임무를 수행하고 영국인들에게 손해를 입히기 위해 다시 사라졌다. 물론 라 투슈는 영국의 왕이 다스리는 선한 왕국을 훼손할 수 있는 마지막 순간에 이를 방해하는 영국의 정보원과 맞닥뜨려야 했다(사람들은 어렵지 않게 이 소설이 먼 미래에 등장하는 제임스 본드 소설의 선구자임을 알아볼 수 있다. 본드 소설에는 사악한 소련 공산주의자나 변태적인 아시아계 하수인이 음험한 프랑스인 대신에 등장하지만 말이다).

비슷하게 낙관적인—영국 비밀 정보원의 능력을 고려해서 낙관적이라는 의미—목소리는 당시 스파이 문학의 고전에서도 찾아볼 수 있다. 러디어드 키플링은 1901년에 출간한 소설의 주인공 "킴"에 베이든파월의 아마추어 정보원 같고 자연과 연계되어 "항상 준비되어 있는" 보이스카우트 유형과, 당시 널리 퍼져 있던 인도에 대한 영국의 낭만주의를 잘 혼합해놓았다. 동시대인들은 잘 알았을 소설의 배경은, 인도의 북쪽 국경 지대에서 벌어지는 러시아와의 투쟁이다. 여기에서 러시아는 세련되고 위험한 프랑스의 손에 의해 조종당하는 곰과 같았다. 이와 동시에 고아 소년 킴은 스파이 기질을 타고났기에 문화적으로 하위에 속하는 아시아-인도 출신의 어른들을 계략을 써서 이기는데, 그는 영국 식민지 지배의 승리라는 표시이기도 했다.[11] 서사문학에서 흔히 그렇듯 이 소설에서도, 영웅의 진정한 위대함을 증명하기 위해 사악함이 사용되었다.

물론 세계 정치는 바람처럼 한곳에 머물지 않는다. 영국이 프랑스와 제국주의적인 차이점은 1904년 해결되었다(몇 년 후 러시아와도 해결). 문학에서 만들어낸 침략의 두려움은 이제 독일이라는 방향으로 향하게 되었다. 어스킨 칠더스는 1903년에 출간한 《사막의 수수께끼(The Riddle of the Sands)》로 어마어마한 성공을 거두었는데, 이 소설에는 두 영국 관리가, 침략 준비를 하는 독일을 발견하는 데 성공했다(고 하)는 내용이 나온다. 독일 군인들은 독일 북해 연안에서 화물선을 타고 영국으로 향했다고 한다. 영국에서 정박할 지점은 이미 독일 스파이가 정탐해두었으며, 이들 스파이 가운데 대가는 바로 "미스터 돌만"이었다. 영국 함대의 함장이던 셀보어 경은 부하들에게 명령을 내려, 소설에 나오듯 이런 방식의 침략이 실제로 가능한지를 조사하라고 시켰다. 해군정보부는 처음에는, 그것은 불가능하다고 확언했다. 그럼에도 군정보부는 "몇몇 전문가"를 독일 해변으로 파견해서 현장을 조사해보라고 했다. 전문가들도 그와 같은 작전은 불가능하다고 설명했다. 그러나 이 신사들이 모르는 게 있었다. 즉, 독일 해군에서 이미 몇 년 전에 그런 작전을 세웠으나, 불필요하다고 해서 폐기했을 뿐이다.[12]

이런 방식의 논쟁도 방첩 활동을 예측할 수 있게 해주지 않았다. 늘 새로운 버전의 침략과 비밀계획이 등장했다. 1904년에 설립했으며 영국의 세계적 대국을 위한 참모본부인 제국 국방 위원회(Committee of Imperial

Defence)는 영불해협 밑으로 터널을 뚫는 것을 반대했다. 영국 쪽으로 터널이 뚫리면 독일 정보원이 투입되고, 결국 독일군이 터널로 밀고 들어올 것이라고 사람들은 두려워했다. 독일 정보원들은 런던에서 웨이터를 비롯해 싼 노동력을 제공하는 수천 명의 노동자로 일하며 아무런 문제 없이 신분을 은폐할 수 있다는 것이었다(이 이야기에서, 수많은 독일인 수공업자, 하인과 웨이터가 영국에서 외국 노동자로 돈벌이를 했던 것은 사실이다. 하지만 오늘날 해협을 지나가는 터널이 1994년 5월에야 비로소 개통되었다는 사실은 결코 우연이 아니다).

이와 같은 두려움의 배경을 이해하기 위해, 당시 실제의 독일과 영국의 함대를 비교해서 경쟁력을 살펴봐야 할 뿐 아니라, 영국인의 보편적 논쟁도 눈여겨봐야 한다. 그러니까 군사개혁과 더욱 향상된 효율성(national efficiency), 다시 말해 영국 경제가 신흥강대국으로 떠오른 미국과 독일에 대해 갖는 경쟁력을 둘러싸고 영국인들이 펼쳤던 논쟁 말이다.

군사개혁은 대중을 강력하게 움직이는 바람에 너도 나도 군에 입대하는 이른바 병역 리그(National Service League)가 만들어졌다. 그리하여 세계대전이 발발하기 전날 회원과 후원자 22만 명이 이 리그에 들어갔다. 금방 생겨난 대중 신문은 연결이 잘된 급행열차선 덕분에 매일 런던에서 영국 각 지역까지, 심지어 스코틀랜드까지 배달되었고 물의를 일으킬 수 있는 스토리를 찾아다녔다. 언론의 황제 노스클리프 경은, 보통의 영국인은 "날마다 증오할 수 있는 이야기"를 좋아한다고 믿었다. 그가 너무 잘 알고 있었듯이, 광신적 애국주의는 신문사에 수익을 안겨주는 주제였던 것이다. 그래서 침략에 대한 이야기를 주문했고 연재를 통해 독자에게 제공했다. 작가들이 가장 혹독하고, 세련된 스토리를 만들어내기 위해 서로 경쟁을 했다는 것도 전혀 놀랄 일이 아니다. 작가들 중 한 사람, E. 필립스 오펜하임은 심지어, 어머니가 영국 출신인 독일의 황제가 미래의 세계

제국을 런던에서 다스릴 계획을 "밝혀냈다". 모두 군사 교육을 받은 독일 청년 29만 명이 이미 준비하고 있다는 것이다. 영국은 이와 같은 위험에 속수무책으로 대응하고 있는데, 효율적으로 일하는 비밀조직이 없기 때문이라는 것이다. 특히 런던에는 "전 세계 허접한 인간들의 피난처"인 영국으로 사람들이 몰려드는 이런 현상을 통제할 비밀조직이 없다는 말이었다.[13]

사람들은 이와 같은 삼류작가를 대중 신문의 불합리라고 경시할 수도 있지만, 그들이 거둔 상업적 성공은 생각의 여지를 준다. 게다가 그들이 내세운 논쟁 가운데 몇 가지는 진지한 문학과 정치 분야의 월간 잡지에서 다룰 정도였다. 심지어 의회에서도 이들을 진지하게 대변하기도 했다. 병역 리그의 우두머리였던 로버츠 경은 대영제국에 살고 있으며 이들 가운데 대부분은 교육을 잘 받은 독일 군인 8만 명에 대해 언급했다. "이들은 매우 중요한 역 근처에 있는 몇몇 호텔에서 일하고 있으며, 만일 독일 병력이 이 땅으로 침범하는 데 성공한다면, 영국에서 일하는 독일인들은 기꺼이 지원하고 병력을 강화할 것입니다. 낯선 땅에서 이런 규모의 지원병은 예전에는 찾아볼 수 없었을 것입니다."[14]

정부 측 사람들도 이제 통제를 해야 할 때라고 믿었다. 독일에 대하여 지극히 친절했으며 쇼펜하우어 번역자였고 영국 국방부장관이던 R. B. 홀데인은 1909년 3월 제국 국방 위원회 소속 소위원회를 설치했으며, 이 소위원회는 영국을 겨냥한 스파이의 위험을 조사해야 했다. 위원장이던 홀데인에게 해양장관, 내무부장관, 왕실 우편국장은 물론 런던 경찰청장과 여러 명의 차관과 높은 직위에 있는 군인들이 조언했다. 이로부터 드러난 사실은, 2년 전부터 추측했던 바의 독일 스파이 사건을 수집하게 되었고, 따라서 대대적인 언론 캠페인이 있은 다음부터 체계적으로 수집하게 되었다는 것이다. 홀데인은 특히 무정부주의적 위협을 관찰하라고 제안했는데, 다시 말해 왕, 대통령과 장관을 상대로 살해 기도를 함으로써 당시 전 세계를 들썩이게 만든 위협을 가리켰다(1970년대와 1980년 서구 유럽에서 발생한 테러 시도와 비슷하다). 물론 해군은, 독일이 영국의 선박 정박장과 무기 창고에 폭탄을 터뜨리려는 구체적 계획을 세우지 않을까 두려워했다. 우리는 오늘날, 독일 제국은 당시 영국 섬에 정보망을 잘 구축해놓지도 않았으며, 주로 잠재적 적으로 프랑스와 러시아에 집중해 있었다는 사실을 알고 있다.[15] 영국에서 독일 해군을 위해 일한 전문 지식이 없는 스파이 그룹은 1914년 전쟁이 발발하자 신속하게 축출되었다.

독일이 위험하다는 증거가 그토록 터무니없었지만, 제도적 관점에서 이루어진 논쟁은 상당히 효과적이었다. 1909년 소위원회가 결론적으로 올린 보고서에 따라 첩보부(Secret Service Bureau)를 설립했고, 얼마 후 이 부서로부터 방첩을 위한 국내정보부(MI-5)와 비밀정보청(Secret Intelligence Service, SIS) ― 곧 MI-6라고 불렀다 ― 이 탄생하게 되었다. MI는 군정보부(Military Intelligence)의 축약어로, 오로지 군사 문제를 다뤄야만 한다는 암시를 한다. 하지만 실제로 이 부서에는 오늘날 영국이 비밀 활동의 제국이 될 수 있는 기초가 놓여 있었다.

영국은 최초의 방첩대장으로 버논 켈 대위를 임명했는데, 그의 어머니는 폴란드 백작 출신이었다. 켈은 샌드허스트 육군 사관학교를 졸업하고, 독일어와 프랑스어 통역시험도 쳤으며 1898년 러시아어를 배우기 위해 모스크바로 갔다. 나중에 중국어도 배웠다. 켈은 처음에는 독일을 담당했고, 그다음에 1905년에 일어난 러일 전쟁을 취급했다. 1914년 전쟁이 시작되었을 때 켈은 장교 3명, 법학자 1명과 사무직원 7명으로 구성된 참모진을 지휘했는데, 곧 이 부서는 확장했다. MI-5의 초기 이야기에서 내무부장관이던 처칠을 주목할 만한데, 당시 그는 보수당이 아니었고 켈에게, 영국에 살고 있는 의심스러운 외국인들, 특히 독일인들의 비밀 카드 목록을 작성하라고 지시한 자유당 소속이었다. 처칠은 그 누구의 허가도 받지 않고 편지를 개봉할 수 있었다.

외국 비밀 업무를 맡은 SIS의 수장으로 영국은 1909년 8월에 50세인 해군 대위(나중에 "경"이 됨) 맨스필드 조지 스미스-커밍을 임명했는데, 그를 대체로 커밍이라 불렀다. 이름 커밍의 제일 앞에 위치한 알파벳 "C"는 그의 후임자 모두가 사용한 전설적인 약자가 되었다.[16] 커밍은 플라카(말레이시아반도에 있는 해변 도시) 거리에서 해적을 소탕하다가 그만 만성적 뱃멀미를 앓게 되어 1886년 예정보다 일찍 퇴임했다. 하지만 그는 프랑스어를 구사했고, 그림도 잘 그렸으며 사진도 잘 찍었고 전기에도 관심이 많았다. 부유한 상속녀와 결혼한 덕분에 그는 경제적으로 걱정이 없었다. 커밍은 군대 안에 있는 사무실이 너무 좁다고 느꼈고, 그리하여 자신이 비용을 부담하여 당시 빅토리아 역 근처에 우아한 분위기의 넓은 주택을 얻었다. 이곳을 그는 사적 목적으로도 이용했고, 타자기와 금고가 딸린 사무실로도 사용했다. 커밍은 이곳에서 퇴임한 장교들의 네트워크를 구축했고, 이들을 관광객으로 변장시켜 외국으로 내보냈다. 그는 1913년 로테르담에 처음으로 외국 지사를 설립했다.

그가 최초로 받은 비밀보고는 1910년 1월 18일 날짜였고 독일 전함과 U-보트의 개발과 건설에 관한 내용이었다. 같은 해 그의 밑에서 일하던 정보원 두 명이 독일 경찰에게 붙잡혀서 라이프치히 법정에서 유죄 판결을 받았다. 사람들은 이 범죄자 두 명으로부터 완벽하게 거리를 둠으로써 정치적 분쟁을 막고자 했는데, 이는 머지않아 행동의 기준으로 자리 잡게 된다. 즉, 외국에서 체포된 사람은, 영국 정부로부터 지원을 기대해서는 안 되었다. 독일에서의 정찰이 가능하며 "굉장히 재미있는 것"임을 증명하기 위해 커밍은 직접 영불해협을 몇 번이나 건너갔다. 독일어 실력이 별로였는데도 말이다. 그 밖에 그는 독일-유대인 교육학자였던 쿠르트 한과 친구였으며, 한이 운영하던 기숙학교 "살렘"은 오늘날까지 보덴호에 존재한다. 하지만 이 기숙학교보다 더 유명해진 학교는 스코틀랜드에 있는 기숙학교 "고든스타운"으로, 쿠르트 한이 1930년대에 커밍이 죽고 난 뒤 그의 아내로부터 도움을 받아 세운 학교다. 영국 왕실의 왕자 필립과 찰스도 이 학교를 졸업했다.

방첩을 위한 비밀보호

1910년 영국에서는 처음으로 1889년에 제정한 정보원 보호법〔공직자 비밀 엄수법(Official Secrets Act)〕에 따라 첩보 활동 재판이 있었고, 이 보호법은 국가 비밀을 보호하기 위해 오늘날에도 유효한 법이다. 고소를 당한 사람은 대위 지크프리트 헬름이었는데, 포츠머스 군항에서 스케치를 했다는 이유였다. 신고한 사람은 나이가 지긋한 할머니였고, 대위의 임대인이기도 했다. 사람들이 "미스 마플(애거사 크리스티의 소설 여러 편에 등장하는 노부인으로 예리한 관찰력으로 사건을 해결한다—옮긴이)"로 상상한 미스 우드하우스였다. 역사학자 크리스토퍼 앤드루가 재미있다는 듯 묘사했듯이, 재판은 풍자 잡지 〈펀치(Punch)〉에서 다룰 법한 연극무대처럼 진행되는 것 같았다고 한다.[17] 재판은 놀라울 정도로 부드럽게 진행되었는데, 사람들은 피고인을 모든 것을 노트에 기록하는, 절반은 미친 독일 사람으로 간주했기 때문이다. 자신의 방에 있는 가구와 장과 침대 사이의 정확한 간격도 기록해두었다. 그럼에도 영국인들은 독일의 위험을 진지하게 받아들였고, 너무나 진지하게 받아들이는 바람에 비밀보호법을 1911년에 수정할 정도였다. 이제 증거를 제시할 부담이 역전되었다. 그러니까 군사 시설 부근에서 의심을 받는 외국인은, 자신이 사악한 의도 없이 돌아다녔다는 사실을 직접 입증해야 했다.[18]

비밀엄수, 첩보 활동과 배반이라는 다양한 상황을 법 조항 형태로 작성하고 이로써 형사 소송에 적용하여 정확한 판결을 내리는 일이 얼마나 어려운지는, 프랑스의 경우에서 볼 수 있다.[19] 혁명이 일어나기 전의 프랑스(1789년 이전)에서 외국 제후들과 비밀스럽게 이루어지는 접촉은 폐하에 대한 모독(lèse-majesté)이었으며, 이때 어떤 정보를 교환했는지를 분명하게 정해두지는 않았다. 그리하여 혁명 기간 동안 법을 통해 조금 더 분명하게 규정했다. 이 법은 오로지 군인에게만 적용했고 군대 투입 명령과 관련해서 정확하게 투입 지점이나 암호를 누설할 때라고 뚜렷하게 명시했다. 이는 전쟁 시기에만 사용할 수 있었던 게 분명하다. 혁명 중에 공포정치가 진행되면서 급격하게 상황이 첨예화된 이후에 1810년 나폴레옹 형법전(Code pénal)이 법치국가의 원칙으로 소급되었다. 외국의 힘과 결탁하여 프랑스에 전쟁 또는 전쟁에 유사한 위기를 야기한 행동을 하는 자들은 사형을 받았다(76조). 하지만 평화 시기에 첩보 활동으로 인한 불법 행위는 불명확하게 규정했고 공무원과 군인에게만 해당했다.

이와 같은 배경에서 드레퓌스에게 가해진 특이한 재판을 이해해야 하는데, 그가 비밀문서(확인되지도 않은 바의!) 목록을 독일에 누설했다는 비난을 받았을 뿐이기 때문이다. 시급하게 법을 개혁해야만 했으나, 온갖 방해물이 산재해 있었다. 통신원들이 프랑스 의회에서 1886년 법 제정의 의도에 대해 이미 설명했듯이, 국가기밀이 무엇인지 정의한 내용이 전혀 없었다. 도대체 무엇을 법적으로 보호해야 하며, 누가 이 내용을 정의 내려야만 할까? 게다가 그와 같은 정보를 언론이나 다른 사람들 혹은 기관에 누설하는 것에 대해 벌을 주자는 데 동의도 없었다. 왜냐하면 이들이 외국인도 아니며 또한 적대적 권력도 아니었기에 말이다. 또한 그와 같은 정보와 문서를 소홀하게 취급하는 것을 법적으로 파악할 수도 없었다.

1914년까지 군사 첩보 활동이 증가하는 것을 고려해 법적 사항을 더욱 정교하게 규정하려는 시도가 여러 차례 있었다. 세계대전을 통해서 이와 같은 발의는 정체되었고, 최초로 국가기밀(secret de la défense nationale)이라는 개념을 법적으로 기록하기 위해서는 1939년까지 기다려야 했다. 이는 네 가지 범주에서 일어났다. (1) 군대, 외교, 경제와 산업(마지막 것은 국방을 위해 중요한 산업에 한하여)의 구조에 대한 비밀 정보, (2) 그와 같은 정보를 담고 있는 대상물, 사진과 문서, (3) 정부가 직접 발표하지 않은 국방에 중요한 정보, (4) 언급한 정보에 대한 방첩과 비밀엄수에 이용되는 정보. 이런 개념 정의로 법치국가로서 결정을 내릴 수 없거나 이런 정의에 포함되지 않는 경우를 상상하기란 그리 어렵지 않다. 비록 그런 경우가 국가 안전에 위험이 될 수 있음에도 말이다. 간단하게 말해서, 프랑스의 법 제정자들은 가능한 모든 노력을 기울였으나, 비밀 활동이나 방첩 활동조차도 법적으로 파악하기란 매우 어렵다는 사실을 인정해야만 했다.

이런 경험은 프랑스만 한 것이 아니었다. 법치국가뿐 아니라 국제법도 비밀 활동가들과 이들의 행동을 다루면서 그와 같은 경험을 해야만 했다. 과장하지 않고 이렇게 말할 수 있을 것이다. 즉, 관타나모(2002년 1월부터 미국이 아프가니스탄 등지에서 체포한 테러 조직 관련 인물을 관타나모 미 해군기지에 수감하고는 비인간적으로 고문했다고 한다—옮긴이)로 가는 길은, 다시 말해 "테러와의 전쟁"(조지 부시 대통령, 2001)에서 "적대적 투사들"을 전혀 합법적으로 대

우하지 않은 방식은 이미 19세기에도 전조 현상으로 나타났다. 이에 관해서는 나중에 언급하겠다.[20]

여기에서 덧붙일 말은, 프랑스는 드레퓌스 사건을 경험한 뒤 그 트라우마로 인해 처음에는 새로운 법을 제정하지 않았고, 첩보 활동과 방첩에 대하여 완전히 새로운 질서로 대응했다는 사실이다. 참모본부 소속이던 "통계"부서를 해체한 것이다. 1899년 5월 방첩에 관련된 전반적인 임무를 내무부에 이전했다. 이로써 이제 내무부는 "공공의 안전, 방첩에 관련된 모든 사안은 물론 국경, 해변, 해군을 포함한 군사 시설을 감시하는 임무를 혼자서" 담당하게 되었다.[21] 이런 과제는 300개의 구역으로 분할되어 있는 경찰 특수부대(Sûreté)의 책임이었고, 물론 방첩은 여러 가지 과제 가운데 하나로 취급되었다. 내무부 안에는 이와 같은 영역을 담당할 "장성급 감독관"이 임명되었다. 여기에서 처음으로 "관할 구역의 감시(surveillance du territoire)"라는 개념이 등장했으며, 이는 나중에 국내 정보 업무에도 사용되었다.

이처럼 책임질 담당자들을 분할한 것이 만족스럽지 못했기에, 당시 내무부장관(나중에는 국방부장관) 조르주 클레망소는 특수한 정치조직을 설치했다. 이 조직은 방첩의 법률상 측면을 강화하기 위해 법정에 제시할 증거 자료를 수집해야 했다. 이처럼 "유동적인 여단(旅團)"은 곧 경찰 영역에서 압도적 위치를 갖게 되었다. 이와 동시에 참모부 소속의 정보국은 점차 여단과 밀접하게 협업했다. 당시 군인들은 경찰 특수대원으로 들어갈 수 있었기에 협업은 훨씬 더 수월해졌다. 마침내 1913년 6월 국방부에 "외부의 방첩"을 위해서 자체적으로 부서를 설치할 수 있는 허가가 났다. 이로써 군대는 적어도 부분적으로나마 원래 가지고 있던 능력을 되찾을 수 있게 되었다.[22]

커뮤니케이션의 혁명

1914년 이전에 새로운 관료적 비밀 업무의 조직화라든지 이런 업무를 군부대와 국가 장치에 통합하는 과정이 매우 느리게 진행된 반면, 당시의 의소소통 혁명은 비밀 활동의 완전히 새로운 영역으로 신속하게 자리를 잡았다. 세 가지 기술이 선두에 있었다. 우선, 전보였고, 다음으로 전화, 그리고 마지막으로 무선으로 신호를 통해서 전송하는 전파(전자기)의 형태였다.

전신을 이용해서 문서를 배달하는 전보의 경우에는 이미 언급한 시각적 전보(거울이나 유리 같은 것으로 보내는 신호)와는 달리 알파벳이 전류에 자극을 주어서 발송되며, 중간에 짧고 긴 다양한 길이의 공백이 있다. 이와 같은 기술적 가능성으로부터 미국인 새뮤얼 F. 모스(1791~1872)는 훗날 자신의 이름을 따 지은 알파벳을 개발했는데, 그리하여 전선을 통해 한 장소에서 다른 장소로 문장 전체를 전송할 수 있게 되었다. 18세기에 전기를 발견한 이래, 충분히 강력하고 지속적인 전기 자극을 생산해내어 적절한 전선을 통해 전송할 수 있을 때까지 물론 얼마간의 세월이 지나야만 했다. 1850년에 사람들은 영불해협에서 해저 케이블로 실험을 했다. 최초의 해외 케이블(아일랜드와 뉴펀들랜드 사이)은 1858년에 설치했지만, 1866년에야 비로소 두 개의 육지 사이를 안정적으로 연결하는 장치를 설치했다. 나중에 전기 타자기(텔레타이프) 사이의 신호들이 교환되었다.

처음에는 상인과 주식중개인이 많이 사용했는데, 이를 통해 상품이나 유가증권의 가격을 분 단위로 신속하게 알 수 있었기 때문이다. 새로운 기술은 군대에도 들어갔다. 미국의 남북전쟁에서 북부군의 사령관이던(나중에 미국 대통령) 율리시스 S. 그랜트 장군은 사령부와 전쟁터 사이를 연결하기 위해 전보가 유용하다는 사실을 처음으로 인정한 군인에 속했다. 이와 같은 관점에서 볼 때 철도와 U-보트까지 동원한 이 남북전쟁은 하이테크 전쟁으로 역사상 기록될 것이다. 물론 전보는 전투에 유연하게 투입하지는 않았고, 명령을 내리는 지휘관들과 정치적·군사적 지휘관들 사이에서 그리고 고정되어 있는 시설에 보급품을 보내야 할 때 교환했다. 당시에는 케이블을 설치하고 전류를 공급하는 일은 매우 어려웠고, 비용이 많이 들었으며 흔히 불가능할 경우도 많았다.

전선으로 소식을 전송하는 또 다른 방법이 가능해졌다. 바로, 전화였다. 언어를 임펄스로 전환하는 마이크와 임펄스를 언어로 다시 전환(원래는 언어와 비슷한 소음으로)하는 마이크를 사용해서, 1876년 최초로 전화 대화가 가능하게 되었다. 이와 같은 기술 역시 신속하게 군대의 관심을 끌었다. 하지만 문제는 전보의 경우와 비슷한 곳에 있었다. 케이블과 중개국은 전쟁 때 유용하게 사용하기 위해 신속하게 세웠다가 또 해체할 수 없었다. 그렇게 하면 적들이 전선을 손쉽게 절단하거나 도청 장치를 부착하여 엿들을 수 있었기에 말이다.

소식을 전달하는 세 번째 방법은 전자기파를 이용한 무선통신으로, 다방면에 투입할 수 있는 군사 도구로 등장했다. 1864년 스코틀랜드의 물리학자 제임스 맥스웰이 전자기파를 발견한 후에, 동시대인이던 독일인 하인리히 헤르츠는 1888년 최초로 정보를 이와 같은 "무선"으로 송신하는 데 성공했다. 러시아의 물리학자 알렉산더 포포프와 이탈리아인 굴리엘모 마르코니는, 마침내 아주 먼 거리를 무선 연락할 수 있는 장치를 완성했다. 마르코니가 상업적으로 사용하는 길을 선택한 반면, 포포프는 러시아 해군의 비밀 프로젝트를 위해 활동했다. 그리하여 한 사람은 전 세계로 뻗어나간 대영제국에 상업적으로 이용할 수 있는 무선통신을 제공한 선구자가 되었고, 다른 한 사람은 전파 연구를 통해 전자기파는 건물과 대형 금속물질, 예를 들어 선박에 의해 반사된다는 사실을 발견하게 되었다. 이것이 바로 레이더 기술을 개발할 수 있게 자극한 원동력이었다. 훗날 레이더 기술을 활용해 이렇듯 반사되는 대상물의 위치를 확인할 수 있게 되었다. 레이더는 물론 제2차 세계대전에서야 비로소 군사적 기술로 사용되었지만 말이다.

이미 1890년대에, 멀리 떨어진 거리에서 무선으로 의사소통을 할 수 있는 방법을 연구했다. 이것은 항해에서 특별한 의미가 있었다. 전함을 투입할 때는 이런 방법이 더욱 중요했는데, 무선통신 덕분에 지구의 어떤 지역에서든 정보를 받고 송신할 수 있었으며 이로써 고정된 장소에서 명령을 내리는 중앙센터가 지휘할 수 있게 되었다. 그리하여 프랑스 함대를 대상으로 전투를 벌인 넬슨 장군이 더 이상 술래잡기 놀이를 할 필요가 없었다.

이와 같은 새로운 소통 기술의 사용 범위와 경제와 사회에 미친 혁명적 효과는 한두 가지로 요약할 수 없을 정도로 다양하다. 이 새로운 소통 기술은 정치와 군대가 권력행사를 서열화하고 관료주의화할 수 있도록 완전히 새로운 가능성을 열어주었다. 왜냐하면 지리적으로 분산되어 있는 사무소에 아주 짧은 시간 안에 정보와 지시를 내려줄 수 있도록 했기 때문이다. 이렇듯 신속하고도 직접적인 정보 획득으로 더 효과적으로 서열화가 되었고 이로써 효과적인 권력행사가 가능해졌다. 전쟁을 치를 때는 또한 군대나 함대의 사령관에게 더 이상 전략을 위임하지 않았고, 개별 작전에 대한 개별 명령만을 할 수 있게 했는데, 이런 관례 덕분에 오늘날 군사를 투입할 때 미시적(마이크로) 관리가 발전하게 되었다.

물론 이런 방식으로 정치적·군사적 권력을 행사할 때 두 가지 방해물이 존재한다. 첫째, 해당하는 의사소통 기술들이 수십 년에 걸쳐 발전했다는 점이다. 때문에 당시까지 사용하던 의사소통 방식을 제2차 세계대전이 끝난 뒤에야 비로소 대체했다. 운송 분야에서도 마찬가지였는데, 예를 들어 제2차 세계대전 때 운송을 말에게 맡긴 경우가 엄청나게 많았다. 이미 오래전에 벤진으로 움직이는 트럭과 자동차가 있었는데도 말이다. 전쟁터(혹은 함대의 작전 지역)에 있는 부대에 신속하고도 직접적으로 의사소통을 할 수 있게 되자, 중앙 지휘부와 현장의 지휘관 사이에 격렬한 다툼이 점점 더 많아졌다. 이와 같은 관점에서 무선통신이 군사적 목적에 도입된 이후부터 전쟁의 역사를 쓸 수도 있을 것이다. 많은 영역에서 이미 그렇게 했다. 이미 카를 폰 클라우제비츠(1780~1831. 프로이센의 육군 소장—옮긴이)가 명백하게 묘사했듯이, 사전에 의견을 일치시킬 수 없는 "마찰"(계산할 수 없는 상황과 사건)이 있는 법이다. 이를 믿지 않는 모든 명령권자와 정부는 희생을 톡톡하게 치른 다음에 배워야 한다.

19세기 후반 의사소통의 혁명은 비밀 활동의 영역에서도 완전히 새로운 환경을 만들어냈다. 이들은 처음으로 도처에서 신속하게 소식을 수집할 수 있었고, 이것을 분석해서 최신의 완성된 정보(finished intelligenc)로 군사 지휘관이나 정치적 결정권을 가진 사람에게 제출할 수 있었다. 이로써 지리적으로 흩어져 있던 곳에서 나오는 개별 소식을 하나의 프로젝트에 담는 것도 가능해졌다. 이와 동시에 비밀 첩보원들의 보고나 지리적으로 흩어져 있던 수많은 수신인에 대한 평가도 전달할 수 있었다. 물론 이와 같은 어마어마한 정보를 관리할 중앙부처가 필요했다. 처음에는 엄청난 가능성으로 보인 이 새로운 의사소통 기술의 아킬레스건은 정보를 전송하는 데 대한 민감한 반응과 많은 사람이 관여함으로 인해 배반자가 나올 가능성도 많아진다는 것이었다. 따라서 스파이를 막는, 이른바 방첩에 대한 수요가 놀라울 정도로 늘어났다.

하지만 군대에 도입된 새로운 의사소통 기술로 다시 돌아가자. 러시아 함대와 마찬가지로 당시 전 세계에서 가장 큰 규모를 자랑하던 영국 함대도 이와 같은 새로운 전송 방법의 잠재력을 신속하게 활용했다. 몇 년 후 이탈리아 물리학자 마르코니는 이 기술을 지속적으로 발전시켜, 1900년 영국 해군 지도부가 모든 배에 무선통신을 원칙적으로 도입하기로 결정했다. 해군은 우선 장치 50대를 구매했고, 이 가운데 42대는 배에 그리고 8대는 해변에 있는 중계국에 설치했다. 처음에는 무선통신으로 소통할 수 있는 범위가 90킬로미터였다. 그런데 몇 년 후 3000킬로미터 떨어져 있는 배와 통신할 수 있게 되었다(파장에 따라 전자기파는 다양한 대기층에 의해 반사된다. 이로써 발신자와 수신자가 서로 볼 수 있는 거리에 있을 필요가 없다). 다양한 파장과 파장의 조정을 통해 여러 개의 신호가 동시에 다양한 수신인에게 발송될 수 있고 또 수신인으로부터 신호를 받을 수도 있다. 몇 년 후에 모든 전함〔또는 선단(船團)〕에 무선통신 시설을 최초로 설치했다. 이로써 영국 함대는 제국과 해상 교통을 보호해야 할 과제를 훨씬 잘 수행할 수 있었다.

영국은 전 세계에 있던 영국 제국들의 경제와 정치를 잘 이용하기 위해 새로운 의사소통 기술에 대대적으로 투자했다. 그리하여 19세기 말 전체 해저 케이블의 60퍼센트를 영국이 소유하기에 이르렀다. 그리고 그 밖의 케이블도 영국이 관리하는 영역을 통해서 뻗어나갔으므로, 런던은 그야말로 이 분야에서 전체 시장을 지배하는 것과 다름이 없었다. 이제 과거에 정치적으로 연결되어 있던 지역은 물론, 멀리 떨어져 있던 섬과 거점도 완전히 새로운 역할을 맡게 되었다. 1870년까지 영국이 해외에 가지고 있던 가장 중요한 소유물인 인도에 무선전신 케이블을 놓았고, 유럽에서 영국의 가장 오래되고 신뢰하는 연맹 포르투갈을 거쳐서, 에스파냐 남단에 있던 지브롤터(1713년부터 영국령), 몰타(1800년부터 영국령)와 1882년에야 비로소 영국인이 점령한 이집트까지 이어졌다. 그런데 영국의 케이블은 국가 소유가 아니었고, 개인 회사와 기업 연합 소유였다. 하지만 직접 의사 결정을 해야 하는 긴급한 경우에 국가는 개입할 권리가 있었다. 당시 똑똑한 사람들은, 케이블이야말로 영국의 함대보다 국제적 영향력이 더 크다고 주장했다. 왜냐하면 케이블로 국제 언론의 뉴스를 조종할 뿐만 아니라, 세계적 수준으로 사업을 할 수 있었기 때문이다.[23]

다른 국가들이 이와 같은 발전 과정을 가능하면 신속하게 따라잡으려고 노력했던 것은 놀랄 일도 아니다. 많은 경제 중심지와 대도시는 곧 여러 겹의 케이블로 연결되었는데, 그 어떤 권력도 능력만 된다면 다른 권력에 종속되기를 원치 않았기 때문이다. 식민지 확장 부분에서도 다른 강대국과의 간격을 줄이고자 했던 독일 제국은, 식민지는 물론 원양 어선단도 장만하면서 자신들의 식민지 영역에 자체적으로 케이블을 연결했다. 제1차 세계대전이 일어나기 직전에 기술적으로 가장 현대적인 연결망을 구축하기에 이르렀고, 그리하여 독일은 다중 이용의 선구자가 되었다. 이것을 이용해서 독일은 점점 더 많은 이용자들에게 자신들의 정보를 전달할 수 있었다. 그럼에도 규모라는 관점에서 보면 독일은 20만 킬로미터 이상에 달하는 영국의 해저 케이블을 따라잡지는 못했다.

제1차 세계대전

1914년까지 영국, 미국, 프랑스, 이탈리아, 러시아와 독일의 모든 대규모

함선은 무선통신장치를 장착했다. 물론 도달 거리는 대부분 2000킬로미터 이하에서만 가능했다. 때문에 통신 신호는 중계국을 통해서 비교적 먼 거리에도 전송할 수 있었다. 이런 중계국을 전 세계적으로 모으면 결국 어마어마한 연결망이 되는데, 이와 같은 중계국 연결망은 항구에 위치한 석탄 공급소(coaling stations)의 거점과 전보와 전화를 위한 케이블 연결과 비슷하게 식민지의 사회간접자본 시설 가운데 본질적인 부분을 차지했다. 이런 현대적 시설이 없었다면 바다 건너 식민지를 관리할 수 없었을 것이다.[24] 여기에서 "전략적 의사소통"이라는 표현이 매우 적절하다. 물론 영국의 식민지 통신 연결망이 1915/1916년에야 작동했지만 말이다. 다른 강대국들은 그보다 뒤처진 상태였다. 이 말은, 제1차 세계대전 시에 군함은 현대적 통신 수단이 부족한 상태에서 전쟁을 치렀다는 의미다.

독일의 순양함 **엠덴**(Emden)이 잘 보여주듯이, 물론 무선통신기술은 이미 제1차 세계대전에서도 중요한 역할을 수행했다.[25] **엠덴**은 전쟁이 발발한 초기 몇 달 동안, 인도양에서 상선 23척과 군함 2척을 침몰시킴으로써 영국인들에게 민감한 손상을 입히는 데 성공했다. 영국인들은 1914년 11월 9일, 배를 처리하고 군인을 구출하라는 명령을 받고 산호초에 대기하려 했는데 말이다. 그 전인 11월 1일 칠레 해안에서 코로넬 해전이 일어났고, 이때 영국 함대는 미국과 싸운 1812년 전쟁 이래 처음으로 패배를 맛보았다. 독일 배들은 중립국 칠레에서 석탄을 적재하려고 했으나 영국 배들과 만나게 되었고 이로써 해전이 발발하고 말았다. 이 해전으로 말미암아 영국은 해병 1400명과 이들의 총사령관 크래독 소장을 잃었지만, 반대로 독일의 손실은 미미했다.

영국의 대중은 충격을 받았고, 해양부장관 처칠은 가능하면 빨리, 분위기가 더 가라앉기 전에 성공을 알리고 싶었다. 때문에 **엠덴**호에 의해서 시작된 무역전쟁을 끝내야만 했다. 하지만 오랫동안 그 방법을 찾을 수 없었다. 독일 해군 소령 카를 폰 뮐러는 처음에, 인도양에서 무선통신문을 발견해서 비밀을 푼 다음에 영국의 비교적 큰 함대 햄프셔를 피하는 데 성공했다. 그러다가 석탄과 주석을 싣고 가는 여러 척의 상선을 침몰시켰고, 군 수송선 두 척도 침몰시켰으며, 여기에 타고 있던 승객들은 도망가게 내버려두었다. 폰 뮐러 해군 소령은, 모든 상선은 이미 통신장치를 갖고 있으며, 무선통신문이 발송되기 전에 가능하면 이 통신장치를 파괴해야 한다는 사실을 잘 알고 있었다. 하지만 배 한 척이 육지에 있는 중계국에 시각적 신호를 보내는 데 성공했고, 이곳에서 몇 군데 중간 기지국이 있는 실론 중계국을 거쳐서 **엠덴**호의 행방에 대한 소식을 런던으로 보냈다. 이 시점으로부터 2분 만에 **엠덴**이 임무를 실행했다는 것은, **엠덴**이 새로운 통신기술을 잘 다룰 줄 알았다고 이해해도 된다. 영국 해양정보부는, 엠덴이 움직이는 코스를 추적하기 위해 온갖 노력을 기울였다. 비록 **엠덴**이 상선을 공격하면서 흔적을 남겼지만 말이다. 이 가운데 하이라이트는 항구 도시 마드라스에 있는 영국 석유 창고를 바다에서 공격한 것이다. 영국 해군이 1910년부터 석탄을 석유로 대체했다는 사실을 고려할 때, 영국은 이로부터 엄청난 피해를 입었다.

엠덴은 직접 통신 신호를 보내지 않은 반면, 그러니까 통신 두절을 유지한 반면, 영국 군함의 신호를 받아서 그들의 위치와 임무를 대략적으로 짐작할 수 있었다. 통신 신호가 정확하게 어디에서 오는지를 당시에는 알아내기가 불가능했다(방위 측정은 제2차 세계대전 때에야 비로소 이용할 수 있었다). 물론 폰 뮐러는, 투입된 지휘 부대의 도움을 받아 인도양에 있는 작은 섬이자 아이슬란드 방향에 있는 영국 통신기지국을 파괴함으로써, 자신이 시도했던 것보다 한 단계 더 나아갔다. 대략 50명으로 구성된 이 부대는 헬무트 폰 뮈케가 지휘관이었으며, 훗날 그는 이 모험을 책으로 출간했다.[26] 하지만 통신국의 수비대는 적시에 긴급신호를 보낼 수 있었다. "SOS, 엠덴이 여기 있다." 이제 엠덴은 더 이상 빠져나갈 수 없었다. 엠덴호에 타고 있던 탑승원 3분의 1이 사망하고 말았다.

이와 같은 새로운 전쟁기술의 중요 부분을 다룬 곳은 멀리 있는 바다에서가 아니라, 해군정보부라는 사무실이었다. 사무실에서 사람들은, 적군의 통신 신호를 해독하려고 시도했던 것이다. 영국 측은 이와 관련해서 특히 행운아였는데, 이런 업무를 시작하고 첫 몇 달 만에 독일의 매우 중요한 암호 책 세 권을 손에 넣을 수 있었기 때문이다. 바로,《상거래에 관한 책》,《황제의 해군들을 위한 신호 책》그리고《교통에 관한 책》이었다.[27] 전혀 위험할 것 같지 않은 제목 뒤에 엄격한 비밀 부호들이 숨어 있었고, 이런 부호를 이용해서 무선통신원과 정보부 요원들은 자신들의 보고를 암호화하고 또 상대의 암호를 풀었던 것이다. 첫 번째 책은 오스트레일리아 해군이 독일 상선에서 훔쳤는데, 독일인들은 알아차리지 못한 것 같다. 왜냐하면 오스트레일리아 해군은 이 책을 1916년 3월까지 사용했기 때문이다. 두 번째 책은 러시아 해군이 피해를 입은 독일 전함에서 훔쳐왔거나 그렇지 않으면 직접 정보 활동을 통해서 손에 넣었다.[28] 세 번째 책은 고기잡이 배 한 척이 가라앉은 독일 배에서 방수가 되는 금속 상자에 들어 있던 것을 발견해냈다고 한다.

윈스턴 처칠은 당시 정치가들 가운데 무선통신 해독의 중요성을 알고 있었던 소수에 속했고, 그리하여 "독일인의 사고 속으로 침투해 들어가기" 위해 좀더 오래된 군사적으로 더 이상 중요하지 않은 통신문을 해독하기 위해 직원을 투입할 준비가 되어 있었다. 처칠 역시 해양부를 지휘하면서 그와 같은 지시를 한 바 있다. 이런 업무에 종사하는 장교들과 과학자들은 엄격하게 비밀을 엄수하고 전문화되어 있어야만 했다.[29] 해군 측에서는 윌리엄 "블링커" 홀 제독(1870~1943. 예민한 눈으로 인해 눈을 깜박인다는 이유로 별명이 블링커였다—옮긴이)이 그 분야의 전문가였는데, 건강상의 이유로 말미암아 해군 지휘권을 포기하고 1914년 11월 해군정보부의 부장으로 일해야만 했다. 한 무리의 전문가를 데리고 구 런던 해군본부의 오래된 건물에서 사무실을 할당받아서 룸(Room) 40을 꾸몄다.

이 조직은 여러 가지 원인에 의해 주목할 만하다. 하나는 직원들의 조합인데, 물리학자이자 엔지니어인 제임스 앨프리드 유잉을 제외하면 신속하게 늘어난 해독 전문가 팀원들 가운데 자연과학자나 수학자는 한 명도 없었다. 엘리트 스쿨인 이튼스쿨 출신의 고상한 신사들이 주로 들어왔으며, 이들은 민간인일 때 변호사, 예술가, 작가와 그 밖의 다른 직업에 종사하던 사람들이었다. 이른바 "세계를 경험한 남자들"이었으며, 또한 독일어 지식이 있어야만 했다. 따라서 수학적, 기술적 또는 언어적 능력이 아니라, 출신이 중요했던 것이다.[30] 투자 은행가의 부인이자 시가를 피우는 여자가 비서로 일했다.

어쨌거나 몇 가지는 성취했다. 이들이 이뤄낸 가장 위대한 성과는, 독일 함대가 더 이상 습격에 성공하지 못했다는 것이다. 1914년 12월에도 독일 함대는 영국의 동부 해안에 위치한 도시들을 바다에서 폭격했는데, 영국 해군이 독일 함대의 위치를 잘못 예측했기 때문이다. 이로써 영국인은, 무모한 독일의 돌격을 적시에 인지하고 우위에 있던 전력으로 괴멸시킬 수 있는 타이밍을 놓쳐버렸다. 독일 전함이 안개를 틈타 사라져버렸던 것이다. 영국 해군에게는 다행스럽게도 대중은 이 실패가 얼마나 대단했는지를 듣지 못했다.

이제 사람들은 무선통신의 신호를 해독하는 것에 더 큰 관심을 쏟았다.

몇 주 후, 독일이 새롭게 공격을 하려 했을 때, 룸 40은 적시에 보고를 했고, 그러자 독일의 순양함 **블뤼허**(Blücher)호는 몰락의 길을 걸어야만 했다. 배는 침몰했고 선원 800여 명이 함께 가라앉고 말았다. 하지만 영국인은 또다시 자신들이 할 수 있는 역량에 미치지 못하는 결과를 냈다. 그들의 명령권자 베티 장군은, 근처에 독일 잠수함이 있다고 믿었고 그래서 독일 배를 추격하는 것을 그만두고 말았다. 이때 룸 40은 독일 잠수함은 멀리 떨어져 있다는 사실을 밝혀냈지만, 베티 장군에게 적시에 소식을 전달하지 못했다. 이 소식을 들었다면 장군은 몹시 실망했겠지만.

독일 북서쪽에 있는 북해에서는 숫자로 대결해도 뒤졌으므로(현대적 대형 함대가 독일 18 : 영국 31), 그들은 1916년 초에 결투를 펼칠 수 있는 곳을 찾았다. 그러니까 영국인을 가능하면 영국의 항구로부터 떼어놓으려고 말이다. 또다시 룸 40은, 라인하르트 셰어 장군이 지휘하는 독일 함대들의 움직임을 적시에 보고할 수 있었다. 이로 인해 마침내 노르웨이의 남쪽 끝 지역 밑에서 유틀란트 해전이 발발했던 것이다. 나쁜 날씨와 불충분한 기술적 장치로 말미암아, 예를 들어 체펠린 비행기로 대기에서 정확한 위치를 파악할 수 없었는데, 양측 모두 자신들의 화력을 한껏 발휘할 수 없었다. 게다가 영국의 젤리코 함장은, 영국의 패전은 육군이 강했던 독일의 패전보다 훨씬 더 끔찍하다는 사실을 분명하게 알고 있었다. 또다시 무선통신을 충분히 사용하지 않았다. 중요한 보고는 젤리코 함장에게 적시에 도달하지 않거나 의미가 분명한 형태로 전달되지 않았던 것이다. 중대한 실수가 해군참모부에서 일어났다. 그러니까 독일의 보고서를 해독한 결과 독일 함선들이 돌아가는 길을 알아냈지만, 이것을 적시에 젤리코 함장에게 전달하지 못했던 것이다. 젤리코 함장이 훗날 기록했듯이, "……이렇듯 사령관참모부가 저지른 이례적 실수를 이해하기란 불가능하지만, 의심할 바 없이 독일 외양함대(High Seas Fleet)가 그러한 실수 때문에 대낮에 〔덴마크 서부 해안 앞에 있는〕 호른 암초에 걸리지 않았을 것이다".[31]

전투에서의 비밀 활동

영국과 프랑스가, 자신들의 군대를 위한 무기, 탄약, 원자재와 생필품을 미국과 캐나다에서 조달할 수 있었기에, 제1차 세계대전은 육상 병력이 결정적으로 중요했다. 당시 비밀 첩보 활동이 매우 중요했으나 어느 정도 기여를 했는지는 쉽게 대답할 수 없다. 러시아와 싸웠던 동부전선에서 타넨베르크 전투를 언급할 수 있는데, 이 전투에서 러시아 전문가이며 참모부 사령관이던 힌덴부르크는, 경솔하게도 암호화하지 않고 보낸 러시아 측의 통신문을 신속하게 해독하게 했다. 정확한 위치뿐 아니라, 심지어 러시아군의 행진 명령도 수신할 수 있었고, 그리하여 러시아 군대의 상당 부분을 포위해서 항복을 강요할 수 있었다. "타넨베르크 전투는 정보해독(signals intelligence)을 통해 거둔 〔역사상〕 최초의 군사적 승리였다."[32]

독일이 신속하게 벨기에를 통과해서 북프랑스에 전진할 수 있었던 것은 프랑스 군대, 군 장비 그리고 군사적 사고(思考)에 대해 수년 동안 수집한 정보를 바탕으로 하고 있어서였다. 파리의 문 앞까지 가는 데 5주일밖에 걸리지 않았다는 사실은 어느 정도 독일의 참모부가 대단한 능력을 발휘했다는 뜻이고 이와 함께 비밀 활동 업무가 큰 기여를 했다는 의미다. 또한 영국-프랑스 측에서 범한 커다란 실수도 의미가 있었다. 프랑스 정보국은 1914년 8월 5일 밤부터 6일까지 보고하기를, 벨기에 요새는 놀라운 상태에 있으며 오랫동안 버틸 수 있을 것인데, 독일의 공격수들이 "매우 지치고 사기를 잃었기 때문"이라는 것이었다.[33] 프랑스 군대의 지휘관들은 물론 정치계의 지도자들도, 현대적 포병대가 어떤 변화를 몰고 왔는지를 전적으로 모르고 있었다. 그들은 독일이 벨기에를 통과하지 못하거나 아니면 매우 오래 걸려서, 프랑스가 엘사스 북쪽을 공격함으로써 독일군에게 치명적인 손상을 입힐 수 있다고 믿었다. 프랑스군 총사령관이던 조제프 조프르 장군은 독일이 공격을 시작한 지 3주가 지난 뒤에도 독일 병력을 30만 명 정도로 과소평가했다. 특히 독일 측이 어느 정도로 자신들의 (훈련을 잘 받지 못한) 예비군들을 전투에 투입할 수 있을지에 대해 잘못 알고 있었다.

영국군 사령관 존 프렌치 경은, 평소처럼 자신의 기병을 전방에 투입해서 관찰하게 할 수 있으리라 생각했다. 그는, 지극히 원시적이기는 하지만 비행기 68대를 출동시킬 수 있었으면서도 하늘에서 관찰하면 훨씬 더 효과적이라는 점은 전혀 고려하지 않았다. 영국은 신속하게, 전쟁이 발발해서 6개월 동안 비행기 엔진을 자체 기술로 생산하지 못하고 온전히 프랑스의 엔진만을 사용해야 한다는 것을 감지하게 되었다.[34]

독일이 공격을 멈추고 약간 퇴각하게 되었을 때, 영불해협에서 스위스 국경에 이르렀으며 1918년까지 밀리지 않았던, 악명 높은 참호 경계선이 탄생하게 된다. 이와 같은 진지전(陣地戰)에서 적군의 공격에 대해 미리 정보를 얻게 되면 최고로 유익했다. 실제의 군사 명령을 적시에 알아낼 수 있는 희망이 별로 없는 까닭에, 사람들은 군사적 지표와 병참의 지표를 관찰하는 데 집중했다. 무엇보다 군대의 움직임, 무기와 탄약 그리고 보급물의 운반과 저장을 관찰했던 것이다.

철도역과 군사 물품의 하적장과 보급 장소를 관찰하는 사람들은, 이와 같은 정보를 수집할 수 있었다. 대체로 현지의 시민들이 관찰했으며, 역이나 보급이 이루어지는 건물에서 근무하는 직원이 많았는데, 이들은 독일 군대의 움직임과 보급 상황을 가장 가까운 곳에서 관찰할 수 있었다. 물론 이와 같은 정보를 수집하여 분석하는 중앙센터로 전달하는 것이 문제이기는 했다. 양측에 모두 위험이 따를 수 있었는데, 자국의 정보원과 밀고자가 밀고할 수 있는 위험성이 따랐던 것이다. 비밀 활동부서의 직원들이 전문적인 교육을 받지 않았을 때는 그와 같은 위험은 더욱더 컸다. 게다가 첩보 활동을 하고 싶다고 지원한 자발적인 사람들과 토착민들을 과연 신뢰할 수 있는지를 시험해볼 가능성도 대체로 없었다.

이 영역에서 영국인과 프랑스인은 의미심장한 성공을 보여주었는데, 벨기에 주민들(이해할 수 있게도)이 독일군 점령자들을 위해서보다 오히려 영국인과 프랑스인을 위해 염탐을 했기 때문이다. 2000명이 넘는 벨기에인이 기차역에서 관찰자로 활동했으며, 가장 중요한 독일 보급선이 벨기에를 통과해 지나갔던 것이다. 독일 측에서는 1916년에서야 비로소, 벨기에에 있던 대규모 스파이 조직을 마비시키는 데 성공했다. 가을에 브라질 프랭키노을(Brazil Frankignoul)이라고 하는 조직망이 발각되고 말았던 것이다. 회원 열 명이 유죄 판결을 받아서 처형되었다. 가장 큰 조직은 벨기에 전국으로 뻗어 있었는데, 벨기에 리에(Liège) 출신인 두 전기 기사가 이끈 "흰 숙녀(La Dame Blanche)"라는 조직이었다. 회원이 총 1200명이었고, 이들 가운데 45명만 독일인들에게 폭로되었다.[35] 이들은 안트베르펜에 첩보 활동을 수행하는 중요한 지점을 두고 있었고, 엘리자베스 슈렉뮐러("미스 닥터")가 이곳을 지휘하고 있었다. 프로이센 장교의 딸인 그녀는 1913년 여성으로는 최초로 프라이부르크 대학에서 정치학을 전공하여 박사학위를 받았다. 처음에 그녀는 프랑스 북동부 릴(Lille)에서 군사정보부(부서 IIIb)를 위해 탈취한 벨기에 편지들을 평가했고 1915년 부서 책임자로 안

트베르펜에 발령을 받았다. 그녀는 다양한 정보원을 교육했다고 하는데, 이들 가운데 유명하지만 스파이로서 받은 임무를 고려하면 그렇게 중요하지 않은 "마타 하리"[36]도 포함되어 있었다. 열차 관찰자들이 정말, 영국인들이 중립국으로부터, 특히 네덜란드로부터 각출한 가장 중요한 비밀 정보 가운데 70퍼센트를 제공했는지는 확인해볼 수 없다. 어쨌거나 이 말은 커밍 경으로부터 나왔고, 그의 휘하에 있던 MI-6 소속 정보원들은 그런 업무를 담당했다.[37]

전쟁 지역에서 두 번째로 중요한 정보가 나오는 원천은 전쟁 포로와 탈주병에게 질문하는 것과, 죽은 적군에게서 발견한 서류와 그 밖의 가치 있는 물건들이었다. 이와 같은 자료를 잘 이용하기 위해, 사람들은 외국어를 잘하는 수많은 사람이 필요했다. 적군이 야영지에서 하는 전화를 도청할 때도 마찬가지로 외국어를 잘하는 사람이 필요했는데, 독일 측에서는 이와 같은 활동의 의미를 매우 과소평가했다.

하지만 적합한 지식을 가지고 있으며 비밀 활동을 할 수 있는 수많은 사람을 어떻게 구할 수 있었을까? 프랑스는 알자스와 로렌 지방(원래 신성 로마 제국에 속했으나, 1648년 베스트팔렌 조약으로 프랑스령이 되었다가, 중간에 또 독일 제국의 영토가 되었으나 제1차 세계대전에는 잠시 독립국으로 있었지만, 1919년 베르사유 조약으로 프랑스 영토가 되었다—옮긴이)에 사는 주민들을 통해서 독일어를 매우 잘하는 사람을 대규모로 확보할 수 있었다. 하지만 영국 군대는 암울하게 보였다. 전쟁 동맹국이던 프랑스의 언어를 이해하는 것도 어려워했으니 말이다. 그리하여 대학이나 예술가, 작가, 예술사학자, 고고학자와 비슷한 학계에 종사하는 사람들 가운데 외국어와 유럽 대륙을 잘 아는 사람을 선택할 수밖에 없었다. 이런 사람들에게 허둥지둥 군대의 계급을 나눠주고 군복을 입혀서 1914년에 창설한 정보부(Intelligence Corps) 소속으로 보냈다. 그 밖에도 이런 종류의 사람을 관찰자, 정보원과 연락책으로 모병했다. 이런 첩보 활동을 한 사람들 가운데 자신의 경험을 문학작품으로 낸 사람들도 있다. 가장 유명한 본보기로 MI-6에서 일했던 작가 윌리엄 서머싯 몸을 꼽을 수 있다. 그의 작품 《영국인 간첩 어셴던(Ashenden: Or, the British Agent)》(1928년 출간)은 제1차 세계대전과 냉전 시대에 겪은 경험을 문학적으로 표현해낸 본보기가 되었다. 스파이를 등장시킨 소설을 쓴 작가들 가운데 언급할 만한 가치가 있는 작가로는 그레이엄 그린, 에릭 앰블러, 이언 플레밍과 존 러카레이가 있다.

전쟁 동안 신속하게 발전한 무선통신의 내용을 해독하는 일 역시 점점 더 중요한 의미를 갖게 되었다. 무선통신은 처음에는 혼란을 일으키는 의사소통 수단이었는데, 예를 들어 전쟁이 시작되었을 때 독일군 소속 폰 몰트케 참모총장(1848~1916)은, 룩셈부르크에 있는 사령부에서 출동하는 자신의 부대조차 무선통신으로 파악할 수 없었다. 그가 마른(marne) 전선에서 철수하라고 했을 때, 프랑스 정보부는 그로부터 이틀 후, 이동 무선통신의 타자수가 줄어드는 것을 통해서 전선에서 큰 변화가 일어났다고 해석하는 데 성공했다. 이어서 무선통신을 통해 벌인 양측의 경쟁은 포착한 무선통신문으로 추적할 수 있었다. 곧 독일의 암호 "UBCHI"〔원래는 "Übungschiffrierung(연습용 암호)"라는 뜻〕를 해독하는 데 성공했고, 1914년 11월 중순까지 소중한 정보를 얻을 수 있었다. 독일이 암호를 바꿀 때까지였다.

전쟁의 후반쯤에 가서 프랑스는 점점 완벽하고 신속하게 무선통신문을 적시에 해독할 수 있었고, 그리하여 자국의 군사 지휘부에 작전을 내리는 데 중요한 도움을 제공할 수 있었다. 가장 유명한 본보기는 1918년 승리의 무선통신 메시지였다. 이것은 7월 9일 독일의 무선통신문에서 추론한 내용으로, 바로 콩피에뉴를 공격할 계획이었다. 프랑스의 암호해독 전문가 조르주 팽뱅은 파리의 유명한 광산대학(École des Mines)에서 고생물학을 가르치는 젊은 교수였다. 그가 너무나 적절한 시기에 암호를 해독하는 바람에, 정확한 장소에 충분한 프랑스 병력을 대기시켜서 공격을 막아낼 수 있게 했다.[38] 이것은 독일군이 봄에 실시한 공격의 마지막을 알리는 시초였고 이로써 프랑스 땅에 있는 독일 군대에게도 마찬가지였다.

팽뱅과 같은 남자는 어떤 식으로든 비밀 활동을 할 인물로 적합하지도 세계 역사에 영향을 미칠 인물 같지도 않았다. 오히려 제1차 세계대전 시에 활동한 독일의 가장 중요한 스파이 아우구스트 슐루가 폰 라스텐펠트가 더 적합한 인물이다.[39] 헝가리 출신의 소위로 독일로 넘어온 폰 라스텐펠트는 이미 1866년 전쟁 때 프로이센을 위해서 비밀 활동을 한 바 있었다. 1870/1871년 프랑스와의 전쟁에서 그는 또다시 중요한 역할을 했다. 그의 의미는 특히 IIIb 부서의 지휘관 발터 니콜라이 소령의 회고록과 프리드리히 겜프 소령의 공개하지 않은 문서에서 두드러졌다.[40] 슐루가는 수십 년을 파리에서 머물렀는데, 이곳에서 언론인으로 활동하면서 고상한 상류계층과 어울릴 수 있었다. 때문에 그의 정보는 주로 공공연한 출처나 사회에서 이루어진 대화를 통해 얻었을 것이라고 추측할 수 있다. 게다가 스파이로 활약했기에 정치적·군사적 지식이 풍부해서 그의 정보는 수준이 상당했다.

슐루가는 1915년까지 프랑스 정보원들을 근거로 해서 보고서를 작성했다. 그는 제네바에서 이들 정보원을 관리했는데, 프랑스 탈주병들이 모여 있는 장소가 바로 제네바였던 것이다. 슐루가의 정보원들이 어떻게 프랑스 국경 초소에 잡히지 않고 프랑스-스위스의 국경을 넘을 수 있었는지는 의문이다. 추측건대 슐루가는 동시에 프랑스를 위해서도 일했을 수 있으며, 그리하여 프랑스는 의도적으로 그에게 프랑스 지도자들과 군대 내부의 약점을 제공했을 수 있다. 이와 같은 방식으로 독일로 하여금, 더 많은 군대를 동부전선에 배치하고 이로써 서부전선에서의 입지를 약하게 만들도록 유도했을 가능성이 있다.[41] 하지만 이와 같은 추측을 뒷받침해 줄 증거가 아직까지 발견되지 않았다. 슐루가는 1917년에 사망했다.

전체적으로 봤을 때, 진부한 주제에 어울리지만 동시에 역사적으로 탁월한 의미를 지닌 스파이들은 제1차 세계대전에서는 발견하기가 쉽지 않다. 가장 중요한 비밀 작업은 무선통신 해독이나 적군의 행동 분석에서 나왔고, 또한 전쟁 포로들과 때때로 적군의, 그 가운데 독일 제국의 탈주병들에게 질문을 해서 나왔다. 이들로부터 적군의 군대에 관한 정보 대부분이 나왔으며, 세간에 물의를 일으키거나 떠들썩하게 하는 활동으로부터 나오지 않았던 것이다. 이런 정보는 정확한 위치와 군사적 동맹국의 구성, 이들의 무장 상태와 전쟁 윤리를 명중했다. 전쟁 동안에는 그 누구도 적군의 참모부에서 한 명의 대가 스파이를 보유하지 않았다. 방첩 활동은 분명 모든 측면에서 전문성이 요구되었다. 제2차 세계대전과 그 이후와 비교해보면, 이념으로 인한 배반은 없었다. 군대는 애국심과 자국의 방어에만 의무를 다했을 따름이다.

작전 지역으로서 중립 국가들

전쟁 스파이들에게 특별히 중요한 곳은 중립 국가들이었다. 서부전선에서는 스위스, 에스파냐와 네덜란드였고, 동부 유럽에서 전쟁을 치를 때는 덴마크와 스웨덴이었다. 이들 국가의 수도와 국경에서는 정보원들과 전쟁에 참여한 정보부장들이 돌아다녔다. 전쟁에 참여한 국가들이 군사 작전을 자신들의 영역으로까지 연장하는 것을 허용하지 않으려는 중립국 정부들은 각종 정보원을 참아주고 있었다. 중립 국가들은 편안한 동반자로서 전쟁 참여국들과 활발하게 무역을 했고, 점점 더 많은 군대와 배를 자신들의 국토와 산맥 지역을 통과해 바다까지 가게 해주었다. 그리하여 참아주었던 스파이 활동은 다만 상당히 융통성 있는 중립 정책의 일부였으며, 이런 행동을 두고 기회주의적 중립 정책이라고 부를 수도 있을 것이다. 1917년 4월까지 중립을 지키던 미국이 오로지 연합국들에게 재정적 지원을 해주고 전쟁 군수품을 공급한 것도 그와 같은 모습에 부응했다.

물론 영국은 비밀 활동을 포함하여 모든 수단을 동원해서 중립을 지키던 미국의 태도에 종지부를 찍으려고 노력했다. 영국이 독일 전보를 해독했던 것이 바로 돌파구가 되었다. 이미 언급했던 룸 40 부서와 나란히 존재하던 분과에서 해독했다. 이때 독일의 암호 책이 중요한 역할을 했다. 1915년 8월 오스트리아 무선 엔지니어 알렉산더 체크는 (중립적인) 네덜란드에 있던 영국 대사관 소속 무관에게 외교적 해독 도서 일부를 전해주었다. 영국에서 태어나고 학교를 다닌 체크는 독일이 점령한 벨기에에서 무선통신 시설을 수리하는 일을 했고 그러다 보니 독일 비밀문서를 접할 기회가 생겼던 것이다. 그런데 체크는 얼마 후 독일 혹은 영국 측에 의해 살해되었다. 두 국가는 그렇게 할 동기가 있었다. 하지만 거의 비슷한 시기에 페르시아에 있던 독일 외교관의 가방에서 암호 해독 책이 소매치기를 당했는데, 이 책이 런던에 도착했다. 이로써 정보원 체크의 흔적을 세심하게 지우려고 했던 게 아닌가 하는 추측을 할 수 있다.

외교상의 통신을 읽는 것이 좀 복잡해지고 말았는데, 영국이 전쟁 초반에 이미 잘라버린 독일 국제선 케이블 때문이었다. 그리하여 중립국이던 미국과 소통하려면 스웨덴의 케이블이나 미국인의 케이블을 사용해야만 했는데, 독일인 역시 이 케이블을 사용할 수 있었다. 이 두 가지 경우에 이미 암호 해독을 마친 독일 텍스트에 다시 한번 암호를 걸어야만 했는데, 연합국에게, 독일과 같은 편에 서서 전쟁을 치르는 국가들을 지원한다는 사실을 알리지 않기 위해서였다. 물론 런던을 통과하는 케이블을 설치했는데, 당연히 런던에서도 케이블은 도청되었다.

1917년 1월 17일 룸 40에 전보가 하나 도착했는데, 이것이 전 세계 정치에 큰 파문을 일으키게 되었다. 1월 16일 자로 독일 외무부장관 치머만은 워싱턴에 있는 대사에게 전하기를, 독일은 2월 1일 잠수함 전쟁을 무한대로 재개하고자 한다는 것이었다. 하지만 계속해서 미국이 전쟁에 참여하지 않도록 시도할 것이라고 했다. 만일 이것이 성공하지 못한다면, 독일은 멕시코에 동맹을 제안할 것이라고 했다. 멕시코는 19세기 중반에 미국에 빼앗긴 영토가 있는데, 이 영토를 되찾게 해준다는 조건으로 말이다. 게다가 독일은 일본 정부에도 동맹국이 되지 않겠느냐고 제안하겠다는 것이었다.

이 텍스트를 완전하게 해독하기도 전에, 홀 제독은 어려운 선택의 기로에 서게 되었다. 영국인들이 외교 통신문을 해독해서 읽을 수 있었다는 사실을 미국과 스웨덴에 전하지 않고서, 이 전보를 정치적으로 이용할 방법은 무엇일까? 그리고 독일 측에 영국의 해독 기술의 범위를 알리지 않고서 말이다. 홀 제독은 이 전보를 외무부의 고위 공직자에게 넘길 때까지 2주일을 기다렸다. 해독한 텍스트의 출처를 감추기 위해서, 멕시코에 있는 영국 대사에게 지시하기를, 워싱턴을 거쳐 그곳에 있는 독일 대사에게 전달된 견본을 구해보라고 했다. 실제로 이와 같은 시도가 성공했는데, 아마도 멕시코 전화국에서 일하던 직원의 도움으로 가능했던 것 같다. 게다가 이 견본은, 오로지 페르시아에서 훔친 암호로 해독했고 그리하여 완벽하게 읽을 수 있는 장점까지 있었다.

마침내 사람들은 미국의 언론에 사본 한 장을 넘길 수 있었고, 이 사본에는 1917년 3월 1일 자가 찍혀 있었으며 그야말로 떠들썩한 뉴스로 보도되었다. 그 밖에도 암호 해독은 미국의 비밀요원들이 해낸 것이라고 보도되었다. 또 다른 뉴스에 따르면, 독일 대사가 유럽으로 배를 타고 가던 중에 가방에 있던 전보를 도난당했다고 했다. 미국에 독일 대사로 있던 베른스도르프 백작은 독일 잠수함으로 무한정 전쟁을 치르겠다는 소식의 반응으로서, 미국과의 외교 관계가 끊어지는 바람에 미국을 이미 떠나고 없었다. 영국 정부 측에는 이처럼 진실이 아닌 동화가 정당할 수밖에 없었는데, 진실은 정치적으로 팔아먹기 매우 어려웠기 때문이다.

그렇다면 치머만의 전보를 해독함으로써 미국을 전쟁으로 인도했다고 주장할 수 있을까? 그것은 아니다. 어쨌든 이처럼 단순한 형태는 아니었으니까. 독일과 외교 관계가 중단된 이후 미국 대통령 우드로 윌슨은 이미 전쟁에 참여할 것을 고려했다. 그럼에도 치머만 전보는 반대하는 무리도 생겨나게 했는데, 미국의 대중 중에는 전쟁 참여를 적극 반대하는 자들이 있다는 사실을 여실히 보여주었다. 많은 "중립주의자"는 주장하기를, 그것은 위조된 전보로 영국인의 전쟁 선동에 사용되었을 뿐이라는 것이었다. 영국은 자신들이 독일 전보를 해독할 수 있다는 증거를 보여줄 수도 있었다. 하지만 그럴 필요가 없었던 게, 3월 2일 외무부장관 치머만 자신이 전보를 보냈다고 인정한 것이다. 이로부터 1개월 뒤 미국은 독일에 전쟁을 선포했다.

일반적으로 치머만 전보는 비밀 활동이 대규모 정치에 영향을 미칠 수 있다는 것을 보여주는 가장 유명한 본보기로 간주된다.[42] 하지만 이것은 영국 무선통신 암호해독이 이뤄낸 성과 가운데 가장 잘 알려진 사례일 뿐이다. 수십 년 동안 알려지지 않았던 바는, 영국이 이미 제1차 세계대전 때(제2차 세계대전이 아니라), 북아메리카에서 영국으로 호송되는 보급품을 독일 잠수함으로부터 잘 보호하기 위해, 해독한 독일 통신문으로 충분한 정보를 얻고 있었다는 사실이다. 영국은 1917년 중반부터 보급품의 1퍼센트만 잃어버린 데 반해, 그 전까지 보급품의 안전한 이송은 그야말로 큰 위험을 안겨주었다. 해독 작업을 하는 영국의 모든 부서를 더 잘 협력시킬 목적으로 1917년 6월 ID25(정보부)를 설치했다. 이때 독일 잠수함과 추락한 수색용 체펠린 비행기들에 감춰져 있던 암호해독 서적들이 많은 도움을 주었다. 여전히 읽을 수 없는 통신 내용도 많았다. 하지만 이것은 제2차 세계대전 때 무선통신의 암호해독을 탁월하게 해낸 영국이 거쳐야 했던 길이다.

치머만 전보는, 독일이 오래전부터 미국을 멕시코와 엮어서 전쟁을 치르게 하려는 작업을 했다는 많은 증거 가운데 하나다.[43] 심지어 상상력이 풍부한 독일 사람들은, 미국의 남부를 독일 식민지로 획득할 수 있을 것이라 생각했다. 특히 독일군에서는 미국을 과소평가하는 경향이 널리 퍼져 있었고, 베른슈토르프 백작은 이와 같은 분위기를 통제하는 데 성공하지 못했다. 심지어 치머만 장관은 베를린에 있는 미국 대사에게, 미국 내에 살고 있는 독일인 예비군 50만 명은 미국의 국내 안전에 큰 위험이 될 것이라 위협하기도 했다. 독일 대사관은 위조 여권도 많이 발급했고 방해공작도 펼쳤다. 경악할 정도로 전문 지식이 없는 많은 활동가가 미국 치안당국에 의해 발각되어 법정에 서게 되었는데, 이런 소식이 미국 언론을 통해 전해지자 당연히 독일에게 불리한 반응을 불러일으켰다.

영국은 할 수 있는 한 미국 당국을 도와주었다. 1915년부터 뉴욕에 있는 영국의 해외정보부 MI-6는, 미국 치안업무와 FBI 일도 맡고 있던 윌리엄 와이즈먼의 지휘 아래 있던 외부 담당 부서와 연락을 취하고 있었다.[44] 대통령 외교자문이기도 한 육군 대령 하우스는 1916년 3월 일기장에 다음과 같이 썼다. "모든 중요한 독일 전화선은 이제 도청이 된다……."[45] 이는 미국에 있는 공식적인 독일 시설에도 해당될 뿐 아니라 미국에 있는 의심스러운 독일인과 "여행하고 있는" 독일인들에게도 해당되었다.

세간을 가장 떠들썩하게 만든 사건은 1916년 7월 30일 뉴욕 자유의 여신상 근처에 있는 블랙 톰섬에서의 폭파 사건이라 할 수 있다. 독일 대사관은 숙련된 솜씨로, 이 사건이 자신들이 한 짓이 아닌 것처럼 감추는 데 성공했다. 하지만 영국의 암호해독 전문가들과 미국의 첩보기관은 외무부와 독일군 지휘부가 그와 같은 폭파와 방해공작을 대대적으로 계획하고 재정을 지원했다는 확실한 증거를 제시했다.[46] 여기에 관여한 핵심 인물로 프란츠 폰 파펜이 있는데, 그는 훗날 히틀러의 외무부장관을 역임했다. 그는 독일 해군무관과 함께 1915년 말 미국의 정부로부터 환영받을 수 없는 인물로 낙인찍혀서 추방당했다.

블랙 톰섬에는 거대한 무기 창고가 있었는데, 대략 탄약 1000톤과 TNT(폭발력이 강한 현대적 폭탄) 50톤이 보관되어 있었기에 폭발하자 엄청난 경악을 불러일으켰다. 폭파는 중간급 정도의 지진과 맞먹었으며 꽤 멀리 떨어져 있는 맨해튼에서조차 건물 정면의 무수히 많은 유리와 창문이 깨질 정도였다. 또한 근처에 있던 자유의 여신상은 심각하게 훼손당했다. 폭파 현장에서는 사망자 7명이 나왔다. 이로부터 얼마 후, 1917년 1월 11일, 뉴욕 근처에 있는 곳에서도 비슷한 폭발 사건이 일어났다. 탄약을 생산하는 캐나다 공장에서였다. 이번에는 인명 피해는 없었지만, 물질의 손상이 심각했다. 조사 결과 공장 종업원으로 위장 취업한 독일 스파이가 폭발 사건에 참여했다는 사실이 드러났다.

전쟁 후 독일과의 평화를 규정하는 일부로서 중재위원회(mixed claims commission)를 설치했고, 위원회의 업무는 1939년에야 비로소 종결되었다.[47] 하지만 히틀러 정부가 손해 배상 청구를 인정하지 않았기 때문에, 1953년에야 마침내 5000만 달러의 배상금이 확정되었고, 독일은 이 배상액을 1979년까지 분할로 냈다. 미국에서 활약한 독일 스파이와 방해공작에 관해서 많은 저서를 출간한 라인하르트 되리스는 다음과 같은 결론을 내렸다. 즉, 무제한의 잠수함 전쟁과 전쟁의 종결을 위한 외교적 중재를 거부한 것 외에, 이것이 바로 미국이 전쟁에 참여하게 된 세 번째 원인이었다. 두 가지 다른 원인처럼 이 원인도 독일의 전쟁 수행으로 인한 직접적 결과이며, 전쟁은 늦어도 1916년부터 최고 군사령부의 손에 거의 달려 있었다.[48] 윌슨 대통령은 전쟁 참여의 정당성에 대해서 미국 의회에서 연설(1917년 4월 2일)했고 이 연설은 유명해졌다. 그는 전쟁 초기부터 미국 땅에서 "프로이센의 권위"를 품었던 독일 정부가 평화를 원치 않았다는 점을 충분히 증명할 수 있는 "스파이와 불법적 음모"가 있었음을 지적했다.

레닌과 그 결과들

지극히 치명적이고 비밀 업무상의 저돌적 행위를 고려하지 않고서, 우리는 독일 전쟁 수행이 가지고 있던 정치적으로 매우 위험한 정치에 대해 얘기할 수 없다. 바로 러시아에서 일어난 볼셰비키 혁명의 지원이다.

황제가 지배하던 독일에는 외국정보를 포괄적으로 담당하는 기관이 없고 참모본부에 단 하나의 부서(Ⅲ B 부서)가 있었기에, 여러 종류의 관청이 정보 수집뿐 아니라 외국의 스파이를 막는 일을 하고 있었다. 이 분야의 역사가인 위르겐 W. 슈미트는 처음에 아주 작은 규모의 군사비밀 업무가 경찰, 세관 및 다양한 민간 시설과 얽혀 있는 상황을 철저하게 재구성했다.[49] 하지만 외국에서는 외무부에 일임하였고, 대사관에 근무하는 무관의 도움을 받아 스파이를 파견하고 전쟁 동안에는 선동이나 방해공작을 조직하고 또 재정 지원을 하게끔 했다.

외무부가 전쟁을 선동하는 일환으로 적국에서 전쟁을 반대하여 파괴적으로 활동하는 조직을 지원하는 것도 결코 이례적인 일은 아니었다. 러시아에서는 특히 1903년 러시아 사회민주노동당으로 분리된 이후 반대파이자 러시아 우파였던 멘셰비키와 격렬하게 싸웠던 볼셰비키가 있다. 전쟁 때 볼셰비키는 즉각적인 평화라는 구호를 외치며 이득을 챙겼는데, 사실 그들의 진짜 정치적 목표는 정치 전체를 완전히 전복하는 데 있었는데 말이다. 따라서 치머만 장관의 후임이던 리하르트 폰 퀼만의 지휘 아래 외무부가 볼셰비키의 선동에 다양한 분리주의 운동 외에도 재정적 지원을 해야겠다는 아이디어를 얻었다. 이를 통해서, 1917년 12월 퀼만에 따르면, 볼셰비키는 가장 중요한 일간신문 〈프라우다〉의 발행 부수를 어마어마하게 늘렸고 이로써 당의 추종자들도 불릴 수 있었다.[50]

두 국가를 연결해준 인물로 알렉산더 헬판트(파부스라고 불림)가 있었는데, 그의 전기를 읽어보면 흥미진진한 것은 물론 그 이상의 내용이 담겨 있다. 그는 사업가와 정치적 선동가를 섞어둔 인물로, 러시아와 독일 사이를 끊임없이 여행 다녔고, 다양한 종류의 사회주의자와 혁명가들과 관계를 구축하는 데 힘썼다. 그들 가운데 레닌과 트로츠키도 있었으며, 이들과는 이미 뮌헨에 머물렀던 기간 동안(1900년과 1905년 사이) 알고 지냈다.

심지어 그는 독일 사회민주주의자들 사이에서는, 사회주의를 어떤 길을 통해서 도입하느냐는 당 언론의 질문에 의견을 제시할 정도로 중요한 이론가로 통했다.

이미 1915년 2월 파부스는 외무부에 상세한 계획서를 제출했는데, 어떻게 하면 러시아에서 스트라이크, 분리 운동과 조업 방해를 비밀리에 지원함으로써 활동을 펼칠 수 있는지에 관한 내용이었다. 국제적으로 맺고 있던 수많은 관계와 사업적 감각을 통해서 그는, 독일 돈을 비밀리에 상응하는 조직에 분할 지원하는, 특히 볼셰비키에 지원하는 운명을 결정지었던 것이다.

이는 또다시 비밀 업무를 다룰 때 매우 적절했다. 황제가 통치했던 제정 러시아가 전복된 1917년 2월 혁명 이후에, 제정 시대에 비밀 업무를 담당하던 공안질서수호국(오흐라나)의 서류에서 밝혀진 바에 따르면, 볼셰비키는 러시아에 있던 그 어떤 반대 그룹보다 오흐라나 스파이들과 많은 일을 관철시켰다는 것이다. 상트페테르부르크 의회지도부 소속 5명 가운데 4명이 그들의 손에서 나왔다. 1912년 선발된 두마(의회) 가운데 볼셰비키 대의원이 6명 있었고, 이들 가운데 로만 말리노프스키(1876~1918)가 분과위원장을 맡게 되었다. 말리노프스키는 수년에 걸쳐 스파이 혐의를 받고 있던 레닌을 개인적으로 보호해주었다(말리노프스키는 1914년 러시아에서 도망쳤고, 1918년에 다시 돌아왔지만 혁명법정에 의해 유죄 판결을 받고 1918년 11월 6일 크렘린 궁 정원에서 총살당했다).[51]

손상을 입게 되자 더욱 똑똑해져서 사람들은, 볼셰비키의 선동에 동원된 신문 인쇄기에 돈을 지원한 것이 누구인지 결코 발설하지 않았다. 그리하여 레닌이 나중에 주장했듯이, 중요했던 1917년 그는 파부스와 직접 접촉하지는 않았던 것 같다. 하지만 두둑하던 당의 금고가 당원들의 회비였다고 설명하려는 시도는, 사실 오늘날에도 공산주의를 옹호하는 자들이 그렇게 하는데, 가소로운 변명에 불과하다.[52] 레닌이 직접 언급했듯이 매주 140만 부의 신문은—볼셰비키의 일간 신문 17종(1917년 8월)—외부로부터 재정적 도움이 없다면 상상할 수 없다.[53] 실제로 개혁적이었던 독일 사회민주주의자 에두아르트 베른슈타인(1850~1932. 수정주의적 마르크스주의를 발전시킨 사회민주주의 이론가—옮긴이)은 이미 1921년 〈전진(前進)〉이라는 신문에서, 볼셰비키는 외무부 계좌에서 5000만 금마르크를 받았을 것이라 추측했다. 이 금액은, 전쟁 때 다른 비밀문서들과 함께 외무부의 서류 더미에서 발견했다고 한다.[54] 나중에 역사적·과학적 검사를 해보니 진짜 서류임을 확인할 수 있었다.

볼셰비키를 러시아의 항복을 위한 도구로 만들기 위해서는 두 가지 단계가 부수적으로 더 필요했다. 레닌은 망명지 스위스에서 러시아로 돌아가야만 했고, 즉각적인 평화를 외치던 그의 주장을 러시아에서 관철해야 했다. 첫 번째 단계로 독일 군대는 러시아 2월 혁명이 일어난 후에 레닌을 기차의 특별한 객실(흔히 책에서 보듯 기차나 차량에 갇힌 채가 아니라)에 태워서 취리히에서부터 프랑크푸르트, 베를린과 자스니츠를 거쳐 중립국 스웨덴으로 데려갔다. 거기에서부터 스톡홀름을 거쳐 스웨덴-핀란드의 국경 지대인 하파란다로 데리고 갔고, 이때 독일 장교 두 명이 동행했다.

레닌이 마침내 1917년 4월 16일 페트로그라드(상트페테르부르크를 이렇게 바꿔 부름)에 도착했을 때, 새로운 공화정부가 전쟁을 지속하기를 지지했을 뿐 아니라, 이곳의 지도자들이 볼셰비키임을 알게 되었다. 레닌은 자신의 계획대로 어떤 조건도 없이, 그러니까 항복도 받아내지 않고 즉각적인 평화를 이뤄내기 위해 몇 주가 필요했다. 볼셰비키가 마침내 11월 쿠데타를 일으켜 권력을 잡게 되었을 때, 모든 반대, 심지어 조직 내부의 항의조차 무시하고 즉각적인 전쟁 종료라는 목표를 따랐다. 이와 같은 반대를 극복하기 위해, 어마어마한 금액의 돈이 독일 정부로부터 또다시 흘러들어갔다. 이와 같은 재정적 조치를 위해 제3사령부가 다시 투입되었다. 공식적인 독일 측 자료를 찾아보면 그와 같은 사실을 뒷받침해줄 증거가 충분히 있다. 1918년 3월 브레스트리토프스크 평화조약(독일 제국과 러시아가 이 도시에서 맺은 평화조약이다. 이로써 러시아는 전쟁에서 발을 뺐다—옮긴이)을 체결한 뒤에도 베를린에 있던 사람들은, 연합국들이 또다시 뇌물을 준다거나 해서 러시아를 전쟁에 끌어들이지 않을까 두려워했다. "돈으로 매수할 수 있는 러시아는 지금보다 더 매수하기 좋은 때가 없었다"라고 독일 외교관 미르바흐 백작이 한숨을 쉬며 말했다. 그는 독일 대사관에서 혁명을 체험했던 것이다.[55]

미르바흐는 1918년 7월에 암살당했는데, 탐탁지 못한 평화체결의 상징적인 인물로서 그리고 혁명을 통해 또다시 전쟁에 참여케 하는 시도로 봤기에 그렇게 되었던 것 같다. 분노한 레닌은, 비밀 활동을 지휘한 펠릭스 제르진스키도 이와 같은 범행의 배후에 있는 게 아닐까 의심했다. 그는 쫓겨났으나, 몇 주 후에 다시 자신의 자리에 복귀했다.[56]

독일의 정치·군사 지도부는 당시 러시아에서의 파괴적 공작들을 대단한 성공으로 평가했다. 그러니까 러시아의 항복에도 기여했고 (일시적이기는 하지만) 러시아 제국의 몰락에 기여를 했다고 말이다. 하지만 이는 세계 정치에 엄청난 결과를 가져오고 말았다. 1939년 8월 히틀러를 러시아에 초대한 것 역시 치명적이었는데, 이는 폴란드의 분할을 가져와서 볼셰비키 지배 영역이 유럽 중앙까지 확장하게 만들었다.

20세기 네 가지 적

공산주의자, 파시스트/민족사회주의자, 자본주의자, 제3세계의 '테러리스트'

볼셰비키 혁명으로 비밀 활동의 역사에서도 이데올로기의 시대가 시작되었다. 국가의 비밀 업무는 국방을 위한 도구에 속한다는 간단한 공식에서 출발한다면, 이데올로기의 시대라는 개념은 두 가지 중요하고 역사적으로 지극히 새로운 실상을 이해하는 데 도움이 된다. 우선 국가에 새로운 적개심이 등장했는데, 이는 더 이상 권력, 영향력, 영토와 원자재를 둘러싸고 벌이는 갈등이 아니라, 적대적 국가가 **지향하는 이데올로기**가 중요했다. 이와 같은 방향 설정은 18세기와 19세기 군주와 귀족의 특권을 얻기 위해 벌인 투쟁과는 달리, 더 이상 정부와 사회의 주요 인물에게만 해당하지 않았고, 사회 전체와 경제 질서 전체에 해당했다. 가치관도 역시 해당했는데, 가장 넓은 의미에서 정치적·사회적 사고가 모두 포함되었다고 보면 된다. 훗날 사람들은 새로운 이데올로기의 지배력을 포괄해서 표현하기 위해 "전체주의적"이라는 개념을 끌어들였다. 물론 국제적으로 권력을 두고 경쟁을 했던 전통적인 원인들도 여전히 중요하기는 했다. 그러므로 이데올로기는 다른 민족과 영토를 정복하기 위한 구실일 수 있었던 것이다.

두 번째로 사람들은 이제, 외국의 적과 국내의 적을 더 이상 분명하게 구분할 수 없다는 생각을 하게 되었다. 19세기 현대적이자 관료주의적 국가들이 제도적 차원에서 확고한 지위를 갖고 있었던 것과 달리 말이다. 길고도 지루한 과정을 거쳐 마침내 경찰과 군대, 외국의 스파이와 내국의 스파이를 정교하게 분리한 후에, 이런 분류로 말미암아 점점 더 문제가 발생했다. 왜냐하면 적국들은 전통적 권력기구(재정, 무역, 군사) 외에도 적국의 국내를 불안정하게 만들 수 있는 파괴적인 도구를 이용했기 때문이다. "제5열(fifth column: 사보타주, 역정보, 간첩 등의 활동을 하는 사람들을 의미함—옮긴이)"이라는 말은 에스파냐 내전 때 상당히 뚜렷하게 나타났다. 이는 이데올로기로 무장한 파괴적인 반대 세력과 관련이 있으며, 이들 반대 세력은 외부에서 지원받고 통제를 받는다. 국제법상으로 말하면, 이는 다른 (주권을 가진) 국가가 허락을 받지도 않고 국내 문제에 개입하는 것이다. 외부적으로 권리 침해로 보이지 않기 위해서, 국가는 자신들의 비밀조직을 이용했다.

이와 같은 처리 방식은 완전히 새로운 것은 아니었다. 이데올로기를 한 국가의 내외적 정치의 주요 구상으로 삼은 선구자들이 있었는데, 근대에는 종교전쟁 때였고 나중에는 정치적·이데올로기적 생각이 확고했던 미국과 프랑스 혁명 동안 발견된다. 그 사이 관료주의적 주권국의 기술적 수단과 규모는 논쟁할 여지가 없을 정도로 새로운 것이었다. 이것들은 비밀 활동의 영향력에 새로운 지평을 열어주었다.

생긴 지 얼마 되지 않은 소련에서의 억압

국회의 다수로부터 지지를 받지 않은 채, 그러니까 "프롤레타리아"의 임무를 수행한다고 말은 했으나 사실 이들의 지지 없이 볼셰비키가 권력을 잡은 후에, 한번 정복한 권력을 확고히 다질 수 있는 길은 오로지 독재밖에 없었다. 이들은 무장한 채 1918년 1월 5일 자유선거로 선발된 헌법의회(헌법에 따른 국민 의회)를 해산시켰다. 의원들 가운데 고작 25퍼센트만이 볼셰비키가 얻은 의석이었다. 그 이후 기대했던 대중의 봉기는 일어나지 않았지만, 신속하게 다양한 그룹으로 이루어진 반대파들이 생겨났다. 이들 반대파는 잔인한 폭력을 행사해서 굴복시켜야만 했다. 이때 레닌과 그의 동지들은 1917년 12월 이미 설립한 "반혁명, 투기와 방해공작에 맞서 싸우기 위한 특이한 전체 러시아 위원회"를 이용했다. 이 위원회로부터 훗날 펠릭스 제르진스키가 지휘하는 체카가 탄생했는데, 바로 소문이 흉흉했던 러시아의 비밀정보부였다. 러시아어로 발음하면 베체카였으나, 체카는 지역적 요소만을 부각했을 뿐이지만 이로부터 결국 전통적인 이름으로 자리 잡는다. 즉, 모든 공산주의 정보부가 본보기로 삼은 이름이 되었던 것이다. 구 동독은 몰락할 때까지 국가안전부에서 일한 직원들을 체키스트라고 불렀다. 오리지널 이름이던 체카의 임무가 소련 연방 군대의 손에 들어가게 됨으로써 이미 1922년에 해체되었는데도 말이다.[1]

600명 정도이던 직원의 수는 빠른 속도로 증가해서 1918년 3월에는 4만 명(1918년 말)이 되었고 마침내 28만 명(1921년 초)에 이르렀다. 이런 상황에서는 치밀한 교육은 아예 불가능했을 것이라 생각할 수 있다. 최초의 교본은 개론이었는데, 러시아 황제 시대 공안질서수호국(오흐라나)에 의해 저술된 책이었다. 붉은 군대에서 그러했던 것처럼, 여기에도 어느 정도의

"시민 전문가들"을 받아들였는데, 적어도 최소한의 전문성을 갖추기 위해서였다.

레닌의 지시에 따라 1918년 8월부터 정치적 수감자를 위한 특수 감옥을 설치했는데, "강제수용소"라는 이름이 붙게 되었다. 이 말은 영국이 보어 전쟁 때 이와 같은 방식으로 보어인들의 게릴라 전투원들을 적군의 시민들과 분리할 목적으로 가둬놓던 장소를 일컫는 데 사용되었다.[2] 처음에 강제수용소라는 단어는 물론 1896년 에스파냐-쿠바의 식민지 전쟁 때 비슷한 의미로 사용되었다고 한다. 훗날 쿨라크 시스템(쿨라크는 소련에서 노동 수용소를 담당하던 정부 기관이었고, 쿨라크 시스템은 정치범 수용소로 더 잘 알려져 있다-옮긴이)을 시작하게 했던 소련의 "강제수용소"에는 곧 죄수 수만 명이 수감되었다. 새로운 국가의 적에 해당하는 대부분의 죄수들은 즉각 죽었기에 죄수들이 비교적 적었다.

체카라는 표기에는 이미 주요 범죄가 명명되었는데, 반혁명, 투기와 방해공작을 추적하는 일이었다. 훗날 직권 남용도 범죄에 속하게 되었다. 이런 범죄는 특히 사회에서 두 그룹과 연관이 많았는데, 바로 공무원과 자립적 농부였다. 첫 번째 그룹은 "반혁명적" 행동을 통해서 위협적이 될 수 있었다. 예를 들어 1917년 12월 19일 전체 공무원은 파업을 알리고서 국가 장치를 마비시켰다. 자신이 담당하던 혁명위원회에서 제르진스키는 이렇게 말했다. "이제 적은 이곳 페트로그라드에 있으며, 바로 심장부에 있습니다. ……나는 제안하고, 요구합니다. 우리가 혁명의 폭력으로 이들 반혁명 세력을 진압하자고 말입니다."[3] 농부와 상인은 도시와 군대를 부양하고 생계를 지원하는 힘을 가지고 있었다. 소련 정권은 곧 이들 계급을 숙청하는 캠페인을 벌였다. 소시오사이드(soziocide)라는 개념을 사용해도 결코 과장이 아니었다. 제노사이드(genocide, 집단 학살)가 특정 인종의 말살에 해당하는 개념이라면, 이 소시오사이드는 사회·경제적 특정 그룹을 말살하려는 캠페인으로, 바로 자유로운 농부들과 상인들이었다.[4]

체카의 활동은 처음에는 혐의에 대하여 "잠정적 수사"에만 한정했으나, 이미 1918년 1월 그들은 수색과 체포를 할 수 있는 권한을 가지게 되었다. 2월에 그들은 레닌으로부터 서면 지시를 받았는데, 반혁명가들은 "체카의 명령으로 가차 없이" 죽이라는 내용이었다.[5] 이와 같은 방식은 제르진스키의 기질에 매우 적합했다. 제르진스키는 정보부원장으로서 매우 잔인하게 행동했으니까 말이다. 레닌과 그 밖의 수많은 지도자급 볼셰비키들과 마찬가지로 그 역시 프롤레타리아 출신이 결코 아니었다. 그는 가톨릭 애국주의자이던 폴란드 귀족 출신으로 폴란드에 있던 러시아 지배 세력에 대해 증오심을 가졌던 게 분명했다. 물론 그가 11년 동안 수용소와 감방에서 보내며 직업 혁명가가 되었다는 사실은 러시아의 억압 때문이 아니라 그의 광신주의 때문이었다. 이는 소련 시기 동안에 일어난 국가적 잔인성 정도와 비교해보면 알 수 있다. 1880년대 연속적으로 일어난 암살 행위로 인해 러시아 황제 한 명(1881년 알렉산더 2세)이 희생되기도 했지만, 정치적 동기로 인한 범죄를 집행한 경우는 고작 17건에 불과했다.[6] 제르진스키처럼 정치적 연쇄 범죄자가 늘 도망갈 수 있었거나 체포되어도 풀려날 수 있었던(마지막으로 1917년 3월) 것은, 소련 시대에는 전혀 상상조차 할 수 없었다. 페트로그라드에 있는 체카에서만 하더라도 1918년 9월까지, 그러니까 고작 9개월 동안 500건을 사형 집행했다.[7]

하지만 1921년까지 지속되던 러시아 내전으로 말미암은 대부분의 피해는 체카로 인해서가 아니었다는 점은 확실하다. 정확한 숫자는 없지만, 25만 건이었다는 추측은 있다.[8] 내전에서 희생당한 시민은 800만 명에 달한다고 한다. 여기에 사망한 군인은 77만 명이었다. 이로써 내전으로 인해 당시 러시아 제국의 시민이 입은 피해는 제1차 세계대전으로 인한 피해보다 적어도 네 배가 더 많았다.

초기 소련의 국외 작전

1920년 2월에 이미 제르진스키는, 정보의 수집은 원래 체카 본연의 과제라는 슬로건을 내걸었다고 하는데, 반혁명적 활동가들과 그룹들을 가능하면 적시에 차단하기 위한 목표를 가지고 그렇게 행동했다. 특히 외국에서 볼셰비키에 대하여 지속적으로 저항하는, 타국으로 이민 간 자들의 관계를 찾아내야만 했다. 볼셰비키로 인해 외국으로 도망간 사람은 200만 명쯤으로 추정되는데, 이들을 담당하는 특별한 외국부를 개설해야 했다. 이들 부서는 처음에는, 체키스트들을 외교적 인물로 위장하거나 무역 사절단 회원으로 파견하는 일만 전문으로 수행했다. 1920년대 말에 가서야 비로소 사람들은, 이렇듯 공식적인 기능을 수행하는 사람으로 위장한 정보원들과 나란히 이른바 불법적 인물도 파견하기 시작했다. 그러니까 위조 신분증을 소지하고 소련과는 가시적 관계를 갖지 않고서 외국에서 활동하는 사람들이었다.

이들 가운데 최초의 정보원들은 1921년 바르샤바와 앙카라처럼 에스토니아로 파견되었다. 에스토니아는 서구 비밀 활동과 파괴적 이민자들이 활동하던 중심지로 간주되고 있었다. 하지만 런던과 파리는 자본주의적 파괴의 가장 위험한 핵심으로 여겨졌다. 이곳에서 체카는, 이미 러시아 황제 시대에 중요한 역할을 하던 방식과 연관 지었다. 19세기 말에 러시아 황제의 몰락을 위해, 평화적으로든 그렇지 않든 노력했으며 그리하어 타국으로 간 러시아 이민자가 5000명까지 있었다. 때문에 러시아 비밀경찰은 외국에, 특히 유럽 서부의 대도시에 관찰을 위한 정보원들의 망을 구축했다. 이들 정보망 가운데 페터 라흐코프스키라고 하는 자의 지휘를 받아서 파리에서 활동한 조직망이 가장 주목할 만하다. 당시에 프랑스 치안당국과 밀접하게 협업했다는 점에서 그의 활동은 의미심장했고, 프랑스 치안당국은 폭력적인 무정부주의와 맞서 싸우고 있었다(1894년 프랑스 대통령 사디 카르노가 암살되었다는 사실을 기억해볼 필요가 있다).[9] 때문에 프랑스 치안당국은 파리에서 비밀 활동을 펼치던 소련 정보원들을 자신들의 비밀 활동을 보완해줄 수 있었기에 환영했다.

이와 같은 관점에서 볼 때 상황은 1920년대 초반부터 전혀 달라졌다. 서구 정부들은, 충분히 이해할 만도 한데, 소련을 반대하는 저항 세력과 싸우는 것에 전혀 관심이 없었기 때문이다. 때문에 체카는 이제 다른 전제 조건하에서 일해야 했고 새로운 비밀공작 방식을 개발해야 했는데, 특히 잠입과 위장이었다.

첫 번째 성공은 "조국과 자유의 방어를 위한 사회"를 대상으로 거두었는데, 이 조직은 사회주의 혁명가 보리스 사빈코프가 지도자로 있었다. 그는 이미 내전은 물론 1920/1921년 소련-폴란드의 전쟁에서 활약한 바 있었다. 사빈코프는 폴란드 정보원들과 협조했지만 파리에서 살았다. 체카는 소련 측에서 탈주한 알렉산더 오퍼푸트라는 인물을 발견했고 이 사람을 사빈코프의 측근에 두었다. 신디카트(SINDIKAT)라는 작전이 시작되었다. 1923년 7월 GPU-장교―체카는 1922는 이름을 바꾸었다―는 사빈코프를 파리에서 모스크바로 비밀스럽게 여행을 하게 했고, 모스크바에서 그는 확인할 수는 없었지만 지하조직의 지도자라는 인물을 만나야 했다. 그런데 실제로 그는 소련 대법원에 가게 되었고, 이곳에서 사형 선고를 받았으나, 이상하게도 사면되었고 얼마 후 소문이 흉흉하던 루뱐카(Lubyanka: 모스크바에 있는 동일 이름의 건물이자 비공식적 이름. 1920~1991년 중요 교도소이자, 소련 정보원의 문서실도 있다—옮긴이)에 들어갔다가 "사고로" 죽었다.[10] 2년 전에 이미 사람들은 "공모자" 44명에게 유죄 판결을 내렸다고 기관지 〈이스웨스탸(Iswestija)〉가 보도했다.

이보다 더 효과적이고 세련된 작전은 "오퍼레이션 TREST"였다. 1921년 말 체키스트 알렉산더 야쿠세프는 에스토니아에서, 베를린에 있는 러시아 군주주의자들의 조직 대표자와 만날 계획이었다. 그리고 이 대표자를 만나서, 러시아에 비밀리에 활동하는, 조직이 잘된 군주 옹립을 찬성하는 운동이 있다는 사실을 알렸다. 파리에도 있는 자매조직의 일원과 그와 비슷한 접촉도 했다. 더 많은 체카 정보원들의 도움으로 조직망이 구축되었으며, 이 조직망은 외국에 살면서 군주제를 찬성하는 이민자 그룹 속으로 점점 더 깊게 파고들어갔다. 이때 체카는 직접 나서서 소비에트 연방에서 온 소식이라며 정보를 날조했는데, 이런 정보 가운데는 서구 국가들의 대사관으로 보내는 우편물도 있었다. 이와 같은 방식으로 소련 비밀 정보원은, 외국에 사는 이민자들의 재정적 자원을 약탈하고 이와 동시에 서구의 정보부들이 이처럼 날조된 지하조직 트레스트(Trest=Trust)에 관심을 갖도록 하는 데 성공했다. 서구의 정보부를 속이기 위해서 적중하는 소식을 솜씨 좋게 허구로 조작한 내용과 섞었다.

이와 같은 맥락에서 불가사의한 인물로 시드니 라일리가 있는데, 12회 분량으로 영국 텔레비전 시리즈(1983)로 만들어졌고 샘 닐(Sam Neil)이 주연을 맡았다. 라일리는 원래 살로몬 로젠블룸(Shlomo Rosenblum)이었으며 1873년 우크라이나 오데사에서 태어났고, 자신을 상상력이 풍부한 비밀 활동 기업가로 이해했을 것이다. 그는 제1차 세계대전 이전에 런던에 있는 영국 비밀경찰 특수부(Special Branch)를 위해 활동했다. 러시아 10월 혁명(볼셰비키 혁명이라고도 하며, 1917년 2월 혁명에 이은 러시아 혁명의 두 번째 단계로, 레닌의 지도하에 볼셰비키들에 의해서 일어났으며, 세계 최초의 공산주의 혁명이다—옮긴이) 동안 그는 용기 있게도 영국의 해외정보부 MI-6를 위해 일했으나, 그의 경력은 수수께끼와, 그사이에 증명되었듯 온갖 허위와 모험으로 가득하다. 때문에 MI-6가 왜 그를 항상 이용은 했으나, 결코 조직원으로 편입시키지 않았는지 충분히 이해가 된다.[11]

라일리가 트레스트 사건에 연루되었다는 것에 대해 놀랄 필요는 없다. 헬싱키에서 소련에서의 작전을 담당했던 MI-6의 부서장 어네스트 보이스는 트레스트의 대표자들과 라일리가 접촉하는 것을 허락했으며, 이 대표자들은 핀란드에서 협상을 하자고 라일리를 설득했다. 그곳에서 야쿠세프는 라일리를 트레스트 조직의 지도부를 알기 위해 모스크바에 오라고 설득할 수 있었다. 그런데 실제로 라일리는 국경을 넘자 GPU 정보요원들에게 제압당해서 모스크바에 있던 정보원 본부 루반카로 운송되었다. 나중에 나온 소련 소식에 따르면, 라일리는 1925년 11월 밤에 자동차를 몰고 가다가 숲에서 총상을 입기 전에, 러시아인 이민자들 조직은 물론 영국의 외국 비밀 업무에 대해 자신이 알고 있는 정보를 폭로했다고 한다. 그의 시체가 숲에 암매장되었을 거라는 추측과는 반대로 공개된 자료에 의하면, 그의 시체는 체카 소속 정보원들이 자신들의 승리를 마음껏 향유하기 위해 루반카의 병실에 보관되었다고 한다.[12]

특이하게도 트레스트는 1927년까지 지속되었는데, 그러니까 오퍼푸트가 핀란드로 여행 가서 그곳에서 사기 행위의 전반에 관해서 언론에 공개했을 때까지 존속했던 것이다. 오퍼푸트는 이와 같은 목표로 GPU들에 의해 투입되었는지의 여부는, 다시 말해 서구의 비밀 활동이 그야말로 비웃음이 나올 정도라는 사실을 폭로하기 위한 목표로 투입되었는지는 분명하지 않다.[13] 물론 확실한 것은, 서구의 비밀 정보원들과 외국에 사는 러시아 이민자들에게 어마어마한 손해를 입혔다는 점이다.

소련의 비밀 업무가 장기적으로 활용한 도구는 서구에 설립되어 있던 공산당과의 밀접한 협력이었다. 진정한 의미에서, 그러니까 파트너 같은 협력이라는 뜻은 전혀 아닌데, 왜냐하면 모스크바가 모든 것에 대해 결정을 내렸기 때문이다. 이와 같은 독재에 저항하고 민족주의적 혹은 자신들만의 "사회주의 길"로 나가려는 자들은, 모스크바 본부의 분노를 자아내는 대상이 되고는 했다. 중앙 통제적 기구로 1919년 3월 국제 공산주의〔코민테른〕가 설립되었으며, 회장으로 그리고리 지노비예프가 결정되었다. 맨 처음 이 조직은 주로, 가능하면 신속하게 볼셰비키의 혁명을 수출하는 데 총력을 기울이고자 했으며, 무엇보다 군사적 패배로 혼란스러운 독일과 오스트리아였다. 이와 같은 목적으로 1919년 10월 베를린과 암스테르담에 비밀 외부 기지 두 곳을 마련했는데, 암스테르담 사무실은 네덜란드 경찰이 예의 주시하는 바람에 곧 무용지물이 되고 말았다. 이미 1920년 4월 문을 닫아야만 했다.

베를린 사무실은 1921년 3월 중부 독일의 산업지역인 할레에서 거행된 공산주의 혁명 시도에서 아주 중요한 역할을 했다. 헝가리 출신의 직업 혁명가 벨라 쿤(Bela Kun)은 3월 초 베를린에서 문을 연 비밀조직 코민테른 대표단을 이끌었다. 2주 후 공산주의자들에 의해 조직된 총파업이 시작되었고, 독일 관청은 이에 대하여 긴급조치권으로 대응했다. 대통령 프리드리히 에베르트가 해당 프로이센 지역을 위해 마련한 권한이었다. 파업을 벌인 수백 명이 목숨을 잃었다. 3000명 이상의 노동자가 체포되었다. 수천 명은 일자리를 잃었다. 이것은 KPD(독일공산당)에게는 수치를 안겨준 패배였다. 이 사건이 있기 얼마 전 퇴임한 당수 파울 레비는 코민테른으로부터 "공격적 전략"을 제안받았으나 거절했다. 그리고 그는 공공연하게 코민테른을 불행한 봉기를 일으키게 만든 주모자라고 지적했지만, 오히려 거짓말을 했다는 책망을 받았다. 5년 뒤 벨라 쿤에 대한 당의 공식 전기에 의하면, 벨라 쿤은 1921년 3월 독일로 갔다고 한다.[14]

레닌도 직접 인정했듯이, 이와 같은 방식으로 유럽을 볼세비키화할 수는 없었다. 하지만 코민테른은 계속해서 일종의 비밀 활동으로 존재했고, 우선적으로 소비에트 연방의 밖에 있는 공산당에게 레닌을 따르도록 만들었다. 1920년 여름에 열린 제2차 코민테른 의회는 모든 정당에게 "민주적 중앙주의"라는 원칙을 하달했는데, 이에 따르면 코민테른의 집행위원회는 실제로 공산당에 지시를 내리는 조직으로서 상위조직에 속했다. 레닌으로부터 나온 "강령 21"은 모든 코민테른 회원에게 내려진 의무였다. 즉, "모든 뉘앙스의 개혁자들을 체계적이고도 가차 없이 낙인찍는다". 모두들 "결정적 순간에 당에 도움을 줄 수 있는 또 다른 조직 기구를 만들어야 하며, 혁명을 완수해야 할"[15] 의무가 있었다. 여기서 말한 것은 파괴적인 비밀조직이었다. 하지만 가장 중요한 관리 기구는 모스크바의 신뢰하는 사람들("모스크바의 눈들")이었으며, 모스크바로 비밀 소식을 전달하는 당사자들은 전 세계에 있는 정권의 우두머리를 차지하고 있던 공산당원들이었다. 이들만이 모스크바의 신뢰를 누렸고, 파울 레비가 1921년에 묘사했듯이, 지방의 지도자들이 모스크바의 신뢰를 얻었던 게 결코 아니었다. 레비는 다음과 같은 사실도 덧붙였다. 즉, 코민테른의 집행위원회는 러시아 국경 너머에서 체카로 활동하고 있다고 말이다.[16]

내부를 통제하기 위한 이와 같은 원칙은 훗날 모든 공산주의 조직에 적용했고, 특히 1945년 이후 동유럽 위성 국가들의 모든 안전기관에 적용했다. 여기에서 간과해서는 안 될 사실은, 실제 그와 같은 모든 조직은 모스크바로부터 재정적 지원을 받았다는 점이다. 소비에트 연방이 지불하는 돈으로 통제 기구가 만들어졌고 이와 동시에 종속 관계의 정당성이 생겼다. 예를 들어 인쇄물이나 우편물이다. 이와 같은 거래는 초기에만 하더라도 지극히 원시적인 방식으로 이루어지고는 했다. 외국의 추종자들에게 재정적으로 지원하기 위해 보석과 금을 밀수했다는 보고도 있다. 특히 "반혁명가들"로부터 몰수한 보석을 말할 것이다.[17] 나중에 사람들은 훨씬 더 현대적인 형태로 자금을 전달할 수 있었다. 자금이 들어 있는 가방(당연히 믿을 수 있는 서구의 화폐)을 개인적으로 만나서 전달하는 방법은 유럽 공산주의의 종말 때까지 지속되었다.

독재자 스탈린으로 가는 길

레닌이 죽은(1924) 후 소비에트 연방에는 지극히 심각한 이념 전쟁이 일어났고, 스탈린은 독재를 위해 그와 같은 이념 전쟁을 이용했다. 1930년대는 이른바 "숙청"의 시기였다. 이때 코민테른의 기구가 해산했는데, 스탈린의 눈에는 지도부가 신뢰할 수 없어 보였기 때문이다. 지노비예프가 특히 심각한 타격을 입었고 그것도 초기에 그러했다. 이미 1927년, 트로츠키와 스탈린 사이의 싸움에서 여러 차례 편을 바꾼 뒤, 그는 당에서 쫓겨났다. 1933년 그는 우선 당으로 복귀할 수는 있었지만, 1936년 모의재판에서 유죄 판결을 받았고 루반카에서 총살당했다. 그가 자백을 강요받자 스스로를 파시스트(1936년 유대인으로서!)라고 지칭해야만 했는데, 당시의 분위기를 짐작할 수 있게 한다. 재판의 막바지에 가서 그는 1936년 8월

23일에 이렇게 마무리 지었다. "나의 부족한 볼셰비키즘은 볼셰비키를 반대하는 방향으로 변했고 트로츠키즘을 거치면서 나는 파시즘에 도달하였습니다. 트로츠키즘은 파시즘의 변종이지만, 지노비예프즘은 트로츠키즘의 변종입니다."[18] 그 밖에도 지노비예프는 죽음을 맞이하게 되었을 때 자신이 유대교인임을 고백했다고 한다.

사람들은 지노비예프를 아무 죄도 없는 천사라고 부르고 싶어 하지는 않을 것이다. 코민테른은 자신들의 "변절자"를 잔인하게 추적했으며, 특히 1921년 3월의 "크론슈타트 반란(Kronstadt rebellion: 비볼셰비키 좌파들의 봉기. 이를 통해 레닌은 전시 공산주의를 종식시키고 신경제정책을 추진했다—옮긴이)"을 추적했다. 이 사건은 소련의 편집증 가운데 특별히 수치스러운 부분에 해당하며, 이로 말미암아 특히 많은 골수 공산주의자가 모스크바에 등을 돌렸다. 그런 점에서 볼 때 크론슈타트는 1956년 헝가리 폭동을 잔인하게 진압한 사건과 비교할 만하다.

1921년에 무슨 일이 일어났던가? 크론슈타트(페트로그라드 부근에 있던 요새 섬)에 있는 해군 수비대는 10월 혁명 때 볼셰비키들을 위해 핵심적인 역할을 했지만, 하필이면 이 해군 수비대가 폭력적 지배에 항의를 했던 것이다. 그들은 "모든 권력은 소비에트로―당에는 권력을 주지 말자!"고 요구했다.[19] 그들의 선언문 〈우리는 왜 싸우는가〉에서 그들은 특히 체카를 공개적으로 모욕했다. "……체카의 고문실은 황제 정권 때 경찰 권력보다 더 끔찍하다." 레닌에게 보고하면서 제르진스키는, 크론슈타트의 반란은 리가에 있던 프랑스 비밀 정보원의 작품이라는 터무니없는 주장을 펼쳤다. 프랑스는 발트해에 자리를 잡을 계획이라는 것이다. 3월 17일 트로츠키의 붉은 군대는 5만의 병력으로 크론슈타트 요새로 행진했고 반란을 일으킨 1만 명 대부분을 대량학살했다. 체카 중에서 전투부서가 여기에 참여했다.

레닌은, 자신의 정권은 끔찍한 내전의 막바지에 있으며 볼셰비키 혁명을 신속하게 수출할 가망도 없는 상태에서는, 자신의 권력을 공고히 다질 단계가 되었다는 사실을 분명하게 알았다. 기아 문제로부터 탈피하기 위해 레닌은 "신경제"를 도입했고, 이로 인해 무엇보다 사적인 상인과 수공업자에게 사경제로 빵을 버는 행위를 지속하거나 다시 할 수 있도록 허락했다. 이와 동시에 원자재를 수출할 수 있는 훨씬 더 나은 기회를 잡고 이로써 소련 연방의 국고를 더 탄탄하게 할 수 있도록, 외국의 투자자들을 받아들이게 했다. 소련 지도부가 1921년 3월에 영국 그리고 이어서 독일(1921년 5월), 이탈리아와 다른 서방 국가들과 체결한 무역협정도 바로 이와 같은 목적에 이용되었다.

소련의 외국 스파이가 거둔 최초의 전성기

서구와의 새로운 접촉은 파괴적인 비밀 활동에도 이용되었는데, 이렇게 하여 설치된 무역 업무는 소련의 스파이들을 서구의 주요 도시 곳곳에 파견할 수 있는 가능성을 제공했기 때문이다. 그러니까 외교적 대리인들이 전혀 없던 주요 도시에 말이다. 이와 같은 외교적 돌파구 덕분에 1922년 4월 독일과 소련 사이에 외교적 관계인 라팔로 조약(이탈리아 제노바 근교인 라팔로에서 맺은 조약으로, 당시 국제 연맹의 밖에서 고립되어 있던 두 국가는 서유럽에 대한 발언권이 강해졌다—옮긴이)이 맺어졌다. 이어서 영국이 외교상으로 인정했고(1924년 2월) 프랑스(1925년 10월)도 마찬가지였다. 미국은 1933년에야 비로소 이와 같은 선례에 합류했다. 소련의 대사관들이 정보기관 GPU의 외부 근거지로 이용되었던 것은 자명하다. 외국에 사는 공산주의자들과 소련에 동조하는 지지자들을 스파이로 만들고자 했던 결정은 매우 성공적이었으나, 이와 동시에 기술적인 의미에서는 커다란 실수였다. 스파이들이 공산당 회원이었기에 서구 방첩기관은 소련 스파이를 색출하기 위해 이것을 표본으로 삼을 수 있었다.

공산당 회원들 가운데 스파이를 징집하는 일은 매우 성공을 거두었다. 1930년대에는 서구의 지적인 젊은이들 사이에서, 특히 특권층의 저항적인 아들과 딸들 사이에서, "소련 실험"에 이상하게 열광하는 자들이 많았기 때문이다. 이런 열광은 수많은 여행 보고, 언론매체의 기사와 책에 소개되었을 뿐 아니라, 조직이나 협회, 사적인 동아리에서도 마찬가지였다. 제2차 세계대전이 발발하고 소련이 영국과 미국의 연합국에 속하게 되자, 그런 열광은 더욱 강렬해졌다. 이와 동시에 전쟁으로 인해 정부의 조직에는 새로운 일자리가 수천 개 생겨났으며, 이런 자리에 경험 있는 인원으로 채워 넣을 수 없을 정도였다. 따라서 사람들은 전도가 유망한 젊은이들(대부분 "좋은 집안 출신")을 대학과 단과대학에서 곧장 모집해야만 했다. 이와 같은 방식으로 많은 사람이 한꺼번에 공무원이 되었고, 이들이 평상시에 말하는 정치적 입장을 들어보면 공무원이 될 자격이 없을 수도 있었다. 이 말은 이중적인 의미가 있다. 즉, 그들 스스로도 기득권자들이 차지했던 직업이라 원치 않았기에 공무원으로 지원하지 않았을 가능성이 많으며, 그리고 그들은 정치적으로 신뢰할 수 없기 때문에 채용되지 않았을 가능성도 많았다. 하지만 전쟁이라는 것이 모든 것을 바꾸었고, 그리하여 소련 스파이에게는 예상하지 않던 기회가 생겨났다.

원래는 이 같은 모집 방법은 임시 해결책에 가까웠다. 1927년 이래로 서구 8개국에서 활동하던 보안요원들이 여러 명의 핵심 인물과 스파이 조직망을 밀고한 뒤라서 말이다. 프랑스 공산주의 정치가 장 크레망도 스파이 조직망에 속해 있었으며, 모스크바로 도주하는 데 성공했다. 그는 호찌민과 매우 밀접한 사이이기도 했다. 장 크레망은 곧 중국의 내전에서 중요한 역할을 수행했고 1931년 스탈린의 "숙청"이 일어났을 때 이름을 바꿔서 벨기에에 잠입했다가 이곳에서 생을 마감한 1973년까지 살았다.[20] 영국에서는 이보다 훨씬 규모가 큰 스파이 조직망이 발견되었는데, 이로 말미암아 모스크바와 외교 관계가 단절되었다. 이로써 소련 외교관들은 모두 추방되었다("합법적인" 비밀 업무 정보원들도 포함해서).

물론 이와 같은 행동은 서구에는 절반의 성공이었는데, 왜냐하면 영국 정부가 소련 외교상의 통신문을 해독함으로써 범죄자들을 적발해냈다고 공식적으로 발표했기 때문이다. 그 결과 소련은 자신들의 암호를 획기적으로 바꾸었고 1회용 암호 시스템(One-Time-Pad)으로 갈아탔다. 이런 시스템에서는 보고서가 매번 특수한 암호로 작성되는 바람에 읽을 수 없었다. 이로써 서구는 스탈린과 비교해서 약점을 갖게 되었으며, 이와 반대로 스탈린은 계속해서 서구의 외교 통신문 대부분을 읽을 수 있었다.[21] 1945년 이후에야 비로소 이와 같은 소련 암호를 깨트릴 수 있었다(베노나(VENONA) 프로젝트).

이처럼 소련 정보원들이 외국에서 활동하기 힘들던 시기에 불법적인 자들의 활동은 확장되었다. 이런 자들은 대사관과 무역관에 소속되어 있던 비밀 정보원들과 비교했을 때 발견하기가 쉽지는 않았다. 이와 관련해서 처음에는 실패한 몇 가지가 있었으며, 그 가운데 베를린에서 작전을 펼친 모리츠 바인슈타인이 눈에 띈다. 그는 모스크바 본부에, 스파이 조직망을 관리하고 재정을 지원하라고 주장했다. 하지만 조사를 해본 결과, 그는 친척들을 스파이라고 짜 맞추거나 돈만 챙기기 위해 스파이들의 이름을 허위로 보고함으로써 자신의 주머니만 두둑하게 챙겼다는 사실이 드러났다. 1933년 그의 불법 거주지는 문을 닫았다.[22]

그런 다음에 또 오스트리아-유대인 출신의 스파이 아놀드 도이치와 함께 "대대적인 불법자들의 시대"가 시작되었다. 도이치는 걸출한 인물로 빈 대학 화학과에서 박사학위를 받았고, 4개 외국어를 구사할 줄 알았다. 그리고 성 연구가 빌헬름 라이히와 공동으로 일했을 때 심리학에서도 이름을 남겼다. 그의 탁월한 성과는 케임브리지 파이브(Cambridge Five)를 모집한 일이었다. 이들은 케임브리지 대학을 졸업한 젊은이로, 도이치는 1930년대에 이들 그룹을 모집해서 1960년대 초까지 모스크바를 위해 스파이 활동을 시켰고, 영국 중앙정부의 비밀 정보를 수집하는 데 이용했다. "인적 정보〔휴민트(HUMINT)〕" 분야에서 이들은 소련 정보 역사상 가장 큰 성공을 거두었다.

도이치는 코민테른을 위해 불법자로 1934년 로마에서 활동을 시작했는데, 이곳에서는 영국 대사관에서 일하는 이탈리아인 직원 세콘도 콘스탄티니가 그에게 배정되었다. 콘스탄티니의 형도 이곳에서 일했는데, 그는 몇 년 전부터 소련 스파이로 활동하고 있었다. 훔친 비밀문서의 양은 그야말로 놀라울 정도였다. 1936년 2월 영국 대사의 비밀 정보가 이탈리아 언론에 공개되었을 때에야 비로소, 영국 외무부는 새어나간 정보를 확인하기 위해 공안 전문가를 파견했다.

프랑스에서 잠시 활동한 뒤 도이치는 마침내 런던으로 가는 데 성공했으며, 이곳에서 지성인들이 거주하는 구역인 햄프스테드에서 한때 카를 마르크스가 살던 집을 얻었다. 그의 아내 조세핀 역시 비밀 활동 교육을 받은 사람이었고, 그리하여 비밀리에 무선통신을 담당했다. 공식적인 KGB 사료 편찬 담당자들은, 굳이 말하자면 1990년에야 비로소 도이치를 인정했는데, 그의 이름에 스파이 25명을 징집했다고 기입했고, 이들 가운데 1990년에야 비로소 완전히 폭로된 케임브리지 파이브도 속해 있었다. 우선 킴 필비를 1934년 6월에 모집했다. 그는 저명한 외교관이자 동양학자의 아들로, 그의 아버지는 특히 사우디 왕 이븐사우드의 고문역을 맡았으며 1920년대 위임통치령 지역에서 영국 비밀 활동을 지휘했다. 킴 필비는 소련을 위해 1963년 모스크바로 도망갈 때까지 스파이 활동을 계속했다.

아놀드 도이치를 위해 필비가 했던 첫 행동은 공산주의 활동을 했던 동창생 두 명을 지명하는 일이었다. 도널드 맥린은 자유주의 성향을 가진 내각의 장관 아들이었다. 그는 1934년 8월 도이치에 의해 NKVD(소련의 비밀경찰)에 모집되었고, 이 기관은 GPU의 뒤를 이은 후계 조직이었다. 또 다른 한 명의 동창생 가이 버지스는 해군 장교의 아들이었다. 그는 12월 코민테른을 위해 스파이 임무를 맡았다. 1937년 초 앤서니 블런트도 합류했는데, 그는 목사의 아들로 그의 어머니는 높은 관료 집안 출신이었다. 이어서 존 케인크로스를 모집했으며, 그 역시 좋은 집안 출신에 1990년에야 비로소(마지막으로) 소련 KGB 망명자의 지명으로 탄로가 났다.

케인크로스는 이미 도이치가 모집한 케임브리지 스파이(제임스 클럭맨)에 의해 모집되었다. 이로부터 모두 동일한 칼리지(트리니티) 출신인 케임브리지 스파이의 수가 잘 알려진 대로 5명이 아니라 그 이상이었다는 점이 분명해졌다. 게다가 모집하는 패턴도 알 수 있는데, 아놀드 도이치의 첫 번째 생도가 스카우트할 때 중요한 역할(talent spotter)을 했다.

몇 년 만에 케임브리지 파이브는 국가 기구에서 요직을 차지했으며, 이런 직책을 맡고 있으면서 그들은 엄격하게 비밀인 정보와 문서를 다량으로 소련에 보낼 수 있었다. 필비는 처음에 언론인으로 일했고, 특히 에스파냐 내전 동안 〈런던타임스〉에서 일했다. 그는 1940년에야 비로소 공직을 맡았는데, 해외정보부 MI-6에서 일하다가 곧 이베리아반도, 지브롤터와 아프리카 관련 방첩부로 발령받았다. 1944년에는 소련 방첩부서로 승진했다. 특히 그는 이 직책에 있으면서 터키에서 넘어온 NKVD 장교 콘스탄틴 폴코프를 소련 당국에 인도하는 데 성공했다.

맥린은 스파이 조직에 모집된 직후에 외무부에서 경력을 시작했다. 1941년 9월 그는 극비에 속하는 영국의 계획을 모스크바에 보고했는데, 바로 핵폭탄을 만들 계획이었다. 그는 소련에 60쪽에 달하는 문서를 넘겼고, 이 안에 영국 내각에 관한 정보가 들어 있었다. 1944년 그는 워싱턴에 있는 영국 대사관으로 호출을 받았으며, 이곳에서 미국 외교관과 캐나다 외교관과 함께 3자 핵폭탄 프로젝트(맨해튼 프로젝트)를 위한 협력위원회에 참석했다. 아마도 그는 서구 핵외교에 관해 최고의 정보를 스탈린에게 제공했을 것이며, 기술적이고 세부적인 사항은 프로젝트에 과학자로 일한 소련 스파이들이 제공했다.

버지스는 동성애자일 뿐 아니라 예의가 없는 알코올 중독자였는데, 처음에는 언론인으로 일했다. 모스크바가 진짜 흥미를 갖게 된 것은 그가 1945년 의회 선거 후에 외무부장관 헥터 맥닐의 부하의 비서로 일하면서부터였다. 그가 실제로 열정적인 공산주의자였는지는 쉽게 결론지을 수 없다. 그는 러시아어를 배운 적이 결코 없었고 동성애적 성향 때문에 모스크바에 망명해 있는 동안 매우 힘들어했다. 이와 반대로 블런트는 스파이로 일하기 전 해에 이미 소련에 여행을 갔다. 그는 영국군에 지원했고, 국내정보부 MI-5에 배속되었으며 이곳에서 독일 무선통신 내용을 소련에 제공했다. 영국이 극비리에 울트라 프로젝트를 통해 암호를 해독한 통신문들이었다. 영국은 해독한 비밀을 오로지 미국하고만 공유했으며, 미국인들은 물론 이와 같은 방식으로 얻은 군사 정보 몇몇을 "다르게 포장하여" 연합국 소련의 손에 들어가도록 했다. 무선통신 해독에 관한 비밀은 1974년에야 비로소 점차 베일을 벗게 되었다. 물론 스탈린은 블런트 덕분에 애초부터 알고 있었지만 말이다.

전쟁이 끝난 후 블런트는 주로 예술사에 몰두했고 이로 말미암아 왕실을 위해 회화를 수집하는 임무를 띤 수장이 되었다. 이미 1950년대 다양한 혐의를 받았고, 1964년 그는 자백을 할 수 있었다. 여왕은 이에 대한 소식을 보고받았지만, 그를 1972년까지 예술품 수집에 대한 최고 고문의 자리에 머물게 했다. 이렇게 된 데에는, 블런트가 여왕의 어머니("퀸 맘")와 사촌이었으며 그러므로 여왕의 친척이기도 했던 이유도 한몫했을 것이라 짐작한다. 1956년 그에게 하사된 기사 신분도 유지했다.

이와 같이 난처한 사건은 마거릿 대처 수상이 1979년 이 문제를 처리하기로 하고 공개할 때까지 국가의 비밀로 취급했다. 이제 이 스캔들은 블런트 한 사람의 스파이 활동에만 국한되지 않았고, 그가 국가를 배반한 행위를 은닉하고, 이런 행위에 대하여 블런트가 법적 책임을 결코 받지 않았다는 문제까지 공론화되었다. 그러자 1950년부터 당국은, 블런트가 공산주의자이며 그가 맡고 있는 직책 때문에 스파이로 의심할 여지가 매우 많다는 사실을 알고 있었다는 게 분명해졌다. 그 어떤 사건도, 영국의 기득권자들에게 적용되는 기준이 두 가지임을 이 사건처럼 공공연하게 드러낸 적이 없었다.

케인크로스는 대학을 졸업한 뒤 마침내 외무부에서 경력을 쌓기 시작했다. 1942년 잠시 전설적인 암호해독 본부가 있는 블레츨리 파크에서 근무했을 때, 그는 울트라 프로젝트를 접하게 되었다. 그는 이곳에서 소련에 정보를 보냈다. 소련 문서를 우리가 신뢰할 수 있다면, 기록에 그는

5000건 이상의 서류를 넘겼으며, 이 가운데 맨해튼 프로젝트에 관한 문서도 포함되어 있었다고 한다.

전쟁이 끝나고 그를 의심하는 순간이 도래하자, 1951년 자신의 배반에 대해 자백했다. 그가 법정에 서지 않았던 이유는 무엇보다, 재판정에 서게 되었을 경우 배반한 내용, 그러니까 울트라 프로젝트를 언급해야 했기 때문일 것이다. 영국에서는 정부가 심각한 범죄의 경우에 직접 나서서 고소를 할지 말지를 결정할 수 있기 때문에, 이 경우 정부는 고소를 조용히 중지했다. 그리하여 1990년 소련에서 투항해온 변절자가 최초로 "5인 남자"로 이루어진 케임브리지 파이브를 언급할 때까지 이 사건은 국가기밀로 감춰져 있었다.

몇 가지 영역에서는 오늘날까지도, 소련을 위해 활약한 영국의 스파이들로 인해 어떤 손해를 입었는지 분명하게 설명할 수 없다. 예를 들어 클럭맨의 경우, 제2차 세계대전 때 특수작전부(Special Operations Executive, SOE)의 유고슬라비아 파트에서 일했다. 이 조직은 1940년 창설한 특수비밀 업무 수행기관으로 1만 3000명이 근무했으며, 주로 나치 독일군이 점령한 유럽 지역에서 발생하는 저항운동을 지원하고 조업 거부를 지도해주는 업무를 펼쳤다. 클럭맨은 오늘날까지도 이론이 분분한 처칠의 결정에 영향력을 행사했을 것이라 추측한다. 처칠은 1934년 그때까지 왕권주의자들의 저항을 지원해주었으나 이후로는 티토가 이끄는 유고슬라비아 공산주의를 지원해주기로 결정했던 것이다. 그 결과 공산주의가 유고슬라비아를 50년 동안 지배하게 되었다.

그처럼 좋은 가문의 사람들을 소련 스파이로 모집하는 게 가능했던 이유는, 그 당시의 상황이 설명해줄 수 있다. 좌익이 된다는 것, 심지어 공산주의자가 된다는 것은 1930년대에 매우 세련된 태도였다. 특히 대영제국과 유럽 대륙에서 겪는 공산주의라는 고충을 가능하면 멀리하고자 노력했던 영국 지배층에 대하여 반항하는 행동은 세련된 것으로 받아들여졌다. 영국 지배층은 나치 독일(1938년 뮌헨 협약에서처럼, 이와 같이 인정함으로써 제3자를 희생시켰다)을 정치적으로 인정해주는 대가를 치르고서라도, 유럽에서 겪는 고충과 거리를 두려고 했다. 특이하게도 이로 인해 고통을 가장 적게 겪은 계층에서 나타난 정치적·사회적 상황에 대한 뼈저린 불만족이야말로 소련의 스파이로 활동하게 한 동기로 추측할 수 있다. 여기에 모험심도 가세했다.

그렇더라도 왜 전쟁 시기에 그들은 지극히 예민한 군사적·외교적 그리고 비밀에 속하는 정보를 넘겨주었고, 비록 강요받은 것도 아닌데 그들 가운데 몇몇은 높은 직책을 맡은 (더 이상 젊은 나이가 아닌) 상태에서 이런 활동을 나중에도 계속했을까? 이 역시 비교적 20대 중반의 나이에 가질 수 있는 순진한 열정으로 1934~1937년까지 소련을 위해 비밀 활동을 한 그들의 책임이었는지는 여전히 의문으로 남는다. 블런트와 케인크로스는 1945년 이후, 소련 측에서 계속하라는 압박이 없는 상태에서 자신들의 스파이 활동을 중단했다.

이와 같은 상류층에 대하여 역사적 판단을 내릴 때 훗날 가해진 논쟁을 우리는 결코 받아들일 필요는 없다. 즉, 당시에는 소련의 독재가 얼마나 끔찍했는지 알 수 없었다는 논점 말이다. 당시의 언론매체와 저널리즘을 잠시 들여다보기만 하더라도, 10월 혁명 이후에, 특히 스탈린의 숙청 이후에, 소련의 국내 상황과 그 밖의 공산주의 운동에 대하여 진실을 보도하는 정보가 적지 않다는 사실이 드러난다. 자유 국가라면 어디에서든 사실을 있는 그대로 전달하는 보도를 접할 수 있었다. 피난민, 탈주범과 공산주의에서 전향한 사람들(소련 국내에 관해 많은 사실을 알고 있는)이 이미 당시에도 소련 공산주의의 진정한 얼굴에 대하여 지극히 상세하게 보고했다. 자세하게 몰랐던 사람은, 특히 만일 언론인이나 정부 기관에서 일하는 사람이었음에도 몰랐던 사람이라면, 진실을 들여다보지 않기 위해 공산주의 이념으로 단단히 무장해야만 했을 것이다.

1998년까지, 그러니까 소련이 몰락한 이후에도 모스크바의 외국정보원 활동에 관해 신화로 자리 잡은 주장이 있었는데, 바로 서구의 스파이들 모집은 서구에 있는 공산당들과는 아무런 상관이 없다는 주장이다. 서구의 공산당은, 모든 주장과는 반대로 자신들이 모든 측면에서 모스크바에 도구가 되었고 조종되었다는 사실을 감추기 위해, 누구보다 앞서 그와 같은 신화를 옹호했다. 비밀 정보의 역사와 관련해서 매우 주목할 만한 것은, 위험이 공공연했음에도 공산당원과 그 밖에 소련에 우호적이고 유명한 지지자들 가운데 스파이를 모집한 이 시스템이 얼마나 오래 지속되었나다. 모든 회원은 조직망에 속하는 인물들에 대해서 포괄적으로 알고 있었다. 이 조직망은 전문화된 비밀 업무를 맡고 있던 가운데서도 최상의 지도자가 있었고 소수지만 특별히 신뢰할 수 있는 동료들도 있었다. 오랫동안 지속되었던 이와 같은 스파이 활동으로 미루어보건대, 서구의 국가들은 소련에 대한 방첩 활동을 철저하게 하지 못했다고밖에 설명할 수 없다. 따라서 조직망이 폭로될 위험은 상대적으로 적었다. 오로지 나치 독일에서만, 전체주의 경찰국가였던 독일에서만 신속하게 "붉은 예배당"으로 불렸던 공산주의 조직망의 정체를 알아내는 데 성공했다.

서구의 방첩기관은 비밀 활동을 하던 젊은 장교의 사건으로 체계적으로 폭로하기 시작했는데, 이 사건으로 소련은 큰 손실을 입어야만 했다. 이 젊은 장교는 캐나다에서 소비에트 연방 대사로 일했고, 1945년 9월 탈공산주의자가 된 두 미국인 휘태커 체임버스와 엘리자베스 벤틀 리를 통해서 서구 사회로 망명했다. 이 두 미국인은 자신들의 스파이 활동과 자체 조직망에 대해 포괄적으로 진술했던 것이다. 이 순간에 비로소 모스크바에 있던 사람들은, 공식적으로 알려진 소비에트 연방 추종자들로부터 스파이를 모집하는 행위가 엄청나게 위험할 수 있다는 사실을 깨달았다. 그러자 즉각 이와 같은 모집을 중단했다.

물론 1930년대에도 어느 정도 주의해야 하는 규칙들이 있기는 했다. 금방 모집한 정보원이 공산당과 자신의 조직을 이탈할 경우도 이에 속했다. 이런 지시는 바로, 아놀드 도이치가 젊은 케임브리지 졸업자들을 스파이로 확보한 뒤에 처음으로 전달한 지시 가운데 하나에 속했다. 맥린은 어머니에게, 공산주의에 대한 자신의 열정은 대학 생활의 작은 사건에 불과하다고 믿게끔 노력했다. 그는 외무부에 들어가기 전에도 비슷하게 설명했다.[23] 필비와 버지스는 심지어 1935년 나치 독일에서 밝은 미래를 보는 사람들의 모임인 영국-독일 친목회(Anglo-German Fellowship)에 가입하기도 했다. 필비의 경우 너무나 위장을 잘해서, 통신원으로 에스파냐 내전 때 프랑코 편에 대해서 보도를 했고 카우디요(에스파냐어권 국가에서 정치·군사 지도자에게 붙이는 칭호로, 프랑코는 자신을 그렇게 불렀다고 한다─옮긴이)로부터 개인적으로 훈장을 받기도 했다.

스탈린의 "숙청"

서구에서 불법적인 자들이 스파이 조직을 구축하던 시기에 소련에서는 스탈린식 "숙청"이 일어나고 있었는데, 주로 소련 공산주의자들 사이에서의 논쟁이 중심에 있었다. 이 과정은 소련 비밀 활동의 역사와 여러 측면에서 연관이 깊다. 간단하게 표현한다면, 소련 비밀 활동은 이와 같은 피비린내 나는 권력투쟁의 범인이자 동시에 희생자였다.

스탈린에게 권력이 점점 집중되자 "민주주의적 중앙집권제"(집단적 당 지도부의 무제한 지배)라는 원칙이 허물어지면서, 레닌 시대 활약했던 당 엘리트들로부터 점차 저항이 생겨났다. 농업의 집단화와 의도적으로 도입한 기아 대재난이라는 스탈린의 정치는 과거 공산당 지도부에 속했던 많은 사람들의 눈에는 과도하게 소련화하는 것으로 보였다. 기아로 인한 재난으로 우크라이나에서만 500만~600만 명이 희생되었으니 말이다. 사실 내전과 반볼셰비키 세력과의 투쟁은 오래전부터 볼셰비키에게 유리한 결과가 나왔기 때문이다.

스탈린의 강력한 적이었던 레오 트로츠키가 이미 1925년 지도부에서 제외되고 난 후에, 스탈린을 반대하던 사람들 모두가 트로츠키를 추종하는 자들이므로 민족의 적이라는 중상모략을 당했던 것은 물론 싸워서 퇴치해야 할 인물들이 되었다. 1932년 6월에 결성된 "플랫폼"은 한동안 연구를 한 뒤에 흥미로운 발안을 제출했는데, 고참 볼셰비키(1917년 러시아 혁명 이전부터 볼셰비키 정파의 일원이던 사람들을 가리키는 비공식 명칭—옮긴이)였던 마르테미안 류틴(Martemyan Ryutin, 1890~1937. 소비에트 연방 공산당의 중앙위원회 후보자였다)이 요구한 발안이었다. 그러니까 모든 이념적 오류를 포기하고 당으로부터 쫓겨난 볼셰비키들(트로츠키를 포함하여)을 다시 받아들여야 한다는 발안이었다. 여기서 그는 스탈린을 제거해야만 하는 바의 이른바 "혁명에 무덤을 파는 사람"으로 표현했다. 1932년 9월 GPU를 통해서 류틴의 문서라고 확인된 200쪽의 문서는 공산당 조직에 퍼져나갔다. 즉각 뿌려진 문서 전체를 회수했고, 더 이상 존재하지 않는 문서라고 발표했다. 1989년에야 비로소 공개된 단 한 권의 표본을 오늘날 모스크바 비밀

문서실에서 찾아볼 수 있다. 스탈린이 정치부에 류틴을 즉각 처리하자고 제안했을 때, 정치부는 우선 그를 10년 구류형을 주자고 제안했다. 5년 후 류틴은 살해당했고, 혁명의 시기에 지도부에 속한 대부분의 볼셰비키들도 함께 살해당했다.[24]

겐리흐 야고다가 이끌던 비밀기관은 1934년부터 1936년까지 확장했을 뿐 아니라, 점점 자의적으로 추적을 하는 기구로 변했다. 그리하여 법질서나 헌법의 테두리 밖에서 작전을 펼쳤다. 집단적인 정치적 판결이나 즉결재판소의 판결은 체포와 처리를 하기에 충분했다. 스탈린이 1934년 공산당에서 인기를 얻은 레닌그라드 당서기 세르게이 키로프를 죽이라고 한 뒤에, "지도급 간부들을 보호하기 위한" 법을 통과시켰다. 이 법안은 지도급 간부들을 하루 종일 감시해야 하는 과제를 NKWD(1934~1946년 소비에트 연방의 비밀경찰—옮긴이)에게 주었다. 실제로는 이와 같은 법안으로 지도급 간부들은 스탈린의 손에 완전히 맡겨지게 되었는데, 그들은 늘 감시당하고 언제든 무슨 핑계로든 체포당해서 살해될 수 있었기 때문이다.

1936년 여름에 "스탈린의 제안에 따라" 중앙위원회의 결정을 통해서 NKWD에게 이례적으로 전권을 부여했는데, "국민의 적" 모두에게 사용할 수 있는 법정의 권한을 이례적으로 확장한 결정이었다.[25] 여기에서 염두에 두고 있는 적이란 바로 트로츠키 추종자들이었으며, 이들은 수년 전부터 외국에 살고 있는 트로츠키와 자유롭게 연결할 수 있는 자들이었다. 이와 같은 결정으로 인해, 소비에트 연방의 비밀경찰은 의심스러운 자들에게 자백이나 그에 상응하는 행위를 강요할 수 있었다.

터무니없게도 다수의 비밀요원조차 "숙청"이라는 죽음의 기계에 말려들어갔다. 1937/1938년 정보원 활동을 펼치고 있던 대부분의 "불법자"는 모스크바로 소환되었고 트로츠키 추종자라 하여 사형되었다. 그들 가운데 가장 큰 성공을 거둔 자들도 예외가 아니었기에, 서구에는 경험 있는 장교가 이제 더 이상 없을 지경이 되었다. 왜 하필이면 아놀드 도이치를 소환해서, 한동안 살려두었다가, 설명할 수 없는 이유로 죽였을까? 그는 스탈린 비밀 활동가들의 위조 업무에 종사했고 소련이 전쟁에 참여한 뒤에 또다시 외국으로 파견되었다. 하지만 이 시점부터 그의 흔적은 사라졌는데, 어쨌거나 모스크바 기록보관실에 있는 문헌에 따르면 그렇다는 말이다.

마지막으로 언급해야 할 게 있다. 발터 크리비츠키(1899~1941. 소련 군사 정보부 소속 장교, 훗날 서구 사회로 망명함―옮긴이)는 죽음에 직면해서 탈출에 성공했다는 사실이다. 그는 불법자로 서구 유럽에서 활동했고, 마지막에 서점 점원으로 위장해서 네덜란드에 있다가, 1938년 미국으로 발령받아 그곳에서 자신의 경험을 담은 《스탈린의 비밀 업무를 하면서(In Stalin's Secret Service)》라는 책을 1939년에 출간했다. 기대한 대로 그는 서구의 좌파들로부터 공격을 받고 명예에 손상을 입었다. 한동안 사라졌다가 1937년에는 여러 차례 살해 기도를 피했으나, 사람들은 1941년 2월 워싱턴 어느 호텔에서 죽은 채로 있는 그를 발견했다. 세 통의 유서를 남겨둔 채였다.[26] 사망의 원인은 결코 밝혀낼 수 없었으나, 아마 소련에서 살해 지시를 내렸을 것이 분명하며, 무엇보다 크리비츠키가 1940년 멕시코에서 살해 임무를 맡은 비밀요원에 의해 살해된 트로츠키의 동지들과 연락했기 때문이다.

터무니없을 정도의 소동이 최고조에 이르렀을 때는, 1937년 3월 정보기관의 수장이던 야고다를 체포해서 1년 후 사형 선고를 내린 뒤에 처형했을 때다. 그는 강제노동이라는 거대한 시스템을 조직함으로써, 소련 비밀기관이 저지른 범죄에 또 다른 차원의 범죄를 첨가해주었다. 그러니까 평판이 좋지 않던 백해(白海)-발트해 운하(강, 호수와 인공 건설물로 이루어진 227킬로미터에 달하는 수로로, 이 가운데 37킬로미터가 인공 건설물이다. 스탈린의 지시로 1931년 10월 16일부터 1933년 8월 30일까지 건설했다. 이 공사의 책임자는 나프탈리 프렌켈과 겐리흐 야고다였다―옮긴이)와 모스크바-볼가 운하(모스크바와 볼가강을 연결하는 수로로 총 128킬로미터―옮긴이)와 같은 대대적인 프로젝트를 진행할 때 조직한 강제노동이었다. 노동력의 확보는 바로 비밀경찰이 담당했는데, 수많은 사람이 소문이 흉흉한 강제노동 수용소와 "숙청" 수용소에 끌려가게 된 이유가 이로써 부분적으로는 설명된다. 이런 수용소의 배후를 살펴보면 굴라크(GULAG: '국가 보안국 교정 노동 수용소 주 관리 기관'의 줄임말인데, 나중에 강제노동의 대명사로 사용되었다―옮긴이)라는 기관이 숨어 있었다.[27] 강제로 굴라크로 끌고 가는 것이 노동력을 확보하는 방법이었고, 특히 거대한 소비에트 연방 가운데 불모지로 데려가서 강제노동을 시키거나 특별히 위험한 노동을 시켰다.

비밀정보부가 노동력을 획득할 목적으로 체포를 행했다는 것은 이 시기가 이데올로기의 시대였다는 점을 말해준다. 법정에서 선고받은 개별 범죄자들에게 강제노동을 시킨 전통적인 원칙도 더 이상 통하지 않았다. 사람들은 자신이 행한 행동이 아니라 자신이 누구였던가를 통해서 벌을 받았던 것이다. 시민이나 또는 소시민, 심지어 귀족으로 증명되는 사람은 누구나 민족을 배신하고 혁명을 반대할 수 있는 잠재적 적으로 간주되었다. 이런 자들에게 벌을 주는 행위는 그 어떤 특별한 근거조차 필요 없었다. 하지만 이 말은, 하층계급에 속하는 사람들이 추적당하지 않았다거나 인종이라는 기준이 아무런 역할도 하지 않았다는 의미는 결코 아니다. 오히려 사람들은 전체주의적 독재 정치에 온전히 내맡겨졌는데, 그들의 행동, 출신에 따라 그리고 권리를 박탈당한 친척들이 있다는 이유로 말이다.

비밀정보부 소속의 유명한 지도부들을 넘어서 직원들 전체를 통틀어 연구한 바에 따르면, 특히 소련 사람이 아닌 자들이 "숙청"의 대상이었다는 사실이 확연하게 드러난다.[28] 물론 여기에서 언급해야 할 부분은, NKVD에서 급여로 줄 돈이 1937년 네 배로 올랐기 때문에, 열성적인 젊은 사람들이 대대적인 노동력 확보 프로그램의 일환으로 그와 같은 숙청 작업에 필요한 자료를 제공했던 것이다. 애초에 보상이 형편없던 일이 이제 소련에서 가장 많은 보수를 받는 일이자 가장 많은 특권을 향유할 수 있는 일로 변해버렸다. 최고의 집, 별장과 병원을 이용할 수 있었다. 공장, 사무실, 기차역, 공원, 극장 등등에서 시민들을 꼼꼼하게 감시하려면 장교 수만 명을 포함하여 직원 수십만 명이 필요했다.[29] 노동력 확보를 위한 이와 같은 측면은 냉소적으로 들릴지 모르지만, 그래도 다음과 같은 질문에 부분적이지만 훌륭한 답변이 될 수 있다. 즉, 이와 같은 테러 시스템과 감시 시스템이 왜 가능한가에 대한 질문 말이다. 스탈린의 "숙청"으로부터 수십만 명이 이득을 봤고, 비밀정보부와 비밀경찰에서도 마찬가지였다.

스탈린이 경시했던 국외에서의 스파이 활동

스탈린 치하에서 비밀 정보의 역사와 관련하여 두 가지 중요한 점을 언급해야 한다. 하나는 범위와 관련되어 있는데, 스탈린이 자신의 외교정책과 함께 비밀정보부 활동의 우선순위를 숙적인 트로츠키와 투쟁하는 데 두었다는 것이다. 두 번째는 스탈린이 정보부의 소식들을 이용한 방법과 관계가 있다.

스탈린이 트로츠키를 다른 모든 위험보다 더 위험하다고 본 것은, 심지어 나치 독일보다 더 위험하다고 본 것은 극도의 과장으로 보일 수 있다. 정치적 "숙청"에 관한 그의 수많은 언급과 비밀정보국의 서류를 살펴보더라도, 예를 들어 그 사이 철저하게 평가된 바실리 미트로킨 기록문헌의 경우에도, 다른 결론을 내릴 수 없게 한다. 이미 에스파냐 내전(1936~1939) 때도 스탈린은 상당한 손해를 입었는데, "프랑코보다 트로츠키 추종자들을 전멸시키는 일이 더 중요했기 때문이다".[30] 그리하여 내전 중에 내전이 일어났고, 공화국의 투사들에게서든 국제적인 여단에서든 의심이 가는 트로츠키파와 진짜 트로츠키파에 맞서 싸우는 내전이 일어날 수밖에 없었다. 또한 프랑스와 다른 서구 유럽 국가들로부터 의심이 가는 자들을 모스크바로 끌고 왔다.[31] 1940년 초반에는 심지어 런던에 있던 주재관을 해체했는데, 그곳의 작전들이 트로츠키파에 의해 침투당했을까 겁을 먹었기 때문이다. 케임브리지 파이브와의 접촉은 그해 내내 중단되었는데, 전쟁이 시작됨으로써 스파이 활동을 하기에 최적의 기회가 열렸는데도 말이다.[32]

베를린에서 모스크바로 들어온 정보는 주로 대략 60명으로 이루어진 정보원으로부터 나왔으며, 이들 가운데 독일 제국 경제부처에서 일하는 아르비트 하르나크라는 자가 있었다. 티르피츠 장군의 큰조카 하로 슐체-보이젠 역시 그와 접촉했다. 슐체-보이젠은 독일 제국 항공성의 보도부에서 근무했다. 독일 방첩부에서 흔히 사용하던 은어로 "붉은 예배당"이라는 이름이 있는데, 이는 단일한 스파이 조직망을 의미하지 않았다. 오히려 매우 좁은 의미로 모스크바를 위해 일하는 그룹과 정보원 개인들로 이루어져 있었다. 스파이 역사의 관점에서 판단했을 때, "붉은 예배당"

의 가장 큰 문제는 스파이 활동, 저항과 토론집단이라는 요소가 두루두루 섞여 있었다는 점이다. 이로써 진짜 비밀 정보원들을 보호해줄 수 있는 특징, 그러니까 남의 눈에 띄지 않는 익명성과 기만행위가 더 이상 존재하지 않게 되었다. 게다가 고도의 전문성이 필요했는데, 독일 공산주의 집단에서는 그다지 찾아볼 수 없었다. 방첩(독일 군정보부)과 나치의 비밀 국가 경찰인 게슈타포의 특수부대가 맡았던 과제, 특히 베를린(곧 다른 도시도) 동아리의 정체를 확인하고 위치를 파악하는 일의 어려움을 덜어주었던 것은 바로 고도의 전문성이었다. 물론 여기에서 더욱 공평하게 하려면 덧붙여야 하는 사실이 있다. 소련의 비밀요원이던 아나톨리 구레비치는 소련에 가장 심각한 타격을 안겨주었는데, 나치 게슈타포의 고문을 받자 결정적으로 중요한 무선 암호를 누설해버렸던 것이다. 그리하여 게슈타포는 1942년 주요 인물들을 살해함으로써, 나치를 반대한 수많은 남자들과 여자들에게 엄청난 고통을 안겨주는 데 성공했다.[33]

스탈린과 정보부 소식을 다루던 그의 태도로 다시 돌아가자. 소비에트 연방이 1939년 8월 23일 히틀러-스탈린 조약(독일-소련 불가침 조약)으로 연맹을 맺었기 때문에, 모스크바는 베를린 대사관과 주재관(외국에서 정보 업무를 담당하는 기지)을 둘 수 있었고, 이 주재관에서 스파이 관련 소식을 받아 신속하게 전달할 수 있었다. 특히 독일이 군사 공격을 준비하는 것을 고려해서 소련에 이런 정보를 보내고는 했다. 이로써 스탈린은 여러 군데에 정보기지를 두게 되었으며, 이런 기지에서는 베를린이라는 권력의 핵심부로부터 전쟁 준비 상태와 지시사항을 보고받을 수 있게 되었다. 추가적으로, 나치 정권의 동부 지역에서 포괄적인 군사 움직임과 점령당한 폴란드 서부 지역에 관해서도 보고받을 수 있었다. 사실 점령당한 폴란드의 서부 지역은 군인과 무기가 어마어마하게 많아서 비밀로 할 수도 없었다.

1941년 6월 22일 독일의 공격은 152개 사단(총국방군의 대략 75퍼센트)에서 군인 300만 명, 전차와 무장 차량 3300대와 비행기 2000대로 2000킬로미터 부근에 있는 전선에서 시작했다. 이런 규모의 군대는 눈에 띄지 않을 수 없었다. 1940년 8월부터 독일 군대는 점점 동쪽으로 이동했고, 소비에트 연방을 포함하여 여러 국가 소속의 정보원들은 이런 소식을 자국에 알렸다. 1940년 10월부터 독일 정찰기는 소비에트 연방의 서쪽에 있던 국경 지역을 날아다니기 시작했으며, 이 국경 지역은 1941년 6월부터 소련 영토에 속했고 국경 침범 때문에 모스크바로부터 항의를 불러일으켰다. 독일은 모스크바에 있던 자국의 외교관들을 소환했고, 그들의 가족을 집으로 데리고 온 뒤 대사관의 문서를 불태우기 시작했다. 정보를 보내고 정확한 지시를 보내는 일은 이제 꿈도 꿀 수 없었다. 자본주의 국가들이 급하게 스탈린에게 경고를 했다. 히틀러의 공격 명령은 거의 말 그대로 스탈린의 책상 위에 놓여 있었다. 다른 사람들 외에 슐체-보이젠과 리하르트 조르게도 1941년 5월에 그와 같은 소식을 전했다. 조르게는 도쿄에서 이곳 대사관 소속 군무관이자 대사였던 오이겐 오트의 서류를 구할 수 있었고, 이로부터 독일의 150개 사단이 공격할 것이며 그 시기는 1941년 6월 20일이라고 알렸다.[34]

1995년 모스크바에서 간행한 공식 문헌들에 따르면, 스탈린이 정보원들을 통해 받은 보고가 100건 이상이 된다고 했다.[35] 이들 가운데 열두어 건은 너무나 구체적이고 믿을 만해서, 참으로 진지하게 받아들여야 할 정보였다. 현대에 이르러서도 그 어떤 정부의 수장도 자국을 공격해올 것이라는 정보를 정밀하게 받지는 못한다. 하지만 스탈린은 이 문제를 영국의 속임수로 간주했고, 이미 1940년에 살해된 트로츠키를 히틀러보다 더 두려워했다. 심지어 공격 소식을 전한 조르게를 "소규모 공장과 사창가를 운영해서 배를 채우는 빌어먹을 놈"[36]이라고 불렀다. 소련 군대에는 방어할 수 있는 유리한 위치를 점하고 전쟁을 준비하라고 명령하지 않았다. 스탈린은 자신이 먼저 히틀러를 자극하기를 원치 않았는데 군사적으로도 취약함을 지극히 잘 알고 있었기 때문이다. 군대의 힘이 강해지지 못한 것도 일부 스탈린의 책임이었다. 그는 몇 년 전에 경험 많은 장교들과 정보원들을 "숙청"을 통해 사형시켰기에 말이다.

회고해보면 스탈린의 상황 분석은 어처구니없게 보일 수 있지만, 내적 논리가 결여되어 있는 것은 아니었다. 마르크스-레닌 이데올로기에 따르면, 스탈린이 자본주의 국가들에서 소련의 원래 적을 보는 게 당연했다. 그러니까 자본주의 국가들 가운데 전 세계에서 어마어마한 제국을 거느리고 있는 영국을 지도자 국가(따라서 가장 위험한 국가)로 보는 게 말이다. 이탈리아의 파시즘이나 독일의 민족사회주의는 이와 같은 입장에서 보면 자본주의의 다양한 버전 가운데 하나일 뿐 결코 독자적이고 새로운 사회 형태와 국가 형태는 아니었던 것이다. 때문에 스탈린은, 이렇듯 자본주의의 두 가지 변종이 소련을 반대하기 위해 결탁할지도 모른다는 두려움을 갖게 되었다. 혹은 그렇게밖에 할 수 없을 것이라고 두려워했다. 1939년 8월 23일 독일과 체결한 불가침 조약으로 크렘린 궁의 수장은, 자신이 영국이 가지고 있는 가장 예리한 무기를 빼앗았다고 생각했다. 그러니까 런던과 베를린 사이의 연맹(프랑스에게는 중요하지 않은 역할)을 방해함으로써 말이다.

때문에 스탈린은 히틀러와의 동맹 관계를 어느 정도 의심하면서 지켰고 조약에 명시된 의무사항을 그야말로 마지막 순간까지 어기지 않았다. 독일 선전에 따르면, 독일이 동부로 행진할 것이라는 소문은 그야말로 영국이 거짓말을 유포해서 만들어낸 망상에 불과하다는 내용이었는데, 이런 선전은 스탈린이 진정으로 믿고 싶었던 바다. 1941년 6월 초 모스크바에 있던 독일 대사(슐렌부르크 출신의 프리드리히-베르너 백작)가 소련 측 외교관과 함께 식사를 하는 도중에, 히틀러가 공격하게 될 것이라는 말이 흘러나왔다. 이와 같은 소문이 스탈린의 정치 사무실에도 보고되었으나 그의 반응은 다음과 같았다. "심지어 유포되는 거짓말이 대사의 입에서 나오게 되었군."[37] 어쨌거나 스탈린은, 히틀러가 소련으로부터 새롭게 뭔가를 용인하라고 강요할 것이라고 보기는 했다. 하지만 그는 이와 같은 가능성에 대한 토론을 허용하지 않았다. 1938년 11월 이후로 내무인민위원회의 인민위원이었으며 이로써 소비에트 연방을 대규모로 억압했던 내무인민위원회 수장 라브렌티 베리야(1899~1953. 스탈린의 심복이자 그의 후계자로 알려졌으나, 스탈린 사후 흐루쇼프와 몰로토프에 의해 체포되어 사형당했다―옮긴이)는 마침내, 나쁜 소식을 전하는 사람들을 추적하기로 했다. 내무인민위원회의 수장으로서 자신도 전복과 선동을 할 인물이라는 혐의를 받게 되지는 않을까 걱정이 되어서 그랬던 것이다. 독일 공격이 있기 바로 하루 전 그는 스탈린에게 이렇게 썼다. "다시 한번 저는, 베를린에 있는 우리의 대사 데카노조프를 소환해서 벌을 줘야 한다고 주장하는 바입니다. 그는 히틀러가 소련을 공격할 준비를 하고 있다는, 확인되지도 않은 '보고'를 저에게 올렸습니다. 그는 보고하기를, 이 공격은 내일 있을 것이라고 합니다. ……그러나 저와 저의 부하들은 …… 현명하신 서기장님의 결론을 확실하게 기억하고 있습니다. 즉, 히틀러는 1941년 우리를 공격하지 않을 것이라고요."[38]

물론 스탈린은 전쟁과 관련해서 또 다른 핵심적인 문제를 자신의 정보요원들에게 맡겼다. 어쩌면 이번에는 소식이 자신에게 긍정적이었기 때문에 그랬을 수 있다. 이 소식은 군사 대국 일본과 관련된 내용으로,

1931년부터 일본은 중국 땅에 진지를 구축하고 1937년부터 이곳에서 중국과 전쟁을 치르고 있었다. 일본은 1936/1937년 독일과 이탈리아와 함께 동맹을 맺었는데, 비록 이로 인해 일본이 전쟁에 참여해야 하는 의무까지 지는 것은 아니었는데도 말이다. 하지만 일본의 반공산주의적 방향 설정이 매우 강력했다는 점을 고려한다면, 일본이 소련을 반대하는 방향으로 팽창정책을 취했을 수 있다고 충분히 생각해볼 수 있다. 이에 상응한 계획이 일본의 군대에 있었다는 사실은 특히 소련의 정보원 조르게가 보고한 바가 있었다. 외무부장관 리벤트로프는 일본이 공격하게끔 압박하는 시도를 했다.

이미 언급했듯이, 스탈린은 조르게를 전혀 신뢰하지 않았지만, 다른 정보원도 가지고 있었다. 바로 소련의 무선암호해독 정보원들인데, 이들은 일본의 암호를 열심히 해독하는 일을 했다. 이들은 1941년 가을에 성공했는데, 미국은 이미 1년 전에 성공했던 것이다. 바로 가장 중요한 외교적 암호를 해독하는 일로써, 전공 분야에서는 이를 두고 대부분 퍼플 (PURPLE) 암호라 부른다. 10월/11월 스탈린은 극동아시아에 주둔하고 있던 소련 병력을 유럽 쪽으로 이동시켰다. 여기에는 탱크 1000대와 비행기 1000대도 포함되어 있었다. 이처럼 병력을 투입함으로써 연말 바로 직전 모스크바 앞에서 나치 독일의 국방군을 멈추게 하는 데 성공했다.

스탈린의 계산이 들어맞았다. 11월 27일 베를린 주재 일본 대사는, 독일 지도부에 "남쪽으로 진격"한다는 소식을 알리고 일본은 "북쪽을 향해" 그 어떤 작전도 개시하지 않을 것이라는 점을 알리라는 지시를 받았다. 이 소식을 통해, 소련이 분명 해석했을 것인데, 일본이 전쟁을 치르게 될 진로를 추측할 수 있었다. 즉 북쪽(소련)을 향하는 게 아니라 남쪽(태평양 서부에 있는 섬들과 동남아시아)을 향한다는 사실을 말이다.

진주만

일본이 취한 전쟁 방향은 미국과 이미 격렬한 외교 분쟁을 불러일으켰고, 미국은 석유 보이콧을 포함하여 심각한 응징을 포고했다. 때문에 사람들은 언급했던 전보를 미국을 향한 전쟁으로 이해해도 되었다. 11월 26일, 언급한 전보를 보내기 하루 전날, 비행기 여섯 대를 실은 선단이 일본 북부에 정박했다. 12월 1일 일본 해군의 지휘관이던 야마모토 장군은 정부의 허가를 얻었다. 그리고 12월 7일 아침 일찍 미국의 해군기지 진주만을 공격했던 것이다.

이와 같은 공격은 미국에게는, 루스벨트 대통령이 표현했듯이, "영원한 치욕의 날"일 뿐 아니라, 비밀정보부가 저지른 기념비적인 실수의 날이기도 했다. 그러니까 정보부는 적시에 경고를 해야 했지만 시간을 지체했던 것이다. 소련 정보부가 아니라 정치 지도부가 실패했던 1941년 6월 22일과 비교해보면, 여러 가지 이유로 정도를 벗어나긴 했다. 우선 공격에 나선 일본 함대는 배와 잠수함 31척으로 이루어져 있었고, 이들은 태평양 먼 곳에서 11일 동안 무전을 완전히 끊음으로써 "숨어 있을" 수 있었기에, 당시의 기술적 수단을 동원해서 위치를 파악할 수 없었다. 따라서 일본의 공격 함대를 놓친 것이 용서 못 할 실수는 아닐지도 모른다. 다른 한편으로 실제로 경고와 의심스러운 일본의 무선통신이 있었는데, 미국의 군사 정보부가 이것을 워싱턴에 알렸다. 하지만 이 통신문을 적절한 시기에 해독해서 정치·군사 지도부에 전달하지 못했던 것이다.

일본이 미국을 예측한 것은 매우 중요한 역할을 했다. 미국의 지도자들은 일본 함대가 태평양 동부에 있는 미국 영토를 기습 공격할 수 있으리라고는 보지 않았다. 기껏해야 태평양 서부에 있는 미국의 기지를 공격할 수는 있으리라 예상했다. 거의 비슷한 시기인 12월 8일 필리핀, 괌 그리고 다른 섬들과 영국의 점령 지역인 홍콩과 말라야(싱가포르에 있는 함대기지도 포함해서)에서 일본의 공격이 이루어졌다. 일본의 대대적 공격을 알리는 신호를 미국이 적시에 알아차리기 힘들게 만들었던 것은, 당시의 지배적 사고방식이었다. 오늘날까지도 여전히 미국의 대중에게서 들을 수 있는 비난은, 그러니까 워싱턴이 전쟁 참여를 반대한 대다수의 국민을 전쟁에 뛰어들게 만들기 위해 의도적으로 그와 같은 기습 공격을 감수했을 것이라는 비난은, 역사학계에서 대체로 인정받지 못했다.[39] 이런 전설이 만들어진 배후에는 심리적 상황이 한몫을 했다. 진주만의 끔찍한 결과를 수용하는 것이 미국인에게 너무 힘들었던 것이다. 즉, 사망자 2403명, 부상자 1100명 이상, 파괴된 비행기 190대와 침몰하거나 심각한 손상을 입은 함대 18대. 이에 반해서 일본인은 고작 비행기 29대 안에 있던 55명만 목숨을 잃었다.

진주만을 향했던 기습 공격으로, 왜 미국 정부는 이런 방식으로 놀랄 수 있었던가, 하는 질문이 등장했다. 뿐만 아니라 무엇보다 일본의 무선통신에 대한 암호해석이 이미 매우 진전된 상태였는데 왜 이런 일이 일어날 수 있었는가, 하는 의문도 제기되었다. 이에 대한 부분적인 대답으로, 로버타 볼슈테터가 고전이 되어버린 그녀의 책 《노이즈》(당황스럽게 하는 소음)에서 묘사했다.[40] 많은 보고 가운데 비밀 정보 분석은 "확실한 목소리"를 걸러내는 일을 하면서 어려움에 처할 때가 자주 있다. 미국 측에게 부차적 방해물로 작용했던 것은, 일본 해군이 이 시기에 무선통신암호를 바꾸었고, 미국은 이 암호를 충분히 빠른 시간 내에 해독하지 못했다는 점이다. 이와 같은 이유로 암호해독 전문가 데이비드 칸은, 미국의 정보 업무의 실패는 첩보 활동 자료의 평가에 있다기보다 입수에 있다는

주장을 한다.[41]

미군의 암호 해독가들이 이미 1940년 9월 새로운 일본의 암호 퍼플을 깨트린 뒤, 홍수처럼 밀려오던 전보를 읽기 위해 이제 새로운 일본 암호 해독 기계의 다양한 버전을 무너뜨렸다고 간주했다. 물론 자신들의 암호 해독가들의 자립성을 포기하려 하지 않았던 미국 해군의 지도부와 격렬한 경쟁을 펼치기는 했다. 따라서 모든 전문가 팀을 협력하게 하려는 생각이 없었던 것이다. 그리하여 사람들은 과제를 패턴에 따라 나누었는데, 독일 바이에른주의 코미디언 카를 발렌틴이 한때 교통문제를 해결하기 위해 제안한 패턴이기도 했다. "월요일에는 자전거 운전자들, 화요일에는 자동차 운전자들, 수요일에는 보행자들⋯⋯." 날이 바뀔 때마다 일본 전보들은 미군의 암호해독가의 손에 들어가거나 해군의 암호해독가의 손에 들어갔다. 또한 해독한 내용을 대통령에게 전달할 때도 마찬가지였다. 나중에 이와 같은 주기는 달로 바뀌었으나, 물론 일요일과 늦은 저녁에는 담당자를 합의할 수조차 없었다.[42] 사실 워싱턴에서 일본 정치를 추적하기 위해 이용한 것은 신문기사 외에 해독한 전보가 거의 유일한 정보원이었다. 진주만 습격이 있기 몇 달 전에 매일 평균 50건의 전보를 해독했다.[43]

10월 17일 도쿄에서는 히데키 도조 장군 휘하에 새로운 정부가 들어섰으며, 이 정부는 곧장 11월 5일 전쟁 노선에 돌입해서 12월 7일 미국을 공격할 것을 결정지었다. 미국 측에서 획득한 소식에 의하면 기습 공격을 계획하고 있다고 명쾌하게 표현하고 있지는 않았으나, "절대적으로 확고한" 마지막 협상 가능성에 대해서 얘기를 하고 있었고, 이 가능성에 따라서 "일은 자동적으로 일어나게 될 것이다"라고 되어 있었다.[44] 이 정보로부터 분명한 것은, 루스벨트와 측근에 있는 고문들은 외교적 협상이 결렬

된 이후에 일본이 태평양 서쪽을 공격하게 될 것이라 기대했다. 그러니까 이미 전쟁 중이던 국가들과 영토들뿐 아니라, 특히 영국과 네덜란드, 미국까지 해당될 수 있었다. 하지만 외교적 긴장으로 말미암아 샌디에이고(캘리포니아 해변)에서 하와이로 이동한 미국의 태평양 함대를 추가로 공격하게 될 줄은 그 누구도 예견하지 못했다. 일본이 원래 목표로 삼았던 것은 동아시아에서 자신들의 세력을 확장하는 일이었다. 하지만 평화적 방법으로 자신들의 식민지 정책을 미국이 인내하도록 압박하는 데 실패했기 때문에 일본은 미국의 태평양 함대를 무력하게 만들고자 공격을 시도했던 것이다.

12월 5일 루스벨트는 대사관에 있는 모든 서류를 폐기하라는 명령이 도쿄로부터 하달되었다는 보고를 받았다. 이때부터 일본과의 전쟁은 의심할 수 없게 되었다. 다음 날 영국 비밀정보부는 일본의 남쪽에서 정확하게 목표점이 어디인지는 알 수 없으나 일본 함대들이 대대적으로 이동하고 있다는 사실을 보고했다. 고문들과 여러 차례 면담을 거친 끝에 루스벨트는, 싱가포르가 공격을 받게 될 것이라는 추측을 발표했다. 하지만 사람들이 루스벨트에게 하와이가 공격받았다는 소식을 보고했을 때, 그는 처음에 믿을 수 없어서 말을 더듬기 시작했다고 한다. 일본의 기습 공격은 그만큼 완벽하게 성공했던 것이다.

하지만 이 분야를 담당한 미국의 지휘관들, 그러니까 해군의 키멀 장군과 육군의 쇼트 장군은 왜 전혀 의심을 하지 못했을까? 이에 대한 대답의 일부는, 그들은 매직(Magic: 제2차 세계대전 당시 일본의 암호와 퍼플을 해독한 정보를 미국은 매직이라고 불렀다―옮긴이) 암호해독보고서를 나눠주었던 공급자들에게 관심이 없었기 때문이다. 그 누구도 첨예한 위기상황에서 보고서를 나눠주던 정보 공급자를 검사할 필요성을 느끼지 않았다. 대통령의 비밀 업무 조정자였던 도노반 역시 정보를 구할 곳이 적었고 따라서 이 자리에 있으면서도 많은 정보를 조정할 수 없었다. 그리하여 매직 암호해독은 외교상 왕래하던 전보만 해독했으며, 암호 해독가들이 JN25b로 분류했던 바의 일본 함대들의 무선통신을 해독하라는 지시는 내리지 않았다. 그리하여 일본 함대들의 무선통신은 정기적으로 포착했으나, 처음에는 읽을 수 없었기에 해독하지 않고 그냥 내버려두었다. 이런 암호를 깨트리기 위해서는, 아마 코드 JN25b에 한 무리의 사람이 아니라 더 많은 전문가들을 배치해야만 했을 것이다. 전문가들은 추측하기를, 인적 자원을 충분히 투입하고 이로써 훨씬 일찍 암호를 해독했더라면 진주만 공격을 적시에 알아차릴 수 있는 충분한 정보를 제공할 수 있었을 것이라 한다. 나중에 진행된 평가도 그와 같은 추측을 뒷받침해주는데, 예를 들어 12월 1일 있었던 행진 명령으로 유조선이 항로를 하와이로 향한 경우였다.[45]

만일 정치 지도부와 군사 지도부에게 책임이 있었다고 한다면, 무선통신 암호해독에 충분한 직원을 투입하지 않았고 이 분야에 충분히 주의를 기울이지 않았다는 데 있다(이런 관점에서 볼 때 처칠이 지휘한 영국은 분명히 우위에 있었다). 게다가 문화적 편견도 한몫을 했는데, 이로 말미암아 일본의 기술과 군사력을 과소평가하게 되었다. 극단주의자들(대체로 정치적 극우파들)처럼 미국 국민들을 향해 모반을 시도하는 일을 일본이 저지를 수 있다는 생각은 터무니없는 것이었다.

비밀정보부가 없는 미국?

수십 년이 지난 후 진주만과 관련하여 미국에서 내놓은 해명 가운데 가장 대중적인 해명은, 당시 미국은 제대로 된 비밀정보부가 없었다고 하는 것이다. 많은 서적에서 발견할 수 있는 이야기는, 미국은 1929년 암호해독 활동을 중지시켰다고 하는 내용이다. "신사는 다른 사람의 우편물을 읽지 않는다"고 당시 외무부장관 헨리 스팀슨이 말했다고 한다. 이런 수준이었으니, 미국인이 유럽의 "오래된 강국들"과 비교했을 때 국제 정치에서 얼마나 순진했는지를 알 수 있다. 심지어 존중받는 전문 언론인 토머스 파워조차도 중요한 자신의 저서《정보 전쟁: 히틀러부터 알카에다까지의 미국 비밀의 역사》에서 이렇게 시작한다. "제2차 세계대전이 일어나기 전날 미합중국은 전 세계에서 비밀정보부가 없는 유일한 강대국이었다."[46] 다음 문장을 읽어보면 물론 맞는 말인데, 실제로는 정보부의 중앙센터가 없었을 뿐이라는 말이 나온다.

그런데 실제로 센터만 없었던 게 아니라, 미국 정보부 여러 곳이 없었거나 또는 다양한 부처에 정보 업무를 맡아보는 부서가 없었다. 외무부에도 없었는데, 외교상의 우편물과 무선통신문(특히 워싱턴 주재 대사관들)의 입수와 암호해독을 담당하던 사무실이 1929년 외무부장관으로 임명된 스팀슨에 의해 문을 닫게 되었다. 그러나 군부대에서 암호를 해독하는 작업은 중단하지 않았다. 외무부에 있던 첩보 활동부서의 문서, 그리고 수집한 지식은 군대의 기술통신부서로 넘어갔다. 그 밖에도 거대한 해군에는 비밀 정보의 수집과 평가를 담당한 다양한 부서가 있었다. 이와 같은 능력을 갖추지 않은 전투함은 근대 시대 이래로 결코 없었다. 상상조차 할 수 없다고 말해도 된다.

물론 프랭클린 루스벨트는 대통령직을 맡았던 초기에 비밀 정보 활동에 관해서 어느 정도 독자적 태도를 취했던 것은 맞는다. 그가 늦어도 제1차 세계대전에서 해양차관을 지내며 첩보 활동을 알게 되었는데도 말이다. 그는 개인적으로 연결된 두 인물을 활용했으며, 이들의 일부분은 자력으로 그리고 개인적인 통로를 통해서 루스벨트를 위해 비밀 활동을 하고 있었다. 한 사람은 부동산업계의 거물 빈센트 아스토였는데, 그는 1927년 뉴욕에서 비밀 정보를 위해 사적 엘리트 동아리("The Room")를 설립했다. 또한 서부 조합 전신 회사(Western Union Telegraph Company)의 사장이 되면서 말하자면 "사적" 이유로도 흥미로운 전신교환 정보를 검색할 수 있는 가능성을 갖게 되었다(당시에는 정보보호법 같은 것이 없었다). 동시에 그는 뉴욕에 있는 영국 해외정보부 MI-6 소속의 매복 초소 한 군데와도 연결되어 있었다. 영국은 1940년 유럽에서 전쟁이 시작된 후, 아스토를 통해 특정 비밀 정보를 루스벨트에게 전하는 데 관심이 많았다. 루스벨트는 미국의 대중과 의회가 전쟁 개입에 찬성하도록 노력했다. 두 번째로 신뢰한 인물은 윌리엄 도노반이었는데, 그는 제1차 세계대전에 참여한 미국인 베테랑으로, 루스벨트와 가깝게 지냈기에 영국인들로부터 대우를 받았다. 그 역시 막강한 뉴욕의 기업형 법률사무소와 금융 자본가들로 이루어져 있던 동부 해안의 기득권자들에 속했다. 이들은 당시(그리고 1945년 이후에도 수십 년 동안) 미국의 외교정책에 지대한 영향력을 행사했다.[47]

1940년 6월부터 캐나다인 윌리엄 스티븐슨이 영국의 이 외국지부를 관리했고, 사무실을 당시 큰 주목을 불러일으켰던 새로운 건물 록펠러 센터로 옮겼고 이로써 영국 정보 조정실(British Security Coordination, BSC)이 설립되었다. BSC는 미국에 있는 모든 영국 정보 업무를 연결하는 역할을 했다. 정체를 은폐하기 위해 이 조직은 자신들을 영국 여권 교부소로 신고했다.[48]

그렇듯 영국 비밀 정보 업무를 합동하여 조정하는 조직을 건립하고자 했던 아이디어는 새로운 게 전혀 아니었다. 이미 제1차 세계대전 때 캐나다 사람 윌리엄 와이즈먼이 그와 비슷한 종류의 중개소를 운영했다. 당시에는 미국이 오랫동안 중립을 지키고 있었는데도 말이다. 1897년에 태어난 스티븐슨은 제1차 세계대전에서 세운 큰 공로로 훈장을 받은 전쟁 영웅이었다. 그는 독일 전투기 조종사 12명을 사살했는데, 그 가운데 리히트호펜(제1차 세계대전 때 활약한 독일의 전투기 조종사로 유명하다―옮긴이)의 동생도 있었다. 하지만 그 자신도 1918년 7월 독일군의 총에 맞았다. 그로부터 얼마 후 그는 미국 담배회사의 유산 상속인 여자를 만나 결혼해서 영국으로 건너갔는데, 이곳에서 국제적인 사업을 벌였다. 이 사업은 산업 스파이 센터였고, 영국의 원자재 정책에 관한 업무를 보고 있었다.[49] 1930년대 말에 그는 야당 정치가였던 윈스턴 처칠에게 독일 군비 정책에 관해 온갖 정보를 제공했고, 1940년 5월 처칠이 수상이 되었을 때, 스티븐슨을 통해서 미국과 접촉하고자 했다.

자신의 사업상의 거래 관계를 통해 스티븐슨은 미국인 도노반("와일드 빌")을 알게 되었다. 영국-미국의 비밀 정보 외교를 수행하던 그가 거둔 최초의 성공은 도노반이 런던을 방문한 일이다. 사람들은 도노반이 방문하자 공식적인 미국 대사와 교류하기 위해 그를 정중하게 대접했는데, 나치에 우호적이던 조셉 케네디(훗날 미국의 대통령이 된 케네디의 아버지)가 바로 미국 대사였다. 이로써 워싱턴과 런던 사이에 비밀 정보 활동의 관계가 성립했고, 이들이 맨 먼저 했던 일은 독일 첩보 활동을 조사하여 영국에 전쟁을 유포하고자 벌이는 행동이자 두려움을 자아내는 방해공작을 밝혀내는 것이었다. 또한 반독일 선전 업무도 했다. 예를 들어 라틴아메리카를 위조한 독일 지도인데, 루스벨트 대통령도 1941년 10월 27일 공식 연설을 하는 자리에서 이 지도를 언급한 바 있다. 이 지도에는 남아메리카를 독일 위성 국가들로 포함시키고자 하는 독일의 의도가 잘 드러나 있었다. 이와 관련하여 영국의 비밀정보부에 소속돼 위조 업무를 담당하던 사람들이 1917년의 치머만 전보를 넌지시 암시했다. 당시 라틴아메리카에 있던 나치 해외조직은 매우 적극적으로 활동했으나, 루스벨트가 주장했듯이, "존재하는 모든 종교를 폐기"할 나치의 계획은 없었다.[50]

영국-미국의 비밀 정보 연계가 품고 있던 또 다른 결실은 1940년 9월 미국이 영국에게 몇 가지 (좀먹지 않도록 잘 간수하던) 미국 전함을 빌려줄 준비가 되어 있다고 발표한 사건이었다. 이런 발표가 있은 지 얼마 후 양측은, "기술적인 비밀"뿐 아니라 비밀 활동과 관련한 지식들도 심도 있게 교환하자는 데 합의했다. 이것은 미국과 영국의 관계가 특수 관계(special relationship)로 발전하는 시작이었으며, 이런 관계는 오늘날까지 두 국가를 밀접하게 연결시켜주고 있다.

효과적으로 일하기 위해 미국은 비밀 업무를 담당하는 조직들의 구조를 더 잘 조정할 필요가 있었다. 이 업무를 담당하던 다양한 관청이 상호 투쟁을 하거나 무시를 했기에 말이다. 전시(戰時)에 너무나도 중요한 방첩이라는 과제를 연방경찰 FBI가 맡고 있었는데, 그들의 주 업무였던 범죄 소탕을 수행하면서 비밀 업무도 맡고 있었다. FBI의 국장 J. 에드거 후버는, 자신이 관할하던 조직을 국내외의 과제를 아울러 처리하는 막강한 비밀정보부로 만들고자 하는 야망이 있었다. 그는 이런 계획을 1945년 이후에도 계속 추구했다.[51] 그리하여 후버는, 1940년 6월 라틴아메리카 전체를 관할하게 되었으며, FBI가 이미 방첩 전문가들을 여러 국가에 파견해서 도와주었던 곳이었다. 이를 위해 후버는 심지어 새로운 부서를 하나 더 만들었는데, 특수 정보부(Special Intelligence Service, SIS)였다. 군대에 소속되어 있던 비밀부서는 이에 강력하게 항의했으나, 처음에는 효과가 없었다.

루스벨트는 새로 생긴 이 특수 부서를 전혀 좋아하지 않았다. 하지만 후버 국장이 보수당 의원들에게서 많은 지지를 받고 있는 걸 잘 알고 있었다. 때문에 루스벨트는 그와 대결하지 않았고, 1941년 4월 자신의 내각에, 영국을 본보기로 삼아서 모든 것을 담당하는 비밀조정실을 설치하라는 제안을 했다. 군대에서 정보 업무를 관할하던 장군은 그런 방식으로 "모든 비밀 정보 업무를 관리하는 슈퍼관청"을 수용하지 않았고, 그리하여 자신의 동료인 해군 지휘관에게 이렇게 썼다. 우리에게 "……그와 같은 조치는 엄청난 단점일지도 모르며, 여하튼 대재난일 수 있습니다".[52]

군대는 중앙통제 방식의 비밀 업무를 통해 조종되는 것을 원치 않았다. 우리는 그들의 동기 가운데 하나를 어떤 보고에서 발견할 수 있는데, 1941년 7월 7일 영국 해군정보부장이 런던으로 보내는 보고서였다. 그는 이 사실을 알고 자신도 놀라게 되었다고 하는데, 독일 군비에 대한 미국의 평가가 영국의 평가와는 상당히 거리가 있다는 사실이었다. 미군은 독일 공군을 실제보다 250퍼센트 더 높게 평가한다는 것이었다. "이처럼 화젯거리를 좋아하는 성향은 비밀 정보 보고를 이성적으로 판단하는 것을 방해합니다"라고 그는 보고했다. 그와 같은 보고는 유럽을 두루 여행하고 수준 낮은 온갖 발언을 하는 비전문적 관찰자로부터 나왔다.[53] 하지만 과장되게 예측한 통계가 나오게 된 배경은 비전문적 작업방식 때문만은 아니었다. 이렇듯 적을 과대평가한 것은 구체적인 정치적 배경도 있었는데, 군비(軍費)에 대한 예산은 적의 군사력을 제시하고 의회와 정부로부터 승인을 받아야 하기 때문이었다. 적이 강력하게 무장을 했으면 했을수록, 미군은 더 많은 군비를 책정받을 수 있었던 것이다. 누구도 믿지 않았지만 나치의 국방군이 1939년부터 연속적으로 승리를 거두었기 때문에, 독일 무장 잠재력을 너무 낮은 게 아니라 너무 높게 평가했을 수 있다.

정치권이 극적인 전쟁으로 압박을 받은 터라, 도노반은 마침내 "정보를 조정"하는 업무를 관할하는 부서를 마련하는 데 성공했다. 이 부서는 대통령에게 보고하기 위해 파도처럼 밀려오는 비밀보고서를 정리하는 일을 맡았다. 자체적으로 정보를 획득하는 일도 확실하게 허가받았다. 그리하여 몇 달 만에 직원 600명이 일하는 조직이 생겨나게 되었다. 1941년 11월 런던에도 이 조직과 연계하는 사무실이 문을 열었다. 영국인들은, 미국의 이 같은 조직이 더 확장하는 일에 어떤 지원도 아끼지 않았고, 특히 직원들의 교육을 도와주었다. 캐나다에서도 그와 같은 일이 일어났는데, 특히 캐나다에서는 정보원들이 위험한 방해공작 투입과 다른 형태의 게릴라전에 대한 교육을 받았다. 토론토 부근에 있는 휘트비의 캠프X에서는 스티븐슨이 대략 2000명의 정보원을 교육시켰고, 그 가운데 캐나다인과 미국인도 있었다. 도노반은 훗날 이에 관해서, 전반적 교육은 영국인들 덕분이었다고 말했다. 분명하게 보여주기 위해, 도노반은 영국인들에게 기술적 장치를 제공했는데, 제임스 본드 영화에서 "Q"〔Q는 병참보급관(Quartermaster)〕라는 인물로 나타난다. 이 영화는 첩보 활동을 대략적으로 다루지 않았다. 제임스 본드 소설의 저자인 이언 플레밍은 직접 캠프X에서 잠수부 교육을 받은 뒤에 영국 정보부를 위해서 일했기 때문이다. 흔히 미국인 동료들과 함께하거나 경쟁하기도 했는데 이는 본드 소설에서 매우 중요한 주제였다. 그리고 플레밍은 유일한 경우가 아니었고, 스티븐슨이 당시 채용한 수많은 정보원 중 훗날 유명한 작가가 된 여러 작가 가운데 한 명이었을 뿐이다. 여기에 미국 언론인 출신 드류 피어슨(훗날 〈워싱턴포스트〉지의 유명한 기자가 됨)도 속해 있었으며, 광고 카피계의 천재 데이비드 오글비, 연극용 드라마 작가 노엘 카워드와 어린이 책 작가 로알드 달(《찰리와 초콜릿 공장》)을 꼽을 수 있다. 그 밖에도 로알드 달은 50년 동안 비밀로 부쳤던 공식적인 이야기 《영국 정보 조정실(British Security Coordination)》을 쓰기도(당시 뉴욕 기록소의 기록을 바탕으로 해서) 했다.[54]

1942년 여름 도노반은 전략 서비스 사무소(OSS: 중앙정보부(CIA)의 전신에 해당—옮긴이)와 함께 중앙 비밀정보부를 설립했다. 물론 그는 미합중국의 참모부 소속이었으나, 백악관의 부속기관은 아니었다. 전쟁 선전부와 도노반의 직원 절반이 새롭게 설립한 관청에서 전쟁 정보를 통합하게 되었다. 이로써 도노반은 절반의 패배로 고통을 겪었는데, 모든 비밀 정보 현안과 관련해서 단 한 명의 대통령 자문 자리도 얻지 못했기 때문이다. 비밀 업무의 조정은 이 업무에 그 어떤 지시도 내릴 수 없었던 위원회 소관이 되었다. 하지만 도노반은 조직의 설립을 위한 막대한 예산을 받아낼 수 있었고, 이로부터 직원 수천 명을 충원할 수 있었기에 상당한 성공을 거두었다고 할 수 있다.

분석을 담당한 부속부서(Research and Analysis, R&A)에는 업무를 담당한 전문가 직원이 900명까지 될 때도 있었다. 이 부서의 수장으로 도노반은 하버드 역사학자 윌리엄 L. 랭어를 초빙했는데, 그는 자신의 과제를 일종의 거대한 역사적·사회학적 연구 프로젝트로 봤고 따라서 미국 대학에서 최고의 전문가들을 모았다. 곧이어 지리학자, 사회학자, 인류학자, 법학자, 경제학자, 언어학자, 심리학자, 역사학자와 정치학자가 이 거대한 싱크탱크에 합류했고, 이들은 특히 유럽, 아시아와 아프리카에서 싸우는 군대를 위해 지원할 준비를 했다. 이들의 연구와 조사로부터 적국의 정치적 상황은 물론 적국의 식민지였던 영역의 정치적 상황에 대한 생생한 보고가 나왔다. 이들이 수집한 정보는 전쟁이 끝날 즈음 지식의 토대가 되었고, 이런 자료는 전투에 임했던 부대가 현지의 민간인을 다룰 때 참고할 수 있는 최고의 정보였다. 예를 들어 독일 경제와 행정에 대하여 광범위한 정보를 모았는데, 이것은 미국의 군사정부에 유용하게 사용되었다. 그리하여 특정 지역을 점령한 장교는 누구나 자신들이 관리해야 하는 지역이나 도시에 대한 특수한 정보를 입수하게 되었다.[55]

이어서 전쟁 지역에 폭탄 투하를 할 것인지 육군을 투입할 것인지를 결정하기 위해 지리적 정보와 경제적 정보를 수집했다. 여기에다가 경제적 계산도 해서, 어떤 곳에 폭탄을 투하해야 독일의 전쟁 수행과 군비산업이 가장 빨리 그리고 지속적으로 마비될지를 알아냈다. 이런 방식의 비용·효능 계산법이 경제학과 경영학 이론에서 새로 발달한 영역의 기초가 되었다. 즉, 수학적 모델을 바탕으로 하는 오퍼레이션 리서치(Operation Research)[56]가 나왔던 것이다. 주로 영국이 해독한 독일의 무선통신문을 이용해서 계산해낸 가설을 확인(혹은 반박)할 수 있었다. 예를 들어 이와 같은 방식으로, 어떤 군부대나 혹은 공장이 특정 독일 연료에 의해 피해를 입게 되었는지 증명할 수 있었다. 대도시와 교통사회간접시설(역, 접속역, 다리)에 대한 융단폭격이 기대와는 달리 비효율적이라고 증명되었기에, 폭격전이 효과가 있었다. 융단폭격은 독일 시민들의 전쟁윤리를 약화시키지 않았기에 효과가 별로 없었다. 게다가 교통과 관련된 사회간접시설은 파괴하기 어려울 뿐 아니라(폭탄을 투하할 지역을 정확하게 맞추기 어려움), 설령 파괴되었다 하더라도 재빨리 수리해서 사용했기 때문이다.

R&A에서 일한 학자들의 발전은 또한 비밀 정보의 역사상 특별한 역할을 했다. 즉, 모든 정보원을 바탕으로 한—여기에서 자신들이 수집한 비밀 정보뿐만 아니라—체계적인 비밀 정보 분석이 가능했던 것이다. 오늘날에는 이를 두고 전 출처 정보(all source intelligence)라고 말하는데, 특히 이것은 공개 출처 정보(open-source intelligence)에 영향을 주었다. 언론에서부터 정부 기관에서 내놓는 보고와 통계 그리고 기술적·학문적 전문서적

에 이르기까지 다양한 종류의 간행물에는 어마어마한 양의 데이터와 정보가 "숨어 있다". 이런 데이터와 정보를 바탕으로, 어떤 상황인지 그려보고 그리고 특별한 의문점을 시험해볼 수 있는 것이다. 기본적으로 거대 프로젝트에서(R&A와 같은 거대한 싱크탱크의 차원에서) 시스템화함으로써 새로운 인식을 갖게 되는 것이 바로 과학적 연구가들의 작업방식이었다. 정보원들의 보고, 전쟁 포로나 망명자에게 질문한 내용의 기록, 압류된 비밀문서와 암호를 해석한 무선통신문과 같은 순수한 비밀 정보를 수집함으로써 이제 적의 군대에 대한 완전한 모습이 드러날 수 있었다. 적의 개별적 요소가 동시에 제공됨으로써 훨씬 더 검토를 잘할 수 있게 되었던 것이다.

전쟁이 끝날 때까지 R&A는 목록카드 300만 장, 사진 30만 장, 지도 100만 장, 외국 잡지 35만 권, 책 5만 권과 "공개된" 다양한 자료를 수집했다. 자료를 분석하기 위해 우선 많은 직원이 필요했는데, 오늘날까지 비밀정보부에서 찾아볼 수 없는 경우였다. 하지만 다른 방법으로는 어마어마한 양의 정보를 수집해서, 체계화하고 기록실에 보관할 수 없었다. 그다음으로, 분석을 할 때 노련한 분류법이 필요했다. 이와 같은 새로운 작업방식의 교과서가 된 것은 1949년 출간한 셔먼 켄트의《세계 경찰 미국을 위한 전략적 정보》였다. 셔먼 켄트는 유명한 예일 대학의 역사학과 교수였고, 이 대학에서 R&A 작업을 했으며 이런 작업방식은 미래의 비밀 정보 분석의 기초로 자리 잡혀야 했다.[57] "셔먼 켄트 방식"은 이후에 각종 승리와 패배를 경험하게 되었으나, 여전히 비밀 정보를 분석하는 하나의 시작이었다.[58]

R&A에서 일한 지식인의 목록은 길며 유명한 인물로 가득 채워져 있다. 아서 슐레진저와 월트 로스토는 나중에 케네디 행정부에서 대통령과

밀접한 고문단에 속하게 되었다. 역사학자 고든 A. 크레이그, 크레인 브린턴과 존 K. 페어뱅크는 곧 자신들의 분야에서 가장 많이 읽히고 영향력 있는 저자가 되었다. 잊어서는 안 될 유명한 독일 망명자들로는, 허버트 마르쿠제, 클라우스 만, 오토 키르히하이머와 프란츠 노이만이 있는데, 노이만은 나치를 초기에 분석한 사람들 중 한 명으로 《거수(巨獸)》(1944, 유대인들의 종말론에는 무질서를 다스리는 두 괴물이 나오는데, 하나는 땅과 사막을 지배하는 베헤모스(Behemoth)이고, 다른 하나는 바다를 지배하는 괴물 리바이어던(Leviathan) 이다. 노이만은 독일의 나치를 거수, 즉 베헤모스라고 불렀던 것이다—옮긴이)라는 책을 펴냈다. R&A의 독특함은, 마르쿠제(프랑크푸르트학파)처럼 좌파 지식인들은 물론, 심지어 자신을 공산주의자라고 밝힌 지식인들조차 함께 일하자고 초대한 점이다.[59] 이와 같은 전통은 나중의 세대인, 1947년에 설립한 CIA 에서도 여전히 중요한 역할을 했다. 하지만 다양한 인적 자원을 수용했던 이유는, R&A(그 밖에도 OSS 대부분의 부서 역시)가 비밀 정보 가운데 가장 비밀에 해당하는 정보, 특히 일본과 독일의 무선통신 해독을 위해서였을 것이다.

비밀 정보 분석 외에 OSS에는 정보원을 투입해서 잠복시키거나 비밀 정보를 조달하는 다양한 부서가 있었다. 전쟁 지역에서 사보타주를 감행할 경우는 물론 영국 측이 지휘를 맡았다. 이는 무엇보다 군사적 상황 때문이었는데, 1939년과 1940년 폴란드, 네덜란드, 벨기에, 덴마크, 노르웨이와 프랑스가 항복한 뒤 영국만이 남아 있는 상황이었다. 준비하고 있던 공군이 영국 땅으로 독일이 진입하는 것을 공격할 수는 있었지만, 그래도 유럽 대륙에서 나치의 군대를 공격하는 것이 영국에게는 한동안 불가능했다. 그리하여 그들에게는 전쟁을 지속할 수 있는 세 가지 가능성 밖에 남아 있지 않았다. 즉, (1) 바닷길 차단, (2) 독일에 대한 공중전, 그리고 (3) 독일 점령 세력에 대한 비밀 정보 작전이었다. 영국은 점령당한 지역의 주민들이 더 적극적으로 저항할 수 있도록 용기를 주었고 기존의 저항운동을 지원하고자 했다. 이를 위해 추가적으로 영국 비밀정보부를 설치했는데, 바로 특수작전부라는 부서로, 처칠은 노동당 소속 정치가였던 휴 돌턴을 이 부서의 부서장으로 임명했다. 우선 이들은 점차 점령 지역의 원자재를 이용한 독일 전시 경제를 파손해야만 했다. 하지만 방해 공작 행동은 곧 전시 경제에서 나치 국방군과 이들의 조력자도 겨냥하게 되었다.

미국은 1941년 12월 12일 독일에 대한 전쟁에 참여한 뒤에 영국과 비슷한 상황에 처하게 되었다. 그들은 우선 육군으로는 나치의 국방군과 싸울 가능성이 없었다. 때문에 미국은 영국의 특수작전에 편승해서, 일종의 게릴라전을 하려고 시도했다. 하지만 이런 시도는, 효율적인 독일의 방첩 활동에 직면하여, 수년 동안 성공할 가망성이 거의 없는 채로 손실만 가져다줄 뿐이었다.

전쟁 투입에서 OSS

OSS가 최초로 거둔 큰 성공은 북아프리카에 연합국을 상륙시키는 준비를 통해서였다. 독일의 아프리카 군대가 1941년 2월 트리폴리(리비아)에 상륙해서 강력한 탱크부대로 수에즈 운하와 팔레스타인으로 밀고 들어가려 했을 때부터, 북아프리카의 동쪽은 이미 전쟁으로 요동 치고 있었다. 이와 반대로 북아프리카의 서쪽은 조용했는데, 이 지역은 프랑스의 영토(알제리)와 프랑스의 보호령(튀니지, 모로코), 그리고 중립을 지키던 에스파냐의 영향이 미치는 지역이었기 때문이다. 히틀러와 프랑스의 비시 정부 (제2차 세계대전 때 나치 독일이 프랑스를 점령했고 이에 남부 프랑스에 들어선 프랑스 정부로, 1940~1944년에 통치했다—옮긴이) 사이에 맺은 조약에 따르면, 이 지역은 독일이 점령하지 않고 프랑스의 지배하에 두도록 하자는 것이었다. 하지만 토착민들은 물론 프랑스의 군대와 행정 관료들 가운데도 서구 세력에 동조하는 자들이 아주 많았을 것이라 추측할 수 있다.

그곳의 분위기를 파악하기 위해, OSS는 부영사로 신분을 위장한 사람 열두어 명을 파견했다. 이들은 무엇보다 항구 도시에서, 토착민들의 대표와 종교단체의 대표들 그리고 프랑스의 대표자들과 접촉하고자 시도했다. 경험 많은 외교관 로버트 머피는 점령군의 총지휘관으로 내정된 아이젠하워 장군의 외교 고문으로 발령받았다(그는 이와 같은 역할을 전쟁이 끝날 때까지 맡았다며 자신의 회고록에 기록했는데, 이 회고록은 읽을 만한 가치가 충분히 있다).[60] 근동아시아에서 성장한 까닭에 아랍어를 유창하게 구사했던 윌리엄 에디 육군 대령은 모로코의 항구 도시인 탕헤르—영국의 지브롤터와 마주 보는 모로코의 중립 지역—에서 OSS의 국장이 되어 비밀 정보 작전의 책임을 떠안았다.[61] 상륙할 장소를 살펴보니, 특히 이곳 토착민들과 프랑스 군대가 영미와 싸우지 않게 만들어야 하는 상황이었다. 이렇게 하려면 힘든 협상이 필요했다. 왜냐하면 토착민인 북아프리카인은 자기네들 사이에서도 의견이 나뉘어 싸우고 있었고 백인 유럽 사람과 미국 사람이 싸우는 전쟁에는 관심이 거의 없었기 때문이다. 만일 관심이 있다면, 북아프리카인은 프랑스에 반대하는 파에 들어갔다. 하지만 북아프리카에 있는 프랑스 관청에는 물론 군대에도, 미국인이 북아프리카를 프랑스의 영향권에서 벗어나게 하고자 한다는 인상이 들게 해서는 절대 안 되었다. 드골 장군에 동조한 비시 정부도, 프랑스가 영미인들의 편에 서는 상황을 나치 독일이 우두커니 보고 있지만은 않을 것이라는 점을 알고 있었다. 이와 관련해서 물론 독일 아프리카 군대가 두 번째 전차전(戰車戰)을 벌인 알알라메인 전투에서 패배한 결과도 영향을 미쳤는데, 이는 연합군이 나서서 북아프리카에서 시도한 독일의 침략 모험을 종식시키기 몇 주 전에 일어난 전투였다. 피에르 쾨니히 장군의 지휘 아래 "프랑스의 자유"를 내건 프랑스 군대도 처음으로 이 전쟁에 참여했으며, 이 군대는 이미 6월 비르하킴 전투에서 최초로 독자적인 성공을 거두었다.

1942년 11월 7일 카사블랑카 남쪽과 북쪽에서 그리고 지중해와 인접한 알제리의 전 해변 지역을 따라 상륙 작전이 시작되었다. 이 작전은 외교적으로 큰 성공을 거둔 사례였는데, 사람들이 예상했던 것보다 훨씬 적은 희생자가 나왔기 때문이다. 신속하게 다음번 군대와 물자가 상륙할 수 있도록 하는 데 병력이 성공했던 까닭이다. 이렇게 하여 독일군과 이들의 동맹군 이탈리아군을 북아프리카에서 내쫓을 수 있었다. 이미 8개월 후 연합군은 시칠리아를 제일 먼저 차지함으로써 이탈리아를 점령하기 시작했다. OSS에게 이것은 엄청난 성공이었는데, 거대 군사 작전을 준비하고 실행하기 위해 비밀 작전이 얼마나 중요한지를 미국 군사 지도부에 분명하게 보여준 성공이었다.

비슷한 시기에, 그러니까 1942년 11월에 OSS는 첩보 활동 가운데 전통적인 영역으로 들어갔다. 즉, 적국에 정보원들을 파견하는 업무였다. 미국 대사관으로 위장하고서 OSS는 베른에 사무실을 열었다. 스위스에는 독일에 의해 점령된 지역에서 더 이상 안전하게 느끼지 못하는 망명자들이 수도 없이 많았으며, 정치적 색채를 띤 독일 이민자들도 마찬가지로 불안해했다. 중립국이었기에 스위스는, 적어도 한정된 범위 안에서, 온갖 종류의 여행자와 사업가의 중심지였다. 주변에는 제2차 세계대전의 주축국(독일, 이탈리아, 일본)의 군대와 앞잡이들이 둘러싸고 있었는데 말이다.

뉴욕의 법률회사 소속 변호사이자 OSS의 수장이던 앨런 덜레스는 이와 같은 상황을 이용했다. 그는 이미 제1차 세계대전 때 젊은 외교관으로 활약했던 도시 베른을 잘 알고 있었다. 1919년 파리 평화회담에서 그는 형 포스터와 여동생 일리노어와 함께 미국의 외무부장관이자 그들의 삼촌이던 로버트 랜싱을 위해 일했다. 베른에서 앨런 덜레스는, 독일 내부에서 일어나는 과정에 대해 세부적 지식을 제공한 스위스 비밀 정보원들과 이민자들과 손쉽게 접촉할 수 있었다. 처음에는 정치 경찰에서 일하다가 1939년부터 나치 독일의 국방군 방첩부에서 일한 한스 베른트 기제비우스를 통해서 덜레스는 독일의 저항군과 연결이 되었다. 이 저항군은 히틀러를 암살하기 위해 여러 차례 시도했고 마지막 시도는 1944년 7월 20일이었다. 기제비우스는 방첩부의 대장이던 카나리스 장군의 명령으로 스위스에서 일하고 있었고 그리하여 덜레스와 자주 만날 수 있었다. 덜레스는 기제비우스로부터 독일의 V-1과 V-2-미사일 개발 소식을 들었다.

프리츠 콜베가 전달한 정보와 문서는 더욱 풍부했다. 콜베는 외교 관련 업무를 했고 전쟁 동안에 나치 국방군의 최고사령부와 외교부를 연결하는 위치에 있었다.[62] 이를 통해 그는 많은 문서를 접할 수 있었고, 이 가운데 수천 페이지를 복사해서 덜레스에게 넘겼다. 그가 전해준 가장 중요한 정보 가운데는 미사일과 같은 군비 프로그램과 개발 중이던 제트 추진이 부착된 전투기(Me 262)에 관한 정보가 있었다. 거기에 에스파냐의 원자재 공급과 동쪽에서 진행되던 전쟁에 관한 정보도 있었다. 그가 제공한 증거를 통해서 앙카라 주재 영국 대사의 집사로 위장한 키케로의 스파이 신분이 드러날 수 있었다.

OSS는 독특하게 나중에서야 그리고 부분적으로 태평양 전쟁이라는 무대에 참여했는데, 두 명의 미국 지휘관 맥아더 장군과 니미츠 장군이 특히 OSS와 밀접하게 연계되어 있던 영국의 개입을 원치 않았기 때문이다. 예외는 대영제국에 속해 있던 버마였으며, 이곳은 일본이 점령하기 전에 이미 무정부 상태에 빠져 있었다. OSS 지휘관은, 카친족(미얀마 최북단에 거주했던 민족—옮긴이) 1만 1000명을 일본군과 맞서도록 동원하고 이들로부터 일본 점령군의 지배에 관한 정보를 얻는 데 성공했다. 미국은 장제스 장군의 휘하에 있던 중국 정부와 밀접하게 협력했음에도, 이곳에서도 OSS는 처음에 환영받지 못했다. 장제스 중국 정부의 비밀경찰대장이던 다이 리(戴笠, 1897~1946)는 미국인들에게서, 일본과의 전쟁을 치르는 동시에 다른 군사 지도자들, 특히 공산주의자들을 멀리 떼어놓을 가능성을 찾았다.[63]

하지만 미국은 이것으로 만족하지 못했는데, 중국과 동남아시아에 일본군 수백만 명이 주둔하고 있었기 때문이다. 이들 일본군은 아시아를 점령한 뒤에 결코 무시할 수 없는 존재였다. 일본군이 머물고 있는 정확한 위치, 명령과 무장에 대해 상세하게 탐색해야만 했다. 폭탄을 떨어뜨릴 목표 지점도 정확해야 했고 중국으로 물품을 보급하는 길도 안전하게 확보해야 했다. 때문에 미국의 여러 기관이, 이 가운데 OSS도 포함되는데, 중국에서 자체 비밀 작전을 펼쳤다. 기관들끼리 서로에 대해 잘 알지도 못한 채 말이다. 이는 물론 드문 일은 아니었다. 이 지역의 지휘관으로 앨버트 웨더마이어 장군이 새로 임명되자 비로소 전쟁이 끝날 즈음 그와 같은 혼란을 정리하는 데 성공했다. 이로써 OSS는 일련의 미국 전쟁 포로를 일본의 손에서 해방시킬 수 있었고, 중요한 다리 폭파를 비롯한 방해 공작을 통해 아직 완전히 훼손되지 않은 일본 군대의 작전 가능성을 제한할 수 있었다.

중국에서 정치적인 전쟁을 펼친 뒤에 미국인들은 이중적인 인상을 갖게 되었다. 어떤 미국인들은 일본의 지배로부터 중국을 해방시킴으로써 중국을 안정적이고 서구적인 대국이 될 수 있으리라는 가능성을 봤다. 이렇게 되면 일본이 중국이라는 대국으로 말미암아 새로이 강대국으로 발돋움하려는 시도를 막아주는 동시에, 러시아가 아시아에서 야망을 실현하고자 할 때에도 균형을 잡아줄 수 있다고 말이다. 이와 같은 희망에 따라 루스벨트 대통령은, 새로운 국제 평화질서에서, 특히 유엔에서 중국에게 거부권을 가진 강대국의 지위를 부여하고자 압박했다. 그런가 하면 다른 미국인들은 장제스 장군의 부패한 리더십과 중국의 후방 지역에 사는 낙후된 농부들의 지지를 받던 공산주의자 게릴라들에게서도 갈등이 일어날 여건들을 관찰했다. 물론 이런 갈등은 가까운 시일 내에 해결될 기미가 보이지 않았다.

워싱턴이 주도적으로 만들어낸 미국적 환상, 그러니까 중국의 상황을 타개할 수 있다는 환상에 종지부를 찍은 주인공은 바로 마셜 장군으로, 군 최고 지휘관이자 웨더마이어의 군사적 양아버지였다. 이렇게 하여 동아시아에서 냉전이 시작되었고, 이 냉전은 유럽의 냉전보다 훨씬 더 격렬했으며 한국과 베트남에 대대적인 전쟁을 일으키고 말았다. 하지만 처음에, 1944년과 1945년, 미국은, 특히 OSS에 근무하던 중국 전문가들과 웨더마이어 장군 주변에 있는 군부는 마오쩌둥의 공산주의 지도자들과 매우 가깝게 지냈다.[64] 또한 OSS는 베트남의 공산주의자였던 호찌민과도 밀접한 관계를 맺고 있었는데, 이곳의 공산주의자들이 일본 점령군과 전쟁을 치르고 있었기 때문이다. 그리하여 이곳의 공산주의자들은 미국으로부터 지원을 받고 있었다. 전쟁이 끝났을 때 호찌민은 독립적인 베트남 공화국을 선포했고, 1776년 토머스 제퍼슨의 독립선언문을 인용하기도 했다.[65] 하지만 그는 워싱턴으로부터 바라 마지않던 외교적 인정을 결국 얻어내지 못했다.

히틀러의 독일을 물리치기 위한 군사력 투입

유럽에서 활동한 연합국의 비밀 업무가 이뤄낸 성과는 다양하게 혼합되어 있다고 볼 수 있다. 전쟁이 시작된 1939년 9월까지 민족사회주의였던 독일을 탐색하는 일은 황제가 다스리던 제국주의 일본을 탐색하기보다 훨씬 수월했다. 뉘른베르크 전당대회와 무엇보다 1936년에 열린 올림픽은 전 세계의 언론이 보도한 대대적인 사건이었다. 전 세계 어디에서든 나치 독일은 자신들을 따르는 추종자들을 얻게 되었고, 무엇보다 서구 민주주의 사회에 살던 엘리트층이 그들을 숭배했다. 모두가 나치 독일을 알고 이해한다고 믿었다. 때문에 나치 독일에서 어떤 비밀을 발견하거나 해독해야 할 필요가 전혀 없어 보였다.

이는 히틀러의 외교정책에도 해당했는데, 처음에는 자신의 진정한 목표를 고려해서 세상(독일인들도 포함해서)을 속이는 데 집중했다. 그리하여 집권 초기의 히틀러 외교정책은 이전의 대통령 중심제 바이마르 공화국의 내각이 행하던 노선을 그대로 지키는 것처럼 보였다. 이러한 노선은 이미 사망한 외무부장관 슈트레제만의 화해 정책에서 오래전에 벗어나서 나치의 검열 정책을 다시 채택했다. "베르사유 조약의 부당성(베르사유 평화조약은 1919년 6월 독일 제국과 연합국 사이에 맺은 제1차 세계대전의 평화협상으로, 여기에는 독일과 동맹국들에게 전쟁의 책임을 전적으로 지게 하고, 독일 영토에 대한 분할 조항도 포함되어 있다—옮긴이)"을 삭제하기 위하여라는 구호는 미국, 영국, 심지어 부분적으로 프랑스에서 그리고 서구 유럽의 다른 국가에서도 상당한 호응을 불러일으켰다.

히틀러가 대대적으로 군비를 확장하고 국제 조약을 어겼을 때, 생각의 전환이 이루어지기 시작했다. 그러니 독일 군비 확장과 군사기술에 대한 비밀보고는 점점 더 중요해졌다. 이와 같은 보고는 국제법상의 규정을 어기면서 라인 지역을 점거(베르사유 조약에 따르면 독일은 라인 지역에 병력을 배치할 수 없었다―옮긴이)하기 전에는 독일 군대를 과소평가한 반면, 그 이후에는 대부분 과대평가하는 경향이 있었다. 정치에 미치는 영향은 치명적이었는데, 왜냐하면 사람들은 처음에는 위협적인 사건이 가능하기는 해도 실제로 일어나지는 않을 것이라며 안전하다고 믿었지만, 이제는 히틀러의 외교정책을 위험하다고 간주하는 사람들이 늘어났기 때문이다. 그리하여 유화정책(appeasement)이라는 것이 나왔는데, 즉 독일의 요구는 기본적으로 보면 이해할 수 있고 따라서 전쟁이 일어날 수 있는 대답을 해서는 안 된다고 주장하는 정책이었다. 1980년대에 이루어진 역사적 연구는 훗날 문서를 공개했고 다음과 같은 사실이 밝혀졌는데, 독일 군비 확장과 히틀러의 외교정책의 의도에 대한 영국 비밀 첩보 활동은 유화정책과 관련해 놀라울 정도로 중요한 역할을 했다는 것이다.

맨 먼저 외무부 차관 로버트 밴시터트는, 자신의 정부로 하여금 유화정책이라는 방향을 단념하게 하려고 독일 군비 확장에 대한 보고를 악용하고자 했다. 하지만 이미 1914년 이전에 독일을 반대하던 것이 몸에 밴 밴시터트는 1938년 영향력을 행사할 수 없는 한직으로 발령을 받았다. 왜냐하면 그의 의도가 외무부장관 핼리팩스 경의 반대에 부딪혔기 때문이다. 게다가 밴시터트는 비밀 정보를 항상 하원의 보수당 의원이었으며 유화정책을 신랄하게 비판한 윈스턴 처칠에게 건네주었다.

독일 공군 무장에 관한 보고를 둘러싸고 지극히 격렬한 논쟁이 일어났고, 영국은 1914년 이전에 황제국가였던 독일의 함대보다 더 위험하다고 느꼈던 것이다. 이미 1932년 11월 당시 수상이던 스탠리 볼드윈은 하원에서 그사이 인용이 많이 된 말을 했다. "이 세상에 있는 그 어떤 권력도 길거리에 있는 남자가 폭탄을 맞지 않도록 막아줄 수 없습니다. 사람들이 이 남자에게 항상 해줄지도 모르는 말은, 폭탄은 항상 떨어질 수 있다는 것이지요." 이 볼드윈의 말처럼 많은 사람들은, 폭탄을 실은 비행기는 그 어떤 것도 막을 수 없는 무기라고 믿었다. 몇 달 후, 독일에서는 1933년 5월 항공성을 설치했고, 이 부처는 헤르만 괴링의 지휘 아래 독일 공군의 무장을 담당했으며, 1935년 공군을 육군과 해군 다음으로 제3의 병과로 자리 잡게 했다. 항공성은 1936년 세 가지 명령부서로 재조직되었는데, 바로 폭격기 편대, 전투기 편대 그리고 해안 경비대였다.

히틀러는 1935년에 주장하기를, 그는 이미 영국의 공군 로열 에어 포스와 같은 수준에 이르렀다는 것이다. 하지만 독일의 공군은 실제로 얼마나 위험했을까? 이 영역을 관할하던 영국의 내각에서는 정식으로 교육받은 독일 조종사가 대략 4000명이라고 추정한 반면, 외국에서 활동하던 정보원은 8000명이라고 말했다.[66] 독일 전투기의 수는 혼란을 불러일으켰는데, 처음에 전투에 투입되지 않지만 연습만 했던 전투기가 엄청나게 많았기 때문이다. 당시에 중요한 역할을 한 사람은 세계대전 때 조종사였던 맬컴 크리스티로, 그는 1927년과 1930년 베를린에서 공군보좌관으로 일했으며 나치가 권력을 쥔 다음 사업가로 위장해서 독일의 야당과 중요한 관계를 이어나갔다. 라이프치히 시장이던 카를 프리드리히 괴르델러와 대기업가 로베르트 보슈가 이에 속했으며, 특히 다시 생겨난 독일 항공 산업과 항공성 소속의 영향력 있는 사람들과 관계를 이어나갔던 것이다.[67] 이들로부터 크리스티는 일련의 정보를 얻고, 이 정보를 다시 밴시터트에게 전달했다. 런던 내각에서는 맨 처음 이에 대하여 소극적으로 반응한 반면, 1936/1937년에는 분위기가 완전히 반대로 변했다. 이제 내각이, 특히 항공성과 그곳 소속 비밀 정보 전문가들이 경고를 보냈던 것이다. 차관 소속의 고참이던 워런 피셔 경은 1938년 4월에 이렇게 썼다. "……우리의 땅은 낯선 권력에게 넘어갔습니다."[68] 이때 독일 공군은 당시 영국을 상대해서 싸울 수 있는 능력이 되지 않았던 것으로 안다. 독일 공군이 1940년 프랑스, 벨기에와 네덜란드의 비행장을 이용했으나 영국 공군에 대항하고자 감행했던(물론 패했지만) 것처럼 말이다.

하지만 사람들은, 히틀러가 영국을 정말 적으로 보는지 처음에는 확신할 수 없었다. 당시 군사정보부의 수장이던 존 딜 장군은 1935년 9월, 시찰 겸 독일로 떠났고 이로부터 두 가지 결론을 내렸다. 즉, 우선 더욱 강력해진 독일 군대는 국가사회주의 독일 노동당(나치스)에 소속된 극단주의자들을 자극하지 않는다는 것이었다. 두 번째로 히틀러의 약속은 믿을 만한데, 그러니까 평화를 위해 36개 사단 이상으로 늘리지 않음으로써 이와 같은 한계선을 유지한다는 약속은 믿을 만했다는 것이다. 하지만 1년 후 이와 같은 한계는 무너졌다. 1938년 9월 수데테란트 사태(체코슬로바키아를 멸망시키고 뵈멘과 모라비아 지역을 독일 제국에 합병시키고자 한 계획으로 인해 발생한 국제적 갈등─옮긴이)가 일어났을 때 이미 독일군 사단은 75개로 늘어나 있었다. 크리스티가 1937년 2월 괴링으로부터 저녁 모임에 초대받았을 때, 그리고 손님들이 초대한 주인에게 외교적 목표에 대해 물어봤을 때, 그의 대답은 그야말로 노골적이었다. "우리는 서유럽에서 재량권을 가지고자 합니다." 이 대답이 오스트리아와 체코슬로바키아를 의미했는지를 물었을 때, 괴링은 간략하게 "그렇소"라고 답했다.[69]

1938년 초와 여름에 수데테란트 사태가 일어나는 동안 황당한 비밀보고로 인해 치명적인 반응이 일어났고, 이로 말미암아 1938년 9월 30일 뮌헨 협정(독일 뮌헨에서 영국, 프랑스, 독일, 이탈리아가 체결한 협정으로, 또 다른 세계대전이 발발할 것을 염려한 영국과 프랑스는 히틀러의 요구대로 체코슬로바키아에서 독일인들이 많이 거주하는 지역인 수데테란트를 합병하도록 승인해주었다—옮긴이)이 맺어졌다. 히틀러가 1938년 5월 30일 행진하라는 명령을 내린 뒤에, 독일군 가운데 루트비히 벡 원수(元帥) 휘하에 있던 반대파들이 격렬하게 항의했다. 벡은 장군들 중에서 자신을 따르는 사람이 별로 없었기 때문에, 8월 18일 최고사령관의 자리에서 물러났다. 이후에 영국 정부에 히틀러의 계획과 군대 내에서의 반대파에 대한 정보를 제공하기 위해서 많은 사람이 런던에 파견되었다. 영국 외무부의 밴시터트는 이와 같은 접촉을 중개했고, 처칠 역시 여기에 참여했다. 하지만 체임벌린 수상은 이를 중요하게 간주하지 않았다. 9월 6일 당시 런던 주재 독일 대사관에서 일하던 테오도어 코르트가 수상실을 찾아갔고 수상의 사무실 뒷문을 통해 들어갔다. 코르트는 앞으로 있게 될 독일의 공격에 대해 경고했고 독일을 공공연하게 위협할 수 있도록 런던을 움직이고자 했다. 하지만 그는 착각해서 그만 공격 가능한 날짜를 9월 18일부터 29일까지로 말했는데, 이와는 반대로 군부에서 접촉한 결과 10월에 공격할 가능성이 있다는 것이었다. 이는 실제로 히틀러의 명령과 부합했다. 외국의 비밀 정보를 담당하던 MI-6는 9월 25일이라고 지명했다. 외무부는 코르트가 언급한 시점이 훨씬 더 실현 가능성이 높다고 봤다.

체임벌린 수상은 경악했고, 9월 15일 서둘러 평화적 임무를 수행하기 위해 베르히테스가덴 부근에서 히틀러를 만났다. 이로써 체임벌린 수상은 성급한 외교를 벌였는데, 이러한 외교로부터 뮌헨 협정이 나오게 되었기에 말이다. 프라하 정부의 대표가 없는 상태에서 수데테란트를 독일에 할양해주었던 것이다. 체임벌린이 9월 30일 엄청난 환호를 받으며 런던으로 돌아와서 대중 앞에 서서는, "명예로운 평화" 조약을 체결했으며, "머지않은 미래를 위한 평화"를 이뤄냈다고 확약했을 때, 사실 그는 일련의 미숙한 비밀 업무상의 실수이며 군사적 착오를 범했다. 참모부는 내각에, 그 어떤 것도 체코슬로바키아 군대의 패배를 막을 수 없으며, 영국의 도움도 막을 수 없을 것이라고 일제히 맹세했다. 그런데 프라하에 있던 영국 대사관 부속 무관은 정반대의 보고를 올렸다. 폴란드의 병력은 강력하고—거의 독일 국방군의 절반 정도가 되며—격렬한 방어도 할 수 있을 것이며, 석 달가량 버틸 수 있을 것이라고 말이다. 특히 외국에서 도와준다면. 프랑스 군대는 이와 같은 보고를 공유했는데, 독일인들이 서부전선에서 수적으로 우월한 프랑스의 군대와 공군을 통해 상당히 위협당할 수 있었기 때문이다. 이렇듯 상대에 비해 병력이 우월하다는 증거는 영국 군대의 자료에서 나오기도 했다. 그 밖에도 사람들은 체코슬로바키아 서부 국경에 있는 강력한 국경 요새를 경시했다. 이 요새는 수데텐 지역이 독일에 할당됨으로써 분실했고 그리하여 프라하 국가는 효과적인 방어선 없이 이곳을 남겨두었다. 게다가 독일이 오스트리아로 행진해 들어감으로써 프라하의 몸통에 해당하는 남부 경계가 그만 노출되고 말았다.

9월 18일(체임벌린이 히틀러와 처음으로 대화한 지 이틀 후)의 회고문에 MI-6 수장이던 싱클레어는 "우리는 무엇을 해야 하는가?"라는 의문을 제기했다. 여기에서 그는 당연히 다음과 같은 전제 조건에서 출발했다. 즉, 수데텐 현안은 사람들이 히틀러의 편에 서서 가능하면 신속하게 들어줘야 하는 바의 "진정으로 합법적인 고충"이라고 말이다. 히틀러에게 양보한 결정과 균형을 이루려면 유럽의 남동부 지역에 경제적 지원을 해야 하고, 에티오피아에 대한 이탈리아의 요구와 "동아시아에서의 특별한 위치"를 원하는 일본의 요구를 인정해야만 했다. 팔레스타인에서는 아랍인들의 요구를 정당하게 인정해야 하고 "유대인의 폭발적 증가를 막기 위해 확실한 안전을 확보해줌으로써 다만 상징적인 유대인 국가"가 탄생하도록 해야 한다고도 했다. 프랑스와 터키는 연대를 맺어야 하지만, 큰 기대를 해서는 안 되었다.[70] 이와 같은 의견으로 싱클레어는 체임벌린 수상, 외무부와 영국 군사 지도자들과 폭넓게 의견이 일치했는데, 이들이 최고로 중요시하는 것은 유럽의 정치가 아니라 대영제국을 유지하는 데 있었다. 그 밖에도 싱클레어의 생각을 들여다보면, 만일 히틀러가 전쟁이라는 목표를 향해 집요하게 노력하지 않았더라면, 독일은 권력 시스템을 평화롭게 동원함으로써 온갖 승인을 얻어낼 수도 있었을 것이라는 점을 보여준다. 뮌헨 협정은 히틀러를 크게 분노하게 만들었다고 하는데, 그의 공격적인 계획이 처음으로 방해를 받았기에 말이다.

나치 정권에서의 독일 비밀 정보 업무

독일 비밀 활동이 제2차 세계대전 동안에는 물론 그 전에 펼친 역할은 매우 광범위한 주제인 까닭에 간략한 역사로 살펴보기는 힘들다. 이를 연구한 서적은 매우 많지만, 또 다른 부분에서는 짧게 요약하기에는 충분한 자료를 제공하지 못하는 편이다. 전반적으로 볼 때 오늘날 제2차 세계대전에 관해서 다루는 저서들 가운데 독일 비밀 활동에 관한 저서는 일부분을 차지하고 있으며, 그 가운데 특히 영국-미국의 무선통신 해독과 게릴라들과 저항군의 전쟁에서 충분히 다뤘다. 가장 최근에 완성한 10권짜리 작품 《독일 제국과 제2차 세계대전》은 원래 분권으로 13권으로 된 모음집인데, 비밀 업무라는 요소를 주로 공군과 해군 전쟁을 서술할 때 부분적으로만 다룬다. 이는 비밀 정보의 역사라는 주제를 보편적으로 거부하기 때문으로, 1960년대와 1970년대 이 저서를 구상한 시기에도 이와 같은 기념비적인 작품의 발행인이던 독일 연방군의 군사 역사 연구팀조차 비밀 활동이라는 주제를 중요하게 간주하지 않았다.[71]

독일 비밀 정보의 역사는 전쟁 중에 세 가지 요소로 특징지을 수 있다. 첫 번째로 비밀 활동을 하는 조직과 책임 부서가 혼란스러울 정도로 다양했는데, 제3제국의 행정에서는 그와 같은 특징이 전형적으로 나타났으나 군대에서는 그렇지 않았다. 두 번째로 히틀러는 군대의 상황에 대해 규칙적으로 보고하라고 시켰으나, 자신의 정책과 전쟁 수행을 고려할 때 그와 같은 보고를 듣고서도 거의 영향을 받지 않았다. 특히 마지막 전쟁을 수행하던 과정에서 그러했다. 독일의 독재자는 윈스턴 처칠과 달리 비밀 정보에 대한 보고서도 열정적으로 읽지 않았다. 이유 중 하나는, 전쟁 수행을 하면서 가능하면 인명 피해를 줄이자는 데 우선순위를 두지 않았고 전문적인 비밀 활동으로부터 나온 진실이 그에게 전혀 중요하지 않았던 까닭이다. 세 번째, 군사비밀 활동의 일부가 히틀러의 전쟁 정책과 전쟁 수행을 거절하는 방향으로 나아갔기 때문이다. 즉, 나치에 반대한 군부대의 핵심 중 하나가 바로 비밀 정보 활동이었던 것이다. 이와 같은 대립은 역사적으로 볼 때 다른 시대에도 관찰할 수 있다. 비밀 활동 업무는 독재자들의 지배 장치에는 특히 위험한 부분인데, 그리하여 독재자들은 비밀 활동 업무를 제한하고는 한다. 이는 특히 우리가 이미 봤듯이 공산주의 독재자들에게 해당하며, 1944년 히틀러 암살 사건이 미수에 그친 뒤에 나치의 친위대 권력은 군사적 비밀 정보 업무를 맡게 되었다.

나이 든 장교로 1940년 처음으로 군사정보 업무를 해본 경험이 있는 빌헬름 폰 슈람과 같은 남자조차, 독일의 비밀 정보 구조가 얼마나 복잡하고 불투명한지, 그리고 그런 구조가 얼마나 자주 바뀌는지를 보고 깜짝 놀랐다.[72] 육군, 공군과 해군은 자신들만의 "적군에 대한 보고 업무"가 있었고, 여기에서 적군의 무장에 대한 정보를 수집했다. 육군의 경우 예를 들어 "외국군 동"과 "외국군 서"로 나뉘어 있었다. 모든 하위 그룹에는 특수 장교들과 비밀 업무를 담당하는 군부대가 있었고, 이들은 작전 지역에서 정보를 수집하고 이를 전달해주었다. 이로써 한편으로 개별 부대(혹은 해군 부대 혹은 공군 부대)가 참고하는 상황에 대한 특수한 도식이 나왔는데, 이런 도식은 군사 투입 지역에서 전략적으로 사용했다. 다른 한편으로 특정 적군의 능력과 작전에 관해 전반적 상황을 수집해둔 정보도 있었다. 그러니까 전략적으로 이용할 수 있는 정보였다. 정보의 평가에는 다양한 지휘관과 참모뿐 아니라, 군부 내의 위계질서에 속하지 않는 사람들도 참가했다. 특히 전시경제와 정치 그리고 외교에 관한 정보일 경우에는 그러했다.[73]

적국의 무선통신 내용의 녹음, 해독과 분석은 "보도부대"에서 이루어졌는데, 이 부대는 이러한 정보기술을 전문으로 다루는 군대의 특수부이며, 육군에서는 수신시설 외에 이동 장치(차량에 조립해서)도 있었다. 해군과 공군의 경우에는 이와 같이 이동 무선장치를 많은 배와 항공기에 배정했다. 적국의 정보원과 유격대원이 나누는 무선통신을 파악하고 차단하기 위해 1940년 특별한 조직을 만들었다. 특히 해독하기 힘든 무선통신 내용은 "Chi 부서(여기에서 Chi는 암호실체라는 의미의 Chiffrierwesen)"에서 작업했다.

군사정보부 영역에서 나치 국방군 최고사령부에 있던 "방첩"이 특별한 역할을 했다. 히틀러는 이미 1938년, 제국의 국방부장관이던 베르너 폰 블룸베르크의 해임 후, 자신을 국방군의 최고사령관으로 지명했고, 국방부를 참모조직으로 자신이 직접 지휘하는 형태로 바꾸었다. 이로써 군사정보 업무의 핵심이라 할 수 있는 방첩은 나치 국방군의 최고사령관 소속 부서가 되어버렸다. 1928년 이래로 해군 정보가 통합됨으로써 군사정보 업무가 중앙 집중화되었다고 해도 된다. 무엇보다 군사정보 업무는 외국에서의 첩보 활동, 스파이 방첩, 적의 첩보원과 태업은 물론 전복, 모든 형태의 은폐된 작전을 담당했다.

군대 외부에서도 비교적 규모가 큰 조직 둘과 소규모의 수많은 조직과 관청들이 오로지 비밀 정보 업무만 맡거나 또는 상당 부분을 비밀 정보 업무에 할애했다. 여기에는 "연구부"도 속해 있었는데, 이곳은 1933년에 건립했고 제국의 항공성 장관이던 헤르만 괴링 소속하에 있던 무선통신 암호해독을 위한 비밀기관이었다.[74] 이 조직의 설립자 고트프리트 샤퍼는 이미 제1차 세계대전 때 무선통신과 암호해독을 다루었고, 그리하여 자신과 개인적으로 잘 알던 괴링에게 도청 업무를 중앙 집중식으로 처리할 조직을 건립하는 게 좋겠다는 제안을 했던 것이다. 처음에 20명이라는 소규모로 시작한 그룹이 직원 6000명을 거느린 대형 조직이 되었다. 이 조직에서는 국내와 국외, 민간과 군부, 무선과 유선(전화)을 구분하지 않았다. 이를테면 모든 것을 도청했다. 곧 히틀러는 제국을 비판하는 자들, 수다를 떠는 당원들 친구와 외국의 외교관들의 통화를 녹음한 내용을 입수할 수 있었다. 수데텐 사태 동안에는 체코슬로바키아 정부의 지도자급 정치가들의 전화를 도청한 도움으로, 히틀러는 참여했던 정부 대표자들을 거칠게 다루고 기습할 수 있었다. 예를 들어 체임벌린은 체코인들이 런던 정치에 대해서 과소평가하는 발언을 정말 싫어했다고 한다.

처음에 독일에 있는 조금 큰 도시에는 모두 연구부의 근무지가 마련되어 있었다. 그러다가 나중에 점령된 국가들이 추가되었다. 당시 여건으로는 초현대적 통신망을 통해서 녹음된 내용과 정보가 전달되었고, 평가되었으며 중요한 근무지로 전달되었다. 제국 우편국은 당시에 전화국의 소유였는데, 힘을 얻도록 지원했다. 연구부는 전쟁 수행을 위해 중요한 모든 통신 연결 내용을 해독함으로써 소련과 영국의 외교 코드 가운데 가장 높은 수준까지 해독하는 데 성공했다. 예를 들어 소련 군수산업 부분과 이곳의 핵심 인물들 사이의 통신도 포함해서 말이다. 이와 나란히 외국의 언론, 그러니까 공개 출처 정보를 평가하기도 했다.

획득한 정보 가운데 많은 정보를 공군 작전에 이용했다. 바로 폭격기가 목표 지점을 계획할 때 이용했던 것이다. 하지만 나치 국가에서 괴링이 차지하고 있던 정치적 의미 역시 간과해서는 안 된다. 괴링은 정보의 홍수를 통제했고, 때때로 이런저런 장관과 간부를 곤경에 빠트렸으며 히틀러에게 자신이 특별히 중요하다는 점을 보여주었다. 그런데 외교 문서를 해독하는 일은 외무부 소속의 해독부서와 모종의 경쟁 상태였으며, 이 외무부 산하의 해독부서는 외무부 조직도에서는 자신을 인사부로 은폐하고 있었다(약어로 Pers Z라 표기했다). 물론 외무부 암호해독부서에서 일하는 전문가 40명은 연구부에서 일하는 직원들과 비교하면 지극히 소수에 불과했다.[75]

근본적으로 국가보안본부(RSHA)는 적어도 부분적인 비밀 업무기관으로 부를 수 있는데, 여기에서 처음에 당의 하위에 소속되어 있었고 나치 친위대를 위해 일했으며, 그런 점에서는 "사적인" 라인하르트 하이드리히가 이끌던 "친위대 정보부(SD)"가 점차 하인리히 힘러가 지휘하던 거대한 억압기계인 국가보안본부에 통합되었다. 원래 당원과 친위대의 신뢰도를 검증하는 일을 하던 곳이, 잔인하고도 효율적인 국내 정보 업무를 맡게 되었고, 외국에서 정보 업무를(제VI청) 맡았던 부서도 여기에 합류했다. 친위대 소장이자 경찰 대장이던 발터 셸렌베르크는, 그의 상관 카나리스 제독이 1944년 2월 제거된 이후, 방첩청 소속 부서 대부분을 합병시켰다. 이로써 작전을 수행하는 비밀 업무의 대부분은, 이전에 이미 경찰이 그러했듯이, 나치 친위대의 통제에 들어갔다.

독일의 나치가 지속적으로 유럽 지역을 군사적으로 점령하고, 국가를 섬멸하고 거대한 지역을 강점함으로써, 사실 국내와 국제를 구분하기란 거의 불가능했다는 점을 여기에서 분명히 해야 한다. 나치 국방군처럼 독일 비밀 업무도 점점 인종 박해의 도구로 이용되었다. 이런 점으로 말미암아 순전히 군사적 비밀 업무 기능이 전통적 의미에 따라 전쟁 수행을 지원하는 기능만 했다고는 말할 수 없다. 비밀 정보 업무는 나치의 인종 정책이라는 틀 안에서 이루어진 억압, 착취와 말살이라는 일을 했다. 비밀 업무를 맡은 기관들이 혼란스러울 정도로 다양했으며 여기에서 경쟁적으로 일하던 사람들의 능력은 바로 히틀러가 신뢰하던 수많은 부하를 관리하는 지배구조의 일부였다. 즉 히틀러는 이들에게 권력에 특별히 근접해 있다고 암시를 했고 경우에 따라서 특정 인물을 조직의 일원으로 총애하는 것을 유보하기도 했다.

이렇듯 독일의 영토 확장 정책과 전쟁 정책의 범죄적 특징은 히틀러의 전쟁 수행에 국방군을 참여시키고자 하는 압박과 함께 당연히 비밀 업무에서는 가장 광범위하게 알려져 있었다. 특히 외국정보를 잘 아는 직원들은 나치의 전쟁 선전과 군사적·정치적 현실 사이의 균열이 점점 더 벌어지고 있다는 사실을 누구보다 잘 알았다. 따라서 많은 회의론자와 적극적으로 저항한 사람들이 비밀 업무를 담당하던 사람들이었던 것도 놀랄 일이 아니다.

　이미 1933년 1월 히틀러가 정부에 발을 내디딜 때부터 군사정보부에서 일하던 장교들 중에서 히틀러를 반대하는 단호한 장교가 몇 명 있었다. 빌헬름 카나리스 제독이 군대 내에서 반히틀러 음모를 꾸미고 1944년 7월 20일 슈타우펜베르크 암살 시도가 실패한 뒤에 사형되기 훨씬 전에, 페르디난트 폰 브레도프는 히틀러가 정부의 수장이 되는 것을 폭력으로 막을 준비를 했다. 브레도프 장군은 1925년부터 국방부 소속 "방첩청"에 속해 있었고, 1930년부터 1932년 중반까지 이 부서의 우두머리였다. 그런 뒤 국방부장관 쿠르트 폰 슐라이허의 차관이 되었는데, 사실 그들은 친밀한 사이였다. 슐라이허가 제국의 수상이 되고 정부의 핵심 세력(파펜에 의해)은 물론 히틀러 나치당의 간계로 위기에 처했을 때, 브레도프는 군사 쿠데타를 준비했다. 하지만 슐라이허는 이와 같은 계획에 동의하지 않았고, 스스로 사직하고 정권을 파펜과 히틀러에게 넘겨주었다. 히틀러-파펜의 내각이 구성된 지 얼마 후 브레도프는 자신이 맡고 있던 직책도 그만두었다.

　브레도프는 민간인 신분으로 나치 정권에 반대하는 일을 하고 서구의 다른 국가들과 연계하고자 노력했던 것 같다. 하지만 그렇다고 해서, 그가 1934년 6월 말에 히틀러가 고안해낸 "룀 쿠데타(돌격대 참모장 에른스트 룀과 반히틀러 세력을 숙청한 사건―옮긴이)" 사건 때 왜 살해당했는지는 설명되지 않는다. 그는 슐라이허 외에 유일한 국방군 장군이었다. 히틀러와 그의 친위대 조력자들이 모든 문제에서 히틀러를 반대하던 돌격대 참모장 에른스트 룀을 국가사회주의 내에서 "근절"(히틀러가 제일 좋아하는 말)하고자 했을 때, 그들은 이 기회를 이용해서 룀 외에도 정치적 반대자를 추가적으로 더 살해했다. 이때 전 수상이던 슐라이허는 분명 유명인이면서도 과거의 엘리트들과 가장 유대관계가 잘되어 있는 증오의 대상이었다. 하지만 대중에게 전혀 알려지지 않았던 브레도프는 왜 죽였을까? 이와 같은 수수께끼는 오늘날까지 여전히 풀리지 않고 있지만, 브레도프가 과거 방첩청의 장으로 근무하면서 했던 활동이 히틀러에게는 물론 괴링에게도 상당히 위험한 것으로 간주되었다는 점은 확실하다. 브레도프는 제1차 세계대전 때 히틀러의 병력 기록을 알고 있었다고 하며, 이에 따르면 전쟁 시의 부상과 단기간의 실명 이후에 야전 병원의 의사들은 히틀러를 "히스테리 현상을 동반한 정신질환자"라고 표기했던 것이다.[76] 괴링은 1932년 11월 히틀러와 상의하지 않은 채 브레도프와 함께 나치당을 포함해 정부를 만들려고 했다. 이는 히틀러에 대한 배반 행위로, 괴링은 이렇듯 배반한 비밀을 공유하는 브레도프를 제거하고 싶었을 것이다.[77]

브레도프의 후계자로 방첩청의 수장이며 선장이기도 한 콘라트 파치히도 1935년 나치 지도부와 갈등을 겪게 되었고 그리하여 군대로 복귀했다, 군에서 1942년까지 해군 인사청장을 맡았으나 그 이후에는 일할 곳을 찾지 못했다. 빌헬름 카나리스 제독은 정치적으로 상당히 추정하기 힘든 남자였다. 카나리스는 제1차 세계대전 때 스파이 경험을 했고 1920년 사민당 소속 국방부장관 구스타프 노스케의 부관으로서 권력을 잡게 되었다. 그는 이렇듯 새로운 정치적 움직임(나중에 여러 명의 저항 운동가들처럼)을 찬성하는 것처럼 보였다. 카나리스는 해군 복무를 하면서 친해진 라인하르트 하이드리히와 함께, 방첩청과 처음에는 국내 비밀 정보 업무에만 관심을 가졌던 나치 친위대 사이에 첨예화된 비밀 정보 업무의 경쟁을 조정했다. 하지만 카나리스는 자신의 부하 가운데 몇몇이 나치 정권을 반대하는 음모 활동을 하고 있는 점을 알고 있었다. 이들 가운데는 한스 오스터 소령과 같은 부하도 있었고 민간인 법학자 한스 폰 도나니(1902~1945)도 있었다. 도나니는 전쟁이 시작되기 얼마 전 법무부에서 방첩청으로 자리를 옮겼다. 카나리스가 전쟁이 시작하기 전과 후에 군대 반대파들과 어느 정도로 연계되어 있었는지는 오늘날까지 이견이 분분하다. 그러나 부인할 수 없는 사실은 자신과 친밀한 부하 몇몇이 반나치 활동을 펼친 것을 참아주었다는 점이다. 이와 동시에 그는 전쟁과 점령 세력을 위해 비밀 업무를 수행하기에 가장 적절한 방첩청을 확충함으로써 나치 정권에 성공적인 봉사를 했다. 방첩청에서 일한 직원은 대략 장교 400명과 그 밖에 수많은 직원이 있었고, 이들은 3만 명의 정보원과 연락책이라는 네트워크를 통해서 잘 작동되었다.

도나니는 1943년 4월 방첩청 내에서 최초의 음모자로 체포되었는데, 그가 실패한 히틀러 암살 테러단과 연관되어 있었기 때문이다. 곧 오스터와 카나리스도 예의 주시를 당하게 되었다. 카나리스는 처음에는 직무에서 손을 떼는 것으로 그쳤는데, 그를 고소할 충분한 증거가 없었던 까닭이다. 슈타우펜베르크 암살 사건이 일어난 지 3일 후에야 비로소 게슈타포는 공모를 했던 장교들을 체포하고 수색하는 과정에서 카나리스를 체포할 충분한 증거를 발견했다. 그는 마침내 다른 저항자들과 함께 플로센부르크 강제수용소로 끌려갔고, 이곳에서 1945년 4월 8일 나치의 즉결재판을 통해 사형을 선고받은 다음 날 처형되었다.

연합국과 독일의 저항

히틀러 정권을 반대하는 저항 세력에는 높은 직위에 있던 장교들이 핵심을 이루고 있었지만, 외교관과 그 밖에 공무원, 목사와 노동조합원이 여기에 포함되었고, 많은 계층에서 매우 다양한 네트워크와 행동으로 표현되었다. 이런 저항으로 인해 연합국의 비밀정보부는 일련의 난해한 질문을 마주하게 되었는데, 정보 분석에서는 물론이거니와 정치적·군사적 행동에서 그러했다. 1943년 1월 독일(그리고 독일의 동맹국)에게 "무조건적 항복"을 요구한 카사블랑카 성명을 통해서, 히틀러나 혹은 독일 정부 관료와 전쟁 종료의 조건에 대해 협상할 가능성이 사라졌다. 그렇게 된 데에는 두 가지 중요한 원인이 있었다. 우선 그와 같은 협상은 어쩔 수 없이 연합국 3국 사이에 정치적 이견을 가져올 수밖에 없었는데, 스탈린은 1939년 8월부터 1941년 6월까지 이미 중부 유럽에 있는 지역을 분할하는 과정에서 히틀러의 동맹국이 되었기 때문이다. 두 번째 원인으로, 독일이 불완전하게 패배를 하게 되면 1918년 이후와 같은 상황이 야기될 수 있기 때문으로, 그러면 또다시 베를린은 전쟁 배상을 수정해달라고 공격적으로 호소하는 역할을 할 수 있게 되었다.

하지만 서구의 비밀정보부에 이는 일종의 금지를 의미했다. 다시 말해 독일의 저항 세력과 접촉할 때, 히틀러 정권이 내부에서 몰락하고 이로써 독일이 군사적으로 완전히 패배함으로써 전쟁이 끝날 경우, 독일에게 유리한 협상을 해줄 수 있다고 말할 가능성이 없게 된 것이었다. 그리하여 사보타주(조업 방해)나 선전을 할 때 나치를 반대하는 독일 세력을 전혀 지원해줄 수 없었다.

이렇듯 모순된 정치는 파시즘 대평회의(Gran Consiglio del Fascismo: 이탈리아 베니토 무솔리니의 파시즘 정권 당시에 하부에 있던 조직으로, 국가 최고 의사 결정기관이자 자문기관이었다―옮긴이)가 1943년 7월 25일 이탈리아의 독재자 무솔리니를 해임하고 독일과의 관계가 결렬되는 길을 열어놓았을 때 공공연하게 드러났다. 9월 8일 이탈리아는 연합국과 휴전 협정을 맺었는데, 이는 예전의 무조건적 항복과는 전혀 달랐다. 이것이 독일에게도 비슷한 가능성을 열어주는 것이었을까? 이에 관해 OSS 정보원 한 명이 (중립국이었던) 터키에 독일 대사로 있던 프란츠 폰 파펜과 얘기를 했다. 파펜은 바이마르 공국의 재상이었고 히틀러의 부수상이었지만, "룀 쿠데타"를 비판한 이후로 히틀러의 비위를 거스르게 되었다. 10월 29일 OSS의 소장이던 도노반은 루스벨트 대통령에게 보고를 했으며, 대통령의 외교 고문은 물론 이와 같은 종류의 모험을 하지 말라고 조언했다.[78] 1944년 초에 벡과 라이프치히 시장 괴르델러를 중심으로 하는 저항 집단과 직접 접촉을 하게 되었다. 하지만 이번에는 도노반이 정체를 드러내려 하지 않았는데, OSS가 소비에트 연방의 비밀정보부였던 NKVD와 관계를 맺으려고 노력했기 때문이다.[79]

앨런 덜레스는 베른에 있는 OSS 사무소를 책임지는 소장이었으며, 그곳에서 1943년 1월부터 방첩청 정보원 한스-베른트 기제비우스와 또 다른 연락책을 통해서 군부대의 저항 세력과 의사소통을 했다. 그와 같은 워싱턴의 자세에 대하여 여러 차례 이의를 제기했던 것이다. 우선 가능한 한 일찍 전쟁을 종결함으로써 많은 목숨을 구할 수 있다는 주장을 했다. 다른 한편으로 공산군이 서쪽으로 진격하면 할수록, 유럽의 새로운 질서에 소련의 영향력이 증가할 것이라고 했다. 즉, 덜레스는 이미 독일의 항복을 넘어서 서구의 민주주의 국가들과 소비에트 연방 사이에 벌어질 미래의 권력관계에 대해서 생각했던 것이다. 7월 20일의 음모에 가담한 전통적인 엘리트층이 없다면 독일은 소련 진영에 편승할 가능성이 높았다.

이와 같은 생각은 OSS의 조사와 분석 담당 부서(R&A)에서 일했던 대부분의 독일 전문가들에게는 관심 밖이었다. 이곳에서 일하던 독일 이민자 중 고작 몇몇만이 마르크스주의자였음에도 마르크스주의적 이해를 바탕으로 하는 국가사회주의적(나치즘) 시각이 지배적이었다. 나치즘 이데올로기는 근본적으로 정치 권력이라는 사상으로부터 나왔다. 나치즘 운동은 주로 보수 엘리트들의 후원이나 적어도 그들의 묵과를 통해서 권력을 잡았는데, 무엇보다도 엘리트들 가운데 금융 자본가의 주도적 인물들이나 대기업가와 군대가 여기에 속한다고 볼 수 있다. 이로써 나치즘으로부터 벗어난, 민주적인 독일은 그와 같은 엘리트들이 권력에서 물러나야만 생겨날 수 있었다는 사실은 매우 논리적이다. 이와 같은 의미에서 민주주의화하려면 사회적 혁명이 필요했던 것이다. 이와 같은 혁명을 일으킬 주인공은 주로 산업 노동자들이었는데, 바로 이 같은 이유로 나치 정권에 진정으로 반대하고 저항하는 세력을 노동자 계층에서 기대했다.[80]

이와 같은 시각에서 볼 때 장교들을 포함하여 전통적인 엘리트들이 펼쳤던 독일 저항은, 연합국의 전쟁 목표와는 어울릴 수 없었던 특이함이 었을 뿐 아니라, 그 자체로 정치적으로 의심을 살 만했다. 왜냐하면 그와 같은 저항운동은 예정보다 이른 협상을 통해서 사회에서 자신들만의 위치를 확보하려는 목표를 가질 수 있었기 때문이다. 그런 점에서, R&A가 1944년 7월 27일 실패한 히틀러 암살 기도를 다음과 같이 평가한 것은 매우 당연했다. 즉, 일반적으로 그렇게 행동할 수 없었는바, 왜냐하면 그들은 1918년 가을처럼 군대에 대한 통제권을 상실하고 나치와 나치 친위대에 의해 권좌에서 쫓겨나지 않을까 두려워했기 때문이다. 전통적인 엘리트들은, 서구 열강들이 소련 공산주의 이데올로기인 볼셰비즘과 대항해서 공동으로 투쟁하여 승리를 거두기를 희망했다. 그들은 다른 정부 프로그램은 가지고 있지 않았다는 것이다. "〔이와 같은〕 그룹을 구체적으로 열거한다면 파산한 장군들, 국가주의적인 지식인들과 (어쩌면) 국가주의 사회민주주의자들과 관료들이다. ……이런 그룹을 몰살하더라도 독일의 새로운 정치를 실현하는 데 방해가 되지 않는다."[81] 이 분야에서 지도적 전문가였던 위르겐 하이데킹은 OSS의 독일상(像)에서 다음과 같이 평가했다. "……이것은 이데올로기적 편견 때문에 독일 보수적 저항을 폄하하는 평가로서……, 이런 편견은 분명 무의식적이겠지만 R&A가 늘 선언했던 바의 '객관적 분석'이라는 목표와 진리 추구라는 목표와 모순적이었다."[82] 게다가 영국 측에서는 7월 20일의 실패를 오히려 가볍게 받아들였는데, 물론 마르크스적인 평가에서가 아니라, 이를 통해 소련과 맺고 있던 좋은 관계를 모험에 내걸게 되었기 때문이다. 사실 그것은 사람들이 대영제국(무엇보다 일본이 패망한 뒤에 아시아에서)을 재건하기 위해 시급하게 필요했던 것이다.[83]

이와 같은 배경에서 보면, OSS에서 일한 앨런 덜레스의 시각이 왜 잘 이해할 수 없었는지를 이해할 수 있다. 그는 이와 동시에, 암살 시도의 배후에 있는 인물들과 그룹, 그리고 이들의 정치적 목표에 대해서 가능하면 상세하게 알고자 노력했다. 하지만 덜레스는 공모에 가담한 사람들을, 그 가운데 카나리스 곁에서 일했던 법학자 헬무트 제임스 폰 몰트케가 있는데, 안전하게 보호하려고 했으나 실패했다. 왜냐하면 이 법학자는 이미 1944년 1월에 체포되어 7월 20일에 일어난 암살 행동에 동참하기가 쉽지 않았던 까닭이다. 어쨌거나 1945년 1월 베른으로 돌아간 기제비우스는 상세한 보고서를 올렸으며, 이 가운데 덜레스가 귀를 기울여야 했던 문장이 하나 있었다. "……많은 독일인은, 볼셰비키화된 독일은 소비에트 연방과 이해하기 훨씬 쉬워질 것이라고 믿는 것 같습니다."[84] 독일 국민들이 볼셰비즘을 무덤덤하게 보거나 또는 찬성하기보다 오히려 두려워한다는 점을 도외시한다면, 이 보고서도 다른 보고서들과 연계해서 이해해야만 한다. 1943년 7월 소련은, 군사정보부 GRU의 통제하에, "자유 독일 국민위원회"를 설립했는데, 이 조직은 주로 망명한 독일 공산주의자와 지식인으로 이루어져 있었다. 몇 달 후 열두어 명의 독일 장군들이 여기에 합류했는데, 소련 전쟁 포로로 잡혔던 장군들이었다. 1944년 8월 심지어 스탈린그라드 전투에서 통렬하게 패배한 파울루스 원수(元帥)도 가입했다. 이로써 소비에트 연방이 이미 정치적으로 말을 잘 듣고 정치적·군사적으로 소비에트화된 독일을 준비해두었다는 인상을 받을 수 있었다.[85] 만일 1944년 7월 폴란드에서 만들어진 "루블린(폴란드 동부의 도시) 위원회"를 추가하면, 그러니까 스탈린은 이런 위원회에게 고분고분한 공산주의 정부를 만들라고 시켰는데, 이로부터 공통된 그림이 나온다. 즉, 독일과 유럽 지역에서 소련에 의해 정복하거나 자유를 찾은 영역을 가능하면 신속하게 모스크바의 영향력 아래에 두고자 하는 그림 말이다. 이와 같은 결론은 강제적이지는 않았지만, 여전히 가능한 시나리오였다.

덜레스는 그때부터 나치에게 협조하는 것을 거절한 탁월한 인물들의 자료를 완벽한 파일로 만드는 데 집중했다. 1945년 2월 초 그는 워싱턴에 다음과 같은 내용으로 전보를 쳤다. 즉, 우리는 정치적 망명자들로 이루어진 독일 위원회를 절대 구성해서는 안 되며, "……조용하고도 절차 없이 스위스, 프랑스와 그 밖의 다른 곳에서 특정 독일 사람들, 그러니까 독일과 밀접하게 연계되어 있으며 다음과 같은 일을 하는 데 적절한 사람들이 필요합니다. 특정 현안에 대하여 우리에게 충고를 해주고 가능하면 특정 문제를 잘 관리하는 단체로 활동하게 하면 됩니다. 독일에 마련될 점령국의 관청에서 제일 중요하다고 생각하는 바의 행정을 처리하는 단체 말입니다".[86] 이미 1년 전에 그는 그와 같은 인물의 목록을 완성했고, 이런 인물은 연합국에 도움을 줄 것이라는 소견도 덧붙였다. "……독일에서 공산주의 국가가 만들어질 수도 있는 바의 정치적 무질서를 막기 위해

서입니다."[87]

이와 같은 "화이트 리스트(바람직한 것에 관한 목록)"는 마침내 또 다른 OSS 근무처, R&A 목록과 외무부의 문서에서 뽑은 충고로 보완한 뒤, 아이젠하워 장군의 명령에 따라 독일을 정복하고 점령한 원정군 지휘부에 전달되었다. 그리하여 나치에 의해 해임된 쾰른의 시장 콘라트 아데나워 같은 사람은 라인란트의 화이트 리스트에서 1번으로 이름이 올랐으며, 연합군이 점령하자마자 예전의 관직에 다시 오르게 되었다. 바이에른 지방의 사회민주주의자 빌헬름 회그너에게도 비슷한 일이 일어났는데, 그는 스위스로 망명을 갔고 거기에서 OSS와 연결할 수 있었다. 그는 바이에른주의 법무부장관으로 임명되었다.

이와 동시에 덜레스는, 프랑스가 자유롭게 된 이후 비밀 정보의 수단을 이용해서 전쟁을 종결지을 가능성을 찾았다. 이미 1945년 1월 그는, 부분적으로 서부전선에서라도 군사적 항복을 받아내려고 육군원수 룬스테트와 케셀링과 연락하고자 노력했다. 마침내 1945년 3월 초 무장 친위대 소속 카를 볼프 장군과 루체른에서 만나 북이탈리아에서 독일군이 자발적으로 항복할 계획(선라이즈 작전)을 합의하는 데 성공했다. 물론 이 항복서는 영국과 미국의 지휘관과 함께 의논한 뒤에 4월 29일에야 비로소 서명을 하고 며칠 후 효력이 발생했다. 모스크바에 있던 미국의 대사가 소련 외무부에 이미 3월 12일 이와 같은 협상에 대해 알렸음에도 외교적 추문이 생겨났다. 몰로토프의 주장에 따르면, 이런 대담은 "소련의 등 뒤에서" 이루어졌다는 것이다. 몰로토프는 케임브리지 스파이 필비를 통해서 협상 내용에 대해 상세하게 알고 있었고, 이로써 히틀러와 단독 강화를 할 의도 없이 이루어진 국부적 군사 투항이라는 사실을 알고 있었음을 당연히 널리 알리지 않았다.[88]

무선통신 해독

비밀 정보 활동이 제2차 세계대전의 역사에서 기여한 마지막으로 중요한 역할은 전쟁을 치르는 과정에서 무선통신의 암호해독이 불러온 의미였다. 여기에서 무엇보다 암호해독 기계라는 새로운 기술에 대해 언급해야 할 것이다. 그 전까지 "손으로 했던 암호화"는 평범한 단어와 숫자를 암호책을 이용해서 암호문으로 "번역"하거나 거꾸로 암호화되어 있는 무선통신문을 "읽을 수 있게" 만들었다면, 이런 일은 이제 기계를 통해 양방향에서 해결할 수 있게 되었다. 이 기계는 겉으로 보면 타자기와 비슷했다. 1918년 2월 아서 셰르비우스는 롤러로 조종하는 암호 기계에 대하여 최초로 특허를 획득했는데, 거의 비슷한 시기에 네덜란드와 스웨덴에서 다른 발명품이 특허를 얻었다. 1923년 셰르비우스는 이런 특허권 가운데 몇 가지를 직접 구입했고 이로부터 자신의 장치를 조금 더 개발했다. 그는 이것을 에니그마, 즉 수수께끼라고 명명했고, 여러 차례 국제 박람회에 이것을 소개했다. 롤러로 조종한다는 것은, 톱니 대신에 수많은 전기 접촉부가 달려 있다는 뜻이다. 이 수많은 전기 접촉부는 롤러 내부에서 특정 형식에 따라서 서로 물려 있었다. 이 최초의 에니그마에는 그와 같은 롤러가 6개 장착되어 있었으며, 이들 가운데 4개는 원하는 위치에서 돌아갈 수 있었다. 이런 롤러를 조절함으로써 특정 암호가 생겨났고, 타자기로 친 모든 텍스트는 이와 같은 암호에 따라 전혀 다른 순서의 기호로 바뀌었다. 다시 말해, 암호화되었다.[89]

셰르비우스는 잠재적 구매자로 우선 일반 회사를 상정했는데, 자신들의 제품이나 왕래 서신을 경쟁 회사의 시선에서 감추고자 하는 회사였다. 하지만 군대가 그와 같은 기계에 관심을 보였다. 1926년 독일 제국의 해군이 에니그마를 도입했고, 1928년에는 영국 해군이 도입했다. 일본 해군도 역시 이 기계를 구입했지만, 자신들이 원하는 대로 더 많이 개발했다. 다른 국가들도 비슷하게 행동했다. 여기에서 주목할 것은, 에니그마라는 제품이 단 "하나"가 있었던 게 아니라는 사실이다. 왜냐하면 고작 몇 년만에 여행을 갈 때 들고 다니는 타자기 크기의 포터블 모델까지 합해서 이 장치의 부류에 속하는 기계가 수없이 생산되었기 때문이다. 하지만 무엇보다 암호화가 확실하게 보장되는 기능이 향상되기는 했다. 이것이 가능했던 이유는, 롤러를 조정할 수 있는 가능성—이로써 암호화 가능성—을 더 높이기 위해 서로 독립적으로 조정할 수 있는 롤러를 늘렸기(8개까지) 때문이었다. 게다가 이른바 플러그가 있었으며, 이런 플러그들은 수동 전화 교환 방식에서처럼 회로 소자(素子)를 연결할 수 있는 많은 가능성을 제공했던 것이다.

에니그마 신호로 보내는 무선통신문을 해독한 것은 이 기계를 시장에 도입한 지 몇 년 후부터 시작했다. 비밀 정보 활동을 한 프랑스 대위 귀스타브 베르트랑은 특히 1931년 구 독일 제국 육군의 암호반에서 근무한 독일 직원 한스-틸로 슈미트(암호는 "재")로 하여금 비밀 에니그마 문서에 대해서 폭로하게끔 하는 데 성공했다. 베르트랑은 폴란드 암호해독팀인 BS.4와 협력했고, 이 팀에게 그는 비밀문서를 검열한 결과를 알려주었다. 이 바르샤바의 부서에는 독일어를 매우 잘하는 젊은 수학자 세 명이 이미 에니그마 암호를 해독하려고 시도했다. 1932년 12월 이들은 중요한 돌파구를 발견했고 1933년 1월부터 최초로 독일 무선통신을 해독했다.[90] 사람들은 즉각 다양한 에니그마 모델을 개발했다. 개별 무선통신 작업의 속도를 올리기 위해, 사람들은 에니그마 기계 6개를 배치했다. 이로써 사람들은 대략 두 시간 만에 롤러를 1만 7000번 이상 위치를 조정할 수 있었다.

실제로 암호화할 때 사용한 위치를 확인하기 위해서 말이다. 하지만 독일 육군과 공군이 1938년 말 롤러를 3개가 아니라 5개를 이용했을 때, 이때 해군은 이미 7개에서 8개로 작동시켰다. 롤러의 조정 가능성은 폴란드의 장치가 해독할 수 있는 능력을 능가했다.

이와 같은 문제를 해결하려고 이미 프랑스와 공조하던 영국의 암호해독 전문가들은 규모를 더 확장했다. 독일이 폴란드를 공격하기 몇 주 전에야 사람들은 영국인과 프랑스인에게 각각 모방해서 만들어낸 암호해독 장치뿐 아니라 소중한 문서도 건네주었다. 국방군이 폴란드를 공격했을 때, 폴란드의 전문가들을 루마니아를 거쳐서 프랑스로 데려올 수 있었고, 이곳에서 그들은 파리 남동쪽에 위치한 암호해독센터 비뇰성(Château de Vignolles)으로 이동하여 계속 일했다. 1940년 초 이곳 암호해독센터에서, 향상된 군사용 에니그마 암호, 이어서 공군의 암호까지 모두 부수는 데 성공했다. 물론 이렇게 될 때까지 10주라는 긴 시간이 걸렸다.

독일인들은 영국 해군의 암호를 해독함으로써 노르웨이에 주둔할 때 큰 이득을 본 뒤에—독일 배들은 이를 통해 자신들보다 더 큰 영국의 배를 솜씨 좋게 따돌렸다—연합국의 무선통신 해독은 1940년 8월부터 독일 공군이 목표 지점을 잘 명중하지 못하게 하고, 영불해협과 영국의 남부 상공의 제공권(制空權)을 장악하지 못하게끔 하는 데 큰 기여를 했다. 이로 말미암아 독일의 "바다의 사자"가 상륙하는 것을 무산시킬 수 있었다. 이와 관련해서 영국이 폴란드의 암호해독 장치를 지속적으로 개발한 것은 매우 중요했다. 이 해독 장치는 나중에 대서양에서 일어난 전투에도 투입되었다. 물론 독일 해군도 지속적으로 암호해독 장치를 개선함으로써 그들의 암호를 전혀 읽을 수 없는 시기가 지속적으로 생겨났다. 특히 독일의 해군 지도부는 배의 위치(좌표)를 전달하기 위해 암호화된 시스템을 도입했던 것이다. 하지만 암호해독 본부가 있던 블레츨리 파크에서 근무하던 전문가들에게 도움이 되는 사건이 일어났다. 1940년 몇 가지 암호 롤러와 암호화된 해양지도의 일부를 침몰한 독일 잠수함 두 곳에서 구할 수 있었다. 1941년 3월 영국 사령부는, 노르웨이 로포텐섬 근처에서 독일 순시선(전함이 아니라 해상의 안전과 치안을 위해 바다를 감독하는 배―옮긴이) "크렙스(Krebs)"를 급습하여 암호장치는 물론 문서를 훔치는 데 성공했다. 이어서 사람들은 여러 척의 독일 기상 관측선과 대서양 북부에서 물 위로 떠오를 수밖에 없던 잠수함 한 대를 습격했다.[91]

새롭게 얻은 정보 덕분에 1941년 1월까지 북아메리카와 영국 사이를 오가던 호송선단을 훨씬 더 안전하게 운행할 수 있었다. 물론 그러다가 11개월 동안 완전히 블랙아웃 시기가 왔는데, 독일 잠수함이 새로운 암호 기계를 손에 넣게 되었기 때문이다. 독일 잠수함은 1942년 10월에야 지중해에서 잠수함에 기어 올라가 그 기계를 구해낼 수 있었다. 1943년 5월 잠수함 전쟁의 전환기가 왔는데, 이때는 연합군이 무선통신을 읽을 수 있게 되었을 뿐 아니라 새로운 센서와 방위 측정기를 이용해서, 그리고 훨씬 성능이 우수한 장거리 항공기를 통해서 독일의 잠수함들을 파괴할 수 있었기 때문이다.

1944년 초부터 사람들은 블레츨리 파크에서 전자관으로 일하는, 현대 컴퓨터의 전신이라고 할 수 있는 "콜로서스(colossus)"를 작동시켰다. 이 콜로서스는 거짓 무선통신을 퍼뜨리는 데 큰 역할을 했다. 독일 국방군의 지도부는 바로 그것으로 인해 연합군의 북프랑스 상륙 작전에 대해 속았던 것이다. 더욱이 영국 남부 해변에 군인들과 배를 집결시킨 것을 완전히 숨기는 것은 불가능했으나, 비밀 정보 활동에 의한 기만 책략을 통해서 존재하지도 않는 미국의 기동 부대들은 물론이거니와 이들 부대가 칼레에 상륙할 것이라는 식으로 속였다. 아이젠하워의 군대가 1944년 6월 6일 칼레보다 훨씬 서쪽에 위치한 노르망디 해변에 상륙했을 때, 히틀러의 전략가들은, 그것은 단지 주요 부대가 칼레에 상륙하기 전의 서곡에 불과하다고 생각했다.

가능했던 다수의 암호 조정과 다양한 국가, 부처, 관청과 군대에서 사용한 에니그마 모델(그리고 그것의 변환)을 설명한다면 주제와 너무 동떨어지게 될지 모른다. 에니그마 모델이 전쟁 수행에 끼친 의미를 이해하기 위해, 몇 가지 근본적인 요소를 분명하게 하는 것으로 충분하다. 어쨌든 상당히 발전된 에니그마 모델에서 모든 규정을 정확하게 지킨 사람이라면, 암호를 깨는 사람을 엄청 힘들게 했을 것이다. 하지만 실제로는 수많은 실수와 규칙을 어기는 일이 많았는데, 예를 들어 동일한 소식을 암호화하지 않은 텍스트와 암호화한 형태로 보내기도 했는데, 날씨 보고나 언론 소식과 같은 내용이었다. 이로 인해 두 가지 버전의 상호관계를 통해 암호를 획득하는 일이 매우 쉬웠다. 그러자 사람들은, 전달된 사건이 케케묵은 것이 되지 않도록 전략적 군사 정보의 암호해독은 매우 신속하게 이루어져야만 한다고 생각하게 되었다. 그리고 적국의 무선통신에 대하여 안다고 하더라도 결코 성공이 보장되는 것은 아니었는데, 영국이 1941년 5월 독일의 크레타 상륙 작전과 관련해서 알게 되었던 것처럼 말이다. 독일이 주변의 제공권을 획득하게 되었기에, 영국이 자신들의 고립된 부대를 지원하는 게 불가능해졌다.[92]

아직 언급할 가치가 있는 것은, 미국의 무선통신 암호해독이 태평양 전쟁에 가져다준 장점에 관해서다. 일본군이 진주만을 공격한 뒤에 미국 해군은 이미 1942년 6월 초 태평양 미드웨이 해전에서 일본 함대에 전쟁을 결정지을 정도로 중요한 패배를 안겨주었다. 어떻게 그토록 빨리 그것이

가능했을까? 우선 진주만에서 미군 항공모함을 한 척도 만나지 못했기 때문이다. 일본이 공격할 시점에 그들은 모두 바다에 나가 있었다. 야마모토 장군은 미국의 거점인 미드웨이를 점령하고자 했는데, 그는 당연히 미국이 이곳을 지키기 위해 모든 것을 투입할 것이라고 믿었다. 만일 일본이 미드웨이를 지배하게 되면, 그들의 방어선은 동쪽으로 3000킬로미터나 더 떨어진 곳까지 옮아갈 수 있었다. 하지만 무선통신을 해독함으로써 미국은, 그와 같은 계획을 알아차리고 일본 함대의 일부를 산호해(뉴기니의 동쪽) 근처에서 붙잡는 데 성공했다. 이때 일본 항공모함 두 척이 손상을 입었고 세 번째 항공모함은 침몰했다. 미국은 항공모함 두 척 가운데 한 척을 잃었다.

미드웨이에서 기대했던 전투를 치르기 전에, 미국의 암호전문가들은 한 가지 책략을 생각해냈다. 그들은 해저 케이블을 통해서 미드웨이에 소식을 하나 보내면서 그곳에 있는 지휘관들에게, 특정 소식을 암호화하지 말고 미국에 있는 상관들에게 무선통신을 보내달라는 부탁을 했다. 그러면 미국에 있는 상관들이 암호화하지 않은 사칭한(거짓으로 속인) 소식에 답으로 보낼 수 있게 말이다. 기대했던 대로, 일본인은 자신들의 보고서에 이 무선통신에 관해 언급했고 미국의 암호화를 웃음거리로 삼았다. 그러고 나서 미국은 일본의 공격을 대비하여 군대 편성에 관한 지시를 무전으로 알렸고, 일본의 공격 대비에는 항공모함 여섯 척도 포함되어 있었다. 이와 동시에 미국은 일본인들을 믿게 하려고 미국의 항공모함은 아주 멀리 있다고 허위로 꾸민 무선통신문을 보냈다. 실제로 미국은 일본인들에게 덫을 놓았고, 이로써 일본 항공모함 네 척을 침몰시켰다. 이때 미국은 항공모함 한 척을 손실 봤다.

9개월 후 미국인들은 야마모토 장군의 시찰 여행의 정확한 시점과 행로를 알아낼 수 있었다. 사람들은 처음에 목표를 겨냥한 공격으로 연합군의 무선통신 암호해독의 비밀을 제공해주는 빌미가 되는 것은 아닌지 몰라 주저했다.[93] 하지만 야마모토가 탄 비행기를 향해 발사하라는 명령이 떨어졌다. 그의 죽음은 일본에게 큰 손실을 안겨주었다.

07 👁

냉전에서의
비밀 정보 활동 전쟁

유럽과 독일에서 국가사회주의 세력이 붕괴한 후에도 이데올로기 시대는 결코 막을 내리지 않았다. 스탈린이 1946년 2월 선거 연설에서 공개적으로 밝혔듯이, 소련은 지속적으로 "자본주의 세계"와 화해 없는 생존 투쟁을 펼칠 예정이었다. 소련 지도부가 평화로운 공존에 대하여 얘기한 것은 이로부터 10년 후였으며, 전 세계에 혁명을 일으키겠다는 과거의 목표를 포기해서가 아니라 전 세계적으로 핵무기의 위험이 심각했기 때문이다. 실제로 미하일 고르바초프는, 개혁적인 공산주의를 통해서 혁명적 비약을 달성하는 데 성공했다.

이로써 1917년부터 존재하던 대립은 적개심과 함께 유지되었다. 모스크바가 제2차 세계대전의 후반에 자본주의 국가 중에서도 최고인 미국과 영국과 연맹을 맺은 것은 전략적 에피소드로 비쳤다. 이로써 스탈린의 선거 연설은 구두상의 실수가 절대 아니었고, 독일과 싸워 얻어낸 승리가 결코 소비에트 연방에 있는 정권을 바꾸는 것도 아니고 공산주의적 국가 이데올로기로부터 약간 벗어날 뿐이라는 담백한 공표였다. 스탈린이 1941년 민족주의적 소리("조국의 전쟁")를 강력하게 외치고 심지어 한정된 범위에서였지만 러시아 정교회를 다시금 허용했을 때, 많은 소련 시민은 스탈린의 담백한 공표 그 이상의 것을 바랐지만 말이다. 곧 드러났지만, 서구에서 내건 희망, 그러니까 소련에서 일종의 친절하고도 발전을 지향하는 독재자가 나오지 않을까, 친절한 미소를 짓는 "아버지 같은 스탈린"이 우두머리가 되지 않을까 하는 희망은 실망으로 변했다. 매우 신속하게 스탈린은 국내정치에서뿐 아니라 외교정책에서도 소련 이데올로기로 "귀환"했다는 것을 알 수 있도록 행동했다.

이즈음 서구는 1930년대 형태의 대립 구도로 돌아갈 수 없었는데, 국제적인 상황이 1945년 전쟁이 끝난 뒤 완전히 달라졌기 때문이다. 이제 소비에트 연방은 고도로 무장한 군사강국이 되어 있었고, 군인들과 비밀정보원들은 엘베강 동쪽에 있는 유럽 전체를 통제할 수 있을 정도였다. 또한 유엔에서는 새로운 국제법상의 질서가 나왔고, 모스크바는 이와 같은 질서에 동참했다. 비록 브레턴우즈 협정(제2차 세계대전 종전 직전인 1944년 미국 뉴햄프셔주 브레턴우즈에서 44개국이 참가하여 미국 달러를 기축통화로 결정했다―옮긴이)과 같은 경제적 요소는 무시하더라도 말이다. 결국 모스크바는 모든 중요한 국제적 통제기관과 협상 과정에 참여했으며, 그 가운데 독일, 오스트리아, 트리에스테와 한국에서의 점령군 행정은 물론 외무부장관의 충고로 평화협정에 관해 협상에도 나섰다. 모스크바는 1939년 이전에 외교적으로 상당히 고립되어 있었다면, 1945년 이후에는 전혀 반대가 되었다.

공산주의에 반대해서 서구가 자신의 영향력을 행사하는 지역, 예를 들어 식민지 지역이나 혹은 미국의 경우, 라틴아메리카의 "뒤뜰"이라고 부른 지역을 확보할 때조차도 공공연하게 자신의 의지를 드러내지 않았으며, 어쨌거나 전쟁이 끝난 직후 몇 년 동안 그러했다. 얄타 회담은 명확하게 공산당을 민주주의적이라고 표기했다. 그러므로 해리 트루먼 대통령이 1947년 3월 12일 의회 연설에서, 그리스 내전에서 반공산주의 세력에 재정적 지원을 하고 비슷한 방식으로 유럽과 아시아에 지원을 하겠다고 했을 때(트루먼 독트린), 공산주의자들을 언급하지 않은 것도 놀라운 일이 아니다. 또한 마셜 플랜의 정당성에 대해 언급한 1947년 6월 5일 외무부장관 조지 마셜의 유명한 하버드 강연에서도 공산주의자들과 소비에트 연방을 입에 올리지 않았다.[1]

그리스에서의 내전, 소련이 점령한 유럽에서의 정치적 압박, 북이란에서의 갈등, 1948년 2월 프라하의 혁명과 몇 달 후 일어난 베를린의 위기로 인해, 소련은 전쟁에서 승리를 거둔 서구의 전승국들과 진정으로 협력하고 이해할 생각이 없다는 사실이 확연히 드러났다. 1949년 8월 소련의 핵실험, 1949년 10월 내전에서 중국 공산당의 승리와 1950년 6월 북한의 남한 침공으로 말미암아, 모스크바가 충돌을 할지언정 서구 강대국들과 직접적인 전쟁을 원치 않을지도 모른다는 마지막 의심마저 완전히 사라지게 되었다. 이로써 한국전쟁에서처럼 **간접적인** 전쟁 수행("모스크바의 대리인들과 함께")의 가능성이 남았는데, 이런 경우에 비밀 정보 활동, 선전과 다른 많은 것을 동원해서 치르는 갖가지 작전을 통해서였다.

이로써 비밀 정보 활동은 현대 국가의 역사에서 과거에 볼 수 없었던 의미를 갖게 되었다. 비밀 정보 활동은 이제 다른 세력 정치의 도구를 보완하는 역할을 맡지 않았고, 사람들이 행하고자 원치 않았고 핵무기 축적을 통해 단순하게 치를 수 없는 강대국 사이의 전쟁을 대신하는 대체물이 되었다. "핵전쟁은 결코 이길 수 없으며 일어나서도 안 됩니다." 레이건 대통령은 30년 후에 그렇게 말했다.[2] 이제 지극히 다양한 종류의 비밀 정보 전쟁만이 남게 되었다. 이 같은 선택은 단계적으로 발전했고 그때그때의 전쟁 상황에 적응했다.

소련 연방에서의 적응

맨 먼저 비밀 정보 활동은 전후 상황에 제도상 적응하는 데 집중했다. 민주 정부와 독재자들은 동일한 의문을 제시했는데, 전쟁으로 인해 상당히 몸집이 커진 비밀 업무를 평화 시기에는 어떻게 바꾸어야 하는가, 하는 의문이었다.

스탈린은 정보부의 수장 베리아가 막강한 권력을 갖게 되자 눈엣가시처럼 생각했다. 그리하여 베리아를 공산당정치국의 정회원이자 부총리로 임명했고 이로써 국내(NKVD)와 국외(MGB)의 비밀 정보 업무에서 떼어놓았다. 두 곳은 새로운 수장을 맞이했고 내각의 부(部)로 승격했다. 즉 내무부와 국가안전부였다. 하지만 스탈린의 계산은 맞아떨어지지 않았는데, 베리아가 일종의 비공식적으로 통제할 수 있는 방법을 알고 있었기 때문이다. 어쨌든 흐루쇼프는, 중요한 사안은 계속해서 베리아와 상의해야 한다고 주장했다.[3] 스탈린이 죽은 뒤 그의 뒤를 잇는 트로이카(세 사람 가운데 한 사람이 흐루쇼프)의 균형을 잘 잡아주기 위해 베리아는 신속하게 비밀 정보의 권력을 다시 손에 넣었다. 베리아는 내무부를 국가안전부와 통합했고, 이는 힘러의 제국안전주무청에서처럼 경찰과 비밀 정보 업무를 조합했던 것이다. 게다가 수용소(굴라크) 전체와 핵무기 생산도 관리하기에 이르렀다. 하지만 트로이카는 군사정보부(연방원수 게오르기 주코프의 지도하에 있던)와 연계했고 베리아를 체포하여, 유죄 판결을 내리고 사형시켰다. 베리아의 측근들도 비슷한 운명에 처했다.

놀랍게도 스탈린은 비밀정보부 간부들의 어마어마한 부패를 숙청하는 것을 기피했다. 아마도 스탈린은 베리아를 통제하고 있다고 믿었던 것 같다. 그 밖에도 그는 소련 땅이었는데 이전에 독일이 점령했던 지역에 사는 국민들을 숙청하기 위해서 그리고 새롭게 얻게 된 위성 국가들에서 비밀 정보조직을 구축하기 위해 비밀 활동 업무가 필요했다.

적에게 실제로 협력한 사람이나 그런 의심이 드는 사람을 추적하기 위해 NKVD에는 특수부서가 있었는데, 스메르시(Smersch, "스파이에게 죽음을"의 약자)[4]라고 했다. 이 특수부는 유격대원, 조업 방해 행위, 스파이, 그리고 탈영자와 군에서의 배반자를 퇴치하기 위해 1943년에 설립했다. 전쟁이 끝나자 수백만 명의 소련 망명자가 소련 체계에 맞는지 아닌지 판별하는, 이른바 자신들의 신념을 검사받았다. 당시 소련 출신의 독일 강제노동자 200만 명이 서구 세력을 통해 본국으로 돌려보내졌는데, 다시 말해 소련 관청에 넘겨졌다. 대부분 강압적으로 이루어졌다. 당사자들은 스탈린 정권이 자신들을 어떻게 의심할지 너무 잘 알고 있었기 때문이다. 게다가 독일인들로부터 형편없는 취급을 당하고도 살아남은 소련 전쟁 포로들도 있었다. 이들의 전우였던 250만 명 이상은 끔찍한 취급을 당하고 살아남지 못했다.

스탈린은 전쟁 초반에 이미, 모든 소련 전쟁 포로는 자동적으로 탈영자이며 따라서 전쟁 관계 국제법에 따른 의미에서 보살펴줄 필요가 없다고 확신했기 때문에, 포로 가운데 생존자는 자신들의 가족에게 가지 못했고, 북극권에 있는 포로수용소로 보내졌다. 특히 블라소프 장군의 지휘를 받으며 소련으로부터 러시아를 해방시키기 위해 나치의 국방군의 편에 서서 싸운 자들이 가장 끔찍하게 죽었다. 이들 가운데 많은 사람이 끔찍하고도 잔인하게 살해되었다.[5]

1946년 3월 스메르시는 군사 방첩부의 특수조직으로 합병되었다. 이들이 맡았던 과제를 사람들은 MGB의 제3 주요 부서에 넘겼다. 이로써 소련 비밀 정보 역사상 가장 잔인한 시대가 막을 내렸다.

소련 비밀 정보 업무가 맡았던 두 번째로 중요한 과제는 공산군이 점령한 중부 유럽과 동부 유럽 국가들에 공산주의에 우호적인 비밀 정보 업무를 구축하는 일이었다. 폴란드는 소련이 초기에 정복한 국가 가운데 하나였다. 이와 동시에 폴란드는 정치적으로 논란의 소지가 가장 많았던 곳인데, 스탈린은 1939년 히틀러와 함께 폴란드를 침략했고 당시 폴란드 땅 동쪽에 있는 넓은 지역을 요구했던 것이다. 폴란드에 있는 그 누구도, 소수의 공산주의자를 제외하고, 이와 같은 요구에 자발적으로 복종하려 하지 않았고, 심지어 폴란드 공산주의자들 가운데도 저항이 있었다. 따라서 NKVD는 소련 비밀 정보 업무의 구조와 활동과 닮은 폴란드 비밀정보부를 신속하게 마련했다. 1944년 말 사람들은 이미 신참자 2500명을 모집했는데, 이들 가운데 우선 소련계 체코인 200명을 교육시켰다. 곧 사람 수가 몇 배로 늘어났는데, 소련 비밀 정보원들은 교육을 받았을 뿐 아니라, 이와 동시에 통제집단이라는 네트워크를 구축했기 때문이다. 폴란드 비밀 업무(UB)가 모스크바 과정을 준수하게끔 하는 네트워크였다. 이와 같은 패턴은 공산군이 있고 공산 정부가 어느 정도 폭력적으로 들어선 모든 국가에도 적용되었다. 폴란드 비밀정보부 UB의 전문가는 바로 육군 중위 라바놉스키라는 자였다. 그는 가톨릭 신부의 역할로 변장하는 교육을 받았다. 죄수들이 신부와 얘기하고자 원하면, 라바놉스키는 비밀을 유

지해주지 않는 고해신부가 되었다. 그 밖에도 그는 신교의 목사와 유대교의 랍비 역할도 잘 해냈다.[6]

베를린 외곽 지역인 칼스호르스트의 거대한 봉쇄 구역에 대략 2000명이 근무하는 소련 국가보안부를 설치했다. 맨 먼저 소련은 자신들이 점령한 독일 구역에서, 훗날 동독이 되는데, 모든 비밀 정보 기능을 시험해보았다. 그들은 행정 구역과 소규모 단위 행정 지역을 확정 지었고, 이곳에는 각각 비밀 업무를 담당하는 자리가 마련되어 있었다. 법치국가의 사법부가 없는 상태에서 소련의 감독하에 대대적인 검거가 이루어졌다. 소련의 특별수용소 열 곳은 과거에 나치의 강제수용소였던 곳으로, 실제 독일 나치였던 자들과 그런 의심을 받는 자들로 가득 찼다. 이 두 부류는 부분적으로 소유하고 있던 토지의 크기나 회사 크기에 따라서 구분되었다. 이것은 재산 몰수와 강제노동을 이용한 일종의 사회혁명이었는데, 18만 명이 해당되었다. 1990년 공식적인 러시아 통계에 따르면 12만 2671명이다. 이들 가운데 3분의 1이 죽었다. 1만 2000명 이상이 소비에트 연방으로 추방되었다.[7] 죄수 가운데 2만 명 이상이 사회민주주의자들로, 이들은 독일 사민당(SPD)과 공산당(KPD)이 강제로 사회주의 통일당(SED)으로 합병하는 것을 반대했던 자들이다.

1946년 8월에야 비로소 동독 정치 경찰을 설립했으며, K5라는 이름으로 활동했고 거의 2년 만에 직원이 700명으로 늘었다. 1950년 1월 SED 정치국은 빌헬름 차이서의 지휘 아래 그리고 에리히 밀케를 차관으로 하는 국가보안부(MfS)를 설치할 결정을 내렸다. 같은 해 직원이 2700명으로 늘었다. 차이서는 모스크바에서 신뢰할 수 있는 사람으로 간주되었던 반면, 밀케는 발터 울브리히트의 동맹자로 여겨졌다. 울브리히트는 자체적으로 SED 지도부가 모스크바로부터 좀더 자립적이 될 수 있도록 노력한 사람이었다.

하지만 모스크바로부터 독립적인 독일 국가안전부를, 모스크바는 허락하려 하지 않았다.[8] 그 대신 "아주 약간만 검사를 거친 독일 간부들"이 있었다. 소련 공산당의 정치부가 마침내 독일 국가보안부 설치에 동의했을 때, 모든 것은 과거 그대로였다. MfS는 소련 국가보안부를 도와주는 조직에 머물렀던 것이다. 지원자 6670명 가운데 소련 감독관은 88퍼센트를 솎아냈는데, 서구 국가에 친척이 있는 지원자거나 또는 다른 이유 때문이었다. 모스크바가 원했던 사람은 "친절한 자들"로, 서류에는 "고문"이라 표기했는데, 자신들이 교육시킬 수 있는 젊은이들을 원했다. 중요한 과정은 이들 스스로 해냈다.

1953년 여름이 되자 요란한 시기가 도래했다. 베리아가 스탈린의 죽음 뒤에 권력을 다시 손에 넣고자 했을 때, 그는 정치국에 새로운 독일 정책을 소개했다. 이와 동시에 그는 베를린에 비밀 정보 업무 특별 전권위원을 중지시켰고, 그곳으로 자신이 신뢰하던 인물 한 명을 급파하고 고문도 328명으로 줄였다. 그러니까 예전에 비해서 대략 15퍼센트까지 인력을 축소한 것이다. 그리고 앞으로는 독일어를 잘하는 소련 장교들만 파견하도록 했다. 하지만 6월 17일 민중봉기가 일어났고, 이에 대하여 소련뿐 아니라 SED의 지도부 역시 놀랐다. 그것은 비밀 정보 업무에 재난을 안겨주는 사건이었는데, 전통적으로 적이라고 간주했던 계급인 시민으로부터 위협적인 봉기가 일어난 게 아니라, 산업노동자들이 들고일어났기 때문이다. 자유 진영은 이와 아무런 연관도 없다는 사실을 사람들은 당연히 알고 있었다. 하지만 사람들은 이데올로기적 구도가 완전히 깨지는 것을 막기 위해 정반대의 주장을 했다. 6월 26일 베리아는 체포되어서 제거되었다. 특별 전권위원이 교체되었고, 직원은 540명으로 증원했다. MfS는 도와주는 조직으로 다시 돌아갔다. 이는 차이서가 제거되고 얼마 후 심지어 SED에서도 배제되었다는 사실을 보여주었다. 울브리히트의 바람과는 반대로 밀케가 아니라, 에른스트 볼베버가 국가보안부의 수장이 되었다. 이어서 강행된 숙청 작업(민중봉기를 추후 수습하겠다는 생각으로)은 소련 고문들의 손에 맡겨졌다.

　1954년 독일이 NATO에 가입하자 모스크바는 서구를 조금 더 강력하게 통제하기 위해 "서구에 대한 작업안"을 마련했다. 이를 위해 해외 스파이 활동을 하는 조직을 설립했는데, 1953년에 MfS 소속으로 들어간 조직은 "HVA(정찰 최고관리본부)"였다. 이 조직은 그 후 좁은 의미에서 구 동독의 외국 비밀정보부의 역할을 수행하게 되었다. 이 조직의 장은 1986년까지 100퍼센트 모스크바 사람인 마르쿠스 볼프가 맡았다. 1956년 헝가리 봉기가 일어난 뒤 울브리히트는, 구 동독이 모스크바에 대해 어느 정도의 독립성을 갖게 하는 데 성공했고, 볼베버를 밀케로 대체했다. 하지만 모스크바맨이었던 볼프는 얼마 전부터 MfS의 2인자가 되었고, 그리하여 모든 방면에서 MfS가 모스크바에 공손한 태도를 취하게 될 수밖에 없었다. 1958년에야 비로소 MfS에 근무하던 소련 고문의 수가 수십 명으로 축소되었다. MfS는 이제 충분히 소비에트화되었고, 그들의 거대한 정보조직이 있던 베를린 외곽의 칼스호르스트는 계속해서 강력한 위상을 드러냈다.

　특수한 경우는 소련의 군사 개입 없이 공산화된 유고슬라비아였다. 처음에는 이런 것이 전혀 문제가 되지 않았는데, 왜냐하면 티토와 당 지도부 전체가 만장일치로 모스크바 지지자들이었기 때문이다. 훗날 티토와 가깝게 지낸 밀로반 질라스가 그렇게 서술했다.[9] 그럼에도 스탈린은 유고슬라비아의 상황, 특히 공산당 내부 정보를 얻고자 자신의 정보원을 투입했다. 티토의 자신감과 때때로 제멋대로 내리는 그의 판단이 스탈린에게 근심거리가 되었던 것이다. 직접 잔인한 비밀 정보 업무를 지휘해서 반공산주의 세력을 내쫓은 티토는, 정부의 각 기관에 소련 스파이가 채용되는 것을 참을 수가 없었다. 하지만 이를 거부할 수도 없었다. 심지어 티토의 가장 가까운 주변에도 소련은 정보원들을 앉혀두었다.

조직상으로는 물론 실제 임무에서도 유고슬라비아의 비밀경찰 UDBA는 소련의 모델을 많이 모방했다. 1946년 3월 국내부서는 소련을 모범으로 삼아 내무부 산하에 두었고 "국가 안보를 위한 행정"이라고 칭했다. 이 조직의 전신은 소문이 흉흉했던 "국민보호부"였으며 수장은 알렉산더 란코비치가 맡았다. 란코비치는 1946년에 내무부장관이 되었고, 1966년까지 비밀정보부의 수장으로 머물렀다. 전쟁이 끝날 무렵과 이후 몇 달 동안 그는 반공산주의 세르비아 민족주의 유격대였던 체트니크들에게 끔찍한 대학살을 감행했다. 이로 말미암아 1만 2000명 이상이 사망했다. 비밀경찰이 테러를 가한 또 다른 대상은 코소보에 거주하거나 알바니아에 거주하던 알바니아 사람들이었다. 이들은 공산주의자들이었고 처음에는 티토와 동맹 관계를 맺었다. 스탈린은 1948년, 자신의 비밀 정보원들로 하여금 티토에게 반대하던 당파가 승리를 거둘 수 있도록 하려고 알바니아 지도부에서 일어나고 있던 격렬한 대립을 이용했다. 티토는 자신의 영향력이 확장될 수 있도록 발칸 연맹을 조직하려고 노력했다. 스탈린은 티토와 그런 연맹을 맺지 못하게 하고 유고슬라비아의 이웃 국가들을 예전보다 더 확고하게 모스크바와 연계함으로써 그와 같은 티토의 계획을 무산시켰다. 알바니아의 수도 티라나에서 티토 추종자들은 서구 강대국의 정보원이라고 낙인찍혀 쫓기는 신세가 되었다. 스탈린의 악마론(마녀사냥을 정당화하는 이론이라고 볼 수 있다. 이로써 적이라고 간주하면 가차 없이 제거했던 것이다—옮긴이)에서 티토는 트로츠키의 자리를 차지했는데, 바로 같은 진영이었지만 가장 끔찍한 배반자로 취급당했던 것이다.

갈기갈기 찢긴 프랑스

제도적인 적응을 하는 데 특히 어려움을 겪은 나라 가운데 하나는 프랑스였다. 1944년 8월 25일 파리에 들어와서 임시정부를 이끌던 드골 장군은 협력자와 저항하는 사람들로 나뉘어 있던 국민을 상대해야 했기 때문이다. 수백만 프랑스인이 저항하는 자들에 속했지만, 이와 동시에 정치와 무관하게 전쟁이 끝나기를 기대했다. 또한 레지스탕스(저항)도 또다시 수많은 당파, 그룹과 소그룹으로 붕괴되어 있었으며, 이들은 부분적으로 무장을 하고 투쟁에 임했다.

　이렇듯 다양하게 분열되어 있던 양상은 국가의 보안조직인 경찰, 군대와 비밀 정보 활동에도 그대로 반영되었다. 이 상황을 이해하려면 1940년 항복 이후의 시기로 돌아가야 한다. 그러니까 드골이 소수의 정예를 모아서, 프랑스 군인들로 영국에 투입 가능한 부대를 만들려고 시도했던 것이다. 이와 나란히 그는 비밀정보부를 설립했고, 앙드레 드와브린이라는 이름을 가진 젊은 장교이자 에콜 폴리테크니크에서 박사 과정을 밟고 있던 자에게 맡겼다. 그의 암호는 "콜로넬 파시"(파리 지하철 역 이름을 땄다)였고, 사람들은 오히려 그의 암호를 더 잘 알고 있다.

　파시의 비밀 정보 사무소(BCRA: '정찰과 행동 본부'라는 뜻이다—옮긴이)는 전문성과는 거리가 멀었다.[10] 영국 교육자들의 도움을 받아서 사람들은 부족한 전문성의 결점을 극복하고자 했으나, 영국인들은 드골 밑에서 별도로 일하는 비밀 업무에 거의 관심을 갖지 않았다. 능력이 뛰어난 자들은 점령당한 프랑스에서 영국의 정보부처였던 특수작전부(SOE)의 명령에 대해서 알아내고자 했다. 게다가 파시의 부하들은 프랑스의 실제 상황을 정확하게 알지 못했다. 프랑스에서는 비시 정부의 루이 리벳 대령과 폴 파이욜 대령이 이끄는 정보부가 훨씬 많은 정보를 가지고 있었는데, 공식적으로는 군사 첩보와 방첩을 담당한다고 했으나, 실제로는 레지스탕스를 위해서 일했다.[11]

파시는 프랑스에서 저항하는 사람들과 접촉하고 저항 그룹을 만들려고 시도했으나, 이런 과제는 전통적인 비밀 정보 업무는 아니었기에 목표에 혼란을 일으키게 되었다. 정보를 수집해서 상황에 관한 실상을 수립하고 현지의 관찰자들과 지속적인 접촉을 함으로써 얻어낸 소식을 신속하게 전달하려면, 가능하면 눈에 띄지 않게 행동해야 할 필요가 있다. 하지만 드골과 그의 측근들의 목표는, 프랑스 국민들을 독일 점령에 맞서 저항하게끔 하고 프랑스의 독립을 위해서 일하고 있는 막강한 조직이 있다는 느낌을 전달해주는 것이었다. 그러자면 독일 군대에 대한 공격이나 다리, 발전소의 폭파처럼 떠들썩한 작전을 펼치는 게 적합했다. 파시는 다음과 같은 생각을 했다. 즉, 작전을 하지 않으면 비밀 정보 활동은 아무런 소용이 없다는 것이었다. 떠들썩한 작전을 펼쳐야만 프랑스인들은 저항을 위한 공동체를 결성하게 될 것이라는 생각이었다. 이는 심리적으로 맞는 생각이었다. 하지만 대부분의 테러가 군사적으로 무용지물이라는 사실은 간과할 수 없었으며, 독일의 보복 조치로 희생될 국민들의 고통 역시 무시할 수 없었다.

1942년 말까지 단지 부분적으로만 독일에 의해 점령당했던 프랑스에서 비밀 정보 업무상의 정보를 얻기 위해 갖가지 저항 그룹과 네트워크가 만들어졌다. 하지만 이들은 정치적으로 매우 상반된 성향을 띠고 있었다. 가장 중요한 네트워크 중 몇 개가 영국을 위해 일했다. 여기에는 과거 군인이었거나 퇴직한 공무원들로 구성된 네트워크가 속해 있었는데, 하지만 이들은 드골을 거부했다. 왜냐하면 드골은 모든 정치적 그룹과 함께 일하고자 했으며, 심지어 공산주의자들과도 일하고자 했기 때문이다. 공산주의 네트워크(독일인들이 "붉은 예배당"이라고 놀렸던)는 히틀러와 스탈린이 동맹국이었다가 결렬되었을 때부터 일을 했으며, 주로 모스크바를 위해서만 일했다.

초기에 드골의 BCRA는 약점을 안고 있었기에 국내에 있는 배반자들을 확실하게 막는 데도 부족함을 드러냈다. 로저 워린[워보트(Wybot)라고 부름]이 등장한 뒤에야 비로소 상황은 훨씬 나아졌다. 그 역시 맨 처음 군대의 장교였다가, 비시 군사비밀정보부의 배후에서 방첩 분야에 근무하면서 상당한 전문가로 발전했다. 파시는 이를 위해 그를 BCRA로 데려왔는데, 맨 처음에 로저 워린은 이곳에서 전혀 환영받지 못했다. 왜냐하면 그가 드골에게, 그의 움직임은 프랑스에서 지지를 조금밖에 얻지 못한다고 보고했기 때문이다. 하지만 무엇보다 비밀 정보 활동의 전문적인 방법을 도입함으로써 일하는 방식을 완전히 바꿔놓았다. 그는 10만 명 이상의 이름을 기록해놓은 카드식 색인이 있었고, 여기에 프랑스인들 가운데, 특히 엘리트들 가운데 친구와 적을 표시하게 했다. 이로써 그는 국내 비밀 정보 업무를 위한 기초를 만들어두었던 것이다. 그가 드골 참모부에서 일하는 직원들조차 굴복시킨 질문들은 그야말로 두려움을 불러일으킬 정도였다. 불확실성을 파악하고 인격적으로 신뢰할 수 있는지를 검사하기 위해서 가차 없이 꼼꼼하게 제시한 질문이었다. 이와 같은 과정은 분명 드골 주변에 있는 다양한 집단을 철저하게 검사하는 데 유용했고, 무엇보다 연합국 비밀정보부와 군의 참모들의 신뢰도를 증명하기에 유효했다. 하지만 이와 동시에, 그런 과정은 거리를 두고자 하는 정치적 파벌의 태도가 아니냐는 의구심도 생겨났다.

연합국은 런던에서 여러 망명자 그룹 가운데 하나에 불과했고, 자체 권력이나 병력 혹은 영토도 소유하지 않았던 드골보다는 비시 정부의 권력들이나, 해외에 있는 프랑스 영토들 가운데 점점 나치와 가까워지는 비시 정부를 약간 반대하는 시도를 하는 영토와 접촉하고자 했다. 그곳에는 경제적 자원이 있을뿐더러, 프랑스 군대, 식민지 군대와 연합군이 전쟁을 수행하는 데 전략적으로 도움이 되는 영토가 있었다. 프랑스 식민지를 둘러싸고 벌인 그와 같은 경쟁에서 드골은 자신의 힘으로 사태를 장악하고자 했다. 1940년 9월 영국의 지원을 받아서 다카르(세네갈)에 상륙 작전을 시도함으로써 말이다. 물론 실패했는데, 그곳의 총독이던 피에르 부아송이 연합국으로 옮기는 것을 거부했기 때문이다. 1941년 여름 드골은 비시 프랑스가 관리하던 지역인 시리아와 레바논에서 기반을 잡는 데 성공했다.

북아프리카에 연합군이 상륙한 까닭에 미국인들은 비시 정부의 프랑수아 다를랑(François Darlan) 장군과 독일 전쟁 포로가 되었다가 도망친 앙리 지로 장군과 협상하는 것을 선호했다. 두 장군은 연합국의 진영으로 넘어갈 준비가 되어 있었다. 이와 반대로 드골은 자신의 정치적 완고함 때문에 루스벨트 대통령으로부터 거절을 당했다. 상륙이 성공하고 다를랑이 암살에 희생당했을 때, 루스벨트와 처칠은 지로와 드골로 이루어진 이중 우두머리 체제를 강요했다. 이와 같은 체제에서 1943년 5월 알제리에서 민족 해방 위원회가 결성되었다.

이제야말로 동시에 여러 군데에서 심지어 서로를 겨냥해서 하고 있는 프랑스 비밀 정보 업무를 그만둬야 하는 시점이 되었다. 1943년에 그렇게 하는 게 가능해졌으나, 지로의 당원이던 파이욜은 북아프리카와 프랑스에 있는 자신의 네트워크를 여전히 유지했다. 비록 그곳은 완전히 나치의 국방군이 점령하고 있었는데도 말이다. 명목상 그곳의 우두머리는 사회주의자 자크 수스텔이었으나, 실제로 일은 파시, 파이욜, 위보트, 리벳과 다른 몇몇 사람이 수행했다.[12]

연합군이 노르망디에 상륙함으로써 그리고 프랑스가 점차 해방됨으로써 프랑스 비밀 정보 활동 역시 되돌아왔다. 이제 위협적인 내전을 고려할 때 비밀 정보 활동에 특별히 중요한 의미가 부여되었다. 독일이 점령하던 시기에는 다양한 정치적·이데올로기적 그룹이 그나마 유지되었으나, 해방이라는 어느 정도 무정부주의적 과정에 이르게 되자 무기로 권력을 획득하고자 하는 가능성이 생겨났던 것이다. 이와 같은 경향은 특히 공산주의자들에게 강하게 나타났는데, 이들의 이데올로기는 여전히 시민사회와 사유재산 질서를 붕괴하는 데 있었던 까닭이다.

총사령관 아이젠하워 장군의 지도 아래 연합군 부대는 당연히 그와 같은 무정부 상태를 허용하지 않았는데, 무정부 상태는 연합군의 행진도 어렵게 만들며 군수품을 공급할 때도 위험했기 때문이다. 그리하여 연합군은 자체 감독하에 군정을 실시하고자 했다. 하지만 지로가 물러난 뒤 혼자서 임시정부의 수장을 맡고 있던 드골은 해방된 프랑스 지역에 대한 배타적 통제권을 요구했다. 드골이 군사 독재자가 될 가능성이 있다고 간주한 루스벨트가 강력하게 반대했음에도, 1944년 7월 12일 연합군 군정을 포기하는 결정이 내려졌다. 이제 수많은 중요 지점에 낙하산을 탄 비밀요원이 투하되었고, 이들은 임시정부와 지방의 저항 세력의 수장들 사이를 연결하는 역할을 맡았다. 이와 동시에 사람들은, 경찰권을 확립하고 위험한 요소, 특히 남겨진 독일 정보원과 조업 방해자를 색출하기 위해, 지방에 비밀 정보 업무를 보는 사무소를 마련하려고 노력했다.

드골이 프랑스군과 미국군의 수뇌가 되어 파리로 들어가서 부하들과 함께 권력의 핵심부를 차지한 지 며칠 후, 그는 프랑스 국내군(FFI)의 해체와 무장 해제를 포고했다. 국내에서 이렇듯 레지스탕스로 활약한 자들 가운데 원하는 자들은 정식 군대에서 군인이 될 수 있다고 드골은 설명했다. 이런 조치는 격렬한 반대를 불러일으켰는데, 특히 공산당원으로 이루어진 "애국 민병대"의 반대가 심했다. 오늘날 우리가 알고 있듯이, 스탈린은 직접 드골과 협력하도록 명령을 내렸다. 스탈린은 이렇게 하는 편이 프랑스 내전보다 훨씬 이득이 많을 것이라고 기대했던 것 같다. 독일이 아직 항복하지 않았고 소련은 이로써 프랑스에 있던 공산주의 동지들에게 전혀 도움을 주지 못했기 때문이다.

드골은 오로지 군대와 경찰만이 무장을 하는, 이른바 국가의 폭력을 이들 조직만이 독점할 수 있기를 원했다. 때문에 정치 경찰(Sûreté nationale)을 포함해 믿을 수 있는 경찰을 조직하는 일이 그 무엇보다 시급한 과제였다. 영국과 밀접한 협력을 통해서 나바르 장군과 파이욜은 네트워크와 독일 비밀 활동과 안보활동에 협력한 자들을 찾는 작업을 실시했다. 곧 일련의 비밀 활동 조직이 생겨났는데, 이 가운데 새로 생긴 것도 있고 또는 망명자들로 이루어진 조직도 나왔고 혐의를 풀고 "깨끗해진 인물들"로 전통적 조직을 계속 이어가는 형태도 있었다. 정부수장의 감시하에 외국에서의 첩보 활동을 위해 DGER(Direction Générale des Etudes et Recherches, 조사 및 연구 총국)가 생겼고, 순수하게 군사 문제만을 담당하는 DSM(Direction de la Securité Militaire, 군사안보국)도 생겼다. DCT(Direction du Contrôle Technique, 기술관리국)는 기술적인 업무, 특히 전화와 편지를 감시하는 과제에 전념했다. 시민들을 감시하는 임무는 주로 RG(Renseignements généraux, 공안과)에서 떠맡았고, 이 조직은 내무부 산하에 있었다. 그 외에 DST(Direction de la Sécurité du Territoire, 국토안보국)가 부활했는데, 이 조직은 국내 안전과 관련해서 특별한 문제를 담당했고 지사를 거치지 않고 경찰청과 밀접한 관계 속에 일했다.

위보트는 DST의 수장이 되었고, 이로써 처음으로 방첩이 군대의 손에서 내무부 소관으로 들어갔다. 그는 인물과 조직을 관찰하고 이에 관해 체계적으로 목록을 만든 카드함을 관리했는데, 런던에 있을 때부터 그렇게 일을 했다. 그런 후 위보트는 몇 주 만에 거의 1만 명에 달하는 나치와 협력자를 체포하기 위해 노획한 독일 비밀 정보와 군사 서류를 나바르와 파이욜을 통해 평가하고 이를 이용했다. 군대에서 비밀 정보를 담당한 두 군데[SRO(Service de Recherche Opérationnelle, 작전연구실)와 SSM(Service de Sécurité Militaire, 군사안보실)]는, 프랑스 군수산업의 조력자를 얻고 핵 프로젝트를 포함하여 비밀리에 진행하던 독일 군수산업의 발전 상황을 탐지하기 위해, 독일의 과학자와 기술자를 추적하여 찾아내려고 시도했다. 이러는 가운데 물론 불상사가 일어나고는 했는데, 프랑스 비밀 정보원들은 드골이 아니라 모스크바를 위해 일하기를 더 좋아했기 때문이다.

DGER는 앙드레 드와브린(파시)의 지휘하에 특히 점령된 독일을 전문적으로 담당했으며, 무엇보다 독일의 산업 잠재력에 집중했다. 독일 내에서 프랑스 병력의 본부가 있던 바덴바덴에 업무를 볼 수 있는 사무소를 설치했다. 두 번째로 중요하게 생각한 지역은 북아프리카와 바다 건너에 있는 외국으로, 1945년 9월에야 비로소 일본의 지배로부터 해방된 인도차이나도 이에 속했다. 하지만 프랑스가 1946년 3월 마지막 중국 군대를 퇴각시키기 전만 하더라도, 이곳은 영국-중국이 관리하고 있었다. 프랑스는 가톨릭 주교들과의 특별한 관계를 통해서, 중부 유럽은 물론 극동아

시아에서 DGER를 위해 정탐활동을 하는 신부들을 얻는 데 성공했다고 한다.[13]

파시가 당면한 가장 어려운 과제는 우선, 인력을 감축하고 자신의 실제 재능을 검사해보는 것이었다. 직원 1만 명 가운데 8000명 이상을 해고했다. 이로 인해 공산당은 또다시 캠페인을 선동했고, 드골의 반대자들뿐 아니라 공산주의자들을 "민족의 적"으로 몰아서 해고했다는 주장을 펼쳤다. 파시는 부패를 저질렀다는 비난을 받았고, 법정이 모든 혐의를 무혐의 처리했음에도 사임하라는 압박을 받았다. 군대에서 쌓아 올린 그의 경력은 무너지고 말았다. 파이욜과 다른 정보부 고위 간부들처럼 그는 물러나야 했지만 거의 모든 프랑스 비밀정보부장들처럼 자신의 회고록을 남겼다.[14] 그의 경우는 무엇보다, 비밀 정보 활동이 얼마나 쉽게 정당이나 특정 정치 그룹의 희생물이 될 수 있는지 보여준다. 프랑스 정치에서는 전후 몇 년간 그와 같은 사건이 자주 발생하고는 했다.

SDECE라고 명칭을 바꾼 뒤에 프랑스 외국 비밀 정보 활동은 처음에는 무장한 작전을 수행할 능력이 없는 채로 스파이 업무만 했고, 프랑스어로 service action이라고 표기했다.[15] 1946년 3월에야 사람들은, 피레네산맥에 있는 마을 몽루이에 낙하산 부대를 두기 시작했고, 이 부대는 곧 11번째 충돌 부대(Choc-Bataillon)라는 이름을 얻었다. 폴 오사레스 대위와 같은 저돌적인 투사가 이 부대를 이끌었다. 그는 나중에 알제리와의 전쟁에서 논쟁의 여지가 있는 역할을 맡기도 했다.[16] 자크 포카(Jacques Foccart) 역시 언급할 가치가 있는데, 그는 프랑스 친화적인 아프리카를 만들기 위해 드골 대통령과 퐁피두 대통령 옆에서 의심스럽고도 애매한 관계를 만들었다.[17] 사람들은 제2차 세계대전에 참전한 특수부대 고참자들로부터 — 영국 부대, 미국 부대 혹은 프랑스 부대 — 유용한 사람 목록을 만들었던 것이다.

지속적인 문제는 프랑스 정치와 국가 장치를 공산주의자들이 상당히 많이 장악하고 있다는 것이었다. 만일 공산주의자들이 의회에도, 심지어 1947년 5월까지 내각에도 자리를 차지하고 있었으므로, 관료들은 물론 보안조직에서도 쉽게 가늠할 수 없을 정도의 인원이 있다면, 어떻게 소련과 갈등을 겪지 않고 비밀 정보 활동을 통해 해결할 수 있을까? 사회당 소속 수상이던 라마디에 정부에서 공산주의자 장관이 퇴임한 뒤인 1947년 7월, SDECE에서만 거의 350명이 해고되었다.[18] 군대에서는 자체적으로 "병력 안전을 위한" 비밀정보기관을 설립했고, 앙드레 세로 대령이 기관장을 맡았다. 세로 대령은 1년 뒤 국제연합의 특수임무관인 군사고문으로 근무하다가 폴케 베른나도테 백작과 함께 예루살렘에서 폭탄 테러로 인해 사망했다.

프랑스에 있던 공산주의의 영향력은 컸으나, 프랑스가 영국인과 미국인과 군사적으로나 비밀 정보 업무상으로나 협력을 위해 극복할 수 없을 정도의 위험은 아니었다. 가장 중요한 비밀요원들과 군대가 개인적으로 매우 잘 알고 있었기 때문이다. 하지만 프랑스의 국내정치에서 공산주의자들의 영향력은 걸림돌이기는 했다. 비밀 정보 활동은 항상, 자국과 좌파 정당과 노동조합을 반대하는 방향으로 향하고 있다는 혐의를 받았던 까닭이다. 쿠데타가 일어날 것이라는 뉴스가 언론에서 흘러나왔다. 마침내 군대와 비밀 정보 활동과 관련해서 위험한 보안상의 약점이 있었는데, 무엇보다 인도차이나 전쟁 중이던 때였다. 인도차이나에 투입한 군인들 가운데, 그 전에 베트남 공산주의자와 중국 공산주의자 편에 서서 일본과 맞서 싸운 군인이 적지 않았다. 이들 가운데 몇몇은 공산주의자들에게 넘어갔거나 혹은 비밀리에 약품과 무기를 적군에게 전달했다.[19] 물론 국내의 공산주의자들로 인해 비밀 정보조직과 군대가 입을 수 있던 피해는 두려워했던 것에 비하면 그다지 심각하지는 않았다. 프랑스의 배반자들은 케임브리지 파이브와 미국에서 활동했던 소련의 핵 스파이들의 대담한 행동에 미치지 못했다.

특별한 종류의 독일 비밀 정보 활동

어느 모로 보나 새로운 정치 상황에 제도적으로 적응한 특별한 경우가 바로 독일이었다. 독일은 여전히 공산주의자들에 의해 전복될 위협을 가장 많이 받고 있었다. 하지만 이와 동시에 새로운 정치 질서에 적의에 찬 태도를 취하는 사람도 매우 많았다. 이들 가운데 상당수가 광신적이고 교화시킬 수 없는 나치로 머물렀다. 많은 사람이 자존심을 다쳤다고 느꼈는데, 연합군 전승자들이 이와 같은 새로운 정치 질서를 강압적으로 심어주었기 때문이다. 비록 이 새로운 질서는 어쨌거나 서부 지역 세 곳에서 바이마르 공화국의 정치적·제도적 정치를 바탕으로 하고 있음에도 불구하고 말이다.

경찰을 창설할 때는 끔찍한 짓을 저지른 나치의 경찰을 떨쳐버리려는 의도가 약간 있기는 했다. 하지만 정치적 안정을 확보하고자 했을 때, 특히 새로운 민주주의 제도들을 확보하기 위해 사람들은 국내 비밀 정보조직이 필요했다. 우선 이 조직은 매우 한정된 권한을 가진 채 각 주의 내무부 산하에 들어갔다.[20] 1950년에 연방헌법수호청(BfV)이 생겼고, 이곳은 비밀 조사는 물론 자신의 편이 된 스파이를 이용해서 온갖 조직과 그룹을 관찰할 수 있었다. 헌법질서를 붕괴하고자 한다는 의심을 받고 있는 그런 조직과 그룹이었다.[21] 여기에 방첩의 과제도 포함되었다.

당시 상황으로 보건대 공산주의자들과 국가사회주의자들이 위험 요소가 될 가능성이 높았고, 정치적 소요로 인해 소련이 점령한 지역—1949년부터 동독—에 있던 무장한 군인들이 개입할 가능성이 있었는데, 이것이야말로 생각해볼 수 있는 가장 위험한 시나리오였다. 만일 공산주의 세력이나 또 다른 좌파 세력이 폭동을 일으킨다면, 사람들은 "파시스트 도당"을 물리치기 위해 본에 있는 "형제들의 도움"을 요청할 수도 있었을 것이다. 나치가 참여한 가운데 소요가 일어날 경우 소련 혼자서 동독에 있는 자신들의 군인들과 함께 나치라는 흑사병이 소생하는 것을 막을 수 있었다는 사실을 보여줄 수도 있었던 것이다. 서구 측은 그와 같은 개입을 막기 위해 어떻게 스스로 방어할 수 있었을까? 서독에는 그와 같은 소요의 싹부터 잘라버릴 수 있는 서구 연합군의 군인, 군 경찰과 비밀 정보원이 상당히 많았다. 하지만 특히 미국의 병력은 소련의 공격을 효과적으로 대처할 수 있는 상황이 결코 아니었다고 한다. 바로 이 때문에 국내정보부의 지원을 받아서 가볍게 무장한 독일 경찰만이 허락되었다.

연방헌법수호청의 청장을 임명할 때 독일 연방정부는 민감하게 패배를 받아들여야만 했다. 왜냐하면 서구의 연합국이 한 남자를 청장으로 지명했기 때문인데, 이 사람은 전쟁 동안 영국의 비밀정보국을 위해 일했고 1944년 7월 22일 히틀러 암살 음모자들과 연락을 주고받은 일로 독일에서 도망을 쳐야만 했기에 말이다. 법학자 오토 존 박사는 뉘른베르크뿐 아니라 다른 재판에서 나치 범죄자들의 범죄에 대한 증언을 했다. 이와 같은 이력만으로도 그는 정치 도시인 본에서 적응하기 힘들었다. 이곳에는 과거 나치였던 자들, 특히 법학자들이 많은데, 사회체계가 바뀌자 신속하게 공무원이 되어서 일했던 곳이기 때문이다. 독일 의회가 교섭단체를 통해 유죄 판결을 받은 나치 범죄자들을 석방하기 위해 노력했고, 마침내 탈나치화에 종지부를 찍자고 요구했던 곳이기 때문이다. 존이 1954년 알 수 없는 이유로 동베를린에 여행을 갔고 이곳에서 서독의 국가 조직이 서서히 나치화되고 있음을 비난했을 때, 연방정부는 최초로 비밀 첩보상의 스캔들을 불러일으켰다. 존의 발언은 날조된 게 아니었다. 그의 후계자는 물러나야 했는데, 물론 1972년에 물러났다. 왜냐하면 그는 과거 나치 친위대와 친위대 소속 정보원들을 채용했기 때문이다. 되돌아보면 연방 독일의 경찰과 비밀 정보조직이 이처럼 부적절하게 직원을 채용한 정책은 오늘날에도 명백하게 설명되지는 않는다.

독일 연방군(1955)을 설립하기 전에 서독에서 일어난 제도적 적응 과정은 훨씬 더 흥미진진하다. 1956년에 설립한 독일 연방정보국(BND)의 역사는 이미 1945년에 시작되었는데, 당시 국방군 참모부의 "외국군 동"의 수장이던 라인하르트 겔렌 장군은 독일이 항복할 것을 기대하면서, 자신의 지식을 미국인들에게 제공하려고 결정 내렸다. 왜냐하면 미국은 유럽을 완벽하게 소련화하려는 것을 막을 수 있는 유일한 국가였기 때문이다. 1971년에 출간한 회고록에서 겔렌은, 당시 자신은 신뢰하는 몇몇과 함께 가장 중요한 문서를 금속 통에 넣어서 바이에른 지방의 알프스에 묻어두었다고 기록했다. 그 밖에도 개인적인 자금뿐 아니라 소련 군대에 관한 중요한 서류를 앞으로 생길 독일 비밀정보부를 위해서 구해두는 게 자신의 목표였다는 것이다. 하지만 겔렌이 은퇴한 뒤 기록으로 남긴 것은, 역사적 점검을 세심하게 할 필요가 있다. 물론 양철 상자에 언급한 서류가 들어 있기는 했다. 겔렌과 그의 몇몇 직원은 체포되자 미국 비밀 정보원이 되겠다며 지원했다. 하지만 당시에 겔렌의 머릿속에 어떤 생각이 지나갔는지는 재구성하기가 어렵다. 무엇보다 겔렌의 동기를 고려하면 상당한 의심을 할 수밖에 없다. 당시 겔렌이 나치의 사고방식을 얼마나 강렬하게 고수하고 있었는지는 해명할 수 없다. 이미 겔렌의 주장, 즉 사람들은 정치적으로 순진한 미국인들에게 소련의 위험에 관한 "진실"을 가르쳐 줘야 한다는 주장은, 나치 고수들에게 특히 뿌리박혀 있던 신화였다.

2002년 CIA에서 광범위한 서류를 자발적으로 제공하고 나서, 미국의 정보부가 겔렌 및 그 밖에 당시 독일 군사정보부 출신으로 나치 국방군으로 일한 자들과의 협력이 어떻게 이루어졌으며, 미국은 어떤 의도가 있었고 미국이 독일의 이 비밀 정보를 어떻게 이용했는지를 정확하게 그려볼 수 있게 되었다.[22] 비록 겔렌이 회고록에서 독일과 미국이 협력하여 소련과 싸우게 될 것이라고 현명하게 내다봤다고 분명하게 밝히고 있음에도 매우 의심스러웠다. 수년 동안 미국은 이 보고서 가운데 특별한 부분을 반복해서 조사했고, 겔렌과 그의 부하들에게 세부적으로 미심쩍은 부분에 관해 질문했다. 독일 전쟁 포로나 압류한 독일 서류로부터 생겨난 질문들이었다.

무엇보다 그들이 알고자 한 바는, 겔렌이 얼마나 분명하게 그리고 언제 나치의 사고방식과 히틀러의 전쟁 수행, 나치 국방군의 전쟁 수행에 대하여 내면적인 거리감을 느끼게 되었는가, 하는 것이었다. 친위대 소속 비밀 정보원의 수장이었으며 1944년부터 실제적으로 독일 군사정보부 전체에 명령을 내렸던 발터 셸렌베르크와의 관계는 미국이 반복해서 의문을 가지는 주제로, 셸렌베르크가 FHO(적군의 상태를 파악하는 업무를 주로 했고, 1938년에는 참모부가 두 개, 즉 동과 서로 나뉘었다. FHO는 동을 담당했고 겔렌이 수장이었다—옮긴이) 서류와 직원의 이동에 대해 남부 독일에 알렸기 때문이다. 당시 겔렌은 "폴란드를 모델"로 하는 무장한 게릴라식 폭동을 준비하느라 그렇게 했다고 자신의 의도를 정당화했다. 이 게릴라식 폭동은 나치 국방군의 "최후의 전쟁"을 위해 계획했던 "알프스 요새(제2차 세계대전 막바지에 적이 정복하기 힘든 산악 지역에서 전쟁을 수행하려 했던 나치 정권의 다양한 계획을 말한다—옮긴이)" 가운데 하나였다.[23] 겔렌은 이후에도 "최후의 전쟁"에 광신적으로 찬성한 사람들에 대한 책략에 불과하다고 설명했으나, 그의 주변에 있던 다수의 장교는, 겔렌은 진지하게 그렇게 할 생각이었다고 말했다.[24]

겔렌은 분명 서류 상자의 운반과 부하들을 위한 전설이 필요했겠지만, 이런 비밀 정보 자원들로 도대체 무엇을 하고자 했을까? 그는 수많은 독일인처럼, 소련의 공산주의 볼셰비즘에 반대하는 전쟁이 서구 연합국들의 도움으로 계속 진행되어 결국 이길 수 있기를 바랐던 것일까? 국방군 지도부에 대한 이용은 공공연한 사실일지도 몰랐다. 이들은 자신들의 전범 때문에 법정에 서게 되거나 총살당할지도 모른다고 더 이상 두려워할 필요가 없었을지 모른다. 반복해서 말하자면, 겔렌과 관련해서 이처럼 1945년 초반의 동기에 관한 질문은 분명하게 답이 나오지 않았다.

미국의 글로벌 정책에 대한 겔렌의 추측은 완전히 틀렸다. 미국은 남아 있던 독일 정보부 직원들과 함께 일할 의도가 조금도 없었다. 그들은 소련에 대한 독일의 전쟁을 계속 진행시킬 생각도 거의 없었다. 겔렌의 무리에게 향했던 미국의 관심은 오히려 단순한 확신 때문이었는데, 그러니까 군대의 역사, 또한 적군의 역사가 자신들의 전문적인 군대에 유용한 배울 거리를 제공할 것이라는 확신이었다. 나치의 국방군이 무기, 전략적 경험과 비밀 정보 전문가들과 관련해서 수집한 것들은, 훗날 자신들도 이용하려고 보존하게 되었다. 그것이 어디에서, 어떻게 그리고 언제 가능할 것인지는, 수집하는 과정에서 전혀 중요하지 않았다.[25]

이런 말은 다분히 진부하게 들릴 수 있겠지만, 미국인들이 처음에 겔렌과 접촉했을 때 초기의 분위기는 그러했다. 왜냐하면 최근의 연구에 의하면 이렇듯 어느 정도 매우 비밀스럽게 이루어진 수집 행위에 관련된 경우가 상당히 많이 나왔기 때문이다. 그 밖에도 전승국이던 다른 세 나라도 비슷했는데, 그런 자료를 수집해서 사용할 용도는 동일하지는 않았겠지만, 심지어 소련은 독일황제 시절에 군정보부 소속이었으며 여행을 왔던 발터 니콜라이 대령을 심문했는데, 그가 1918년부터 퇴직한 상태였는데도 말이다. 그는 이로 말미암아 1947년에 사망했고 1999년 명예를 회복했다.[26]

오래전부터 사람들은, 과거 나치 국방군 고위 장교로 근무했던 사람들이 미국인들로부터 체계적으로 질문을 받았고 전쟁 포로수용소에서, 자신들이 겪은 경험을 써보라는 요구도 받았다는 사실을 잘 알고 있었다. 실패한 독일의 핵 프로그램과 함께 독일 무기기술과 민간기술이 얼마나 정밀하게 연구되었던가는 처음에 부분적으로만 알려졌을 뿐이다.[27] 비밀 정보와 소련 체계와 소련의 군사에 대한 지식의 영역에서도 몇 가지 윤곽만 알려졌을 뿐이다. 여기에서, 미국 측의 묘사에서는 흔히 볼 수 있었는데, 공산군에 대한 미국의 지식 가운데 모두 혹은 많은 부분이 겔렌과의 협조 덕분이었다고 나온다. 실제로, 미국이 수년에 걸쳐 철저하게 평가했으며 부분적으로는 훨씬 더 중요한 독일 정보원은 대부분 영국과의 협력 덕분이었다. 전략적으로 중요한 수천 가지의 대상물(다리, 철도, 병영, 석유 보관 등등)에 대하여 정확한 위치를 알려주는 항공사진과 공군의 장비도 바로 영국으로부터 나온 것이었다. 이와 반대로 소련의 군대와 이들의 지휘자들에 대한 겔렌의 명단은 전후에 빠른 속도로 시대에 뒤떨어진 정보로 전락하고 말았다.[28] 겔렌의 목록과 카드함보다 훨씬 더 중요한 자료는 소련 비밀 정보 활동을 막고자 했던 독일의 방첩 방식에 관한 연구였다. 키릴 문자를 사용하는 노획한 타자기, 소련이 식품을 배급하기 위해 작성한 수백 장의 카드 목록, 독일군 신분증, 서류와 도장 이런 것들은 미국 정보부가 소련에 관해 찾고자 하던 것들이었다.[29]

직접적으로 이용할 가치가 있었던 것은 과거 헤르만 바운 대령이 지휘한, 공산군을 전문적으로 다루던 독일의 군사 무선통신부였다. 이들은 1946년 1월 프랑크푸르트암마인 부근에 모였고 미군의 비밀참모부 업무에 투입되었다. 곧 바운은 소련군이 점령한 지역에서 정보원들과 일하기 시작했다. 그의 조직(참모-발리)은 전쟁 동안 겔렌의 FHO를 지원하지 않았고, 그 때문에 겔렌과 그의 직속부하 게르하르트 베셀은 자신들의 계획에 바운도 동참시키기 위해, 1945년 4월 초 바드 엘스터로 갔다. 이런 계획은 성공했으나 바운은 겔렌이 전체를 지휘하는 것을 거절했는데, 겔렌이 소련 전문가가 전혀 아니었기 때문이다. 겔렌은 러시아 말도 못 했고 그 밖의 다른 외국어도 구사하지 못했다. 게다가 그는 정보 활동 경험이 전혀 없었는데, 왜냐하면 FHO는 다른 곳에서 얻은 정보를 평가해서 활용만 했기 때문이다. 따라서 독일의 신생 스파이 조직을 운영하기에 바운이 훨씬 더 적합했지만, 다루기 힘든 성격과 관료주의적 참호전에 적응할 능력 부족으로 결국 겔렌에게 밀리고 말았다.

겔렌은 1945년 8월 신뢰했던 6명과 파묻어둔 상자를 꺼내서 미국으로 떠났고, 워싱턴의 차단된 군사 지역에서 그들은 철저하게 검사를 받았다. 베셀은 독일에 머물렀고, 이곳에서 믿음직한 겔렌의 부하로서 지휘관이던 겔렌의 명령을 옹호했고, 바운과 함께 일하고자 노력했다. 1946년 7월 겔렌 그룹은 프랑크푸르트 부근에 있는 오버우르젤에 숙영하기 위해 미국에서 돌아왔다. 이어서 독일에서 일했던 미국 군사정보부의 다양한 근무지 사이에서는, 누가 신속하게 성장한 "조직 겔렌"을 떠맡을지, 그리고 이곳의 운영비를 누가 지불할지에 대한 문제가 확정되지 않아서 지루한 시절이 흘러갔다.

1947년 9월에 설립한 CIA가 이 문제에 관여하지 않으려고 한 이후, 비밀 정보 작전 "RUSTY"는 맨 먼저 미국군의 손에 들어갔다. 미 육군은 1947년 12월 이를 위해 군사적 위장조직(7821번째 Composite Group)을 만들었고, 이로써 이 조직을 당시 "루돌프 헤스 거주지"가 있던 뮌헨 부근의 풀라흐로 보내기 시작했는데, 이곳에는 오늘날에도 독일 연방정보국이 있다.[30] 사람들은 계속해서 전문가들에게 이 프로젝트를 검사해달라고 의뢰했고, 이 프로젝트의 관리는 미 육군에서 감당할 수 없는 수준이었다. 만일 이 프로젝트가 공식화된다면, 비용이 너무 많이 들며, 소련에서 침입한 자들에게 쉽게 눈에 띌 것이고, 미국의 국제적 명성에도 해가 될 것이라고 전문가들은 평가했다.[31] 그사이 2500명에서 3000명의 사람이 이곳에서 일했으며, 이들은 스톡홀름에서 프라하, 소피아, 로마와 파리까지 비밀 작전을 실시했다.[32] 이는 과장해서 말한 것처럼 들릴 텐데, 왜냐하면 작업은 주로 독일에 집중되어 있었으며, 회계가 정확하다면, 매달 4만 7367달러의 비용이 들어갔던 것이다. 이는 1인당 15달러에 해당한다.[33] 이로써, 1947년 5월 동일한 보고서에 따르면, 만일 미국이 통제를 포기해 버리면, 그로부터 위험한 지하군대 조직이 될 위험이 있다고 했다.[34] 그럼에도 보고서의 작성자는 이미 다음과 같은 가능성을 생각해두었다. 즉, 독일 전체 정부를 교육할 경우 미국은 이미 "미래의 독일 정보부의 핵심을 멋대로 다룰 수 있을 것"[35]이라고 말이다.

이미 당시에도 나치 친위대나 정보부에서 일한 경험이 있는 사람들을 이용한 것이 논란이 되었다. 물론 시작은 미국이 했다. 미국이 나치 친위대 장군 볼프와 북이탈리아에서 군사적 부분 항복을 합의하고 이때 명예를 실추시키는 확약을 했을 때 말이다. 이어서 미국은 온갖 나치 친위대 소속의 사람을, 그 가운데 전범자로 알려진 사람도 채용했다. 정치적 지하에서 활동하게 될 나치 친위대 무리와 연결하기 위해서 말이다.[36] 소련 비밀정보부를 통해 그와 같은 사람을 모집할 가능성이 명백했고, 당시에도 그런 일의 잠재성을 봤던 것이다.[37] 겔렌은 무엇보다 방첩부에서 그런 종류의 사람을 다루었는데, 이는 1961년 소련의 스파이 하인츠 펠페와 한스 클레멘스를 다룬 드라마에서 자극적으로 표현했다.

RUSTY는 1948/1949년 베를린 위기에도 전반적인 형태를 유지할 수 있었다. 그러니까 서구의 강대국 3국이 소련이 베를린을 봉쇄한 동안 서베를린에 필수품을 조달하기 위해 공중 보급을 실행하고자 할 때였다. 무장을 하지 않고 전투기만 투입할 수 있는 군대의 선적기계를 이용한 이 작전은, 소련이 이런 갈등을 전쟁을 일으키는 데 사용하지 않는다는 전제 조건하에서만 작동할 수 있었다. 하지만 이런 의도가 있는지 어떻게 알 수 있단 말인가? 크렘린에서 활약하던 스파이를 통해서는 결코 아닐 것인데, 그곳에는 서구의 스파이가 없었다. 따라서 동독에 머물던 군대와 폴란드를 통과하던 보급로를 철저하고 지속적으로 관찰함으로써 가능했을 것이다. 이와 관련해서 RUSTY는 중요한 업무를 수행했는데, 동독 시민들 가운데 모집했던 감시자 네트워크를 이용했던 것이다.[38] 교통편이 상당히 불편했지만, 이와 같은 보고는 미국 사령관 클레이 장군 참모부에게뿐 아니라 유럽에서 미국 공군의 명령권자인 러메이 장군 참모부에도 전달되었다. 육군 부대나 공군 부대는 즉석에서 공격할 수 없고 그 전에 충분한 준비가 필요하기 때문에, 공격을 위해 필요한 지표를 관찰해야만 했다. 예를 들어, 군대의 움직임, 비축품, 탄약 운반과 비슷한 것들이 지표가 된다. 이런 지표를 더욱 세련되게 발전시킨 시스템이 훗날 나토 조기 경고 시스템의 바탕이 되었다고 한다.

베를린 위기 동안 실제적으로 모든 징후가, 스탈린이 서독과 서구 연합국에 대응하여 경제적 그리고 정치적, 특히 심리적 캠페인을 벌였으나 갈등이 고조되어 일어날 수 있는 전쟁에는 놀라서 물러섰다는 점을 암시해 주었다. 아마도 스탈린은 소련 경제와 함께 자신의 군대가 전쟁이라는 위험을 감수하기에는 아직 약하다고 봤던 것 같다.

1948년 11월부터 RUSTY 작전을 또다시 검사한 제임스 크리치필드 대령의 보고에는 이렇게 기록되어 있다. "미국 공군은 RUSTY와 RUSTY의 도면, 위치 확인, 소련 공군의 무선통신 암호해독의 결과에 지대한 관심을 갖고 있는데, 이들은 중부 유럽에 있는 소련의 전략적 공군의 움직임에 대해 유일하게 신속한 정보를 제공하기 때문이다. ……또한 미국 공군은, RUSTY가 소련에서 항공기 승무원 구출과 도피로에 대해 탐색할 가능성이 있다고 생각하고 흥분하고 있다."[39] 무선통신 관찰과 암호해독에 대한 서술 외에도 마지막 문장을 보면, 그와 같은 종류의 대피는 계획된 스파이 작전을 암시하고 있으며, 이런 스파이 작전에서 비행기가 통과하는 지역은 위성 국가들뿐 아니라 소련의 영토도 해당된다는 점을 말하고 있다. 또한 미국의 B-29 폭격기는 소련으로 하여금 그들의 공군 방어 체계를 가동하도록 하기 위해 국경 지역을 따라 비행했는데, 소련 공군의 규모와 기술력은 미국에게 가장 큰 관심사였음을 알 수 있다.

마찬가지로 RUSTY 작전은 전쟁이 일어날 경우를 대비했다. 풀라흐에 있던 본부는 스위스로 옮겼다가 다시 에스파냐로 옮길 계획이었다. 이에 상응하는 계획은 유럽에 있는 미국 병력의 유럽 사령부(EUCOM)와 함께 확정되어 있었다고 한다.[40] 크리치필드는 다음과 같이 덧붙였다. 즉, RUSTY 작전을 담당하는 4000명은 "독일의 미래를 고려할 때 중요한 정치적 요소"라고 말이다. 직원들 가운데 많은 사람이 과거 나치의 국방군 장교였던 까닭에, 특히 참모장교가 많았는데, RUSTY는 "서구의 군사연합"[41]에서 하나의 역할을 담당할 수 있을 것이라고 말이다. 크리치필드와 많은 미국 장교에게 RUSTY는 오로지 비밀 정보를 수집하는 과제만이 중요한 게 아니었으며, RUSTY는 미래 독일의 장교군단을 위한 집합소와 같았다. 그러니까 이와 같은 방식으로 미국의 영향을 받게 되는 독일 장교들의 집합소라고 할까. 이때 독일이 통일된 독일인지 아니면 서독이라는 부분적인 국가인지는 언급하지 않았다.

크리치필드는 이 조직의 존속을 맨 처음에는 CIA에 맡기고자 했는데, 미국 육군이 인적으로나 재정적인 부담을 벗어버리고 싶다고 계속해서 압박을 했기 때문이다. 하지만 CIA 사람들도 고민을 했다. CIA 소속 관리가 1948년 12월에 쓴 내용을 보자. "……RUSTY의 확신과 과제 설정은 매우 의심스러우며 …… 우리는 RUSTY 조직 내부의 원동력에 대해 잘 알지 못하고 있고, 아마도 군대에서도 그러했을 것이다. ……우리는 (RUSTY를 인수함으로써) 아마도 CIA 전반에 침입해 들어올 수 있도록 문을 열어주게 되고 …… (그리고) …… 우리는 소련이 위장공작을 펼쳐서 RUSTY 장치를 통해 침입할지 아닐지에 대해서도 전혀 알 수 없다."[42] 또 다른 방해물은 클레이 장군이었다. 그는 CIA가 부담이 되는 큰일을 독일에서 떠맡는 것을 원치 않았고, RUSTY처럼 의심스러운 조직은 특히 그러했다.[43] 클레이 장군이 1949년 여름에 직책을 그만두었을 때, 1949년 가을에 아데나워 수상을 기반으로 하는 독일 정부가 출범함으로써 또 다른 문제가 추가되었다. 어떻게 독일 국민이 독일 땅에서 외국을 위해 비밀 정보 활동을 할 수 있다는 말일까? 물론 새로운 독일 정부는 매우 한정된 주권만을 가지고 있었고, 특히 외부 안전 현안에서 그러했다. 하지만 겔렌은 이와 같은 딜레마를 한껏 이용했다. 그는 CIA를 통해 RUSTY

를 넘겨받으면서 문서로 약정을 해두었다. 그러니까 자신과 부하들에게, 주권을 돌려줄 경우 독일의 외국 비밀 정보 업무를 볼 수 있게 해준다는 약정이었다.[44] 아데나워는 여기에 전혀 관여하지 않았고 나중에 행한 결정을 고려할 때 굉장히 자유롭게 결정을 내렸다.

겔렌 조직이 이후 ZIPPER이라 불리게 되었고, 어떻게 이 조직이 동아시아에서 냉전이라는 첨예화된 상황 없이도 살아남을 수 있었는지 의문이다.[45] 플라흐에 있던 겔렌의 본부는 새롭게 들어선 정부의 수도가 있던 본에서 600킬로미터 떨어져 있었다. 아데나워는 나치 국방군 소속 장교들을 의심스러워했을 뿐 아니라, 오래된 신교를 믿는 프로이센 엘리트들과도 거리를 두었다. 왜냐하면 이런 엘리트들은 대부분 아데나워 자신이 추구한 서구와의 통합정책과 이와 같은 차원에서 가능하다고 봤던 재무장 정책을 거절했기 때문이다. 무장을 다시 하는 정책은 1950년 가을에 도입했다. 하지만 겔렌은, 가톨릭을 믿는 라인란트 사람이자 당시 중앙 정치가였던 한스 글롭케와 접촉하는 데 성공했다. 글롭케는 수상 집무실에서도 아데나워의 최측근에 속했다. 겔렌은 외교정치 상황에 관한 보고서를 보냈을 뿐만 아니라, 아데나워의 정치 친구들과 적들에 대한 정밀한 정보도 제공했다. 그런 뒤에 그는 일련의 국회의원에게도 서비스를 제공했으며, 이로 인해 서독의 의회는 비공식적으로나마 미국인에 대한 겔렌의 정보를 듣고 알게 되었으며 동시에 보안정책에서도 겔렌으로부터 영향을 받게 되었다.[46] 왜냐하면 그의 목표는 미래 독일의 군사정보부와 해외정보부의 수장이 되는 것이었기 때문이다.

이와 같은 목표로 인해 그는 서독이 새로운 군부를 구축할 때 영향력을 행사하려고 시도했다. 오랜 기간 겔렌 조직에서 겨울을 났던 많은 고위 장교가 지휘관의 위치에 앉힐 적임자로 고려되었다. FHO 시절 겔렌과 친밀한 사이였으며 1968년 그의 후계자가 된 게르하르트 베셀은 독일 연방군에 들어갔고, 이곳에서 연방군이 자체적인 군사정보부를 거느리지 못하게끔 영향력을 행사했다. 당시 북대서양조약기구(NATO) 소속 병력들은 독립적인 정보부를 가지는 게 당연했는데 말이다. 물론 처음에는 조직이 생기기 전의 조직이던 "백지 관청(Amt Blank: 1950년 10월~1955년 6월 독일 국방부의 전신이었다─옮긴이)"에 비밀 정보 구조가 생겨나고 있었고, 특히 당시 국방군 장교의 이름을 따서 프리드리히-빌헬름-하인츠 사무소라고 불렀다. 이 장교는 방첩부에 근무하면서도 저항군의 편에 있었으며 히틀러 암살 계획을 같이 짰고 훗날 브란덴부르크 사단에서도 활발하게 일했다. 이 사단의 특수부대에서 일했는데, 방해공작 행위와 그 밖의 다른 "특수 과제"와 관련한 방첩 활동을 하는 부대였다.[47] 국내업무를 담당하던 본부를 지붕으로 삼아서, 수상 집무실은 비밀 정보 업무, 특히 군비 재무장을 국내정치적으로 확보하고자 하는 업무를 진행할 수 있었다. 겔렌과 경쟁 관계에 있다는 사실이 명백했으나, 힘의 불균형도 유지되었다. 하인츠는 불과 직원 200명을 거느리고 있었던 데 반해 겔렌은 수천 명이나 되었다.

국방군의 **외부**에 설치되었고 수상의 직속으로 1956년 4월 1일 내렸던 결정이 연방정보부를 세울 때 어떻게 개별적으로 영향을 주었는지는, 50년이 훌쩍 지난 후에도 여전히 비밀로 부쳐지고 있다. 그 이유는 정치적 스트립쇼라 할 수 있다. 특히 미국이 어떤 역할을 했는지, 직접적 역할을 했는지 간접적 역할을 했는지도 알려져 있지 않다. 심지어 아데나워의 동기에 관해서도 사람들은 전혀 모른다. 다만 추측하기로, 그가 비밀정보부의 설립을 정치적으로 논란의 소지를 불러일으킬 사안이라고 간주했던 것 같다. 그는 이로써 독일-미국 사이에서 갈등을 일으키는 대상으로 만들고 싶지 않았던 것이다. 아데나워는 국내정치에서 독일 병력을 힘들게 구축하는 일 외에 보안정책 영역에서 추가적인 문제를 만들어내고 싶지 않았다. 따라서 아데나워는 겔렌 조직과 여기서 일하는 직원들을 전폭적으로 받아들임으로써, 책임은 미국에 떠밀었다.

그리하여 미국 비밀정보부와 독일 사이에 새로운 관계가 생겨났다. 겔렌은 여러 차례 공식 방문 차원에서 미국에 초대받았다. 1955년 9월 그는 지중해에서 실시한 미국 제6함대의 훈련에도 참석했다. 미국이 앞으로 자신들과 밀접하게 연계하여 일할 독일 비밀 정보원 다수를 끌어왔다는 사실은 분명했다. 나치 국방군에서 장교로 근무한 에버하르트 블룸이 1982~1985년에 독일 연방정보국의 수장이 되었다는 사실도 여기서 분명히 짚고 넘어가야 한다. 그는 1947년 이래 RUSTY와 이 조직의 후속 조직에서 계속 근무했다. 이것이 1945년 이후 제도적 적응을 할 특수한 경우를 고려해볼 때 절반은 식민지 관계였는지, 사람들이 겔렌의 부대를 미국 비밀정보부의 용병이라고 부를 수 있는지, 이런 것들은 현재 문서 보관실에서 찾아본 결과로는 대답할 수 없다. 겔렌의 회고록에서 정반대의 주장, 즉 전적으로 독일의 자립성을 주장하고는 있지만, 물론 이런 주장을 우리는 액면 그대로 받아들일 필요는 없다.

특수 비밀 활동 연합

비밀 정보 분야에서 전혀 다른 종류의 특수 관계가 미국과 영국 사이에 만들어졌다. 전쟁 동안 밀접하게 연계해서 비밀 정보 업무를 수행한 것이 역사적으로 새롭고 참신한 사건이었다면, 전후에 그들의 협력은 한층 더 참신했다. 왜냐하면 현대의 그 어떤 강대국들도 그와 같은 수준과 깊이로 다른 나라와 협력한 적이 없기 때문이다. 하지만 이들 국가도 상대 국가에서 모든 국가 비밀 혹은 모든 비밀정보기관을 자유롭게 드나들 수 있는 통로를 제공했던 것은 아니라는 사실을 알아둘 필요가 있다. 오히려 이와 같은 협력은 개별 협약을 여러 번 맺음으로써 가능했고(현재도 가능하며), 이런 협약에는 해당 사무소, 과정과 목표에 관해 특별한 지시가 포함되어 있었다. 여기서 간과해서는 안 되는 바는, 이와 같은 협력의 내·외부에서 정치적 경쟁과 분열이 상당히 존재했다는 것이다. 비밀 정보 업무와 관련된 견해와 경험의 차이로 인해 불화가 생겼고, 혹은 두 국가가 외교정책과 안보정책에 서로 다른 목표를 정함으로써 그러했다.

두 가지 잘 알려진 보기를 들자면 바로 핵무기 정책과 영국의 식민지 정책이다. 비록 미국은 영국과 캐나다와 함께 최초의 핵폭탄을 조립했음에도 워싱턴은 1945년 이후 런던이 자체 핵무기 소유를 포기하도록 시도했고, 이는 알다시피 성공하지 못했다. 물론 워싱턴은 영국의 식민지 정책과 관련해서 갈등을 겪으면서도 계속해서 자신의 의도를 관철할 수 있었는데, 예를 들어 1956년 가을에 수에즈 위기(제2차 중동전쟁이라고도 하며 이스라엘에서는 시나이 전쟁이라고 부른다. 이스라엘이 1956년 말 이집트를 침공했고, 이어서 영국과 프랑스가 이집트를 침공했는데, 유엔과 미국, 소련은 이들 동맹군을 압박함으로써 결국 영국과 프랑스는 물러나야만 했다—옮긴이)가 일어나는 동안이었다. 이때 미국인들은 신용 보이콧과 석유 불매 보이콧으로 협박하며 잔인한 외교 행동을 취함으로써 영국인들이 물러나도록 강요했다. 이 두 가지 갈등과 여기에서 언급할 수도 있는 많은 다른 갈등에도 불구하고 놀랍게도 영국과 미국은 비밀 정보 활동의 협력을 포기하지 않았다. 또한 두 국가가 당면한 정치 분야에서도 협력을 이어나갔다. 처음에는 소련을 겨냥한 핵 스파이 활동으로 협력을 했다가 지극히 중요한, 오늘날까지 비밀로 유지하는 분야에까지 협력을 하고 있다. 앞으로 다루겠지만, 비슷한 협력이 식민지 지역과 제3세계 국가들에 관련된 분야에서도 이루어지고 있다.

지극히 비밀리에 실행한 비행, 그러니까 동유럽과 소련의 상공을 통과하는 비행이 최초로 두 국가가 협력한 프로젝트에 속했다. 이 프로젝트는 소련 공군의 능력을 정찰하는 게 목적이었다. 나중에는 소련의 폭격기 제조와 로켓 제조 그리고 핵 시설에 관한 정찰을 추가했다. 베를린 위기 초반에 미국은 가장 크고 현대적인 모델 보잉 B-29에 속하는 폭격기 90대를 영국으로 옮겼다. 이런 전투기로 몇 년 전에 도쿄를 불바다로 만들었고 히로시마와 나가사키에 핵폭탄을 투하했던 것이다. 물론 소련은, 유럽으로 보낸 비행들은 핵폭탄을 투하하기 위한 기술적인 준비 과정이 아니라는 사실을 잘 알고 있었을지 모른다. 따라서 핵 위협은 실질적이라기보다 상징적일 경우가 더 많다.[48] 이렇듯 공개적으로 장소를 이전하는 동안―런던을 보란 듯이 통과하는 비행―보다 작은 운반기계가 달린 정찰대가 그 누구도 모르게 따라갔다. 이렇듯 수많은 비행기는 결국 치명적으로 끝이 났다.[49]

처음에는 소련의 대공 방위가 닿지 못할 정도로 높이 날아갔고, 그리하여 훨씬 안전했던 것은 미국의 정찰 비행기 U-2였다. 이 비행기는 1956년 4월 최초로 기지인 레이컨히스(Lakenheath)에 상륙했다. 하지만 U-2는 소련 영역을 처음 통과하기 위해서 비스바덴에서 출발해야 했는데, 런던이 출발 허가를 내줄 수 없었기 때문이다. 영국은 위치상으로 소련의 전투기가 도착할 수 있는 범위 안에 있었고, 반면에 미국의 영토는 1970년대에 들어서야 비로소 소련의 그럴듯한 핵무기로 인해 위험해질 수 있었다. 1957년 3월 맥밀런 수장은 U-2에 대한 비밀협약을 수정했다. 영국은 2년을 지체하다가 1958년 5월 영국 비행사를 태운 U-2를 받아들였던 것이다. 이 비행기는 1970년 도입을 중단했는데, 위성사진에 너무 자주 그리고 적나라하게 노출되었기 때문이다.[50]

흥미롭게도 맥밀런의 결정은 수에즈 사태 이후의 국면에서 이루어졌는데, 그러니까 런던이 특수 관계를 지키기 위해 모든 수단을 동원해서 미국과의 관계를 향상시키고자 할 때였다. 영국은 어쩌면, 수에즈 갈등에서 U-2가 보여준 성능에 감동을 받았을 수도 있다. 미국인들이 1956년 10월 31일, 영국-프랑스가 운하에서 상륙 작전을 펼쳤던 바로 첫날, 영국인 동료들에게 U-2가 찍은 이집트 사진을 보여주었다. 소련이 이집트에 있었고 아마 스파이들을 통해 작전에 관해 미리 정보를 받았음에도 소련의 군대가 전혀 움직임을 보여주지 않았다는 것을 사진으로 알아볼 수 있었다.

소련이 군사적으로 사용한 최초의 항공사진은 나치 국방군을 통과해 비행을 하면서 찍은 사진이었다. 1946년 초 미국-영국의 비밀 정보 활동 협약은 "모든 종류의 사진을 전 세계적으로 교환"할 것을 예견했으나, 이에 대하여 금전적으로 보상할 필요는 없었다.[51] 이와 같은 협약은 독일로부터 노획한 수집품에 한정되지 않는, 훨씬 더 많은 것에까지 해당했다. 하지만 맨 처음에는 에식스주에 있는 파인트리에서 미국인과 영국인이 혼합된 팀이 노획한 사진과 카드를 평가했다. 핵전쟁이 난다면 미국의 공군 소속 전략 지휘부가, 영화 〈닥터 스트레인지러브(Dr. Strangelove)〉(스탠리 큐브릭 감독이 1964년 만든 3부작 영화 가운데 1편—옮긴이)에서 볼 수 있듯이, 이와 같은 비밀 정보자료를 다룰지도 모른다.

한국전쟁이 발발한 뒤 그리고 영국에 있는 영국 군사기지와 미국 군사기지를 소련이 공격할 수 있는 능력이 점점 증가했기 때문에, 영국은 정보를 "공격적으로" 획득하는 방법을 제한하고자 시도했다. 1952년 런던 정부는 소련에 대한 "보편적 안정화" 정책을 서구에 촉구했다. 미국은 이에 실망했는데, 그와 같은 정책 변화는 폴란드, 유고슬라비아와 알바니아에 대한 많은 종류의 비밀 작전을 불가능하게 만들 수도 있는 까닭이었다.[52] 심지어 미국 합동 참모부의 의장을 지낸 오마 브래들리 장군은 그같은 요구를 "그것은 유화정책처럼 들린다"[53]며 반대했다.

하지만 영국은 의구심으로 인해 소련의 외부에 있는 소련 정치를 반대하는 작전이 아니라, 소련 영토를 직접 위협하는 작전을 실시했다. 아주 대담한 미국-영국의 비밀 프로젝트로는 전화 케이블을 통해서 베를린에 있는 소련 영역을 도청한 베를린 터널을 꼽을 수 있다. 비슷하게 공동으로 첩보 활동용 터널을 설치한 것은 이미 빈과 이탈리아 트리에스테에서였다.[54] 빈에서는 베를린에서처럼 군대의 전화통화를 도청하는 과제를 주로 했는데, 이는 공산군의 공격 준비를 적시에 워싱턴과 런던에 알리기 위해서였다. 소련의 무선통신을 거의 완벽하게 해독한 이후부터 나타난 정보의 손실을 이로써 보완할 수 있기를 희망했다. 주로 소련 망명자들로 인해 발생한 일련의 비밀 업무 과오로 말미암아 소련의 암호화 작업은 웃음거리가 되었다. 때문에 소련은 오로지 매우 비싸지만, 적이 해독할 수 없는 1회용 암호만을 사용했다.[55] 베를린 터널은 1955년 2월부터 1956년 4월까지 운영되었고 어마어마한 양의 전화통화량을 제공했다. 이런 통화는 정보의 가치를 따지기 전에 우선 번역하고 분석해야만 했다. 직원 수백 명이 15개월 동안 얻은 노획물을 검사하는 데 수년이 필요했다. 결과는 잘 알려진 대로, 소련은 유럽에 전쟁을 일으킬 계획이 없었다.

하지만 소련이 왜 이와 같은 작전을 준비 단계에서부터 이미 알고 있었으면서도 이 미국-영국의 터널을 1956년 4월에야 폭파했는지는 수수께끼로 남아 있다. 1948년부터 영국의 해외정보부 MI-6에서 일했고 북한의 포로로 있다가 석방된 이후 소련을 위해 활동한 조지 블레이크는, 계획된 일을 수행하는 소수의 무리에 속해 있었다. 따라서 소련은 비밀 활동을 위한 영미의 터널을 어마어마한 기만 작전에 이용했을 가능성이 많다고 봤다. 하지만 오늘날 알게 된 바에 따르면, 그것은 그렇지 않다. 오히려 소련은 미국-영국의 작전을 한동안 계속하게 내버려두었는데, 자신들의 소중한 자산인 블레이크를 보호하기 위해서였다.[56] 어쨌거나 소련의 전화통화 내용은 완전히 무용지물은 아니었다.

무선통신과 전화통화를 포함해 기술적인 정보 획득에서의 영국-미국의 협업은 탁월한 의미가 있었다. 전 세계에 퍼져 있던 영연방은 기술적인 비밀 정보 장치라는 간접자본을 통해서 의사소통을 할 수 있게 해주었다. 특히 의사소통 장치가 전 세계 영연방에 뻗어 있었던 것이다. 이를 통해 미국은 아프리카, 중동, 아시아와 오스트레일리아와 연결할 수 있었다. 이런 곳에 미국은 자신들의 속령을 가지고 있지는 않았다. 영국은 중국에서 홍콩이라는 거점을 소유하고 있을 뿐 아니라, 대사관도 있었다. 런던이 이미 1950년 중국을 외교적으로 인정했기 때문이다. 미국은 1945년 이후에 병력을 상당히 축소했으나, 전 세계에 있던 기술적인 사회간접자본은 유지하고 더 많이 증축했을 때, 영국의 군사기지와 거점과 연계해서 역사적으로 완전히 새롭고도 전 세계를 이어주는 비밀 정보 활동 장치 및 군사 장치를 구축하려는 목표를 세웠다.[57] 소련은 아프리카와 라틴아메리카로 확장함으로써 마치 미국과 같은 방향으로 나아가는 것 같았지만, 결코 미국과 비슷한 일은 성공하지 못했다.

영연방 국가였던 캐나다, 오스트레일리아와 뉴질랜드는 자신들의 지리적 위치 때문에 중요한 의미가 있었다. 런던은 미국의 유일한 파트너로 대표하며 이들 영연방 국가를 역시 대표한다고 주장한 반면에, 미국은 이미 이들 국가와 맺은 합의를 언급하며 이들 영연방 국가의 독립성을 주장했다. 또한 미국은, 라틴아메리카와 필리핀은 미국-영국의 합의에 속하는 땅일 수 없다는 주장도 했다. 이 말은, 국제적인 비밀 활동에 관한 협력계약은 런던과 워싱턴의 식민지 정책에 맞춰야 한다는 의미였다.[58] 이와 같은 분규 때문에 1948년에야 비로소 기술적인 정보 수집(SIGINT) 영역에서 이루어지는 협력에 관한 기본 협약이 체결되었으며, 바로 UKUSA Agreement였다. 이는 지리적 분배로 보였는데, 캐나다가 소련 북부와 유럽 부분을 담당했고, 영국은 유럽과 아프리카를, 오스트레일리아와 뉴질랜드는 태평양 지역(훗날 중국도 포함)을, 미국은 그 밖의 나머지를 담당했다. 수년간 기술적 측면에서 더 현대화되고 확장되었던(레이더 장치, 위성 수신 장치 등등) 이와 같은 연맹은 오늘날까지도 유지되고 있다.

소련 스파이가 받은 충격

소련은 부차적으로 1회용 암호와 함께 비밀 정보를 전송하고는 했는데, 실제로 이런 암호는 읽을 수가 없었다. 그럼에도 미국인들은 그와 같은 정보를 수집했으며, 특히 소련 대사관 직원들이 보내는 전보였다. 소련은 자체 해저 케이블이 없었기 때문에, 미국 전신국에 가서 보내야만 했고, 이때 미국 정부를 위해 복사를 해둘 수 있었다. 이는 틀에 박힌 습관적인 일에 불과했으며, 사람들은 해독할 노력을 거의 하지 않았을 것이다. 만일 1945년 가을에 북아메리카에서 대대적인 규모로 소련 스파이들이 활동하고 있다는 일련의 암시가 등장하지 않았더라면 말이다. 특별히 중요한 스파이는 캐나다로 도망친 젊은 비밀 정보원 이고르 구첸코였다.

소련 군사정보부 GRU에서 근무한 26세의 장교는 1945년 9월 5일 저녁, 보초에게 들키지 않고 빠져나오기 위해 주머니에 문서 109장을 구겨 넣고 소련 대사관을 떠났다. 그는 고향으로 돌아가라는 명령을 무시하고 가족과 함께 캐나다에 남기로 결정했던 것이다. 이 서류와 구첸코의 발언은 너무 놀랄 일이어서, 캐나다 수상은 1945년 9월 20일 두 가지 발견에 대한 정보를 제공하기 위해서 트루먼 대통령이 있는 워싱턴으로 갔다. 소련은 특급 비밀이었던 영국-미국-캐나다 합동의 핵 프로그램에 대해 알고 있는 게 분명했으며, 미국 외무부 소속의 고위직급에 스파이 한 명(앨저 히스)을 심어놓았다. 이후에 캐나다에서는 18명, 미국에서는 정부 기관에서 일하는 스파이를 대략 180명 확인할 수 있었다. 이들 스파이의 정체를 알아내는 데 크게 도움을 준 사람들은 자발적으로 FBI에 출석한 두 미국인 체임버스와 벤틀리였다. 그들은 전쟁 전과 전쟁 중에 특사와 중개자로 공산주의 스파이 집단을 위해서 일한 사람들이었다.[59]

이와 같은 배경으로 인해 그때까지 읽지 않고 넘어간 소련 정보가 특별한 의미를 갖게 되었다. 1995년에야 비로소 공개된 베노나 프로젝트가 출범했는데, 영국에서는 브라이드(BRIDE)라고 불렀다. 1948년 10월 매우 재능 있는 언어학자 메러디스 가드너는 문장 몇 개를 해독하는 데 성공했다. 이것은 매우 소박한 시작이었는데, 군사 정보 에이전시(Army Security Agency)와 같은 대규모 팀조차도 5년 동안 전보의 1퍼센트만 해독했기 때문이다.

이렇듯 소박하게 얻어낸 결과를 통해 사람들은 곧, 소련 출신의 스파이를 추적해서 밝혀낼 수 있게 되었다. 물론 이때 암호를 해독한 비밀 정보 작전에 타격을 입히지 않고, 법정에서 이런 증거를 어떻게 이용할 수 있는지와 같은 문제가 발생했다. 최악의 경우 미국의 법정은 오로지 소수의 스파이에게만 유죄 판결을 내릴 수 있었는데, 1937년부터 혐의자를 감시하기 위해 도청한 전화 대화는 법정에서 증거로 허락하지 않았기 때문이다. 그리하여 사람들은 변절자들의 진술을 제시했지만, 이들의 신뢰성은 영리한 변호사들을 통해서 의심스럽게 만들 수 있었다. 혹은 형을 가볍게 해주겠다고 제안받은 공범자들의 자백을 증거로 제시했다.

그 결과 이론이 분분한 일련의 재판을 하게 되었고, 이 가운데 부부 줄리어스와 에델 로젠버그의 재판이 가장 이론이 분분했다. 부부와 함께 피의자로 고소당한 에델 형제들의 비중 있는 진술을 통해 두 명 모두 사형에 처하는 판결이 내려졌던 것이다. 오늘날에도 증거물을 보면 이들이 소련 핵 스파이 활동에 관여했다는 게 분명하지만, 적어도 에델의 경우에는 소극적으로 관여했으나 무거운 형벌을 내림으로써 심각한 사법부 범죄를 저지르고 말았다. 왜냐하면 그들에게 내려진 사형 선고는 정치적 원인 때문이었고 그들의 행위에 결코 적합한 판결은 아니었기 때문이다.

특히 범죄를 저지른 혐의자에 대한 공소권자가 없었던 이 재판의 결과는 신화로 남았다. 미국인 좌파와 이들을 넘어서서 널리 퍼지게 된 신화로 말이다. 사람들은 주장하기를, 스파이로 인해 지적할 만한 위험은 전혀 없었고, 진보한 좌파 미국인들을 겨냥해서 미국의 우파들이 이들을 쫓아내려고 조작한 캠페인에 불과하다는 것이었다. 이렇게 하여 매카시즘(극단적 반공주의자이며 미국 정치가였던 조지프 매카시의 이름에서 나왔다—옮긴이)이라는 신화가 탄생했다.[60]

비밀 정보 역사상의 설명을 추가한다면, 소련은 베노나 프로젝트에 관해서 이미 알고 있었다. 우선 영국의 톱 스파이였던 킴 필비가 베노나/브라이드 비밀에 관해 알려주었다. 그다음으로 암호해독 전문가 팀에 속해 있던 윌리엄 웨이스밴드(유대인이며, 그의 부모는 러시아에서 태어났다. 1938년 미국 시민이 되었고, 1942년에는 북아프리카의 미 육군정보국에서 일하기도 했으나, 나중에 소련을 위해서 일하는 첩자가 되었다 ─옮긴이)라는 자도 있었다. 그는 모스크바에 보고를 올렸다. 그 밖에 어떤 측면에서는 북한이 1950년 6월 불시에 남한을 공격할 수 있었던 것이 그의 역할 덕분이기도 했다. 왜냐하면 웨이스밴드가 변절함으로써 소련은 자신들의 군사 무선통신이 미국에게 도청당했다는 정보를 얻었기 때문이다. 그리하여 1949년부터 미국은 소련의 군사 무선통신을 더 이상 읽을 수 없었고 따라서 소련이 평양으로 군 장비를 운반하는 것도 기록할 수 없었다. 하지만 웨이스밴드가 대역죄를 범했다는 증가가 불충분했고, 그래서 사람들은 웨이스밴드에게 법을 준수하지 않았다는 죄목으로 1년 형을 선고했고 그가 죽던 1967년까지 방해하지 않았다.

영국의 법정도 소련 스파이를 처리할 때 역시 소박한 역할을 맡고는 했는데, 물론 미국과는 다른 원인 때문이었다. 매우 심각한 범죄인 핵 스파이 클라우스 푹스에게 유죄를 내리는 데는 성공했으나, 14년 형은 비교적 온화한 편에 속했다. 이것은 대반역죄(내란죄)가 아니면서도 비밀 정보를 빼돌린 자들에게 내린 최고형이었다고 할 수 있다. 왜냐하면 소련은 배반할 시점에 영국의 동맹국이었기 때문이다.[61] 케임브리지 스파이들은 법정을 완전히 피해갔다. 1951년 5월 가이 버지스와 도널드 맥린은 소련으로 도망쳤다. 킴 필비는 여러 차례 질문을 받았고 1951년 MI-6에서 해고되었다. 연금 청구권도 박탈당했으나, 대신에 소액의 연금을 받기로 했고 또한 기자로서 영국 정보부를 위한 일거리도 있었다. 그는 1963년 1월 모스크바로 도망갔는데, 이어서 회고록을 출간했다. 그의 스파이 활동 전반에 관한 내용은 1998년에야 비로소 러시아의 기록보관실 자료의 출간으로 알려졌다.[62] 블런트와 케인크로스는 조용하게 신분이 드러났으나, 사법부에 체포되지는 않았다. 사회적 특권은 여기에서도 비켜갈 수 없었다. 왜냐하면 외국에서 태어났고, 네덜란드-터키 출신의 부모로부터 태어난 조지 블레이크는 1961년 41년 형을 선고받았으나, 1966년 세간을 떠들썩하게 했듯이 감방에서 도주를 함으로써 끝났다. 그는 모스크바에서 살았고, 블라디미르 푸틴은 2007년에 85번째 생일을 맞은 그에게 훈장을 수여했다.

마지막으로 미국과의 비밀 정보연맹을 살려내기 위해, 영국인들은 정보원들에게 더 정확한 검사〔긍정적 베팅(Positive Vetting)〕에 응하도록 했다. 1948년과 1950년대 중반 사이에 정보원 수백 명이, "자발적으로" 자신들의 지위를 비우라는 압박을 받았다.[63] 여기에서도 사람들은, 비밀 정보원과 방법이 공개되지 않도록 법정의 재판을 피하려고 했다.

그 밖에 영국 비밀 업무가 제도적으로 적응하는 일은 오히려 별로 없었다. 영국은 세계적 강대국이라는 역할을 고수하려고 했다. 이런 역할이 단계적으로 해체될 경우에 영국은 비밀 정보라는 수단을 이용해서 대처했는데, 공산주의자들이 전복을 꾀하고자 하고 이로써 소련의 영향력이 퍼져나갈 위험이 있는 곳에서만 그러했다. 1947년부터 1948년까지 영국-인도의 분열로 네 개의 독립 국가―인도, 파키스탄, 실론, 버마―가 생겨나는 것에 대처하여 거의 어떤 시도도 하지 않았다. 정부 조직에 들어 있던 비밀 정보 업무를 정착시키는 일도 약간 변했을 뿐이다. 기술적인 정보 획득은 1946년 정부통신본부(GCHQ)에 포함시켜두었다. 군대는 자체적으로 비밀 정보 사무소를 보유했다. 정보 분석은 여전히 MI-5(국내)와 MI-6(해외) 비밀 업무와는 분리해서 진행했다. 이어서 정보 분석 업무는 1939년에 설립한 합동정보위원회(Joint Intelligence Committee, JIC) 담당이 되었고, 이곳은 참모부장 소속으로 되어 있다가, 1957년, 수에즈 위기 이후 국무조정실(Cabinet Office) 소속이 되었다. 평가 담당 전문가(Assessment Staff)로 이루어진 참모부 하나를 기반으로 삼아, 보안 정책을 맡고 있는 부처들의 고위직 관료들이 가장 중요한 사태를 예측했다. 이런 상황은 오늘날까지 변한 것이 별로 없다.

비밀 정보 활동의 대국으로 새롭게 부상한 미국

미국의 경우 전후에 제도적인 적응을 했다는 말로는 충분하지 않다. 오히려 미국에서는 1945년 이후 완전히 새로운 비밀 정보 시스템이 등장했다. 미국은 평화의 시기에 민간인 정보조직은 물론 폭넓게 활동하는 해외정보부도 없었고, 그와 같은 기구 없이는 세계 강대국으로서의 역할을 잘 해낼 수 없었다. 그리하여 트루먼 대통령은, OSS를 해체할 것인지 아니면 전후 정치의 필요에 따라서 개조할 것인지를 두고 고민을 했다. 그는 신속하게 해체하는 편으로 결정했는데, 막강한 두 관료, 그러니까 군대와 FBI의 분노를 더 이상 사고 싶지 않았기 때문이다. 이 두 곳은 의회에 지지 세력이 많았던 반면, 트루먼은 단지 몇 달 전에 사망한 루스벨트 대통령이 남긴 커다란 발자국을 밟고 있을 따름이었다. 게다가 그의 군사 분야 고문 리처드 파크 육군 대령은 1945년 4월에 이미, OSS는 형편없는 조직이며, 교육도 제대로 받지 못했고 대체로 낭비하는 조직에 불과하다고 보고했다.[64] 이로부터 몇 주 후 이 보고서를 미국의 언론이 인용했다. OSS는 영국 정보부의 한쪽 팔이며 지금 소련에 대한 전쟁을 준비하고 있다는 비난을 담아서 말이다. 추가적으로 이 조직이 상당히 부패해 있다고 덧붙였다. OSS의 수장으로서 자신의 조직이 평화의 시기에도 살아남을 수 있기를 원했던 도노반은 언론에 찾아가서 자신의 지휘하에 영웅적인 업적을 남긴 보고를 했다.

OSS를 상대로 펼친 이와 같은 캠페인의 배후에는 J. 에드거 후버와 그의 FBI가 있었다고 추측할 수 있다. 후버는 해외정보 업무를 자신의 조직에서 관할하고자 했는데, FBI가 이미 라틴아메리카 전체를 담당하고 있고 정보원들도 그곳에 나가 있었기 때문이다. 하지만 트루먼은 "미국식 게슈타포"를 결코 원치 않았다. 트루먼은 항상 FBI를 두고 그렇게 불렀다. 도노반은 군대의 지도부와 관계가 나빴기 때문에—그의 OSS는 태평양전쟁에서 거의 활약할 수 없었다—트루먼은 그를 1945년 10월 1일 해고했다. 이로써 트루먼은 후버에게, 그의 FBI가 경찰 업무도 맡아야 할 것이라는 신호를 간접적으로 주었다. 왜냐하면 OSS가 사라짐으로 인해 조사와 분석 담당 부서(R&A)가 외무부로 가버렸기 때문이다. 정보원 네트워크와 방첩부는 국방부로 넘어갔으며, 이곳에서 새로운 조직〔전략지원부대(Strategic Service Unit)〕 밑으로 들어갔다. 방해공작과 비밀 전쟁 수행을 담당하던 부서는 대체 조직 없이 해체되었다.

물론 여러 부처에 흩어져 있는 다양한 비밀 정보원으로부터 보고받은 내용을 대통령에게 한눈에 알아보기 쉽게 요약해줄 수 있는, 일종의 중앙 본부 같은 게 없었다. 외무부와 연방 참모부는 각자, 백악관에 출입할 특권을 얻을 수 있는 제안을 하면서 서로 다투었다. 때문에 트루먼은 중앙정보국장(Director of Central Intelligence)이라는 지위를 만들어냄으로써 획기적인 결정을 내렸다. 이곳은 내각이 아니었고, 백악관 직속이었다. 트루먼은 자신의 고향 미주리에서 친하게 지내던 사업가 시드니 소우어즈를 이 자리에 앉혔는데, 그는 전쟁 시기에 해군비밀정보부에서 일했으며 이로써 예비역 장군이 되었다. 소우어즈는 소규모의 분석 참모부였던 중앙정보 그룹(Central Intelligence Group, CIG)을 얻게 되었고, 이 그룹은 훗날 CIA로 표기하는 조직의 전신이었다. 물론 이 소그룹은 기껏해야 열두어 명으로 이루어져 있었지만 말이다. 게다가 이 소그룹은 단 하나의 과제만 맡았다. 즉, 군사정보부와 다양한 내각에서 위임하는 민간 비밀정보부서가 획득한 정보를 선별해서 가장 중요한 정보를 읽을 수 있는 텍스트로 만들어 매일 대통령에게 보고하는 임무였다. 이로부터 훗날 대통령 일일보고(PDB)라는 게 생겨났고, 매일 아침에 하는 보고는 오늘날 국가정보국장(Director of National Intelligenc)(또는 그의 대리인)이 하며 필요에 따라 그와 대화를 나누게 되어 있다.[65] 비밀정보부에서 올리는 보고를 분석하고 비밀 정보를 제공하는 자들 사이에서 현재의 상황을 판단하는 것을 협력하도록 하고자, 트루먼은 국가정보지휘권(National Intelligence Authority)을 만들었다. 이는 몇 명의 장관과 대통령의 고위급 군사고문으로 이루어져 있었다.

소우어즈는 고작 몇 달 동안만 직책을 맡았다. 그의 후계자는 공군의 호이트 반덴버그 장군으로, 그는 전방에서 전투 경험이 있는 적극적인 군인이었으며 CIG에서 진짜 비밀 정보 업무를 했던 사람이다. 그러니까 그는 비밀 정보를 직접 조달하는 일을 했는데, 다시 말해 외국에서의 첩보 활동을 담당했던 사람이다. 이를 위해 그는 국방부에서 SSU 소관이던 정보부서만 분리시켜 특수작전부(Office of Special Operations)라는 이름으로 자신의 CIG의 한 부서에 소속시켰다. 이와 동시에 그는, FBI로부터 라틴 아메리카 관할권을 빼앗는 데도 성공했다. 이제 CIG는 전 세계를 무대로 활동할 수 있게 되었다.

하지만 자체 정보 조달 능력이 CIG를 가장 중요한 정보기관 혹은 외국 관련 비밀 업무를 맡은 유일한 미국의 정보기관으로 만들지는 않았다. 각각의 병력은 당연히 자체 군사비밀정보부를 갖고 있었다. 게다가 트루먼 대통령은 OSS를 해체하기 전에 기술적인 공급과, 특히 비밀 정보 수집(SIGINT), 관련해서 비밀 정보 업무를 위해 특수한 규칙을 마련했다. 그는 육군보안기관(Army Security Agency, ASA)을 설립함으로써 적군의 비밀(암호화된) 대화와 적군의 소식에 대한 무선통신 암호해독과 관련하여 모든 군사 업무를 관할하는 본부로 지정했다.[66] 이로써 무선통신 암호해독이라는 작업이 전쟁 수행뿐 아니라 영국과 협업을 진행해야 할 만큼 중요하다는 사실을 분명하게 보여주었다. 이와 같은 협업을 진행하기 위해 트루먼은 1945년 9월 12일, 그러니까 OSS를 해체하기 2주 전에, 비밀 훈령을 포고했다. 이와 같은 훈령으로 트루먼은 군부의 지도자들과 함께 암호해독 작업을 우선시해야 한다는 것을 보여주었다. 이 분야가 미국 비밀 정보 업무에 매우 중요하다는 사실 말이다. 흥미롭게도 ASA는 독일과 일본의 항복이 있은 뒤 우선, 군사적 반격을 노리는 세력들의 은신처가 있는지를 탐색하는 데 집중했다. 바로 이 같은 이유로 계속해서 무선통신 암호해독을 극비 단계로 두었을 것이다. 하지만 더 중요한 이유는 다음의 두 가지 측면이었다. 우선 사람들은, 독일과 일본을 폭력적인 무기가 아니라, 술책을 통해 항복하게끔 만들었다는 전설이 만들어지지 않도록 했기 때문이라는 것이다. 이와 같은 위험을 분명하게 보려면, 1918/1919년 독일의 배후 중상설(1918년 독일 우파는 제1차 세계대전의 패배 원인이 군대 때문이 아니라 내부의 배반자들 때문이라고 생각했다. 원어로 'Dolchstoßlegende'라고 하는데, '단검으로 찌르는 전설'로 번역되며, 등 뒤에서 칼을 찌르는 배반자들 때문에 전쟁에 졌다는 것이다—옮긴이)을 생각해보면 된다. 두 번째 이유로는, 사람들은 미래의 적군에게 그들의 암호화가 안전하지 않다는 경고를 하고 싶지 않았던 것이다. 이 두 번째 경우는 적어도 소련에게 아무런 효과가 나타나지 않았다. 그곳에서는 울트라 비밀이 이미 스파이 필비와 웨이스밴드를 통해 잘 알려져 있었기에 말이다.

트루먼은 CIG의 설립과 이들이 맡는 임무의 확대—이로써 인력도 확충—가 상당한 예산 문제를 가져올 수 있다는 사실을 매우 잘 알았다. 왜냐하면 의회의 승인을 얻지 못하면 이처럼 새로운 비밀 정보원은 자체 예산을 이용할 수 없었기 때문이다. 무엇보다 증빙되지 않는 기금(unvouchered funds)이라는 예산 제목으로, 그러니까 공제의무 없는 비밀 예산을 제출할 수 없었다. 하지만 대통령은 맨 처음에 다른 식으로 우선권을 가질 수 있었다. 그는 현대적인 전쟁 수행을 위해서 육군과 해군으로 나뉘는 것을 방지하기 위해, 군종(군대의 종류를 말하며, 일반적으로 육군, 해군, 공군을 말함—옮긴이)을 단 하나의 국방부에 통합시키고자 했다. 게다가 공군은 자립적이 되어야 했는데, 예를 들어 영국에서는 1918년부터 그리고 독일에서는 1935년부터 이미 그렇게 되었다. 제도적 저항이 어마어마했고, 때문에 부분적 통합만이 가능하게 되었다. 골드워터-니콜스 법안을 1986년에 제정함으로써 비로소 육해공군을 통합하는 게 가능해졌다. 그 전에 1947년 7월 국가보안법으로 국방부를 설립했고, 보안정책을 담당하는 두 군데 조직을 설립하는 것도 성공했다. 즉, 국가안전보장회의(NSC)와 CIG의 후계자 CIA였다. CIA의 독자적 예산 인증을 포함한 운영 법규는 물론 1949년 중반까지 기다려야만 했다.

여전히 CIA의 임무는 **또 다른** 미국 비밀 정보조직으로부터 나온 비밀 정보를 분석하고 해독하는 일이었다. 어쨌거나 군사비밀정보부는 무엇이든 조달하고 평가하는 일을 그만두려고 하지 않았다. 특이한 것은 법적으로 규정해둔 의무사항이었다. 즉, 비밀 정보 분석은 시사성이 있는 주제여야 할 뿐 아니라, "객관적이고, 정치적 견해와는 무관해야 하며, 모든 정보원을 기초"로 해야 한다는 것이었다. 여기에서 모든 정보원이라 함은 미국의 모든 정보 업무를 활용해야 한다는 의미였다. CIA의 전문가들과 외부에 있는 기관(국가정보위원회, NIC)의 전문가들로 구성된 위원회가 안보 정책의 관점에서 상태를 추정하고 예측을 내놓아야만 했던 것이다.

이로써 CIA는 과거 OSS의 분석 부서로부터 향상되었고, 정보원들을 지휘하기 위해 몇몇 사무소도 구비하게 되었다. 하지만 법규에는 CIA에 관해 애매하면서도 짤막한 조항만 있다. "……대통령이나 국가안전보장이사회가 가끔 위임하는 바의, 국가의 보안에 관련된 비밀 과제와 의무를 수행해야 한다."[67]

이처럼 상세하게 정의할 수 없는 과제 가운데 하나가 심리전이었는데, 선전과 돈을 통해서 다른 나라들이 행사하는 은폐된 영향력이었다. 국가안전보장회의 4A 훈령이 표현하고 있듯이, 소련의 영향력을 약화시켜야만 했다. 소련의 영향력은 세계평화에 위협적이었기 때문이다.[68] 이를 위해 특수부서를 설립했으며, 우선 패배를 당한 국가들로부터 노획한 1000만 달러가 이곳에 흘러들어갔다. 이 금액은 미국 의회로부터 승인을 받을 필요가 없는 돈이었다.[69] 이 돈은 주로 이탈리아 선거전에 영향을 미치려는 목적으로 투입되었는데, 그곳의 기독교 민주당이 공산주의와 대항해서 이길 수 있게 하려는 것이었다. 외무부는 이와 같은 방식을 좋아하지 않았고 공동으로 결정하자고 요구했다. 이런 요구를 한 사람은 소련 전문가이자 외교관이던 조지 케넌으로, 그는 이미 1946년 3월 소련을 다루는 전략을 마련했다. 이 전략은 훗날 containment라고 알려졌는데, 소련의 팽창을 견제한다는 의미였다. 은폐된 작전을 위임할 때 NSC 10/2 훈령으로 평가했다. 이와 동시에 CIA 내부에 정책조정실(Office of Policy

Coordination)을 설치했다. 여기에 경제전과 무기 공급과 무장한 작전을 수행할 권한이 더해졌다. 외무부와 국방부에는 공동 결정권을 상당히 많이 허용했다. 이 부서의 수장은 OSS의 베테랑이던 프랭크 G. 와이즈너가 맡았는데, 그는 전쟁 중 떠들썩한 행동을 함으로써 눈에 띄었다. 예를 들어 그는 루마니아 지역에서 전쟁 포로로 붙잡혀 있던 미국의 조종사들을 풀려나게 했다. 그의 지휘 아래 펼쳤던 다양한 종류의―이란과 과테말라에서 정부를 붕괴시킨 작전까지―은폐 작전이 CIA의 상징이 되었다.

이로써 CIA는 세 가지 임무를 맡았다.

1. 대통령을 위해 매일 상황을 예상하는 보고서 작성. 국가안전보장 이사회를 위해 장기적인 미래 예측

2. 해외 스파이 활동

3. 선전에서부터 경제적 보이콧과 무장한 작전과 무기 공급에 이르는 은폐 작전

이처럼 광범위한 임무가 생겨날 수 있었던 것은, 미국의 군사 예산이 당시에는 매우 적었고 그리하여 국방부에서는, 비밀 정보 업무의 대부분을 외부에 맡기는 데 관심을 가졌기 때문이다. 소련과 정치적·이데올로기적 갈등이 생긴 이후에, 전통적인 방법의 스파이로는 모스크바에 대처할 수 있는 게 별로 없다는 사실이 신속하게 드러났다. 적국의 지휘부에 정보원을 두었던 일반적인 방법은 소련에서는 거의 성공을 거두지 못했다. 급속하게 증가한 은폐 작전은 매우 위험했고 당시 군대가 누리던 높은 명성에 해를 입힐 수도 있었다. 한국전쟁이 시작된 1950년에야 비로소, 미국 군대의 예산이 세 배가 늘어났고 이어서 핵무기를 포함한 모든 무기의 무장이 이루어졌을 때, 군대는 소련과 그들의 위성 국가들에 대한 군사 정보를 조달하고 분석하는 자체 비밀 활동을 하고자 하는 관심이 증

폭했다. 왜냐하면 소련 진영에서의 무장 프로그램에 대한 증거는 미국의 무장 프로그램에 대한 합당한 근거가 되었기 때문이다.

1950년 이후 이처럼 드라마틱한 전환기로 말미암아 CIA는 해외 정보 기관으로서 완벽하게 핵심적인 역할을 하는 데 성공하지 못했다. 군의 정보 활동에 필요한 기술〔SIGINT(정보 수집), IMINT(영상 정보 수집), COMINT(통신 도청)〕을 위한 예산이 신속하게 증가하자, 이런 예산은 국방부의 통제에 맡겨졌고, CIA는 적어도 운영할 수 있는 예산이라는 관점에서 보면, 그늘로 밀려나게 되었다. 이제 국방부는 가장 대단한 미국의 비밀정보부가 되었다. 오늘날까지 국방부는 비밀 정보 활동을 위한 예산의 80퍼센트를 운영하고 있는 반면, CIA는 16퍼센트로 만족해야만 한다. CIA가 "핵심적"이었으며 지금도 핵심인 것은, 미국의 정부기구 중에서 그들의 위계 때문이다. 다시 말해, CIA는 정부의 핵심인 백악관 소속이며 내각 소속이 아니기 때문이다. 그럼에도 CIA는 오늘날 16개의 미국 비밀 정보조직 가운데, 공식적으로 그리고 국제적인 관심을 받는 측면을 고려할 때 미국 정보조직의 "대표"로서의 자리를 차지하고 있다. 이렇게 된 것은 되돌아보건대 이론이 분분한 은폐 작전들 때문으로, 세상을 떠들썩하게 했던 실패를 여러 번 범했던 것이다. 의회의 조사와 언론의 공개로 세상에 알려졌던 실패들 말이다.

정보기관에서 기술적인 장치를 대대적으로 구축하게 된 이유는 이미 1949년에 발생했는데, 소련을 통한 핵 위협이 정보 활동의 가장 중요한 주제가 되었을 때다. 맨 처음에 미국의 군사 전문가들과 비밀 정보 전문가들에게 지배적이던 생각은, 소련은 핵무기를 개발하기에는 너무 낙후되어 있다는 것이었다. 그 밖에 소련에는 핵무기를 만들기 위해 필수불가결한 물질, 그러니까 분열하는 물질이 부족하다는 의견도 많았다. 하지만

1946년 초에 이미 정반대의 증거나 나왔다. 소련과 당시만 하더라도 공산주의자들이 다스리지 않던 체코슬로바키아 사이에 카를스바트라는 곳이 있었고, 이 부근에 있는 세인트 요하임스탈에서 우라늄 채굴에 관한 비밀협정을 맺었다는 정보를 입수했던 것이다. 게다가 소련의 핵 연구에서 부분적인 프로젝트에서 일할 독일 출신의 과학자와 엔지니어를 소련이 채용하거나 납치해 끌고 갔다는 소식을 듣게 되었다.[70] 맨해튼 프로젝트에서 소련 핵 스파이들에 대한 최초의 증거가 등장했을 때, 분명해졌다. 즉, 소련은 자체 핵무기를 만들고자 한다는 사실이 말이다. 다만 얼마나 신속하게 목표를 달성할 수 있을지는 분명하지 않았다.

영국의 정보조직은 적어도 몇 가지 연구 프로젝트와 위치를 발견해내는 데 성공했다. 게다가 영국의 정보조직은 뵈멘(체코의 한 지방—옮긴이) 북부 지역에서 소련이 우라늄을 노획한다는 정보를 얻었다. 원래 영국이 예상했던 양보다 5~8배 더 많은 양이었다. 따라서 소련이 핵폭탄을 만드는 것을 성공하기에는 너무 적은 우라늄을 사용하고 있다는, 이른바 흔히 등장했던 논쟁은 이로써 터무니없는 말이 되었다. 때문에 전문가들은, 소련이 아마 이미 1949년, 이보다 1952년이 더 가능성이 많은데, 최초로 핵실험을 할 수 있었을 것이라 예측했다. 미합중국 참모부의 비밀 정보위원회는 1953년 중반이 더 가능성이 있다고 간주했다.[71] 이와 같은 오판을 고려할 때, 1949년 8월 29일 소련이 최초로 핵실험을 함으로써 비밀 정보원들과 핵무기 전문가들, 그리고 군대의 예고 능력의 신뢰성을 뒤흔들어놓았다는 점도 이해할 수 있다.

여전히 핵폭발에 대한 증거를 기술적으로 증명하는 방법이 지속적으로 개발되었고, 사람들은 이것으로 이미 1945년 방사성 입자를 5000미터에서 1만 미터 안에 있는 것까지 잡아낼 수 있었다. 이를 위해 특수 측정

비행기의 공기 흡입 노즐에 필터를 장착했다. 추가적으로 사람들은 기구(氣球)로도 실험을 했다. 5000미터 높이에서, 그러니까 강력한 파가 특별히 강하게 반사되어 지구로 운반되는 이 높이에서 과연 측정기가 필요한 음향 압력파를 측정할 수 있는지 실험해보기 위해서였다. 이런 기술 및 다른 기술로부터 사람들은 핵폭발을 발견하고 위치를 확인할 수 있는 미국-영국 비밀 프로젝트를 개발했다. 미국은 비키니 환초에서 1946년 실험을 직접 해봄으로써 기술을 시험했다. 대서양, 태평양과 북아프리카를 비행한 이 비행기는 공군의 기상관측 임무를 수행하고 있는 것처럼 위장했다.

1949년 9월 1일에 일이 터졌다. 미국의 측정 비행기들이 일본과 알래스카 사이에서 강력한 방사능을 측정하게 되었던 것이다. 영국의 비행기들 역시 스코틀랜드를 거쳐서 비슷한 결과를 가지고 자신들의 기지로 돌아왔다. 며칠 후 이와 같은 혐의는 빗물에서 확증을 잡게 되었다. 물론 음향 측정기는 필요한 결과를 내놓는 데 도움이 되지 않았다. 특히 의심스러웠던 점은, 우라늄 흔적 외에 플루토늄의 흔적이 발견된 것으로, 이것은 핵실험에 대한 분명한 증거가 되었다. 1949년 8월 23일 트루먼은 대중에게 핵실험에 대해서만 정보를 주었고, 국제적인 조약을 통해서 핵무기 사용을 금지할 필요성이 있다고 언급했다. 의회와 언론에서는 상당히 불편할 수 있는 두 가지 질문을 던졌다. 즉, 비밀정보기관은 왜 소련의 핵개발을 그토록 잘못 예측했는가? 소련은 핵무기로 얼마나 신속하게 그리고 어떤 결과로 서구를 위협할 수 있는가? 미국 정보부와 영국의 정보부에는 무서울 정도로 분명했는데, 바로 전체주의 국가 소련이 얼마나 효과적으로 은폐할 수 있는지 잘 알고 있었다. CIA의 국장 힐렌쾨터가 의회에서 밝힌 것처럼, 핵개발에 종사하는 사람이 어림잡아 15만 명이나 될지라도 말이다.[72] 어쨌거나 1950년 망명해온 소련의 정보장교("이카루스")의 도움으로 그리고 도주자들에게 질문을 함으로써 개별 사항들을 알아내는 데 성공했다. 그리하여 핵 프로젝트에 참여한 소련인의 수는 세 배로 늘어났다.

이제 더 이상 의심할 여지가 없었다. 핵 무장의 경쟁이 시작되었다. 비밀 정보 활동이 1946년 이후 냉전 시대에는 이데올로기적 영토상의 분쟁 업무를 담당한 뒤에, 1949년부터 거대한 주제인 "소련의 핵 장비"를 겨냥해야만 했다. 그 결과 미국에서는 여전히 값비싼 정보기술 장치가 지배했는데, 이것들 가운데 1959년부터 인공위성을 통한 감시도 포함되었다. 이 같은 새로운 임무 영역은 냉전 동안 미국의 비밀 정보 활동의 총예산 가운데 대략 80퍼센트를 가져갔다. 이와 관련된 거의 모든 인력 및 장치가 국방부의 손에 들어갔다. CIA는 이로써, 광범위한 해외 비밀 활동의 센터로 발전할 가능성을 얻었다.

은폐 작전, 스파이, 분석

제2차 세계대전 동안 비밀 정보조직은 인원을 급격하게 늘렸고 전쟁 수행을 위해 그 이전에 일어난 모든 전쟁에서보다 더 중요한 역할을 담당했다. 그 이후에 정부의 수장인 자들은 매우 다양하게 사용할 수 있고, 새로운 지배 도구를 발견했다고 믿었다. 즉, 이런 지배 도구를 통해서 국제 안보정책과 관련해서뿐 아니라 미래에 일어날 전쟁에서 훨씬 나은 방식으로 혹은 완전히 다른 방식으로 해묵은 문제는 물론 새로운 문제도 해결할 수 있다고 생각했다. 이와 같은 희망은 곧 많은 세부적 영역에서 완전히 과장된 희망으로 드러났다.

1945년 이후 비밀 정보조직의 개혁을 통해서 훨씬 향상되고, 대체로 이전보다 더 광범위하며 강력하게 전문화된 권력기구를 손에 쥐는 데는 성공했다. 그럼에도 전후 10년 동안에는 실수를 연발했는데, 물론 그 책임은 비밀 활동 조직에만 있었던 게 아니라, 정치적 작전을 지휘했던 조직원, 국가와 정부의 수장과 장관과 정보부의 수장에게도 있었다. 이와 같은 결론은 모든 경우에 유효하지는 않겠지만, 현대의 비밀 정보 관련 저서의 저자들이 주장하듯 "비밀 정보 활동의 실패"라거나 이들 조직의 "음모"라는 주장과는 반대되는 결론이기는 하다. 이로써 비밀 정보 활동이 자신들의 책임으로부터 면제되었다거나 전반적으로 책임이 없다고 설명해서는 결코 안 된다. 그것보다는 오히려, 그때그때의 정치적 지도부, 그리고 국회나 법정, 그 외에도 언론과 대중의 의견의 책임에 조금 더 중점을 둬야 한다는 의미다. 통용되고 있는 저서들, 그리고 지극히 극단적인 저서들에서 주장하는 것보다 그들의 책임이 더 무겁다는 뜻이다.

미국과 영국의 비밀 정보조직이 소련 핵 프로젝트에 대한 예측에 실패한 이후, 한국전쟁에서 그것보다 훨씬 끔찍한 재난이 일어났다. 물론 이두 가지 경우 사이에 존재하는 근본적 차이를 분명히 해야 한다. 또한 역사적으로 되돌아보더라도, 사람들이 소련의 핵 프로젝트를 훨씬 더 잘 관찰하려면 무엇을 해야만 했는지 알 수 없다. 미국과 영국이 사용한 기술적 분석 방법은 오늘날에도 여전히 성능이 좋다. 이런 기술적 방식은 핵유포를 막는 정책을 위반할 경우를 생생하게 관찰할 수 있는 기초를 제공했다. 게다가 소련이 최초로 핵실험을 한 시점을 잘못 계산함으로써 서구에 어떤 직접적 손상도 입히지 않았다. 실험 시기에 대해 좀더 정확한 예측을 했다 하더라도 서구의 강대국들의 정책을 본질적으로 바꾸지는 못했을지 모른다. 오늘날 이란의 경우에 반복해서 토론하고 있는 바의 조치, 그러니까 소련에 대하여 "예방을 위한 타격"을 가하기에는 당시 미국이나 영국은 전혀 준비가 되어 있지 않은 상태였다.

그와는 반대로 한국전쟁이 발발하고 또 전쟁이 진행되는 동안 미국의 비밀정보부가 저지른 예측의 실패는 완전히 다른 종류였다. 이런 오류는 막을 수 있었고, 예측에 실패함으로써 수많은 인명 피해는 물론이고 외교 상의 위신도 깎이고 말았다.

비밀 정보 활동의 연이은 고장은 1950년 6월 25일 북한이 남한을 공격 함으로써 시작했고, 이들은 준비도 채 되지 않은 서구를 급습한 것이었 다. 사람들은 공산 정권의 활동을 주시하고 있었으나, 미국의 지도부나 CIA에서도 그와 같은 공격의 가능성은 배제하고 있었다. 그러니까 강대 국과 전쟁을 치르고자 하는 공개적인 의도 없이 소련이 공격하리라 내다 보지 않았던 것이다. 오늘날에야 알게 되었지만, 스탈린은 대대적인 전쟁 을 치를 준비가 실제로도 되어 있지 않았다. 그는 여러 차례 북한의 공산 주의자들에게 그와 같은 침범에 대하여 거절 의사를 표시했다. 그사이 스 탈린은 북한에 현대적인 군 장비를 공급했고, 북한은 이로써 신속하게 군 의 능력을 향상시켰다. 1950년 초부터 북한의 전투력은 남한의 약한 전투 력에 비해 우위에 있었다.

1950년 1월 말에 스탈린은 김일성에게 전보로 낙관적인 소식을 전했 다. 만일 북한이 매년 적어도 2만 5000톤의 납을 공급해준다면, 모스크바 는 한반도의 통일을 위해서 도움을 줄 수 있을 것이라고 말이다. 3월에는 그 밖의 다른 광물도 공급하겠다는 합의문을 체결했고, 은과 금도 그 가 운데 포함되어 있었다. 이때 스탈린의 발의가 나온 시점이 상당히 의미 심장한데, 왜냐하면 바로 며칠 전, 그러니까 1950년 1월 12일, 미국 외무 부 차관 딘 애치슨은 강연 도중에 말하기를, 한국의 정치적 긴장은 유엔 이 담당할 문제라는 것이었다. 미국의 방어 지점은 알류산 열도, 일본과 필리핀까지라는 의미였다. 그러니 한국의 안전은 미국이 직접 챙길 사안 이 아니라는 말이었다. 스탈린은 이로부터, 신속하게 남한을 정복할 경우 미국은 공격하지 않을 것이라는 결론을 내렸을 가능성이 있다. 왜냐하면 미국이 1949년 10월 그것보다 세계 정치상으로 훨씬 중요했던 바의 포고, 다시 말해 공산주의 중화인민국의 포고를 반대 조치 없이 받아들였기 때문이다. 게다가 스탈린은, 미국이 군사적으로 전쟁에 개입할 기회를 갖기 전에, 남한을 정복할 것이라 믿었던 게 틀림없다. 물론 북한 군대가 남한의 수도 서울을 3일 내에 접수한다는 계산하에서 말이다.

하지만 트루먼 대통령은 기대와는 다른 결정을 내렸다. 그는 유엔의 결의안을 기본으로 삼아 전쟁 동맹을 형성하고 한국에 개입하고자 유엔을 이용했다. 이미 6월 27일 트루먼은 태평양 지역에 주둔하고 있던 미국 군대와 공군에게 남한을 지원하기 위해 투입하라는 명령을 내렸고, 중국과 대만 사이의 전쟁을 막기 위해 배치해둔 7번째 미국 함대를 타이완에서 대기하라는 명령을 내렸다. 9월 15일 유엔군 총지휘자 맥아더 장군이 군대를 이끌고 인천(서울과 가까운)에 상륙했다. 그는 그야말로 5주 만에 남한을 다시 탈환했고 북한을 북으로 압박해갔다. 이와 같은 상황에서 트루먼 대통령은, 맥아더와 만나기 위해 태평양의 웨이크섬으로 출발하기 전에, 비밀정보부에 전쟁을 확대했을 때의 위험에 대해서 물었다. 공산주의 중국이나 소련이 전쟁에 개입할 것인가? 아니면 두 국가 모두 개입할 것인가? 맥아더 장군은 그렇게 되리라 믿지 않는데, 중공은 전쟁에 개입하기 좋은 시점을 이미 놓쳤기 때문이라는 것이다. CIA의 분석도 비슷한 결론이었다. 소련은 베이징의 정치에 동의했고 소련에 시급한 전쟁 위험 없이 중국의 개입을 스스로 허용하지는 않을 것이라고 확신했다. 베이징은 게다가 모스크바에 예전보다 더 종속되는 것에 전혀 관심이 없다는 것이었다.[1]

하지만 모든 예측과는 반대로, 대략 중공군 20만 명이 아무도 모르게 국경을 흐르는 압록강을 건넌 뒤에, 중국 "지원병" 30만 명이 개입하고 말았다. 이와 같은 개입은 모스크바의 동의하에 일어났으나, 베이징이나 모스크바에서 공식적으로 전쟁을 선언한 적은 없었다. 미국 역시 자신들의 군사 작전을 전쟁이라고 표시하지 않았는데, 미국의 상원은 미국의 헌법에 따라서 어떤 전쟁 포고도 승인하지 않았기 때문이다. 공식적으로 미국이 지칭한 표현은 폴리스 액션(police action)이었다. 언론에서 사람들은 대부분 갈등(conflict)이라고 말했다. 이것은 새로운 종류의 전쟁이었고, 비밀 정보 활동이라는 수단을 이용해서 확정 지을 수 없었던 스탈린의 "원래" 의도가 중심이 되었던 전쟁이다. 트루먼 대통령이 자신의 의도를 소련에 대해서 가장 강력하게 표현한 바는, 중국 영토에 있는 적군의 보급로를 폭파하고 이로써 전쟁이 중공까지 퍼지는 것을 군대에 금지했을 때다.

서구의 스파이 활동을 이용하여 소련 진영에서 결정을 내리는 사람에게 접근하는 것이 얼마나 어려운지를 다시 한번 보여주었다. 이로써 군사적 지표, 즉 군대의 움직임, 무선통신의 양, 전쟁 포로 등으로 그들의 의도를 알아낼 가능성밖에 남아 있지 않았다. 하지만 상대가 속일 의도로 펼치는 기만 작전의 희생물이 될 위험도 매우 높았다.

실제로 미국 군사정보부는 한국전쟁에서 실패를 맛봐야 했다. 윌리엄 웨이스밴드의 배반으로 미국인들은 1949년 말부터 소련의 군사 무선통신을 더 이상 해독할 수 없었다. 그리하여 남한과 타이완에 있던 파트너 비밀정보부의 보고서를 참고해야만 했는데, 이 역시 공산주의자들이 잠입해서 나온 부패한 정보였다. 신속한 과정을 거쳐서 새로운 정보원들을 징집하여 적군의 손길이 닿지 못하게 무선통신을 보내려던 시도는 수천 명의 한국인과 중국인에게 비극으로 끝났다. 이런 무선통신은 공산주의자들 손에 걸려들었고 부분적으로는 기만 작전에도 이용되었기에 말이다.

이런 정보원들 가운데 그 누구도 돌아가지 못했거나 정확한 정보를 전달하지 못했다. CIA 내부의 정책조정실장 와이즈너는 마리아나 제도 북부에 있는 태평양 섬 사이판에 훈련소를 마련했고, 이곳에서는 도망자와 전쟁 포로가 미국 정보부의 스파이 임무를 준비했다. 이들 가운데 소수만이 영어를 할 줄 알았고, 그 누구도 미국의 편에 서서 한국어나 중국어를 하지 않았다. 따라서 직접 가장 간단하게 안보를 시험해볼 수 있는 가능성조차 없었다. 또한 서울에 주둔해 있던 CIA 직원 200명 가운데 그 누구도 한국어를 능통하게 하는 사람은 없었다.[2]

순수한 첩보 임무 외에도, 중국 내에 반공산주의 저항 그룹을 찾아내고 게릴라전을 준비하려는 시도도 있었다. 이와 같은 작전은, 1951년 여름에 야전(野戰)을 중지하면서 진행되었다. 한국인 1500명 이상이 공산주의자들이 탈환한 북쪽으로 보내졌다. 나중에 조사한 바에 따르면, 그들 모두가 죽었다. 다양한 국내 연구를 통해 되돌아보건대, 미국의 정보 활동이 한국전쟁에서 불러온 결과는 가히 파괴적이었음이 분명하다. 정보원들이 보고한 내용의 대부분이 적군에 의해 위조된 것이었고, 거의 모든 은폐 작전이 실패했다. 대부분이 그렇다는 것인데, 왜냐하면 시작부터 작전 대부분에 적군이 잠입해 있었기 때문이다.[3] 이는 CIA의 작전은 물론이거니와 군사정보부의 작전에도 똑같이 해당되었다. 하지만 SIGINT와 IMINT의 설명은 어느 정도 정확했다. 예를 들어, 중국의 국경 지역에 소련 폭격기 200대가 준비하고 있고 소련 조종사들이 가장 현대적인 전투기종 MIG-15를 몰고 한국으로 날아갔다는 증거를 제시하는 데 성공한 것이다. 비록 소련은 대중에게 밝히기로는 그 어떤 군사적 참여도 하지 않았다고 했지만 말이다.

유럽에서 진행된 은폐 작전

미국은 한국에서 소련-중국 제국에 맞서 비밀 정보 전쟁을 치르다가 대대적인 패배를 겪었는데, 그것은 처음이 아니었다. 이미 소련의 영향권에 있는 동유럽에서 펼친 일련의 작전을 통해서도 심각한 손실을 입었다. 1949년 CIA 내부의 정책조정실장 와이즈너는 폴란드에 있는 "자유와 독립"이라는 이름의 비밀조직과 접촉하게 되었다. 이 조직은 무기, 무선통신기기와 다른 도구들만 있다면, 소련을 물리칠 수 있다며 확인할 수 없는 주장을 펼쳤다. 와이즈너는 알바니아와 우크라이나에서도 비슷한 운동조직을 지원함으로써, 소련이 유럽에 미치는 영향력을 억압할 수 있고 동유럽 민족들에게 자유를 줄 수 있으리라고 희망했다. 전략적 폭격기의 지휘관이던 르메이 장군은 소련과의 전쟁 시에 만일의 경우를 생각했는데, 추락한 미국 조종사들을 숨겨줄 수 있는 서구 편에 선 유격대원들이 필요할 것이라 생각했다. 이는 몇 년 전 독일을 상대로 싸운 전쟁에서 실행해봤던 것이다.[4]

실제로 폴란드와 우크라이나 그리고 발트해 연안 제국들 가운데 일부에는 그런 종류의 게릴라들이 있었다. 이들은 제2차 세계대전이 끝난 이후에도 소련에 맞서 싸웠다. 하지만 소련 비밀정보부는 이런 조직에 잠입하는 데 성공했다. 그 밖에도 소련은 필비라는 스파이가 있었고, 영국의 MI-6에 근무하는 정보원으로서 그는 미국인들과 연계한 미국-영국 작전에 대해 모스크바에 보고를 해주었다.

독일에 있던 미국 점령 지역은 동유럽의 망명 조직과 접촉하는 데 중요한 역할을 했다. 예를 들어 뮌헨에서는 우크라이나 해방을 위한 최고 의회가 CIA의 파트너가 되었다. 여기에서 CIA는 망명한 우크라이나인들을 위해 준군사 교육을 받을 수 있게 조직해주었고 용감한 헝가리 조종사를 통해 그들을 고향에 낙하산으로 내려주었다. 혹은 1949년 9월 미국의 군사 운송 담당자가 한밤중에 렘베르크(르보프) 부근에 데려다주기도 했다. 하지만 이들 우크라이나인들 가운데 살아남은 자는 아무도 없다. 알바니아에서 실시한 영국-미국의 작전도 비슷한 운명을 겪었다.

겔렌의 조직도 동유럽 망명자 그룹 작전에 참여했을 가능성이 높다. 하지만 지금까지 세부적인 사항은 공식적으로 알려지지 않았다. 특히 발트해 연안의 주민 가운데 대략 2만 명에 달한 망명자가 해당한다고들 하는데, 이들 가운데 많은 사람이 밤중에 상륙하기 위해 작은 쾌속정을 타고 소련 발트해 연안에서 연습을 했다. 영국의 MI-6는 이미 비밀 정보 목적을 위해 독일 지뢰 제거 업무를 이용했는데, 특히 발트해에서 작업했던 군부대다. 이로부터 사람들은 쾌속정을 구비한 소규모 돌격부대를 만들었고, 이 부대는 영국 해군 부대라고 위장한 채, 그러니까 발트해의 어종을 보호하는 임무를 맡은 발트해 어종 보호 서비스(Baltic Fishery Protection Service)를 담당하는 부대라고 위장하고서 비밀 정보의 임무를 받았다. 이런 임무를 맡긴 독일 선원 가운데 한스-헬무트 클로제도 있었으며, 그는 1956년부터 막 생겨나고 있던 독일 해군에게 독자적 권한이 있게끔 자신의 힘을 보태기도 했다. 1970년대 그는 함대 사령부의 수장으로 승진했다.[5]

하지만 1951년 9월 망명한 라트비아 사람들을 육지로 데려왔을 때, 이들의 고향에서는 이미 게릴라 전쟁은 패배했다. 다만 리투아니아에만 1952년까지 수천 명의 투사가 있었다고 한다. 개별적인 전투는 발트해 연안에서 1956년까지 있었다. 공산군 수만 명을 비롯해서 공산주의자 간부들과 협력자들이 그들에게 희생되었다고 한다. 소련은 자신들도 많은 손

실을 입었다고 인정했으나, 망명자들 수보다는 적었다.[6]

소련이 1951년 12월 폴란드의 라디오에서, 서구의 비밀정보기관이 폴란드의 비밀조직 "자유와 독립"과 어떻게 연계되어 있는지를 알렸을 때, 이러한 선전을 통해서 소련은 성공적인 성과를 거두었다. 전쟁이 끝나고 나서 몇 년 후 반공산주의자 앤더스 장군에게, 폴란드의 지하조직과 접촉하게 해주겠다고 제안한 폴란드 남자가 나타났다. 앤더스 장군은 처음에는 소련 측에서 일했고, 그런 뒤 아이젠하워 군대에서 독일을 상대로 싸웠다. 하지만 폴란드 국적을 박탈당하고 런던에 망명 가서 살았다. 아마도 영국과 미국 비밀정보기관으로 하여금 폴란드 게릴라 투사들이 요구한 원조를 해주게 만든 것은 앤더스 장군의 권위 덕분이었을 것이다. 투사들이 요구했던 바는 상당한 양의 돈과 무기, 그리고 정보원들을 파견해 달라는 것이었다. 곧 드러났다시피, 이미 1920년대 서구의 정보원들을 속였던 것은 볼셰비키들의 날조된 지하조직 "트레스트"였다.

미국 정보 활동 혹은 영국-미국의 정보 활동이 유럽에서 성공을 거둔 것은 오로지 서부 유럽에서였다. 1948년의 이탈리아 의원선거를 언급할 수 있는데, CIA는 선전 자료와 금융 원조를 통해 공산주의가 아닌 당과 언론을 위할 수 있도록 개입했다. 그런 뒤에 서부 유럽에서 자유로운 노동조합에게 비밀스럽게 지원을 했으며, 이 노동조합은 이전에 미국의 공산주의자였던 제이 러브스톤과 어빙 브라운이 조직했다. 이로써 유럽의 노동조합과 그 밖의 라틴아메리카의 노동조합에도 공산주의자가 잠입하지 못하게 했다. 1974년에야 비로소 미국의 노동조합연맹이 CIA와 밀접하게 협력했다는 사실이 알려졌다.[7]

좌파의 정치 스펙트럼에서 아무리 비판을 할지언정, 사람들은 1950년 베를린 티나티아 궁전에서 개최한 "문화적 자유를 위한 회의"를 성공이라 부를 수 있게 될 것이다. 이 의회는, 제2차 세계대전이라는 재난이 종식된 이후에, 다시금 유럽의 지식인들 사이에 물꼬를 트고 미국인들과도 대화를 하는 데 봉사했다. 이 회의에 참석한 많은 사람은 이전에 공산주의자였거나 적극적인 사회주의자 혹은 사회민주주의자였다. 많은 이들이 히틀러나 스탈린 또는 두 사람으로부터 도망쳤던 사람들이다.

베를린에서 회의를 창립할 때 레몽 아롱, 프란츠 보르케나우, 베네데토 크로체, 카를 야스퍼스, 이그나치오 실로네, 제임스 버넘, 휴 트레버-로퍼, 아서 슐레진저 주니어, 버트런드 러셀, 에른스트 로이터, 아서 케스틀러, 리하르트 뢰벤탈, 멜빈 J. 레스키와 테네시 윌리엄스 같은 과학자, 작가와 예술가가 참석했다. 이와 같은 발의를 시작으로 더 많은 모임과 지식인 잡지가 생겨났다. 〈인카운터(Encounter)〉(영국), 〈프레브(Preuves)〉(프랑스), 〈데어 모나트(Der Monat)〉(서독)와 같은 잡지다. CIA 자금으로 그처럼 유럽의 지식인에게 개입할 필요가 있었는지는 분명하지 않다. 그래도 생각해야 할 문제는, 마치 집단적으로(자발적이기도 하고) 세뇌를 당하기라도 한 것처럼 1930년대와 1940년대 유럽 지식인들 가운데 상당수가 소련 공산주의, 파시즘과 국가사회주의를 추종하는 당에 소속되어 있었다는 사실이다. 이와 같은 배경에서, 이런 광기에 굴복하지 않았거나 혹은 대부분 전체주의자가 되어버린 지식인들과 달리 자신들이 범한 실수를 솔직하게 인정하고, 후세가 자신들과 비슷한 실수를 범하지 않도록 하는 데 모든 것을 걸고 싶은 사람들을 보호해주는 것은 충분히 설득력이 있어 보인다. 만일 사람들이 미국의 세금이 CIA로 흘러들어갔다는 것을 비판한다면, 여기에서 생각해볼 게 있다. 그러니까 당시에 미국 연방정부를 통해서 문화 행사를 대놓고 지원할 가능성은 거의 없었다는 사실 말이다. 그 밖에도 문화진흥 기금 명목으로 의회에서 승인을 받고 이로써 유럽 지식인을 위한 마셜 플랜에 대하여 공공연한 논쟁을 벌이기가 힘들었을 것이며, 심지어 불가능했을 것이다. 왜냐하면 이들 지식인 가운데 많은 이가 좌파에 속해 있었기 때문이다.[8]

비록 성공과 실패라는 단순한 도식에는 어울리지 않겠으나, 매우 특이한 점은 라디오 방송국 두 곳을 설립한 것인데, 라디오 프리 유럽과 라디오 리버티로, 미국 점령 지역이던 뮌헨에 들어섰다. 방송사의 상호는 뉴욕에 있는 자유 유럽을 위한 국가 위원회(National Committee for a Free Europe)였다. 최초의 단파 프로그램은 1950년 7월 체코슬로바키아로 내보냈다. 이어서 각 국가의 언어로 동유럽에 있는 그 밖의 나라에도 날씨 예보를 내보냈다. 1953년 라디오 리버레이션도 추가로 생겼으며, 이곳은 1964년 라디오 리버티로 이름을 바꾸었고, 러시아어로 방송을 내보내다가, 훗날 소련의 지방에서 쓰는 언어로도 방송을 내보냈다.

모델은 RIAS 베를린(Radio in the American Sector)이었는데, 이곳은 이미 1946년에 방송을 했다. 하지만 RIAS가 공공연하게 미국의 세금으로 재정을 지원받는 방송국이었던 반면, 물론 많은 독일 저널리스트들이 운영하고 있었지만, 다른 두 곳 방송국은 1971년까지 CIA 예산으로 비용을 충당했다. 바로 이해에 미국 의회는 자체적으로 공공 예산을 운영할 수 있게 되었다. 방송국 운영은 국제방송위원회(Board for International Broadcasting)의 감독을 받았고, 더 이상 미국 정부로부터 감독을 받지 않았던 것이다.[9] 물론 그때까지 CIA와 외무부는 늘 영향력을 행사하기는 했으며, 특히 1950년대에는 그러했다. 1956년 헝가리에서 폭동이 일어났을 때 라디오 프리 유럽의 역할은 특히나 논쟁의 여지가 많았는데, 헝가리인들이 미국으로부터 무기와 다른 원조를 받게 될 것이라는 인상을 받을 수 있는 내용을 전달했기 때문이다. 이와 반대로 워싱턴은 소련에게 미국은 개입하지 않을 것이며, 특히 군사적 개입을 하지 않을 것이라고 전달했다. 이런 의미에서 동유럽의 "포로가 된 민족의 해방"을 위한다는 정치는 공허한 선전으로 드러났고, 이런 선전은 주로 미국의 대중에게, 그 가운데 특히 동유럽에서 이민 온 사람들에게, 애국적인 말로 용기를 북돋우는 데 사용되었을 뿐이다.[10]

미국의 시각에서 보면 무솔리니나 히틀러, 스탈린과 같은 유럽의 독재자들 체제하에서 큰 역할을 한 라디오를 정치적으로 투입하는 행위는 상당히 이례적이었다. 왜냐하면 미국에서조차 정부 소속 라디오 방송국은 없었고, 오로지 민간 방송국만 있었기 때문이다. 물론 영국은 반(半)국영 BBC를 통해서, 어떻게 자유 민주주의가 다른 방식으로 라디오를 사용할 수 있는지를 잘 보여주었다. 그 밖에도 이 영국 모델은 패배한 독일에게 정치적 변모를 할 때 본보기가 되었고 "공공의 합법적인" 라디오 방송국(나중에는 텔레비전)의 형태로 탄생하게 되었다. 이제 라디오 방송은 소련 제국과 맞서 내적 영향력을 행사하는 도구가 되었던 것이다. 이로써 비간섭주의라는 국제법상의 원칙이 손상을 입었는지는 논쟁의 여지가 있다. 여전히 공산주의 국가들은 이에 대하여 진지하게 항의하지 않았는데, 왜냐하면 자신들도 유엔 헌장에서 규정하는 인권을 그 어디에서도 지키지 않았기 때문이다. 그 밖에 동구권은 이처럼 "허공에서의 전쟁"에 집중해서 참여했다. 라디오 모스크바는 이미 1939년, 프랑스어, 영어, 아랍어와 이탈리아어로 방송을 내보내기 시작했다. 라디오 베이징은 1947년부터 영어 프로그램을 방송했다. 동독은 1959년에 적극적으로 가담했고, 그 밖에 많은 국가가 이런 활동에 참여했다.[11]

공공 라디오 프로그램은 비밀 정보 활동을 더 깊이 있게 이해하지는 못했다. 하지만 라디오 프리 유럽과 라디오 리버레이션/리버티는 CIA에 홍미로운 가능성을 제공했는데, 바로 이민자들을 포섭할 수 있는 가능성이었으며, 이들은 개인적으로나 직업적으로 동구권과 접촉하고 있었다. 이로써 체제에 반대하는 자유사상가들 무리와 연결할 수 있었고, 이는 또다시 그들로부터 정보를 얻게 해주었다. 이런 방법이 아니었다면, 동구권 사회에서 실제로 무슨 일이 일어났는지, 어떻게 알아낼 수 있었겠는가? 사유사상가들과 도망자들은 많은 영역에서 최고의 정보원이었다. 하지만 자유사상가들은 공산주의 비밀 정보원들에 의해서 철저하게 감시를 받고 있었기 때문에, 서구의 비밀 정보원들과 접촉하는 일은 지극히 위험했다. 물론 이런 접촉을 하면 유리한 점도 있었다. 이런 사람들이 전해주는 진짜 정보를 통해서 외국의 방송국은 청취자들에게 자국민이 자신들의 나라가 어떤 상태인지 정보를 제공함으로써 허위 선전만 하는 국가의 권위를 땅에 떨어뜨렸기 때문이다. 러시아 출신의 노벨문학상 수상자인 보리스 파스테르나크(영화로도 유명한 《닥터 지바고》의 저자―옮긴이)와 알렉산드르 솔제니친의 소설과 같은 금지된 문학작품을 라디오 리버레이션/리버티는 청취자들에게 들려주었던 것이다. 이 작품들이 수십 년 후 소련에서 합법적으로 퍼져나가기 전에 말이다. 그런 점에서 라디오 방송은 비밀 정보 역사상 중요한 한 장을 차지할 뿐 아니라 유럽 사상사의 한 장을 장식하고 있다.

제3세계에서 벌어진 비밀 정보 전쟁

인도에서 대영제국의 지배가 1947년에 해체되고 1년 전에 필리핀이 독립함으로써 세계 정치는 근본적인 개조가 시작되었다. 사람들은 이런 과정을 두고 탈식민지화라고 부르고 제3세계의 등장과 연관 짓는다. 탈식민지화라는 개념은 틀렸다고 볼 수도 있다. 식민지에서 탈피한 많은 민족과 영토가 식민지적 종속 관계에 있지 않지만, 영국령 인도나 이집트, 튀니지, 모로코처럼 피보호국이 되었거나, 또는 직접 그 지역을 다스리는 제후들이 제국주의자들의 권력에 종속되었다는 점에서 그렇다는 말이다. 물론 종속되는 정도는 각국마다 어느 정도 차이가 나지만. 심지어 알제리는 독립전쟁을 하던 시기에 프랑스 부대(Département, 처음에는 3, 나중에는 17)라는 지위에 있었다. 이 말은, 유럽 식민지 국가들과 미국으로부터의 독립은, 비교적 식민지라는 좁은 의미의 개념으로, 암시하는 것보다 훨씬 복잡하다는 뜻이다.

하지만 러시아의 10월 혁명(볼셰비키 혁명) 이후로, 종족과 민족이 독립을 위해 오래전부터 치르는 전쟁은 소련, 나중에는 공산주의 국가들 전부와 서구 사이에 이데올로기적이고 세력 정치상의 갈등과 관련하여 점점 더 중요한 의미를 갖게 되었던 것이 분명하다. 서구 제국들에 대한 이와 같은 위협은 1945년 이후에 더욱 강해졌는데, 특히 아시아에서 일본이 1930년대에 "아시아인들에 의한 아시아"라고 내건 선전이 끔찍하게 몰락했기 때문이고, 소련이 1945년 이후 그 전보다 더욱 막강해졌기 때문이었다.

물론 "제국주의" 정치를 반대하는 모스크바에게도 커다란 장애물이 있었다. 우선 소련 자체도 매우 다양한 민족이 모여 있는 제국이었는데, 러시아 인종이 아닌 인종들은 차별받고 억압을 받았으며 착취도 당했다. 러시아 황제가 다스리던 시대에서 공산당이 지배하는 시대로 바뀌었지만, 약속과는 달리 바뀐 게 별로 없었다. 다른 한편으로, 무신론이던 소련의 이데올로기는 종교적 상상에 따라 질서가 잡혀 있는 근대적 이슬람 사회,

그리고 아프리카와 라틴아메리카와는 심각하게 어긋나 있었다. 따라서 소련이 근동에서 처음에는 상당히 세속적인 이스라엘에 집중했고 이들의 적이던 아랍을 무시했던 것도 놀랄 일이 아니다. 나중에서야 비로소 몇몇 이슬람 국가와 동맹을 맺기는 했으나, 그것도 현대화되고 세속적인 이집트와 시리아와 맺었을 뿐이다.

사회주의를 통해 제국주의를 극복해야 한다면서도 소련은 놀라울 정도로 뒤늦게, 자신들의 권력 수단, 그 가운데 비밀 정보 업무를 "제3세계"에 투입했다. 이를 위한 최초의 전략적 구상은 1961년에 KGB에서 나온 계획으로, 43세의 비교적 젊은 KGB의 의장 알렉산드르 셸러핀은 열정적으로 소련의 나이 든 지도부를 반대했다.[12] 그나마 흐루쇼프가 그와 같은 생각을 했다. 그는 제3세계의 젊은 혁명가들에게서, 특히 피델 카스트로에게서, 젊은 시절에 자신이 가졌던 것과 동일한 공산주의 열성을 봤던 것이다.

1964년 흐루쇼프가 실각한 뒤에, 브레즈네프는 서구의 자본주의 국가들은 제3세계를 둘러싼 싸움에서 패배할 수 있을 것이라는 생각을 했다. KGB에서는 제3세계 전문가인 젊은 세대가 성장하고 있었고, 국제부를 담당했던 소련 공산당 KPdSU 중앙위원회가 소련 외교정책의 새로운 구상이 성공할 수 있도록 그와 같은 젊은 세대를 지원해주었다. 또한 이론 지도자 미하일 수슬로프는, 자본주의 체계의 무력화는 "반제국주의 세력"을 통해 "역사적으로 피할 수 없을" 것이라고 설명했다.

흥미롭게도 소련 외교정책의 공식적인 수장이었던 외무부장관 그로미코는 끈기 있게 이와 같은 낙관적인 시각에 반대했다. 심지어 정치사무국도 그를 근동, 아프리카 혹은 라틴아메리카로 여행하라고 설득할 수 없었다.[13] 또한 KGB 의장 유리 안드로포프도 대체적으로, 서구가 제3세계의 이데올로기적 그리고 군사적 전투에서 패배하리라 믿지 않는 것처럼 보였다. 1975년 4월 중순, 미국이 사이공에서 철수하기 2주 전, 그는 비공식적이고 극비리에 모인 모임에서, 한국전쟁을 기억해보면 될 것이라 설명했다. 당시에도 공산주의 군대가 한반도 전체를 점령할 뻔했다가, 미국의 상륙 작전으로 끔찍한 패배를 맛봐야만 했다. 이와 비슷한 일이 베트남에서도 일어날 수 있었다. 북군이 모두 남쪽에 몰려가 있었고 하노이로 가는 길이 "뚫려" 있었기에 미군이 북쪽을 기습적으로 공격할 수 있었던 것이다.[14] 베트남에서 미국의 패배를 안드로포프는 상상조차 할 수 없었다.

전반적으로 이야기하면 제3세계에서 소련의 비밀 정보정책은 기회주의적이었고 1970년대까지 주저하는 특징이 있었다. 모스크바는 다수의 국가적 혹은 국지적 공산주의 해방운동에 지원을 해주었으나, 서구의 강대국들이 공개적으로 대치하게끔 자극하지 않으려고 매우 주의를 기울였다. 게다가 사람들은, 이와 같은 운동이 성공을 거둘 경우에도 모스크바를 통해서 통제하기란 매우 어렵다는 사실을 배워야만 했다. 중국에서뿐 아니라 베트남에서도 그러했듯이 말이다.

그럼에도 서구 정보기관과 정부는 오히려 모스크바는 공산당, 공산주의 조직과 해방운동을 지원함으로써 세계에서 소련의 영향력을 확대할 수 있는 기회를 모색한다는 모순적 가정에서 출발했다. 이와 같은 확신으로 MI-6와 CIA는 1952년, 이란 정부를 붕괴할 계획을 짜기 시작했다. 이란 총리 모하마드 모사데크는 1951년, 나중에 BP가 되는 영국-이란 석유 회사를 국영화했다. 그는 자신을 공산주의자로 부르지는 않았지만, 영국 정부는 물론 미국 정부도 소련이 세력을 확장해올 수 있는 위험이 많다고 봤다. 이와 같은 생각은 근거가 전혀 없는 게 아니었는데, 제2차 세계대전 중에 독일이 전복을 꾀하는 것을 미리 차단하기 위해 소련은 북쪽을, 영국은 이란의 남쪽을 점령했기 때문이다. 모스크바는 이와 같은 기회를 이용해서 정보부의 거점으로 주재관과 부주재관 40군데를 설치했다. 테헤란에만 정보원으로 일하는 지휘관급 장교가 115명 주둔했다. 당시에 소련 정보부가 외국에 마련한 정보부 거점으로는 가장 규모가 컸다.[15] 서구의 강대국들은 1946년에 소련을 물러나게 하는 데 성공했으나, 공산주의를 추종하는 민중당(1941년부터 이란에 존립했던 마르크스-레닌 당)과 북쪽 국경 지대에 살고 있던 종족들에게 미치는 영향력은 지대했다. 이들 북쪽 국경 지대에 살던 종족들의 가족은 국경을 넘어서 살고 있었다. 1949년 이란의 왕을 암살하려는 테러가 있었는데, 이란 장교단 소속의 민중당 지지자가 실행에 옮겼다.

　이란의 총리 모사데크가 석유 분쟁을 치르는 동안, 1952년 10월에, 테헤란에 있던 영국 대사관의 문을 폐쇄하고 이로써 이곳에서 일하던 MI-6 직원들을 추방했을 때, 영국은 미국의 CIA에 도움을 요청하려는 계획을 세웠다. 하지만 워싱턴에서는, 중동에서 영국이 주도적으로 석유를 채굴하는 것을 지원해줄 의향이 별로 없었다. 트루먼 대통령은 심지어 1951년 6월 주권 국가가 자신들의 지하자원에 대한 통제권을 갖는 것을 존중하는, 이른바 국가 안전위원회의 훈령에 서명했다. 하지만 1953년 1월 아이젠하워 대통령이 취임하게 되면서 이란-영국 사이의 분쟁을 동서의 대립이라는 차원에서 바라보게 되었다. 게다가 그는 전 세계에 미치고 있는 소련의 영향력과 싸우기 위해 포기할 수 없는 기구를 마련하려고 은폐 작전을 준비했다.

　1953년 6월 두 분의 루스벨트 대통령의 자손이자 친척이었으며, CIA의 중동 부서에서 일했던 커밋 루스벨트(시어도어 루스벨트 26대 미국 대통령의 둘째 아들이자, 프랭클린 루스벨트 32대 미국 대통령의 사촌—옮긴이)는, 미국의 외무부장관 덜레스에게 이란에서의 쿠데타 계획에 대한 22페이지에 달하는 보고서를 올렸다. 미국 자체에서 나온 보고서는 실제로 MI-6로부터 나온 내용이었다. 높은 계급의 장교들을 매수하거나 테헤란 거리에 있는 이란 국민들의 무질서한 모습을 조장함으로써 이란에서 쿠데타가 일어났다는 인상을 줄 수 있어야 했다. 역시 돈으로 매수한 이란 장군을 새로운 총리로 앉히고, 모사데크는 체포해 제거해야 했다.

하지만 모사데크는 이 일에 대하여 알게 되었고 1953년 8월 자신이 주도하여 폭도를 거리에 풀었다. 왕은 유럽으로 도망쳤다. 정보부에서 연출한 작전은 실패한 것처럼 보였다. 테헤란에 있던 CIA 정보원들은 이런 모험을 중단하라는 지시를 워싱턴으로부터 받았다. 하지만 키프로스에 있던 자신들의 정보조직 MI-6를 통해서 정보를 연결한 영국은 이와 같은 훈령이 전달되는 것을 방해할 줄 알았다. 마침내 CIA 정보원들은, 테헤란에 있는 방송국을 점령하고 방송을 내보내는 데 성공했다. 모사데크는 실각했고 왕이 테헤란으로 돌아왔다는 방송이었다. 이 두 가지 소식은 거짓이었으나, 대중은 이 방송을 듣고 진정되었으며, 그리하여 친왕적인 군대가 거리의 싸움에 관여한 뒤에 왕은 실제로 일주일 뒤에 이탈리아에서 돌아왔다. 적시에 도망을 쳤던 모사데크는 8월 21일 항복해야만 했다. 그는 군사재판을 받고 3년 형을 받은 뒤 자신의 고향 마을에 있는 집에 구금되었다가 1967년에 사망했다. 새로운 정부는 런던과 석유 채굴 구획을 합의했다.[16]

오늘날, 조지 부시 주니어 대통령 집권 시절 정권 교체 독트린을 고려해보면, 이 작전은 이란과 서구 민주주의 국가, 특히 미국과 영국 사이에 거리감이 시작된 시점으로 보인다. 이러한 거리감은 결국 25년 뒤, 1978/

1979년, 호메이니의 이란 혁명으로 귀착했다. 이는 필연적인 결과라고 할 수는 없겠지만, 이 두 가지 사건의 연계성은 결코 부인할 수 없다.

영국 외무부장관 이든의 명령에 따라 MI-6는 다른 국가들의 목록, 특히 중동에 있는 국가들인 사우디아라비아, 시리아와 이집트의 목록을 만들었다. 비슷한 방법으로 정권이 실각해야만 하는 목록으로, 그들은 서구 국가들의 이익에 걸림돌이 되었기 때문이다. MI-6의 국장 존 싱클레어는 워싱턴에 초대를 받았는데, 이곳에서 이런 종류의 미래 작전에 대하여 합의를 보기 위해서였다. 여기에서 미국이 특히 관심을 가지고 있던 것은, 극동 지방에 있는 영국의 전문가들을, 그곳에 있는 영국의 주재관을 포함해서, 아시아에 있는 공산주의와 싸우기 위해 얻고자 하는 데 있었다. 한국전쟁 이후에 프랑스-인도차이나, 태국과 인도네시아가 눈에 들어왔고, 이곳은 어떤 대가를 치르더라도 공산주의라는 "도미노 효과"에 말려드는 것을 막아야 한다는 생각에서였다.

그러기 위해 1954년 3월 CIA 내부에 작전부(Directorate of Operations)라는 조직을 만들었다. NSC-5412 훈령으로 임무에 대한 지시를 정확하게 규정했다. 여기에서 요구한 바는, "심리적, 정치적 그리고 준군사적 작전을 위해 공격적인〔매우 적극적이라는 의미〕은폐 작전이 있어야 하고, 필요할 경우에는, 적이 투입하는 것보다 더 무자비해야 한다"는 것이었다. 공산주의와 대립했을 때는 "그 어떤 규칙도 없으며 …… 인간의 행동과 관련해서 지금까지 유효했던 원칙은 사용되지 않을 것이다".[17] 이미 언급했던 NSC 훈령은 동시에 이런 종류의 작전을 통제하는 위원회도 투입했는데 (5412그룹), 이 훈령의 수행 규정은 생각할 수 있는 모든 영역에서 국제적인 공산주의를 방해하고 손해를 입히는 것이 목표라고 밝혔다. 여기에서 "〔미국과 자유세계에 사는 국민들 모두가 협력하고자 하는〕능력과 의지가 …… 국

가들을 강하게 해줘야 하고, 이로써 그들은 국제적 공산주의에 대항할 수 있다".[18]

미국 군대에는 특수한 전쟁을 수행하기 위한 부대(Special Warfare)도 편성했다. 특히 국제적으로 관심의 초점이 되는 곳에 대한 비밀 정보 전쟁 수행과 특수부대의 투입에 열광했던 케네디 대통령은 이 부대원의 수를 두 배로 늘렸다. 그가 대통령직에 있던 마지막 시점에는 1만 1000명 이상이 되었다.[19] 케네디 대통령은 초기에 이미, 그와 같은 작전이 얼마나 신속하게 실패할 수 있는지 체험했다. 특히 미국이 실제로 전쟁을 치를 준비가 되어 있지 않을 경우에 말이다. 이미 아이젠하워 대통령이 집권하던 시기에 공산화된 쿠바섬에 비밀 상륙 기도를 계획한 이후에, 케네디는 허락했다. 이때 계획은 거듭 수정했고, 불충분하게 군사 교육을 받은 쿠바 망명자들에게 미군의 직접적 지원은 거의 없었다. 특히 비행기를 통한 지원은 없었다. 자신을 군사 전문가로 간주한 케네디 대통령은, 밤 시간에 공격하도록 지시했다. 그런 작전을 한 번도 사전에 연습하지 않았으면서도 말이다. 이로써 그는, 실패할 경우 자신의 정부가 이런 작전에 참여한 것을 "그럴듯하게" 얼버무리려고 했다. 마침내 비행기에서 떨어뜨린 보급품 꾸러미가 늪의 어디엔가 떨어지고 보트 몇 대는 시동도 걸리지 않게 되었을 때, 재앙은 피할 수 없었다. 피델 카스트로의 부대가 이 계획에 대하여 충분히 알고 있었기 때문이다.

케네디는 이러한 실패가 이전 대통령의 잘못이라고 해명하고자 했다. 비밀 작전에 대한 그의 믿음은 결코 흔들리지 않았는데, 인도차이나에서처럼 특히 미국 군인들과 정보원들이 직접 싸웠기 때문이다. 이곳에서 미국인들은 1954년에 실패한 프랑스를 계기로 삼아 자체 비밀 작전을 짜려고 했고, 이로써 남부 베트남과 라오스를 공산주의로부터 방어해주려고 했다. 케네디가 대통령이 되었을 때, 대통령에게 자문을 해주는 미국인이 대략 700명에 달했다. 4년 만에 이 수는 2만 2000명으로 늘어났다. 이와 동시에 상황은 지속적으로 악화되었다. 북쪽에서 투사들이 침투하고 남쪽에서 게릴라 부대로 교육받는 것을 멈추기 위해, 계속해서 새로운 프로그램과 프로젝트를 고안해내야 했다. 여기에는 1961년부터 마을을 방어하는, 이른바 마을 프로그램(전략적 햄릿 프로그램)도 속했다.

원래 동맹을 맺은 베트남인이 미국의 지시를 받아서 대부분의 전략을 직접 실행해야만 했다. 1958년 이래로 북부를 겨냥해 작전을 실행하는 남베트남 지휘 부대가 있었다. 그 가운데 200개 이상의 부대가 실패했는데, 프로젝트에 처음부터 공산주의자들이 침투해 있었던 게 주요 원인이었다. 1963년 11월 완고했던 베트남의 대통령 지엠이 살해당했으나 더 나아지는 것은 없었다. 지엠의 살해는 케네디가 지원하기는 했으나 직접 지휘하지는 않았다. 사람들이 통킹만 에피소드라 부르는 바의 사건, 그러니까 북베트남의 강에서 비밀 정보 작전이 실패한 후에, 미국은 1964년 여름 공공연하게 전쟁으로 빠져들어갔다. 미국 의회는 존슨 대통령이 미군의 투입을 허용하는 결단을 내렸고, 이때 대통령은 "그 어떤 미국 젊은이"도 이 전쟁에 투입하지 않을 것이라고 대중에게 약속했다. 그리하여 육지, 바다, 하늘에서 거대한 미국 전쟁이 발발했고, 여기에서 주의할 점은, 비밀 정보 작전이 추가적으로, 심지어 매우 강력하게 확장된 형태로 진행되었다는 사실이다.

그럼에도 결정적인 교훈은, 비밀 정보 전쟁이 실패한 바로 그곳에 미국의 당시 시각에서 투입할 수밖에 없던 재래식 전쟁을 투입했다는 사실이다. 분명 이와 같은 모델은 쿠바에서는 사용할 수 없었다. 흐루쇼프가 용감하게 쿠바에 핵폭탄을 설치함으로써 미국과의 갈등을 세계전쟁으로 발전시킬 수 있도록 했고, 이를 통해 미국이 전쟁을 치르지 않게 했던 까닭이다. 하지만 그와 같은 모델은 다른 장소에서 반복되었는데, 마지막으로 2003년 이후의 이라크 전쟁이었다. 이는 비밀 정보 작전을 통해서 정권을 교체하려고 했던 이전의 시도가 실패했기 때문에 미국이 꾀한 전쟁이었다. 사담 후세인은 자신에게 가한 암살 기도뿐 아니라 대대적으로 미국의 지원을 받은 다양한 그룹이 펼친 실각 시도를 피하는 데 성공했다.

1979년 12월 소련이 아프가니스탄으로 진격해 들어간 사건도 이와 같은 모델에 부합했다. 정권을 교체하기 위한 비밀 정보 활동의 노력이 실패한 이후 그리고 당시의 모스크바 시각에서 봤을 때 군대를 직접 투입하는 것 외에 다른 대안이 없다고 봤을 시점에, 정규군을 이곳에 투입한 것이다.

물론 소련의 개입은 특별한 방식의 정권 교체에 사용되었는데, 왜냐하면 아프가니스탄은 1978년 4월 공산주의 군사 쿠데타 이후로 이미 "인민공화국"이 되어 있었기 때문이다. 이를 위해 소련은 수년 동안 인내심 있게 비밀 정보 활동을 함으로써 기여를 했다. 1978년 12월 모스크바는 이 인민공화국과 동구권에서 보편적으로 맺었던 바의 우정과 협력을 위한 계약을 체결했다. 물론 모스크바에 있는 사람들은 이슬람교 성직자, 무리를 이끄는 전통적인 지도자와 경건한 이슬람교인을 잔인하게 다루는 방식에 찬성하지 않았는데, 그들이 폭력적으로 저항했기 때문이고, 아프가니스탄의 보안 능력은 이를 제압할 수준이 되지 않았기 때문이다. 1979년 3월 소련의 고문과 그들의 가족이 시가전의 희생자가 되었다. 그들의 시신은 시민들이 구경할 수 있도록 전시해놓았다. 타라키 정부는 경악에 빠졌고 군사적 개입을 요청했으나, 모스크바 정치국은 이를 거절했다. 1979년 7월 카불에서 북쪽으로 65킬로미터 떨어진 바그람에 있는 소련 공군기지를 보호하기 위해서 낙하산 부대를 파병했다. KGB는 소련 대사관의 보초를 더욱 강화했다. 그 밖에는 아프가니스탄 동지들에게 맡기고자 했는데, 이들은 소련의 자문위원, 특히 비밀 정보원으로부터 지도를 받았다.

하지만 1979년 10월 타라키가 자신의 공산주의자 경쟁자였던 아민에 의해 살해되고 정치적 수장이 교체되었을 때, 모스크바에서는 군사 개입을 해야 한다는 분위기가 무르익었다. 모스크바는 아민을 미국의 스파이라고 간주했는데, 그러니까 적이며, 전통적 이슬람교의 무자헤딘("알라를 위한 전사") 세력과 협상을 하려 하고, 1972년 이집트의 사다트가 그러했듯 소련의 자문위문, 비밀 정보원과 군인을 축출하고자 하는 미국의 스파이라고 말이다.

여기에서도 우선 비밀 정보원을 활용한 선물 공격을 통해서 아민을 제거하려고 했으나, 연이은 실패로 1979년 12월 27일 소련 알파 특수군과 제니스 특수군(Spetznaz)이 공격하게 만들었다. 700명에 달하는 이 군대는 대통령 궁을 공격하기 전에 아프가니스탄 제복으로 갈아입었다. 이들은 아민과 그의 가족, 친족을 살해했지만, 군대도 지휘관을 포함하여 100명이 넘는 군인을 잃었다. 이와 같은 사실은 대중에게만 비밀로 한 게 아니라, 소련의 지도부에게도 숨겼다. 사람들은 다만 "아민을 치려는 병력"에 대해 말했고, 소련 군대를 맞이해준 "애국적인 감정의 물결"에 대해 언급했고, "1978년 체결한 소련-아프가니스탄의 협약을 더욱 일치시키고자 하는 의도"에서 병력을 투입했을 뿐이라고 했다.[20]

실제로 며칠 후에 칸다하르(아프가니스탄 동남부에 있는 도시―옮긴이)에서 소련군을 반대하는 격렬한 시위가 시작되었다. 소련군 10만 명이 투입되었으나 공산주의를 반대하는 저항을 제압할 수 없었다. 카불에서 대대적인 시위가 있은 뒤 전쟁이 선포되었다. 반대파 수백 명이 체포되었고, 그들 가운데 많은 사람이 살해당했다. 하지만 아프가니스탄의 땅 대부분이 이슬람교 폭도들의 손에 들어갔다.

이로써 소련 군대는 게릴라 전쟁에는 전혀 경험이 없다는 사실이 드러났다. 게다가 그들은 무장도 형편없었다. 따뜻한 겨울 장비가 부족한 곳이 대부분이었다. 약품도 제대로 보급할 수 없었다. 아프가니스탄에 투입한 군인 가운데 40퍼센트는 간염에 걸렸다. 1980년 4월 아프가니스탄에 있는 모스크바 정치국 위원회는, 아프가니스탄 정권은 "이데올로기적으로나 조직적으로나" 매우 나약하다는 사실을 인정했다. 이 나라의 대부분을 통치할 수 없다고 말이다. 군대와 민병대는 폭도들과 싸우기에 충분하지 않다고 인정했다. 모스크바가 신뢰한 고위 정치가 바브락 카르말은 알코올 중독자가 되었고 자신을 피델 카스트로보다 더 위대하다고 간주한다는 것이었다.[21]

정규군을 통한 강압은 전혀 효과가 없었기 때문에, 사람들은 1980년 1월 새로 조직한 아프가니스탄 비밀경찰 KhAd에 집중했다. 이 비밀경찰의 수장은 모하마드 나지불라였다. 아프가니스탄 비밀경찰은 반대파였던 무자헤딘 세력에 침투해서 서로 대립하게 만드는 데 성공했다. 1982년까지 무자헤딘 세력 2만 명 이상이 죽임을 당했다고 한다. 공산군의 전투 방법은 아프가니스탄의 내전 상황에 딱 적합했다. 즉, 네이팜탄, 독가스, 지뢰, 폭탄장치를 달아놓은 장난감 등등. 물론 소련 병력은 붕괴된 아프가니스탄 정부군을 대체하기에는 결코 충분하지 않았다. 소련 최고 지휘관이었던 아크로메에프(Akhromeyew) 원수가 인정했듯이, 소련 병사들은 아프가니스탄의 모든 지역을 점령했고, 여러 번 점령했을 때도 있지만 그때마다 무자헤딘의 세력에게 빼앗겼다. 1983년 3월 아프가니스탄에 있는 정치국 위원회는, 공산주의 정부는 이 땅을 관리하고 다스릴 수 없다고 인정했다.

여기서, 미국은 1984년 이후에야 비로소 대대적으로 무기 원조를 했다는 사실을 생각해볼 필요가 있다. 그 전까지 지아 울하크가 지배하던 파키스탄 정부에 의해 방해를 받았는데, 이자가 모스크바와의 대립을 피하려 했기 때문이다. 1979년 4월 카터 행정부는 우선 이슬람 저항운동을 위해서 비(非)군사적 원조 프로그램을 좋아했다. 미국과 소련 사이에 전략 무기 제한 2차 협상안(SALT-II, Strategic Arms Limitation Talks: 1979년 6월 18일 빈에서 서명했다―옮긴이)을 6월에 서명할 계획이어서 이 계획을 방해하지 않고자 했다. 게다가 극단적인 이슬람교도들에게 무장을 시켜주는 일은 미국에 정치적으로 위험했는데, 1979년 4월 1일 이슬람 공화국 이란을 공표한 호메이니의 이란 혁명을 통해 이슬람 세계에서 미국의 권력이 막대한 손실을 입을 위험에 처했기 때문이다. 이란 혁명으로 말미암아 1979년 11월 테헤란에 있는 미국 대사관이 점령당하는 모욕을 당했다. 이와 거의 동시에 파키스탄에 있는 미국 대사관이 과격주의자 이슬람교도들에 의해 무너졌다. 그런데 파키스탄은 아프가니스탄으로 원조 물자를 보낼 수 있었던 유일한 나라였다.

하지만 이슬람교도 전체가 관심을 기울인 것은 1979년 11월 29일 사우디아라비아의 도시 메카에 있던 거대한 사원이 폭력적으로 점거당한 사건이었다. 여기서 순례자 수백 명이 인질로 잡혔고 350명 이상이 죽었다. 따라서 정치적 이슬람교는 이슬람 국가들에게도 직접적 위험으로 보였다. 때문에 1979년 12월, 소련이 진입하기 몇 주 전, 아프가니스탄을 도와줄 협정을 체결했는데, 비용은 사우디아라비아와 미국이 각각 절반씩 감당하기로 했다. 파키스탄은 이제 물자를 운반해줄 준비가 되어 있다고 밝혔다.

소련이 아프가니스탄으로 진입한 것은 미국에게 결코 놀랄 일이 아니었다. CIA는 소련의 군사들이 움직이는 동향을 정확하게 관찰했다. 당시 CIA의 고위 간부 로버트 게이츠가 훗날 기록했듯이, 소련의 진입은 CIA를 통해 정밀하게 예견한 위기였던 것이다.[22] 그럼에도 카터 대통령은 대중에게 소련의 정치에 대해서 "개인적으로 실망"했고 "당황"했다고 표현했다. 그는 공동 제재 조치를 촉구했고, 이에 곧 1980년 여름에 모스크바에서 열릴 예정이던 올림픽 경기를 보이콧하게 되었다. 36개국의 이슬람 국가와 그 밖의 다른 28개국이 이와 같은 보이콧에 참여했고, 그 가운데 독일은 불만을 품었지만 참여했다. 1980년 1월 그의 마지막 국정 보고(State of the Union Address)에서 카터는 미국의 이익을 위해 미국 석유 채굴지가 있는 페르시아만을 통제하겠다고 발표했다. 미국은 이와 같은 이익을 위해 "모든 수단을 동원하고, 군사적 수단까지 동원하여 방어할" 것이라고 말이다.

미국은 평소처럼 아프가니스탄의 무자헤딘에 대한 자신들의 원조를 국민에게 숨겼고 소련이 반격할 수 있으므로 자극하지는 않았다. 따라서 강대국들이 과거부터 했던 게임이 아프가니스탄에서도 행해졌다. 사람들은 미국으로부터 직접적으로 원조를 받았다는 증거를 남기지 않으려고 중국과 이집트에서 중고 소련 무기를 구매했다. 이런 무기는 형편없는 상태였고 무자헤딘에게 득이 되었다기보다 오히려 손상을 입혔다. 아프가니스탄 군대의 무기나 혹은 소련의 무기 운반차에서 무기를 훔치는 편이 더나았다. 파키스탄은 모든 거래는 자신들의 비밀정보부 ISI를 통해서 이루어져야 한다고 고집했다. 이로써 지아 울하크는 이득을 볼 수 있었고 미국인 출신 자문위원의 수를 줄일 수 있었다. 국경을 따라 그는 코란 학교

수백 개를 건설했다.[23] 아프가니스탄에서의 전쟁은 군사적 그리고 외교적 전쟁이었을 뿐 아니라, 이데올로기적 그리고 종교적 전쟁이기도 했다. 전 세계에서 이슬람교 지원병들이 왔고, 그 가운데 오사마 빈라덴도 있었다. 하지만 그는 1984년에야 비로소 투사들에게 교육을 시키고 재정을 지원하기 시작했다. 당시만 하더라도 그는 아직 중요한 인물이 아니었다.

워싱턴에서 지미 카터에서 로널드 레이건으로 정부가 바뀌면서 냉전에 대한 새로운 열정이 생겨났고, 특히 은폐 비밀 정보 작전에 열광하게 되었다. 많은 저자가 케이시 전쟁에 대해서 얘기하고 있다. 윌리엄 케이시는 CIA 국장으로서 반공산주의 전쟁에 대한 낭만적 비전을 원상 복구시켰는데, 아이젠하워와 케네디 행정부에서 지배적이던 비전이다. 의회에서는 강력한 연맹이 존재했는데, 특히 텍사스 출신의 민주주의자인 찰리 윌슨을 중심으로 했다. 그는 아프가니스탄에 비밀 정보원을 투입해서 미국식 십자군 전쟁을 치르려고 했다.

1985년에 전쟁의 갈등이 최고조에 이르렀다. 새로운 소련의 당서기장 고르바초프는 군대에, 전쟁을 이길 수 있는 마지막 가능성을 주었다. 소련은 전쟁을 극적으로 격화시켰다. 반작용으로 미국은 무기 공급을 네 배나 늘렸다. 1986년 여름 미국은 최초로 스팅어(Stinger: 미국의 휴대용 대공 유도탄—옮긴이) 형태의 미사일을 공급했고, 이 미사일은 1986년 9월에 벌써 소련 전투 헬리콥터 석 대를 격추했다. 소련의 손실은 무섭게 증가했다. 아프가니스탄에서 모스크바에 친화적이던 공산주의 정권을 유지하는 전투에서 마지막 시도로 고르바초프는 정부의 수장 바브락 카르말을 해임했고, 카르말은 자신의 자리를 비밀정보부장 나지불라에게 넘겨야만 했다. 하지만 1986년 11월 마침내 고르바초프는 2년 만에 소련군의 퇴각을 명령했다. 이 전쟁에서 100만 명 이상이 목숨을 잃었고, 이들 가운데 대략 15만 명이 소련군이었다.

1988/1989년 소련이 퇴각한 뒤에 아프가니스탄에서는 내전이 지속되었는데, 1996년까지 와하브파(이슬람교도 가운데 정통 교리로 복귀해야 한다고 주장하는 파—옮긴이)의 탈레반이 카불을 지배했다. 미국과 사우디아라비아의 비밀 정보 활동이 승리를 거둔 전쟁이라고 떠들었지만 유심히 들여다보면 특이한 이슬람교 국가가 태어났을 뿐이다. 사우디아라비아, 파키스탄과 아랍에미리트만이 외교적으로 인정을 했고, 공공연하게 이슬람교 테러리스트들이 교육하는 장소를 내어줌으로써 보편적 국가들의 습관으로부터 벗어난 행동을 했다. 바로 그와 같은 테러리스트들 출신인 알카에다가 테러를 범한 것이다.

아프가니스탄에서 벌인 미국의 비밀 정보 전쟁은 재정적 비용이라는 측면에서 보면, 냉전 동안 미국이 실행한 은폐 작전 가운데 비용이 가장 많이 든 작전에 속했다. 이 작전이 소련의 패배에 일익을 담당했는지 여부는 논쟁거리가 되고 있다. 하지만 이론의 여지가 없는 것은, 미국이 의도적으로 부추긴 이슬람교와의 갈등의 부정적 결과로 인해 마침내 스스로 피해를 입어야만 했다는 사실이다. 2001년 9월 11일 그로부터 직접적 결과가 나타났다. 미국의 이라크 전쟁에서도 더 이상 피할 수 없었던 패배도 마찬가지였다. 그처럼 기대하지 않던 비밀 정보 작전의 부작용을 일컬어 비밀 활동 전문용어로 블로백(blow-back, 후폭풍)이라고 말한다.

초강대국들의 비밀 정보 전쟁에서 위대한 스파이들과 배반자들

대중문학, 소설과 영화에서 가장 인기 있는 스파이 관련 주제는, 이제는 고전이 되었으며 1984년에 출간한 바버라 트커먼의 책 《지배자들의 우둔함》—부제는 **트로이부터 베트남까지**—이 아니라, 오히려 위대한 스파이들과 배반자들이다. 이는 참으로 유감스러운 일인데, 왜냐하면 지배자들이 비밀 정보원과 군대를 잘못 투입하는 일이, 위대한 미국의 여성 역사학자가 대가다운 솜씨로 서술했듯이, 의심할 바 없이 세계 역사의 더 위대한 원동력이기 때문이다.

위대한 역사학자라면 이미 "위대한"이라는 형용사에서 말을 더듬게 된다. 이것은 제공받은 정보를 의미하는 것일까? 아니면 이런 정보가 역사의 과정에서 부여하는 의미일까, 그러니까 역사적인 무게? 혹은 위장한 스파이의 유명세 정도? 사람들은 "위대한" 스파이를 그들이 역사적으로 어느 정도의 무게를 차지했는지에 따라서 평가하는 것을 제일 좋아할지도 모른다. 하지만 우리는 1945년 이후 지금까지 의심할 바 없는 기준을 갖기에는 그다지 아는 게 별로 없다. 어쩌면 우리는 가장 위대한 사람을 알지 못할 수도 있는데, 왜냐하면 지금까지 대중에게 공개되지 않았기 때문에 말이다.

이렇듯 불확실한데도 만일 사람들이 올레그 펜콥스키 대령을, 소련 군사정보부 GRU 소속 참모부 장교인 그를 냉전 시대에 가장 눈에 띄는 스파이 가운데 한 사람으로 분류한다면, 오판이 아닐 것이다. 미국에서 출간한 그의 전기에서는 그를 **세계를 구한 스파이**라고 불렀다.[24] 펜콥스키는 1960년과 1962년 사이에 자신이 접촉한 영국인과 미국인에게 어마어마한 분량의 오리지널 문서를 넘겼다. 이것들은 대략 1200페이지의 문서와 100통 이상의 필름으로 이루어져 있다. 이것으로 1만 페이지에 달하는 비밀 정보 보고서를 완성할 정도였다. 이 정보들은 소련의 핵무장, 특히 SS-1, SS-4, SS-5, SS-6 유형의 미사일에 관한 내용으로, 1962년 쿠바 사태 때 이 미사일 가운데 몇 가지가 큰 역할을 했다. 펜콥스키는 그때까지만 하더라도 서구 세계에 알려지지 않았던 소련의 다양한 군사 장비에 대한 비밀을 알려주었다. GRU 소속 장교 300명 이상의 이름을 제공했고, 특히 정보 교육을 받는 학생들의 이름도 넘겨주었다. 또한 소련의 국내에서만 발행되던 극비 군사잡지 〈군사적 생각(Voyennaya Mysl)〉에 주의를 집중하게 만들었는데, 이 잡지에는 소련의 군사전략에 관한 중요한 정보가 담겨 있었다. 의심할 바 없이 이런 정보는 소련의 군사 장치와 비밀 정보 활동 장치를 분석하는 데 큰 도움을 주었다. 그리고 이런 정보는 케네디 행정부 시절 쿠바 위기를 극복하는 데도 상당히 유용하게 이용되었다. 그럼에도 케네디가 핵무기로 무장한 소련제 중거리미사일과 지대공미사일의 배치를 몇 달 동안 간과하는 것을 막을 수 없었다. 세부 자료를 케네디에게 제출했는데도 말이다. 이와 관련해서 펜콥스키에게 책임을 떠넘겨서는 안 되는데, 그는 서구 각국에게 흐루쇼프의 정치에 대해 경고하려고 모든 것을 했기 때문이다.

펜콥스키가 소련을 배반하게 된 동기는, 아니 이보다 좀더 조심스럽게 표현한다면, 우리에게 정보를 제공하게 된 수긍할 수 있는 동기는, 그의 잘못이 전혀 아닌 이유로 출세의 길이 꺾였기 때문이다. 그의 아버지는 러시아 황제 군대에서 장교로 있었고, 러시아 내전(1917년 11월~1922년 10월. 레닌이 이끌던 사회주의 볼셰비키를 위해 싸운 군대가 붉은 군대였고, 반대 세력이 백군이었다—옮긴이) 때 "백군" 측에서 싸웠고 살아남았다. 펜콥스키가 1950년대 말 인도에 있는 GRU 주재관으로 파견되었을 때, 아버지에 대한 사실이 KGB의 뒷조사로 밝혀졌다. 그 전까지만 하더라도 그는 신뢰할 수 있는 소련 장교였다. 전쟁터에 나가서 부상을 입기도 했으며 네 번이나 훈장을 받았고, 이후에 유명한 프룬제 군사 아카데미에서 교육을 받았고 이어서

GRU의 군사 외교 아카데미를 다녔다. 1960년 여름, KGB가 그가 장군으로 진급하는 것을 거절했을 때, 그는 소련이라는 국가에 대하여 내적인 전환기를 실행에 옮겼고 영국과 미국에 봉사하겠다고 제안했다. 그런 뒤 1962년 10월 12일 체포될 때까지 그들을 위해서 활동했다.

제공한 정보의 양과 가치를 고려할 때 그와 비교할 만한 의미를 가진 소련의 정보원과 망명자는 소수에 불과하다. 소련의 디미트리 폴리야코프 장군은 의심할 바 없이 그와 같은 소수에 속했다. 그 역시 GRU에서 일했으며, 뉴욕에서 임무를 수행하는 동안 1959년에서 1961년까지 FBI에 소련의 스파이들을 폭로해주겠다는 제안을 했다. 사람들은 그의 동기를 심하게 앓던 아들이 죽게 된 고통 때문으로 추측했다. 아들을 미국으로 데려가서 치료받게 해달라는 요청을 소련 당국이 거절하는 바람에 결국 아들이 소련에서 사망하고 말았다. 게다가 그는 버마와 인도에서 임무를 수행하는 동안 소련 지도부가 얼마나 부패했는지를 목격하게 되었다.

폴리야코프 장군은 미국 비밀정보부를 위해 25년 동안 일했다. 그의 정보 덕분에 닉슨 행정부는, 모스크바와 베이징 사이의 갈등에는 심오하고, 넘을 수 없는 적대감이 있다는 사실을 확신하게 되었다. 그리하여 닉슨은 1972년 "중국 개방"을 시도했고 이로써 동서가 긴장관계에 있던 상황에서 긴장을 해소하는 정책으로 나아가는, 그러니까 지극히 중요한 장을 만들어갈 수 있었다. 1991년 이라크와 치른 전쟁에서 미국이 신속하게 승리를 거둘 때도 중요한 무기기술에 대한 정보가 도움이 되었다. 이때 이라크는 대부분 소련 무기로 무장하고 있었던 것이다. 당시 CIA 고위 간부였던 밀트 보르덴이 기록했듯이, 폴리야코프는 "냉전 시기 내내 공산군에 관해서 가장 많은 양의 세부 보고"를 해주었다. 1986년 그는 FBI 관료 로버트 헨슨과 CIA 관료 엘드리치 에임스의 배반으로 정체가 폭로되었고

아마도 비밀재판을 통해서 죽었을 것이다.[25]

KGB 대령이자 1982년부터 런던 KGB 주재관에 근무한 올레그 고르디브스키는 1968년 소련이 프라하에 진입하자 소련 이데올로기의 정당함에 대한 믿음을 잃어버렸다. 그는 1974년 영국의 정보 업무를 맡겠다고 제안했고 공식적으로도 런던에 체류했으므로 특히 쓰임이 많았다. 그는 1983년 핵무기로 인한 갈등을 막아내기도 했다. 소련 지도부가 터무니없게도 NATO 소속 참모들이 핵 방어를 위해 받는 훈련을 서구가 실제로 핵무기로 선제공격하려는 책략으로 해석하고 동독과 폴란드에 있던 무장한 부대에 출동 대기 상태를 지시했을 때였다. 이러한 행동의 배경에는 레이건 행정부가 소련에 대한 공격을 계획하고 있다는 음모론이 있었다. KGB의 의장이던 유리 안드로포프가 관여했고(RYAN 작전이라고 함) KPdSU의 총서기로서 계속 추적해왔던 공격이다.[26]

아마도 서구의 배반으로 인해, 헨슨과 에임스로 말미암아, 고르디브스키는 1985년 5월 혐의를 받게 되었던 것 같다. 그는 모스크바로 호출당했고 체포되었다. 물론 영국 비밀정보부는 거기에서 그를 핀란드로 빼내어 영국으로 데려가는 데 성공했다. 이후에 그는 서구의 눈에 불투명하기만 했던 고르바초프의 개혁 정책에 대해서 영국 정부가 판단을 내릴 때 중요한 지침이 되는 도움을 제공했다고 한다. 게다가 소련 비밀 정보 역사에 관하여 책을 여러 권 집필했다. 그 밖에도 그는 서구로 도망 온 자들 가운데 계급이 가장 높은 KGB 장교였다.[27]

마지막으로 KGB의 문서실 직원 바실리 미트로킨을 언급해야 하는데, 그는 퇴직 후 그리고 1992년 10월 소련이 몰락한 뒤 리가(라트비아의 수도—옮긴이)에서 몰래 빠져나올 수 있었다. 자신의 가족들과는 달리 말이다. 그가 제공한 문서와 정보의 양은 두꺼운 책으로 족히 두 권은 되며, 케임브리지 대학의 크리스토퍼 앤드루와 함께 《미트로킨 기록집》을 집필했다. 여기에 미트로킨이 제공한 모든 정보가 들어 있는지는 의심스럽다.

많은 정보든 적은 정보든 이를 제공한 정보원들은 소련 군대와 정치, 경제와 사회에 대한 객관적인 정보 외에 무엇보다 한 가지를 넘겨주었다. 즉 서구의 군대 조직과 국가 조직, 민간 회사와 온갖 형태의 정치사회 조직에 몸담고 있는 소련 간첩들의 이름이었다. 이것이야말로 "비밀 정보 활동이 펼치는 가장 위대한 게임" 중에서 핵심이었다. 왜냐하면 자국의 비밀이 정말 비밀로 유지되고 있다는 사실을 확신할 때라야, 사람들은 안전하다고 믿을 수 있기 때문이다. 이는 당연히 절대 가능하지 않은데, 사실과 허구 사이의 구별이 불가능한 무한한 거울 방에서 자신을 잃어버릴 위험이 상당히 크니까 말이다.

지금까지 가장 열심히 탐구한 대상은 광적이고, 터무니없으며, CIA에 해를 입혔던, 발견되지 않는 간첩들이었다. 방첩을 담당한 부서장 제임스 앵글턴이 1964년에 조사를 시작했고 수십 년 동안 지속되었다. 이런 수색 작업을 펼치게 된 계기는 1961년 12월 망명한 KGB의 소령 아나톨리 골리친이었다. 그는 처음에 서구 편 소속이었으나 배신자들에 속했던 중요한 정보를 넘겼고, 하지만 그런 뒤 환상적인 음모론으로까지 비약해갔다. 소련과 서구 사이의 관계에 관여한 거의 모든 사람을 의심했던 것이다. 골리친은 훗날 수상이 되는 해럴드 윌슨과 스웨덴 수상 올로프 팔메도 포함해 높은 지위에 있던 서구의 정치가들도 의심했다. 그가 프랑스와 미국 사이의 비밀 정보 관계에도 불화의 씨를 심어두었기에, 이로 말미암아 수년 동안 비밀 정보를 서로 교환하지 않게 되었다.[28] 왜 CIA의 지도부가 점점 광적으로 변하는 앵글턴에게 이와 같은 방식으로 스파이들을 쫓게 했는지를, 돌아보건대 이해할 수 없는 일이다. 앵글턴은 아마도 심리적 문제가 있었던 것 같다. 그러니까 수년 동안 케임브리지 스파이였던 킴 필비가 워싱턴에서 근무할 때 서로 친구로 알고 지낸 일로 인해서 말이다. 앵글턴은 방첩부에서 일하는 자신이 이와 같은 용서받지 못할 실수를 했으므로, 이제부터라도 소련의 간첩들을 열심히 색출해야만 명예를 회복할 수 있으리라 믿었던 것 같다.

골리친이 "전략적 기만 계획"으로 소련 전문가들에게 그들이 여전히 찾고 있던 장엄한 비전을 제공했던 것도 한몫했던 것 같다. 그리하여 확인되지는 않았지만 두 가지 KGB가 언급되었다. 즉, 하나는 외국으로 파견된 직원들이었고, 다른 하나는 소련에 머물면서 이곳의 가장 내부에서 음모를 꾸미고 있다는 것이다. 이런 이론에 따르면 KGB의 투항자들도 더 큰 차원의 기만 작전의 일부일 뿐인데, 이들은 "KGB 외국" 소속이고 그래서 외국으로 도망을 쳤기 때문이라는 것이다. 그리하여 사람들은, "진짜이자" 두 번째 KGB와 이들의 세계 정치적 계획을 밝혀내는 데 총력을 기울여야만 한다는 것이었다. 골리친은 영국인들과 미국인들에게, 모스크바와 미국 사이의 갈등과 모스크바와 알바니아의 티라나 사이의 갈등은 이와 같은 거대한 기만 작전의 일부일 뿐이라는 점을 설득하고자 노력했다.

이와 같은 간첩 사건의 희생자로는 KGB에서 넘어온 육군 중령 유리 노젠코가 있다. 그는 제네바에 있던 CIA에 1964년 망명의사를 밝혔다. 그는 이 시점에 이미 간첩 몇 명의 신분을 밝혔으나, 골리친에 의해 KGB 기만 작전의 일부로 지명되었다. 이후로 CIA에서 일한 소련 전문가들은 두 개의 진영으로 나뉘게 되었다. 우선 부정적 진영이 훨씬 많았는데, 노젠코의 발언 때문이었다. 노젠코에 따르면, 테러범 오즈월드가 소련과 여러 차례 접촉했음에도 KGB는 케네디 대통령의 암살과는 무관하다는 것이었다. 노젠코는 2년 동안 버지니아에 있는 군사 거점 지역에서 외딴집에 감금되었을 뿐 아니라, 잔인하게 도청당했으며 굴욕을 느껴야만 했다.

그런데 실제로 KGB 기만 작전이 있었는데, KGB 투항자로 위장한 빅토르 레시오프스키(가명은 "페도라")가 완성한 작전이었다. 이 작전은 CIA의 수장은 물론 심지어 닉슨 대통령까지 속게 만들었다. "페도라"는 노젠코를 사기꾼이라 불렀고 그리하여 노젠코는 육체적으로나 심리적으로 완전히 몰락했다. 뿐만 아니라 CIA와 FBI에 근무하던 대부분의 소련 전문가를 속였던 것이다. 1968년에야 비로소 사람들은, 노젠코의 사건을 다른 시각에서 바라보기 시작했다. 온갖 조사가 이루어졌고, 마침내 그의 명예를 회복시켜주었고 손해 배상금도 지불했다. 다수의 소련 망명자가 거부당하거나 그야말로 돌려보내지기도 했다. 소련을 전공으로 하던 젊은이들의 경력은 무너졌다. "페도라"는 마침내 1981년 자신의 승리를 축하하기 위해 소련으로 돌아갔다.[29]

기술적 장치를 이용한 비밀 정보와 분석을 정치화하기

스파이, 투항자와 간첩들이 등장하는 비밀 정보 활동의 드라마를 직접 접하게 되면, 사람들은 기술적 방법을 동원해서 얻은 정보에 금세 유혹된다는 것을 알 수 있다. 이런 정보에는 진실 공방을 따질 문제는 없을지도 모른다. 사람들은 기술을 이용해서 스파이 활동을 펼치는 장치로부터 인간적 개입이 없는, 그야말로 순수한 사실만을 얻을 수 있을 테니까 말이다.

이와 같은 약속이 바로, 사람들이 비밀 정보 역사에서 이데올로기 시대에 첩보용 비행기, 전자 표시기, 인공위성과 이런 종류의 장치에 그토록 많은 돈을 쏟아붓는 이유다. 이런 장치로부터 얻은 데이터는 더욱 객관적일 뿐만 아니라, 공산주의 국가라는 봉쇄된 세계를 더 광범위하게, 무엇보다 최근의 모습을 들여다볼 수 있게 해주었다. 운이 좋으면 스파이와 투항자들이 공산주의 국가에 관해서 불완전하게나마 설명도 해주었다.

여기에서 기술적 기본 원칙은 다음과 같다. 즉, 모든 장치는, 이동하는 무기 시스템도 포함해서, 신호를 보내준다. 예를 들어 소리, 열기 혹은 금속적 특징으로 보내지고, 확인할 수 있다. 이런 신호를 잡아서 "말로 표현하는 것"이 바로 기술적 비밀 정보 전문가들의 임무다.

1950년대 초반 미국은, 소련의 국경을 쭉 따라서 일정한 간격을 두고 이와 같은 수신 설비를 구축하기 시작했고, 이런 장치를 통해서 소련의 무선통신 신호를 받아서 기록할 수 있었다. 이어서 레이더 신호, 비행기와 배의 움직임, 잠수함의 움직임을 기록하는 시설도 세웠다. 영국, 독일, 터키, 이란과 심지어 나중에는 미국이 수년에 걸쳐서 건설하고 해체했던 바의 공산국 중국에 세운 "도청" 시설 외에도, 비행기처럼 움직이는 형태와, 1960년부터는 인공위성도 등장했다. 소련 영토로 비행할 때는 처음에는 개조한 화물 운송기나 전투기를 사용했고, 1956년부터 스파이 목적을 위해 특수하게 제작한 U-2를 이용했다. 이 비행기는 음속 이하로 날았으나, 그 대신에 아주 높게 날아서, 소련 공군의 1960년 5월 1일 우발 사건 (U-2 Affair: 게리 파워즈가 조종하던 비행기가 지대공미사일에 맞으면서 미국의 스파이 비행이 전 세계에 알려지게 되었다—옮긴이) 때까지 닿을 수 없는 높이였다. 당시에 총을 맞은 조종사 게리 파워즈는 공개 재판에 넘겨져 유죄 판결을 받았고 몇 년 후 풀려났다. 하지만 100명 이상의 미국 조종사와 기술자는 운이 없었다. 훗날 러시아의 보고에 따르면 12명이 체포되었다. 그 밖의 사람들은 즉각 사망했을 것이다.[30] 게다가 영국인, 프랑스인, 대만 사람과 이

렁듯 위험한 작전에 참여했다가 희생당한 사람은 몇 명인지 알려지지 않았다.

1960년 8월 미국의 코로나 인공위성은 우주에서 소련의 군사 시절에 관한 유용한 사진을 찍는 최초의 임무를 완성했다. 다른 인공위성들이 뒤를 이었는데, 이들은 기술적인 면에서는 물론 소련 영토의 베일을 벗기는 데도 놀라울 정도로 업그레이드되어 있었다. 하지만 결과는 미국의 분석가들에게 큰 충격을 주었는데, 정보의 상당 부분이 그때까지 소련의 무장 상태라고 확신했던 수준과 어긋났기 때문이다. 대통령 후보 케네디가 1960년 아이젠하워 행정부와 경쟁자였던 부통령 닉슨에게 당당하게 제시했던 바의, 계산에 넣지 않았다고 주장한 이른바 "누락 미사일"이란 상상에 불과했다는 사실이 드러났다. 1961년 중반까지 소련의 대륙간미사일은 200대가 아니라, 미국 국방부가 1961년 9월에 인정했듯이 고작 10~25대에 불과했던 것이다. 펜콥스키는 이보다 더 적다고 보고했다. 따라서 미국의 계산과 소련의 실제 보유 미사일 수의 "누락"은 존재하지 않았던 것이다. 실제로 이러한 불균형은 신속하게 미국에 유리하게 작용했다.

1963년 말까지 미국은, 자신들의 인공위성을 통해 모든 소련의 대도시, 중요한 전투비행장, 거의 모든 잠수함 기지와 소련 철도망의 대부분을 알아내는 데 성공했다.[31] 여기에 덧붙여 사람들은 완전히 새로운 초음속 비행기(3.6마하)를 개발했는데, 1965년 말에 사용했고 형태에 따라 A-12나 SR-71이라 표기했다. 이 비행기들은 곧 베트남 전쟁에 투입되었다. 특별히 보안에 신경을 써야 하는 기술적 비밀 정보 활동은 잠수함을 추적하는 일이었고 지금도 마찬가지다. 그러니까 오랫동안 물속에 머물 수 있고, 그런 점에서는 원자력 추진기를 달고 있으며, 가능하면 적극적인 신호를 덜 내보내거나 또는 소극적 신호만을 내보낼 수 있도록 제작하는 데 신경을 쓴 잠수함들이다. 먼 바다로 나가면 이런 잠수함을 찾기가 상당히 힘들다. 이런 잠수함이 항구에서 나가고 들어오는 것을 감시할 가능성이 있었으며, 이때 정찰 잠수함을 가지고 혹은 기술적인 위치 측정 장치를 물에 넣어서 할 수 있었다.

이와 같은 도청, 측정, 그리고 위치 측정 기술을 사용한 결과 전 세계적으로 기술 인프라 구조가 생겨났고, 이로 인해 미국은 특히 전 세계적으로 우위를 차지하게 되었다. 그 밖에 서구 강대국들은 미국과 비교할 만한 장치를 거의 구비하지 않았거나 소규모만 구비하고 있었다. 그리하여 그들은 미국의 정보와 비밀 정보 동맹에 의지하게 되었고, 이 가운데 영국은 확실하게 미국의 총애를 받는 국가였다. 미국은 외국에 700개 이상의 거점을 둠으로써 최고 중에서 최고였다. 소련은 한참 뒤떨어진 상태에서 미국의 뒤를 이었고, 이런 목표를 위해 그들의 제3세계 정책을 이용했다.

비밀 정보 기술의 변화를 보여주기 위해 이러한 거점과 이들 거점의 기능을 열거하기란 불가능하다. 역사적 의미를 이해하기 위해서 기본적인 사실 세 가지만 분명하게 하면 충분하다. 첫 번째 사실은, 이와 같은 기술력에 실로 상상할 수도 없는 거액의 투자를 하는 이유에 대한 질문에 관한 것이다. 그 무엇보다 핵전쟁에 대한 걱정 때문이다. 어떻게 막을 수 있으며, 혹여 핵전쟁이 일어난다면, 그럼에도 어떻게 전쟁에 이길 수 있을까? 이것은 냉전 시대에 군대가 안고 있던 핵심 의문이었고, 이런 의문에 책임을 다하고자 비밀 정보조직이 우선적으로 봉사했다. 두 번째로, 만일 사람들이 비용 관계를 살펴보면, 이와 같은 스파이 활동을 위한 기술적 인프라의 의미를 훨씬 더 잘 인정할 수 있다는 것이다. 냉전 시기에 미국의 핵무장에 들어갔으리라 예상했던 총비용 가운데 실제로 들어간 비용,

그러니까 폭탄과 핵탄두를 생산하고 개발하는 비용은 예상했던 비용 가운데 대략 7퍼센트에 불과했다. 나머지 돈은 운반 수단이나, 조정, 기술적 설명, 안전장치 등등과 같은 "주변기기"에 들어갔다.[32] 세 번째, 예측할 수 없는 인간적인 것이 전혀 아닌, 다시 말해 객관적이고 기술을 통해 얻은 정보라는 약속은 결코 이행할 수 없다는 사실에 주의를 기울여야 한다. 심지어 데이터를 측정 수치의 형태로, 금액으로 혹은 (무선통신의 암호를 해독할 경우) 오리지널 자료를 가지고 있다 하더라도, 그 중간에 해석이라고 하는 어려운 단계가 있다.

예를 들어 데이터는 원래 얻고자 했던 정보에 대해 간접적인 지시만을 제공할 때가 많다. 인공위성 사진으로부터 사람들은, 탱크와 미사일을 제작하는 공장이 얼마나 큰지를 알아볼 수 있었다. 사람들은 공장의 면적이 정확하게 어느 정도인지도 측정할 수 있었다. 하지만 실제 생산량을 계산할 때는 무슨 숫자를 사용할 수 있단 말인가? 비교적 비슷한 미국 공장의 생산량으로 계산하면 될까? 미국의 비밀정보부는 목격자들의 증언을 듣기 전까지 그렇게 가정했다. 그러니까 소련은 매우 널찍하게 땅을 이용하는 편이며, 그리하여 넓은 땅에서도 생산은 적게 한다는 증언이었다. 게다가 생산품 가운데 하자가 많은 편이고 노동력도 생산성이 낮았다. 이로 인해 예측을 할 때 어마어마한 차이가 났던 것이다.

이런 일은 소련의 무기 생산을 서구의 경제경영 상식 방법으로 계산하는 시도에서도 나타났다. 서구의 원자재 비용과 생산 비용을 가정하고 이로부터 소련의 군비 생산과 군대 예산의 총비용을 계산하려 했다. 나중에 드러났지만, 당시에 계산한 결과들은 끔찍하게 오산이었다.[33] 사람들이 숫자에 0을 떼느니 마느니 하면서 논쟁을 펼치면서 대략 10퍼센트 이상의 비용을 가정했지만, 소련의 개혁가 고르바초프가 마침내 털어놓았다.

우선 소련도 정확한 비용을 잘 알지 못하며 자신이 예측하는 바에 따르면 GNP 가운데 25퍼센트를 차지할 것이라고 말이다.

소련의 미사일 군비에 대한 예측은 훨씬 더 정확했는데, 왜냐하면 이처럼 대규모 무기를 숨기기가 쉽지 않았기 때문이다. 1960년대 중반 군비축소정책을 실시했을 때, 주로 대륙 간 시스템이 대상이었는데, 미국과 소련은 우선 생산 수, 닿는 거리와 파괴력에 의견을 모아야 했다. 자신들의 외교적 노력을 바탕으로 말이다. 여기까지 양측은 투명성을 확보해야만 했던 것이다. 하지만 이것은 그 밖의 다른 무기 시스템에는 적용하지 않았고, 또한 계획되어 있었거나 개발 중인 시스템에도 적용하지 않았다. 그리고 양측은 군사 작전에 대해서도 별로 언급하지 않았는데, 그러니까 실제로 가지고 있던 소련의 **능력**과 달리 소련의 **의도**에 대해서 말이다.

미래 소련의 핵 시스템과 관련해서 생겨난 이와 같은 불확실성으로 인해, 포드 행정부 시절 조지 부시(아버지)가 CIA 국장이었을 때, 인텔리전스 커뮤니티(Intelligence Community, "팀 B") 외부에 있는 전문가 그룹을 통해서 기본으로 삼았던 전략적 가설뿐 아니라 사용한 데이터를 검사하기에 이르렀다. 인텔리전스 커뮤니티는 유화정책을 비판한 유명 인사들이 주를 이루었다. 물론 그 결과는, 포드 대통령의 후계자로 지미 카터가 1977년 초에 백악관에 들어왔을 때 비로소 나왔다(그리고 언론에서도 발췌해서 보도했다).[34] 이로써 정치적 논쟁이 이어졌는데, 결국 군비를 관리하고자 했던 정책이 중지되고 말았다. 제3세계로 팽창하려는 소련의 정책과 유럽에서 중거리미사일을 사용하고자 하는 소련의 정책은 중요하다는 점을 언급하지 않을 수 없다. 그럼에도 외부의 전문가들에게 위임하여 비밀 정보를 분석하게 했던 이 유일무이한 검사는, 기술적 장치를 통해서 획득한 비밀 정보들이 얼마나 객관적이지 않을 수 있는지를 기억하게 해줄 것이다.

게다가 전문가가 아니라, 비밀 정보 활동에 대한 지식을 이미 가지고 있는 정치가들이 판단하게 되면, 정보에 대한 해석의 어려움이 생겨날 수밖에 없다. 예를 들어 CIA는 부시 행정부에게 사담 후세인은 2001년 9월 11일의 테러 사건과 아무런 관련이 없으며 그는 알카에다와 연계되지 않았다는 사실을 확실하게 설득시키는 데 성공하지 못했다. 그 결과는 알다시피 2003년 이라크 전쟁을 일으켰고, 게다가 이라크의 ABC 무기(대량살상무기로, 핵무기, 생물학적 무기, 화학적 무기를 말한다─옮긴이)가 존재할 것이라는 확고한 증거가 있다는 가정을 바탕으로 했다. 이와 같은 가정은 확실하지도 않았다. 미국과 영국 정보부 그리고 우방들, 그 가운데 독일의 정보부에서 내놓은 자료에도 그와 같은 무기를 소지하고 있다는 증거는 거의 없었는데 말이다.

이어진 의회 조사─영국에서는 추가적으로 민간 전문가들, 집사 위원회(butler committee)가 조사를 했다─를 통해 밝혀졌듯이, 비밀 정보조직의 증거는 부족한 점이 많을뿐더러, 이런 증거를 다루는 행동도 모든 측면에서 받아들이기 힘들었다.[35] 비밀 활동 조직의 정보를 정치적 선동에 이용하는 정도는 놀라울 따름이었다. 하지만 이와 동시에, 미국과 영국의 의회와 적어도 미국의 대중은 최근 이라크 전쟁의 전초전에서, 자신들의 정부가 비밀 정보를 악용하며 내놓은 정치적 노선을 따르기를 원했다는 사실도 분명하다. 이는 의도적 무분별을 통해 부족한 증거에 대한 언급을 언론에 퍼뜨렸을 때 나타났다. 이라크 상황이 극적으로 악화되었을 때에야 비로소 분위기가 바뀌었던 것이다.

이로써 냉정한 사실은 다음과 같다. 즉, 비밀 활동으로 인한 정보의 획득과 분석은 항상 인간적 요소에 좌우된다. 좋든 나쁘든 말이다. 게다가 그런 정보의 획득과 분석은 정치적 영향력으로부터 자유로울 수 없다. 비밀 활동 업무는 주변의 정치적 상황과 강렬하게 연계되어 있다. 이렇듯 고통스러운 사실을 서구의 민주주의자들은 이데올로기 시대를 지나온 시기에도 늘 인식해야만 한다.

비밀 정보 업무로 인한 인권 및 시민권 침해, 그리고 정치적 통제 가능성의 한계

비밀 정보 활동은 민주주의에 얼마나 위험할까? 이와 같은 의문은 오늘날 반복해서 논의되고 있으며, 물론 독일에서는 난해하고 부담스러운 문제를 해명하기보다 자기도취에 더 유용한, 이른바 편협한 정치적 한계도 있다. 안전에 대한 욕구가 시민의 자유와 인권의 욕구와 조화를 이룰 수 있는지, 있다면 어떤 방식으로 가능할지는 1949년부터 갖게 된 독일의 입장에서만 판단할 수는 없다. 왜냐하면 독일의 역사는 국내정치적으로나 국제정치적으로도 프랑스, 영국과 미국 또는 이스라엘보다도 더 평화롭게 흘러갔기 때문이다. 프랑스의 알제리 전쟁, 북아일랜드의 내전, 1950년대에서 1970년대까지(심지어 1990년대 초 로스앤젤레스에서도) 미국에서 일어났던 내전에 가까운 소요, 그리고 이웃 아랍 국가들이 참여한 이스라엘-팔레스타인의 전쟁을 생각해보면 된다. 이와 동시에 이들 국가는 외국에서도 전쟁을 치렀으며, 독일 연방군이 지금까지 외국에 투입한 수준과는 비교가 되지 않는다. 우리는 독일적 시각보다 더 폭넓은 시각이 필요한데, 왜냐하면 비밀 정보 활동과 경찰력을 동원할 때 윤리적 규범을 언급하는 곳에서는 모든 자유민주주의자들이 한배를 타고 있기 때문이다. 그 누구도 편안하게 기대어 있을 수 없으며, 신약성서에서처럼 말할 수 없기 때문이다. "하나님이시여, 내가 이 세리(稅吏)와 같지 않아서 감사드립니다."(누가복음 18장, 9~14절)

적절한 기준을 찾는 과정에서 역사학자들은 특별한 문제를 안게 된다. 과거에 일어난 사건을 오늘날의 법으로 판단해야 하는지, 아니면 당시의 법으로? 각각 유효한 국가의 규범을 기준으로 해야 하는지, 그렇지 않으면 국제사면위원회나 프로아질(ProAsyl: 1986년 독일에서 설립한 인권단체로, 독일과 유럽에 들어오는 난민의 보호와 권리를 위해 일한다—옮긴이)과 같은 인권단체가 법적이고 윤리적이라고 간주하는 것을 불법적이고 비윤리적으로 받아들여야 하나? 비록 인권은 새로운 게 아님에도 불구하고, 윤리적 규범은 1950년대 이후 "계속 발전"했던가?

외국에서 이루어지는 비밀 정보 활동에 대해서 거의 아무런 규정도 없는 국제법부터 시작해보자. 지극히 소수의 경우에만, 예를 들어 특정 군비통제협정에 따른 감시가 필요할 때인데, 이럴 경우에는 비밀 정보 활동을 해도 된다는 특별한 국제적 전권 위임이 이루어졌다.[1] 그 외에 2001년 9월 28일의 유엔안전보장위원회 결의 제1373호는, 국가에 국제적 테러를 추적하기 위해 비밀정보부를 투입할 것을 요구했다. 하지만 그 밖의 비밀 정보 활동은 정해지지 않은 공간에서 폭넓게 행해졌고 오늘날에도 마찬가지다. 어쩌면 자기방어라는 국가의 권리가 행동 범위를 어느 정도 표시한다고 볼 수 있다.

하지만 여기에서 그러면 누가 책임을 지는가? 비밀 정보조직 스스로 아니면 이들에게 지시를 내리는 국가가? 상당히 드문 경우에 한해서―지금까지 연구한 상태를 근거로 한 나의 핵심 주장인데―비밀 정보조직은 정부의 의지에 반하거나 이들 모르게 행동한다.[2] 돌이켜보건대 흔히 비도덕적이고 인권과 시민권에 손상을 입힌 것으로 보이는 사건도, 의회와 사법부가 이와 같은 행동을 분명하게 불법이라고 설명하지 않는 한, 민주주의 정부의 모든 원칙에서도 합법화된다. 이와 같은 일이 심지어 다수의 민주주의 대중의 찬성하에 이루어지는 경우도 드물지 않다.

비밀 정보요원이나 경찰관이 국가에 대하여 법적으로 행동했을지라도, 이런 행동을 윤리적으로 정당화할 수 있는지는 의문이 남는다. 이에 관해 1990년의 독일 연방정보국(BND) 법은 2항에서 이렇게 규정하고 있다. "독일 연방정보국은 외국에서의 과정에 대한 정보/데이터를 수집하고 평가할 수 있는바 …… 외교정책과 보안정책상 독일에 의미가 있고, **이와 같은 방식으로만** 획득할 수 있는 한해서 …… 적절한 여러 가지 조치 가운데 정보부는, 당사자에게 가장 해를 덜 끼칠 수 있는 조치를 선택해야 한다. **의도했던 바의 성공을 얻지 못한** 조치라 하더라도 결코 약점으로 작용해서는 안 된다."(강조는 저자) 따라서 독일의 외적 안전을 고려할 때 그리고 관련해서 그 어떤 손해도 입히지 않을 때 성공은 어떤 결과를 가져오는지가 중요한 기준이 되는 것 같다.

비밀 정보조직의 비윤리적 행동에 대한 가장 격렬한 논쟁은 미국에서 볼 수 있는데, 아마도 민주주의 국가 가운데 가장 많은 비밀 정보 작전을 실행하는 나라가 아닐까 한다. 이와 동시에 미국 의회와 사법부 그리고 언론은 이와 같은 작전에 대해 이례적일 정도로 폭넓은 정보를 얻을 수 있다. 그처럼 윤리적인 질문에 대해 폭넓게 논의하기 위해서는 두 가지 모두 가능해야 한다. 왜냐하면 행정부가 서류를 폐쇄해두는 곳에서는, 비윤리적 행동이 없다고 쉽게 결론 내릴 수 없기 때문이다.

미국의 경우

윤리적 문제가 대두된 최초이자 최대의 미국 비밀 정보 스캔들은 1974년 12월에 시작했다. 당시 〈뉴욕타임스〉는 흑인 시민권운동을 비롯해 미국의 베트남 전쟁 수행에 반대하는 시위대를 막기 위해 CIA 일부도 포함해서 FBI를 투입했다는 사실을 보도했다. 대부분은 전화를 도청했다. 이 두가지 운동을 이끈 지도자들은 고충을 겪었고 거짓 혐의를 받거나 사생활이 폭로됨으로써 명예에 손상을 입기도 했다.[3] 의회의 조사로 말미암아 FBI 작전 COINTELPRO가 표면에 드러났는데, 이 작전은 1956년부터 1971년까지 지속되었다. 작전의 지시에 따르면, 언급한 운동과 그룹의 모든 활동과 지도자를 "공표하고, 방해하고, 오도하고, 이름을 더럽히거나 그 밖의 방법으로 파괴해야" 한다는 것이었다.

미국의 대중은 화가 났다. 어떻게 관청이 그와 같은 캠페인을 오용할 수 있단 말인가? 어떻게 그토록 방대하게, 그토록 오랫동안 법을 훼손할 수 있었던가? 폭로는 이어졌고, 마침내 미국 의회는 두 조사위원회를 꾸려서 FBI와 CIA가 잘못 행동한 것을 밝혀내라고 했다. CIA의 "패밀리 주얼스(family jewels: 미 속어로, 집안의 수치스러운 비밀 — 옮긴이)"가 가장 잘 알려지게 되었다. 이것은 의심스럽고 대중의 기준에 비윤리적인 작전이나 작전계획으로, 쿠바의 대통령 피델 카스트로에 대한 온갖 살해 공작이 포함되어 있었다.[4]

상원의 조사위원회 의장 프랭크 처치는 당시 CIA를 "통제 잃은 람보

코끼리(성격이 사납고 무리와 떨어져 사는 코끼리)"라 불렸지만, 실제로는 CIA 관리가 정치적 결정권이 있는 사람, 궁극적으로 미국 대통령 아이젠하워나 케네디와 같은 정치적 결정권자의 지시도 없었는데 또는 적어도 알면서도 묵인하지 않았는데, 독자적으로 행동했다는 증거는 어디에서도 찾을 수 없었다. 이 두 대통령은 조사하던 시기에 이미 사망했기 때문에, 이들에게 개인적으로 책임을 물을 수 있는 형법상의 조사나 정치적 조사도 펼칠 수 없었다. 그리고 대중도, 발견된 불법적이고 비도덕적인 계획과 작전에 대한 책임이 오로지 비밀정보부에 있다고 믿고 싶어 했다.[5] 조사 보고는 이와 같은 대중과 의회의 압력을 받아서 진실을 매우 소극적으로 발표하는 데 그쳤다. "때때로, 정보기관은 자신들의 프로그램을 높은 인물들로부터 숨겼다. 게다가 결과에 대한 부담으로 인해 상급 관료들 스스로 정보 활동을 오용하는 분위기를 만드는 경우가 더 빈번했다."[6]

실로 사람들은 훨씬 더 폭넓게 책임자를 찾아봐야 하는데, 국내외의 안전을 담당하는 의회의 위원회는 정보를 받았을 것이기 때문이다. 아니면 관련 증거를 조사해야 했는데, 그들은 그렇게 하지 않았다. FBI의 "절차"뿐 아니라 CIA의 방식에서도 마찬가지다. 따라서 여기서는 의회 통제의 실패라고 말해야만 한다. 또는 역사적 상황에 더 근접하게 표현하자면, 미국 의회는, 어쨌든 감독할 권한이 있는 의원들은, 이와 같은 작전에서 인권과 법이 훼손당하지 않았다고 봤다. 이는 특히 위에서 언급한 FBI 작전에 해당한다. 심지어 마틴 루서 킹의 평화적인 흑인 시민운동조차도 그가 1968년 사망하고도 긴긴 세월이 지난 뒤에야 비로소 미국의 정치적 주류(main stream)의 일부가 되었다. 여전히 대중의 저항이 격렬했으나 그에게 바치는 축제일은 1983년 11월에 확정되었다.

의회의 조사위원회가 FBI와 CIA의 "절차"를 공개적으로 비난하기는 했으나, 대부분의 작전이 얼마 전만 하더라도 참아주었거나, 심지어 승인을 받았다는 사실을 간과해서는 안 될 것이다. 또한 1976년 완성한 의회 보고는 FBI나 CIA 관료들 또는 정치적 책임자에 대해 법정에 고소하지는 않았다는 사실도 유의해야 한다. 이들의 목표는 오히려, 보안을 담당하는 이 조직의 작업 능력과 승인 능력을 다시금 수립하고자 하는, 이른바 분쟁을 없애주는 데 있다. 베트남 전쟁에서 미국의 패배와 1974년 닉슨 대통령의 강요된 사직을 고려해보면 그와 같은 목표 설정은 정치적으로 납득할 만하다.

따라서 사람들은, 왜 조사위원회가 정보조직으로부터 모든 프로그램과 작전에 대한 완벽한 공개를 요구하지 않고, 프로그램과 작전을 선별해서 공개하라며 백악관과 해당 정보조직과 복잡한 협상을 벌이는지 이해할 수 있다. 제출된 서류나 관료들에게 내어주는 발언 허가는 사전에 이루어진 협약이며, 따라서 사람들은 공개된 비밀 정보를 **모든** 사실을 완벽하게 공개하는 것으로 받아들여서는 안 되며, 윤리적, 정치적 그리고 법적으로 위반할 수도 있었다. 간략하게 말해서, 의회는 그런 것을 정확하게 알고자 하지 않았던 것이다.

흥미롭게도 당시 의회는 베트남 전쟁 시의 비밀 활동에 대해 아주 약간만 조사했다. 특히 CIA의 "피닉스(Phoenix)" 프로그램을 조사했는데, 이 프로그램은 베트남 정부와 군사정보부와 연계해서 진행한 것으로 가장 이론의 여지가 많았다. 베트남 공산주의자들의 지도부 네트워크를 확인하는 작업이었는데, 북베트남에서 남베트남으로 침투해 들어가서 이곳에서 미국과 미국의 연맹국들과 싸우고자 했던 공산주의자들이었다. "피닉스"와 이와 비슷한 작전을 통해서 공산주의자 간부들을 차단해야만 했고, 이로 인해 대략 2만 6000명 혹은 그 이상이 죽었으며 수천 명이 체포되었다.[7] 하지만 간부라고 의심이 가는 자들을 죽이기 위해 공격을 감행했을 때, 이 때문에 억울하게 희생된 수많은 민간인과 아이들까지 고려해보면 희생자의 수는 훨씬 많을 것이다. 어쨌거나 그런 종류의 작전이 전쟁 국제법을 잘 준수하고 있는지는 의문이다.

거기서부터 활을 당기면 이슬람교 테러를 막으려는 미국 비밀 정보 작전까지 가는데, 특히 2001년 9월 11일 테러 이후다. 테러리스트로 의심이 가는 자들, 주로 아프가니스탄과 파키스탄에 있는 자들을 체포하는 일을 언급할 수 있다. 이들은 미국의 거점이자 쿠바에 있는 관타나모 수용소를 비롯해서 미국 외부에 있는 비밀 수용소에 수용되었다. 법정에서 판결을 받지도 못하고 전쟁 포로라는 국제법상 규정되어 있는 지위의 포로로 대접받지도 못한 상태로 말이다. 이들에게 그와 같은 지위를 거절하는 것은 상당한 이유가 있겠지만, 그들을 무법 상태로 몰아넣은 것은 미국의 국내는 물론 외국에서도 이해할 수 없는 일이다. 포로를 〔심상치 않은 판결 (extraordinary rendition)로〕 수많은 수용소에 가둔 일은, 법치국가라 명명할 수 없는 국가들의 비호 아래, 맨 먼저 미국 정부에 의해 논쟁거리가 되었지만, 다양한 법적 조사와 의회의 조사를 거친 뒤 더 이상 의심할 수 없게 되었다.[8]

역시 또 논쟁의 여지가 있는 전략은, 당시 CIA 고위직에 있던 찰스 코건이 공격적인 사냥꾼 전략(offensive hunt strategy)이라고 불렀던 것이다.[9] 그는 미국의 정보 활동이 이슬람교도들의 비밀조직과 특정 국가들을 통해서 은밀한 지원을 얻는 데 더 이상 집중하지 않고, 잠재적 범인과 배후 조종자들을 겨냥한 살해에만 집중하지 않을까 두려워했다. 이렇게 되면 정보부는 2002년 9월 20일 군대의 선제 공격성 안전전략과 비슷하게 예방 차원의 전략에만 봉사하게 될 것이라는 주장이었다. 비밀 정보요원들은 더 이상 정보의 수집가가 되어서는 안 되며, 그야말로 사냥꾼이 되어야 한다는 것이었다(그래서 공격적 사냥꾼 전략이다). 그럼에도 코건에 따르면, 미국의 안전상의 단점이 해결되지 않을 것인데, 미국에는 효과적인 국내 비밀 정보 활동이 부족하기 때문이라는 것이다.

1970년대와 1990년대 사이에 미국 비밀 정보 활동에 대하여 윤리적 이유에서는 물론 심리적·정치적 이유에서 살해 금지 명령이 내려진 뒤에, 이제 "테러와의 전쟁"은 새롭고, 지금까지의 국제법에서는 볼 수 없던 형태의 전쟁 수행을 하게 되었다. 만일 수단이라는 것에 상응한 법에서 출발한다면, 미국이 이스라엘처럼 강력하게 위협을 받고 있는지는 의문이다. 그곳에서는 대법원이 여러 차례의 판결에서 특별히 위험한 테러리스트들을 겨냥한 살해를 한정적으로 인정하는 정책을 허용했다.

바로 여기에 쉽게 해결할 수 없는 문제가 등장한다. 만일 자유민주주의 법치국가에서 의회와 사법부가 제재(sanction)를 포기한다면, 보안을 담당하는 조직이 잘못 행동했다고 말할 수 있을까? 관타나모 수용소에 갇혀 있는 죄수들과 이와 비슷한 상태에서 장기간 참아내야 하는 사람들을 생각해보면 된다.

영국, 프랑스, 이스라엘과 독일의 경우

영국은 1950년대 여러 차례 피비린내 나는 식민지 전쟁을 치렀고, 이때 반란군들의 폭력에 맞서 식민지에서 근무하던 관료들, 영국 군대 그리고 비밀 작전을 번갈아가며 이에 대응했다. 케냐에서 일어났던 마우마우 반란(1952~1957)으로 사망한 사람은 대략 5만 명에 달하며, 이들 가운데 절반이 어린아이로 추측된다.[10] 영국 식민지였던 말라야에서는 1948년 공산주의자들의 반란을 진압하기 위한 피비린내 나는 전투가 있었는데, 공산주의자들은 공군은 물론 특수부대까지 대대적으로 투입된 병력과 싸워야 했다. 1948년 12월 대학살 때, 그러니까 스코틀랜드 친위 연대 출신의 병사들이 무장하지 않은 남자 26명을 총살하고 이들의 마을을 불태웠을 때, 처음에는 이 사건에 대해서 완전히 입을 다물었다. 1968년 3월 미군이 남베트남에서 저지른 미라이 학살과 연계하여 영국인들의 사건은 인간성을 침해한 범죄일 가능성이 있다며 조사를 받았다. 하지만 영국 정부는 1970년 조사를 중단하는 것이 정치적으로 시기에 적절하다고 간주했다.[11]

영국에서는 북아일랜드에서 일어난 "더러운 전쟁"을 둘러싸고 벌어진 논쟁이 더욱 격렬했다. 영국 경찰(특수부), 국내정보부 MI-5, 영국 군대의 특수부와 북아일랜드에 있던 준군사 부대가 1970년대와 1980년대 아일랜드/북아일랜드 테러리스트와 전쟁을 벌였다. 이때 고문이 일상적으로 이루어졌고 테러리스트들을 겨냥한 살해 행위가 일어났다. 게다가 테러리스트들을 수감해둔 수용소에서 스파이를 확보하기 위해, 정보부 요원들은 도청 행위는 물론 다양한 압박을 실행했다고들 한다.[12]

영국 정보부 측에서 북아일랜드 전쟁 때 사용한 방법의 윤리적·법적 허용에 관한 문제는 의회의 조사와 법정에서의 재판, 그리고 유럽 공동체 법원에서 진행된 복잡한 이야기를 참고하면 도움이 된다. 영국 언론은 매우 집요하게, 공식적 정치를 거의 고려하지 않고 이 과정을 추적했다. 영화는 물론 다큐멘터리도 많이 제작했고, 다양한 텔레비전 채널에서 이것을 보여주었다. 그리하여 북아일랜드 갈등에서 발생한 윤리적인 문제는, 특히 영국 정보조직이 범했을 것으로 추측하거나 또는 증명이 된 과오들은 늘 대중의 격한 논쟁 대상이 되었다.

프랑스 역시 1945년 이후 경찰과 정보요원을 투입했는데, 이때 정보요원과 그들에게 지시를 내린 정치가의 과오에 대한 얘기가 흘러나왔다. 인도차이나에서 1946년부터 1954년까지 정규군을 투입한 전쟁을 치렀고, 이와 동시에 중국과 소련의 지원을 받은 공산당 간부를 대상으로 펼친 비밀 정보 전쟁도 있었다.[13] 이에 대하여 프랑스의 대중 사이에서는 항상 격렬한 논쟁이 일어났다.

정치적으로 이보다 더 파괴력이 있었던 사건은 프랑스의 알제리 전쟁(1954~1962. 프랑스와 알제리 독립운동 세력이 벌인 전쟁으로, 이로부터 결국 알제리는 독립했다. 이 전쟁은 매우 복잡하게 진행되었다―옮긴이)에 대한 기억이다. 이 전쟁은 특히 알제리인 이민자, 무엇보다 쫓겨난 백인들과 프랑스에 살고 있고 프랑스라는 국가에 충성심을 바친 아랍 출신의 알제리 남자들을 동요시켰다. 이 전쟁에서 프랑스는 예전에 없이 정규군과 맞서 싸운 게 아니라, 무장한 의용병들과 암살자들과 싸웠으며, 이들 가운데 일부는 아이들을 테러 무기로 투입했다. 이미 당시에도 사람들이 북적이는 장소에 자살폭탄을 시험하기 위해 소녀의 몸에 폭탄을 설치하고는 했다. 프랑스 측에서는 고문이라는 도구를 투입했고, 때때로 당시 내무부장관이던 프랑수아 미테랑이 분명하게 지시하고는 했다.[14] 따라서 프랑스에서 미테랑이라는 신화에 의문을 갖기 시작했을 때, 알제리 전쟁 동안 자행된 고문을 둘러싼 논쟁이 들끓었던 것은 놀랄 일이 아니다.

이와 같은 논쟁에서 핵심 인물로 낙하산부대의 장군 폴 오사레스(1918년생)를 꼽을 수 있다. 그는 제2차 세계대전 동안 지휘관으로서 그리고 비밀 정보 업무를 통해서 유명해졌고 알제리 전쟁에 지원해서 고문, 살해 명령을 통한 타깃 살해(targeted killing: 민간인을 겨냥한 의도된 살인―옮긴이) 같은 가혹하고도 강압적인 조치에 참여했다. 〈르몽드〉와의 인터뷰에서 그는 미테랑과 다른 프랑스 정치가들도 이와 같은 명령을 알고 있었고 명령을 내린 당사자라고 지목했다. 그는 전쟁이라는 특수한 성격을 고려할 때 그리고 공격을 막기 위한 수단으로 그와 같은 명령은 필요했다고 그들을 옹호했다.[15]

프랑스의 알제리 전쟁을 서구가 정치적으로 극단적 이슬람교도들과 대립하게 된 최초의 대대적인 분쟁이라 불러도 결코 과장이 아니다. 이때 테러 행위와 대중의 반응 사이의 상호작용이 놀라운 역할을 했다. 전쟁은 적에게 자신의 의지를 강요하려는 것이라는 클라우제비츠의 말을 생각해보면 된다. 적의 의지란 여기서는 프랑스 대중인데, 이들 의지는 테러 행위로 무너졌다. 다만 이 테러는 서구인들에게는 별로 중요하지 않았는데, 피해를 입은 대부분의 사람이 과격하지 않은, 일부는 이미 서구에 적응한 이슬람 민족이었기 때문이다. 이와 같은 관점에서 보면 당시의 **민족주의적** 테러리즘은 오늘날 **이슬람교**의 테러리즘과 비슷하다! 서구인들은 논쟁을 펼칠 때 이와 같이 많은 이슬람교 희생자들은 거의 고려하지 않는다.

프랑스 대중은 프랑스에 사는 알제리 폭도의 지지자들에게 보안 병력이 취한 행동은 권력을 상당히 남용한 경우로 평가했다. 여기서 1961년 10월 17일의 "대학살"이 눈에 띄는데, 이때 30명 이상, 아니 심지어 300명 이상의 시위자가 죽었고 센강에 던져졌다. 1962년 2월 8일 파리에서 대대적인 시위가 벌어졌을 때 8명이 사망했는데, 그 가운데 사회학자 알랭 드워프의 32세 어머니도 있었다. 이 사회학자는 이렇듯 경찰을 투입해서 시위를 잔인하게 진압한 이야기를 현미경을 들여다보듯 지극히 자세하게 묘사했다.[16]

이처럼 의문스러운 경찰 투입에 대한 대중의 관심은 상당 부분 당시 책임자였으며 파리의 경찰 지휘관으로 있던 자를 통해 확인되었다. 바로 모리스 파퐁(Maurice Papon)으로, 1997/1998년 세간의 주목을 끈 그의 재판은 유대인에 대한 비시 정권의 정책을 떠올리게 했다. 물론 파퐁도 부분적으로는 책임이 있었다. 파퐁은 프랑스로부터 풀려난 뒤에 관료와 정치가로 화려하게 출세했으며, 파리 경찰국장에서 예산부장관(1978~1981)까지 올랐다. 비시 정권·유대인 정책과 1961/1962년 시위를 진압하려 했던 경찰 투입 사이에 관련이 있을 것이라는 의심은 정도를 벗어난 것일 가능성이 많다. 그럼에도 여기서는, 정보조직의 잘못된 행동에 대한 판단이 얼마나 역사적 연관성에 강하게 영향을 받는지를 보여준다. 정당하든 부당하든 말이다.[17]

마침내 미테랑 대통령 집권 중에 일어난 도청 사건을 언급해야 하는데, 이 사건이 비밀 정보 활동이 저지른 심각한 위반이 아닐지라도 말이다. 외국에서 훨씬 잘 알려져 있는 1985년 "레인보 워리어 사건"과는 달리, 그러니까 프랑스 비밀 정보원들에 의해 그린피스 배들이 가라앉게 된 사건인데, 도청 사건은 미테랑이 순전히 개인적으로 관심을 가졌기에 진행되었다(다른 사건의 경우 프랑스 국방정책이라든가 태평양 남부에서 실시한 프랑스의 핵실험이라는 것이 중요했다).[18] 대통령은 정치적 적과 마음에 들지 않는 인물을 도청할 수 있도록 대통령 궁에 마련한 반테러리즘 방을 이용했다. 게다가 그는 이렇게 함으로써, 혼외로 얻은 자신의 딸 마자린 팽조에 대한 비밀을 대중에게 알리겠다고 협박한 언론을 주눅 들게 하려 했다. 이 딸은 국가에 봉사한 사람들에게 내어주는 특별한 집에서 어머니와 함께 살았다. 2000년에야 비로소 프랑스 법정은 해당 문서를 읽을 수 있게 되었다. 사생활을 침해했다는 이유로,[19] 다수의 공무원에 대한 재판이 2005년에 진행되었다. 하지만 이 시점에는 주요 책임자였던 미테랑은 이미 10년 전에 사망한 상태였다.

국가 이스라엘은 항상 인권을 심하게 해쳤다는 부담을 안고 있다. 이는 이스라엘이 지속적으로 아랍-팔레스타인 과격주의자들과 전쟁을 하고 있는 까닭이다. 영화 〈뮌헨〉(2005)은 대대적으로 공개적인 논쟁을 불러일으켰다. 이 영화는 바로 1972년 뮌헨에서 열린 올림픽에 참석한 이스라엘 선수단을 타깃 살해한 암살자들과 막후 조종자들을 다뤘다. 감독 스필버그는 1972년부터 1981년까지 대충 20명을 타깃 살해한 이스라엘 비밀 첩보기관 모사드의 특수부 "카이사레아(Caesarea)"를 끌어들였다.[20] 뮌헨 테러 사건의 범인들 가운데 그 누구도 공개 법정에서 재판받지 않았다는 사실은, 테러리스트들과의 전쟁은 정식의 법적 도구가 아니라 정부의 행동에 의해서 얼마나 영향을 받게 되는지를 보여준다.

타깃 살해는 이전의 작전과 달리 자국의 법정에 세우기 위해 범죄자를 납치해서 이스라엘로 데려오던 작전이다. 1960년에 열린 아돌프 아이히만의 재판도 바로 비밀 첩보기관 모사드를 통해 세간을 떠들썩하게 한 납치를 해옴으로써 가능했다. 하지만 아랍-팔레스타인 테러리스트들과의 전쟁에서 이스라엘은 점차 타깃 살해라는 무기를 더 많이 사용했고, 가끔 이스라엘 대법원장의 승인을 받기도 했다.

또 다른 형태의 사건은 1984년 4월의 이른바 300번 버스 사건이라 불린다. 이 사건은 300번 버스를 인질로 삼았고, 텔아비브 남쪽에서 일어났다. 무장한 팔레스타인 사람 4명이 35명이 타고 있는 버스를 가자(Gaza) 지구로 가자고 압박했다. 그곳에 갇혀 있던 팔레스타인 500명을 석방할 목적이었다. 경찰과 특수부는 버스를 멈췄고, 처음에는 협상을 벌였으며 마지막에는 밤을 틈타 기습적으로 공격을 시도했다. 그리하여 납치범 2명을 사살하고 나머지 2명을 체포했다. 얼마 후 비밀 정보원들은, 납치범 4명 모두 빠져나가려는 시도를 하다가 죽었다고 알렸다.

이스라엘에서는 군사 검열이 지배적이기 때문에, 언론은 기자들이 관찰한 소식을 공개하는 것을 주저했다. 마침내 언론이 범행 장소에서 두 젊은 남자가 비밀요원들에게 끌려가는 사진을 공개했다. 이 사건을 조사하자, 국내정보부장이 2명을 사살할 것을 명령했고 직원들에게는 증거를 위조하라고 지시를 내렸다는 사실이 드러났다. 이로부터 2년 후에야 비로소 이스라엘 방송국 기자들은 이와 같은 조작 사실을 밝혀낼 수 있었다. 정보부장은 사직해야 했으나, 법정에 서지는 않았다. 조사 보고에 의하면 다음과 같은 사실이 분명하게 드러났다. "……정부의 모든 행동, 정보요원의 행동도 포함하여, 법의 테두리 안에서 일어나며 법을 고수해야 한다."[21]

이는 2002년 비밀 정보법 개정이 어떠할지 미리 보여준 셈이다. 이 법은 최초로 국내정보를 담당하는 샤바크(신베트라고도 부름) 및 이곳을 정치적으로 통제하는 것에 대하여 규정해놓았다. 그 뒤에 비밀 정보원들을 위한 특수 징계재판소를 설립했고, 이 재판소는 개인이 직권을 남용하고 법을 위반한 경우를 담당했다. 재판은 비밀리에 진행해야 하고, 법무부장관의 감독하에 있다. 고소인은 항상 정식 검사다.

마지막으로 언급할 가치가 있는 것은, 해외정보 담당이던 모사드가 1997년 9월, 하마스(이슬람 저항 운동 단체─옮긴이)의 지도자 칼리드 마슈알을 왜 살해하지 못했는지에 대한 의문을 조사한 위원회다. 이스라엘의 네타냐후 총리가 명령한 이 작전을 공개하라고 하는 압박이 당시에 있었고, 이는 그야말로 국제적으로 이목을 끈 떠들썩한 사건이었다.

전후 독일에서는 집시들을, 오늘날에는 진티와 로마(Sinti und Roma)라고 부르는데, 다루는 방식이 인권에 대한 이해의 변천사를 보여주는 본보기가 된다. 2007년 5월 16일 바이에른주 정부의 수상 에드문트 슈토이버가 바이에른주 독일 집시협회장 에리히 슈네베르거와 함께 공동으로 발표한 성명은 최초로 "바이에른에 거주하는 소수민족 1만 2000명에 대하여 특별한 역사적 책임"[22]이 있음을 얘기했다. 이로써 모든 독일의 관청은 국내 안전을 담당하는 주와 연방의 관청이 저지른 수치스러운 과거를 청산했다.

도대체 무슨 일이 있었던 것일까? 나치가 집시를 학살한 뒤에 독일 행정은, 특히 경찰에서는 이 민족을 대하는 태도가 기본적으로 바뀌지 않았다. 오히려 집시를 사회적 "문제"로 간주했고, 그리하여 경찰이 감시했으며 그들의 일상에 해를 입혔다.[23] 이런 일은 법과 행정 규정을 바탕으로 이루어졌는바, 이런 규정은 나치 시대의 법규였거나 혹은 당시의 규칙을 모방해서 나온 것이었다. 심지어 뮌헨에 있는 주 정부 치안부는 나치 시절에 작성한 카드식 목록과 서류를 계속 활용했다. 담당 공무원들 가운데 1945년 이전에 집시들을 강제수용소로 이송하는 임무를 맡은 사람이 적어도 4명이나 있었다.[24] 이들 가운데 한 사람인 요셉 아이히베르거는 제국 안전부에서 추방에 관련된 일을 담당했는데, 이제는 "부랑자센터"를 이끌고 있다.

나치 특수요원들은 또한 다른 곳에서 자신들의 일을 하거나 비슷한 분야에 몸담고 있었다. 나치 친위대 지도자 파울 베르너 역시 RSHA(제국정보부)에서 추방을 담당했고, 특히 "예방 차원의 범죄 퇴치"와 관련해서 전문가였는데, 그는 1960년대 바덴뷔르템베르크주의 중앙공무원으로 일했다. 심지어 1955년에는 연방 치안청장으로 추천을 받았다. 제국의 보건위생국에서(1936년부터) "인종 청소와 민족의 생물학적 연구소"를 이끈 로베르트 리터는, 1947년부터 마인강에 인접한 프랑크푸르트에서 기분 및 신경 질환자들을 돌보는 요양소를 운영했다. 집시를 대량학살한 사건에 참여한 그의 죄를 묻는 재판은 1950년에 중단됐다.

뮌헨의 "부랑자센터"와 집시 목록은, 독일 전체에 있는 경찰과 행정이 일반적으로 그들을 대하던 방식의 일부를 보여줄 뿐이다. 이는 다시금 당시에 보편적이던 사고방식을 따랐을 뿐인데, 그러니까 집시를 문젯거리로서, 게으름뱅이와 범죄자가 될 경향이 있는 사람으로 분류해둔 사고 패턴 말이다. 종전한 지 얼마 되지 않았을 시점부터 집시는 "즉각적 도움"을 줘야 하는 대상에서 제외되었다. 이는 강제수용소에서 살아남은 집단에게 제공하던 지원이었다. 이후에 경찰은 나치가 작성한 집시 목록 외에도 그들에 관한 인종소견서, 수용소의 서류 등을 이용했다. 더욱이 강제수용소에서 문신으로 찍어둔 번호까지 그들을 구별하는 기준으로 이용했다.

연합국이 인종을 차별하는 나치의 법을 폐지한 후, 바이에른주 의회는 1953년 "부랑자령"을 통과시켰고, 이 명령은 헌법에 위반한다는 이유로 1970년에야 비로소 폐지되었다. 다른 주 정부들도 바이에른주 정부와 비슷한 법을 제정했으며, 일부는 바이마르 공화국 시절의 법으로 돌아가기도 했다. 경찰관이 읽는 개론서에는 여전히 나치 시대의 가르침들이 살아 있었고, 1967년 연방 치안청의 교과목 개론서에도 포함되어 있었다.

당시의 법정도 이와 같은 생각을 기준으로 삼았다. 연방법원은 1956년 추방된 집시들의 손해 배상금 요구를 기각했는데, 이는 "거주지를 옮긴 것"이므로 손해 배상금을 지불할 대상에서 제외한다는 이유였다. 1965년에 비로소 독일 연방의회는 1956년 연방법원의 결정으로 말미암아 손해 배상금을 받지 못한 사람들에게 유리한 손해 배상법을 통과시켰다. 1981년 불이익을 받은 사람을 위해 추가 법안을 마련했다. 관청과 법원에서 필요한 서류가 더 이상 존재하지 않는다고 계속 주장하는 경우였다.

그런데 1992년 쾰른에서 "사라졌다"는 서류 1000건이 다시 나타났고, 이는 뒤셀도르프 국립 문서 보관소로 옮겨졌다. 여기서 국가와 교회가 학자들에게 의뢰한 충고와 1970년대 말까지 "인종 연구가"들이 대학에서 근무한 상황에 대해서는 알려야만 한다. 2001년 10월에야 바이에른주 내무부는 바이에른 헌법재판소장에게 서면으로 설명하기를, "지금까지 바이에른에서 이 그룹을 특수하게 등록되어 있던 상황을 폐지했습니다".[25] 이 경우에서 확실히 드러나듯이, 정보조직을 통한 인권의 경시는 의회, 법정과 대중이 동의한 상태에서 발생할 수 있다.

1975/1976년 "클라우스 트라우베 도청 사건"은 전혀 다른 상황이었다. 핵 과학자이자 칼카르에 있는 고속 증식로의 개발을 담당하던 관리자 트라우베는 국내정보기관인 연방헌법수호청으로부터 도청을 당했다. 그가 좌파 테러리스트(RAF)들과 접촉한다고 추측했기 때문이다. 이러한 추측이 근거 없다는 것이 증명되었기 때문에, 〈슈피겔〉지가 이 사건을 캐자 정치적 스캔들로 발전했다. 그리하여 연방 내무부장관이던 베르너 마이호퍼가 사임해야 했다. 독일 연방에서 1978년 비밀 정보 활동을 의회가 통제할 수 있게 했던 최초의 법적 규정은 이 사건과 매우 밀접한 관련이 있다.

가장 최근에는 무라트 쿠르나즈(Murat Kurnaz) 사건이 사람들을 흥분시켰다. 여기서 의문은, 독일은 그가 4년 반이나 관타나모에 억류되어 있는 동안, 독일에서 태어난 이 터키인을 데려올 생각이 없었던 것일까 하는 점이다. 쿠르나즈가 어떤 죄를 지었다는 증거도 없었는데 말이다. 이로 인해 들끓던 흥분은 좁은 의미에서 정치적이었는데, 그러니까 당리당략에 의한 것이었다. 왜냐하면 그 시기에 연방총리청장이었으며 따라서 비밀정보부의 감시에 대한 책임이 있던 자가 바로 외무부장관 슈타인마이어(2005~2009년 외무부장관 역임—옮긴이)였기 때문이다.

비밀정보기관을 통제할 때 몇 가지 기본적인 문제

정보기관, 경찰과 이들에게 명령을 내리는 자들의 과오를 역사적으로 살펴보았기에, 사람들은 비밀정보기관 통제라는 주제를 어느 정도 의심에 찬 시선으로 다루게 된다. 만일 자유민주주의 의회, 정부와 법무부가 직접 인권과 갈등을 겪게 된다면, 보안기관, 우리의 경우에는 정보기관을 어떻게 그들이 통제해야 한단 말인가? 그리고 만일 그들이 스스로 책임과 자기이익으로부터 자유롭지 못하다면, 이런 통제가 어떻게 효과적으로 이루어질 수 있단 말인가?

정보기관에 대한 주요 책임을 지게 되는 행정부는 풀기 매우 어려운 딜레마 앞에 서 있다. 엄격한 보안 대책으로 인해 오로지 소수의 장관과 고위직만이, 매우 위험할 수 있으며 논쟁의 여지가 있을 수 있는 비밀 작전을 철저하고 체계적으로 감시할 수 있다. 하지만 이들은 바로 비밀정보기관에 자신들의 특별한 지시를 내리는 당사자들이므로, 실패하거나 권력 오용의 경우가 발생하면 가차 없이 충분히 해명할 수 없는 것도 이해할 수 있다. 즉, 가장 효과적인 기구이자 사안에 대한 지식을 바탕으로 통제하는 기구는 많은 측면에서 철저하게 통제하는 과제에는 전혀 관심이 없다는 말이다. 국내와 해외의 안보를 담당하는 국가 기관, 특히 경찰과 군대가 이미 자신들을 다방면에서 통제하는 장치의 손에 들어가 있을 때, 의회는 흥미롭게도 나중에서야 이런 과제를 떠안는다. 영국과 미국에서는 1970년대와 1990년대에 비밀정보기관을 통제한 징후가 발견되었다.

유럽에서 가장 오래된 민주국가 프랑스에서는 2007년에야 비로소 이 영역에 관하여 포괄적인 법을 제정했다.[26] 네덜란드(1952)와 독일(1956)은 소수의 예외에 속하는 국가다.

1945년 이후의 정치 실태를 살펴보면, 만일 비밀정보기관의 스캔들이 언론을 통해 공개되었을 때, 정보기관 감시를 담당하는 행정부와 의회가 우선 공격을 당하는 경우가 늘 있어왔다. 이때 언론도 내부자 고발(whistle blowers)에 의지했다. 보편적으로 언론이 자체 수단으로 그처럼 스캔들을 캐내는 데 성공하지는 못한다.[27] 그리하여 흔히 내릴 수 있는 확정은, 이를테면 〈워싱턴포스트〉나 다른 신문사들이 비밀 정보 X나 Y의 베일을 벗겼다고 하는 확정은 대체로 틀렸다. 사실은 대부분 익명으로 존재하는 내부 고발자가 언론에 제공하는 것이었다. 어쨌거나 법무부는 이와 같은 종류의 곤혹스러운 정보를 내놓으라고 정부장치에 압박을 가할 수 있는 수단을 가지고 있다.

2001년 9월 11일부터 그리고 이를 통해, 독일에서는 흔히 쉴리 법이라고 부르는 "새로운 보안법"이 통과된 이후 하나의 합의가 자리를 잡게 되었다. 즉, 이에 따르면 정보기관에서 투입하게 되는 작전은 예전보다 자체적 통제를 더욱 강력하게 받아야 하는 것으로 말이다. 사람들은 보편적으로, 비밀정보기관을 통제하다 보면 시민권과 인권이 훨씬 더 잘 보호될 것이라고 받아들인다. 하지만 이때부터 이와 같은 생각에 대한 모종의 의심이 생겨났다. 9·11 사태와 3차 이라크 전쟁(2003년부터)과 관련해서 비밀 정보 활동의 배경과 정보기관의 정치적 도구화에 대해 수차례 공식 조사를 통해 밝혔듯이 말이다. 대부분의 공식 조사는 의회를 통해 이루어졌다. 9·11 사태처럼 파괴적인 공격이 어떻게 미국 같은 나라에서 일어날 수 있었을까? 이미 가장 포괄적이며 의회에서 대체로 "심도 있는" 통제

시스템을 운영하고 있는 국가에서 말이다. 미국 의회는 9·11 사태를 조사하면서 발견한 비밀정보기관의 구조적이고 기술적인 문제를 어떻게 그렇게 오랫동안 간과할 수 있었을까? 영국에서도 정치 지도자들이 정보기관을 관리하는 것이 여러 차례 조사 대상이 되었다. 영국 의회는 미국 의회에 비하면 권한과 관할권이 덜 포괄적임에도 이들은 현재까지 대체로 매우 긍정적으로 평가했다. 그럼에도 영국의 의회조사단은 일련의 심각한 오류와, 이보다 더 심각하게도 정치적 지도자가 비밀 정보를 오용하는 것을 막아내지 못했다.

위에서 언급한 보고서를 자세히 읽어보면, 모든 오용을 막아낼 수 있는 통제장치가 과연 가능할 것인지에 대한 의심이 더 늘어난다. 특히 위에서 묘사했듯이 정부 내부에서 이루어지는 통제의 딜레마를 어떻게 하면 점차적으로 해결할 수 있을지는 잘 알 수가 없다. 다만 의회는 많은 측면에서 그와 같은 예방 차원의 통제에 적합하지 않다는 사실은 알 수 있다. 이런 입장에서 보면, 예방 차원의 통제는 조직 자체에서 스스로 제어하는 것보다 못하다는 사실을 잘 이해할 수 있다. 어떤 활동이 성공할 가망성이 불확실한 경우에, 의회에 특권을 주고 대중이 의회를 신뢰하는 것은 위험할 수 있다. 사람들은, 의회가 왜 1970년대까지 법적 규정과 철저한 예산 통제를 통해서 정보기관을 통제하는 것을 포기했는지를 이해하기 시작하고 있다. 비밀 정보 활동은 의회의 통제 범위에서 벗어나 있었다. 다만 일본이 진주만을 공격한 사건처럼 비밀 정보 활동이 현저한 실패를 한 경우에만 의회는 광범위하게 조사해야 했다.

유감스럽게도 현존하는 통제 기구는 비밀 활동의 다른 측면을 거의 고려하지 않고 있는데, 바로 오늘날 매우 중요하며 미래에는 더욱 중요해질 비밀 정보의 국제간 협력에 관한 측면이다. 원래 그와 같은 협력은 전쟁

연합국들 사이에만 있었는데, 예를 들어 제2차 세계대전 중에 그러했다. 9·11 사태 이후 자유민주주의 국가들은 모든 종류의 독재자, 특히 이슬람교 국가들의 독재자와 대대적으로 강화했는데, 무엇보다 이슬람교 테러리즘과 싸우려는 목적 때문이다. 사실 이슬람교 테러리즘은 이슬람교 정권들에도 매우 위험하다.

의회에서 정보기관의 협력을 잘 통제하지 못하는 원인으로 흔히 언급하는 것이 있다. 즉, 해외정보 활동의 감사는 비밀정보기관의 협력이 발전하는 데 어마어마한 방해가 되고 자국의 보안정책과 관련해서 외국의 정보기관으로부터 도움을 받지 못할 위험이 따르기 때문이라고 한다. 하지만 그 결과는 의회의 능력 상실이다. 여기서 에셜론(echelon: 미국, 영국, 오스트레일리아, 뉴질랜드와 캐나다가 운영하며, 전 세계의 통신을 감청하며 이로부터 정보 수집 및 분석을 하는 네트워크-옮긴이)에 대한 유럽연합 의회가 포괄적으로 조사한 일을 기억해보면 된다. 혹은 특수 반환(죄인이나 인질 교환 등등의 이유로) 비행을 위해 미국 비행기가 유럽을 통과하거나, 그리고 동유럽 나토 국가들에 미국의 비밀 도청센터와 형무소가 존재하는지를 두고 벌인 논쟁을 기억해보면 된다. 이와 같은 의문은 유럽연합의 해외정책과 안보정책에도 중요한 역할을 한다. 2006년 이탈리아 의회의 통제위원회가 다른 유럽연합 국가들에 소속된 위원회를 로마에 초대했는데, 그때그때 얻게 되는 자신들의 경험에 관해서 지속적인 대화를 나누는 관행이 자리 잡기를 희망해서였다. 이는 국제적 테러리즘과 조직화된 범죄에 맞설 뿐 아니라 전 세계에 공동으로 인간적이고 군사적인 작전을 투입해야 할 경우가 증가함으로써 유럽연합 국가들이 협력을 해야 한다는 측면에서였다.

그렇듯 보안조직, 특히 비밀정보기관에 의해서 인권과 시민권이 훼손될 수 있다는 두려움은 타당한 것이며, 여기서 어쨌거나 자유민주주의 국가들에서 최근에 이 영역에서 근본적인 변화가 나타났다는 사실을 간과해서는 안 될 것이다. 냉전이 끝난 후부터 비밀 정보 활동은 훨씬 더 투명해졌고 민주화되었다. 이슬람교도들의 테러리즘과 같은 새로운 형태의 보안 위험은 시민들의 작용이 시급하게 필요하기 때문에 훨씬 투명해졌다고 할 수 있다. 이와 나란히 경찰의 조사 업무에서도 역시 시민들의 지원이 상당히 늘어났다. 따라서 국내외에서의 비밀 정보 활동과 비밀정보기관을 포함한 경찰 사이의 경계가 점점 사라지게 되었다. 심지어 경찰과 군대 사이의 차이도 줄어들었는데, 예를 들어 평화 보장이나 아프가니스탄과 다른 곳에서 평화를 강요하기 위한 국제적 임무에서다. 비밀 정보 활동은 더욱 민주화되었다. 인터넷을 통한 채용을 포함해서 공개 직원 모집이 강화되었으며, 여성과 민족적 소수자, 특히 이민자들 2세가 선호되고 있기 때문이다. 그 밖에도 모바일 통신, 상호작용하는 인터넷 등등 전자 커뮤니케이션의 폭발적 증가와 이에 대한 중요성이 증가함으로써, 비밀 정보 활동이라는 과거의 사고틀을 넘어서는 새로운 재능과 능력이 요구되기 때문이다.

사람들은 여전히 대중에게는 차단되어 있는 비밀 정보 업무보다 경찰과 군대에서 보안 문화의 근본적인 변화를 더 쉽게 관찰할 수 있다. 하지만 이와 같은 변화는 정보기관에서도 일어나고 있다고 예상하더라도 틀린 게 아니다. 물론 사회 변화에 대한 투명성과 공개성이 늘어났으나 기만해서는 안 되는 사실은, 기술적 도구—"유리처럼 투명하게 들여다볼 수 있게 된 시민"—로 감시할 수 있게 된 것이 자유주의 사회를 점점 위협하고 있다는 점이다. 이와 동시에 테러리즘, 조직화된 범죄와 해적과 같은 국제적 보안 위험은 효과적인 비밀조직에 의해서만 퇴치할 수 있는 데 반해서 말이다. 이와 같은 이중적 요구를 고려할 때, 비밀정보기관을 정치적으로 훨씬 더 강력하게 통제하고 이와 동시에 그들의 능력을 향상시킬 수 있을 것인지, 그것은 자유민주주의 국가에 사는 사람들이 공공연하게 믿고 싶은 그 이상으로 불확실하다.[28] 자유주의적이고 민주적인 법치국가를 위해 비밀 정보 활동은 항상 특별한 방식으로 윤리적이고 정치적인 요구 안에 머물러야 할 것이다.

비밀 정보, 인터넷과 사이버 전쟁

간략한 조망

2013년 5월 20일 29세의 에드워드 스노든은 비행기로 하와이에서 홍콩으로 갔다. 그의 가방에는 큰 관심을 유발하는 비밀 정보 자료를 넣은 노트북 네 개가 들어 있었다. 비밀 정보 자료는 스노든이 미국인 기자 글렌 그린월드와 텔레비전 작가 로라 포이트러스에게 털어놓은 바로 그 자료였다. 영국의 〈가디언〉은 6월 6일 수많은 신문 가운데 최초로 1952년에 설립한 미국 국가안전보장국의 정찰 행위에 대해 보도했고, 이로써 언론이 거의 한목소리로 NSA 스캔들이라고 부른 사건이 시작되었다. 스노든이 불법적으로 획득한 NSA 서류가 조금씩 공개되면서 말이다.

　내부 고발자? 자유의 영웅? 배신자? 투항자? 과거 그 어떤 비밀요원보다 더 많은 비밀 서류를 훔친 에드워드 스노든은 과연 어떤 사람인가? 그는 학교를 중퇴하고, 일찍 군에 들어가서 군인이 되었으며, 일본에 있는 미군 기지에서 근무했고, 이라크 전쟁에 지원했고, 그런 뒤 사고로 군을 그만두고 2006년 CIA에 채용되었다. 이곳 사람들은 컴퓨터 괴짜 스노든을 시스템 관리자로 투입했고, CIA 데이터망을 기다리기 위해 제네바로 보냈다. 알려진 대로 그는 제네바에서 눈에 띄었다. 그가 자신의 정보원 활동에 대해 의심을 갖기 시작했던 것이다. 그럼에도 CIA에 사표를 낸 뒤(2009)에 여러 사기업의 직원으로서 NSA의 데이터 시스템 서비스 기술자로도 일했다. 스노든은 모든 안전 검사에 합격했고, 재교육도 거듭 받았으며 20만 달러라는 연봉도 받았다. 그가 어마어마한 양의 NSA 데이터를 손에 넣어 홍콩으로 도망칠 때까지 말이다. 그는 라틴아메리카로 도주하려고 했지만 성사되지 않았다. 하지만 그는 중국에 계속 머물렀는데, 미국 당국에서 여권을 빼앗아버렸기 때문이다. 안전하지 않은 상태에서 몇 주를 보낸 뒤 그는 마침내 모스크바에서 은신처를 발견하게 되었는데, 우선은 1년 동안이었다. 중국과 소련의 정보부가 스노든의 정보로부터 이득을 얻었는지는 알려지지 않고 있다.

〈가디언〉에서 최초로 스캔들을 공개한 뒤 미국의 버락 오바마 대통령이 바로 해명을 내놓았을 때, 공개된 서류와 정보가 진짜인지 여부에 대한 의심은 그다지 중요하지 않게 되었다. 그러니까 비밀이 누설된 NSA 활동은 테러리즘 방어전을 위해서는 반드시 필요하다는 설명이었다. 그리고 시민들의 사생활에 대한 정찰은 가능하면 최소한으로 제한했다고 했다.

물론 몇몇 시민단체와 국회의원들은 전화통화와 인터넷 데이터를 대량으로 수집한 데 대해 분노했다. 판사 두 명은, 이와 같은 활동이 합법적으로 허용될 수 있는지에 대해서 의심을 표명했다. 〈뉴욕타임스〉와 같은 진보적이고 자유로운 언론은, NSA가 어느 정도로 법을 어기는 행동을 했는지를 발견한 스노든의 편을 들었다. 그러나 그 모든 것으로부터 아무런 결과가 나오지 않았다. 오바마 행정부는, 다수의 대중과 무엇보다 의회가 미국 정보부의 편을 들고 NSA의 활동이 정당하고 필요한 것으로 간주하리라고 확신할 수 있었다. 우방 국가들과 심지어 이들의 정부 지도자들에 대한, 그 가운데 독일의 수상 앙겔라 메르켈도 있는데, 도청도 부정하지 않았다. 다만 오바마는, 이와 같은 행동을 그만두거나 중요한 예외적 경우로 한정할 것이라고 약속했다.

2014년 1월 17일의 오바마 연설은 바로 이와 같은 의미에서 이해할 수 있다. 이러한 오바마의 연설은 올바른 방향이었는데, 그렇지 않고 만약 NSA를 개혁하겠다거나 또는 권력을 "약화시키겠다"는 식의 약속을 했더라면 과장된 조치로 보였을 것이다. 왜냐하면 오바마는, 미국은 전자 통신 분야에서 기술적으로 탁월하며 국제적으로 전화와 데이터 왕래에 대한 연구를 지속적으로 할 의지가 있음을 분명하게 했기 때문이다. 전자 통신에 의한 감찰과 관련하여 내린 즉각적인 지시사항(2014년 1월 17일 자 PPD-28)에서 그는 기존의 활동을 미미한 수준으로 제한했다. 무엇보다 오바마는, 대량의 데이터와 전화통화를 낚아서 저장하는 것이 왜 미국의 안전을 위해 필요한지를 개별적으로 설명했다. 그런 뒤 시민의 권리를 보호하기 위해 마련한 과정과 지시사항을 설명했다.

비밀 정보를 누설한 배반자 스노든이 미국의 형사소추로부터 도망치는 것은 오바마에게는 생각할 수 없는 일이었다. 대부분의 미국 국회 소속 의원들에게도 마찬가지다. 여기서 미국에 있는 정보기관 전체의 규율이 문제가 되고 있다. 미국에서 이 분야에 종사하는 자들은 어림잡아 20만 8000여 명에 달한다.

그 밖에도 스노든이 공개한 NSA 문서는 논쟁에 불을 붙였는데, 수년 전부터 전문가들 사이에서 벌어졌으며, 가끔 언론이 참여하기도 했던 바의 논쟁이다. 이 논쟁이 대중에게 알려지게 된 것은 사적 그룹인 위키리크스(Wikileaks: 정부와 기업, 또는 단체의 불법이나 비리를 알리기 위해 설립한, 이른바 고발 전문 웹사이트다. 아이슬란드의 수도 레이캬비크에 설립했고, 유일하게 알려진 인물은 설립자 줄리언 어산지다—옮긴이)의 폭로를 통해서였다. 다양한 도청 스캔들이나 범죄영화와 정보원 영화를 통해서 알려지기도 했으며, 여러 개의 상을 받은 텔레비전 시리즈 〈홈랜드(Homeland)〉에서 생생하게 묘사해주었다. 여기서 핵심은 다음과 같은 의문이다. 한편으로 국제적 테러리즘에 대항한 방어전과 다른 한편으로 새로운 통신과 경제 플랫폼으로서 인터넷이 국가의 정보 활동에 어떤 변화를 일으켰는가, 하는 의문이다. 개인들의 삶뿐 아니라 정치적 문화와 관련해서 광범위하지만, 아직 완전히 예측할 수 없는 결과를 가져올 수 있는 문제이기도 하다.

테러를 퇴치하고자 할 때는 무기를 장착한 무인 정찰기를 대규모로 투입했고, 이 무인 정찰기를 통해서 테러의 주동자 또는 주동자라 추정하는 핵심 인물들을 사살하고는 했다. 이와 같은 활동은 오바마 임기 중에는 상당히 확대되었는데, 대통령이 직접 사살 목록을 검사했다.[1] 처음에는 CIA가 주관해서 목록을 작성했고, 2013년 5월에는 국방부 소관이 되었다. 2012년까지 2600명 이상이 이와 같은 무인 정찰기의 투입으로 사망했다. 대부분은 파키스탄이었지만, 2011년부터 예멘에서 사상자가 늘어났다. 이 두 국가는 이슬람 전사들의 퇴각 지역이다. 미국 군사정보원 가운데 대략 20퍼센트가 이처럼 드론 투입에 종사하고 있으며, 더 많은 수가 무기 없이 임무를 수행한다.

인터넷 세상에서 비밀 정보 업무의 새로운 역할을 이해하기 위해, 이 매체의 다층적이고 복잡한 현실과 효력을 분명하게 짚고 넘어가야 한다. 라디오와 텔레비전은 국영 방송국이나 개인 방송국이 내보내는 소리와 영상을 전달하는 데 반해, 인터넷은 영상과 소리를 모든 방향으로 중개할 수 있다. 인터넷을 사용하는 사람은 누구나 발송인이자 수신인이 될 수 있다는 말이다. 이와 동시에 인터넷에 접근할 수 있는 문턱을 지난 몇 년 동안 기술적으로나 경제적으로 엄청나게 낮추어놓았고, 그리하여 오늘날에는 세계 인구의 절반이 접근한다. 선진국과 중진국에서는 4분의 3 또는 더 많은 사람이 인터넷을 이용한다.

이로써 인터넷은 대화(전화와 비슷하지만, 훨씬 더 다면적인)를 할 수 있는 세계적 플랫폼일 뿐만 아니라, 경제적 공간이자 시장이며, 그것도 다양한 의미에서 그렇다. 우선 하드웨어와 소프트웨어로 이루어진 인터넷 진입은, 수십억 달러에 달하는 산업과 경제 분야로 발전했다. 개인 컴퓨터와 회사에서 사용하는 컴퓨터, 저장매체, 케이블 중앙처리장치, 무선장치, 인공위성과 작동에 필요한 프로그램, 마지막으로 인터넷을 연결하는 회사는 1980년대부터 상상할 수 없는 속도로 성장했고, 어마어마한 자본을 투입하고 동화에나 나올 법한 수익을 올렸다. 이어서 두 번째로, 상품과 서비스의 시장화와 그에 속하는 광고가 인터넷을 통해 이루어졌다. 세 번째로, 기계와 기술 체계를 원격 조종함으로써 지금까지 가장 덜 발달했던 가능성이 제공되고 있다. 원격 조정으로 건물의 난방과 환기를 할 수 있게 되어서, 개인에게 더욱 쾌적한 조건을 제공하거나 또는 에너지를 절약할 수 있는 새로운 가능성을 열어주고 있다. 나아가 에너지 공급, 교통 체계 또는 경찰이나 군대의 시설도 원격 조정으로 가능하다.

처음에는 통신, 시장, 그리고 전자의 경이로운 세계에서 엄청난 자유를 획득한 것으로 보였으나, 하지만 곧 이런 시대의 그림자가 보이기 시작했다. 범죄자들은 어디에서도 이용할 수 있는 통신 가능성으로부터 이득을 취했다. 광고와 상품화는 국가가 정해둔 원칙(저작권, 청소년 보호 등등)을 위협적으로 무너뜨렸다. 게다가 인터넷 상거래는 전통적인 인쇄 매체나 백화점과 전문 상점의 몰락을 가져왔다. 제품 생산과 상품화는 최적의 비용에 맞추었고(전 세계 어디든 생산 비용이 적게 드는 곳에서 생산), 이는 노동시장과 사회적 표준에 아주 중대한 결과를 가져왔다.

하드웨어와 소프트웨어의 생산, 그리고 "정보 고속도로"와 중앙저장장치를 운영하고 만드는 회사는 신속하게 미국과 몇몇 아시아 국가와 회사에 집중되었다. 이로써 일자리와 수익이 그곳으로 향하게 되었다. 하지만 무엇보다 인터넷 전반을 통제할 수 있는 힘이 소수의 회사와 사람들의 손에 들어가고 말았다. 과장하지 않고, 마이크로소프트, 구글, 페이스북, 아마존, 인텔, 애플, 시스코와 휴렛패커드는 삼성, 히타치, 소니와 폭스콘과 같은 몇몇 아시아 거물들과 함께 인터넷을 지배하고 있다고 해도 과언이 아니다.

어떻게 그리고 왜 이와 같은 거대한 시장 집중이 발생했는지는 여기서 설명할 수 없다. 하지만 NSA 스캔들 폭로가 보여주듯이, 지리적 전략이 작용했던 게 분명하다. 수십억 달러에 달하는 예산에도 NSA는, 만일 이들이 미국의 인터넷 거물들과 공생하는 관계가 아니었다면, 결코 전 세계에 걸쳐 그와 같은 대량의 데이터를 손에 넣지 못했을 것이다. 이것은 다음과 같은 여러 가지 측면을 의미한다. 즉, 우선 사기업과 국가 보안기관을 옮겨가며 근무한 컴퓨터 전문가들의 엄청난 잠재력은 여기저기에서 재교육을 받고 직장을 옮길 때마다 그들의 능력(그리고 직업적 네트워크)을 함께 가져가게 된다. NSA는 수학자들과 컴퓨터 괴짜들에게 전 세계에서 가장 많은 일자리를 제공하는 곳이다. 에드워드 스노든은 바로 그처럼 전형적인 경우에 속한다. 그 밖에 이런 거대한 노동시장은 외국인 전문가들에게도 매력적이지만, 이들은 국가의 비밀을 다루는 기관에는 거의 채용

될 수 없다. 무엇보다 안전을 담당하는 기관들은 스노든과 같은 젊은 미국인들에게 의존하기 때문이다.

두 번째로 미국에 의해 지배되고 있는 인터넷 운영자들은, 사용자가 알아차리지도 못하는 사이에 데이터를 퍼올 수 있는 비밀스러운 입구("윈도우")를 많은 곳에 만들어놓았다. 이와 비슷하게 "허술한 보안"으로 인해 상업적으로 널리 사용하는 소프트웨어에서도 가능하다. 이로써 특정 정보는, 사용자가 알아차리지도 못하는 사이에 미국으로 몰래 흘러들어갈 수 있다. 소프트웨어 제작자가 알고 있었든 전혀 몰랐든 그처럼 정보가 새어나가는 틈새는 결코 해명될 수 없다. 물론 회사 사장이 분노하면서 그런 사실을 절대 몰랐다고 발표하더라도 이를 액면 그대로 받아들여서는 안 된다.

세 번째로 미국은 데이터 관리와 저장 부분에 접근할 수 있는 권한을 법을 통해서 강제할 수 있다. 미국의 안전을 위해서 말이다. 이는 군이 미국만이 그렇게 하는 게 아닌데, 다른 자유 국가들 역시 전화회사로부터 암호를 열 수 있는 코드, 연계된 정보와 법적 규정에 따라 전화녹음을 제공하라고 요구할 수 있기 때문이다. 게다가 보안 관련 조직은 몰래 혐의자의 컴퓨터를 감찰할 수 있다(독일에서는 "연방 트로이 사람"이라고 함). 하지만 만일 대부분의 클라우드 데이터 저장이 미국에 있고 인터넷 연결의 대부분이 미국 영토를 거쳐서 이루어지면(전자메일조차도, 예를 들어 함부르크에서 베를린으로 또는 밀라노에서 피렌체까지), NSA는 다른 국가의 도청 조직과 비교해보면 엄청난 장점을 가지고 있는 셈이다. 그들은 외국의 데이터 왕래를 어려움 없이 자신의 영토에서 엿들을 수 있다.

마지막으로, NSA는 데이터 괴물로서 외국의 파트너에 비해서 비교할 수 없는 권력을 가진 위치에 있다. 만일 외국 파트너들이 NSA 데이터로부터 뭔가 가져오고자 한다면, 예를 들어 자국 내에서의 테러와 범죄자에 대하여 알고자 하면, NSA에 부탁하고 대신에 돈으로 대가를 지불해야 한다. 때문에 독일을 포함해 전 세계에서 자국과 NSA와의 협력에 대하여 제기된 의문은 애초부터 터무니없는 것이었다. NSA에 의존하지 않는 비밀 업무란 없다고 해도 과언이 아니기에 말이다. 이런 협력의 수준과 범위는 유동적일 수 있는데, 아무것도 제공하지 않는 사람은 아무것도 받을 수 없는 까닭이다. 비밀 업무상의 협력이란 거의 교환 업무다. 신호 정보를 교환하기 위해 국가 사이에 결성된 SIGINT 제휴(미국, 영국, 캐나다, 오스트레일리아와 뉴질랜드)에 소속된 파트너들은 서로 우선적으로 이용한다. 이들은, NSA가 영국의 GCHQ와 밀접하게 협업하듯이, 특별히 좋은 조건으로 정보를 제공한다. 그 밖에 다른 국가들은 2순위 혹은 3순위 (또는 더 낮은) 파트너가 되는 것이다.

여기서는 대략적으로 서술했으나 인터넷과 미국의 관계에 대하여 이와 같은 사실을 분명하게 해두면, 스노든을 통해서 알려진 NSA의 모든 "범행"을 목록으로 만드는 일은 불필요하다. 왜냐하면 지금까지 스노든의 자료 가운데 극히 일부만이 공개되었기 때문이다. 현실적으로 우리는 이렇게 봐야 한다. 즉 NSA는 한편으로 기술적 가능성들을 이용하며 다른 한편으로 미국 시민들을 대상으로 할 때 시민권이라는 한계를 존중한다고 말이다.[2] 오바마 대통령이 NSA의 외국 관련 작업에 대해 말했듯이 "우리는, 우리가 다른 나라보다 더 낫다는 점에 대하여, 사과하지 않을 것입니다".

이로부터 다음과 같은 결과가 나온다. 즉, 만일 인터넷 분야에서 미국이 차지하는 권력이 감소하고 다른 곳, 예를 들어 독일에서, 데이터 관리나 도청의 잠재력이 더 커진다면, 이때라야 비로소 관계의 변화가 가능하다. 중국이나 이란과 같은 독재 국가들은 이미 오래전부터 인터넷 접근의 검열이나 조종이라는 방식을 사용하고 있으며, 이것은 자유민주주의 국가들은 생각할 수 없는 행동이다. 물론 그곳에서는 인터넷이 법률 규제가 없는 공간이 결코 아니라는 기본법을 적용한다. 하지만 이와 같은 요구는 어떻게 관철되어야만 할까? 전 세계에서 데이터가 감찰되는 것을 방지하거나 한계를 정하기 위해, 국제법적으로 인터넷을 통제하는 것은 착각일 수 있다. 유엔 상임이사국에 속하는 강대국처럼, 자신들의 기술적 비밀 업무에 수십억 달러를 쏟아붓는 나라에서는, 이와 같은 새로운 "무기"를 빼앗기지 않으려고 할 것이다.

이로써 우리는 사이버 전쟁이라는 주제에 도달했는데, 인터넷은 점점 범행이 일어나는 장소가 될 뿐 아니라, 국가들 사이에 전쟁터가 되고 있는 까닭이다. 전략 전문가 콜린 S. 그레이는 역사적으로 육군, 해군, 공군과 우주 전투력을 잇는 새로운 무기에 대해서 말했다.[3] 앞선 전투력에서와 마찬가지로, 이 새로운 전투력에서도 방어적이고 공격적인 능력이 혼합되어 있는데, "전략적 불확실성"을 적에게서 생산해냄으로써 공격을 막을 수 있는 보호막을 제공하기 때문이다.

오늘날 대략 40여 국가가 군사적 사이버 능력을 동원하고 있으며, 이들 가운데 몇몇만이 상당한 공격력을 갖추고 있다. 이들 소수 국가에는 미국, 러시아, 중국, 영국과 프랑스가 속한다. 미국에서는 총 1만 1000명의 군인과 민간인이 사이버 전쟁에 종사하고 있으며, 이들 중 900명이 넘는 사람이 2010년 설립한 미국사이버사령부 소속이고, 이 사령부는 NSA 국장이 명령권자다. 여기서 전자(電子)에 의한 계몽 시대로 근접하려는 경향은 무시할 수 없다. 영국은 2011년 사이버 안전 전략(cyber security strategy)을 발표했다.[4] 프랑스의 계획은 이미 2008년 국방백서(國防白書)로 시작했다.

현재 사회주의 국가들은 지금까지의 능력을 두 배로 늘리고 2014년부터 추가적으로 15억 유로를 투자하고자 한다.[5] 오로지 독일에서만 2011년 설립한 국가 사이버 방어센터가 있으며, 이곳에서 근무하는 직원은 소수이고 공격적인 능력 없이 대체적으로 민간인이 "정보 중심지"를 맡고 있다.[6] 여기서 추가하자면 2002년에 설립한 연방군전략정찰사령부(줄여서 SKA)가 있다. 하지만 영국과 프랑스와의 차이는 확연하다.

준군사적 의미에서 사이버 공격이 2008년에 있었는데, 러시아가 조지아의 방공을 차단했을 때였으며, 2010년에는 미국과 이스라엘이 이란에서 우라늄 농축 시설의 일부를 파괴했을 때였다. 적의 "중요한 사회간접시설"인 에너지 공급, 교통 체계, 병원 등등을 인터넷으로 공격하는 것은 가능하고, 기존처럼 군대를 투입하지 않고서도 사회를 마비시킬 수 있다. 여기에서는 비밀 업무를 수행하는 인원을 대대적으로 투입하는 것이 특징인데, 목표를 고려할 때뿐 아니라 이를 추진할 때도 마찬가지다. 사이버 공격이라는 비밀 업무상의 방어와 직접 공격하는 것 사이의 기술적 한계는 유동적이다. 한때 비밀 정보만을 수집하는 데 제한되었던 비밀 업무는 그사이 전쟁 무기가 되었다. 이는 NSA와 미국사이버사령부라는 공통된 미국의 지휘부에 비해 눈에 덜 띄는 곳에서 그러하다.

간략하게 말해서, 인터넷 증축으로 비밀 업무는 훨씬 더 커지고 강력하게 군사전략적 논리에 속하게 되었다. 냉전의 끝에 꾸었던 꿈, 그러니까 전쟁의 종식에 대한 꿈은 사라져버렸다. 인터넷이 그런 꿈을 최종적으로 파괴해버린 것이다.

주

---

01 첩보 활동의 역사를 어떻게 그리고 왜 연구할까

1. David Kahn, An Historical Theory of Intelligence, in: Intelligence and National Security, 16, autumn 2001; Alain Dewerpe, Espion. Une anthropologie historique du secret d'État contemporain, Paris 1994; Michael Herman, Intelligence Power in Peace and War, Cambridge 1996.
2. Stephen K. Iwicki, "Introducing the Concept of 'Actionable Intelligence'", in: Military Intelligence Professional Bulletin, January-March 2004; Jennifer E. Sims/Burton Gerber (Hrsg.), Transforming U. S. Intelligence, Washington DC, 2005.
3. 스파이 소설과 현실 사이를 비교하고자 하면 다음을 참고하라. Frederick P. Hitz, The Great Game: The Myths and Reality of Espionage, New York 2004; Eva Horn, Der geheime Krieg. Verrat, Spionage und moderne Fiktion, Frankfurt a. M. 2007.

02 현대 이전 정치권에서의 첩보 활동

1. Francis Dvornik, Origins of Intelligence Services, New Brunswick NJ 1974, pp. 7-8. 이 저서는 고대 첩보 활동의 역사와 관련하여 선구적인 작품으로, 앞으로 내가 계속해서 인용하게 될 것이다.

2. Dvornik, Origins, p. 9.

3. 우리에게 전해 내려오는 가장 오래된 조약은 기원전 1270년에 체결한 평화조약이
   다. Katrin Schmidt, Friede durch Vertrag. Der Friedensvertrag von Kadesch von
   1270 v. Chr. Der Friede des Antalkidas von 386 v. Chr. und der Friedensvertrag
   zwischen Byzanz und Persien von 562 n. Chr., Frankfurt a. M. 2002.

4. Dvornik, Origins, p. 15.

5. Dvornik, Origins, pp. 19-23.

6. Xen. Kyr. VIII, II, 10-12. Dt. Übers.: Xenophon: Kyrupädie. Die Erziehung des
   Kyros, Rainer Nickel, München 1992.

7. Xen. Kyr. VIII, VI, 18.

8. Hdt. V, 53. Dt. Übers.: Herodot: Historien, hrsg. u. übers. v. Josef Feix,
   Düsseldorf/Zürich 2004. 거리를 말하는 "스타디온"은 고정되어 있지는 않다. 그리
   스에서 스타디온은 177.3m부터 192.3m였다. 아테네식 스타디온 186m를 사용하는
   게 의미심장하여, 계산해보았다. 135,000스타디온×186m=251,1000m.

9. Hdt. I, 114, 2.

10. Jakob Seibert, "Der Geheimdienst Alexander des Großen", in: Wolfgang Krieger
    (Hrsg.), Geheimdienste in der Weltgeschichte. Spionage und verdeckte
    Aktionen von der Antike bis zur Gegenwart, München 2003, p. 21.

11. Seibert, Geheimdienst Alexanders, p. 20.

12. Dvornik, Origins, pp. 37-39.

13. Pedro Barceló, "Hannibals Geheimdienst", in: Krieger, Geheimdienste, p. 30.

14. Liv, XXI, pp. 19-20.

15. Pol. III, 22-24. Dt. Übers.: Polybios: Geschichte, Bd. I, eingel. u. übertr. v.
    Hans Drexler, Zürich 1961.

16. App. Mithr., 22. Dt. Übers.: Appian von Alexandria, Römische Geschichte.
    Erster Teil. Die Römische Reichsbildung, übers. v. Otto Veh, eingel. u. erl. v.
    Kai Brodersen, Stuttgart 1987.

17. Cic. Manil. 32. Dt. Übers.: Marcus Tullius Cicero, Sämtliche Reden, eingel.,
    übers. u. erl. v. Manfred Fuhrmann, Bd. I, Zürich/Stuttgart 1970.

18. Plut. Caes. 23, 3. Dt. Übers.: Plutarch, Große Griechen und Römer, Bd. V,

eing. u. übers. v. K. Ziegler, Zürich/Stuttgart ²1980.

19. Caes. Gall. IV, 20. Dt. Übers.: Gaius Iulius Caesar, Der Gallische Krieg, übers. v. Georg Dorminger, München ²1966.

20. Caes. Gall. VI, 20.

21. Dvornik, Origins, p. 86.

22. Suet. Aug. 49, 3. Dt. Übers.: Sueton, Die Römischen Kaiser, übers. u. hrsg. v. Hans Martinet, Stuttgart 2003.

23. Cass. Dio LXXIX, 14. Dt. Übers.: Cassius Dio, Römische Geschichte, Bd. V: Epitome der Bücher 61-80, übers. v. Otto Veh, München/Zürich 1987.

24. 고대 시대에는 사람들에게 높은 가치를 약속해주는 자연법이라는 것이 없었다는 사실을 염두에 둘 필요가 있다. 따라서 우리가 고대 시대에 전쟁에 패한 자들이나 의심스러운 외국인 그리고 하층민을 다루는 잔인한 방식을 접하게 되더라도, 현대를 사는, 특히 휴머니티가 발달한 서구적 생각과는 다른 시각에서 봐야 한다. 이와 관련해서 다음을 참고하라. Rose Mary Sheldon, Intelligence Activities in Ancient Rome: Trust the Gods but Verify, London 2005.

25. Dvornik, Origins, p. 130.

26. Dvornik, Origins, p. 147.

27. Prok., Aed. VI, 7, 16. Dt. Übers.: Prokop, Werke, Bd. V: Bauten, ed. Otto Veh, München 1977.

28. Dvornik, Origins, p. 49.

29. Dvornik, Origins, p. 53.

30. 고대 후기와 중세 초기에 이루어진 상업의 역사를 놀라울 정도로 잘 소개한 책으로는 다음을 참고하라. William Bernstein, A Splendid Exchange: How Trade Shaped the World, London 2008, Kap. 5.

31. Prok. Goth. IV(VIII), 17, 1-3.

32. Roger Blockley, The History of Menander the Guardsman, Liverpool 1985.

33. Dvornik, Origins, p. 174.

34. Arnold Toynbee, Constantine Porphyrogenitus and His World, Oxford 1973.

35. Moshe Gil, "The Radhanite Merchants and the Land of Radhan", in: Journal of the Economic and Social History of the Orient, 17/3(1976), pp. 299-328.

36. Bernstein, Splendid Exchange, Kap. 3.

37. Dvornik, Origins, p. 216.

38. William Muir, The Caliphate: Its Rise, Decline and Fall, Khayats 1963.

39. Dvornik, Origins, p. 224.

40. 아랍 문헌을 모아둔 것은 다음을 참조하면 된다. Francesco Gabrieli (Hrsg.), Die Kreuzzüge aus arabischer Sicht, Augsburg 2000.

41. Dvornik, Origins, pp. 232-233.

42. Jean-Paul Roux, Histoire de l'Empire Mongol, Paris 1993; Jack Weatherford, Genghis Khan and the Making of the Modern World, New York 2004.

43. Wassilios Klein, Das nestorianische Christentum an den Handelswegen durch Kyrgyzstan bis zum 14. Jahrhundert, Turnhout 2000.

44. Dvornik, Origins, pp. 278-279.

45. Johannes von Plano Carpini, Kunde von den Mongolen 1245-1247, hrsg., eingel. u. erl. von Felicitas Schmieder, Sigmaringen 1997.

46. Guillaume de Rubrouck, Voyage dans l'empire mongol, Trad. et commentaire de Claude Kappler, Paris 1985.

47. Die Reise des seligen Odorich von Pordenone nach Indien und China (1314/ 1318-1330), übers., eingel. u. erl. von Folker Reichert, Heidelberg 1987.

48. Ibn Battuta, Reisen bis ans Ende der Welt 1325-1353, hrsg. u. übers. von Horst Jürgen Grün, 2 Bde., München 2007.

49. Helwig Schmidt-Glintzer, "Spionage im Alten China", in: Krieger, Geheimdienste.

50. Schmidt-Glintzer, Spionage, p. 65; 또한 다음도 참고하라. Ralph D. Sawyer/ Mei-Chu Lee Sawyer, The Tao of Deception: Unorthodox Warfare in Historic and Modern China, New York 2007.

51. Friedrich Wilhelm, "Königsindisch—eine Variante im großen Spiel der Geheimdienste", in: Krieger, Geheimdienste.

52. Wilhelm, Königsindisch, p. 79.

53. Maloy Krishna Dhar, Open Secrets: India's Intelligence Unveiled, New Delhi 2005; Christopher Alan Bayly/Rajnarayan Chandavarkar (Hrsg.), Empire and Information: Intelligence Gathering and Social Communication in India, 1780-

1870, Cambridge 2000.

54. 4 Moses 33; 이와 관련해서 Mary Rose Sheldon, Spies of the Bible: Espionage in Israel from the Exodus to the Bar Kokhba Revolt, Newbury 2007.

55. 4 Moses 13.

56. 4 Moses 13.

57. 4 Moses 14.

58. Josua 2.

59. Josua 2.

60. Josua 6.

61. Hebräer II; Jakobus 25.

62. Wolfgang Kuhoff, "Kryptographie und geheime Nachrichtenübermittlung in griechisch-römischer Zeit", in: Krieger, Geheimdienste; Andrew Robinson, Die Geschichte der Schrift, Düsseldorf 2004.

63. Kuhoff, Kryptographie, p. 45.

64. Plut. Lys. 19, 8-10.

65. Kuhoff, Kryptographie, p. 50.

66. 폭넓게 조망하려면 다음을 참고하라. Friedrich L. Bauer, Decrypted Secrets, 4th rev. and extended ed., Berlin 2007; Simon Singh, Geheime Botschaften. Die Kunst der Verschlüsselung von der Antike bis in die Zeit des Internet, München 2001.

67. Kuhoff, Kryptographie, p. 52.

03 새로운 적: 종교적, 혁명적, 반혁명적, 민족적 세력들

1. Jean Deuve, Seigneurs de l'ombre: Les services secrets normands au XIIe siècle, Paris 2000.

2. Christopher Allmand, "Spionage und Geheimdienst im Hundertjährigen Krieg", in: Krieger, Geheimdienste, p. 102; Christopher Allmand (Hrsg.), War, Government and Power in late Medieval France, Liverpool 2001.

3. Allmand, Spionage, p. 106.

4. Allmand, Spionage, p. 107.

5. Philippe de Mézières, Le Songe du vieil pélerin. Ed. by G. W. Coopland, 2 Bde., Cambridge 1969.

6. Stephen Budiansky, Her Majesty's Spymaster: Elizabeth I, Sir Francis Walsingham, and the Birth of Modern Espionage, London 2005.

7. Klaus Malettke, "Richelieu und Père Joseph", in: Krieger, Geheimdienste; Françoise Hildesheimer, Richelieu, Paris 2004.

8. Malettke, Richelieu und Père Joseph, p. 122.

9. http://www.defense.gouv.fr/dgse/layout/set/popup/layout/set/print/content/view/full/87909(2007년 12월 5일).

10. Lucien Bély, Espions et ambassadeurs aux temps de Louis XIV, Paris 1990, p. 14.

11. Bély, Espions, p. 19.

12. Bély, Espions, p. 728.

13. Bély, Espions, p. 52.

14. Bély, Espions, p. 63.

15. Bély, Espions, p. 67.

16. Bély, Espions, p. 73.

17. Bély, Espions, p. 97.

18. Bély, Espions, pp. 98-101.

19. Bély, Espions, p. 148.

20. Bauer, Decrypted Secrets, p. 71.

21. Bély, Espions, pp. 157-159.

22. Dominique de Villepin (Hrsg.), Histoire de la diplomatie française, Paris 2005, p. 370.

23. Gilles Perrault, Le Secret du Roi, 3 Bde., Paris 1992.

24. 당시의 "루이지애나"는 오늘날 똑같은 이름의 미국 주에 비해서 훨씬 넓었다. 오늘날 미국 땅의 5분의 1에 해당하는 엄청난 땅이었다.

25. Geoffroy de Grandmaison (Hrsg.), Mémoires du Comte de Moré 1758-1837, Paris 1898, p. 187.

26. Francis Wharton (Hrsg.), The Revolutionary Diplomatic Correspondence of the United States, 6 Bde., Washington DC 1889, pp. 63-64.

27. Christopher Andrew, For the President's Eyes Only: Secret Intelligence and the American Presidency from Washington to Bush, New York 1996, pp. 9-10.

28. John C. Fitzpatrick (Hrsg.), The Writings of George Washington from the Original Manuscript Sources 1745-1799, 39 Bde., Bd. 24, Washington DC 1944, p. 98.

29. Perrault, Le secret du roi, Bd. 3, p. 429.

30. Perrault, Le secret du roi, Bd. 3, pp. 436-438.

31. Alexis de Tocqueville, L'Ancien régime et la révolution, Paris 1856(zahlreiche Nachdrucke und Ausgaben); Erich Pelzer, "14. Juli 1789—Geschichte und Mythos", in: Wolfgang Krieger, Und keine Schlacht bei Marathon. Große Ereignisse und Mythen der europäischen Geschichte, Stuttgart 2005.

32. Genovefa Etienne/Claude Moniquet, Histoire de l'espionnage mondial, 2 Bde., Bd. 1, Brüssel 2000, p. 163.

33. Louis Madelin, Fouché. Macht und Ehrgeiz, München 1978, p. 102.

34. Michel Auboin et al., La police. Histoire et dictionnaire, Paris 2005; Paolo Napoli, Naissance de la police moderne: Pouvoir, normes, societé, Paris 2003.

35. Madelin, Fouché, p. 106.

36. Joseph Fouché, Rapports et proclamations du ministre de la police générale, Paris 1998; Joseph Fouché, Écrits révolutionnaires, Paris 1998(재판).

37. Louis Madelin, Fouché, 2 Bde., Bd. 2, Paris 1955, p. 200.

38. Jean Savant, Les Espions de Napoléon, Paris 1957, pp. 135-143.

39. Abel Douay/Gérard Hertault, Schulmeister. Dans les coulisses de la Grande Armée, Paris 2002.

40. Olivier Blanc, Les espions de la Révolution et de l'Empire, Paris 1995, pp. 144-146.

41. Blanc, Les espions, p. 147.

42. Blanc, Les espions, p. 149.

43. Blanc, Les espions, p. 165.

44. Jean Landrieux, Mémoires de l'adjudant-général Jean Landrieux, 1795-1797/ avec une introd. biographique et historique par Léonce Grasilier, Paris 1893. 이 전기는 총 340쪽에 달한다. 이어서 회고록이 372쪽이지만, 유감스럽게도 완성되지 않았다.

45. Savant, Les Espions, pp. 18-20.

46. 스위스 출신의 군사 전문가 앙투안 앙리 조미니는 전쟁에 관한 자신의 저서 《혁명전쟁의 중요한 군사 역사(Histoire critique et militaire des guerres de la Révolution)》(1840년)에서 그와 같은 내용을 서술했다.

47. Savant, Les Espions, p. 62.

48. Landrieux, Mémoires, p. 109.

49. Landrieux, Mémoires, p. 109. 킬멘(Charles Édouard Jennings de Kilmaine, 1751-1799)은 아일랜드 출신이다. 그는 이탈리아군을 지휘할 때 가끔 보나파르트의 대리인 역할을 맡았다.

50. Landrieux, Mémoires, pp. 133-136.

51. Landrieux, Mémoires, pp. 72-78; Savant, Les Espions, pp. 37-38.

52. Savant, Les Espions, p. 65.

53. Savant, Les Espions, p. 77.

54. Blanc, Les Espions, p. 37.

55. Charles J. Esdaile, The Peninsular War: A New History, London 2003; David Gates, The Spanish Ulcer: A History of the Peninsular War, New York 2001.

56. 1814년에 그렸고 마드리드에 있는 프라도 국립미술관에 걸려 있다.

57. John Keegan, Intelligence in War: Knowledge of the Enemy from Napoleon to Al-Qaeda, New York 2003, pp. 26-65.

04 강대국의 정치와 혁명에 대한 공포

1. David Alvarez, Spies in the Vatican: Espionage and Intrigue from Napoleon to the Holocaust, Lawrence KS 2002.

2. Alvarez, Spies, Kapitel 1 und 2.

3. Nicola Niceforo, Conspirazioni romane, 1817-1868, Rom 1899, pp. 16-24.

4. Friedrich Engel-Janosi, Österreich und der Vatikan, 1846-1918, 2 Bde., Bd. 1, Graz 1958, p. 25.

5. Alan Sked, "Poor Intelligence, Flawed Results: Metternich, Radetzky, and the Crisis Management of Austria's 'Occupation' of Ferrara in 1847", in: Peter Jackson/Jennifer Siegel (Hrsg.), Intelligence and Statecraft: The Use and limits of Intelligence in International Society, Westport CT 2005, p. 57.

6. Sked, Poor Intelligence, p. 63.

7. Sked, Poor Intelligence, p. 71.

8. François Furet, Le passé d'une illusion. Essai sur l'idée communiste au XXe siècle, Paris 1995.

9. Jean-Paul Brunet, La police de l'ombre: Indicateurs et provocateurs dans la France contemporaine, Paris 1990; Bruno Fuligni (Hrsg.), Dans les Secrets de la Police, Paris 2008.

10. Jacques Brenner (Hrsg.), Mémoires de Canler, ancien chef du service de Sûreté, 1797-1865, Paris 2006, pp. 562-689.

11. Brunet, La police, pp. 151-185.

12. Albert Pethö, Agenten für den Doppeladler: Österreich-Ungarns Geheimer Dienst im Weltkrieg, Wien 1998; Manfred Fuchs, Der österreichische Geheimdienst, Wien 1994; Verena Moritz/Hannes Leidinger/Gerhard Jagschitz, Im Zentrum der Macht. Die vielen Gesichter des Geheimdienstchefs Maximilian Ronge, St. Pölten 2007.

13. Pethö, Agenten, pp. 9-30.

14. Keegan, Intelligence, p. 66.

15. Pethö, Agenten pp. 25, 192.

16. Heinrich Otto Meisner, Militärattachés und Militärbevollmächtigte in Preußen und im Deutschen Reich, Berlin 1957, p. 10; Maureen O'Connor Witter, "Sanctioned Spying: The Development of the Military Attaché in the Nineteenth Century", in: Jackson/Siegel, Intelligence and Statecraft, pp. 87-107.

17. Witter, Sanctioned Spying, p. 93.

18. Witter, Sanctioned Spying, p. 95.

19. Baron Colonel Stoffel, Rapports Militaires, Écrits de Berlin 1866-1870, Paris 1871.

20. Witter, Sanctioned Spying, p. 102.

21. Meisner, Militärattachés, p. 36.

22. Jennifer Siegel, "Training Thieves: The Instruction of 'Efficient Intelligence Officers' in Pre-1914 Britain", in: Jackson/Siegel, Intelligence, pp. 128-129.

23. David H. Schimmelpenninck van der Oye, "Russian Intelligence and the Younghusband Expedition to Tibet", in: Jackson/Siegel, Intelligence, p. 115.

24. Oye, Russian Intelligence, pp. 122-125.

25. Max Ronge, Kriegs- und Industriespionage: zwölf Jahre Kundschaftsdienst, Zürich 1930, pp. 394-403.

26. Pethö, Agenten p. 234; Ronge, Kriegs- und Industriespionage, pp. 18-19.

27. Pethö, Agenten pp. 64-66; Ronge, Kriegs- und Industriespionage, p. 23, 여기 서 폴란드가 제안한 내용을 언급했는데, 하지만 빈에서 이 제안을 거절했다는 암 시가 나온다.

28. 그는 소설가 로베르트 무질과 동일한 증조부모의 자손이다.

29. Pethö, Agenten pp. 105-111; 영국의 전쟁영웅이자 언론인은 원래 토머스 에드 워드 로런스(1888~1935)였으며 1922년에 출간한 그의 책 《지혜의 일곱 기둥(The Seven Pillars of Wisdom)》으로 유명해졌다.

30. Pethö, Agenten pp. 142, 191-204.

31. Albert Pethö, Oberst Redl, in: Krieger, Geheimdienste, pp. 144-145.

32. Jean Doise, Un secret bien gardé: Histoire militaire de l'affaire Dreyfus, Paris 1999.

33. 복직된 이후 퇴직한 알프레드 드레퓌스는 1914년 전시 지원병으로 지원했고 전쟁 내내 군인으로 보냈으며 전방에 투입되기도 했다. 그는 1935년에 사망했다.

05 1900년 이래 관료적이며 기술에 바탕을 둔 현대적 비밀 정보업

1. Paul Kennedy/Anthony Nicholls (Hrsg.), Nationalist and Racialist Movements

in Britain and Germany before 1914, Oxford 1981.

2. Christopher Andrew, Her Majesty's Secret Service: The Making of the British Intelligence Community, New York 1987, pp. 8-10.

3. Andrew, Her Majesty's, pp. 12-15.

4. Thomas G. Fergusson, British Military Intelligence 1870-1914, Frederick MD 1984, p. 85와 그 밖의 여러 곳에.

5. Andrew, Her Majesty's, p. 23.

6. Robert Baden-Powell, My Adventures as a Spy, London 1915, pp. 11-12.

7. Baden-Powell, My Adventures, p. 159.

8. Andrew, Her Majesty's, p. 27.

9. Fergusson, British Military Intelligence, pp. 113-115.

10. Celia Sandys, Churchill: Wanted Dead or Alive, London 2000. 저자는 처칠의 손녀다.

11. Peter Hopkirk, Quest for Kim: In Search of Kipling's Great Game, Ann Arbor MI 1999. 소설 주인공과 동시대의 인도 비밀 활동과 연관 짓기 위해 재구성했다.

12. Andrew, Her Majety's, pp. 36-37.

13. E. Phillips Oppenheim, A Maker of History, New York 1905, p. 258.

14. Andrew, Her Majesty's, p. 43.

15. Jürgen W. Schmidt, Gegen Rußland und Frankreich. Der deutsche militärische Geheimdienst 1890-1914, Ludwigsfelde 2006.

16. Nigel West, At Her Majety's Secret Service: The Chiefs of Britain's Intelligence Agency MI-6, London 2006, pp. 21-23.

17. Andrew, Her Majesty's, p. 61.

18. Andrew, Her Majesty's, pp. 63-64.

19. Bertrand Warusfel, Contre-espionnage et protection du secret. Histoire, droit et organisation de la sécurité nationale en France, Paris 2000, pp. 143-157.

20. 비슷한 법을 오스트리아(1852), 독일(1870/1893), 네덜란드(1881) 그리고 다른 곳에서도 제정했다. 이런 법의 목적은 우선, 스파이를 막는 방첩에 자체 형법상의 수단을 마련해주는 데 있었다.

21. 1899년 8월 20일의 프랑스 내무부의 공시에서 발췌했음. 이와 관련해서 다음을 참

조. Warusfel, Contre-espionnage, pp. 16-17.

22. 비밀 업무가 프랑스 정부 기관에 어떻게 배정되어 있는지에 관해 좀더 상세한 분석은 다음 박사논문에서 찾아볼 수 있다. Olivier Forcade, La République secrète. Histoire des services spéciaux français de 1918 à 1939, Paris 2008.

23. Paul Kennedy, "Imperial Cable Communications and Strategy, 1820-1914", in: English Historical Review, October 1971, pp. 728-752; Keegan, Intelligence, pp. 99-143.

24. 독일 전함들은 항구의 석탄 공급소(coaling station) 대신 석탄 공급선을 통해 해상에서 바로 석탄을 공급받았다. 바다 한가운데서 석탄을 옮기는 일은 그야말로 무시무시한 대규모 훈련이었겠지만 말이다.

25. Keegan, Intelligence, pp. 106-132.

26. Andreas Hofer, Kapitänleutnant Hellmuth von Mücke: Marineoffizier-Politiker-Widerstandskämpfer; ein Leben zwischen den Fronten, Marburg 2003.

27. Andrew, Her Majesty's, pp. 86-88.

28. 또 다른 가능성에 대해서도 얘기가 된다. 훗날 처칠이 자신의 회고록에서 주장했듯이, 바닷물에 젖어 있지 않았다고 한다. 1980년에야 최초로 공개된 책에는 물의 흔적이 전혀 없다. 아마도 처칠은 진짜 출처를 숨기기 위해 엉뚱한 배를 제시하고자 했을 수도 있다.

29. Andrew, Her Majesty's, p. 90.

30. Andrew, Her Majesty's, pp. 96-98.

31. Andrew, Her Majesty's, p. 106.

32. Christopher Andrew/Oleg Gordievsky, KGB: The Inside Story of Its Foreign Operations from Lenin to Gorbachev, New York 1990, p. 31.

33. Douglas Porch, The French Secret Services. A History of French Intelligence from the Dreyfus Affair to the Gulf War, New York 1995, p. 68.

34. Andrew, Her Majesty's, pp. 132-133.

35. Leon C. Messenger, "The White Lady Intelligence Network", in: Studies in Intelligence, Summer 1988.

36. Gerhard Hirschfeld, "Mata Hari: die größte Spionin des 20. Jahrhunderts?", in: Krieger, Geheimdienste.

37. Andrew, Her Majesty's, p. 169.

38. 팽뱅(Painvin)은 1980년에 94세의 나이로 사망했다. 그의 암호해독은 1962년에야 처음으로 프랑스 군대에 의해서 공개되었다. 암호를 만든 독일의 프리츠 네벨 대령은 1967년 자신이 죽은 해에야 비로소 그와 같은 사실을 알게 되었다고 한다. Singh, Geheime Botschaften, pp. 132-134. 이보다 더 많은 설명이 필요하면 다음을 참고하라. Bauer, Decrypted Secrets, p. 87과 그 밖의 여러 곳에.

39. David Kahn, "Intelligence Studies on the Continent", in: Intelligence and National Security, 23/2, April 2008, p. 265, Hilmar-Detlef Brückner, "Schluga von Rastenfeld", in: Newsletter der International Intelligence History Study Group 6/2(1998).

40. 프리드리히 겜프(Friedrich Gempp)는 1920~1927년 동안 방첩부 지휘관이었다. 그 후 제1차 세계대전 시 활약한 독일 스파이의 역사를 위한 문헌을 수집하는 일("군의 비밀 첩보 활동과 방첩")을 했다. 이 문헌은 프라이부르크임브라이스가우의 연방문서실/군사기록보관소에서 찾아볼 수 있다. 전쟁 시 독일 군사 스파이에 관해 탁월한 조망을 제공하는 문헌은 다음을 참조하라. Markus Pöhlmann, "German Intelligence at War 1914-1918", in: Journal of Intelligence History, 5/2, 2005.

41. Brückner, Schluga, p. 4.

42. Patrick Beesly, Room 40: British Naval Intelligence 1914-1918, New York 1982; Barbara W. Tuchman, The Zimmermann Telegram, New York 1958; Andrew, Her Majesty's, pp. 114-126.

43. Reinhard R. Doerries, "Die Tätigkeit deutscher Agenten in den USA", in: ders. (Hrsg.), Diplomaten und Agenten. Nachrichtendienste in der Geschichte der deutsch-amerikanischen Beziehungen, Heidelberg 2001, p. 16.

44. Richard Spence, "Englishmen in New York: The SIS American Station, 1915-21", in: Intelligence and National Security, 19/3, 2004.

45. Doerries, Tätigkeit deutscher Agenten, p. 19.

46. 미국 첩보기관은 1865년에 설립했고, 처음에는 주로 위조지폐 범죄를 막는 데 활용했다. 이와 같은 이유로 이 기관은 미국 재무부에 속했다. 하지만 곧 연방법을 위반하는 다른 영역으로 업무를 확장했다. 1901년 매킨리 대통령이 치명적인 암살을 당한 후부터 이 기관은 대통령의 보호와 연방정부의 직원과 시설을 공격하는

것을 막는 과제도 맡게 되었다. 이런 일은 기본적으로 국내 정보 업무와 방첩 활동과 일치했다. 연방경찰이 FBI(1935년 창설)로 발전하면서 첩보기관이 담당하던 업무가 바뀌었고, 2003년에 대규모로 이루어지던 비밀 업무 개혁의 일환으로 국토안보부 소속이 되었다.

47. Burkhard Jähnicke, Washington und Berlin zwischen den Kriegen. Die Mixed Claims Commission in den transatlantischen Beziehungen, Baden-Baden 2003.

48. Doerries, Tätigkeit deutscher Agenten, p. 51.

49. Schmidt, Gegen Rußland und Frankreich.

50. Winfried Baumgart, Deutsche Ostpolitik 1918. Von Brest-Litowsk bis zum Ende des Ersten Weltkrieges, Wien 1966; Winfried B. Scharlau/Z.A. B. Zeman, Freibeuter der Revolution: Parvus-Helphand. Eine politische Biographie, Köln 1964.

51. Andrew/Gordievsky, KGB, pp. 32-34.

52. 2007년 12월 10일 독일 잡지 〈슈피겔〉의 시리즈 "구매된 혁명"의 반응으로 수많은 반대 증언이 인터넷에 올라왔고, 그 가운데 하나는 2007년 12월 13일 "World Socialist Website"에 올라왔다. www.wsws.org.

53. Mikhail Heller/Alexandr Nekrich, Utopia in Power: The History of the Soviet Union from 1917 to the Present, London 1987, pp. 34-35; Richard Pipes, The Russian Revolution, New York 1990, pp. 410-412.

54. Vorwärts(1921년 1월 14일). 사회민주당의 핵심 언론기관인 이 〈전진〉은 1876년에 창간했다.

55. Winfried Baumgart, "Die Mission des Grafen Mirbach in Moskau April-Juni 1918", in: Vierteljahrshefte für Zeitgeschichte, 16/1, 1968.

56. Andrew/Gordievsky, KGB, pp. 49-50.

06 20세기 네 가지 적: 공산주의자, 파시스트/민족사회주의자, 자본주의자, 제3세계의 '테러리스트'

1. KGB(1954년 창설)가 그 이후 조직적으로 어떻게 변화했는지는 소련의 비밀 정보

역사를 좀더 심오하게 연구하면 분명해지며 따라서 여기서는 다루지 않겠다.

2. Joel Kotek/Pierre Rigoulot, Das Jahrhundert der Lager. Gefangenschaft, Zwangsarbeit, Vernichtung, Berlin 2001, p. 129.

3. Jeffrey T. Richelson, A Century of Spies: Intelligence in the Twentieth Century, Oxford 1995, p. 49.

4. 소시오사이드라는 개념은 특히 훗날 우크라이나에서 정치적 요구를 했던 재난을 몰고 온 기아와 연관해서 중요한 역할을 한다. Robert Conquest, Ernte des Todes. Stalins Holocaust in der Ukraine 1929-1933, München 1997.

5. Richelson, Century of Spies, p. 51.

6. Andrew/Gordievsky, KGB, p. 21.

7. Richelson, Century of Spies, p. 53.

8. 부록에 있는 도표를 참고하라. George Leggett, The Cheka: Lenin's Political Police, Oxford 1981.

9. Andrew/Gordievsky, KGB, pp. 23-30.

10. 원래 모스크바에 보험 대기업을 위해 세운 화려한 이 건물은 1920년부터 소련 정보부의 본부이자 교도소로 이용되고 있다.

11. Andrew Cook, Ace of Spies: The True Story of Sidney Reilly, London 2004.

12. Christopher Andrew/Vasili Mitrokhin, The Mitrokhin Archive: The KGB in Europe and the West, London 1999, p. 46.

13. Richelson, Century of Spies, pp. 60-63.

14. Andrew/Gordievsky, KGB, p. 71.

15. Peter Lübbe, Kommunismus und Sozialdemokratie, Berlin 1978, pp. 52-53.

16. Andrew/Gordievsky, KGB, p. 68. 코민테른에 관해서는 다음을 참고해도 된다. Bernhard H. Bayerlein, "Das neue Babylon. Strukturen und Netzwerke der Kommunistischen Internationale und ihre Klassifizierung", in: Jahrbuch für Historische Kommunismusforschung, 2004.

17. Aino Kuusinen, Der Gott stürzt seine Engel, Wien 1972.

18. 트로츠키-지노비예프식 테러의 핵심 형사사건에 관한 재판 기록을 인용했다. http://www.stalinwerke.de/mp1936/mp1936.html.

19. Paul Avrich, Kronstadt 1921, Princeton NJ 1971.

20. Roger Faligot/Rémi Kauffer, L'Hermine rouge de Shanghai, Paris 2005.

21. Andrew/Mitrokhin, Mitrokhin Archive, pp. 49, 69-72.

22. Andrew/Mitrokhin, Mitrokhin Archive, p. 50.

23. Andrew/Mitrokhin, Mitrokhin Archive, p. 80.

24. Andrew/Mitrokhin, Mitrokhin Archive, p. 89.

25. Roy Medwedew, Das Urteil der Geschichte: Stalin und Stalinismus, 3 Bde., Bd. 3, Berlin 1992, pp. 149-157.

26. Gary Kern, A Death in Washington: Walter G. Krivitsky and the Stalin Terror, New York 2004.

27. 상상할 수 없을 정도로 열악한 수용소의 삶을 알렉산드르 솔제니친이 여러 권으로 된 《수용소 군도》(1974년 출간)에서 묘사했다. 최근 광범위한 문학 연구를 통해서 부각되었다. Anne Applebaum, Der GULAG, München 2005.

28. Matthias Uhl, "'Und deshalb besteht die Aufgabe darin, die Aufklärung wieder auf die Füße zu stellen': zu den Großen Säuberungen in der sowjetischen Militäraufklärung", in: Jahrbuch für historische Kommunismusforschung, 2004.

29. Medwedew, Urteil der Geschichte Bd. 3, pp. 154-155.

30. Andrew/Mitrokhin, Mitrokhin Archive, p. 88.

31. Andrew/Mitrokhin, Mitrokhin Archive, pp. 98-100.

32. Andrew/Mitrokhin, Mitrokhin Archive, pp. 112. 118.

33. Hans Schafranek/Johannes Tuchel (Hrsg.), Krieg im Äther. Widerstand und Spionage im Zweiten Weltkrieg, Wien 2004; Hans Coppi jr./Jürgen Danye/ Johannes Tuchel (Hrsg.), Die Rote Kapelle im Widerstand gegen Hitler, Berlin 1992.

34. Heiner Timmermann/Sergej A. Kondraschow/Hisaya Shirai (Hrsg.), Spionage, Ideologie, Mythos. Der Fall Richard Sorge, Münster 2005.

35. V. S. Antonov/V. N. Karpov (Hrsg.), Veterany Vneshnei razvedki Rossii: kratkii biograficheskii spravochnik, Moskau 1995, p. 154.

36. Andrew/Mitrokhin, Mitrokhin Archive, p. 122.

37. Andrew/Mitrokhin, Mitrokhin Archive, p. 264. 흥미롭게도 이와 같은 보도는

1989년 〈프라우다〉(구소련 공산당 중앙 기관지)의 기사로 나왔으며, 이때는 "위대한 애국 전쟁"을 이끈 군사적 지도자로서의 스탈린이 범한 실수를 최초로 광범위하게 다루던 시기였다.

38. Arkady Vaksberg, The Prosecutor and the Prey: Vyshinsky and the 1930's Moscow Show Trials, London 1990, p. 220.

39. 이런 종류의 덜 진지한 연구로는 Robert Stinnett, Day of Deceit: The Truth About FDR and Pearl Harbor, New York 2001.

40. Roberta Wohlstetter, Pearl Harbor: Warning and Dicision, Stanford CA 1962.

41. David Kahn, "The Intelligence Failure of Pearl Harbor", in: Foreign Affairs, 70/5, 1991-1992.

42. Andrew, President's Eyes, pp. 106-108.

43. David Kahn, The Codebreakers: The Comprehensive History of Secret Communication from Ancient Times to the Internet, revised edition, New York 1996, p. 29.

44. Department of Defense (Hrsg.), The Magic Background of Pearl Harbor, 5 Bde. mit 3 Ergänzungsbänden und Index, Washington DC 1977, Bd. 4, Appendix, Dokument 162(1941년 11월 22일 도쿄에서 워싱턴 주재 일본 대사관에 보낸 전보 812통). 이 매직(Magic) 문서들은 온라인에서도 볼 수 있다. http://www.ibiblio.org/pha/magic/.

45. Frederick D. Parker, "The Unsolved Messages of Pearl Harbor", in: Cryptologica, 15/4, 1991.

46. Thomas Powers, Intelligence Wars: American Secret History from Hitler to Al-Qaeda, revised and expanded edition, New York 2004, p. 3.

47. Thomas F. Troy, Donovan and the CIA: A History of the Establishment of the Central Intelligence Agency, Bethesda MD 1981.

48. Nigel West (Hrsg.), British Security Coordination: The Secret History of British Intelligence in the Americas 1940-45, London 1998.

49. Robert J. Young, "Spokesmen for Economic Warfare: The Industrial Intelligence Centre in the 1930s", in: European History Quarterly, 6, 1976.

50. Samuel I. Rosenman (Hrsg.), Public Papers and Addresses of Franklin Delano

Roosevelt, 13 Bde., New York 1938-1950, Bd. 4, pp. 439-440.

51. Rhodri Jeffreys-Jones, The FBI: A History, London 2007, p. 109.

52. Andrew, President's Eyes, p. 97.

53. 문서는 잡지 〈Intelligence and National Security〉 1, 1986, pp. 445-450에 소개 되었다.

54. West, British Security Coordination.

55. Petra Marquardt-Bigman, Amerikanische Geheimdienstanalysen über Deutschland 1942-1949, München 1998; Earl Ziemke, The US Army in the Occupation of Germany 1944-1946, Washington DC 1975; Wolfgang Krieger, General Lucius D. Clay und die amerikanische Deutschlandpolitik 1945-1949, Stuttgart 1987.

56. 군사적으로 제일 먼저 이용하려고 생각한 분야는 영국의 공군과 영국 섬들 부근에 있는 북아메리카의 선박들이었다. 여기서 가장 중요한 역할을 한 사람들은 노벨물 리학상(1948)을 받은 영국의 패트릭 블래킷과 스탠퍼드 대학의 미국인 수학자 조 지 댄치그다.

57. Sherman Kent, Strategic Intelligence for American World Policy, Princeton NJ 1949.

58. Barry M. Katz, Foreign Intelligence: Research and Analysis in the Office of Strategic Services, 1942-1945, Cambridge MA 1989; Robin Winks, Cloak and Gown: Scholars in the Secret War, 1939-1961, Cambridge MA 1987.

59. Tim B. Müller, "Die gelehrten Krieger und die Rockefeller-Revolution: Intellektuelle zwischen Geheimdienst, Neuer Linken und dem Entwurf einer neuen Ideengeschichte", in: Geschichte und Gesellschaft, 33, 2007.

60. Robert Murphy, Diplomat among Warriors, New York 1964.

61. Thomas Lippman, Arabian Knight: Colonel Bill Eddy USMC and the Rise of American Power in the Middle East, Vista CA 2008; Hal Vaughan, FDR's 12 Apostles: The Spies Who Paved the Way for the Invasion of North Africa, Guilford CT 2006.

62. Lucas Delattre, Fritz Kolbe: Der wichtigste Spion des Zweiten Weltkriegs, München 2004. 기제비우스와 비슷하게 콜베도 전쟁이 끝난 후에 더 이상 독일에

서 살 수 없었다. 외교부는 그에게 일자리를 거부했고 심지어 일시적 연금을 지급하는 것도 거부했다. 그는 미국에서 전기톱을 판매해서 생활했고 미국 정부로부터 소액의 연금을 받았다.

63. Frederic E. Wakeman, Spymaster: Dai Li and the Chinese Secret Service, Berkeley CA 2003.

64. Maochun Yu, OSS in China: Prelude to Cold War, New Haven CT 1996; Maochun Yu, The Dragon's War: Allied Operations and the Fate of China, 1937-1947, Annapolis MD 2006; Forrest C. Pogue, George C. Marshall: Statesman, 1945-1959, New York 1987.

65. Jean Lacouture, Hô Chi Minh, Paris 1967; Pierre Brocheux, Hô Chi Minh, Du révolutionnaire à l'icône, Paris 2003.

66. Wesley Wark, The Ultimate Enemy. British Intelligence and Nazi Germany 1933-1939, Ithaca NY 1985; John R. Ferris, "Now that the Milk is Spilt: Appeasement and the Archive on Intelligence", in: Diplomacy and Statecraft, 19/3, 2008.

67. Andrew, Her Majesty's, p. 383.

68. Andrew, Her Majesty's, p. 390.

69. Andrew, Her Majesty's, p. 391.

70. Andrew, Her Majesty's, pp. 398-399.

71. Militärgeschichtliches Forschungsamt (Hrsg.), Das Deutsche Reich und der Zweite Weltkrieg, 10 Bde., Stuttgart 1979-2008. 노련한 독일 군사 역사가였던 위르겐 로베어는 중요한 예외적 인물에 속하는데, 그는 영국과 미국의 해군 역사와 이들의 비밀 정보 활동에 대해 심오한 지식을 갖고 있던 사람으로 간주된다. Jürgen Rohwer, "Der Einfluß der alliierten Funkaufklärung auf den Verlauf des Zweiten Weltkrieges", in: Vierteljahrshefte für Zeitgeschichte, 27, 1979.

72. Wilhelm Ritter von Schramm, Geheimdienste im Zweiten Weltkrieg, 6. überarb. u. erw. Aufl. von Hans Büchler, München 2002, pp. 34-35.

73. 이와 관련해서 한스 뷔흘러(Hans Büchler)가 수정하고 보완한 다음의 책을 참고하라. Schramm, Geheimdienst, pp. 405-407.

74. David Kahn, Hitler's Spies: German Military Intelligence in World War II,

New York 2000, pp. 176-184.

75. Kahn, Hitler's Spies, pp. 184-187.

76. Heike Lattka, "Vergeben kann ich nicht", in: Frankfurter Allgemeine Zeitung vom, 2007년 6월 22일(브레도프의 아들 카를-하소 폰 브레도프와의 인터뷰).

77. Irene Strenge, Kurt von Schleicher. Politik im Reichswehrministerium am Ende der Weimarer Republik, Berlin 2006.

78. Jürgen Heideking/Christoph Mauch (Hrsg.), American Intelligence and the German Resistance to Hitler: A Documentary History, Boulder CO 1996, pp. 130-142.

79. Bradley F. Smith, Sharing Secrets with Stalin: How the Allies Traded Intelligence, 1941-1945, Lawrence KS 1996.

80. Jürgen Heideking, "Das Office of Strategic Services und der deutsche Widerstand", in: Doerries, Diplomaten und Agenten, pp. 112-148.

81. Heideking, Das Office, p. 130.

82. Heideking, Das Office, p. 131.

83. Lothar Kettenacker, Krieg zur Friedenssicherung: die Deutschlandplanung der britischen Regierung während des Zweiten Weltkrieges, Göttingen 1989.

84. Heideking/Mauch, American Intelligence, pp. 373-375.

85. Heike Bungert, Das Nationalkomitee und der Westen: die Reaktion der Westalliierten auf das NKFD und die Freien Deutschen Bewegungen 1943-1948, Wiesbaden 1997.

86. Heideking/Mauch, American Intelligence, pp. 375-377.

87. Heideking, Das Office, p. 142 FN 66; insgesamt dazu Christof Mauch, Schattenkrieg gegen Hitler: das Dritte Reich im Visier der amerikanischen Geheimdienste 1941-1945, Stuttgart 1999.

88. Catherine Schiemann Rittri, "Der Geheimdienst beendet den Krieg: Operation Sunrise und die deutsche Kapitulation in Italien", in: Jürgen Heideking/ Christoph Mauch (Hrsg.), Geheimdienstkrieg gegen Deutschland. Subversion, Propaganda und politische Planungen des amerikanischen Geheimdienstes im Zweiten Weltkrieg, Göttingen 1993, pp. 142-165. 자서전도 참고하면 된다.

Allen W. Dulles/Gero von Schultze Gaevernitz, The Secret Surrender, New York 1966.

89. Jürgen Rohwer, "Die ENIGMA-Schlüsselmaschine", in: Krieger, Geheimdienste; Heinz Ulbricht, Die Chiffriermaschine Enigma: trügerische Sicherheit. Ein Beitrag zur Geschichte der Nachrichtendienste, Saarbrücken 2007; Michael Smith/Ralph Erskine (Hrsg.), Action This Day! Bletchley Park from the Breaking of the Enigma Code to the Modern Computer, New York 2002.

90. Marian Rejewski, "How Polish Mathematicians Deciphered the Enigma", in: Annals of the History of Computing, 3, 1981; Zdzisław J. Kapera, Before Ultra There Was Gale: Some Contributions to the History of the Polish Enigma, 1932-1942, Krakau 2002.

91. David Kahn, Seizing the Enigma: The Race to Break the German U-Boats Codes 1939-1943, New York 1991.

92. Keegan, Intelligence in War, pp. 144-183.

93. Richelson, Century of Spies, pp. 180-184; Keegan, Intelligence in War, pp. 184-220; Donald A. Davis, Lightning strike: the Secret Mission to Kill Admiral Yamamoto and Avenge Pearl Harbor, New York 2005.

07 냉전에서의 비밀 정보 활동 전쟁

1. Krieger, Clay, p. 278.

2. 물론 소련 군대는 중부 유럽에 지역적으로 한정된 핵전쟁을 계획했다. Vojtech Mastny/Sven G. Holtsmark/Andreas Wenger (Hrsg.), War Plans and Alliances in the Cold War: Threat Perceptions in the East and West, London 2006.

3. Andrew/Gordiewsky, KGB, p. 341.

4. Robert W. Stephan, Stalin's Secret War: Soviet Counterintelligence against the Nazis 1941-1945, Lawrence KS 2004.

5. Nikolai Tolstoy, Die Verratenen von Jalta, Berlin 1987.

6. Andrew/Gordievsky, KGB, pp. 351-352.

7. Sergej Mironenko/Lutz Niethammer/Alexander von Plato (Hrsg.), Sowjetische

Speziallager in Deutschland 1945-1950, 2 Bde., Berlin 1998; Henry Leide, NS-Verbrecher und Staatssicherheit, Göttingen 2005.

8. Roger Engelmann, "'Schild und Schwert' als Exportartikel: die Sowjets und der Aufbau der DDR-Geheimdienste", in: Krieger, Geheimdienste.

9. Milovan Djilas, Rise and Fall, London 1985, pp. 106-107.

10. Bureau Central de Renseignements et d'Action의 약자다.

11. 이에 관한 묘사를 가장 잘한 자료로 다음을 참고하라. Claude Faure, Aux Services de la République: du BCRA a la DGSE, Paris 2004. 이 내용은 부분적으로, 당시 DGSE 직원으로 일한 포르가 손에 넣을 수 있었던 서류를 바탕으로 하고 있다. 또한 다음을 참고하라. Douglas Porch, The French Secret Services: From the Dreyfus Affair to the Gulf War, New York 1995.

12. Faure, Aux Services, pp. 131-147.

13. Faure, Aux Services, p. 189.

14. Colonel Passy, Mémoires du Chef des Services Secrets de la France libre, Paris 1947/1951, Nachdr. 2000; Guy Perrier, Le colonel Passy et les services secrets de la France libre, Paris 1999; Sébastien Laurent, "The Free French Secret Services: Intelligence and the Politics of Republican Legitimacy", in: Intelligence and National Security, 15/4, Winter 2000. 파시는 프랑스에 내전이 일어날 경우 또다시 외국에서 작전을 수행하기 위해, 어마어마한 액수를 외국 계좌에 넣어두고 있었다고 한다.

15. Service de Documentation Extérieure et de Contre-Espionnage의 약어다. 이곳은 1982년 오늘날의 Direction Générale de la Sécurité Extérieure(DGSE)가 되었다.

16. Paul Aussaresses, Pour la France: Services spéciaux 1942-1954, Paris 2001.

17. Jacques Foccart, Journal de l'Élysée, 5 Bde., Paris 1997-2001; Antoine Glaser/Stephen Smith, Ces messieurs d'Afrique, 2 Bde., Paris 1994/1997.

18. Faure, Aux Services, p. 215.

19. Faure, Aux Services, pp. 224-225, 241.

20. Wolfgang Buschfort, "Fritz Tejessy(1895-1964). Verfassungsschützer aus demokratischer Überzeugung", in: Dieter Krüger/Armin Wagner (Hrsg.),

Konspiration als Beruf: deutsche Geheimdienstchefs im Kalten Krieg, Berlin 2003.

21. Bundesamt für Verfassungsschutz (Hrsg.), 50 Jahre im Dienst der inneren Sicherheit, Köln 2000; Wolfgang Buschfort, Geheime Hüter der Verfassung, Paderborn 2004.

22. Kevin C. Ruffner (Hrsg.), Forging an Intelligence Partnership: CIA and the Origins of the BND 1945-49, 2 vols., Washington DC 1999. CIA 정보연구센터의 비공개 자료로 2002년 기밀 해제된 문서들을 이하에서는 CIA 1권/CIA 2권으로 인용하겠다. James H. Critchfield, Partners at the Creation: The Men behind Postwar Germany's Defense and Intelligence Establishments, Annapolis MD 2003.

23. CIA 1권, pp. 11-15.

24. CIA 1권, pp. 17-18.

25. Kevin Soutour, "To Stem the Tide: The German Report Series and Its Effect on American Defense Doctrine, 1948-1954", in: Journal of Military History, 57, 1993.

26. Z. Taratuta/A. Zdanovic, Tainstvennyj sef Mata Chari, Moskau 2001.

27. Rainer Karlsch, Hitlers Bombe: Die geheime Geschichte der deutschen Kernwaffenversuche, aktual. Ausg., München 2008.

28. Richard J. Aldrich, The Hidden Hand: Britain, America and Cold War Secret Intelligence, Woodstock NY 2002.

29. CIA 1권, pp. 25-26.

30. CIA 1권, p. 160.

31. CIA 1권, p. 201, 날짜는 1947년 2월 25일로 기록.

32. CIA 1권, pp. 333, 341.

33. CIA 1권, p. 344.

34. CIA 1권, p. 353.

35. CIA 1권, p. 368.

36. Richard Breitman u. a. (Hrsg.), U. S. Intelligence and the Nazis, New York 2005.

37. CIA 1권, p. 355.

38. Armin Wagner/Matthias Uhl, BND contra Sowjetarmee. Westdeutsche Militärspionage in der DDR, Berlin 2007.

39. CIA 2권, pp. 38-39, 105-109.

40. CIA 2권, pp. 39, 71-72

41. CIA 2권, p. 40.

42. CIA 2권, p. 126; Critchfield, Partners, pp. 167-171.

43. CIA 2권, pp. 137-139.

44. CIA 2권, pp. 231-309.

45. Critchfield, Partners, pp. 122-124; CIA 2권, pp. 282-286. 겔렌은 미국 서류에는 UTILITY로 명명되어 있었으나, 자신이 근무하던 곳에서는 "닥터 슈나이더"로 통했다. 이 별명은 독일 정보부장으로 퇴임한 1968년까지 쓰였다.

46. Stefanie Waske, Mehr Liaison als Kontrolle: Die Kontrolle des BND durch Parlament und Regierung 1955-1978, Wiesbaden 2008.

47. Susanne Meinl, Nationalsozialisten gegen Hitler. Die nationalrevolutionäre Opposition um Friedrich Wilhelm Heinz, Berlin 2000.

48. Harry R. Borowsky, A Hollow Threat: Strategic Airpower and Containment before Korea, Westport CT 1982.

49. James Bamford, Body of Secrets: Anatomy of the Ultra-Secret National Security Agency from the Cold War to the Dawn of A New Century, New York 2001.

50. Aldrich, Hidden Hand, pp. 521-523.

51. Aldrich, Hidden Hand, p. 213.

52. Stephen Dorril, MI-6: Fifty Years of Special Operations, London 2000.

53. Richard Aldrich, "British Intelligence and the Anglo-American Special Relationship during the Cold War", in: Review of International Studies, 24, 1998, pp. 339-340.

54. David Stafford, Spies beneath Berlin, rev. ed., London 2002, pp. 14-16.

55. Andrew/Gordievsky, KGB, pp. 367-369.

56. David E.Murphy/S.A.Kondrashev/George Bailey, Battleground Berlin: CIA vs KGB in the Cold War, New Haven CT 1997. 영국 측에 관해서는 다음을 참

고하라. Nigel West, At Her Majesty's Secret Service: The Chiefs of Britain's Intelligence Agency, MI-6, London 2006, pp. 73-77.

57. Simon Duke/Wolfgang Krieger (Hrsg.), US Military Forces in Europe: The Early Years 1945-1970, Boulder CO 1933; Chalmers Johnson, Nemesis: The Last Days of the American Republic, New York 2008, pp. 137-139.

58. Martin Rudner, "Canada's Communications Security Establishment: From the Cold War to Globalization", in: Intelligence and National Security, 16/1, 2001.

59. Jerrold Schecter/Leona Schecter, Sacred Secret: How Soviet Intelligence Operations Changed American History, Washington DC 2003; Allen Weinstein/ Alexander Vassilev, The Haunted Wood: Soviet Espionage in America. The Stalin Era, New York 1999.

60. John E.Haynes/Harvey Klehr, Early Cold War Spies: The Espionage Trials that Shaped American Politics, New York 2007; John E. Haynes/Harvey Klehr, In Denial: Historians, Communism and Espionage, New York 2002.

61. 그는 9년을 형무소에서 살다가 1959년 동베를린으로 옮겨졌다.

62. West, At Her Majesty's, p. 62.

63. Aldrich, Hidden Hand, pp. 421-423.

64. Andrew, For the President's, p. 156.

65. DNI는 비밀 정보 업무 개혁의 일환으로 2004년에 만든 자리다. 그때까지는 이와 같은 과제가 CIA 수장에게 있었는데, 그는 이와 동시에 대통령의 비밀 정보 업무와 관련한 고문(DCI)이었다.

66. Andrew, For the President's, pp. 161-163; James Bamford, Body od Secret: Anatomy of the Ultra-Secret National Security Agency, New York 2007. ASA는 1952년 국가안전국(National Security Agency)이 되었고 오늘날 미국에서 기술적 비밀 정보 업무를 맡고 있는 규모가 큰 조직들 가운데 하나다. 이 조직은 국방부 산하에 있다.

67. National Security Act of 1947, sec.103(인터넷에서 쉽게 발견할 수 있음).

68. Michael Warner (Hrsg.), The CIA under Harry Truman, Washington DC 1994, pp. 173-175.

69. United States Senate, Select Committee to Study Governmental Operations with

Respect to Intelligence (Church Committee), Final Report, book 4, pp. 28-29.

70. Jeffrey T. Richelson, Spying on the Bomb: American Nuclear Intelligence from Nazi Germany to Iran and North Korea, New York 2006, pp. 67-69; Michael Goodman, Spying on the Nuclear Bear: Anglo-American Intelligence and the Soviet Bomb, Stanford 2007.

71. Richelson, Spying, p. 76.

72. Richelson, Spying, p. 93.

08 은폐 작전, 스파이, 분석

1. Rolf Steininger, Der vergessene Krieg. Korea 1950-1953, München 2006, pp. 66-68.

2. Tim Weiner, Legacy of Ashes: The History of the CIA, New York 2007, p. 57.

3. Weiner, Legacy, pp. 49-58; Andrew, For the President's, pp. 184-186; Prados, Safe for Democracy, pp. 78-96.

4. Weiner, Legacy, p. 33.

5. Sigurd Hess, "Die Schnellbootgruppe Klose und der British Baltic Fishery Protection Service (BBFPS)", in: Marineforum, H. 3/4, 2001.

6. West, At Her Majesty's, pp. 70-72.; Prados, Safe for Democracy, pp. 52-57.

7. Ted Morgan, A Covert Life: Jay Lovestone. Communist, Anti-Communist & Spymaster, New York 1999.

8. Michael Hochgeschwender, Freiheit in der Offensive? Der Kongreß für kulturelle Freiheit und die Deutschen, München 1998; Frances Stonor Saunders, Wer die Zeche zahlt. Der CIA und die Kultur im Kalten Krieg, Berlin 2001; Michel Winock, Le Siecle des intellectuels, Paris 1999; Giles Scott-Smith/Hans Krabbendam (Hrsg.), The Cultural Cold War in Western Europe 1945-1960, London 2003.

9. Gene Sosin, Sparks of Liberty: an Insider's Memoir of Radio Liberty, University Park PA 1999; Sig Mickelson, America's Other Voice: the Story of Radio Free Europe and Radio Liberty, New York 1983.

10. Csaba Bekes/Malcolm Byrne/Janos Rainer (Hrsg.), The 1956 Hungarian

Revolu-tion: A History in Documents, Prague 2003; Charles Gati, Failed Illusions: Moscow, Washington, Budapest, and the 1956 Hungarian Revolt, Stanford CA 2006; Paul Lendvai, Der Ungarnaufstand 1956—eine Revolution und ihre Folgen, München 2006.

11. James Wood, History of International Broadcasting, 2 Bde., Stevenage 1992/ 2000.

12. Christopher Andrew/Vasili Mitrokhin, The World Was Going Our Way. The KGB and the Battle for the Third World, New York 2005, p. 9.

13. Andrew/Mitrokhin, The World, pp. 10-11.

14. Andrew/Mitrokhin, The World, p. 13.

15. Andrew/Mitrokhin, The World, p. 169.

16. AJAX 작전에 대한 CIA 내부의 역사는 인터넷에서 검색 가능하다. http://web.payk.net/politics/cia-docs/published/one-main/main.html; Stephen Kinzer, Overthrow: America's Century of Regime Change from Hawaii to Iraq, New York 2007.

17. Department of State (Hrsg.), Foreign Relations of the United States(약어. FRUS) 1950-1955, The Intelligence Community, Washington DC 2007, pp. 542-561.

18. 언급했던 NSC 문서들은 다음을 참고하라. FRUS Intelligence Community 1950-1955, pp. 475-478, 746-749.

19. Prados, Safe for Democracy, p. 288.

20. Andrew/Mitrokhin, The World, p. 403.

21. Andrew/Mitrokhin, The World, p. 407.

22. Robert Gates, From the Shadows: The Ultimate Insider's Story of Five Presidents and How They Won the Cold War, New York 1996, p. 131.

23. Muhammad Yousaf, Afghanistan: The Bear Trap, London 1992. 저자는 파키스 탄 비밀정보부에서 납품을 담당했다.

24. Jerrold L. Schechter/Peter S. Deriabin, The Spy Who Saved the World, London 1992; Matthias Uhl/Dimitrij N. Filippovych, Vor dem Abgrund. Die Streitkräfte der USA und der UdSSR sowie ihrer deutschen Bündnispartner in der Kubakrise, München 2004.

25. Milt Bearden/James Risen, The Main Enemy: The Inside Story of the CIA's Final Showdown with the KGB, New York 2003, pp. 193-195.

26. Benjamin B. Fischer, A Cold War Conundrum: The 1983 Soviet War Scare, CIA 의 online 출간. http://www.cia.gov/library/center-for-the-study-of-intelligence/csi-publications/books-and-monographs/a-cold-war-conundrum/source.htm.

27. West, Her Majesty's, pp. 205-207.

28. Faure, Aux Services, pp. 366-368.

29. 노젠코는 새로운 신분증을 가지고 2008년 8월 사망할 때까지 미국에서 살았다.

30. Richelson, Century, pp. 261-262.

31. Richelson, Century, p. 302.

32. Stephen I. Schwartz, Atomic Audit: The Cost and Consequences of U. S. Nuclear Weapons since 1940, Washington DC 1998.

33. Donald Steury (Hrsg.), Intentions and Capabilities: Estimates on Soviet Strategic Forces, 1950-1983, Washington DC 1996.

34. Eine Auswahl der Originaldokumente findet sich in: Steury, Intentions and Capabilities.

35. Review of Intelligence on Weapons of Mass Destruction(Butler Committee Report), London 2004; The 9/11 Commission Report: Final Report of the National Commission on Terrorist Attacks Upon the United States, Washington DC 2004. 두 자료 모두 인터넷에서 쉽게 찾을 수 있다.

09 비밀 정보 업무로 인한 인권 및 시민권 침해, 그리고 정치적 통제 가능성의 한계

1. 전통적인 경우가 1979년 솔트-II 협약이 있다. 이는 최초로 군비통제합의에 따라 인공위성을 통해서 감시할 수 있게 했다.

2. Wolfgang Krieger, Fehlbare Staatsgewalt: Verstöße von Polizei und Geheimdiensten gegen ethische Normen in der Geschichte demokratischer Staaten, Manuskript. 이 자료는 포페(Ulrike Poppe)와 스미트(Wolbert Smidt)가 발행한 모음집(LIT-Verlag Münster)의 내용으로 출간되었다. 그래서 여기서는 세부적인 언급을 하지 않는다.

3. Prados, Safe for Democracy, pp. 431-466; Jeffreys-Jones, FBI, pp. 160-162.

4. Frederick A. O. Schwartz Jr, "The Church Committee and a New Era of Intelligence Oversight", in: Intelligence and National Security, 22/2, 2007; Harry Howe Ransom, "A Half-Century of Spy-Watching", in: Loch K. Johnson (Hrsg.), Strategic Intelligence, vol. 5: Intelligence and Accountability, Boulder CO 2007. Michael Warner/J. Kenneth MacDonald, US Intelligence Community Reform Studies since 1947, Washington DC, 2005. 언급했던 CIA 보고는 CIA 웹사이트에서 찾아볼 수 있다. https://www.cia.gov/library/center-for-the-study-of-intelligence/index.html. 표제어 "family jewels"로 찾으면 된다.

5. 예를 들어 대중은, 전 법무부장관 로버트 케네디가 개인적으로 카스트로 살해를 주관했고 마틴 루서 킹 목사의 통화를 도청하게 했으며, 그럼에도 조사위원회에 출석해서는 자신은 연루되지 않았다고 했다는 사실을 알고 싶어 하지 않았다. 케네디는 좌파 정치의 아이콘이었기에 말이다.

6. Schwartz, Church Committee, p. 290.

7. Douglas Valentine, The Phoenix Program, New York 1990; Ralph McGehee, Deadly Deceits: My 25 Years in the CIA, New York 1983.

8. Jane Mayer, "Outsourcing Torture: The Secret History of America's 'Extraordinary Rendition' Program", in: The New Yorker vom 14. 2. 2005; Stephen Grey, Ghost Plane: The True Story of the CIA Rendition and Torture Program, London 2006; CIA 내부에서 일어난 논쟁에 관해서는 다음을 참조하라. Mark Mazzetti/Scott Shane, "Watchdog of CIA Is Subject of CIA Inquiry", New York Times vom 11. 10. 2007.

9. Charles Cogan, "Hunters not Gatherers: Intelligence in the Twenty-First Century", in: L. V. Scott/P. D. Jackson (Hrsg.), Understanding Intelligence in the Twenty-First Century: Journeys in Shadows, London 2004.

10. David Anderson, Histories of the Hanged: Britain's Dirty War in Kenya and the End of Empire, London 2005.

11. Leon Comber, "The Malayan Special Branch on the Malayan-Thai Frontier during the Malayan Emergency", in: Intelligence and National Security, 21/1, 2006; Aldrich, Hidden Hand, pp. 494-518.

12. David Ormand, "Ethical Guidelines for Using Secret Intelligence for Public Security", in: Cambridge Review of International Affairs, 19/4, 2006; Greg Harkin/Martin Ingram, Stakeknife: Britain's Secret Agents in Ireland, London 2005.

13. 여기에 해당하는 영역은, 오늘날 라오스, 캄보디아와 베트남을 포괄한다. 이에 관련해서 다음을 참조하라. Philippe Franchini, Les mensonges de la guerre d'Indochine, Paris 2005; Alain Vincent, Indochine. La guerre oubliée, Paris 2007.

14. 재판(再版)으로 인쇄되었고, 생생한 머리말을 써놓은, 그리고 이미 고전으로 알려진 저서《새비지 평화 전쟁: 알제리 1954-1962(A Savage War of Peace: Algeria 1954-1962)》(London 2006, 초판은 1977년)에서 알리스테어 혼(Alistair Horne)은 전쟁이 차츰차츰 잔인해지는 과정을 묘사하고 있다. 프랑스 측은 대체로 적군의 이례적인 전쟁 수행에 대하여 정치적으로나 군사적으로 어찌할 바를 모르는 상태에서 잔인해지고 말았다고 한다.

15. 2001년 5월 3일 자 〈르몽드〉; Aussaresses, Services spéciaux.

16. Alain Dewerpe, Charonne, 8 février 1962, Anthropologie d'un massacre d'État, Paris 2006.

17. Gérard Boulanger, Papon, un intrus dans la République, Paris 1997.

18. Maurice Vaisse, "Die 'Rainbow Warrior'-Affäre", in: Krieger, Geheimdienste.

19. Jean-Marie Pontaut/Jérome Dupuis, Les oreilles du Président, Paris 1996.

20. Michael Bar-Zohar/Eitan Haber, Rache für München. Terroristen im Visier des Mossad, Düsseldorf 2006.

21. Ian Black/Benny Morris, Israel's Secret Wars: A History of Israel's Intelligence Services, London 1991, p. 409.

22. Markus Metz, "Gegen Diskriminierung, Rassismus und Fremdenhaß", in: Einsichten und Perspektiven-Bayerische Zeitschrift für Politik und Geschichte, Heft 2, 2007.

23. 이것에 관하여 전반적으로 다음을 참고하면 된다. Daniel Strauß, Zur Nachkriegs-geschichte der Sinti und Roma in Deutschland, in: Landeszentrale für politische Bildung Baden-Württemberg (Hrsg.), Zwischen Romantisierung und Rassismus:

Sinti und Roma 600 Jahre in Deutschland(1998), pp. 26-36; Herbert Uerlings/ Iulia-Karin Patrut (Hrsg.), Zigeuner und Nation(2008).

24. Hans Eller, Georg Geyer, August Wutz und Joseph Eichberger.

25. Erich Schneeberger, Vortrag zur Geschichte der deutschen Sinti und Roma, 2006. 11. 18., 인터넷에서 서류를 검색할 수 있다. http://www.isfbb.de/download/ HomepageSchneeberger.pdf.

26. 하지만 프랑스는 1991년 전화 감시를 통제하는 특별한 절차를 마련했다. 2002년 비밀 자금에 대하여 감시하는 규정을 정했다.

27. Loch K. Johnson, "Lawmakers and Spies: Congressional Oversight of Intelligence in the United States", in: Wolbert Smidt u. a. (Hrsg.), Geheimhaltung und Transparenz: demokratische Kontrolle der Geheimdienste im internationalen Vergleich, Münster 2007; Wolfgang Krieger, "Die demokratische Kontrolle von Nachrichtendiensten im internationalen Vergleich", in: Thomas Jäger/ Anna Daun (Hrsg.), Geheimdienste in Europa: Transformation, Kooperation, Kontrolle, Wiesbaden 2009(색인에 상세하게 전문서적을 기록해두었다).

28. David Ormand, "Can We Have the Pleasure of the Grin Without Seeing the Cat? Must the Effectiveness of Secret Agencies Inevitably Fade on Exposure to the Light?", in: Intelligence and National Security, 23/5, 2008.

10 비밀 정보, 인터넷과 사이버 전쟁: 간략한 조망

1. Matthew M. Aid, Intel Wars: The Secret History of the Fight against Terror, New York 2012, pp. 53-55.

2. Gerhard Schmid, Abhören in der Premiumklasse, in: Zeitschrift für Außen-und Sicherheitspolitik(7/2014); 더 많은 문헌은 349-350쪽을 보라.

3. Colin S. Gray, Making Strategic Sense of Cyber Power: Why the Sky Is Not Falling, Carlisle PA 2013.

4. https://www.gov.uk/government/uploads/system/uploads/attachment_data/ file/60961/uk-cyber-security-strategy-final.pdf.

5. "Cyberguerre: nos armes informatiques sont opérationnelles", Le Point, 29. 1.

2014; Michel Baud, Cyberguerre—en quete d'une stratégie, Paris 2013.

6. Bundesministerium des Inneren, Cyber-Sicherheitsstrategie für Deutschland, Berlin 2011.

참고문헌

이론

Georg Simmel, Soziologie. Untersuchungen über die Formen der Vergesellschaftung, Kap. V, Berlin 1908.

Alain Dewerpe, Espion: Une anthropologie historique du secret d'État contemporain, Paris 1994.

Michael Herman, Intelligence Power in Peace and War, Cambridge 1996.

포괄적인 기본서

Loch K. Johnson (ed.), The Oxford Handbook of National Security Intelligence, Oxford 2010.

Francis H. Hinsley (et al.), British Intelligence in the Second World War, 4 Bde, London 1979-1990.

Christopher Andrew/Vasili Mitrokhin, The Mitrokhin Archive: The KGB in Europe and the West, London 1999.

Christopher Andrew/Vasili Mitrokhin, The World Was Going Our Way: The KGB and the Battle for the Third World, London 2005.

사례 연구

Ernest R. May (ed.), Knowing One's Enemies—Intelligence Assessment before the Two World Wars (1986).

Martin Alexander (ed.), Knowing Your Friends: Intelligence inside Alliances and Coalitions from 1914 to the Cold War (1998).

Carlos Collado Seidel (Hrsg.), Geheimdienste, Diplomatie, Krieg: Das Räderwerk der internationalen Beziehungen, Berlin 2013.

지침이 될 만한 개별 연구

Ernest R. May, Strange Victory: Hitler's Conquest of France, New York 2000.

Cees Wiebes, Intelligence and the War in Bosnia 1992-1995, Münster 2003.

Keith Jeffery, The Secret History of MI6, 1909-1949, New York 2010.

Christopher Andrew, Defend the Realm. An Authorized History of MI5, New York 2009.

Brian Latell, Castro's Secrets. The CIA and Cuba's Intelligence Machine, London 2012.

인간적 문헌과 관련하여

Christophe Cornevin, Les Indics. Cette France de l'ombre qui informe l'État, Paris 2011.

산업 스파이와 관련하여

Hedieh Nasheri, Economic Espionage and Industrial Spying, Cambridge 2005.

Charles Pellegrini, Histoires d'espions: Le renseignement à l'heure de l'espionnage économique, Paris 2012.

테러리즘 극복과 특수사령부

Matthew M. Aid, Intel Wars: The Secret History of the Fight against Terror, New York 2012.

Eric Denécé, Commandos et forces spéciales, Rennes 2011.

독일과 관련하여

Dieter Krüger/Armin Wagner (Hrsg.), Konspiration als Beruf—deutsche Geheimdienstchefs im Kalten Krieg, Berlin 2003.

Michael Wildt (Hrsg), Nachrichtendienst, politische Elite und Mordeinheit. Der Sicherheitsdienst des Reichsführers SS, Hamburg 2003.

Reinhard R. Doerries, Hitler's Intelligence Chief Walter Schellenberg, New York 2009.

전자통신을 빼돌린 역사에 관하여

Matthew M. Aid, The Secret Sentry. The Untold History of the National Security Agency, New York 2009.

Richard J. Aldrich, GCHQ. The Uncensored Story of Britain's Most Secret Intelligence Agency, London 2010.

Luke Harding, The Snowden Files: the Inside Story of the World's Most Wanted Man, New York 2014.

Glenn Greenwald, No Place to Hide: Edward Snowden, the NSA, and the U. S. Surveillance State, New York 2014.

Michael Gurnow, The Edward Snowden Affair: Exposing the Politics and Media Behind the NSA Scandal, New York 2014.

스파이 자녀들의 처지에서

Nicole Glocke/Edina Stiller, Verratene Kinder: zwei Lebensgeschichten aus dem geteilten Deutschland, Berlin 2003.

전문 잡지

Intelligence and National Security

Journal of Intelligence History

International Journal of Intelligence and CounterIntelligence

Studies in Intelligence (Hauszeitschrift der CIA; teilweise auf der CIA-Webseite
zu finden)

Journal for Intelligence, Propaganda and Security Studies

Horch und Guck (vor allem zur Geschichte der Stasi)

웹사이트

www.intelligence-history.org/ (Arbeitskreis Geschichte der Nachrichtendienste)

www.gknd.de/ (Gesprächskreis Nachrichtendienste in Deutschland)

www.bstu.bund.de/ (mit Dokumenten und Bibliographien zur Stasi)

www.intelligence-ethics.org/ (International Intelligence Ethics Association)

www.sistemadiinformazioneperlasicurezza.gov.it/ (italienische Geheimdienste)

www.aassdn.org/ (fortlaufende französische Bibliographie)

www.defense.gouv.fr/dgse/ (französischer Auslandsgeheimdienst)

www.cia.gov/library/index.html (CIA-historische Studien und elektronisches
Archiv)

www.nsa.gov/ (US-amerikanischer Abhör- und Internetdienst)

www.sis.gov.uk/ (britischer Auslandsgeheimdienst)

www.bnd.bund.de (Bundesnachrichtendienst)

www.uhk-bnd.de (Unabhängige Historikerkommission für die BND-Geschichte)